KB266694

아마존 웹 서비스[개정판]
AWS Discovery Book

개정판 1쇄 인쇄 | 2026 년 5 월 1 일
개정판 1쇄 발행 | 2026 년 5 월 15 일

지 은 이 | 권영환

발 행 인 | 이상만
발 행 처 | 정보문화사

책 임 편 집 | 노미라
편 집 진 행 | 명은별
교 정 · 교 열 | 안종군

주   소 | 서울시 종로구 동숭길 113 정보빌딩
전   화 | (02)3673 - 0114
팩   스 | (02)3673 - 0260
등   록 | 1990 년 2 월 14 일 제 1 - 1013 호
홈 페 이 지 | www.infopub.co.kr

I S B N | 979-11-994261-9-1

aws

아마존 웹 서비스 개정판

권영환 지음

AWS Discovery Book

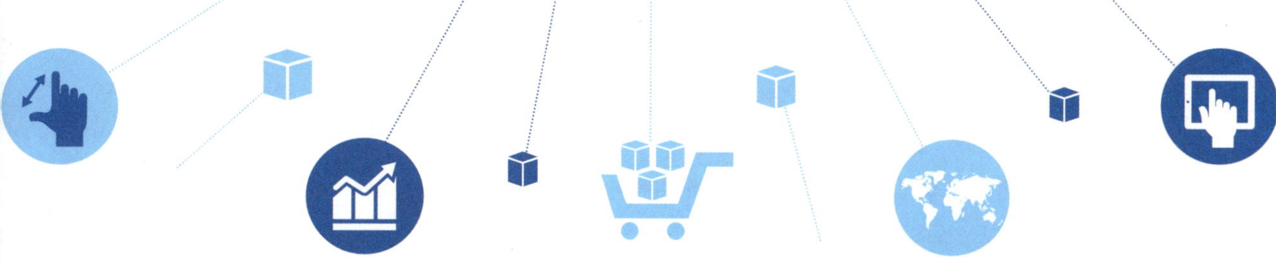

2015년 봄이었던 것으로 기억합니다. 운영하던 시스템에서 빈번하게 하드웨어 장애가 발생했습니다. 가장 확실한 해결책은 하드웨어 교체와 솔루션에 대한 업그레이드였지만, 고객의 IT 담당자로부터 "예산 문제와 복잡한 내부 문제로 인해 하드웨어를 교체할 수 없고 신규 시스템도 도입하기 어렵다."라는 의견을 전달받았을 때 시스템 운영 책임자로서 매우 난감했습니다.

당시 여러 가지 해결책을 찾던 과정에서 클라우드와 아마존 웹 서비스(Amazon Web Services, AWS)를 접하게 되었습니다. 처음에는 '빌려 쓰는 서비스'라는 생각과 '쓴 만큼 지불한다.'라는 과금 방식에 대해 막연한 두려움이 있었습니다. 보통의 IT 프로젝트에서 하드웨어 인프라를 도입한다면 초기에 많은 투자 비용이 발생할 수 있지만 초기 투자 비용 예측이 가능하며, 이후 운영 및 유지를 위해 필요한 비용을 예측할 수 있기 때문에 투자 계획을 세울 수 있습니다.

하지만 당시 상황은 초기 투자 비용을 사용할 수 없는 입장에서 클라우드 서비스만큼 매력적인 대안을 찾을 수 없었기 때문에 기존 시스템을 클라우드로 전환하는 것을 검토하게 되었고, 그중에서 Global No.1 클라우드 서비스 공급자인 AWS를 선택하게 되었습니다.

지금은 대부분 메뉴와 설명들이 한글화되어 있어서 처음 접하더라도 어려움이 없지만, 2015년 프로젝트 초기에는 EC2, S3, RDS, VPC 등 생소한 용어와 새로운 기능들, 그리고 모든 명령어와 메뉴들이 영어로만 표기되어 있어서 용어와 개념에 대한 이해의 어려움이 있었습니다. 다만, 인프라를 설치/구성하고 웹 서비스를 위한 소스와 데이터를 이전하는 일에는 많은 시간이 걸리지 않았습니다.

그러나 메일 서비스를 오픈한 지 한 시간 만에 매우 난감한 상황에 봉착하였습니다. 메일 서버에서 외부로 메일을 발송하지 못하는 것이었습니다. 당시에는 지금과 같이 AWS 파트너의 도움을 받을 수도 없는 상황이었기 때문에 직접 AWS Support Center를 통해 Case를 오픈하였고, 호주에 위치한 AWS 엔지니어의 도움으로 짧은 시간 안에 문제를 해결할 수 있었습니다.

클라우드 서비스의 효율성과 민첩성, 그리고 항상 고객의 입장에서 생각하며 고객을 위해 노력하는 아마존의 철학에 대해 놀라지 않을 수 없었습니다. 그리고 필자는 확신했습니다. 앞으로 클라우드 서비스의 무한한 가능성에 대해서 말입니다. 2015년 봄에 시작하여 가을에 마무리된 '클라우드 이전 프로젝트'는 저의 첫 번째 클라우드 프로젝트이자, AWS 프로젝트로 기억됩니다.

개인 블로그에 클라우드 관련 강좌를 올리면서 관련 문의를 종종 받았습니다. 그중 가장 많이 받게 되는 질문은 "IT 지식이 없는 상황에서 클라우드를 공부하고 싶은데, 어떻게 해야 하나요?", "대학교 졸업반인데, 클라우드 자격증을 취득하려면 얼마나 많은 시간을 투자해야 할까요?", "IT 관련 경험은 많지만 클라우드는 처음입니다. 어떻게 시작해야 할까요?" 등이었습니다.

또한 클라우드 인력을 양성하기 위한 사내 강좌를 진행하면서 클라우드 서비스를 어떻게 하면 보다 빠르고 손쉽게 이해시킬 수 있을지에 대해 많은 고민을 했습니다. 클라우드를 공부하면서 가장 어렵다고 느낀 점은 다음과 같습니다.

첫째, 전문 용어 및 정의와 개념에 대한 이해가 필요합니다.
IT 분야에서 오랫동안 일을 했어도 어려움을 호소하는 부분 중 하나가 전문 분야에 대한 개념, 용어, 정의에 대한 이해입니다. 그리고 기술이 발전함에 따라 계속적으로 공부를 해야 한다는 부분이 아닌가 생각됩니다.

둘째, 클라우드 전문가는 이제 'IT 인프라'를 넘어 '비즈니스 가치'를 이해해야 합니다.
과거에는 서버, 네트워크, 보안 등 특정 분야의 전문가가 클라우드를 배우는 경우가 많았습니다. 하지만 지금의 클라우드 전문가는 전통적인 인프라 지식은 물론, DevOps, 데이터 분석, 머신러닝을 기본 소양으로 갖춰야 합니다. 더 나아가, 이제는 세상을 바꾸고 있는 생성형 AI(Generative AI)라는 새로운 패러다임을 클라우드 위에서 어떻게 구현하고 비즈니스로 연결할지 고민해야 하는 시대가 되었습니다. 이는 더 이상 인프라 엔지니어만의 영역이 아닙니다. 애플리케이션 개발자, 데이터 과학자, 심지어 서비스 기획자까지 모두가 클라우드라는 공통의 언어로 소통하며 혁신을 만들어 나가고 있습니다.

셋째, 무엇부터 어떻게 공부해야 할지 막막한 '정보의 홍수'를 헤쳐 나가야 합니다.
2019년만 해도 체계적인 한글 교육 자료가 부족한 것이 현실이었습니다. 하지만 지금은 정반대입니다. AWS 공식 문서, 수많은 온라인 강의, 유튜브 영상, 기술 블로그 등 정보가 넘쳐납니다. 오히려 선택지가 너무 많아 어디서부터 시작해야 할지, 어떤 정보가 정확한지 판단하기 어려워 길을 잃기 쉽습니다. 정보의 부족이 아닌, '정보의 과잉'이 초심자에게는 또 다른 진입장벽이 된 것입니다.

그래서 AWS를 접하는 초보자를 대상으로, 넘쳐나는 정보 속에서 가장 중요한 핵심 용어와 개념을 짚어 주고, 최신 기술 트렌드를 반영한 실습을 통해 차근차근 자신감을 쌓아갈 수 있도록 하기 위해 이 책을 다시 만들게 되었습니다. 처음 접하거나 막연한 두려움이 있더라도 이 책을 통해 공부하며 AWS에 대한 지식을 쌓아 본인이 원하는 곳에 적용해 보길 바랍니다.

이 책의 집필을 시작할 때는 호기심과 처음 하는 일에 대한 두려움이 있었습니다. 하지만 필자의 작은 노력으로 많은 분에게 도움이 될 수 있다면 이 또한 큰 기쁨이 될 것으로 생각됩니다.

마지막으로 지금까지 도움을 주신 모든 분들께 감사의 말씀을 전하고 싶습니다.
책 집필을 핑계로 자주 놀아 주지 못하고 컴퓨터 앞에서 씨름하고 있는 아빠에게 든든하게 힘이 되어 준 멋진 아들 민우, 민재, 너무나도 헌신적인 아내이며 아이들에게 자상한 어머니 김혜욱 씨, 사랑합니다. 하늘나라에서 항상 지켜 봐 주시는 어머니, 아버지께 이 책을 바칩니다.

권 영 환

2018년 유난히 무더웠던 여름, AWS 입문서를 쓰겠다는 저자의 이야기를 듣게 되었습니다. 물론 아마존에서 배포한 백서를 보면 서비스별 상세한 소개 및 가이드가 명시되어 있지만, AWS 입문자들에게는 마치 고시 지망생들이 시험 과목 전집 참고서를 보고 느끼는 막연함처럼 무엇을 어디부터 어떻게 시작해야 하는지에 대한 부분이 버겁게 다가올 수밖에 없으리라 생각되었습니다.

그런 점에서 이 책은 저자가 직접 AWS를 구축하고 얻은 실무적인 경험을 아낌없이 공유하는, 의미 있는 시도라고 볼 수 있습니다. 저 역시 20여 년 IT 업무에 종사했지만, IT 분야의 변화는 최근 들어 앞을 내다보기 힘들 정도로 격변하고 있습니다.

오랫동안 거래해 온 하드웨어 공급 업체에서는 이미 영업에 어려움을 호소할 정도로 신규 장비 구매나 솔루션 도입 등이 급감하고 있는 상황입니다. 특히, 신규 오픈하는 스타트업(Start Up) 기업 중 전통적인 방식으로 데이터 센터에 인프라를 구축하는 업체는 이제 찾아보기 힘든 것이 현실입니다.

구소련이 붕괴될 때 〈Scorpions〉의 'Wind of Change'라는 곡이 발표되었습니다. 당시의 시대를 반영한 곡이었고 냉전의 종식을 선언하는 의미 있는 곡이었습니다. 지금의 IT 환경 또한 그와 다르지 않습니다. 거대한 바람이 불고 있고, 모든 것이 바뀌고 있습니다.

불과 몇 년 전만 해도 우리는 'IBM의 Watson' 같은 인공지능을 이야기했지만, 이제 세상은 ChatGPT, Claude와 같은 '생성형 AI'의 등장으로 또 한 번의 혁명을 맞이하고 있습니다. 더 중요한 사실은, 이제 이런 엄청난 능력을 가진 AI 모델을 기업이 직접 개발할 필요가 없다는 것입니다.

미래 인프라의 핵심은 '빌려 쓰는 것'을 넘어 '조립하여 쓰는 것'이 되었습니다. 예를 들어, 세계적인 AI 기업 앤트로픽(Anthropic)은 자신들의 거대 언어 모델인 '클로드(Claude)'를 개발하고 운영하는데 AWS의 인프라를 전적으로 활용합니다. 다른 기업들은 Amazon Bedrock과 같은 서비스를 통해 앤트로픽의 AI 모델을 API 형태로 손쉽게 가져와 자사의 데이터와 결합하여 완전히 새로운 AI 서비스를 창조합니다. 이는 마치 최고급 엔진을 사 와서 나만의 자동차를 만드는 것과 같습니다.

이러한 서비스형 AI는 수많은 고객사의 경험을 통해 자체적으로 학습하며 끊임없이 발전합니다. 그렇기 때문에 시간이 지날수록 더 나은 서비스를 더 저렴한 가격에 제공하는 선순환이 이루어집니다.

그렇기에 이제 기업 R&D 부서의 역할도 변하고 있습니다. 밑바닥부터 모든 것을 연구하고 개발하는 부서가 아니라 클라우드가 제공하는 강력한 신기술이라는 레고 블록을 찾아내고, 그것들을 어떻게 창의적으로 '조립'하여 시장이 원하는 제품을 가장 빠르게 만들어 낼 것인지를 고민하는 부서가 핵심 경쟁력을 갖게 될 것입니다.

어느 날 갑자기 LP 레코드판이 사라진 것처럼 서버와 솔루션을 전산 센터에 설치해서 운영하는 것이 과거의 유물이 되었습니다. 이 책을 통해 클라우드와 AI가 만들어가는 거대한 변화의 바람을 느끼고, 미래를 향한 작지만 확실한 첫걸음을 내딛는 계기를 만들었으면 좋겠습니다.

HMM 컨테이너운송관리팀 책임매니저 이현우

IT 관련 일을 하다가 지금은 다른 업무를 담당하고 있지만, 클라우드 서비스는 우리 생활에 정말 밀접하게 자리 잡고 있는 서비스라고 생각합니다. 이런 호기심과 관심으로 처음 접한 이 책은 IT에 대한 지식과 경험은 있지만, 클라우드 서비스를 처음 접하는 사람들도 손쉽게 클라우드와 AWS로 안내해 주는 좋은 안내서라고 생각합니다. 클라우드에 관심이 있지만 어떻게 시작해야 할지 막연한 초보자들과 클라우드 관련 자격증에 관심이 있는 학생들에게 좋은 길잡이가 되리라 생각합니다.

전기공사공제조합 차장 조영주

다른 사람에게 자신이 알고 있는 지식을 전달하는 가장 좋은 방법 중 하나가 책입니다. 이 책을 읽으면서 '경험'이라는 단어가 많이 떠올랐습니다. 어떻게 하면 내 경험을, 내 지식을, 내가 알고 있는 정보를 다른 사람들에게 쉽게 접근할 수 있도록 할 수 있을까? 고민과 고민을 거듭한 흔적들을 많이 엿볼 수 있었습니다. 이 책을 통해 해당 분야를 시작하는 모든 분들이 저자가 전하고자 하는 것들을 자신의 경험과 지식으로 만들 수 있기를 바랍니다. 현분야에서 전문가가 되는 것이 가장 중요한 자기 개발 방법이라는 저자의 말이 인상 깊게 남았습니다. 이 책을 보는 많은 분들은 이미 자기 개발 방법을 알고 있을 것이라 생각됩니다. 모든 분들에게 행복이 가득하길 바랍니다.

플랫폼 S/W 개발 전문가 김진백

누구나 쉽고 빠르게 사용할 수 있는 것이 클라우드의 장점이라지만, 정작 초보가 접근하기에는 어려움이 많습니다. 이 책은 현업에서 많은 프로젝트를 수행했던 저자의 경험을 바탕으로 노하우를 담아 퍼블릭 클라우드 입문자가 따라 하기만 하면 몇 시간 만에 바로 이용할 수 있도록 안내합니다. 특히, 본인의 경험에서 우러나는 노하우를 잘 풀어 쓴 에필로그와 실습 후 자원을 깔끔하게 삭제하여 예상치 못한 비용 발생을 막아 주는 마무리 가이드는 클라우드 비용 관리(FinOps)의 첫걸음을 알려 주는 매우 친절하고 중요한 가이드라고 생각됩니다.

인천 스마트시티 기술본부 팀장 박종안

단지 귀동냥으로 아는 것과 실제 경험을 통해 지식으로 남기는 것에는 많은 차이가 있습니다. 이 책은 클라우드라는 두루뭉술한 개념을 필자의 생생한 경험에서 우러나오는 지식을 바탕으로 매우 명쾌하고 친절하게 전달해 주고 있습니다. 특히, 장마다 실습과 에필로그를 곁들여 누구나 쉽게 이해하고 활용할 수 있도록 해 줍니다. 제프 베조스(Jeff Bezos)가 자신의 작은 차고에서 오늘날 천문학적 기업 가치를 가진 아마존을 창조해냈듯이 이 작은 책 한 권이 AWS를 처음 접하는 개발자나 클라우드에 관심 있는 분들에 의해 세상을 바꾸는 'AI 혁명'의 중요한 시작점이 될 것입니다. 미래가 궁금하다면 지금 바로 AWS의 세계로 Log-in해 보세요!

교육그룹 박문각 부장 김근배

이 책은 클라우드 컴퓨팅과 AWS에 대해 처음 접하는 초보자들도 IT 용어와 개념을 알기 쉽게 정리되어 있어서 좋았습니다. 그리고 AWS에 대해 처음 접하는 사람도 각 챕터별로 준비된 실습 코너를 통해 하나하나 따라 하다 보면 어렵지 않게 결과물을 만들어 낼 수 있습니다. 마치 장인이 한 땀, 한 땀 바느질한 것처럼 각 실습별로 만들어진 캡처 화면은 처음 접하는 초보자들도 손쉽게 따라 할 수 있도록 준비되어 있어 좋습니다. 이 책을 시작으로 AWS의 다양한 다른 서비스에 대해서도 이처럼 쉽게 접할 수 있도록 출간해 주면 좋을 것 같다는 생각이 듭니다.

HST 차장 신동원

프로젝트를 위해 각 하드웨어 서버를 서버랙에 장착하고 OS를 하나하나 설치해야 했던 시대가 엊그제 같습니다. 이제 클라우드 서버 인프라 환경으로 넘어와서 더는 하드웨어를 설치하고 연결하는 일이 필요 없어졌습니다. 시대는 클라우드 인프라 환경으로 급격하게 변화하고 있으며, 일반 서버 인프라를 넘어서 서버리스(Serverless), 데이터 분석은 물론, 이제는 생성형 AI(Generative AI)와 같은 최첨단 기술까지 누구나 손쉽게 사용할 수 있게 되었습니다. 이 책은 이런 시대에 클라우드를 처음 접하는 입문자의 관점에서 예제를 하나씩 따라 하면서 익힐 수 있는 좋은 지침서입니다.

Databrick Korea 상무 고종성

이 책은 단순히 외국 서적의 번역본이 아닌 실무자가 경험을 토대로 풀어 내 더욱 믿음이 갑니다. 클라우드 서비스에 대한 내용을 알기 쉽게 풀이하여 처음 시작하는 분들에게 도움이 될 것이라 믿습니다. 단순히 AWS를 아는 것에 그치지 않고 자신만의 가상화 공간을 만들어 체험해 보고 싶은 분들에게 추천합니다. 좋은 내용의 책으로 후배 양성에 힘쓰는 저자에게 감사의 인사를 드립니다.

인천 스마트시티 차장 김거상

이 책은 클라우드 기술의 세계에 첫발을 내딛는 분, IT 경험은 있지만 AWS라는 새로운 분야에 도전하는 분, 그리고 체계적인 지식 지도를 그리며 자격증 취득을 목표로 하는 분 모두를 위해 쓰였습니다. 여러분의 소중한 시간과 노력이 최고의 결과로 이어질 수 있도록 다음과 같은 방법으로 이 책을 활용해 보시기를 권장합니다.

첫 단추는 1부부터 순서대로 진행하세요

이 책은 AWS의 가장 기초적인 개념부터 시작하여 컴퓨팅, 스토리지, 데이터베이스, 네트워킹 등 핵심 서비스를 단계적으로 쌓아 올리는 구조로 설계되었습니다. 특히, 1부의 '계정 생성 및 보안 강화' 실습은 앞으로의 모든 여정을 위한, 가장 중요한 준비 과정이므로 절대 건너뛰지 마십시오. 클라우드에 대한 경험이 어느 정도 있는 독자라면 필요한 부분만 발췌하여 볼 수도 있겠지만, 처음 시작하는 분이라면 반드시 1부부터 순서대로 읽으면서 기본기를 탄탄히 다지는 것이 중요합니다.

눈으로만 읽지 말고, 손으로 직접 구축하세요

클라우드는 이론이 아닌 경험의 학문입니다. 이 책의 가장 큰 가치는 모든 핵심 개념을 직접 따라 하며 체득할 수 있는 '실습 예제'에 있습니다. 각 장의 설명을 읽으며 개념을 이해했다면, 반드시 시간을 내어 AWS 관리 콘솔에서 직접 리소스를 생성하고, 구성하고, 삭제하는 과정을 경험해 보십시오. 에러가 발생하면 해결 과정을 즐기고, 성공하면 성취감을 만끽하십시오. 여러분의 손끝에서 만들어지는 가상 서버와 데이터베이스 하나하나가 여러분을 전문가의 길로 이끌 것입니다.

함께 활용하면 좋은 AWS 공식 자료들

이 책이 여러분을 위한 '친절한 가이드'라면, 다음 공식 자료들은 여러분의 지식을 더 깊고 넓게 만들어 줄 '거대한 도서관'입니다. 학습 중 더 깊은 정보가 필요할 때 함께 활용하면 학습 효과가 배가 됩니다.

- **AWS Skill Builder**: AWS가 제공하는 공식 온라인 학습 센터입니다. 수백 개의 무료 디지털 교육 과정, 실습 랩, 그리고 자격증 준비 자료들이 모두 이곳에 있습니다. 이 책으로 기본기를 다진 후 관심 분야의 심화 학습을 위해 반드시 방문해야 할 곳입니다.
- **AWS 공식 문서**: 모든 AWS 서비스의 가장 정확하고 상세한 정보가 담겨 있는 '진리의 원천'입니다. 특정 옵션이나 기능에 대한 심도 있는 정보가 필요할 때 참고하면 좋습니다.

- **AWS 한국어 블로그 및 YouTube 채널:** AWS의 최신 소식, 신규 서비스 출시 유용한 기술 팁, 고객 성공 사례 등 생생한 정보들을 가장 빠르게 접할 수 있는 채널입니다.
- **AWS 개발자 센터:** SDK(소프트웨어 개발 키트), API 레퍼런스, 코드 예제 등 애플리케이션 개발에 필요한 모든 기술 자료가 모여 있는 개발자들의 보물창고입니다.

최신 정보 및 피드백

이 책은 2025년 8월의 최신 정보를 기준으로 작성되었습니다. 하지만 클라우드 기술은 매일같이 발전하므로 책의 내용과 실제 AWS 콘솔 화면이 일부 다를 수 있습니다. 그러나 핵심적인 개념과 작동 원리는 동일하므로 당황하지 말고 이 책이 제시하는 원리를 중심으로 학습을 이어 나가시길 바랍니다.

코드 예제 및 오탈자

이 책의 모든 실습 코드와 최신 업데이트 정보, 그리고 오탈자 수정 내역은 다음 GitHub 리포지토리에서 관리됩니다. 학습 중 코드에 문제가 있거나 책의 내용에 대한 수정 제안이 있다면 'Issues' 기능을 통해 의견을 남겨 주세요.

github.com/saga111/AWSDiscoveryBook2nd-edition

기타 문의

그 외 책에 대한 질문이나 저자에게 전하고 싶은 이야기는 다음 블로그나 이메일을 통해 피드백이 가능합니다.

- **블로그:** 사가의 재미있는 세상(blog.naver.com/saga111)
- **이메일:** saga111@naver.com

05 확장 가능한 데이터베이스 서버 만들기

06 내 서비스에 멋진 이름표 달기: Amazon Route 53(DNS)

09 전 세계 사용자에게 빛의 속도로 서비스 배달하기(Amazon CloudFront)

10 클라우드의 철통 문지기, IAM으로 계정 안전하게 지키기

13 Kiro: AWS가 만든 스펙 주도형 AI 개발자 채용하기

14 AWS 자격증 취득에 도전해 보기

15 AWS Training 계정 생성 및 시험 신청 방법

PART 01

클라우드와
아마존 웹 서비스

우리는 지금 '클라우드'라는 거대한 기술의 파도 속에 살고 있습니다. 불과 10여 년 전만 해도 기업이 서비스를 하려면 전산실을 짓고, 값비싼 서버를 구매하고, 복잡한 케이블을 연결해야 했습니다. 하지만 이제는 클릭 몇 번으로 전 세계 어디서든 슈퍼 컴퓨터급 성능을 빌려 쓸 수 있는 세상이 되었습니다.

1부에서는 이 혁명의 중심에 있는 '클라우드 컴퓨팅'이 도대체 무엇인지, 그리고 그 변화를 이끌고 있는 '아마존 웹 서비스'가 왜 세계 1위인지 그 탄생 배경과 핵심 가치를 살펴봅니다. 막연하고 어렵게만 느껴졌던 클라우드의 개념을 잡고, 앞으로 펼쳐질 흥미진진한 아마존 웹 서비스 여정의 첫 단추를 끼워 보겠습니다.

클라우드 컴퓨팅(Cloud Computing)이란, 컴퓨팅 파워, 스토리지, 데이터베이스, 애플리케이션 등과 같은 IT 리소스를 인터넷을 통해 온디맨드(On-demand)로 제공하고, 사용한 만큼만 비용을 지불하는 종량제 서비스 모델을 말합니다.

[그림 1-1] 클라우드 컴퓨팅

과거에는 기업이 웹 사이트나 서비스를 운영하려면 직접 데이터 센터를 구축하고, 값비싼 물리 서버와 스토리지 장비를 구매한 후 복잡한 네트워크와 전력 설비를 설치해야 했습니다. 마치 집에서 전기를 쓰기 위해 직접 자가 발전기를 설치하는 것과 같았죠.

클라우드는 이 모든 것을 바꿔 놓았습니다. 이제는 직접 서버를 소유하는 대신, AWS와 같은 클라우드 서비스 제공 업체(Cloud Service Provider, CSP)가 거대한 규모로 구축해 놓은 데이터 센터의 자원을, 필요할 때 필요한 만큼 몇 번의 클릭만으로 빌려 쓸 수 있게 되었습니다.

이는 우리가 집에서 전기나 수도를 사용하는 방식과 완벽하게 동일합니다. 우리는 발전소나 정수장을 소유하지 않고, 한국전력이나 상수도사업본부로부터 전력과 물을 공급받아 사용한 만큼만 월말에 요금을 냅니다. 클라우드의 핵심도 컴퓨팅 자원에 대해서만 비용을 지불하는 '종량 과금제(Pay-as-you-go)' 입니다.

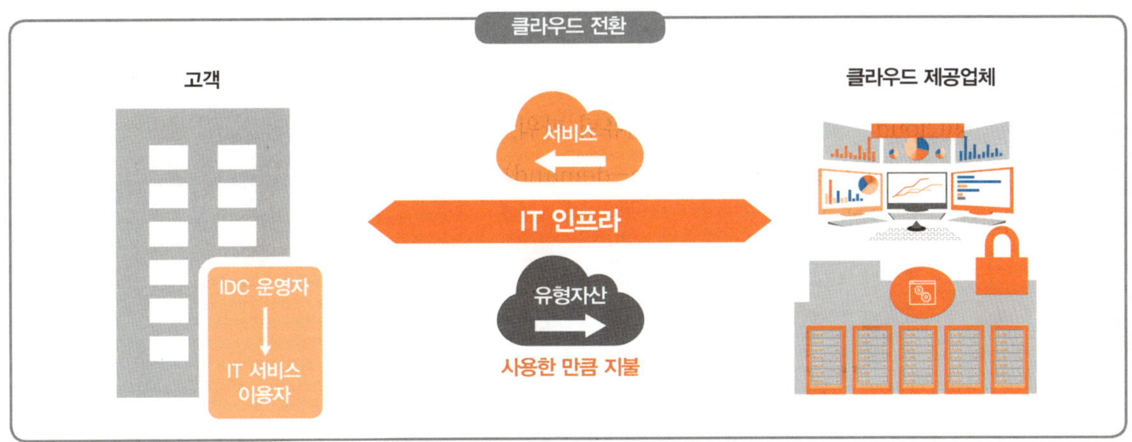

[그림 1-2] 클라우드 서비스 비용 지불 방식

이러한 모델 덕분에 우리는 언제(Anytime), 어디서나(Anywhere) 인터넷만 연결되어 있다면 손쉽게 IT 인프라에 접근하고, 비즈니스 상황에 따라 몇 분 만에 자원을 늘리거나 줄이는 탄력성(Elasticity)을 확보할 수 있습니다.

02 우리는 왜 클라우드 컴퓨팅을 배워야 하는가?

그렇다면 왜 우리는 클라우드를 '선택'이 아닌 '필수'로 배워야 할까요? 주변의 C-Level 임원이 지시해서 또는 막연한 미래 기술이라서 배우는 시대는 지났습니다. 이제 클라우드는 모든 디지털 서비스의 기반이며, 여러분의 커리어에 가장 강력한 무기가 될 것이기 때문입니다.

2-1 모든 비즈니스의 표준, 디지털 전환의 심장

이제 클라우드는 스타트업이나 IT 기업만의 전유물이 아닙니다. 제조, 금융, 유통, 미디어, 공공 기관 등 산업 분야를 막론하고 모든 기업이 클라우드를 도입했거나 핵심 시스템을 클라우드로 전환하고 있습니다. 이는 단순히 비용을 절감하는 차원을 넘어 빠르게 변화하는 시장에 민첩하게 대응하고 데이터를 기반으로 새로운 비즈니스 가치를 창출하는 '디지털 전환(Digital Transformation)'의 핵심 동력이기 때문입니다.

〈가트너(Gartner)〉는 2026년 전 세계 퍼블릭 클라우드 서비스 시장 규모가 약 1만 1,062억 달러를 넘어설 것으로 전망했으며, 이후에도 매년 20% 이상의 가파른 성장세를 이어갈 것으로 예측했습니다.

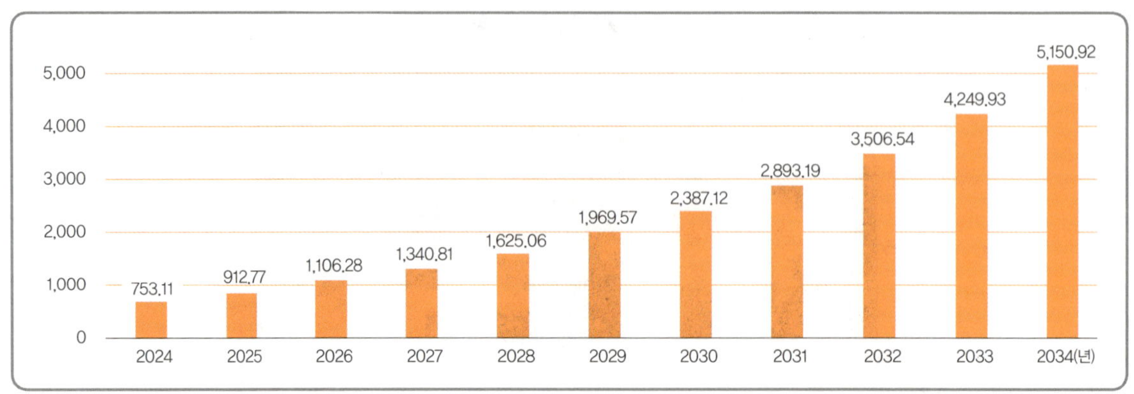

[그림 1-3] Cloud Computing Market Size(출처: precedenceresearch.com)   (단위: 달러)

또한 IDC에 따르면 우리나라도 매년 20%가 넘는 수치로 클라우드 서비스 시장의 Market Share가 증가하고 있고, 클라우드 시장의 매출이 2023년에는 약 4조 2,549억 원 규모를 형성하였으며, 2027년까지 7조 6,642억 원 규모로 성장할 것으로 전망하고 있습니다.

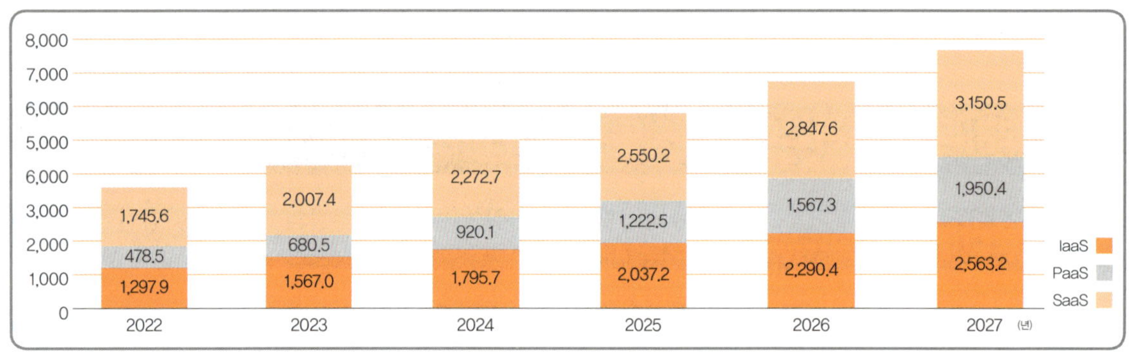

[그림 1-4] 국내 퍼블릭 클라우드 시장 전망(출처: IDC Semiannual Public Cloud Service Tracker, 2023)   (단위: 10억 원)

대한민국 시장 역시 가파르게 성장하며 이미 수조원 규모의 시장을 형성했습니다. 당신이 어떤 분야에서 일하든, 클라우드는 피할 수 없는 현실이 되었습니다.

▌2-2 생성형 AI 시대, 클라우드는 선택이 아닌 전제 조건

최근 몇 년간 세상을 뒤흔든 '생성형 AI'는 클라우드 없이는 존재할 수 없습니다. ChatGPT와 같은 초거대 언어 모델(LLM)을 훈련하고 운영하기 위해서는 슈퍼컴퓨터급 인프라가 필요하기 때문입니다. 이제 AWS와 같은 클라우드를 통해 어떤 기업이나 개발자라도 단돈 몇 달러로 최고 수준의 AI 모델을 활용(Amazon Bedrock 등)하고, 자체 데이터를 기반으로 한 AI 서비스를 개발할 수 있게 되었습니다.

[그림 1-5] 클라우드와 생성형 AI 서비스(Amazon Nova 2 Omni)

과거에는 이런 인프라를 구축하는 것이 일부 빅테크 기업에게만 허락된 영역이었습니다. 하지만 이제 AWS와 같은 클라우드를 통해 어떤 기업이나 개발자라도 단돈 몇 달러로 최고 수준의 AI 모델을 활용하고, 자체 데이터를 기반으로 한 AI 서비스를 개발할 수 있게 되었습니다.

클라우드는 AI와 빅데이터라는 거대한 잠재력을 실현시키는 '기회의 평등'을 제공합니다. 하드웨어 구매와 데이터 센터 운영에 대한 부담 없이 오직 아이디어와 코드만으로 세상을 바꿀 수 있는 시대, 그 중심에 바로 클라우드가 있습니다. 미래의 IT 환경에서 인프라를 직접 관리하는 일은 점점 더 줄어들고, 클라우드 위에서 가치를 어떻게 창출할 것인지에 대한 고민이 핵심 경쟁력이 될 것입니다.

03 클라우드 서비스 모델: IaaS, PaaS, SaaS 그리고 그 이상

클라우드 서비스는 제공되는 관리 수준과 사용자의 책임 범위에 따라 크게 세 가지 모델로 나눌 수 있습니다. 이를 '피자 서비스(Pizza-as-a-Service)'에 비유하여 설명하겠습니다.

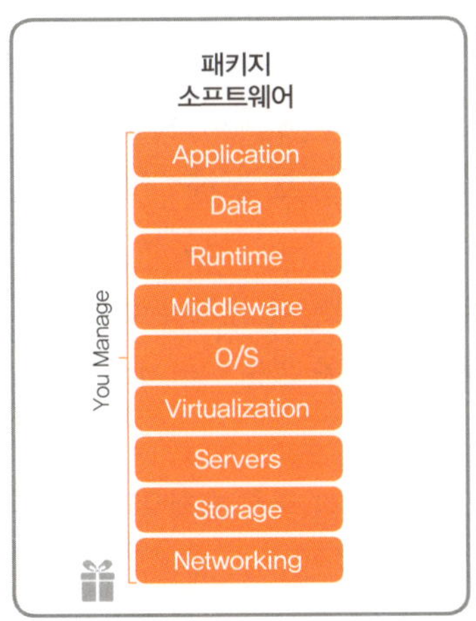

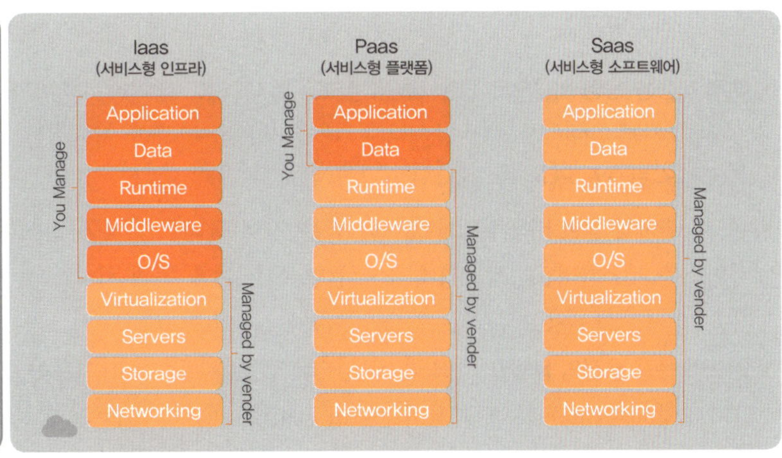

[그림 1-6] 클라우드 서비스 이용 방식

- **전통적인 방식(On-premises):** 집에서 직접 피자를 만드는 것과 같습니다. 밀가루, 토마토 소스, 치즈 등 재료 구매부터 오븐, 주방, 식탁까지 모든 것을 내가 준비하고 관리해야 합니다. IT에서는 서버, 스토리지, 네트워크 장비를 직접 구매하고 데이터 센터 공간을 임대하여 모든 것을 직접 설치하고 운영하는 방식을 사용합니다.

- **IaaS(Infrastructure as a Service):** 마트에서 피자 반죽과 토핑 재료를 사 와서 집에 있는 오븐에 굽기만 하는 방식입니다. 인프라(서버, 스토리지, 네트워크)는 클라우드 제공 업체(AWS)가 관리해 주고, 우리는 그 위에 운영체제(OS)와 애플리케이션을 직접 설치하고 관리합니다. 가장 유연하고 통제권이 높습니다. Amazon EC2 등이 이에 해당합니다.

- **PaaS(Platform as a Service):** 배달 전문점에서 피자를 주문하는 것과 같습니다. 피자 자체는 배달되지만, 먹을 장소(식탁)와 음료는 내가 준비해야 합니다. IaaS에서 한 단계 더 나아가 OS와 미들웨어까지 클라우드 제공 업체가 관리해 줍니다. 우리는 오직 애플리케이션 코드 개발과 배포에만 집중하면 됩니다. AWS Elastic Beanstalk 등이 이에 해당합니다.

- **SaaS(Software as a Service):** 레스토랑에 가서 완성된 피자를 먹는 것과 같습니다. 우리는 아무것도 준비할 필요 없이 비용만 내고 서비스를 즐기면 됩니다. 인프라, 플랫폼, 소프트웨어까지 모든 것을 서비스 제공 업체가 관리하며, 사용자는 웹 브라우저나 앱을 통해 접속하기만 하면 됩니다. Google Workspace, Microsoft 365, Salesforce, Slack 등이 이에 해당합니다.

이 세 가지 모델은 서로 겹쳐 있어서 '클라우드 컴퓨팅 스택(Stack)'이라고도 부릅니다. 이 개념을 이해하면 내가 만들고자 하는 서비스에 어떤 클라우드 모델이 적합한지 판단하는 데 큰 도움이 됩니다.

04 클라우드가 제공하는 일곱 가지 핵심 가치

클라우드 컴퓨팅을 도입하면 비즈니스에 다음과 같은 강력한 가치와 혜택을 얻을 수 있습니다.

- **투자 비용을 운영 비용으로 변환 제공(CAPEX to OPEX):** 데이터 센터와 물리 서버를 구매하는 막대한 초기 투자(자본 비용)가 필요 없습니다. 대신 사용한 만큼만 지불하는 운영 비용으로 전환하여 재무적 유연성을 확보할 수 있습니다.

- **규모의 경제를 통한 비용 절감:** AWS와 같은 거대 클라우드 제공 업체는 수백만 명의 고객을 대상으로 서비스를 제공하며 '규모의 경제'를 실현합니다. 이를 통해 서비스 가격을 지속적으로 인하하며, 사용자는 더 저렴한 비용으로 최신 기술을 이용할 수 있습니다.

- **인프라 용량 추정의 불필요:** 비즈니스의 미래 성공을 예측하고 인프라 용량을 미리 과도하게 확보할 필요가 없습니다. 필요할 때 확장하고(Scale-up), 필요하지 않을 때 축소(Scale-down)하여 낭비되는 비용을 막을 수 있습니다.

- **비즈니스 민첩성 및 속도 향상:** 새로운 아이디어를 구현하기 위해 서버를 주문하고 설치하는 데 몇 주, 몇 달을 기다릴 필요가 없습니다. 클라우드에서는 단 몇 분 만에 필요한 컴퓨팅 자원을 확보하여 아이디어를 즉시 테스트하고 시장에 출시할 수 있습니다.

- **불필요한 관리 업무 최소화:** 서버 설치, OS 패치, 하드웨어 유지보수 등 비즈니스 가치 창출과 직접적인 관련이 없는 힘든 작업에서 해방될 수 있습니다. AWS가 이 모든 것을 대신해 주므로 여러분은 오직 고객과 핵심 비즈니스에만 집중할 수 있습니다.

- **몇 분 만에 글로벌 서비스 배포:** 클릭 몇 번으로 미국, 유럽, 아시아 등 전 세계 주요 거점에 서비스를 동시에 출시할 수 있습니다. 이는 최소한의 비용과 시간으로 글로벌 사용자를 확보할 수 있는 강력한 무기입니다.

- **(New) 실패를 두려워하지 않는 혁신 촉진:** 클라우드는 실험과 혁신을 위한 최고의 놀이터입니다. 새로운 아이디어(특히, AI/ML 관련)를 테스트하는 데 드는 비용과 위험이 매우 낮기 때문에 실패를 두려워하지 않고 과감하게 도전할 수 있는 문화를 만듭니다.

05 AWS에 대하여

1994년 7월의 어느날 제프 베조스(Jeff Bezos)는 잡지를 보다가 인터넷 시장의 규모가 1년 새 2,300배 성장했다는 소식을 접한 후 사표를 내고 자신의 차고에서 온라인 쇼핑몰을 창업하게 됩니다.

[그림 1-7] 아마존 CEO 제프 베조스(출처: 구글)

설립 초기에는 '카다브라'라는 이름으로 시작하였지만, 7개월 후 사명을 '아마존'으로 변경하였으며, 1995년 7월 아마존 웹 사이트를 통해 첫 영업을 시작하였습니다. 서비스 시작 이후 단기간에 폭발적인 성장세를 거두었습니다. 설립 1년만에 회원 수가 1,000만 명을 넘어 섰으며 매출 51만 달러(5억 6,000만 원)를 달성하며 폭발적인 성장세를 이어갔습니다.

1999년 아마존은 3억 달러를 투자하여 미국과 유럽 등에 물류센터를 확장하여 직원 수가 7,600명까지 증가하였습니다. 2002년 아마존은 자사의 데이터베이스와 서비스를 오픈 API(운영체제와 애플리케이션 사이의 통신에 사용되는 언어나 메시지 형식) 형태로 외부에 개방했습니다. 이를 통해 다른 웹 사이트

들이 가격과 제품의 상세 설명과 같은 정보를 아마존의 DB에서 골라서 올리고 아마존의 결제 시스템과 장바구니를 이용할 수 있게 했습니다. 이것이 AWS의 시작이었습니다.

2006년, AWS는 클라우드 역사의 문을 연 두 가지 핵심 서비스, 'EC2(가상 서버 임대)'와 'S3(인터넷 스토리지)'를 출시합니다. IT 자원을 필요할 때마다 빌려 쓰고 사용한 만큼만 비용을 내는 이 혁명적인 모델은 전 세계 IT 시장의 패러다임을 완전히 바꾸어 놓았습니다. 그로부터 약 20년이 지난 지금, AWS의 위상은 어떨까요?

- **압도적인 시장 리더:** 시너지 리서치 그룹의 2025년 2분기 발표에 따르면, AWS는 전 세계 클라우드 인프라 시장의 약 32%를 점유하며 수년간 압도적인 1위 자리를 굳건히 지키고 있습니다. 2, 3위 그룹과의 격차도 여전히 큽니다.
- **아마존의 핵심 성장 동력:** AWS는 2025년 현재 아마존 전체 매출의 약 17%를 차지하지만, 영업 이익의 70% 이상을 창출하는 최고의 수익원이자 핵심 성장 동력입니다. 이는 AWS가 얼마나 효율적이고 성공적인 비즈니스인지를 명확히 보여 줍니다.

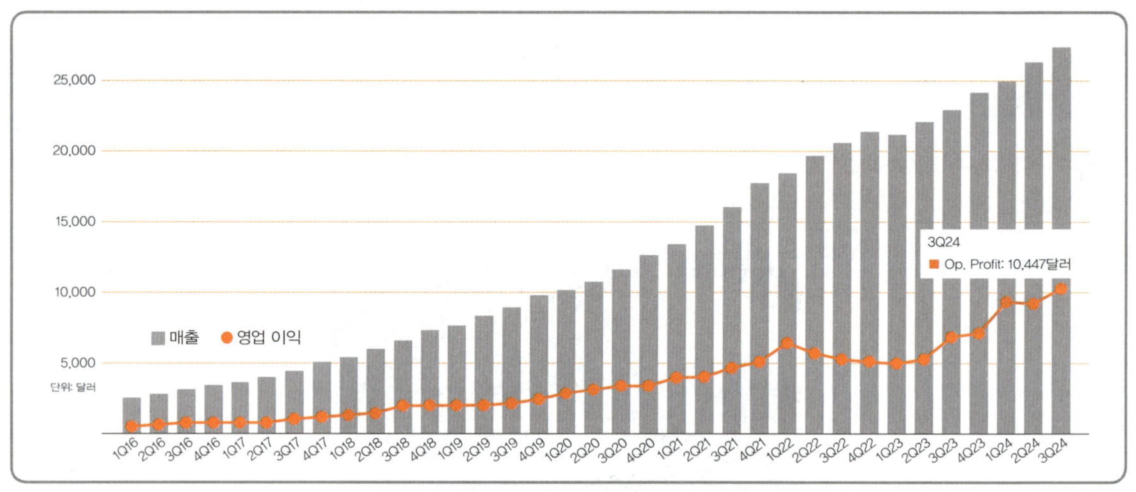

[그림 1-8] 아마존 AWS Earnings Q3 2024(출처: 구글)

제프 베조스가 제시했던 '고객 중심의 혁신'이라는 철학은 AWS의 DNA에 깊이 새겨져 있습니다. 아마존의 현CEO이자 AWS를 오랫동안 이끌었던 앤디 재시(Andy Jassy)는 2025년 주주 서한에서 이 철학이 생성형 AI 시대에 어떻게 발현되고 있는지 다음과 같이 강조했습니다.

"우리는 사실상 모든 고객 경험이 AI에 의해 재창조될 것이라고 믿습니다. 생성형 AI와 같은 기술은 일생에 한 번 올까 말까 한 기회이며, 고객과 비즈니스를 위해 가능한 것들을 완전히 바꾸어 놓을 것입니다. 이것이 바로 우리가 지금 공격적으로 투자하는 이유입니다."

그의 말처럼 AWS는 더 이상 '7년의 우위'와 같은 과거의 성공에 머무르지 않고, 생성형 AI라는 새로운 전장에서 미래를 만들어 나가고 있습니다.

물론 마이크로소프트, 구글 등 강력한 경쟁자들이 AI를 무기로 맹렬히 추격하며 클라우드 시장은 새로운 국면을 맞이했습니다. 하지만 AWS는 2025년 2분기 기준 여전히 전 세계 클라우드 인프라 시장의 약 30%를 점유하며 선두 자리를 유지하고 있습니다(출처: 시너지 리서치 그룹). 이는 단순한 시장 점유율을 넘어 수많은 고객의 신뢰를 기반으로 한 기술 리더십을 증명합니다.

1995년, 작은 기업들이 웹 사이트 같은 인프라에 너무 많은 비용을 들이는 문제를 해결하고자 했던 제프 베조스의 작은 실험은 이제 전 세계 혁신의 동력이 되었습니다. 과거 넷플릭스, 에어비앤비가 AWS와 함께 성장하며 유니콘 기업이 되었듯 지금은 앤트로픽(Anthropic), 스태빌리티 AI(Stability AI) 와 같은 차세대 생성형 AI 스타트업들이 AWS를 발판 삼아 전에 없던 새로운 서비스를 창조하고 있습니다.

이처럼 AWS는 시대의 변화에 발맞춰 스스로를 혁신하며, 기업의 규모와 상관없이 누구나 최고의 기술을 활용하여 성장할 수 있는 기회를 제공하고 있습니다. 이는 과거에도 그랬고, AI 시대인 지금은 더욱 그러하며, 앞으로도 AWS의 가장 중요한 가치로 남을 것입니다.

[그림 1-9] 국내 AWS 주요 고객사(스타트업부터 엔터프라이즈까지)

우리나라의 경우도 쿠팡, 당근마켓, 마켓컬리, 지그재그, 클래스101, 선데이토즈 등 성장을 예약해 둔 기업들이 AWS의 주요 고객이며, 삼성전자, 대한항공, 카카오, LG전자, 두산, 카카오, 넥슨, 엔씨소프트, 넷마블, KBS, CJ오쇼핑 등 다수 기업이 AWS를 기반으로 자신들의 서비스를 제공하고 있습니다.

AWS는 단순히 인프라를 제공하는 것을 넘어 고객의 성장을 돕고 함께 성장하는 선순환 구조를 만들며 클라우드 생태계를 이끌고 있습니다.

AWS는 현재 200개가 훌쩍 넘는 완벽한 기능의 서비스를 제공하고 있으며, 지금 이 순간에도 새로운 서비스를 만들고 기존 서비스를 개선하고 있습니다. 이 모든 것을 다 알 필요는 없습니다. 하지만 각 카테고리별로 어떤 핵심 서비스들이 있는지 이해한다면, 앞으로 여러분이 만들고 싶은 어떤 서비스이든지 구상할 수 있는 튼튼한 지식 지도를 갖게 될 것입니다.

6-1 컴퓨팅 서비스

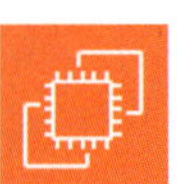

- **Amazon Elastic Compute Cloud(Amazon EC2):** 앞으로 가장 많이 사용하게 될 가상화 서버입니다. 이는 다양한 형태의 타입과 서비스에 따라 적합한 사양을 선택할 수 있으며, 사용량만큼 비용을 지불하는 컴퓨팅 서비스입니다.

- **Amazon Auto Scaling:** 서버의 특정 조건에 따라 서버를 추가/삭제할 수 있게 해 주는 서비스로, 서버 사용량이 많은 경우 추가로 생성하고, 사용하지 않는 경우 서버를 자동으로 삭제할 수 있게 해 줍니다.

- **Amazon Lightsail:** 간단한 가상화 프라이빗 서버(Virtual Private Server, VPS)가 필요한 개발자에게 웹 사이트와 웹 애플리케이션을 배포하고 관리하는 기능과 컴퓨팅, 스토리지, 네트워크를 빠르고, 손쉬우며 저렴한 비용으로 제공하는 입문자에게 최적화된 서비스입니다.

- **Amazon Elastic Container Service(Amazon ECS):** 컨테이너화된 애플리케이션의 손쉬운 배포, 관리 및 크기 조정에 도움이 되는 완전 관리형 컨테이너 오케스트레이션 서비스로, 고도로 안전하고, 안정적이며, 확장 가능한 컨테이너를 서비스를 제공합니다.

- **Amazon Elastic Container Registry(Amazon ECR):** 어디서나 애플리케이션 이미지 및 아티팩트를 안정적으로 배포할 수 있도록 뛰어난 성능 호스팅을 제공하는 완전 관리형 컨테이너 레지스트리입니다.

- **Amazon Elastic Kubernetes Service(Amazon EKS):** AWS 클라우드와 온프레미스 데이터 센터에서 Kubernetes를 실행하는 데 사용되는 관리형 Kubernetes 서비스로, 클라우드에서 컨테이너 예약, 애플리케이션 가용성 관리, 클러스터 데이터 저장 및 다른 주요 태스크를 담당하는 Kubernetes 컨트롤 플레인의 가용성과 확장성을 관리합니다.

- **AWS Lambda:** 서버를 프로비저닝 또는 관리하지 않고도 실제로 모든 유형의 애플리케이션 또는 백엔드 서비스에 대한 코드를 실행할 수 있는 이벤트 중심의 서버리스 컴퓨팅 서비스로, AWS 서비스에서 Lambda를 트리거하여 실행되며, 사용한 만큼만 지불하면 됩니다.

- **Amazon Outposts:** AWS Outposts는 진정으로 일관된 하이브리드 환경을 위해 거의 모든 온프레미스 또는 엣지 로케이션에 AWS 인프라 및 서비스를 제공하는 완전 관리형 솔루션 패밀리입니다.

▌6-2 네트워킹 서비스

- **Amazon Route 53:** 가용성과 확장성이 우수한 클라우드 기반의 Domain Name System(DNS) 웹 서비스로, 사용자의 요청을 AWS에서 실행되는 다양한 인프라에 효과적으로 연결할 수 있습니다. 또한 사용자를 AWS 외부의 인프라로 전달하는 서비스도 Route 53을 사용할 수 있습니다.

- **Amazon VPC(Virtual Private Cloud):** 가상 사설 네트워크 인프라를 클라우드 내에 생성/구성하고, 네트워크를 이용한 접근 제어(Security Group, NACL), DHCP 및 VPN 연결, 인터넷 게이트웨이(Internet Gateway) 등의 서비스 제공과 타 VPC와 다른 리전(Region) 간 VPC Peering 구성을 통해 보안성 및 안정성이 높은 네트워킹 서비스를 제공합니다.

- **AWS Direct Connect:** 기존 온프레미스(On-Premise)의 인프라와 AWS를 연결하는 전용선을 구성하여 낮은 지연 시간으로 데이터 및 정보를 공유할 수 있게 하는 서비스를 제공합니다. AWS-On-Premise를 연결하는 전용선 서비스로 이해하면 됩니다.

- **AWS Site-to-Site VPN:** IP 보안(IPSec) 터널을 사용하여 데이터 센터 또는 지사와 AWS 리소스 간에 보안 연결을 생성하는 완전 관리형 서비스입니다. Site-to-Site VPN을 사용하면 Amazon Virtual Private Cloud(VPC)와 AWS Transit Gateway 모두에 연결할 수 있으며 연결당 2개의 터널이 사용되어 중복성을 높입니다.

- **Amazon ELB(Elastic Load Balancer):** 들어오는 애플리케이션 트래픽을 Amazon EC2 인스턴스, 컨테이너, IP 주소 등 여러 대상에 자동으로 분산시켜 주는 서비스입니다. 웹 서버 및 각종 서버에 사용량과 접속자가 많은 경우, 트래픽에 대한 부하 분산을 통해 네트워크 트래픽을 인스턴스로 전달합니다.

- **Amazon CloudFront:** Amazon CloudFront는 낮은 대기 시간과 높은 전송 속도로 글로벌 Edge와 Proxy 기능을 사용하여 안전하게 콘텐츠 전송하며, 뛰어난 성능, 보안 및 개발자 편의를 위해 최적의 서비스를 제공할 수 있는 콘텐츠 전송 네트워크(CDN) 서비스입니다.

▌6-3 스토리지 서비스

- **Amazon S3(Simple Storage Services):** 여러 가지 용도로 사용할 수 있는 범용적인 스토리지 서비스로, 데이터 보관 이외에도 정적 웹 사이트 호스팅 및 다양한 형태의 서비스로 활용 가능한 만능 스토리지 서비스입니다.

- **Amazon S3 Glacier:** S3의 스토리지 클래스 중 하나로, 데이터 아카이빙 및 장기 백업을 위한 저렴한 스토리지 서비스입니다. 가격이 저렴하고 무제한으로 데이터를 보관할 수 있는 장점을 가지고 있는 스토리지 서비스입니다.

- **Amazon EBS(Elastic Block Storage):** 빠른 속도로 데이터를 저장 보관할 수 있는 서비스로, 주로 서버에 디스크로 추가하여 데이터를 보관 제공할 수 있으며, 기본으로 SSD를 사용하여 데이터 입출력 속도가 매우 빠르고, 고성능의 서비스를 필요로 하는 스토리지 서비스에 적합한 서비스입니다.

- **Amazon Elastic File System(Amazon EFS):** 스토리지 관리 없이 파일 데이터를 공유할 수 있는 서버리스 방식의 파일 시스템으로, 단순하고 탄력적이며 한 번만 설정하면 됩니다. 또한 파일을 추가하고 제거할 때 자동으로 확장되고 축소되며, 관리 또는 프로비저닝이 필요하지 않습니다.

- **AWS Storage Gateway:** 온프레미스에 있는 데이터를 클라우드로 저장, 보관하기 위한 연결 Gateway 서비스를 제공하고 있습니다.

- **AWS Snowball:** Import/Export 서비스를 통해 대량의 데이터를 AWS로 이전할 때 네트워크로 전송하지 않고 디스크나 스토리지에 저장하여 물리적으로 전달하고 이를 업로드하여 주는 서비스로, 대량의 데이터를 AWS로 업로드할 때 유용합니다.

▌6-4 데이터베이스 서비스

- **Amazon RDS(Relational Database Services):** 관계형 데이터베이스 서비스인 MSSQL, Oracle, MySQL, MarinaDB, PostgreSQL 등 RDBMS 서비스를 사용자가 직접 관리하지 않고, 아마존에서 제공하는 서비스를 이용하여 데이터베이스를 이용할 수 있도록 해 줍니다.

- **Amazon DynamoDB:** NoSQL용 서비스로, 대량의 데이터를 손쉽게 저장할 수 있고, 이렇게 저장된 데이터를 추가 분석 서비스와 연계 활용할 수 있도록 확장할 수 있습니다.

- **Amazon ElastiCache:** In-Memory 기반의 Cache 서비스로, 빠른 속도를 필요로 하는 서비스와 연계하여 높은 응답 속도와 신뢰성을 필요로 하는 서비스에 적합합니다.

- **Amazon Aurora:** 완벽한 MySQL 및 PostgreSQL 호환성과 함께 비할 데 없는 고성능과 고가용성을 글로벌 규모로 제공하도록 설계된 서비스로, 기본 제공 보안, 연속적인 백업, 서버리스 컴퓨팅, 최대 15개의 읽기 전용 복제본, 자동 다중 리전 복제 및 다른 AWS 서비스와의 통합을 제공합니다.

- **AWS Database Migration Service(AWS DMS):** 데이터베이스를 AWS로 빠르고 안전하게 마이그레이션할 수 있도록 지원합니다. 마이그레이션하는 동안 소스 데이터베이스가 변함없이 운영되어 해당 데이터 베이스를 사용하는 애플리케이션의 가동 중지 시간을 최소화할 수 있습니다.

- **Amazon Timestream:** IoT 및 운영 애플리케이션으로 제공되는 확장이 용이한 고속 서버리스 시계열 데이터베이스 서비스인 Amazon Timestream에서는 관계형 데이터베이스에 비해 최대 10배나 저렴한 비용으로 1,000배 더 빠르게 매일 수조 건의 이벤트를 쉽게 저장하고 분석할 수 있습니다.

6-5 분석 플랫폼

- **Amazon Athena:** 표준 SQL을 사용해 Amazon S3에 저장된 데이터를 간편하게 분석할 수 있는 대화식 쿼리 서비스로, 서버리스 서비스이므로 관리할 인프라가 없으며 실행한 쿼리에 대해서만 비용을 지불하면 됩니다. 또한 Athena는 사용하기 쉽고, Amazon S3에 저장된 데이터를 가리키고 스키마를 정의한 후 표준 SQL을 사용하여 쿼리를 시작하기만 하면 대부분 결과가 수 초 이내에 제공됩니다.

- **Amazon Kinesis:** 대량의 데이터를 저장 분류할 수 있는 서비스입니다. 다양한 규모의 스트리밍 데이터를 비용 효율적으로 처리할 수 있는 기능과 애플리케이션 요구사항에 따라 가장 적합한 도구를 선택할 수 있는 유연성을 제공합니다. 또한 기계학습, 분석 및 기타 애플리케이션을 위해 비디오, 오디오, 애플리케이션 로그, 웹 사이트 클릭스트림 및 IoT 텔레메트리 데이터와 같은 실시간 데이터를 수집할 수 있습니다.

- **Amazon Redshift:** 데이터 웨어하우스와 데이터 레이크 전체에 걸쳐 간단하며, 효율적으로 비용 모든 데이터를 분석할 수 있는 빠르고 확장 가능한 데이터 웨어하우스입니다. Redshift는 기계학습, 대량 병렬 쿼리 실행, 고성능 디스크의 열 기반 스토리지를 사용하여 다른 데이터 웨어하우스보다 10배 빠른 성능을 제공합니다.

- **Amazon OpenSearch Service:** 애플리케이션 모니터링, 대화형 로그 분석, 관측성, 실시간 애플리케이션 모니터링 및 웹 사이트 검색과 같은 사용 사례에서 비즈니스 및 운영 데이터의 실시간 검색, 모니터링 및 분석을 안전하게 지원하며, 빠르고 손쉬운 서비스 구성을 지원합니다.

- **AWS Glue:** 데이터 분석, 기계학습 및 애플리케이션 개발을 위해 여러 소스 시스템으로부터 데이터를 쉽게 탐색, 준비, 이동 및 통합할 수 있도록 하는, 확장 가능한 서버리스 데이터 통합 서비스입니다.

- **Amazon EMR:** 저장된 대량의 데이터를 분류하고 분석하여 필요한 정보를 뽑아 낼 수 있도록 다양한 서비스를 제공합니다.

▌6-6 애플리케이션 서비스

- **Amazon API Gateway:** 어떤 규모에서 든 개발자가 API를 손쉽게 생성, 게시 유지 관리, 모니터링 및 보안 유지할 수 있도록 하는 완전 관리형 서비스입니다. API Gateway를 사용하면 실시간 양방향 통신 애플리케이션이 가능하도록 하는 RESTful API 및 WebSocket API를 작성할 수 있으며, 컨테이너식 서버리스 워크로드 및 웹 애플리케이션을 지원합니다.

- **Amazon Simple Notification Service(Amazon SNS):** A2A(Application-To-Application)와 A2P(Application-To-Person)의 두 가지 방식으로 알림을 전송합니다. A2A는 분산된 시스템, 마이크로 서비스 및 이벤트 중심의 서버리스 애플리케이션 간에 처리량이 많은 푸시 기반의 다대다 메시징을 제공합니다. 또한 A2P 기능을 사용하면 SMS 텍스트, 푸시 알림, 이메일을 통해 고객에게 메시지를 전송할 수 있습니다.

- **Amazon Simple Queue Service(SQS):** 메시지 손실을 우려하거나 다른 서비스를 제공할 필요 없이 소프트웨어 구성 요소 간에 어떤 볼륨의 메시지이든 전송, 저장 및 수신할 수 있습니다.

▌6-7 인공지능 및 기계학습 서비스

- **New Amazon Bedrock:** 생성형 AI 애플리케이션을 구축하는 가장 쉬운 방법입니다. 주요 AI 스타트업(Anthropic, Stability AI 등)과 아마존의 고성능 파운데이션 모델(FM)을 단일 API를 통해 선택하여 사용할 수 있는 완전 관리형 서비스입니다(12부에서 자세히 다룹니다).

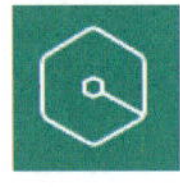
- **New Amazon Q & Kiro:** 업무용 생성형 AI 어시스턴트입니다. 개발자에게는 코딩 지원(코드 작성, 버그 수정)을, 비즈니스 사용자에게는 사내 데이터 기반의 질의응답 기능을 제공하여 업무 생산성을 혁신적으로 높여 주는 대화형 AI 서비스입니다.

- **Amazon SageMaker:** 데이터 과학자와 개발자가 기계학습 모델을 빠르게 구축, 훈련 및 배포할 수 있도록 모든 도구를 제공하는 완전 관리형 ML 플랫폼입니다.

- **사전 훈련된 AI 서비스(AI Services):** 기계학습 전문 지식이 없어도 API 호출만으로 애플리케이션에 지능을 더할 수 있는 서비스들입니다. 이미지 분석(Amazon Rekognition), 텍스트 음성 변환(Amazon Polly), 음성 인식(Amazon Transcribe), 언어 번역(Amazon Translate) 등이 대표적입니다.

이외에도 관리 거버넌스, 증강현실 및 가상현실, 비용 관리, 비즈니스 생산성, 데스크톱 및 앱 스트리밍, 개발자 도구, 게임 개발, 사물인터넷(IoT), 기계학습, 미디어 서비스, 마이그레이션, 모바일 서비스 등 40개가 넘는 고유 서비스를 포함하여 238개가 넘는 완벽한 기능의 서비스를 제공하고 있으며, 지금 이 시간에도 매일 새로운 서비스를 만들어 내고 있습니다. 이제 이 서비스들을 조합하여 여러분의 아이디어를 현실로 만들 차례입니다.

07 실습 AWS로의 안전한 항해 시작하기

이제 이론을 넘어 직접 AWS 클라우드를 경험해 볼 시간입니다. 이 책의 모든 실습 목표는 여러분이 직접 AWS 서비스를 다루며 클라우드에 대한 감각을 익히는 것입니다. 그 위대한 여정의 첫걸음은 바로 AWS 계정을 만드는 것입니다.

> **필독 실습 전 준비 사항**
>
> - 해외 결제가 가능한 신용카드 또는 체크카드: AWS는 가입 시 본인 확인 및 향후 사용량에 대한 결제 증빙으로 카드 정보를 요구합니다. 1달러 미만의 가상 결제가 발생할 수 있지만, 실제로 청구되지는 않습니다.
> - 본인 명의의 휴대폰: 문자(SMS) 또는 전화(ARS)로 본인 인증을 진행합니다.
> - 개인 이메일 주소: 이 주소는 앞으로 AWS 계정에 로그인하는 가장 중요한 정보, 즉 '루트 사용자(Root User)'의 아이디가 됩니다. 루트 사용자는 계정의 모든 권한을 가진 절대적인 존재이므로 보안에 각별히 신경 써야 합니다.
>
> **필독 2025년 AWS 프리티어와 IPv4 요금 주의사항**
>
> AWS는 신규 가입자에게 12개월 무료(프리티어) 혜택을 제공하지만, 2024년 2월부터 중요한 요금 정책 변경이 있었습니다. 프리티어 인스턴스(서버)를 사용하더라도 외부 통신을 위해 공인 IP(Public IP)를 할당받으면, 인스턴스 비용과는 별개로 시간당 0.005달러(약 7원)의 IP 사용료가 부과됩니다. 서버 1대를 한 달 내내 켜 두면 IP 요금만 약 5,000원 정도 청구될 수 있습니다. 따라서 실습이 끝나면 반드시 인스턴스를 중지(Stop)하거나 종료(Terminate)하여 불필요한 과금을 막는 습관을 길러야 합니다.

 AWS 계정 생성하기

01 웹 브라우저에서 https://aws.amazon.
com/ko/로 접속한 후 오른쪽 상단의
[계정 생성] 버튼을 클릭합니다.

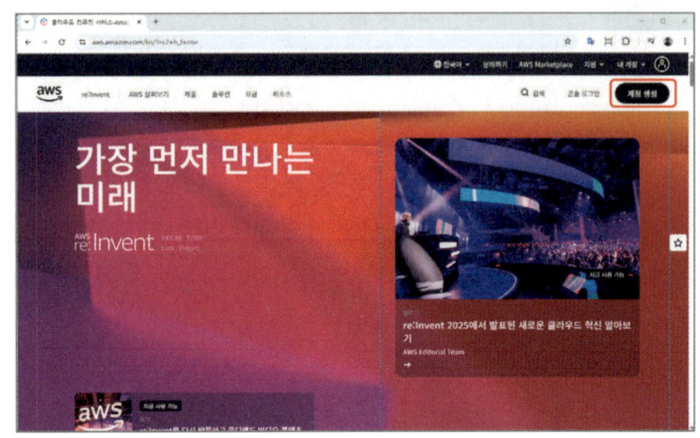

02 [AWS 계정 생성] 페이지를 입력합니다.

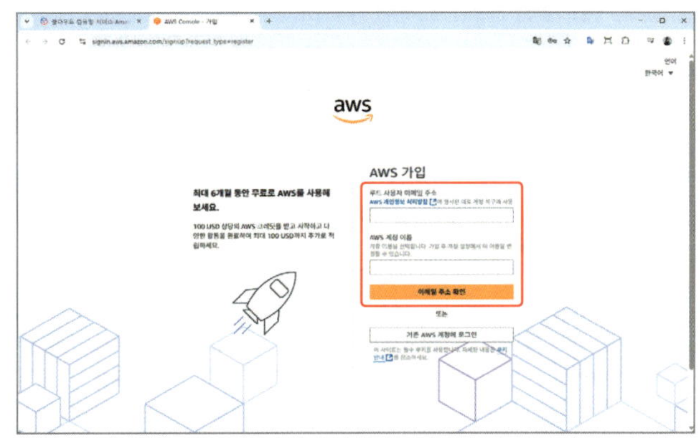

- **루트 사용자 이메일 주소**: 앞으로 로그인할
  이메일 주소를 입력합니다.
- **AWS 계정 이름**: 계정을 식별하기 위한 별
  칭입니다. 회사 이름이나 개인 프로젝트
  명으로 자유롭게 지정할 수 있습니다.
- **이메일 주소 인증**: [이메일 주소 확인] 버튼
  을 클릭한 후 이메일로 전송된 확인 코드
  를 입력하여 인증을 완료합니다.

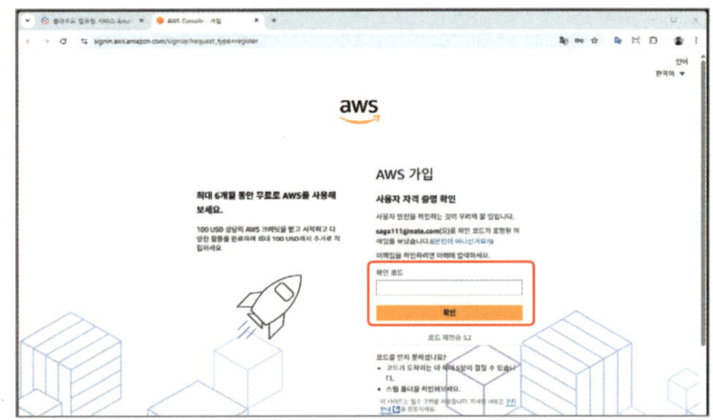

03 본인이 입력한 이메일 주소로 발송된 자격 증명을 위한 **[확인 코드]**를 확인한 후 입력합니다.

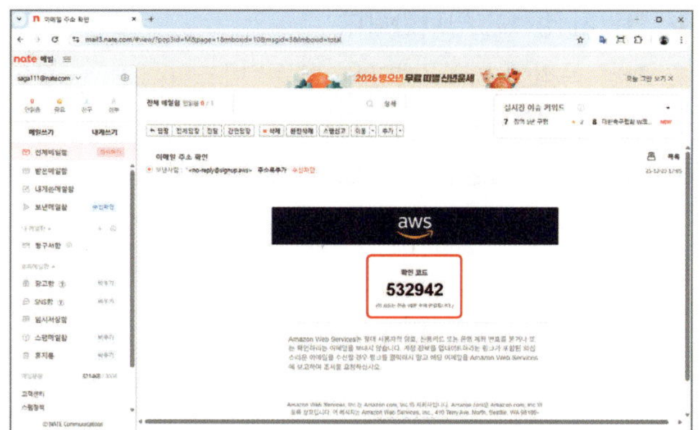

04 루트 사용자의 암호를 생성합니다. 추측하기 어려운 강력한 암호로 설정하고 **[계속(1/5단계)]**을 클릭합니다.

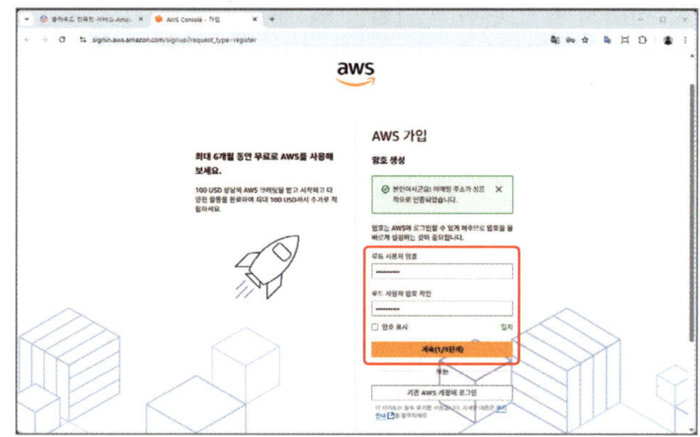

05 계정 플랜 선택에서 **[무료 플랜 선택]**을 클릭합니다(단, 전체 서비스 사용을 원하면 **[유료 플랜 선택]**을 클릭합니다).

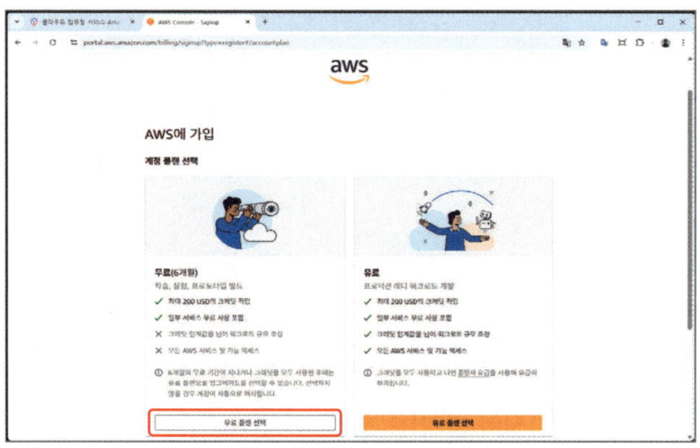

06 연락처 정보를 입력합니다.

사용 목적에 따라 '개인용' 또는 '비즈니스용'을 선택합니다.

이름, 전화번호, 국가, 주소, 우편번호 등을 영문으로 입력합니다(영문 입력을 권장합니다).

내용을 확인한 후 동의란에 체크하고 **[동의 후 계속(2/5단계)]**을 클릭합니다.

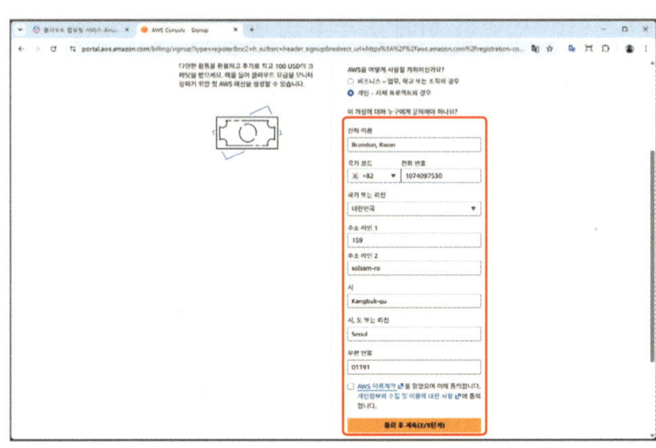

07 준비한 신용카드 또는 체크카드 정보를 정확하게 입력한 후 **[확인 및 계속(3/5단계)]** 버튼을 클릭합니다.

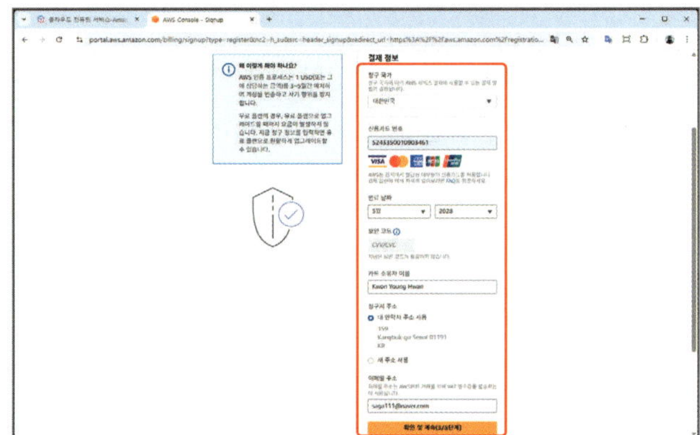

08 카드 인증을 위해 비밀번호와 생년월일을 입력한 후 **[다음]** 버튼을 클릭합니다.

09 휴대폰을 통한 본인 인증을 진행합니다. 국가 코드(대한민국 +82)를 확인한 후 전화번호를 입력하고 **[SMS 전송(4/5단계)]** 또는 **[전화 받기]**를 통해 인증 코드를 받아 입력합니다.

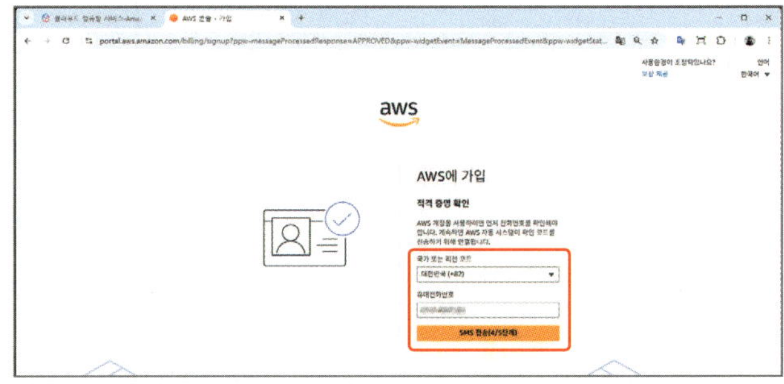

10 보안 확인을 위한 정보를 입력한 후 [제출] 버튼을 클릭합니다.

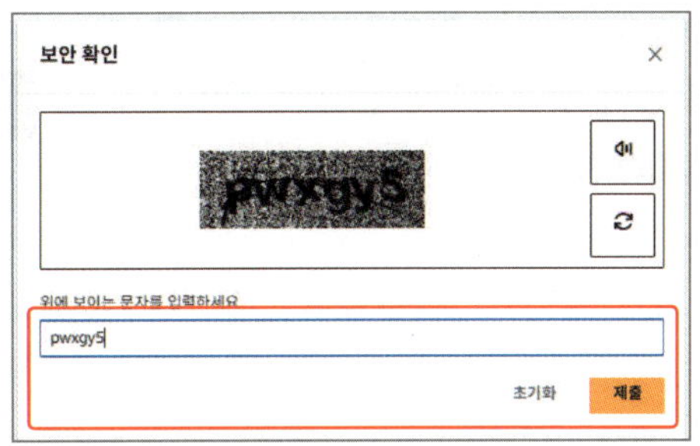

11 휴대폰 문자로 전달받은 코드를 입력한 후 [계속(4/5단계)] 버튼을 클릭합니다.

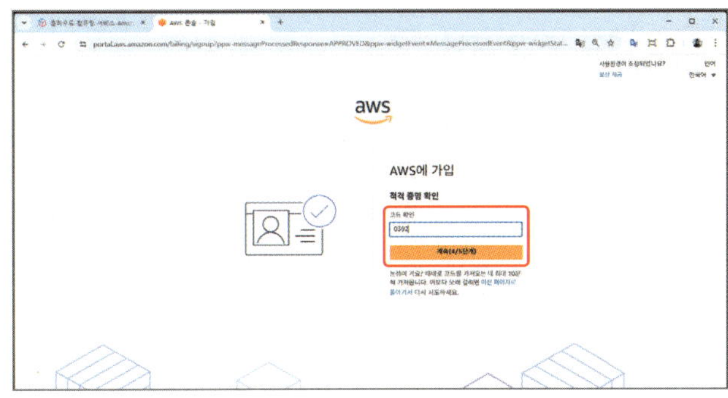

12 무료로 대상이 되었다는 것을 확인한 후 [본인이 확인을 선택하여 이에 동의합니다. AWS 계정에서 발생하는 모든 요금은 본인이 부담합니다.]에 체크한 후 [확인] 버튼을 클릭합니다.

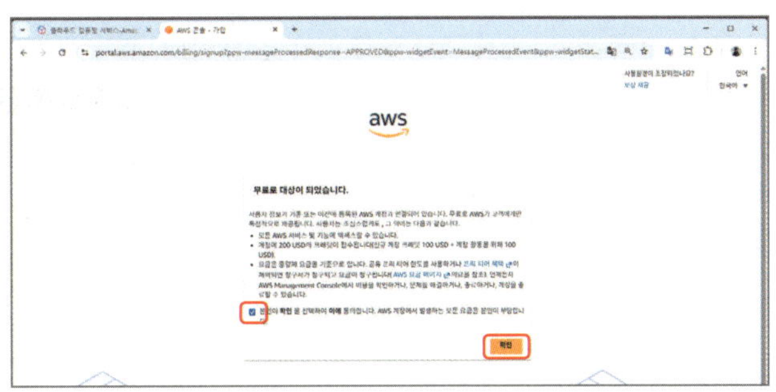

13 [Support 플랜 선택] 페이지에서 '기본 지원 – 무료'를 선택한 후 [가입 완료(5단계 중 5단계)] 버튼을 클릭합니다.

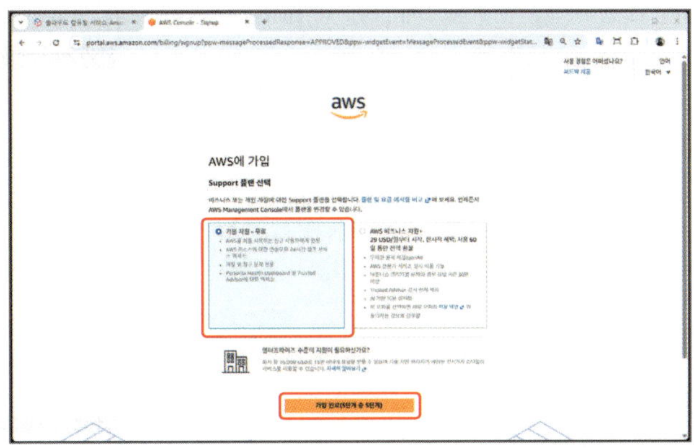

14 '축하합니다.'라는 메시지가 나타나면 계정 생성이 성공적으로 완료된 것입니다. 이제 [AWS Management Console로 이동] 버튼을 클릭합니다.

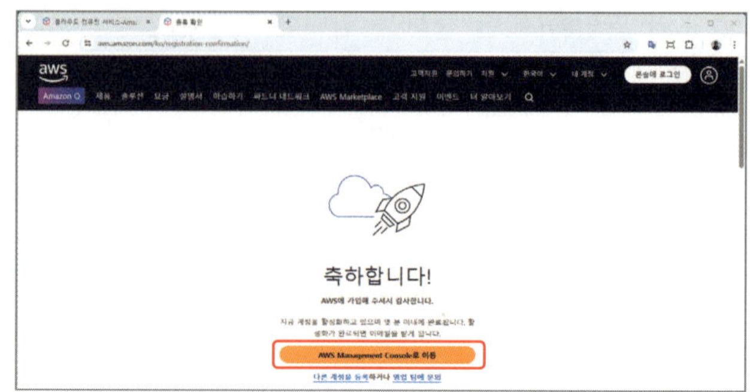

Step 2 계정 보안 강화 필수

계정 생성만 마친 상태는 '대문은 있지만 잠그지 않은 집'과 같습니다. 이제 우리 집에 튼튼한 자물쇠를 채우고, 예상치 못한 비용이 발생하지 않도록 경보 장치를 설치하는 작업을 시작하겠습니다. 이 단계는 선택이 아닌 필수입니다.

루트 계정에 MFA(다중 인증) 설정하기

MFA는 비밀번호 외에 스마트폰 앱(Google Authenticator 등)의 인증 코드를 추가로 입력해야 로그인이 가능한 보안 기능입니다. 비밀번호가 유출되어도 내 계정을 안전하게 지킬 수 있습니다.

01 AWS 관리 콘솔에 루트 사용자로 로그인한 후 오른쪽 위의 내 계정 이름을 클릭하고 [보안 자격 증명]을 클릭합니다.

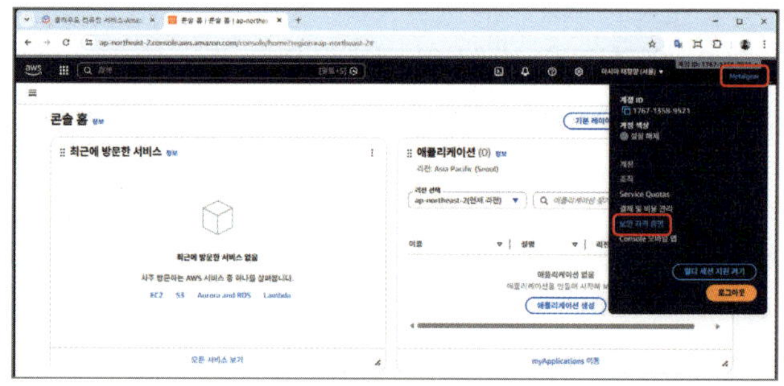

02 다중 인증(MFA) 패널에서 [MFA 할당] 버튼을 클릭합니다.

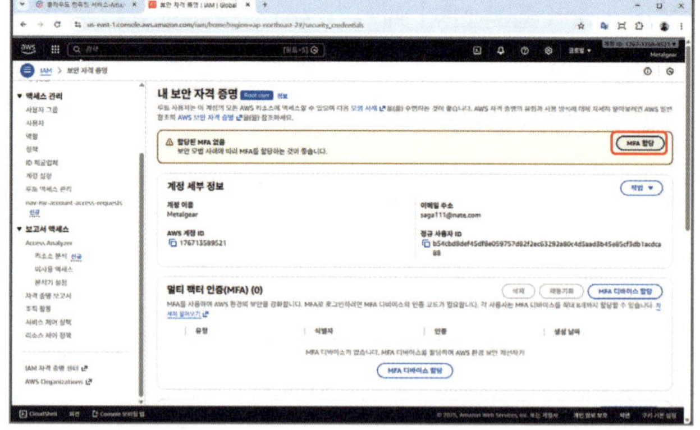

03 [MFA 디바이스 선택] 페이지에서 디바이스 이름을 입력한 후 [인증 관리자 앱]을 선택하고 [다음] 버튼을 클릭합니다.

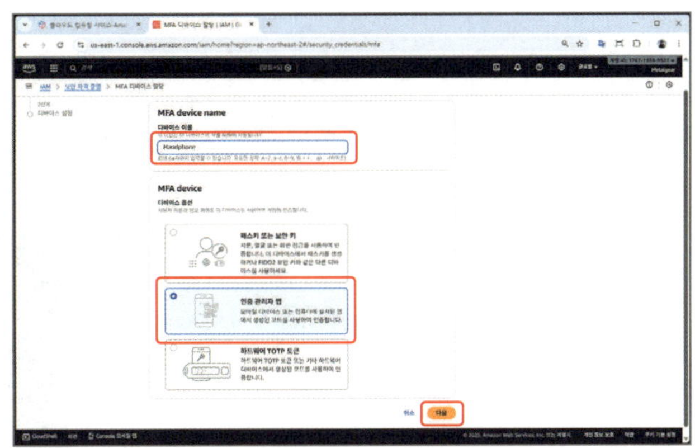

04 먼저 스마트폰의 앱 설치를 위해 구글 플레이 스토어에서 [Google OTP] 앱을 설치 및 로그인한 후 [디바이스 설정] 페이지에서 QR코드를 스캔합니다. 이후 앱에 표시되는 6자리 코드 2개를 연속으로 입력하면 MFA 설정이 완료됩니다.

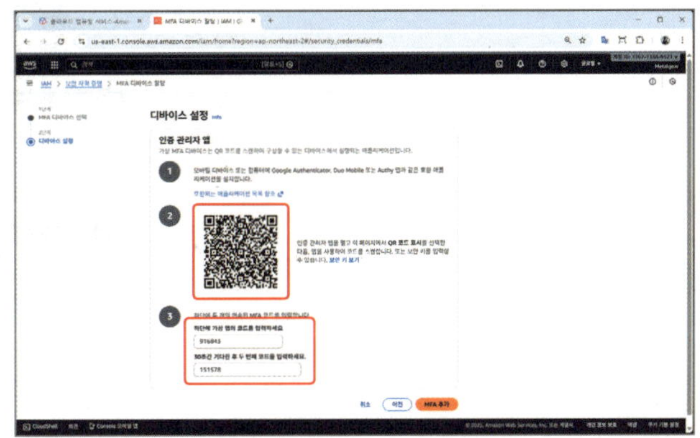

05 이후 로그인할 때는 로그인 계정과 비밀번호, MFA 코드를 확인한 후 로그인할 수 있으며, 만약의 사태에 대비하여 클라우드 정보를 안전하게 지킬 수 있습니다.

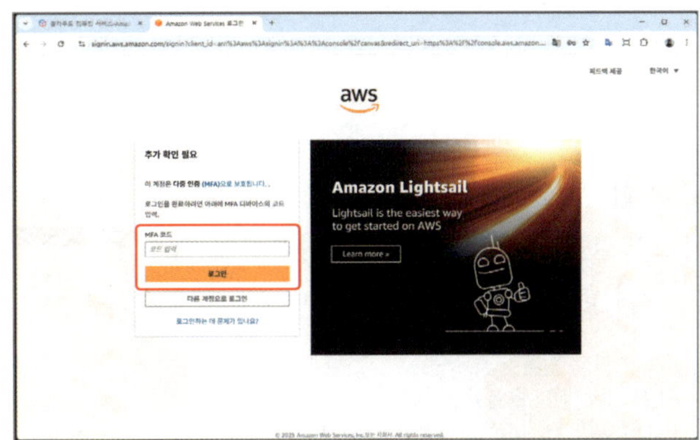

예산 경고(Budget Alert) 설정으로 '요금 폭탄' 방지하기

AWS Budgets 서비스를 이용해 월 사용 요금이 지정한 금액을 초과하면 이메일로 경고를 받도록 설정합니다. 프리티어를 넘어서는 과금을 사전에 방지할 수 있습니다.

01 AWS 관리 콘솔 검색창에 'Budgets'를 검색하여 [Budgets]를 클릭합니다.

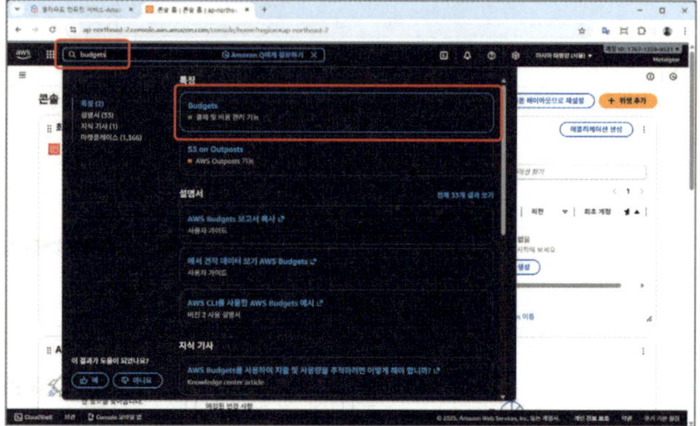

02 AWS 비용과 사용량을 추적하기 위해 [예산 생성] 버튼을 클릭합니다.

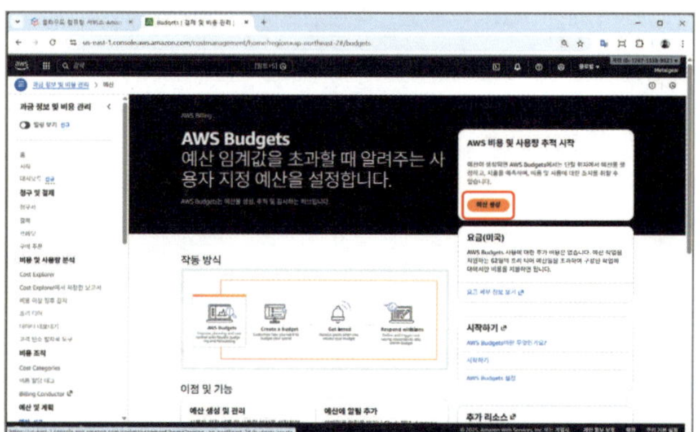

03 [예산 유형 선택] 페이지에서 옵션을 다음과 같이 설정한 후 [예산 생성] 버튼을 클릭합니다.

- 예산 설정: 템플릿 사용(단순)
- 템플릿 – 신규: 월별 비용 예산
- 예산 이름: My Monthly Cost Budget(default)
- 예산 금액: 5
- 이메일 수신자: 본인 수신 이메일 주소

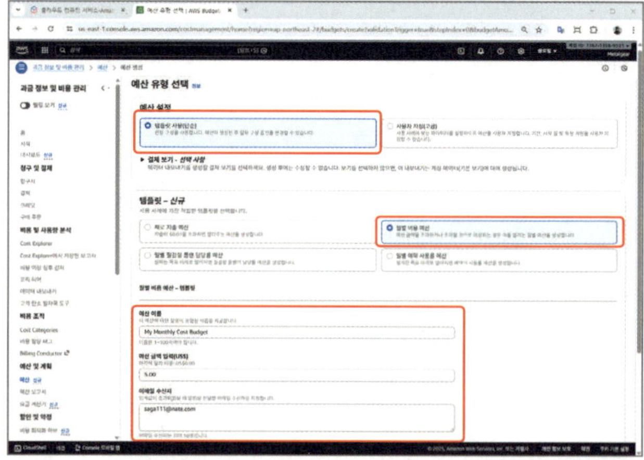

04 이렇게 예산을 등록하면, 월 사용액이
5달러를 초과할 경우 즉시 이메일로 알
림을 받게 되어 본인이 모르는 AWS로
인한 사고를 미리 예방할 수 있습니다.

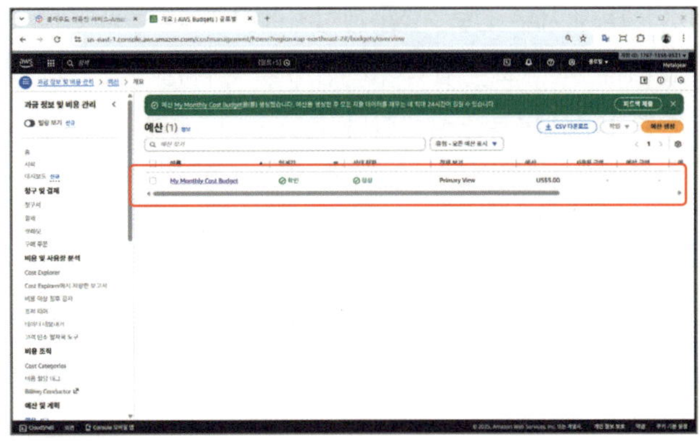

Step 3 일상 작업을 위한 IAM 관리자 사용자 생성

루트 사용자는 계정의 모든 것을 할 수 있는 '절대 반지'와 같습니다. 평소에는 금고에 안전하게 보관하고, 일상적인 작업은 권한을 위임받은 '관리자 사용자(IAM User)'로 수행해야 합니다.

01 AWS 관리 콘솔 검색창에 'IAM'을 검색
하여 [IAM]을 클릭합니다.

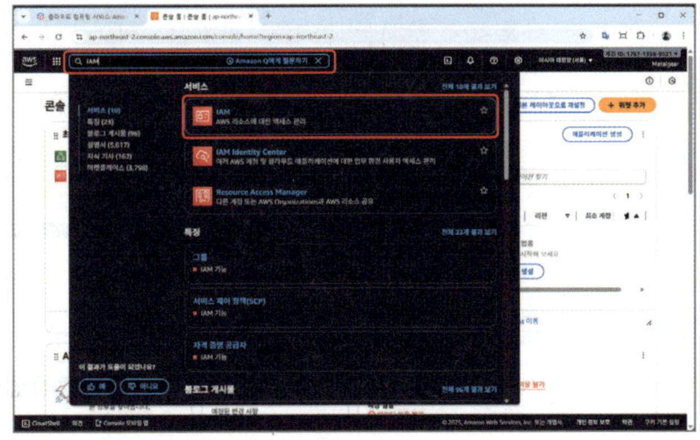

02 [IAM] 페이지의 왼쪽 메뉴에서 [사용자]
를 선택한 후 [사용자 생성] 버튼을 클릭
합니다.

03 **[사용자 세부 정보 지정]** 페이지에서 다음
과 같이 정보를 입력하고 옵션을 선택한
후 **[다음]** 버튼을 클릭합니다.

- 사용자 이름: aws-admin
- AWS Management Console에 대한 사용자 액세스
  권한 제공: 체크
- 콘솔 암호: 사용자 지정 암호 – '로그인 암호 입력'
- 사용자는 다음 로그인 시 새 암호를 생성해야
  합니다.: 체크 해제

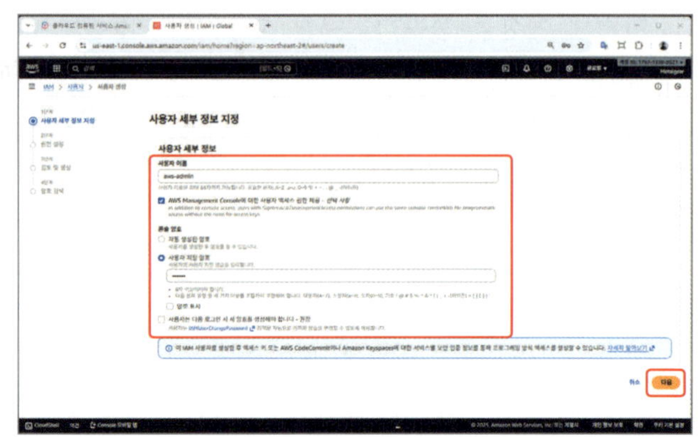

04 다음 권한 설정 단계에서 **[직접 정책 연결]**
을 선택한 후 정책 목록에서 'Adminis
tratorAccess'를 검색하여 체크하고 하
단의 **[다음]** 버튼을 클릭합니다. 이 정책
은 루트 사용자에 준하는 관리자 권한을
부여합니다.

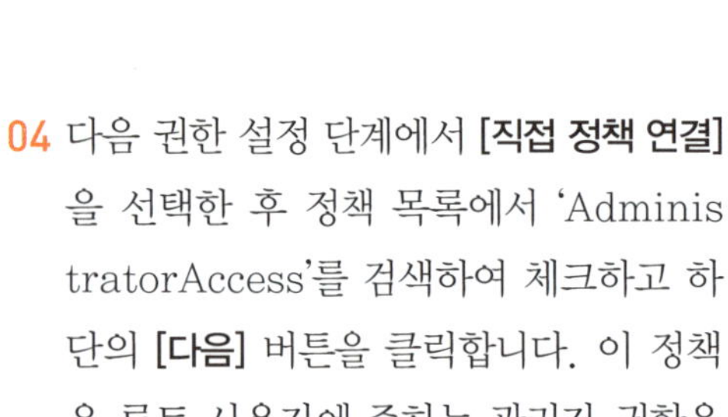

05 나머지 단계는 기본값으로 두고 **[사용자
생성]** 버튼을 클릭합니다.

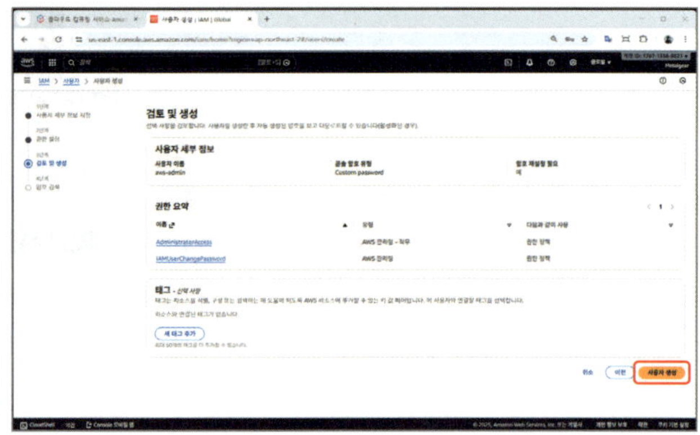

06 사용자 계정 생성 완료 후 콘솔 로그
인 URL(예 https://1767135×××××.
signin.aws.amazon.com/console)을
북마크하거나 복사해 둡니다.

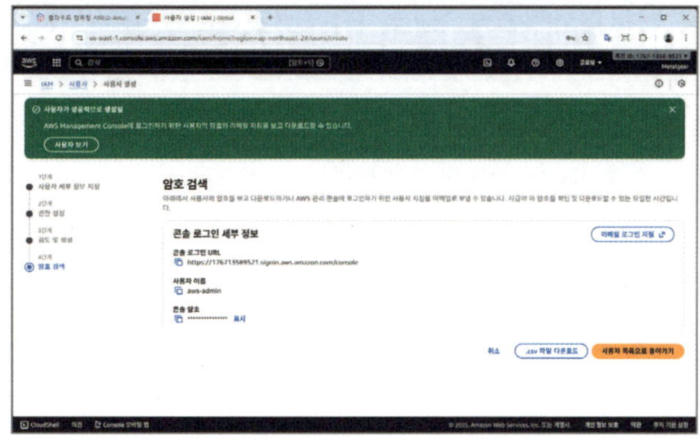

07 이제 오른쪽 위 계정 메뉴에서 **[로그아웃]**
한 후 방금 복사한 로그인 URL로 접속
하여 새로 만든 IAM 사용자와 암호로
다시 로그인합니다.

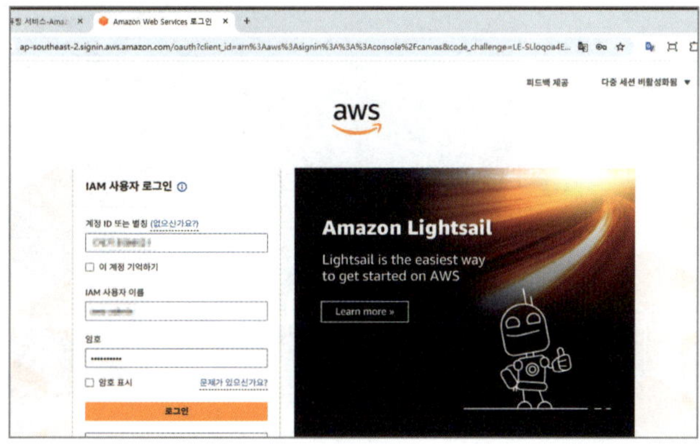

어릴 때 즐겨 보던 무협 영화에서 주인공의 부모님은 악당에게 무참하게 살해당합니다. 주인공은 복수하고 싶지만 너무나 나약한 자신을 자책하며 술독에 빠져 살게 됩니다. 그러다가 우연히 거지를 만나 그의 무공을 목격하게 되고 스승이 되어 줄 것을 간곡히 요청합니다.

하지만 무림의 고수(거지)는 그를 쉽게 받아 주지 않습니다. 하지만 탁주 한 병의 유혹에 넘어가 제자로 받아들이겠다는 말을 내뱉게 됩니다. 탁주의 유혹에 의해 내뱉은 실수의 말이지만, 자신이 뱉은 말에는 꼭 책임을 지는 무림의 고수는 주인공을 제자로 받아들이게 됩니다. 주인공을 제자로 받은 무림의 고수는 매일 집안의 허드렛일을 시킵니다.

[그림 1-22] 영화 〈취권〉의 한 장면(1978년)(출처: 구글)

빨래하기, 물긷기, 장작 패기 등 일을 제대로 하지 않으면 밥을 주지 않자 주인공은 화가 납니다. 자신은 무공을 배우러 온 것이지 하인 생활을 하러 온 것이 아니라고 주장하지만 고수는 콧방귀를 뀌며 싫으면 가라고 합니다. 만일 그 타이밍에 주인공이 물러가면 영화는 여기서 끝나게 됩니다. 하지만 우리의 주인공은 이를 악물고 버티게 되며, 그렇게 몇 년의 시간이 흐르게 됩니다.

그러던 어느 날 고수는 주인공에게 뜬금없이 "이제는 너에게 더 이상 가르칠 것이 없다. 그만 하산하여라."라는 말과 함께 약간의 스킬을 전수하고 주인공을 하산시키게 됩니다. 이렇게 하산한 주인공은 자신의 실력과 무공에 대해 신뢰하지 못하지만, 점차 본인이 지금까지 했던 노력이 헛된 것만은 아니라는 것을 깨닫게 되면서 마지막에 복수를 하고, 영화는 끝이 납니다.

대부분 무협 영화의 스토리는 거의 흡사합니다. 다만, 주인공이나 스토리가 약간 바뀔 뿐, 무협 영화의 본질은 변하지 않습니다.

이 책을 막 시작한 여러분과 AWS라는 새로운 무공의 관계도 이와 같습니다. 이 여정을 떠나기 전, 세 가지 마음가짐을 기억한다면 여러분은 반드시 '클라우드의 고수'가 될 수 있습니다.

첫째, 고수는 처음부터 화려한 기술을 가르치지 않습니다.

모든 무공의 시작은 기마 자세와 호흡법이듯 모든 클라우드 여정의 시작은 기본기입니다. 앞으로 여러분이 마주할 IAM 정책, VPC 네트워크, CLI 명령어 등은 어쩌면 영화 속 허드렛일처럼 지루하고 반복적으로 느껴질 수 있습니다. 하지만 물 긷기는 데이터가 흐르는 파이프라인을 이해하는 과정과 같고, 장작 패기는 인프라를 코드로 정교하게 다듬는 일과 같습니다. 이 기본기가 없다면, 아무리 화려한 AI 서비스나 서버리스 아키텍처도 사상누각에 불과합니다.

둘째, 고수는 반드시 시련을 통해 제자를 시험합니다.

학습 과정에서 여러분은 분명 어려움과 마주할 것입니다. 원인 모를 에러 메시지에 좌절하고, 예상치 못한 비용 청구서(물론 우리는 예산 경고로 막았지만!)에 가슴이 철렁할 수도 있습니다. 스승이 제자에게 일부러 시련을 주듯 클라우드는 바로 그 '에러'와 '실패'를 통해 가장 중요한 가르침을 줍니다. 그 문제를 해결하기 위해 밤새워 문서를 찾아보고, 커뮤니티에 질문하며 얻은 지식이야말로 온전히 여러분의 것이 되는 살아 있는 경험입니다.

셋째, 고수는 밥을 굶기고 시련을 줍니다.

고수는 주인공에게 일부러 시련을 줌으로써 힘든 상황을 이겨내고 성취감을 얻을 수 있는 기회를 줍니다. 주인공이 이러한 시련들을 극복하지 못한다면, 고수는 주인공에게 무술을 가르치지 않을 것입니다. 이렇듯 처음 접해 보는 클라우드에 대해 배워가는 일은 쉽지 않은 일입니다. 하지만 힘든 상황에서 본인의 노력으로 얻는 배움은 언젠가 본인에게 큰 도움이 될 수 있습니다.

서양 속담에 "Well begun is half done."(시작이 좋으면 반은 이룬 것이다)이라는 말이 있습니다. 이 말은 우리나라 속담의 "시작이 반이다."라는 속담과 비슷합니다.

하지만 우리 속담은 주저하지 말고 일을 시작하라는 의미가 강한 반면, 이 속담은 준비를 꼼꼼히 해서 시작을 잘하라는 뜻을 담고 있습니다.

여러분은 앞 장에서 단순히 계정을 만드는 것을 넘어 MFA로 계정 보안을 강화하고, 예산 경고를 설정했으며, 루트 사용자가 아닌 IAM 사용자로 작업하는 첫걸음을 뗐습니다. 이는 클라우드라는 망망대해(茫茫大海)를 항해하기 전, 내 배의 안전장치를 점검하고 나침반을 설정한 것과 같습니다. 여러분은 이미 최고의 '시작'을 한 것입니다.

이제 모든 준비는 끝났습니다. 여러분은 AWS를 통해 클라우드라는 망망대해를 항해할 모든 준비를 마쳤습니다. 희망과 끈기를 갖고, 한 걸음씩 나아가십시오. 어느 순간 뒤돌아보면, 여러분 자신이 바로 그 '클라우드의 고수'가 되어 있을 것입니다.

PART
02

클라우드의 초석ー 컴퓨팅, 스토리지, 그리고 보안

집을 지으려면 가장 먼저 튼튼한 땅(인프라)이 필요하듯 클라우드 서비스를 시작하려면 가장 기초가 되는 '컴퓨팅(서버)', '스토리지(저장소)', 그리고 '보안'을 이해해야 합니다. AI 서비스가 아무리 화려하더라도 결국은 이 기초 위에서 돌아가기 때문입니다.

2부에서는 AWS의 가장 기본이자 핵심인 가상 서버(EC2)를 직접 만들어 보고, 데이터를 저장하는 EBS, 그리고 내 서버를 안전하게 지키는 방화벽(보안 그룹)에 대해 배웁니다. 이론에 그치지 않고 직접 콘솔에서 클릭하며 나만의 첫 번째 클라우드 서버를 구축해 보는 설레는 실습이 여러분을 기다리고 있습니다.

클라우드 서비스를 이해하기 위한 첫걸음은 그 근간을 이루는 서버와 스토리지의 개념을 파악하는 것입니다. 특화된 어떤 업무를 수행하기 위해 설계된 컴퓨터를 '서버(Server)'라 하고, 정보와 데이터를 저장하기 위한 저장소 역할을 수행하는 것을 '스토리지(Storage)'라고 합니다.

1-1 서버

서버란, 웹 사이트 호스팅, 데이터 처리, 애플리케이션 실행 등 특정 임무를 수행하도록 설계된 고성능 컴퓨터를 말합니다. 일반 데스크톱 컴퓨터보다 훨씬 강력한 CPU, 더 빠르고 용량이 큰 메모리, 그리고 대규모 데이터를 저장할 수 있는 디스크를 갖추고 있습니다.

[그림 2-1] 서버

과거에는 이러한 물리적인 서버를 기업이 직접 구매하고, 데이터 센터라는 공간에 설치하여 운영해야 했습니다. 하지만 클라우드에서는 이 모든 것이 추상화됩니다. AWS에서는 Amazon EC2(Elastic Compute Cloud)라는 서비스를 통해 단 몇 번의 클릭만으로 강력한 성능의 가상 서버를 생성하고, 필요한 소프트웨어를 설치하여 즉시 사용할 수 있습니다.

1-2 스토리지와 하드디스크

스토리지는 이름 그대로 정보와 데이터를 저장하는 공간이며, 그 물리적 실체가 바로 하드디스크입니다. 하드디스크는 크게 두 종류로 나뉩니다.

- **HDD(Hard Disk Drive):** 자성 물질을 칠한 원판(Platter)을 모터로 빠르게 회전시켜 데이터를 읽고 쓰는 기계식 장치입니다. 용량 대비 가격이 저렴하지만 속도가 느립니다.
- **SSD(Solid-State Drive):** 반도체(플래시 메모리)를 이용해 데이터를 전자적으로 저장하는 장치입니다. HDD보다 월등히 빠르고, 소음과 전력 소모가 적지만 가격이 비쌉니다.

[그림 2-2] 하드디스크

AWS에서는 Amazon EBS라는 서비스를 통해 EC2 가상 서버에 장착할 수 있는 고성능 블록 스토리지, 즉 '클라우드 하드디스크'를 제공합니다. 사용자는 워크로드의 특성에 맞춰 HDD와 SSD 기반의 다양한 EBS 볼륨 유형을 선택할 수 있습니다. 하드디스크, 스토리지와 관련된 주요 용어는 다음과 같습니다.

[표 2-1] **스토리지 및 네트워크 성능 측정 단위**

구분	내용	측정 단위
IOPS	'Input/Output Per Second'의 약자로, 저장 장치의 초당 입출력 작업 수	연산/초
Throughput	단위 시간당 전송 또는 처리된 데이터의 양	MB/초, GB/초, Mbps, Gbps 등
Bandwidth	네트워크가 단위 시간당 전송할 수 있는 데이터	Kbps, Mbps, Gbps 등

02 정보 자산의 파수꾼, 보안과 방화벽

클라우드 위에 구축된 모든 서비스와 데이터는 안전하게 보호되어야 합니다.

▌2-1 보안과 공동 책임 모델

정보 보안이란, 각종 위협으로부터 정보 자산을 안전하게 지키기 위한 모든 활동을 의미합니다. 클라우드 보안을 이야기할 때 가장 먼저 이해해야 할 핵심 철학은 바로 '공동 책임 모델(Shared Responsibility Model)'입니다.

[그림 2-3] 보안

AWS 공동 책임 모델은 보안의 책임을 AWS와 고객이 함께 나누어 갖는다는 개념입니다.

- **AWS의 책임(클라우드 '자체'의 보안):** AWS는 데이터 센터, 물리적 서버, 네트워크 인프라 등 클라우드를 구성하는 기반 시설을 안전하게 보호하고 운영할 책임이 있습니다.
- **고객의 책임(클라우드 '안'에서의 보안):** 고객은 클라우드 위에 올리는 데이터, 애플리케이션, 운영체제, 그리고 접근 권한(IAM) 및 네트워크(보안 그룹) 설정에 대한 보안 책임을 집니다.

AWS는 고객이 보안 책임을 다할 수 있도록 AWS IAM(접근 관리), Amazon GuardDuty(위협 탐지), AWS Shield(DDoS 방어) 등 다양한 보안 서비스를 제공합니다.

▌2-2 방화벽

방화벽(Firewall)은 허가되지 않은 외부의 접근으로부터 내부 네트워크와 정보 자산을 보호하는 가장 기본적인 보안 시스템입니다. AWS에서는 다음과 같은 서비스들이 가상 방화벽 역할을 수행합니다.

- **보안 그룹(Security Group):** 개별 EC2 인스턴스에 적용되는 가장 기본적인 방화벽입니다.
- **네트워크 ACL(Network Access Control List):** 서브넷(네트워크의 하위 단위)에 적용되어 더 넓은 범위의 트래픽을 제어하는 방화벽입니다.
- **AWS WAF(Web Application Firewall):** SQL 인젝션, 크로스 사이트 스크립팅(XSS) 등 웹 애플리케이션에 대한 특정 공격을 탐지하고 차단하는 전문 방화벽입니다.

[그림 2-4] 방화벽

외부 사용자 또는 외부 시스템이 내부의 서버 및 자원에 접근하기 위해서는 반드시 방화벽을 거쳐야 합니다. 외부에서 내부로 공격이나 침입을 시도하더라도 방화벽을 거쳐야 하기 때문에 관리자가 이를 탐지하고 방어할 수 있는 시간을 벌 수 있으며, 근본적인 공격 자체를 어렵게 만들 수 있습니다.

AWS는 전 세계를 대상으로 안정적인 서비스를 제공하기 위해 거대한 글로벌 인프라를 운영하고 있습니다.

2025년 12월 기준 AWS는 전 세계 37개의 리전과 117개의 가용 영역(Availability Zone, AZ)을 운영하고 있으며, 700개 이상의 엣지 로케이션(Edge Location) 및 접속 지점(Point of Presence)을 보유하고 있습니다. 향후 캐나다, 멕시코, 사우디아라비아 등에 새로운 리전을 추가할 계획입니다.

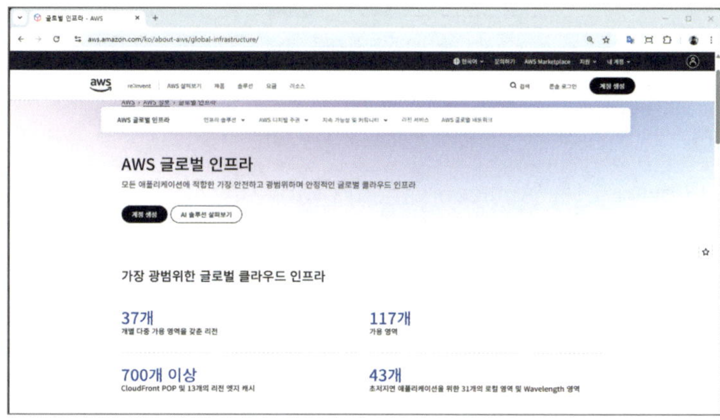

[그림 2-5] AWS 글로벌 인프라 맵(출처: https://aws.amazon.com/ko/about-aws/global-infrastructure/)

▌3-1 리전

리전은 AWS가 데이터 센터들을 모아 놓은 물리적인 지리적 위치(예 서울, 도쿄, 버지니아 북부)를 의미합니다. 사용자와 가까운 리전에 서비스를 배포하면 네트워크 지연 시간을 최소화하여 더 빠른 응답 속도를 제공할 수 있으며, 특정 국가의 데이터 규제 요건을 준수할 수 있습니다. 대한민국은 2016년 1월에 오픈한 '서울 리전(ap-northeast-2)'을 운영하고 있습니다.

▌3-2 가용 영역

가용 영역은 하나의 리전 내에 존재하는 하나 이상의 독립된 데이터 센터를 의미합니다. 각 AZ는 물리적으로 수십 킬로미터 떨어져 있으며, 독립된 전력, 냉각, 네트워크 설비를 갖추고 있습니다. 이는 화재, 정전, 자연재해 등으로 하나의 AZ에 문제가 발생하더라도 다른 AZ에 있는 서비스는 영향을 받지 않고 정상적으로 운영될 수 있도록 하기 위함입니다. 이를 '고가용성(High Availability) 설계'라고 하며, 서울 리전은 현재 4개의 가용 영역을 운영하고 있습니다.

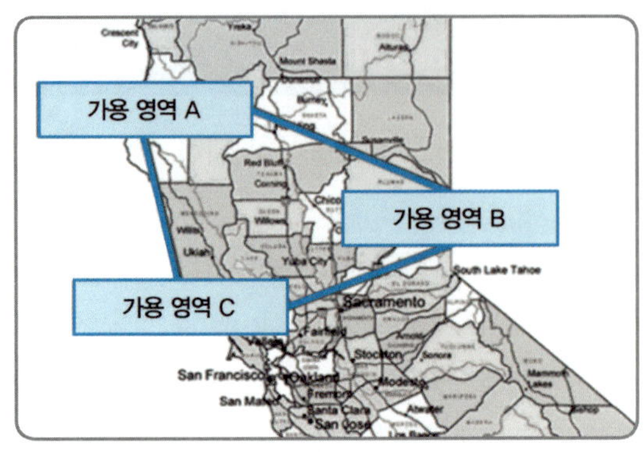

[그림 2-6] AWS 가용 영역

▌3-3 엣지 로케이션

엣지 로케이션(Edge Location)은 'Amazon CloudFront(CDN 서비스)'를 위해 전 세계 주요 도시에 촘촘하게 구축된 캐시 서버들의 모음입니다.

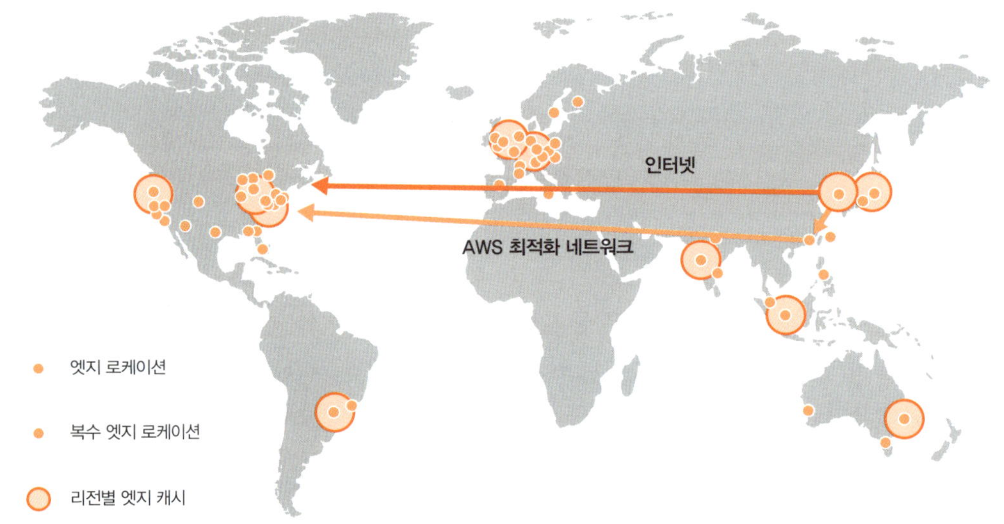

[그림 2-7] 엣지 로케이션

CDN은 'Content Delivery Network'의 약자로, 콘텐츠(HTML, 이미지, 동영상, 기타 파일)를 서버와 물리적으로 사용자들이 빠르게 받을 수 있도록 전 세계 곳곳에 위치한 캐시 서버에 복제해 주는 서비스입니다.

콘텐츠를 빠르게 받기 위해 물리적으로 멀리 떨어진 서버에서 다운로드하는 것보다 가까운 서버에 접속하여 다운로드하는 것이 속도가 훨씬 빠르기 때문에 CDN 서비스는 전 세계 주요 도시에 캐시 서버를 구축해 놓습니다. Amazon Web Services CloudFront는 가장 빠르게 성장하고 있는 CDN 서비스로, 2025년 기준 글로벌 700개 이상의 엣지 로케이션을 보유하고 있습니다.

4-1 Amazon EC2란?

'Amazon EC2(Elastic Compute Cloud)'는 AWS 클라우드에서 크기 조정이 가능한 컴퓨팅 파워를 제공하는 핵심 웹 서비스입니다. EC2를 통해 생성하는 가상 서버 하나하나를 '인스턴스(Instance)'라고 부릅니다.

Amazon EC2를 사용하면 하드웨어에 사전 투자할 필요 없이 애플리케이션을 보다 신속하게 개발하고 배포할 수 있으며, 필요한 만큼의 가상 서버를 구동하고, 보안 및 네트워킹을 구성하며, 스토리지를 관리할 수 있습니다. 또한 요구 사항의 변화나 급격한 인기 상승에 대응하기 위해 컴퓨팅 능력을 확장하거나 축소할 수 있어 트래픽 예측에 대한 부담이 줄어듭니다.

일반적으로 기업에서 신규 프로젝트로 인해 서버를 도입해야 하는 경우, 다음과 같은 절차로 진행됩니다.

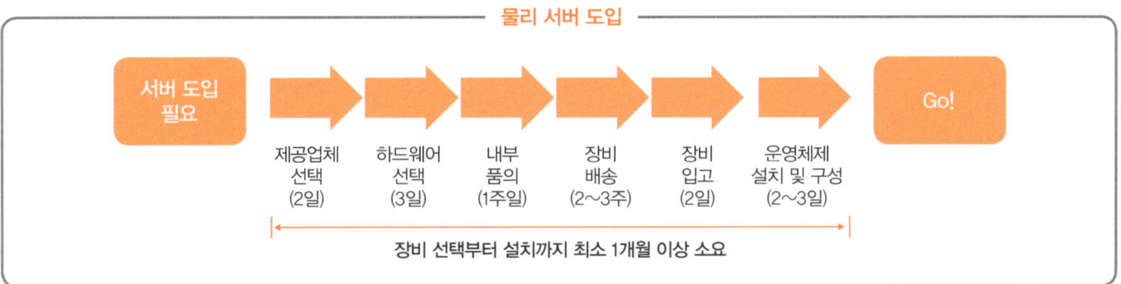

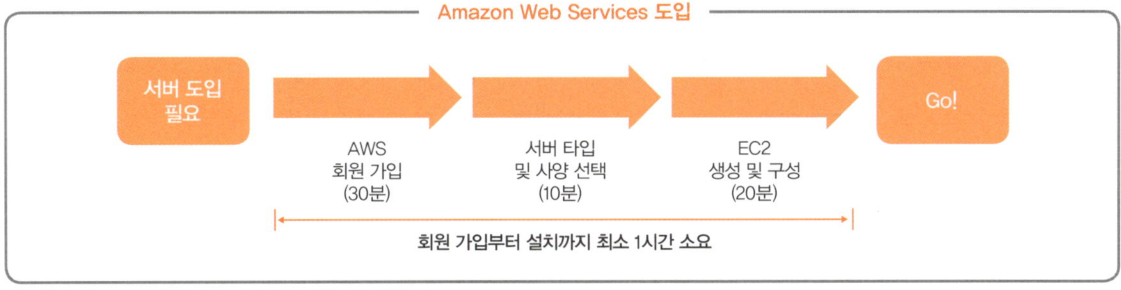

[그림 2-8] 물리 하드웨어 도입 vs. AWS 도입

하지만 AWS EC2를 이용하면 단지 몇 분만에 새로운 서버를 생성하고 서비스를 위한 인프라를 만들 수 있습니다. Amazon Web Services EC2에 대한 서비스 개요는 다음과 같습니다.

구분	내용
서비스명	Amazon EC2(Elastic Compute Cloud)
설명	클라우드에서 제공되는 크기를 조정할 수 있는 컴퓨팅 파워
주요 특징	• 1개에서 수천 개의 인스턴스로 확장 가능 • 모든 공개된 AWS Region 에서 사용 가능 • 필요에 따라 인스턴스의 생성, 시작, 수정, 중단, 삭제 가능 • Linux/Windows OS 사용 가능하며 모든 소프트웨어 설치 가능 • 사용한 사용량에 대해서만 시간 단위 비용을 과금 • 다양한 비용 모델(온디맨드, 스폿, 예약) 선택 가능
프리티어 (Free Tier)	• Linux 또는 Windows t2.micro 또는 t4g.small 인스턴스를 월 750시간 무료 제공(리전에 따라 종류 상이) • 가입 후 12개월 이후에 종료됨

▌4-2 Amazon EC2의 주요 특징

먼저 Amazon EC2에 대한 동작 방식에 대해 설명드리겠습니다. 다음 다이어그램은 Amazon Virtual Private Cloud(VPC) 내에 배포된 Amazon EC2 인스턴스의 기본 아키텍처를 보여 줍니다. 이 예에서 EC2 인스턴스는 리전의 가용 영역 내에 있습니다. EC2 인스턴스는 들어오고 나가는 트래픽을 제어하는 가상 방화벽인 보안 그룹으로 보호됩니다.

개인 키는 로컬 컴퓨터에 저장되고, 공개 키는 인스턴스에 저장됩니다. 두 키 모두 사용자의 신원을 증명하기 위해 키 쌍으로 지정됩니다. 이 시나리오에서 인스턴스는 Amazon EBS 볼륨의 지원을 받습니다. VPC는 인터넷 게이트웨이를 사용하여 인터넷과 통신합니다.

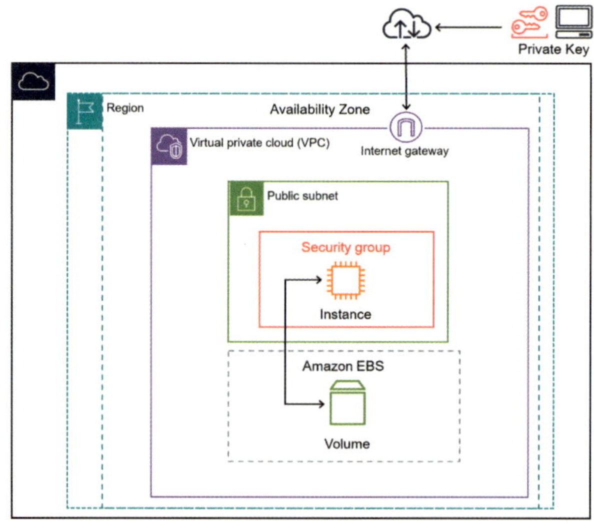

[그림 2-9] EC2 인스턴스 기본 구성

Amazon EC2가 가진 주요 특징은 다음과 같이 일곱 가지로 요약할 수 있습니다.

첫째, 확장 가능성입니다. Amazon EC2는 필요에 따라 인스턴스를 쉽게 추가하거나 줄일 수 있으며, 애플리케이션의 특성과 상황에 따라 컴퓨팅 파워를 신속하게 확장하거나 축소할 수 있습니다. 이를 통해 서비스의 민첩성을 확보할 수 있습니다.

둘째, 비용 효율입니다. 인프라에 대한 사전 투자 없이 필요한 만큼의 컴퓨팅 리소스를 지불하며, 예약 인스턴스, 스폿 인스턴스, 세이빙 플랜, 전용 호스트 등 다양한 가격 모델을 활용하여 서비스의 특성에 맞도록 비용 효율을 만들 수 있습니다.

셋째, 다양한 인스턴스 유형입니다. 컴퓨팅, 메모리, 스토리지, GPU 등 서비스 목적에 맞는 최적화된 인스턴스 유형을 선택할 수 있으며, 이를 통해 워크로드 요구 사항에 따라 최적의 리소스를 구성할 수 있습니다.

넷째, 보안 및 컴플라이언스입니다. 가상 서버의 보안 및 네트워킹을 구성하고, AWS Identity and Access Management(IAM)를 이용하여 리소스별 권한을 설정하여 관리할 수 있습니다. 또한 AWS는 다양한 산업 규정 준수하는 인증을 받았습니다.

다섯째, 내구성 및 가용성입니다. EC2 인스턴스를 다양한 가용 영역에 분산 배치할 수 있으며, 이를 통해 서비스의 가용성을 높이고 만약의 사태나 리전 간 장애에 대비할 수 있습니다.

여섯째, 스토리지 옵션입니다. Amazon EBS, Amazon EFS, Amazon S3 등 서비스의 목적에 맞는 스토리지를 사용하기 위해 다양한 스토리지 옵션을 제공하여 애플리케이션의 스토리지 요구 사항을 충족시킬 수 있습니다.

일곱째, 통합된 AWS 서비스 제공입니다. 다양한 AWS 서비스와 통합되어 있어 로드 밸런싱, 데이터 분석, 모니터링 등의 기능을 손쉽게 활용할 수 있으며, 이를 통해 애플리케이션의 요구에 맞는 최적화된 서비스를 빠르고 손쉽게 구성 및 제공할 수 있습니다.

최근 AWS 자체 기술로 설계한 64비트 ARM 프로세서인 Graviton 프로세서를 출시하였습니다. AWS Graviton은 동일한 사양의 인텔/AMD 기반 인스턴스 대비 최대 40% 더 나은 가격 대비 성능을 제공하여 이제 많은 워크로드에서 표준 선택지가 되었습니다. 인스턴스 이름 끝에 붙는 'g'(예 M7g, C7g, T4g)가 바로 Graviton 프로세서를 사용한다는 의미입니다. 이와 같은 Amazon EC2의 특징 중 인스턴스 유형에 대해 자세히 알아 보겠습니다.

4-3 Amazon EC2 인스턴스 유형

Amazon EC2 인스턴스 유형은 사용자의 요구 사항과 워크로드에 따라 다양한 종류로 구분됩니다. 간략하게 정리하면 다음과 같습니다.

[표 2-3] Amazon EC2 주요 인스턴스 유형 및 특징

구분	내용	시리즈
범용 인스턴스 (General Purpose Instance)	균형 잡힌 CPU, 메모리, 네트워크 성능을 제공하며, 대부분의 워크로드에 적합합니다.	T3/T4g, M5/M5a/M6g 시리즈
컴퓨팅 최적화 인스턴스 (Computing Optimized Instance)	고성능 프로세서를 사용하여 높은 처리 성능을 요구하는 워크로드에 적합합니다.	C5/C5a/C6g 시리즈
메모리 최적화 인스턴스 (Memory Optimized Instance)	메모리 집약적인 애플리케이션에 적합하며, 대규모 데이터베이스, 메모리 캐시 등에 사용됩니다.	R5/R5a/R6g, X1/X1e 시리즈
스토리지 최적화 인스턴스 (Storage Optimized Instance)	고성능 로컬 스토리지를 제공하며, 데이터 웨어하우싱, 분산 파일 시스템 등에 적합합니다.	I3/I3en, D2/D3 시리즈
가속화된 컴퓨팅 인스턴스 (Accelerated Computing Instance)	GPU 기반 인스턴스로, 그래픽 처리, 머신 러닝, 게임 서버 등에 사용됩니다.	G4, P3/P4 시리즈

각 인스턴스 유형은 특정 워크로드 및 애플리케이션 요구 사항에 맞게 최적화되어 있습니다. 이를 통해 사용자는 자신의 비즈니스 목적에 따라 가장 적합한 인스턴스를 선택할 수 있습니다.

[그림 2-10] EC2의 인스턴스 유형

이는 EC2를 이용하는 목적에 따라 인스턴스의 유형을 선택함으로써 최적화된 컴퓨팅 파워를 사용할 수 있도록 해 줍니다.

[그림 2-11] EC2의 인스턴스 유형에 대한 설명

또한 [그림 2-9]와 같이 본인이 선택하는 EC2 인스 턴스의 유형과 사이즈에 따라 최종으로 사용하게 될 인스턴스의 타입을 선택할 수 있으며, CPU Core 수, 메모리 용량, 네트워크 인터페이스의 속도 등을 필요에 따라 선택할 수 있습니다. 또한 이때 동일한 인스턴스 유형에서 인스턴스 Size가 증가됨에 따라 비용도 증가하게 됩니다.

[표 2-4] T3 인스턴스 유형별 사양 및 가격 예시

Name	vCPU	RAM(GIB)	On-Demand(시간당)	네트워크 성능	비고
t3.nano	2	0.5	0.0065달러	최대 5Gbit	
t3.micro	2	1	0.013달러	최대 5Gbit	
t3.small	2	2	0.026달러	최대 5Gbit	
t3.medium	2	4	0.052달러	최대 5Gbit	
t3.large	2	8	0.104달러	최대 5Gbit	
t3.xlarge	4	16	0.208달러	최대 5Gbit	

※ 표기된 가격은 작성 시점(2025. 12), 서울 리전 기준이며, 시간 및 리전의 위치, AWS 정책에 따라 변동될 수 있습니다.

4-4 Amazon EC2 인스턴스 구매 옵션

Amazon EC2에서는 다양한 구매 옵션을 제공하여 사용자의 비용 최적화 및 가용성 요구 사항에 맞게 인스턴스를 선택할 수 있습니다. 주요 EC2 구매 옵션은 다음과 같습니다.

[표 2-5] Amazon EC2 구매 옵션 비교

구매 옵션	내용
온디맨드 인스턴스 (On-demand Instance)	사용한 시간에 대해서만 비용을 지불하는 방식입니다. 사전 커밋이나 장기 약정이 없기 때문에 유연하게 사용할 수 있습니다. 일시적이거나 예측 불가능한 워크로드에 적합합니다.
예약 인스턴스 (Reserved Instance)	1년 또는 3년의 기간 동안 사전에 인스턴스를 예약하는 방식입니다. 이렇게 하면 상당한 할인 혜택을 받을 수 있습니다. 일정한 워크로드 및 애플리케이션을 가진 사용자에게 적합합니다. 적용 대상은 EC2로 한정됩니다.
세이빙 플랜 (Saving Plan)	예약 인스턴스와 동일하게 최대 72%까지 할인이 가능하며, EC2 이외에 Fargate, Lambda, Sagemaker 인스턴스에 대해서도 저렴한 가격에 인스턴스를 사용할 수 있으며, 보다 높은 유연성을 제공합니다.
스폿 인스턴스 (Spot Instance)	AWS의 남는 용량을 경매 방식으로 이용하는 것입니다. 사용자는 원하는 가격을 제시하고, 해당 가격이 현재 스폿 인스턴스의 가격보다 같거나 높을 때 인스턴스를 받게 됩니다. 스폿 인스턴스는 상당한 할인 혜택을 받을 수 있지만, 가격 변동이 있으며 인스턴스가 언제든지 중단될 수 있습니다. 중단 가능한 워크로드에 적합합니다.
전용 인스턴스 (Dedicated Instance)	사용자가 하나의 물리적 서버의 여러 인스턴스를 사용하는 방식입니다. 전용 호스트와 비슷한 이점을 제공하지만, 하드웨어에 대한 제어가 더 적습니다.
전용 호스트 (Dedicated Hosts)	사용자가 하나의 물리적 서버를 독점적으로 사용하는 방식입니다. 이를 통해 사용자는 라이선스 요구 사항을 준수할 수 있으며, 보안 및 규정 준수에 더 나은 제어를 할 수 있습니다. 하지만 비용이 높을 수 있습니다.

이러한 구매 옵션을 통해 사용자는 워크로드, 가용성, 비용 요구 사항에 따라 적합한 인스턴스를 선택할 수 있습니다. 각 옵션은 특정한 상황에서 비용 효율성과 성능을 최적화하는 데 도움이 됩니다.

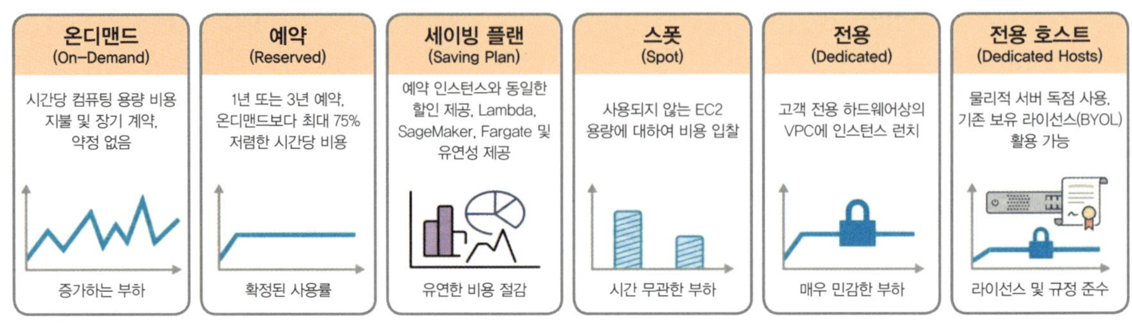

[그림 2-12] EC2의 인스턴스 구매 옵션

빈번하게 서버를 생성하고 삭제 등을 자주 사용하는 개발 환경이라면 실제 사용한 시간당 사용량만큼 과금하는 온디맨드 인스턴스(On-Demand Instance)가 적절합니다.

1. EC2 인스턴스 시작 시 기본적으로 선택되는 요금제
2. 별도의 선불 금액이나 장기 약정(Commitment)이 전혀 없음
3. 인스턴스를 사용한 시간(초 또는 시간)만큼 요금이 부과됨
4. 단기적이고 급변하는, 예측 불가능한 워크로드 처리에 적합
5. 새로운 앱을 개발하거나 테스트 실험을 하는 경우에 최적

[그림 2-13] 온디맨드(On-Demand) 인스턴스의 특징

장기적으로 변경 없이 1~3년간 사용하는 경우에는 예약 인스턴스(Reserved Instance)가 유리합니다.

1. 1년 또는 3년 기간을 정해 인스턴스 사용을 미리 약정(Commit)
2. 약정 기간에 따라 온디맨드 대비 최대 75%까지 요금 할인
3. 사용량이 24시간 일정하고 예측 가능한(steady-state) 워크로드에 적합
4. 할인 적용 대상이 EC2 인스턴스로 한정됨
5. 장기적으로 인스턴스 타입을 변경할 일이 없는 경우, 가장 경제적

[그림 2-14] 예약 인스턴스의 특징

또한 EC2 이외에 Fargate, Sagemaker, Lambda에 대한 인스턴스 비용 절감 및 기존 '예약 인스턴스'의 단점을 보완하여 나온 가장 유연하고 강력한 할인 모델인 '세이빙 플랜(Saving Plan)'이 있습니다. 인스턴스 패밀리나 리전이 바뀌어도 할인이 적용되므로 2025년 현재 장기 약정 시 가장 우선순위로 고려해야 합니다.

1 1년 또는 3년 동안 '시간당 지출 금액'을 약정하여 할인받는 방식
2 예약 인스턴스와 유사하게 최대 72%까지 비용 절감 가능
3 EC2 외에도 AWS Fargate, Lambda 등 적용 범위가 넓음
4 인스턴스 종류나 리전을 변경해도 할인이 유지되어 유연성이 높음
5 최신 클라우드 환경에서 가장 권장되는 비용 최적화 모델

[그림 2-15] 세이빙 플랜의 특징

단기적으로 동영상 인코딩과 같이 병렬 컴퓨팅 파워를 사용하는 서비스는 스폿 인스턴스(Spot Instance)가 유리합니다.

1 AWS의 유휴 컴퓨팅 용량을 활용하는 방식
2 온디맨드 요금 대비 최대 90%까지 획기적인 비용 절감 가능
3 AWS 필요에 의해 인스턴스가 언제든 중단(회수)될 수 있음
4 시작/종료 시간이 유연하거나 중단되어도 무방한 작업에 적합
5 대규모 데이터 분석, 배치 작업, 백그라운드 프로세스 등에 권장

[그림 2-16] 스폿 인스턴스의 특징

고객의 전용 하드웨어 사용을 통해 보다 보안성 높고 안정적인 클라우드 서비스 사용이 목적이라면 전용 인스턴스(Dedicated Instance)의 사용이 적합합니다.

1 단일 고객 전용 하드웨어(VPC) 수준에서 인스턴스 실행
2 다른 AWS 고객과 물리적 하드웨어를 공유하지 않음
3 엄격한 기업 보안 규정이나 컴플라이언스 준수에 적합
4 전용 호스트에 비해 하드웨어 제어 권한은 적은 편
5 온디맨드 또는 예약 인스턴스 옵션과 결합하여 구매 가능

[그림 2-17] 전용 인스턴스의 특징

AWS 물리 서버 한 대를 단독으로 사용하고, 소켓 및 코어 단위 하드웨어 제어가 가능하며, 기존 보유 라이선스 사용이 필요한 경우에는 전용 호스트를 사용하는 것이 적합합니다.

1 AWS의 물리적 서버 한 대를 통째로 임대하여 독점 사용
2 서버의 소켓 및 코어 단위까지 직접 가시성을 갖고 제어 가능
3 기존 보유 소프트웨어 라이선스(BYOL)를 클라우드에서 사용 가능
4 가장 강력한 물리적 격리와 보안 규정 준수 요건 충족
5 비용은 가장 높을 수 있지만, 소프트웨어 라이선스 비용 절감에 유리

[그림 2-18] 전용 호스트의 특징

이와 같이 다양한 EC2 구매 옵션 중 EC2 서비스의 목적에 맞는 구매 옵션을 선택함으로써 비용에 대한 최적화가 가능합니다. 또한 EC2 Instance Profile을 통한 EC2 Instance에 AWS 서비스에 접근 가능한 권한을 EC2 Instance에 직접 적용할 수 있습니다.

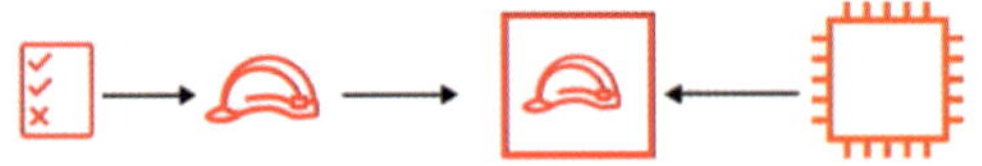

[그림 2-19] EC2 인스턴스 프로파일과 IAM 역할 적용

EC2 Instance로 서비스 구성 시 N/W 및 성능, 내구성을 최적화하기 위해서는 배치 그룹(Placement Group) 구성을 통해 EC2 인스턴스의 최적화를 수행할 수 있습니다.

[그림 2-20] EC2 배치 그룹 전략

EC2 Instance에 대해 특정 서비스를 Set Up하거나 자동으로 구성해야 하는 경우, EC2 Instance 설치 구성 시 다음과 같이 UserData 설정을 통해 초기 설치 구성에 필요한 스크립트를 지정할 수 있습니다.

EC2 UserData는 EC2 Instance 시작 시 자동으로 실행될 스크립트(Script)를 지정 가능
패키지를 설치하거나, 업데이트를 적용하거나 원하는 작업을 수행 가능함

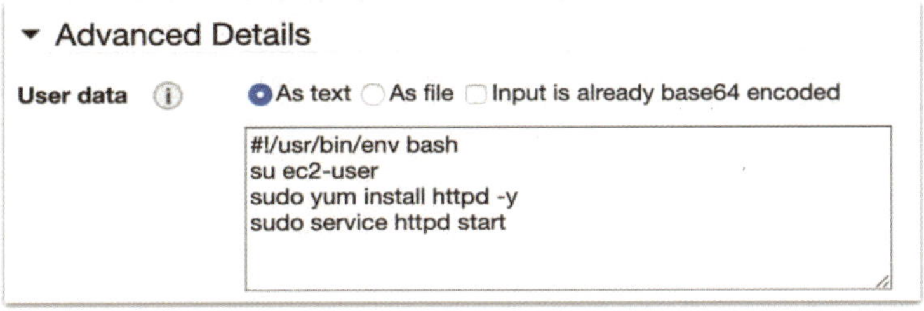

〈Example. Apache Web-Server 설치 구성 설정 UserData〉

EC2 Instance에서 SSH로 연결하여 특정 URL을 CURL 적용하면 UserData 스크립트 조회 가능
Example: curl http://169.254.169.254/latest/user-data

[그림 2-21] EC2 사용자 데이터(User Data) 구성

05 | Amazon EBS

Amazon EBS는 'Elastic Block Storage'의 약자로, EC2에 연결되는 Block Level의 스토리지 서비스입니다. 서버에 장착하는 서버용 하드디스크라고 생각하면 이해가 빠릅니다.

[표 2-6] **Amazon EBS 서비스 개요**

구분	내용
서비스명	Amazon EBS
설명	EC2 인스턴스용 영구 블록 수준의 스토리지 볼륨으로 안정적이고 지연 시간이 짧은 고성능 블록 스토리지
주요 특징	• 크기는 1GB 단위로 1GB에서 최대 64TB까지 선택 가능 • 크기/사용 기간을 기준으로 비용 과금 • 마그네틱의 경우, 발생하는 I/O 횟수에도 비용 과금 • EC2 인스턴스와 독립적 사용 가능하며, 다른 EC2 인스턴스에 교체 가능 • 인스턴스의 사양과 EBS 종류에 따라 여러 인스턴스 연결 기능 제공 • 데이터는 영구적으로 저장되며, 원하는 가용 영역에 생성 가능 • 백업된 스냅샷에서 EBS 볼륨을 생성/복원 가능(다른 가용 영역에도 생성 가능)
프리티어 (Free Tier)	• 30GB 범용(SSD)을 원하는 대로 조합 • 200만 I/O • 1GB 스냅샷 스토리지 • 가입 후 12개월 이후에 종료됨

▌5-1 Amazon EBS의 주요 특징

Amazon EBS 볼륨은 인스턴스에 연결 가능한 내구성 있는 블록 수준 스토리지 디바이스로, 인스턴스에 연결한 후 마치 물리적 하드 드라이브를 사용하는 것처럼 활용할 수 있습니다. EBS 볼륨은 매우 유연하여 현재 세대 인스턴스 유형과 연결된 현재 세대 볼륨에서 크기를 동적으로 조정하고, 프로비저닝된 IOPS 용량을 변경하며, 실시간 프로덕션 볼륨에서 볼륨 유형을 수정할 수 있습니다.

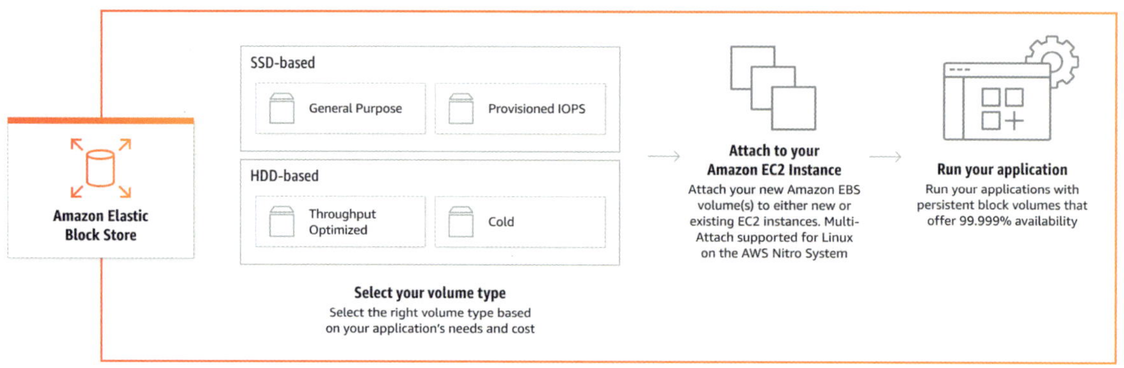

[그림 2-22] Amazon EBS 서비스 개요

EBS 볼륨은 인스턴스용 시스템 드라이브나 데이터베이스 애플리케이션용 스토리지처럼 자주 업데이트가 필요한 데이터의 기본 스토리지로 사용할 수 있습니다. 처리량 집중적인 애플리케이션에서도 연속적인 디스크 스캔을 수행할 수 있습니다. EBS 볼륨은 EC2 인스턴스의 수명과 독립적으로 지속되며, 하나의 인스턴스에 여러 개의 EBS 볼륨을 연결할 수 있습니다. 단, 볼륨과 인스턴스는 동일한 가용 영역에 위치해야 합니다. 또한 볼륨 및 인스턴스 유형에 따라 다중 연결을 통해 여러 인스턴스에 동시에 볼륨을 마운트할 수 있습니다.

Amazon EBS는 새로운 표준인 범용 SSD(gp3)와 이전 세대인 gp2와 프로비저닝된 IOPS SSD(io1 및 io2), 처리량 최적화 HDD(st1), 콜드 HDD(sc1) 및 마그네틱(standard) 볼륨 유형을 제공합니다. 이들의 성능 특성과 가격은 다르므로 애플리케이션의 요구 사항에 따라 스토리지 성능과 비용을 최적화할 수 있습니다.

▌5-2 Amazon EBS 볼륨 유형

EBS는 서비스 타입에 따라 크게 다섯 가지의 서비스로 분류할 수 있습니다. 볼륨 종류별 주요 특징은 다음과 같습니다.

[표 2-7] Amazon EBS 볼륨 유형

구분	범용 SSD	프로비저닝된 IOPS	처리량 최적화 HDD	콜드 HDD	마그네틱 (이전 세대)
설명	다양한 트랜잭션 워크로드 처리	지연 시간에 민감한 고성능 처리	자주 액세스하며 처리량 집약적 HDD	액세스 빈도 낮은 저비용 HDD	빈도가 낮으며 성능 낮은 HDD
사례	부트 볼륨	I/O 집약적인 NoSQL, RDBMS	빅데이터, 로그 처리	일별 스캔 횟수 작업 데이터	드문 데이터 액세스
API 이름	gp2, gp3	io1, io2, io2 Block Express	st1	sc1	Standard
볼륨 최대 크기	1GB~16TB	• io2 Block Express: 4GB~64TB • io2 또는 io1: 4GB~16TB	125GB~16TB	125GB~16TB	1GB~1TB
최대 IOPS	16,000	• io2 Block Express: 256,000 • io2 또는 io1: 64,000	500	250	200
최대 처리량	• gp2: 250 MB/s • gp3: 1,000 MB/s	• io2 Block Express: 4,000 MB/s • io2 또는 io1: 1,000MB/s	500MB/s	250MB/s	90MB/s

본인의 EC2 구성 목적에 따라 EBS의 유형 중 하나를 선택하면 됩니다. 보통 EC2 서비스는 범용성이 높고, 가성비가 뛰어난 '범용 SSD'를 사용합니다. 다만, 빅데이터의 처리나 로그 파일 처리를 위한 데이터 저장소를 활용한다면, '처리량 최적화 HDD'를 선택할 수 있으며, 제한적인 용도로 사용하기 위해서는 '마그네틱'도 옵션으로 선택할 수 있습니다.

▌5-3 Amazon EBS 데이터 백업 및 복원(스냅샷 활용)

Amazon EBS의 스냅샷 기능은 EBS 볼륨의 데이터를 스냅샷(Snapshot)으로 만들어 Amazon S3에 백업 및 보관할 수 있는 기능입니다. 컴퓨터의 하드디스크를 통째로 백업할 수 있는 기능이라고 생각하면 됩니다. 이렇게 백업받은 스냅샷으로 다시 EBS 볼륨을 생성하거나 다른 EC2로 연결하여 데이터를 복원하는 작업을 수행할 수 있습니다. EBS 스냅샷의 특징은 다음과 같습니다.

첫째, EBS 스냅샷은 스냅샷 진행 과정 중에도 EBS나 EC2의 서비스 중단 없이 기존 서비스를 즉시 사용 가능합니다.

둘째, EBS 볼륨의 크기 조정에 사용될 수 있습니다. 보통 디스크(Disk)의 크기를 늘리는 작업을 수행하는 경우, 기존 디스크를 스냅샷으로 백업한 후 신규로 장착할 EBS의 크기를 늘려서 볼륨의 사이즈를 늘릴 수 있습니다.

셋째, 스냅샷의 공유 기능을 활용하여 권한이 있는 다른 사용자에게 공유할 수 있으며, 이렇게 공유된 스냅샷으로 새로운 EBS를 생성할 수 있습니다. 기존 스냅샷에 어떠한 영향도 주지 않습니다.

넷째, 다른 리전으로 복사가 가능합니다. 이러한 리전 간 복사 기능을 활용하여 전 세계 원하는 리전으로의 지리적 확장이나 데이터 센터 마이그레이션 및 재해 복구를 손쉽게 수행할 수 있습니다.

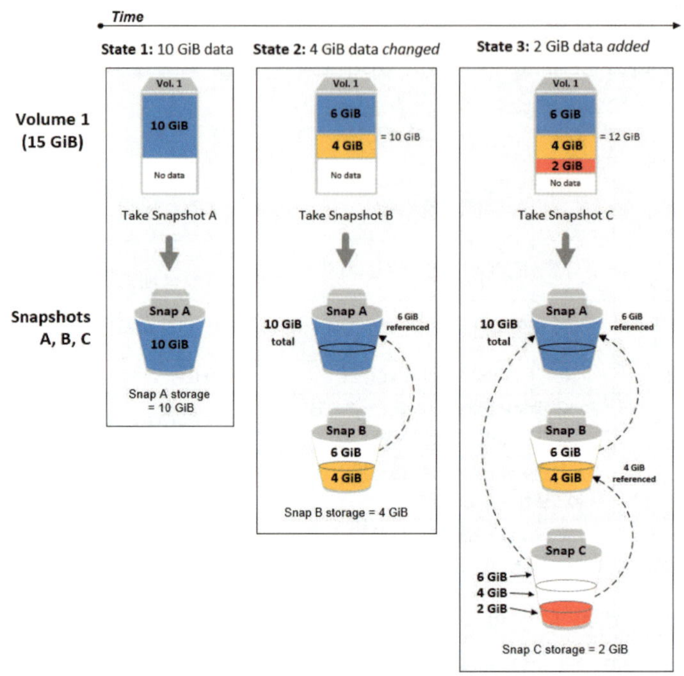

[그림 2-23] 동일한 볼륨의 여러 스냅샷

다섯째, EC2 Instance에 대한 복제 및 이전을 위해 스냅샷을 사용하여 AZ-AZ, 리전-리전 간 EBS 볼륨에 대한 복제 및 이전이 가능합니다. 각 요건별 이전 방법은 다음과 같습니다.

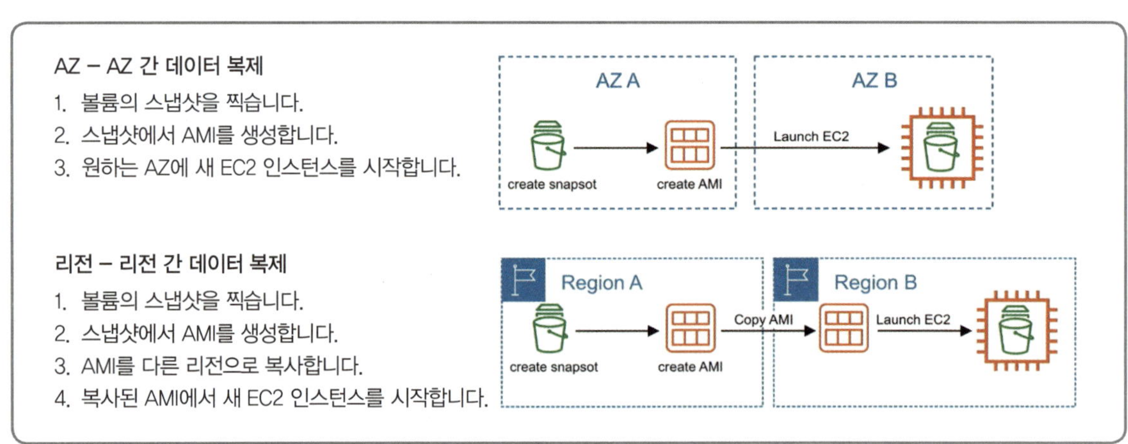

[그림 2-24] EBS 볼륨 복제 및 리전 간 이전 절차

또한 이러한 스냅샷 관리 기능을 자동화하기 위한 기능으로 Amazon Data Lifecycle Manager(DLM)를 활용하면 EBS 볼륨을 백업하기 위해 만든 스냅샷의 생성, 보관, 삭제를 자동화하여 관리를 수행할 수 있습니다.

5-4 Amazon EBS 성능과 보안성 높이기

Amazon EBS는 EC2의 Disk 성능 향상과 보안성을 높이기 위한 다양한 옵션과 기능을 보유하고 있습니다.

첫째, 적절한 볼륨 유형의 선택입니다. 구성하는 서비스의 종류에 따라 가장 적합한 EBS 볼륨의 유형을 선택할 수 있습니다. 예를 들어, 일반적인 워크로드에는 gp3를, 고성능이 필요한 워크로드에는 io2를 사용하는 방법과 같이 서비스 목적에 따라 유형을 선택하여 성능과 비용을 최적화할 수 있습니다.

둘째, 프로비저닝된 IOPS(Provisioned IOPS)입니다. Amazon EBS 생성 시 EBS 유형에서 선택 가능한 옵션으로 EBS의 성능을 높이기 위해 디스크의 IOPS 성능을 지정할 수 있는 기능입니다. EBS-Optimized 인스턴스에서 사용 가능하며, 보다 높은 I/O 성능을 제공하여 고성능의 서비스 제공에 적합한 EBS 유형입니다.

셋째, EBS 최적화된 인스턴스(EBS-Optimized Instance)입니다. Amazon EBS의 Disk 서비스를 위한 전용 네트워크의 대역폭을 사용하도록 구성하여 디스크 성능을 최적화하는 기능으로, EC2의 인스턴스 타입 중 C 시리즈, M 시리즈, R 시리즈에서 추가 비용 없이 사용 가능합니다. 또한 'Provisioned IOPS'를 함께 사용하여 IO의 최대 성능을 이끌어 내는 것이 가능합니다.

넷째, EBS 암호화 기능입니다. Amazon EBS를 암호화 알고리즘 중 하나인 AES-256으로 암호화하여 EBS 내부의 데이터를 보호할 수 있는 기능으로, 암호화 키는 AWS의 KMS에서 직접 생성하거나 기본 키를 사용할 수 있습니다. 이렇게 암호화된 EBS 스냅샷은 공유 및 타 AWS 계정에 공유되어도 사용할 수 없습니다.

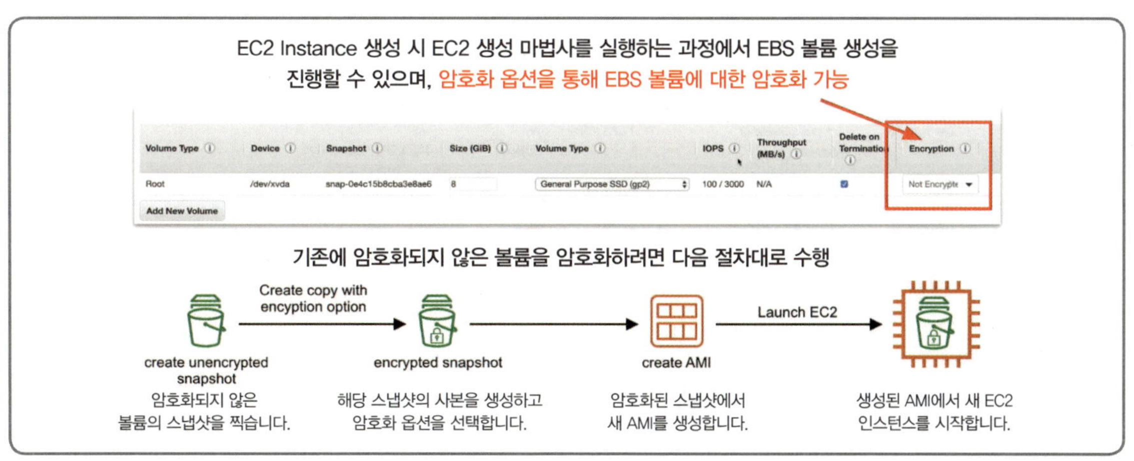

[그림 2-25] Amazon EBS 암호화 기능

다섯째, EC2 Instance는 지속적인 블록 수준의 EBS Volumes와 Instance Store Volume으로 구분할 수 있으며, 각 서비스별 특징은 다음과 같습니다.

[표 2-8] EBS 볼륨과 인스턴스 스토어 볼륨 비교

EBS Volumes(지속적 블록 수준 스토리지)	Instance Store Volumes(Ephemeral – 휘발성)
• 단일 EC2 인스턴스에 연결할 수 있는 지속적인 블록 수준의 저장 장치 • EBS 스냅샷에서 생성된 EBS 볼륨 • 인스턴스를 시작하고 중지 가능 • 시스템을 재부팅해도 데이터가 유지됨 • 데이터가 지속되길 원하는 경우에 적합 • 대부분의 사용 사례에서 EBS 볼륨 사용	• 호스트 머신의 물리 디스크 위치한 임시 저장 유형 • S3 저장된 템플릿에서 인스턴스 스토어 볼륨 생성 • 인스턴스를 중지할 수 없으며, 종료만 할 수 있음 • 호스트 인프라 정지, 인스턴스 종료 시 데이터 손실 • 일시적인 백업, 애플리케이션 캐시 로그 또는 기타 임의 데이터 저장 시 이상적임

여섯째, 다수의 EC2를 대상으로 스토리지 서비스가 필요한 경우, 네트워크 기반 파일 스토리지 서비스인 Amazon EFS(Elastic File System)를 통해 파일 기반 스토리지 서비스를 이용할 수 있습니다.

• EFS(Elastic File System)는 다수의 EC2 Instance에 동시 적용 가능한 파일 스토리지 서비스

• 저장 용량은 데이터 기반으로 자동 확장(최대 페타바이트까지)/축소 가능(Elastic)

• 같은 VPC의 여러 EC2 인스턴스가 단일 EFS 볼륨을 마운트 가능(볼륨은 동일한 VPC 필수)

• EC2 인스턴스는 NFSv4.1 클라이언트를 설치하고 EFS 볼륨을 마운트 가능

• EFS는 네트워크 파일 시스템 버전 4(NFSv4) 프로토콜 사용

• EFS는 모든 VPC 서브넷에 여러 마운트 대상 생성 가능

• 사용한 공간당 요금이 부과되며, 월 0.30달러/GB부터 시작

• 마운트 대상은 특정 서브넷, IP 주소 연결되어 EC2 인스턴스가 EFS 파일 시스템과 통신

VPC	Availability Zone	Subnet	IP address	Mount target ID	Network interface ID	Security groups	Mount target state
vpc-75fcd90f (default)	us-east-1b	subnet-edd727b1 (default)	172.31.36.225	fsmt-1a56eefa	eni-089be3fede4855115	sg-c4b0668c - default	Available
	us-east-1a	subnet-4d1f9b07 (default)	172.31.24.213	fsmt-1c56eefc	eni-07f1538413c5581a7		Creating
	us-east-1c	subnet-9706c1f0 (default)	172.31.10.213	fsmt-1e56eefe	eni-0a685b10dbc4144aa		Creating
	us-east-1e	subnet-cd8e99f2 (default)	172.31.63.220	fsmt-1f56eeff	eni-0120337a18e205006		Creating
	us-east-1d	subnet-ff7684d1 (default)	172.31.85.52	fsmt-e157ef01	eni-043ea2b3a223e4944	sg-c4b0668c - default	Available
	us-east-1f	subnet-fa0e81f5 (default)	172.31.76.141	fsmt-e257ef02	eni-04b4c60064f530831	sg-c4b0668c - default	Available

[그림 2-26] Amazon EFS 마운트 타깃 구성

이와 같이 서비스 목적에 따라 다양한 방식으로 스토리지 볼륨을 연결하여 사용하고 백업 및 복원, 보안 설정 등을 통해 안정적인 서비스를 제공할 수 있습니다.

6-1 아마존 보안 그룹 개요

아마존 보안 그룹(Amazon Security Group)은 AWS의 VPC에서 동작하는 인스턴스에 대한 가상의 방화벽 역할을 수행하는 서비스입니다. 인스턴스와 관련된 네트워크 트래픽을 제어하는 데 사용되며, 특정 IP 주소, IP 주소 대역, 포트 번호에 대한 인바운드(Inbound), 아웃바운드(Outbound) 네트워크 트래픽을 허용(Allow)하거나 거부(Deny)할 수 있습니다.

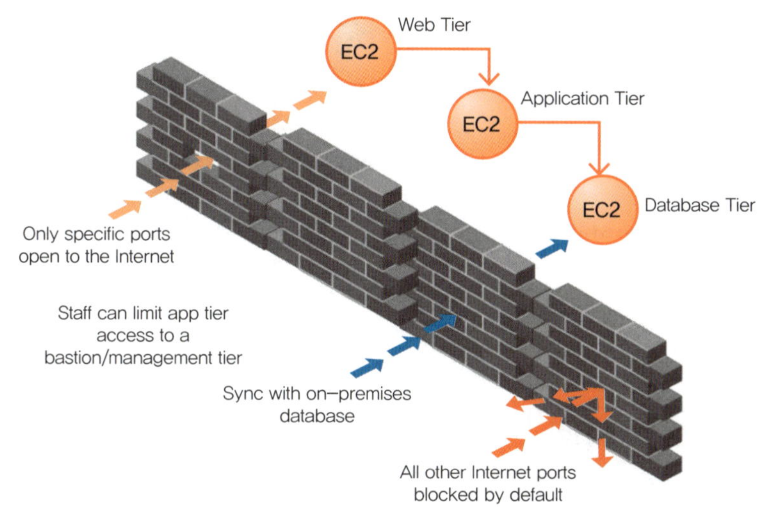

[그림 2-27] 아마존 VPC 보안 그룹

EC2 인스턴스를 시작할 때 각 인스턴스당 최대 5개의 보안 그룹을 할당할 수 있으며, 하나의 보안 그룹은 여러 EC2 인스턴스에 할당할 수 있습니다. 이렇게 구성된 보안 그룹은 기존의 온프레미스에서 사용되고 있는 방화벽의 정책과 비슷한 기능입니다. 다만, 보안 그룹은 네트워크 트래픽에 대한 '허용(Allow)'만 가능하며, '차단(Deny)'은 설정할 수 없습니다.

이는 보안 그룹이 EC2 인스턴스 수준에 적용되기 때문에 적용되는 룰이며, 차단 기능을 적용하기 위해서는 VPC의 기능 중 하나인 네트워크 ACL(Network ACL)을 통해 서브넷(Subnet) 수준에서 네트워크의 흐름을 제어할 수 있습니다.

[그림 2-28]은 2개의 가용 영역에 있는 서브넷, 인터넷 게이트웨이 및 Application Load Balancer가 있는 VPC를 보여 줍니다. 각 가용 영역에는 웹 서버용 퍼블릭 서브넷과 데이터베이스 서버용 프라이빗 서브넷이 있습니다.

또한 로드 밸런서, 웹 서버 및 데이터베이스 서버에는 별도의 보안 그룹이 있습니다. 인터넷의 HTTP 및 HTTPS 트래픽을 허용하도록 로드 밸런서의 보안 그룹에 규칙을 추가할 수 있으며, 로드 밸런서의 트래픽만 허용하도록 웹 서버의 보안 그룹에 규칙을 추가할 수 있고, 웹 서버의 데이터베이스 요청만 허용하도록 데이터베이스 서버의 보안 그룹에 규칙을 추가할 수 있습니다.

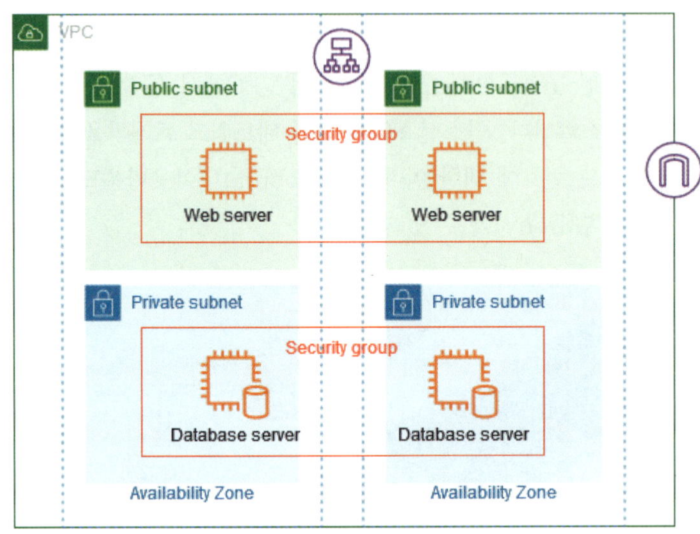

[그림 2-28] 아마존 보안 그룹의 기본 구성

이와 같은 구성이 일반적인 보안 그룹의 설정 예입니다.

▌6-2 아마존 보안 그룹의 주요 특징

아마존 보안 그룹의 주요 특징은 다음과 같습니다.

첫째, 보안 그룹은 생성 가능한 보안 그룹의 숫자와 규칙에 제한이 있습니다. 하나의 리전당 생성할 수 있는 보안 그룹의 개수는 기본 2,500개입니다. 각 보안 그룹당 추가할 수 있는 규칙의 개수는 인바운드와 아웃바운드 각각 60개로 제한되어 있습니다. 또한 하나의 네트워크 인터페이스(ENI)에는 기본적으로 5개의 보안 그룹을 적용할 수 있으며, 이 한도는 대부분의 인스턴스 유형에서 최대 16개까지 늘릴 수 있습니다. 이 모든 한도는 AWS Support를 통해 필요할 때마다 상향 조정 요청을 할 수 있습니다.

둘째, 네트워크 트래픽을 위한 '허용' 정책은 있지만, '차단' 정책은 없습니다. 일반적인 방화벽에서는 네트워크 흐름을 제어하기 위한 정책으로 허용 정책과 차단 정책이 모두 있습니다. 하지만 보안 그룹은 허용 정책은 있지만, 차단 정책은 없습니다. 만일, 차단 정책을 적용하려면 VPC의 기능인 네트워크 기능을 이용해야 합니다.

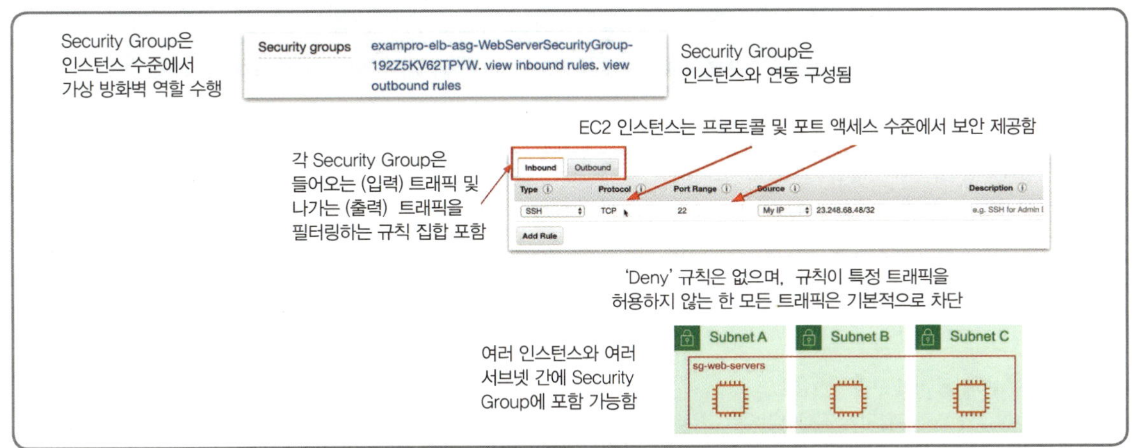

[그림 2-29] 보안 그룹의 동작 원리

셋째, 인바운드 트래픽과 아웃바운드 트래픽을 별도로 제어할 수 있습니다. 보안 그룹을 사용하면 특정 IP 주소, 프로토콜, 포트 범위에 대한 트래픽을 세밀하게 제어할 수 있습니다.

넷째, 보안 그룹은 기본적으로 모든 인바운드 트래픽을 거부하고, 모든 아웃바운드 트래픽을 허용하는 구조입니다. 이에 초기 보안 그룹 설정에는 인바운드 보안 규칙이 없습니다. 그래서 처음 EC2를 생성하고 다른 EC2와 통신하기를 원한다면, 해당 EC2와의 통신을 위한 인바운드 규칙을 추가해야만 EC2 간 통신이 가능합니다.

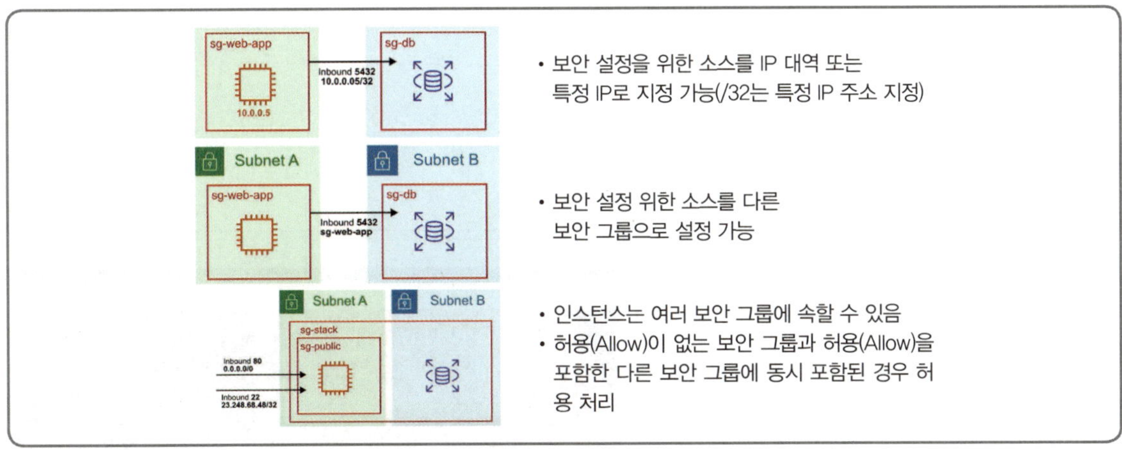

[그림 2-30] 보안 그룹 규칙 설정 및 적용 예시

다섯째, 인스턴스 수준의 보안을 적용하며 변경 즉시 적용됩니다. 보안 그룹은 네트워크에 있는 인스턴스 간의 통신도 규칙에 따라 제어됩니다. 또한 변경된 보안 정책은 즉시 적용되기 때문에 재시작 없이 효과가 적용됩니다.

드디어 기다리던 순간입니다. 앞서 배운 EC2(컴퓨팅), EBS(스토리지), 보안 그룹(방화벽) 개념을 총동원하여 AWS 클라우드 위에 여러분 만의 첫 번째 서버를 구축해 보겠습니다. 긴장하지 마세요. 복잡해 보였던 이론들이 실제 콘솔에서는 얼마나 직관적이고 쉽게 구현되는지 직접 경험하게 될 것입니다.

7-1 시나리오 및 준비

시나리오

스타트업의 첫 번째 웹 서버 구축
여러분은 막 창업한 스타트업의 엔지니어입니다. 회사의 서비스를 알리는 간단한 소개 페이지를 인터넷에 띄워야 합니다. 이를 위해 전 세계 누구나 접속할 수 있는(HTTP 허용) 동시에, 관리자인 나만 안전하게 접속해서 설정할 수 있는(SSH 내 IP 허용) 리눅스 서버 한 대가 필요합니다. 비용은 최소화해야 하며(프리티어 사용), 최신 표준 기술(gp3, IMDSv2)을 적용해야 합니다.

준비물

- AWS 계정: 프리티어 사용이 가능한 계정
- PC/노트북: 인터넷 연결 필수
- 마음가짐: '클릭 몇 번으로 지구 반대편에 내 컴퓨터를 만든다.'라는 설렘

실습 전 필수 주의사항: 요금 폭탄 방지

2024년 2월부터 AWS 요금 정책이 변경되었습니다. 프리티어 인스턴스를 사용하더라도 외부 통신을 위해 '퍼블릭 IPv4 주소'를 할당받으면 인스턴스 자체 비용과는 별개로 시간당 0.005달러(약 7원)의 IP 사용료가 부과됩니다. 실습 서버 1대를 한 달 내내 켜 두면, IP 요금만으로 약 3.6달러(약 5,000원)가 청구될 수 있습니다. 실습이 끝나면 반드시 잊지 말고 인스턴스를 [중지(Stop)] 또는 [종료(Terminate)]하여 불필요한 과금을 막아야 합니다.

7-2 실습 Windows 서버용 EC2 인스턴스 만들기

Step 1 EC2 인스턴스 생성(Windows)

01 http://aws.com에 접속한 후 오른쪽 상단의 [콘솔 로그인] 버튼을 클릭합니다.

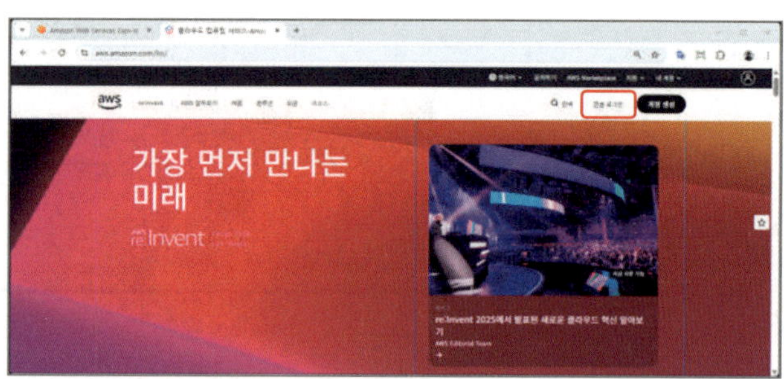

02 이전에 생성된 IAM 접속 정보를 확인한 후 'Account ID', 'IAM username', 'Password'를 입력하고 [Sign in] 버튼을 클릭합니다.

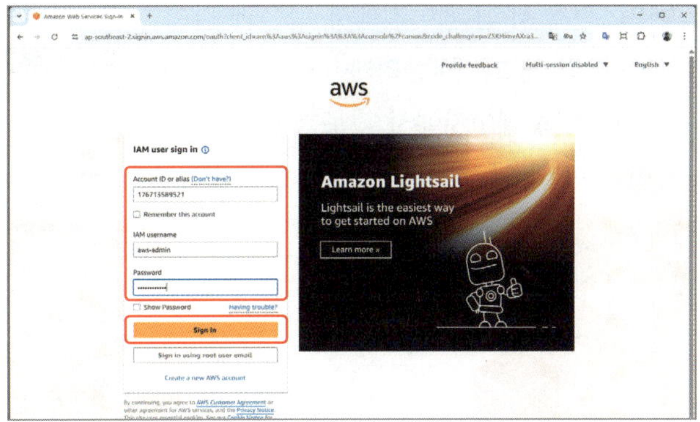

03 EC2 생성을 위한 리전을 선택하기 위해 오른쪽 상단의 리전 메뉴를 선택한 후 [서울 - ap-northeast-2]를 클릭합니다.

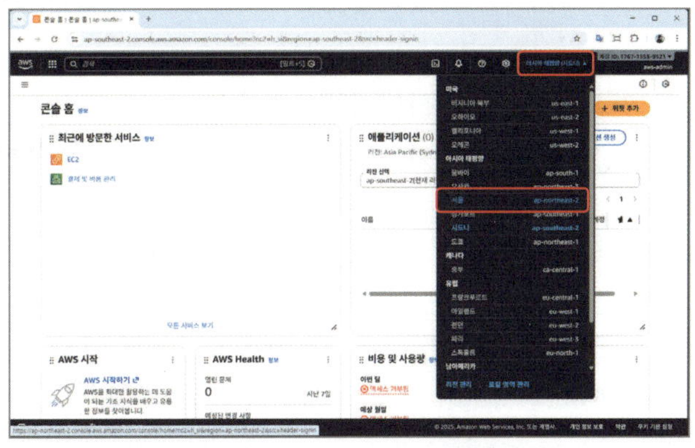

04 AWS Console에 로그인한 후 상단 검색창에서 'EC2'를 입력하고 아래에 검색된 'EC2' 메뉴를 클릭합니다.

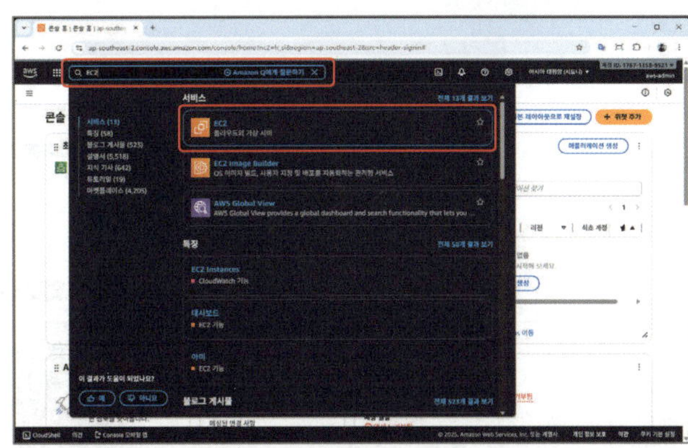

05 [EC2] 페이지에서 왼쪽의 [인스턴스] 메뉴를 클릭한 후 [인스턴스] 페이지에서 [인스턴스 시작] 버튼을 클릭합니다.

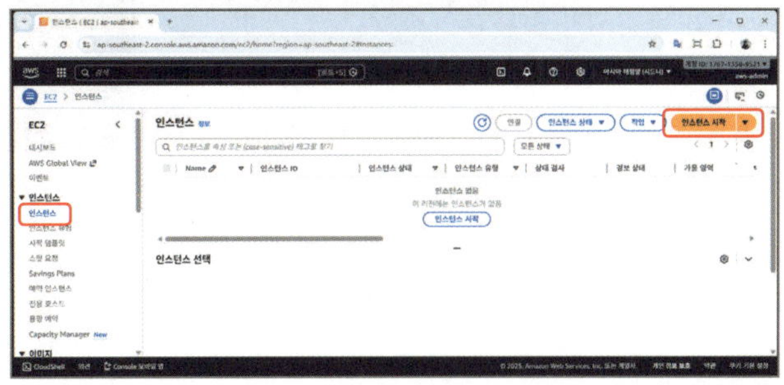

06 [인스턴스 시작] 페이지에서 다음과 같이 [이름 및 태그], [애플리케이션 및 이미지] 정보 입력 페이지에서 정보를 다음과 같이 선택 및 입력합니다.

- 이름: 'aws-windows-server' 입력
- Quick Start: OS 선택 화면에서 [Windows] 선택
- Amazon Machine Image(AMI): Microsoft windows Server 2025 Base(Default)

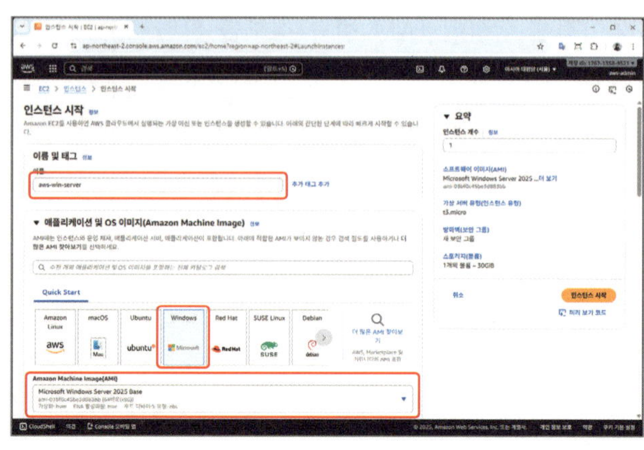

07 '인스턴스 유형' 선택에서 't3.micro' (Default)를 선택한 후 아래의 '키 페어 (로그인)'에서 [새 키 페어 생성]을 클릭합니다.

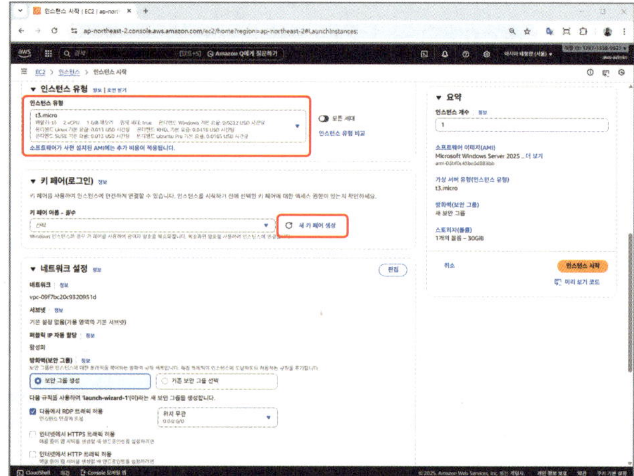

08 '키 페어 생성' 팝업에서 다음과 같은 정보를 입력한 후 [키 페어 생성] 버튼을 클릭합니다.

- 키 페어 이름: 'aws-keypair-win' 입력
- 키 페어 유형: 'RSA' 선택
- 프라이빗 키 파일 형식: '.pem' 선택

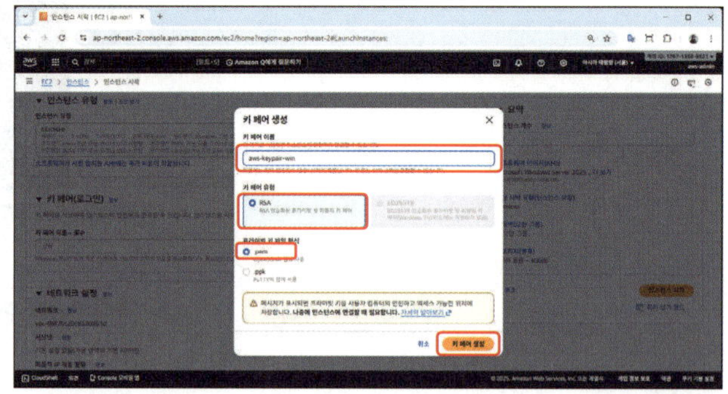

09 [네트워크 설정], [스토리지 구성] 항목에
다음과 같이 설정한 후 오른쪽에 있는
[인스턴스 시작] 버튼을 클릭합니다.

네트워크 설정
- 방화벽(보안 그룹): '보안 그룹 생성'(Default) 항목 선택
- 다음에서 RDP트래픽 허용: '체크'(Default)
- 대상 IP 정보: '위치 무관(0.0.0.0/0)'(Default)

스토리지 구성
- 용량: 30GiB(Default)
- SSD 옵션: 'gp3'(Default)

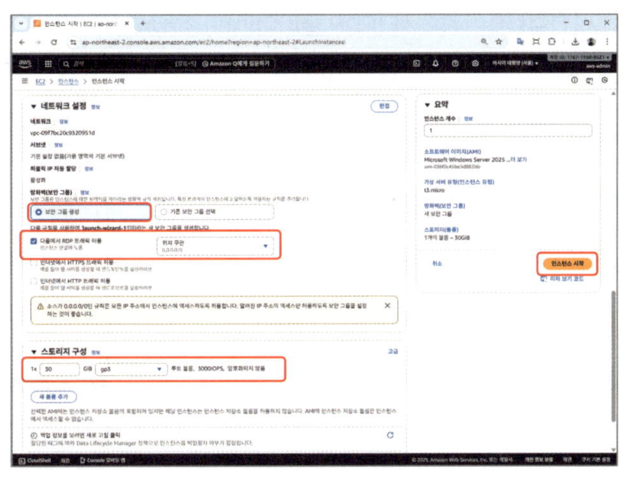

10 인스턴스 생성 작업이 완료되면 [모든 인
스턴스 보기] 버튼을 클릭합니다.

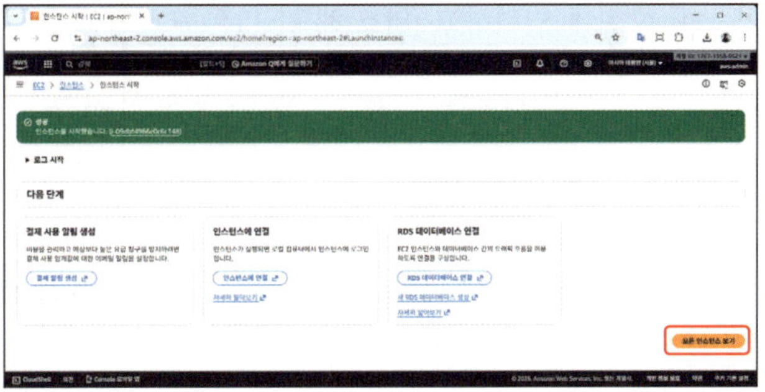

EC2 인스턴스 접속(Windows)

01 [인스턴스] 페이지에서 인스턴스에 접속
하기 위해 오른쪽 상단의 [연결] 버튼을
클릭합니다.

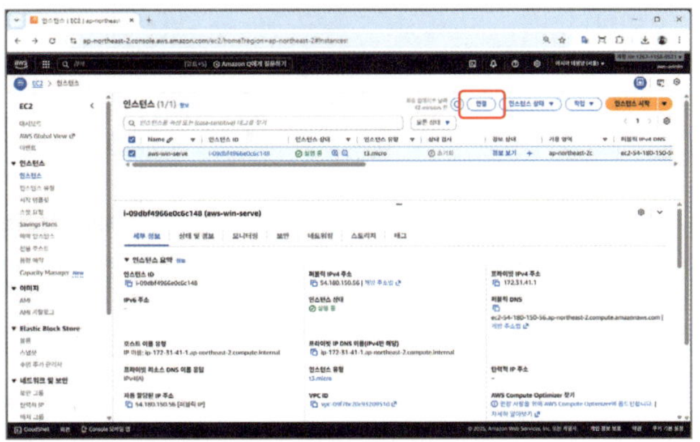

02 [**연결**] 페이지에서 [**RDP 클라이언트**]를 클릭한 후 하단의 [**암호 가져오기**]를 클릭합니다.

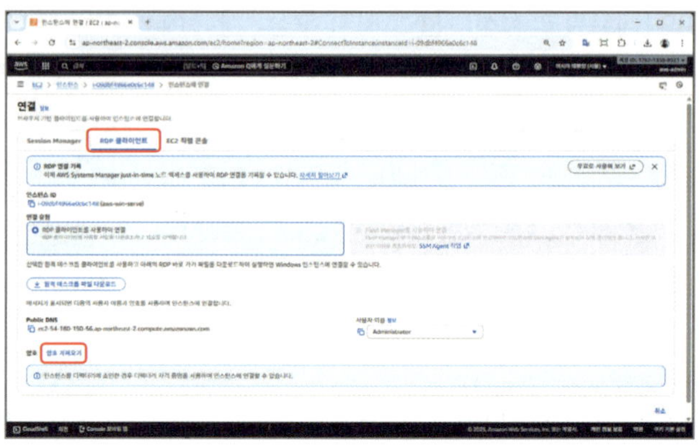

03 이전에 생성했던 '.pem' 키를 메모장으로 열어 Text를 복사한 후 [**Windows 암호 가져오기**] 페이지의 [**프라이빗 키 콘텐츠**] 항목에 입력하고 [**암호 해독**] 버튼을 클릭합니다.

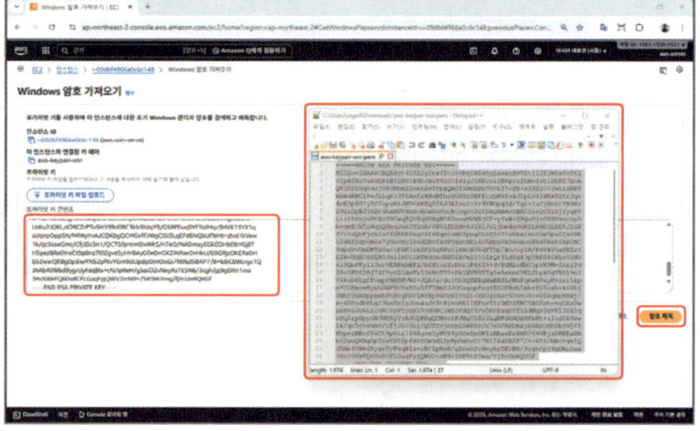

04 [**연결**] 페이지에서 [**원격 데스크톱 파일 다운로드**] 버튼을 클릭한 후 윈도우 서버 연결을 위한 원격 데스크톱 [**연결**] 페이지에 '암호'를 복사하여 입력한 후 로그인합니다.

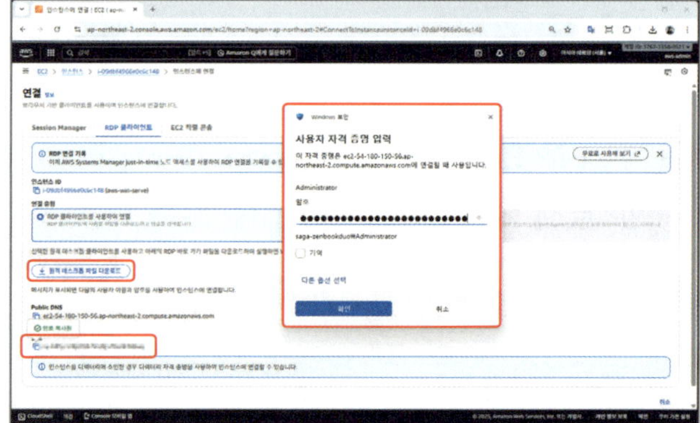

05 신규로 생성된 Windows 서버에 접속을 완료합니다.

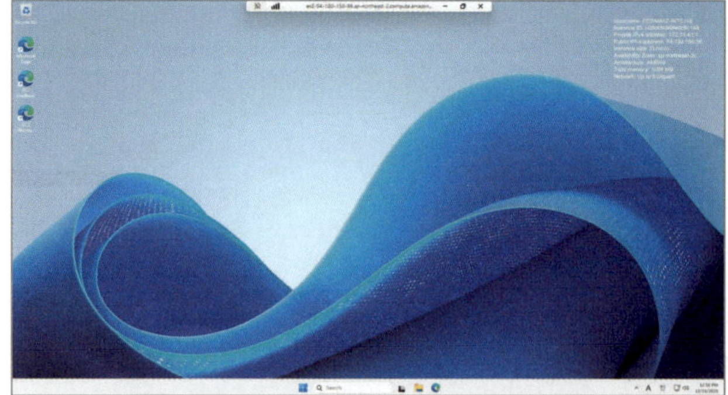

 Windows 서버 시작(Start), 정지(Stop) 및 종료(Terminate)

01 생성된 인스턴스를 정지(Stop)시키기 위해 서버에 접속 [Shut down]을 눌러 서버를 정지합니다.

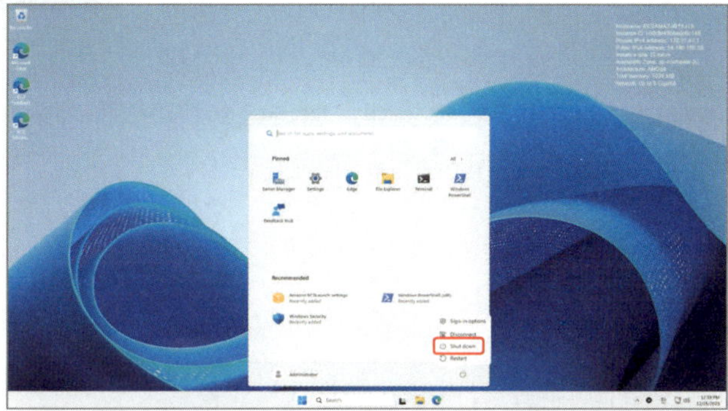

02 2~3분 후 [인스턴스] 페이지에서 정지된 (Stopped) 인스턴스의 상태를 확인할 수 있습니다.

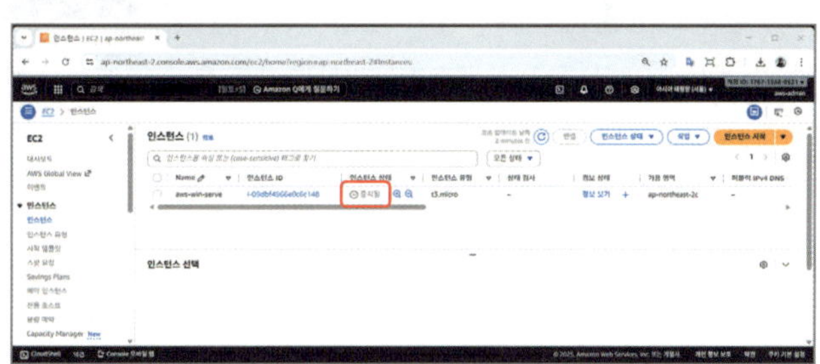

03 정지된 인스턴스를 시작하기 위해 인스턴스를 선택한 후 오른쪽 상단의 [인스턴스 상태] 버튼을 클릭하고 하단의 [인스턴스 시작] 버튼을 클릭합니다.

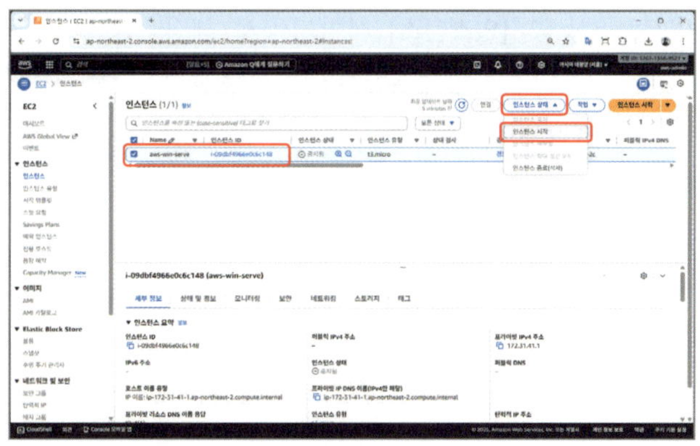

04 1~2분 후 [인스턴스] 페이지에서 인스턴스가 '실행 중' 상태로 변경된 것을 확인할 수 있습니다.

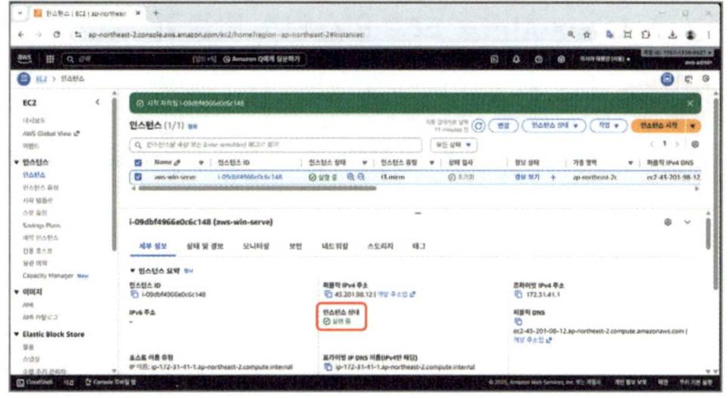

05 생성된 인스턴스의 영구 삭제를 위해 [**인 스턴스**] 페이지에서 삭제를 원하는 인스 턴스를 선택한 후 오른쪽 상단의 [**인 스턴스 상태**] 버튼을 클릭하고 하단의 [**인 스턴스 종료(삭제)**] 버튼을 클릭합니다.

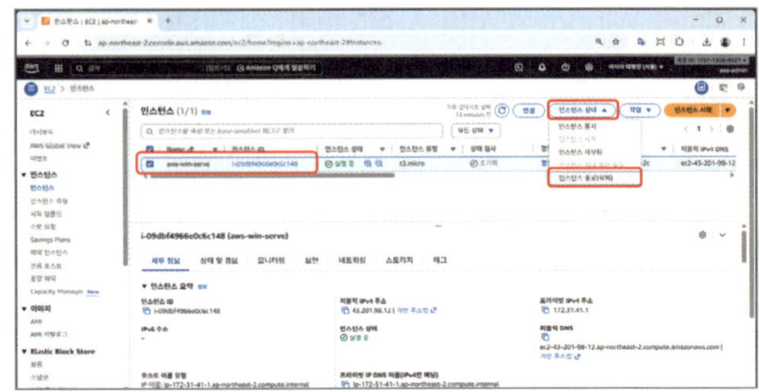

06 [**종료**] 버튼을 클릭하면 '인스턴스 종료 시 루트 EBS 볼륨이 영구 삭제된다.'라는 안내가 나타납니다. [**종료(삭제)**] 버튼을 클릭하면 인스턴스가 영구 삭제됩니다.

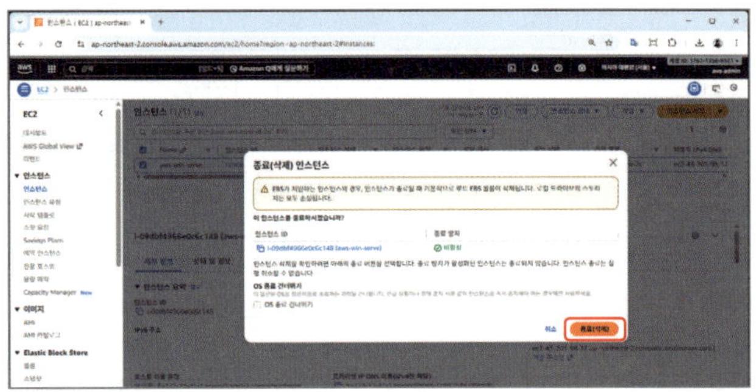

07 3~5분 후 [**인스턴스**] 페이지에서 해당 인스턴스의 상태가 '종료됨'으로 변경되 고, EC2에 연결된 태그 및 볼륨과 리소 스가 연결 해제되어, 이후 해당 인스턴 스가 더 이상 보이지 않게 됩니다.

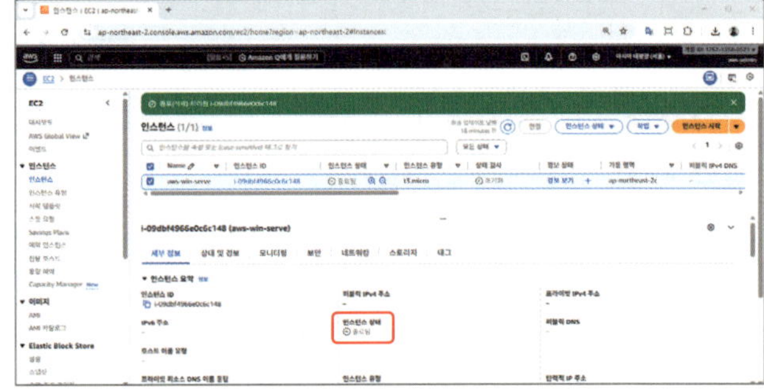

▌7-3 Linux 서버용 EC2 인스턴스 만들기

Step 1 EC2 인스턴스 생성

01 [EC2] 페이지에서 왼쪽의 [**인스턴스**]를 클릭한 후 [**인스턴스**] 페이지에서 [**인스턴 스 시작**] 버튼을 클릭합니다.

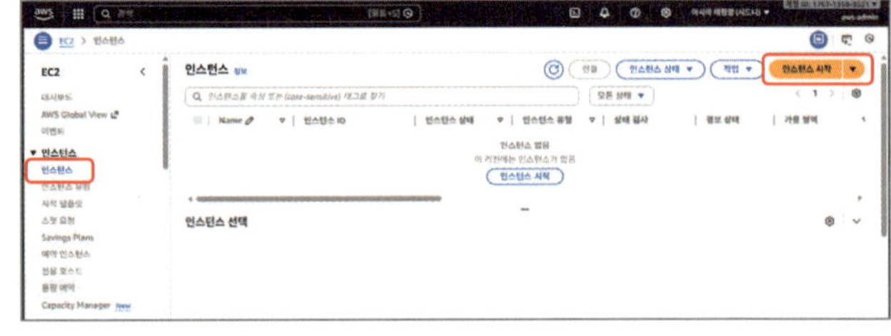

02 [인스턴스 시작] 페이지에서 '이름 및 태그', [애플리케이션 및 이미지] 정보 입력 페이지에서 정보를 다음과 같이 선택 및 입력합니다.

- 이름: 'aws-linux-server' 입력
- Quick Start: OS선택 화면에서 [Amazon Linux] 선택
- Amazon Machine Image(AMI): Amazon Linux 2023 kernel-6.1 AMI(Default)

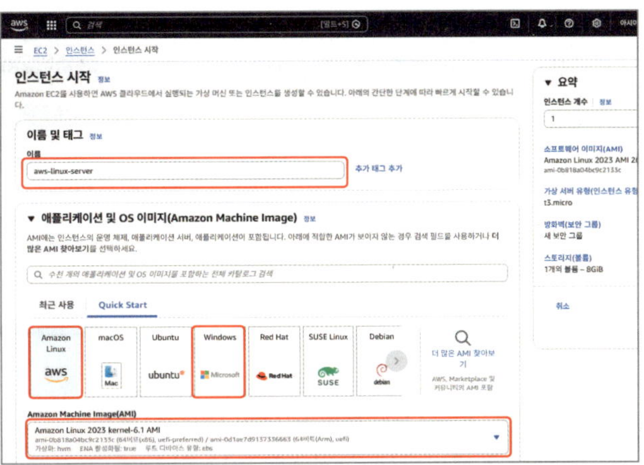

03 '인스턴스 유형' 선택에서 't3.micro' (Default)를 선택한 후 아래의 '키 페어 (로그인)'에서 [새 키 페어 생성]을 클릭합니다.

04 '키 페어 생성' 팝업에서 정보를 다음과 같이 설정한 후 [키 페어 생성] 버튼을 클릭합니다.

- 키 페어 이름: 'aws-keypair-linux' 입력
- 키 페어 유형: 'RSA' 선택
- 프라이빗 키 파일 형식: '.pem' 선택

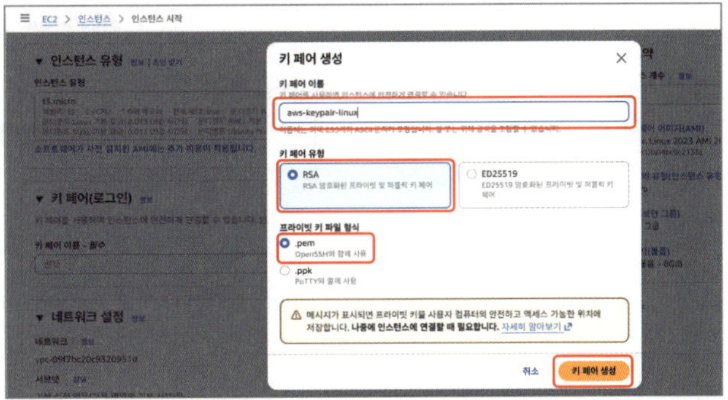

05 [네트워크 설정], [스토리지 구성] 항목에 대해 정보를 다음과 같이 설정한 후 [인스턴스 시작] 버튼을 클릭합니다.

네트워크 설정
- 방화벽(보안 그룹): '보안 그룹 생성'(Default) 항목 선택
- 다음에서 RDP 트래픽 허용: '체크'(Default)
- 대상 IP 정보: '위치 무관(0.0.0.0/0)'(Default)

스토리지 구성
- 용량: 30GiB(Default)
- SSD 옵션: 'gp3'(Default)

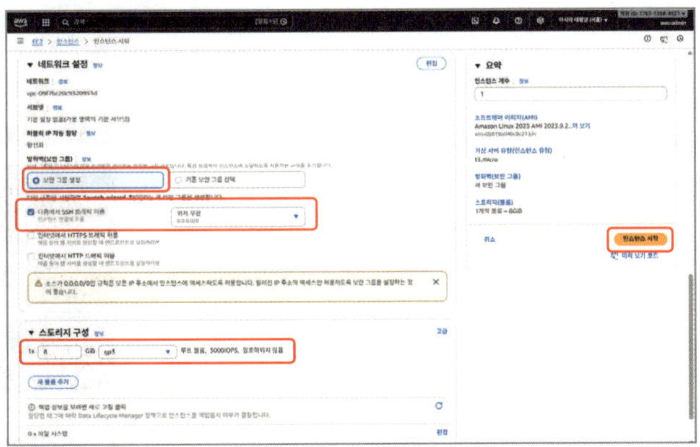

06 인스턴스 생성 작업이 완료되면 **[모든 인스턴스 보기]** 버튼을 클릭합니다.

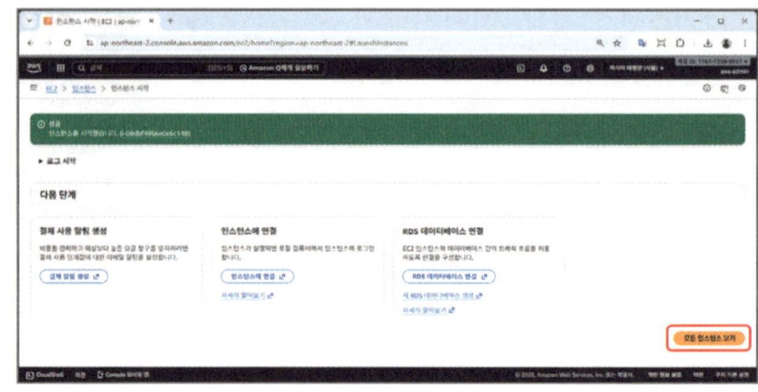

Step 2 **EC2 인스턴스 접속(Linux)/간편 연결**

01 **[인스턴스]** 페이지에서 접속할 인스턴스를 선택한 후 오른쪽 상단의 **[연결]** 버튼을 클릭합니다.

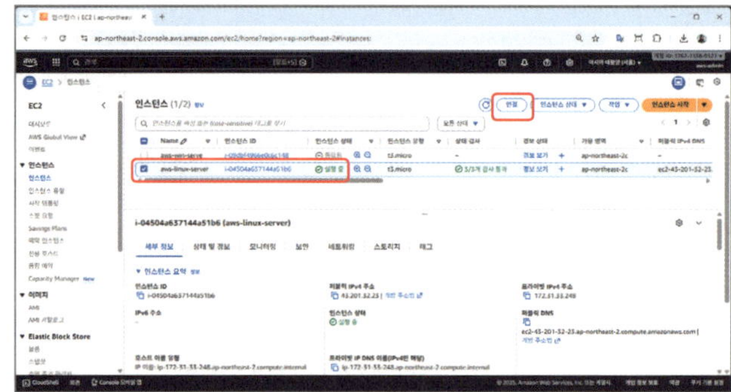

02 **[연결]** 페이지에서 **[EC2 인스턴스 연결]**을 클릭한 후 **[연결]** 버튼을 클릭합니다.

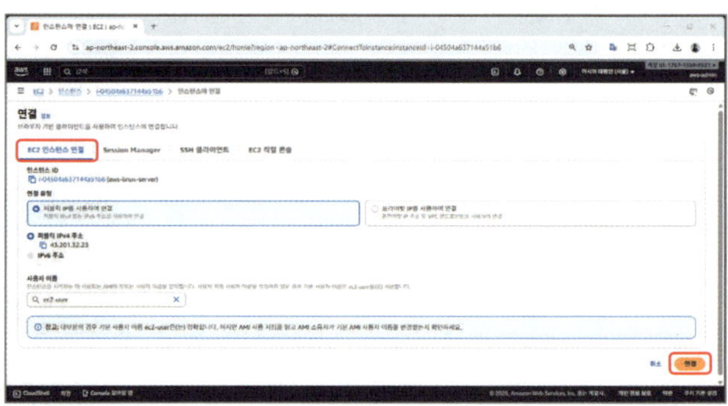

03 웹 기반의 페이지에서 리눅스 서버 연결 및 내용을 확인할 수 있습니다.

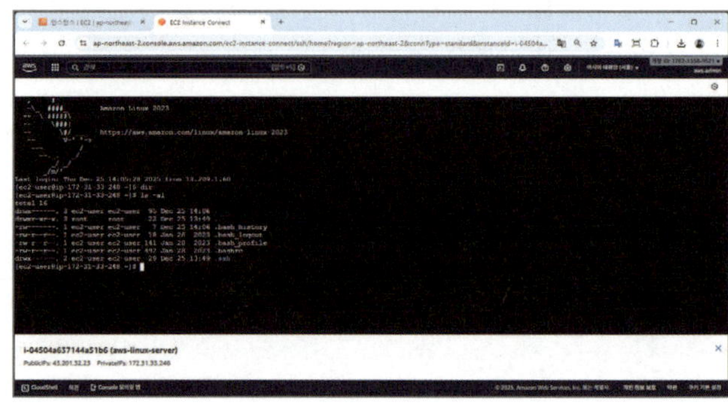

01 Linux 인스턴스에 접속하기 위해서는 일반적인 SSH 접속용 프로그램이 필요하며, Putty라는 SSH 툴을 다운로드하기 위해 https://putty.software/로 접속한 후 아래의 'download page for the latest version'를 클릭합니다.

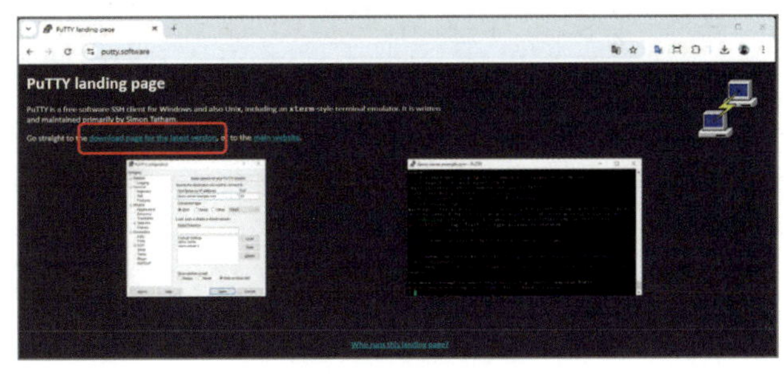

02 다운로드 페이지에서 본인 PC의 OS의 버전과 bit 종류(32-bit/64-bit)를 확인한 후 본인 PC에 맞는 프로그램을 다운로드하여 프로그램을 설치합니다.

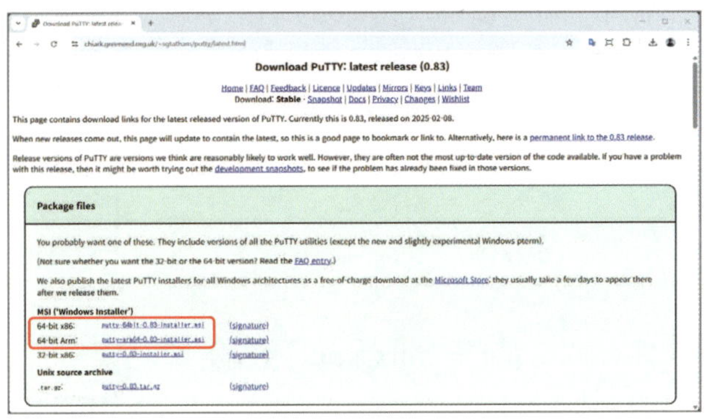

03 키 페어 파일을 PuTTY 프로그램과 연결하기 위해 PuTTY 프로그램이 설치된 경로(C:\Program Files\PuTTY)로 이동한 후 puttygen.exe를 실행합니다.

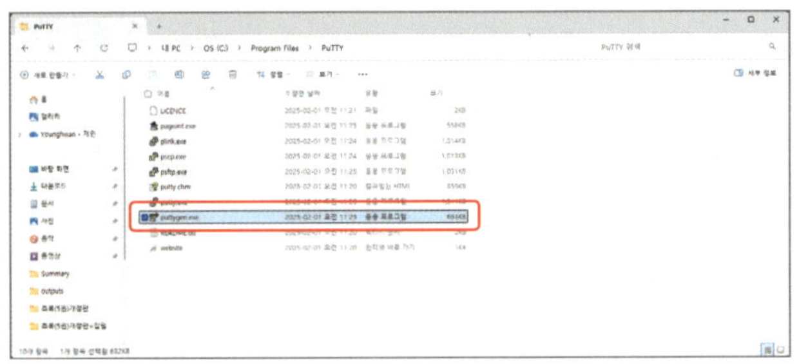

04 [PuTTY Key Generator]를 실행한 후 [Conversions]-[Import Key]를 클릭합니다.

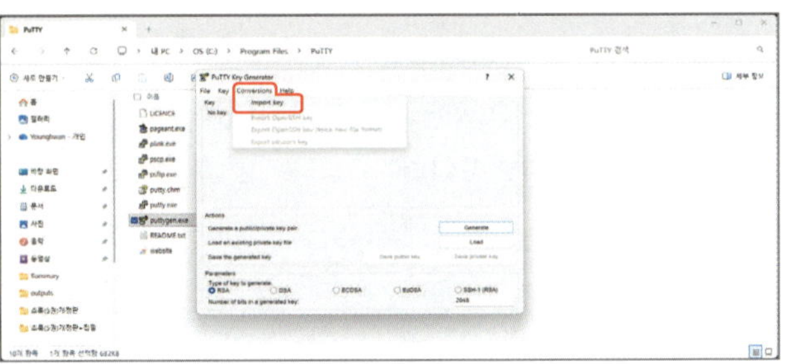

05 Linux 인스턴스 생성 시 선택한, 기존에 생성한 키 페어 파일(aws-keypair-linux.pem)을 선택한 후 **[열기]** 버튼을 클릭합니다.

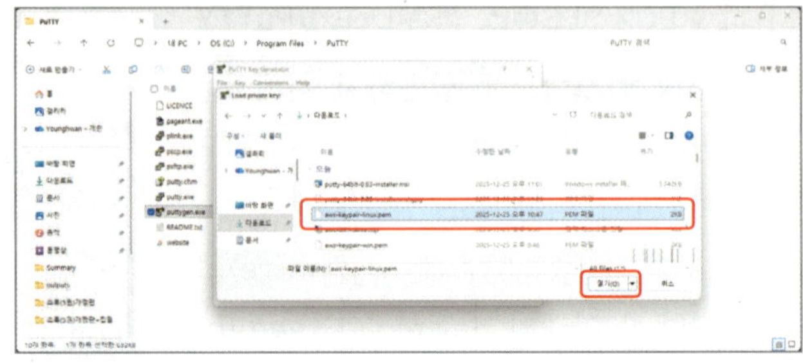

06 PuTTY로 Import할 Private key를 생성하기 위해 [Save Private Key]를 클릭한 후 아래 항목의 [Without Passphrase to protect]에서 [예]를 클릭합니다.

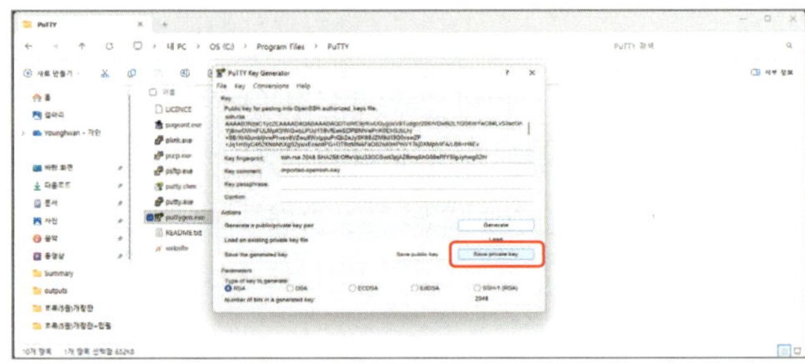

07 'aws-keypair-linux.ppk' 파일을 로컬 PC에 저장합니다.

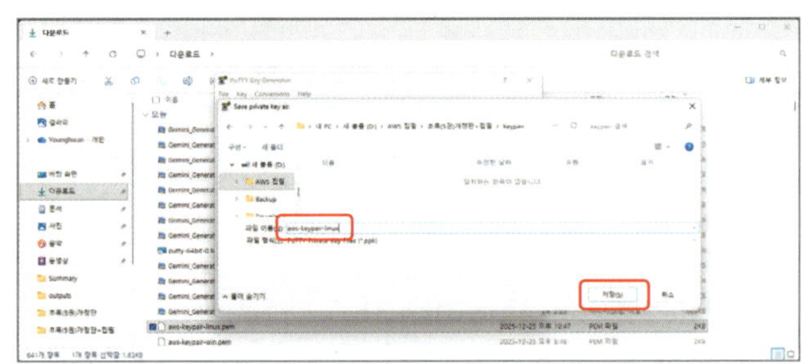

08 로컬 PC에 설치된 PuTTY 프로그램을 실행한 후 [Connection]-[SSH]-[Auth]-[Credentials] 메뉴의 [Private key file for authentication:] 항목에서 바로 전에 생성한 'aws-keypair-linux.ppk' 파일을 선택합니다.

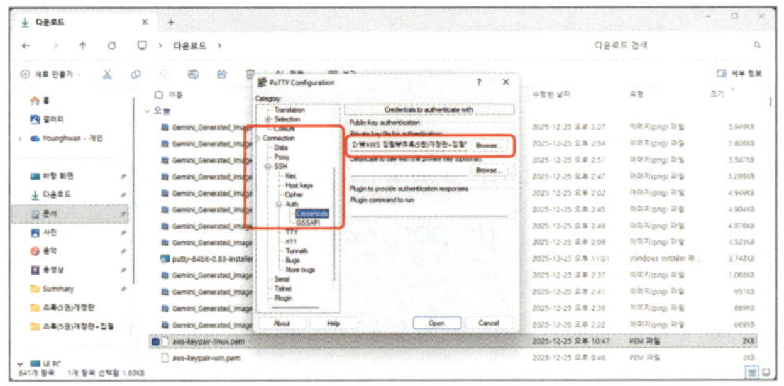

09 접속할 Linux 인스턴스 정보를 확인하기 위해 AWS Console에 접속하여 인스턴스를 선택한 후 '퍼블릭 IPv4 주소' 정보를 복사합니다.

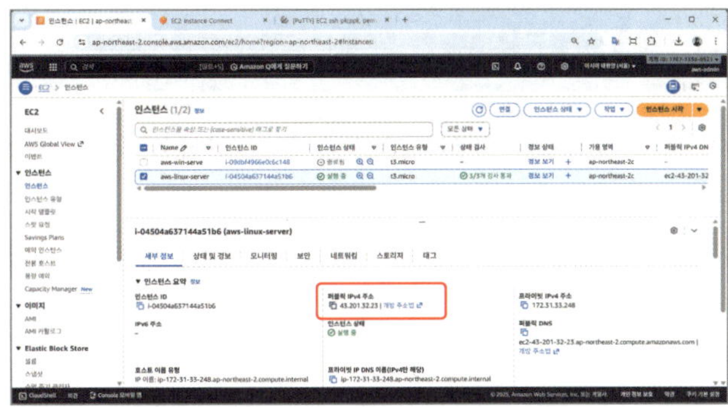

10 [Session] 항목에서 [Hostname]에 인스턴스의 'IP'를 입력한 후 [Connection Type]을 'SSH'로 선택합니다. 그런 다음 [Saved sessions] 항목에 'Linux server'라고 입력한 후 [Save] 버튼을 클릭하고 [Open] 버튼을 클릭합니다.

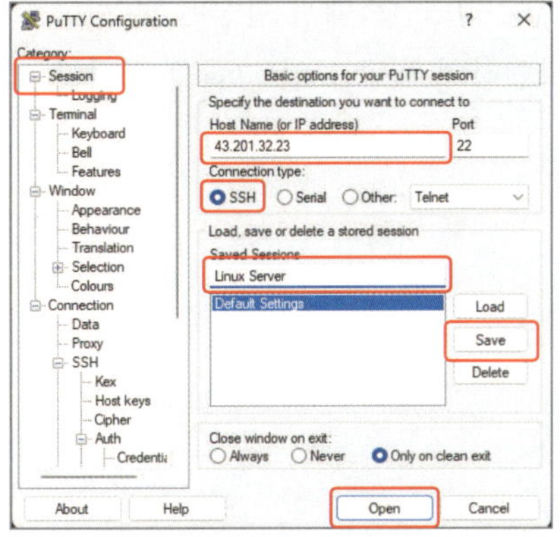

11 [Accept] 버튼을 클릭합니다.

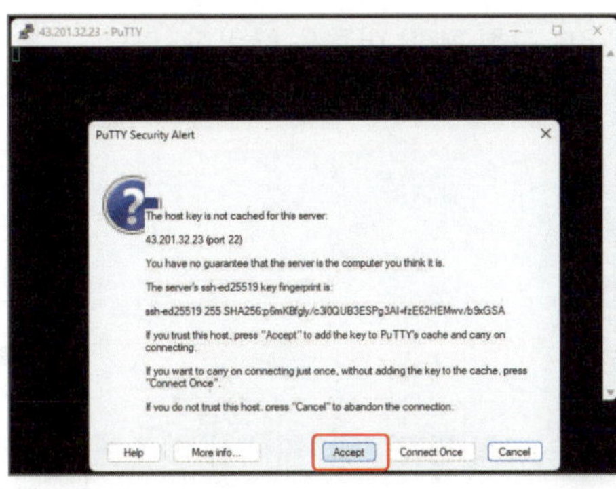

12 [login as:] 항목에 'ec2-user'라고 입력한 후 Enter를 누릅니다.

13 Linux 인스턴스에 접속되었습니다. Linux 인스턴스의 시작(Start), 정지(Stop), 종료(Terminate) 또한 Windows 인스턴스와 동일한 방식으로 수행할 수 있습니다.

이 따라 하기 코너에서는 아마존 보안 그룹을 사용하여 이전 코너에서 생성된 Linux 인스턴스에 대해 보안 그룹을 설정하고 보안 정책을 적용하는 방법을 배우게 됩니다. 아마존 보안 그룹은 추가 비용이 발생되지 않습니다.

01 기존에 설정된 보안 그룹을 삭제하기 위해 Linux 인스턴스에서 설정된 보안 그룹을 확인하여 해당 보안 그룹을 클릭합니다.

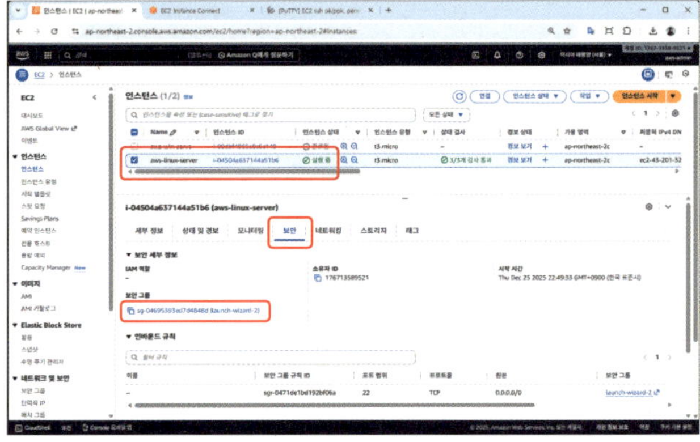

02 보안 그룹의 인바운드 설정을 확인한 후 **[인바운드 규칙 편집]** 버튼을 클릭합니다.

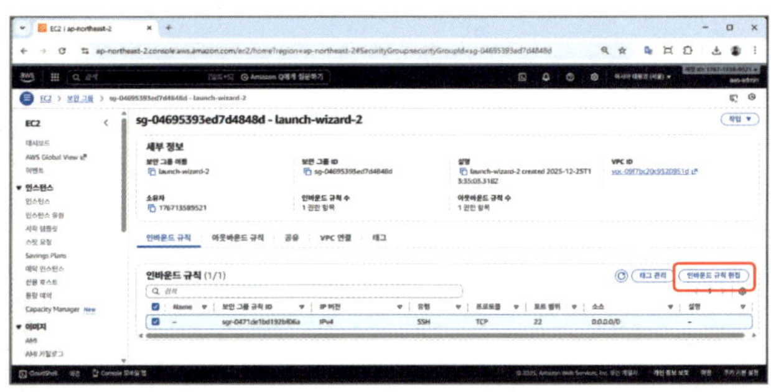

03 **[인바운드 규칙 편집]** 페이지에서 기존에 인터넷상 모든 IP에서 접속 가능하도록 설정된 인바운드 규칙(0.0.0./0)을 삭제합니다.

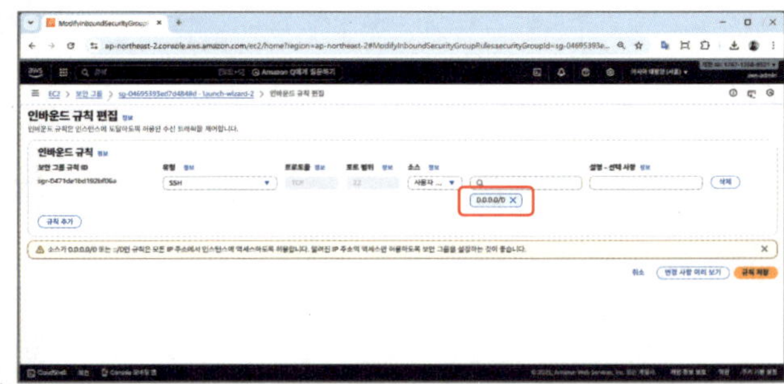

04 이후 본인의 IP를 통해서만 접속 가능하도록 [소스]–[내 IP] 버튼을 클릭합니다. 그런 다음 본인의 IP에 접속 가능하도록 인바운드 규칙에 추가하고 **[규칙 저장]** 버튼을 클릭합니다.

이제 본인 IP 이외에는 다른 곳에서 EC2 인스턴스에 접속할 수 없게 되어, 서버에 대한 보안이 강화되었습니다.

09 SAA 시험 대비 비법 노트

▌9-1 시험 직전 3분컷! 시험 대비 오답 노트

[Cheat Sheet 1] Amazon EC2(Elastic Compute Cloud)

■ **EC2 인스턴스 구매 옵션(비용 최적화 문제 핵심)**

시험에서 가장 빈번하게 출제되는 영역입니다. 시나리오별 키워드를 매칭하세요.

On–Demand(온디맨드)
- 특징: 약정 없음, 초 단위 과금, 가장 비쌈
- 시나리오: 단기 워크로드, 예측 불가능한 트래픽, 앱 개발/테스트 초기 단계

Reserved Instances(RI, 예약 인스턴스)
- 특징: 1년 또는 3년 약정, 온디맨드 대비 최대 72% 할인
- Standard RI: 인스턴스 패밀리 변경 불가(가장 할인율 높음)
- Convertible RI: 인스턴스 패밀리/OS/테넌시 변경 가능(유연성)
- 시나리오: '꾸준한 상태(Steady–state), 장기적으로 예측 가능한 사용량, 데이터베이스 서버

Savings Plans
- 특징: 특정 인스턴스 유형이 아닌 시간당 사용량(달러/hr)을 약정(가장 유연함)
- Compute Savings Plans: EC2+Fargate+Lambda까지 적용 가능(최대 66% 할인)
- 시나리오: 컨테이너나 서버리스로 이전 계획이 있는 장기 워크로드

Spot Instances(스폿 인스턴스)
- 특징: AWS의 남는 유휴 자원 사용, 온디맨드 대비 최대 90% 할인, AWS가 필요 시 2분 전 경고 후 회수
- 시나리오: '중단되어도 상관없는(Fault–tolerant)', 시작/종료 시간이 유연한 작업, 배치 처리, 이미지 렌더링, 데이터 분석
- 주의: 데이터베이스나 핵심 서버용으로 절대 사용 불가

Dedicated Host(전용 호스트)
- 특징: 물리적 서버 전체를 예약
- 시나리오: '기존 소프트웨어 라이선스(BYOL) 준수', 규정상 물리적 격리가 필수인 경우

■ 배치 그룹(Placement Groups)

인스턴스를 물리적으로 어떻게 배치할지를 결정하는 전략입니다.

Cluster(클러스터)

- 구조: 단일 가용 영역 내의 랙(Rack)들에 인스턴스를 빽빽하게 모음
- 장점: 초저지연(Low Latency), 10Gbps+높은 네트워크 처리량
- 시나리오: HPC(고성능 컴퓨팅), 머신러닝, 빅데이터 연산

Spread(분산)

- 구조: 인스턴스를 서로 다른 하드웨어 랙에 강제로 떨어뜨림(AZ당 최대 7개 제한)
- 장점: 하드웨어 장애 격리(한 랙이 고장 나도 다른 인스턴스 생존)
- 시나리오: 소수의 매우 중요한(Critical) 인스턴스

Partition(파티션)

- 구조: 인스턴스를 논리적인 파티션으로 나누어 분산(Hadoop, Cassandra 등)
- 장점: 랙 단위 장애가 전체 서비스에 영향을 주지 않음(대규모 분산)
- 시나리오: HDFS, HBase, Cassandra, Kafka 등 대규모 분산 시스템

■ ENI vs. ENA vs. EFA(네트워킹)

- ENI(Elastic Network Interface): 가상 랜카드, 기본 네트워킹, 특정 서브넷에 바인딩됨
- ENA(Elastic Network Adapter): 향상된 네트워킹, 최대 100Gbps 속도 제공(일반적인 고성능이 필요할 때)
- EFA(Elastic Fabric Adapter): ENA의 업그레이드 버전, OS 바이패스 기능(HPC, MPI 등 초고성능 인터커넥트가 필요할 때)

[Cheat Sheet 2] Amazon EBS

■ EBS 볼륨 유형별 특징(성능 문제 핵심)

시나리오에 맞는 볼륨을 선택하는 것이 정답의 기준입니다.

[표 2-9] EBS 볼륨 유형별 특징 및 시나리오

유형	이름	주요 특징 및 키워드	시나리오
SSD	gp3(General Purpose)	기준(Base), 비용과 성능의 균형, IOPS와 처리량을 독립적으로 설정 가능	대부분의 워크로드, 웹 서버, 부트 볼륨, 개발/테스트
SSD	gp2	구형 모델. 볼륨 크기에 따라 IOPS가 비례해서 증가함	(gp3가 정답인 경우가 많음)
SSD	io2/io1(Provisioned IOPS)	최고 성능, 64,000IOPS 이상, Sub-millisecond(밀리초 미만) 지연 시간, Multi-Attach 지원	미션 크리티컬 DB(Oracle, SAP HANA), 대규모 NoSQL.
HDD	st1(Throughput Optimized)	처리량(Throughput) 중심, 순차적(Sequential) I/O에 최적화	빅데이터, 데이터 웨어하우징, 로그 처리(Kafka, ETL)
HDD	sc1(Cold HDD)	가장 저렴, 접근 빈도가 낮은 데이터	아카이브 데이터, 백업용

※ 시험 팁: st1, sc1은 부트 볼륨(OS 설치용 C드라이브)으로 사용할 수 없습니다(부트 볼륨은 반드시 SSD여야 함).

■ EBS 기능 심화

스냅샷

- EBS 볼륨의 특정 시점 백업(S3에 저장됨)
- 증분 백업(Incremental): 변경된 부분만 저장하므로 효율적
- AZ 간 이동: 스냅샷을 찍어서 다른 AZ에 새 볼륨으로 복원 가능
- 리전 간 이동: 스냅샷을 다른 리전으로 복사(Copy) 가능

암호화

- 생성 시 암호화 체크로 설정(KMS 키 사용)
- 중요: 이미 암호화되지 않은 볼륨을 바로 암호화할 수 없음
- 해결책: 스냅샷 생성→스냅샷 복사(Copy) 시 '암호화' 옵션 체크→암호화된 스냅샷으로 새 볼륨 생성

EBS Multi-Attach

- 하나의 EBS 볼륨을 같은 AZ 내의 여러 EC2 인스턴스에 동시에 연결
- 오직 io1, io2 볼륨만 지원(클러스터링된 DB 등에 사용)

■ EC2 Instance Store(인스턴스 스토어)

- 정의: EC2 호스트 서버에 물리적으로 직접 연결된 디스크(SSD/HDD)
- 장점: 네트워크를 타지 않으므로 I/O 속도가 가장 빠름, 추가 비용 없음
- 단점(치명적): 휘발성(Ephemeral). EC2를 중지(Stop)하거나 종료(Terminate)하면 데이터가 다 날아감
- 시나리오: 임시 캐시 버퍼, 스크래치 데이터, 복제본이 있는 분산 DB('데이터가 손실되어도 괜찮다.'라는 전제 필수)

[Cheat Sheet 3] AWS Security(SG vs. NACL)

■ 보안 그룹-인스턴스 방화벽

- 적용 대상: EC2 인스턴스 레벨(Network Interface)
- 성격: Stateful(상태 저장)
  - 들어오는 요청(Inbound)을 허용하면, 나가는 응답(Outbound)은 자동으로 허용됨(반대도 동일)
- 규칙: 오직 허용(Allow) 규칙만 생성 가능(거부 규칙 생성 불가→없으면 다 거부)
- 기본값
  - Inbound: 모든 트래픽 거부(아무것도 안 들어옴)
  - Outbound: 모든 트래픽 허용
- 평가: 모든 규칙을 평가한 후 허용 여부 결정

■ 네트워크 ACL(Network ACL)-서브넷 방화벽

- 적용 대상: 서브넷(Subnet) 레벨(해당 서브넷 안의 모든 인스턴스에 영향)
- 성격: Stateless(상태 비저장)
  - 들어오는 요청(Inbound)을 허용했더라도 나가는 응답(Outbound)을 별도로 허용해 줘야 함(Ephemeral Port 범위 등 고려 필요)
- 규칙: 허용 및 거부 규칙 모두 생성 가능
  - 특정 악성 IP(해커)를 차단하려면 반드시 NACL을 써야 함
- 기본값: VPC 생성 시 기본 NACL은 모든 트래픽 허용(In/Out Allow All)
- 평가: 규칙 번호 순서(낮은 번호부터)대로 평가하고, 매칭되면 즉시 중단(예 100번에서 거부이면, 200번에서 허용이어도 차단됨)

■ 시험 문제 패턴(Troubleshooting)

Q: 웹 서버 접속 불가?

- SG Inbound 80/443 허용 확인
- NACL Inbound AND Outbound 허용 확인(Stateless니까!)
- Route Table(IGW 연결) 확인

Q: 특정 IP만 차단하고 싶다?

- SG는 Deny 불가→NACL에서 Deny 규칙 추가(번호를 낮게 설정)

Q: Time out(응답 없음) vs. Connection Refused(연결 거부)?

- Time out: 보안 그룹(SG)에서 막혔을 때 주로 발생(패킷을 그냥 버림)
- Connection Refused: 서버까지는 갔는데 OS 내부 방화벽이나 앱이 안 켜져 있을 때

[Cheat Sheet 4] Amazon EFS(Elastic File System)

■ EFS 핵심 개념

- 정의: 관리형 NFS(Network File System), 리눅스 표준 파일 시스템
- 특징
  - 공유 스토리지: 수천 개의 EC2 인스턴스가 동시에 읽기/쓰기 가능
  - Multi-AZ: 데이터가 여러 가용 영역에 자동 복제되어 저장됨(EBS보다 가용성 높음)
  - 확장성: 용량을 미리 지정할 필요 없음(페타바이트까지 자동 확장)
  - 프로토콜: NFSv4 사용(Linux 전용, Windows 불가)

■ 스토리지 클래스(비용 최적화)

- EFS Standard: 자주 액세스하는 데이터, 3개 AZ 중복 저장
- EFS Standard-IA(Infrequent Access): 자주는 안 쓰지만 필요할 때 즉시 접근, 비용이 저렴함
- EFS One Zone/One Zone-IA: 단일 AZ에만 저장(비용 더 절감, 개발/테스트용, 백업 필수)
  - 수명 주기 정책(Lifecycle Policy): 7일/30일 동안 접근 없는 파일을 자동으로 IA 클래스로 이동시켜 비용 절감

■ 성능 모드(Performance Mode)

- General Purpose(범용): 기본값, 웹 호스팅, CMS 등 일반적인 용도, 지연 시간이 짧음
- Max I/O: 수백/수천 대의 인스턴스가 동시에 붙는 빅데이터/미디어 처리, 지연 시간은 조금 길어질 수 있지만 처리량(Throughput)이 높음

■ EFS vs. EBS vs. S3 비교 필수

[표 2-10] AWS 주요 스토리지 서비스 비교

구분	EBS(Block)	EFS(File)	S3(Object)
연결성	단일 인스턴스(Multi-Attach 예외)	수천 개 인스턴스 동시 연결	HTTP/API로 접근(Mount 불가*)
가용 영역	단일 AZ(장애 시 접근 불가)	Multi-AZ(AZ 장애에도 생존)	Multi-AZ(Region 레벨)
OS	모든 OS(부팅 가능)	Linux 전용(부팅 불가)	OS 무관(웹용)
가격	중간	가장 비쌈	가장 저렴
시나리오	DB, OS 드라이브	CMS, 공유 리포지토리, 홈 디렉터리	정적 웹, 백업, 미디어, 아카이브

- 시험 팁: 'Windows 인스턴스 간의 공유 파일 스토리지'를 물으면?→EFS 아님! Amazon FSx for Windows File Server가 정답(SMB 프로토콜)

Q1 비용 효율적인 아키텍처(EC2)

한 회사가 이미지 처리 애플리케이션을 AWS에서 실행하려고 합니다. 이 작업은 언제든지 중단될 수 있으며, 중단된 시점부터 다시 시작할 수 있습니다. 가장 비용 효율적인 EC2 구매 옵션은 무엇입니까?

A. On-Demand Instances
B. Reserved Instances
C. Spot Instances
D. Dedicated Hosts

정답 C

해설 '언제든지 중단될 수 있다(Fault-tolerant).'라는 문구가 핵심입니다. 스폿 인스턴스는 가장 저렴하지만 AWS가 필요할 때 회수해 갈 수 있습니다. 중단되어도 괜찮은 배치 작업에는 스폿 인스턴스가 정답입니다.

Q2 고성능 스토리지 선택(EBS)

회사는 EC2 인스턴스에서 대규모 고성능 관계형 데이터베이스(MySQL)를 호스팅하려고 합니다. 이 데이터베이스는 초당 60,000IOPS 이상의 일관된 성능과 밀리초 미만의 지연 시간이 필요합니다. 어떤 EBS 볼륨을 선택해야 합니까?

A. General Purpose SSD(gp3)
B. Provisioned IOPS SSD(io2 Block Express)
C. Throughput Optimized HDD(st1)
D. Cold HDD(sc1)

정답 B

해설 gp3는 최대 16,000IOPS까지만 지원합니다. 64,000IOPS 이상의 초고성능과 짧은 지연 시간(Sub-millisecond)이 필요한 미션 크리티컬 DB에는 io2 Block Express가 유일한 답입니다(HDD 타입인 st1, sc1은 DB용으로 부적합합니다).

Q3 공유 스토리지 솔루션(EFS)

여러 가용 영역에 걸쳐 있는 여러 EC2 Linux 인스턴스에서 동시에 액세스해야 하는 콘텐츠 관리 시스템(CMS)을 구축하고 있습니다. 모든 인스턴스가 공통 데이터 소스를 읽고 써야 합니다. 가장 적합한 스토리지 솔루션은 무엇입니까?

A. EBS Multi-Attach가 활성화된 EBS 볼륨
B. 인스턴스 스토어(Instance Store)
C. Amazon S3 Glacier
D. Amazon EFS(Elastic File System)

정답 D

해설 '여러 가용 영역', '여러 EC2 동시 액세스', 'Linux' 키워드가 나오면 EFS입니다. EBS Multi-Attach는 단일 AZ 내에서만 가능하며 특정 타입(io)에서만 지원됩니다. S3는 객체 스토리지라 파일 시스템처럼 마운트하기 어렵습니다.

Q4 데이터 보안(EBS 암호화)

현재 암호화되지 않은 기존 EBS 볼륨이 있습니다. 규정 준수를 위해 이 볼륨의 데이터를 암호화해야 합니다. 데이터를 보존하면서 암호화된 볼륨으로 교체하는 가장 빠른 방법은 무엇입니까?

A. 볼륨 자체의 암호화 속성을 '활성화'로 변경한다.

B. 암호화되지 않은 볼륨의 스냅샷을 생성하고, 그 스냅샷을 암호화하여 복사본을 만든 후 그 복사본으로 새 볼륨을 생성한다.

C. AWS KMS를 사용하여 EC2 인스턴스 내부의 OS 레벨에서 암호화한다.

D. 데이터를 S3로 업로드하고 암호화한 후 다시 다운로드한다.

정답 B

해설 이미 생성된 EBS 볼륨을 즉시 암호화 상태로 바꿀 수는 없습니다. 공식 절차는 [스냅샷 생성]–[암호화 옵션 켜고 스냅샷 복사]–[복사된 스냅샷으로 새 볼륨 생성]입니다.

Q5 네트워크 보안(Security Group)

웹 서버가 있는 EC2 인스턴스의 보안 그룹에서 포트 80(HTTP)에 대한 인바운드(Inbound) 트래픽을 허용했습니다. 하지만 사용자가 웹 사이트에 접속할 수 없습니다. 네트워크 ACL(NACL)은 기본 설정(모두 허용) 상태입니다. 무엇을 확인해야 합니까?

A. 보안 그룹의 아웃바운드(Outbound) 규칙에 포트 80이 허용되어 있는지 확인한다.

B. 인스턴스 내부의 OS 방화벽(iptables, Windows Firewall 등)이 차단하고 있는지 확인한다.

C. 보안 그룹은 상태 비저장(Stateless)이므로 리턴 트래픽을 허용해야 한다.

D. NAT 게이트웨이가 올바르게 설정되었는지 확인한다.

정답 B

해설 보안 그룹은 Stateful하므로 인바운드를 허용하면 아웃바운드 응답은 자동으로 허용됩니다(A, C 오답). NACL도 열려 있다면, 남은 가능성은 EC2 내부의 OS 방화벽 설정 문제입니다.

Q6 인스턴스 사용자 데이터(User Data)

수백 대의 EC2 인스턴스를 시작할 때 최신 보안 패치를 설치하고 웹 서버 소프트웨어를 자동으로 다운로드하여 실행하고 싶습니다. 가장 효율적인 방법은 무엇입니까?

A. 인스턴스를 시작한 후 SSH로 하나씩 접속하여 명령어를 입력한다.

B. EC2 사용자 데이터(User Data) 스크립트에 셸 명령어를 입력하여 부팅 시 실행되게 한다.

C. 매일 밤 Lambda 함수를 실행하여 인스턴스를 업데이트한다.

D. AWS Config를 사용하여 변경 사항을 모니터링한다.

정답 B

해설 User Data(사용자 데이터)는 인스턴스가 최초로 부팅될 때(bootstrapping) 실행되는 스크립트입니다. 패치 설치, 앱 구동 등 초기 설정 자동화에 사용됩니다.

Q7 고성능 컴퓨팅 배치(Placement Group)

기상 예측 시뮬레이션을 위해 EC2 인스턴스 간에 높은 네트워크 처리량과 짧은 지연 시간이 필요합니다. 인스턴스들이 서로 긴밀하게 통신해야 할 때 권장되는 배치 그룹 전략은 무엇입니까?

A. Spread Placement Group(분산 배치 그룹)

B. Partition Placement Group(파티션 배치 그룹)

C. Cluster Placement Group(클러스터 배치 그룹)

D. Auto Scaling Group(자동 확장 그룹)

정답 C

해설 '짧은 지연 시간(Low Latency)', '높은 처리량', '단일 가용 영역', 'HPC' 키워드는 클러스터(Cluster) 배치 그룹입니다. 인스턴스들을 물리적으로 가까운 위치에 묶어 두는 방식입니다.

Q8 스토리지 유형 비교(Instance Store)

높은 I/O 성능이 필요한 임시 데이터 캐시용 서버를 구축하고 있습니다. 데이터는 서버가 중지되거나 종료되면 사라져도 상관없지만, 디스크 속도는 매우 빨라야 합니다. 비용 효율적인 방법은 무엇입니까?

A. EBS Provisioned IOPS 볼륨 사용
B. EFS Standard 클래스 사용
C. EC2 Instance Store 사용
D. S3 Standard 사용

정답 C

해설 Instance Store는 호스트 컴퓨터에 직접 연결된 디스크로, 속도가 매우 빠르고 별도 비용이 없지만, 인스턴스가 중지/종료되면 데이터가 삭제되는 휘발성(Ephemeral) 스토리지입니다. '데이터가 사라져도 됨', '빠른 속도'가 힌트입니다.

Q9 파일 시스템 마이그레이션(EFS vs. EBS)

온프레미스에 있는 리눅스 파일 서버를 AWS로 마이그레이션하려고 합니다. 현재 약 500GB의 데이터가 있으며, AWS 내의 여러 가용 영역에 있는 수십 대의 애플리케이션 서버가 이 파일들을 동시에 읽고 써야 합니다.

A. 각 EC2마다 500GB EBS 볼륨을 생성하고 데이터를 복사한다.
B. Amazon S3 버킷에 데이터를 올리고 애플리케이션 코드를 수정하여 S3 API를 사용한다.
C. Amazon EFS 파일 시스템을 생성하고 온프레미스 데이터를 이곳으로 전송한 후 인스턴스에 마운트한다.
D. EBS 볼륨 하나를 생성하여 여러 인스턴스에 마운트한다.

정답 C

해설 애플리케이션 코드를 수정하지 않고(S3 제외), 리눅스 표준 파일 시스템 인터페이스를 유지하며, 여러 가용 영역에서 동시 접속이 가능한 것은 EFS입니다.

Q10 네트워크 ACL(NACL) 보안

특정 악성 IP 주소(2030.113.5)로부터 오는 공격을 완전히 차단하고 싶습니다. 보안 그룹은 이미 설정되어 있습니다. 가장 확실한 차단 방법은 무엇입니까?

A. 보안 그룹의 인바운드 규칙에 해당 IP를 거부(Deny)로 추가한다.
B. 해당 서브넷의 네트워크 ACL(NACL) 인바운드 규칙 최상단에 해당 IP 거부(Deny) 규칙을 추가한다.
C. 해당 IP를 차단하는 IAM 정책을 생성한다.
D. VPC 흐름 로그(Flow Logs)를 끈다.

정답 B

해설 보안 그룹은 허용 규칙만 만들 수 있고 거부 규칙은 만들 수 없습니다. 특정 IP를 명시적으로 차단(Deny)하려면 NACL을 사용해야 합니다. NACL은 규칙 번호 순서대로 처리되므로 최상단(낮은 번호)에 거부 규칙을 넣어야 합니다.

202×년 8월의 어느 날, 아내에게 뜻밖의 말을 듣게 되었습니다.

"당신, 외국에서 뭐 또 샀어?"

평소 아마존과 이베이(eBay)에서 취미로 틈틈이 직구를 하기도 해서 처음에는 혹시 내가 구매한 것이 있었나 생각했습니다. 하지만 특별히 생각나는 것이 없어서 이상하게 생각하던 차에 휴대폰에서 카드 거래 내역에 대한 SMS를 확인해 보았습니다.

하나(1*1*) 해외 체크승인 OOO님 USD 125.10 08/03 17:00 Amazon web service aws.am

처음 받아보는 문자에 당황했고, 14만 원은 그렇게 AWS에 지불되었습니다.

그 당시 처음 AWS를 접하고 Self Study를 위해 도서를 구매한 후 프리티어를 활용해서 이것저것 사용도 해 보고, 만들어 보던 시기였습니다. 하지만 그 당시에는 실습을 위해 생성했던 AWS 서비스가 한 달 후 나에게 '요금 폭탄'으로 돌아올 것이라고는 미처 생각하지 못했습니다.

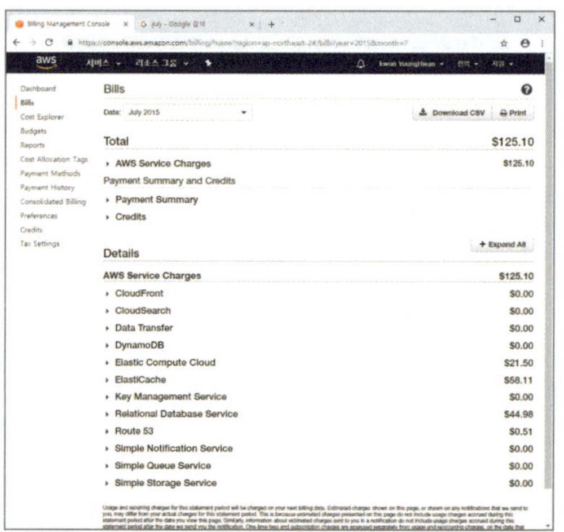

[그림 2-31] AWS 요금 청구서 예시(출처: 필자의 AWS 계정)

결국 14만 원이라는 소중한 돈이 아마존에 지불되고, 나의 무지로 인해 불필요한 비용을 지불했다는 생각에 매우 아쉬웠습니다. 이 책을 읽는 여러분은 저와 같은 경험을 하지 않기를 바라는 마음에서 클라우드 비용 관리의 가장 중요한 원칙과 방법을 알려드립니다.

황금률 사용하지 않는 서비스는 즉시 삭제한다

가장 간단하고 확실한 방법입니다. 실습이 끝났거나 더 이상 필요 없는 EC2 인스턴스, EBS 볼륨, S3 버킷 등은 고민하지 말고 바로 삭제하는 습관을 들이는 것이 중요합니다.

이제는 저처럼 청구서를 받아보기 전에 비용 발생을 미리 알 수 있는 좋은 도구들이 있습니다.

- **AWS Budgets(예산 경고):** 우리는 이미 1부에서 월 사용료가 5달러를 초과하면 이메일 알림을 받도록 설정했습니다. 이것이 여러분의 지갑을 지켜 줄 가장 강력한 1차 방어선입니다. 항상 이 알림에 주의를 기울이십시오.
- **AWS 프리티어 사용량 확인:** AWS 관리 콘솔의 결제 대시보드(Billing & Cost Management Dashboard)에 접속하면, 현재까지의 프리티어 사용량을 직접 확인할 수 있습니다. 'Free Tier' 위젯을 통해 'EC2 t4g.small 인스턴스 사용 시간 750시간 중 120시간 사용'과 같이 남은 양을 명확하게 볼 수 있으므로 한 주에 한 번씩은 확인하는 습관을 들이는 것이 좋습니다.

최후의 수단 **문제가 발생했을 때 당황하지 않고 대처하기**

만일 필자와 같은 경험을 하게 된다면, 당황하지 마시고 다음 절차에 따라 도움을 받으시길 바랍니다. AWS는 학습 목적으로 발생한 실수에 대해 대부분의 경우 한두 번의 관용을 베풀어 줍니다.

01 AWS Console 접속한 후 오른쪽 상단의 ❓ 버튼을 클릭하고 [지원 센터]를 클릭합니다.

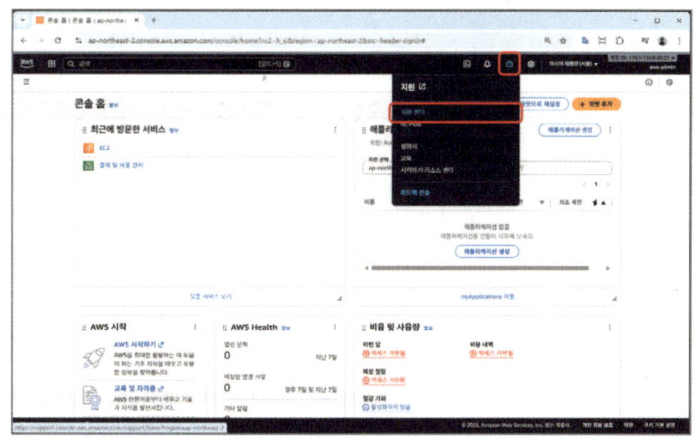

02 [지원 센터] 페이지에서 [사례 생성] 버튼을 클릭합니다.

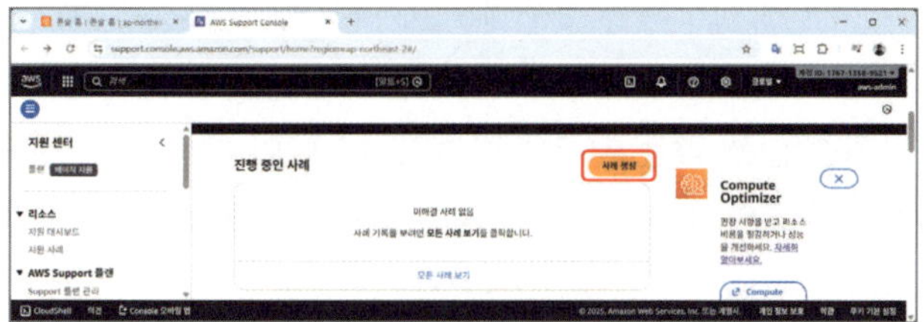

03 [상세 질문] 페이지에서 [계정 및 결제]를 선택한 후 하단 서비스에서 정보를 다음과 같이 선택하고 [다음 단계: 추가 정보] 버튼을 클릭합니다.

- 서비스: Billing
- 범주: Charges Inquiry
- 심각도: 일반 질문

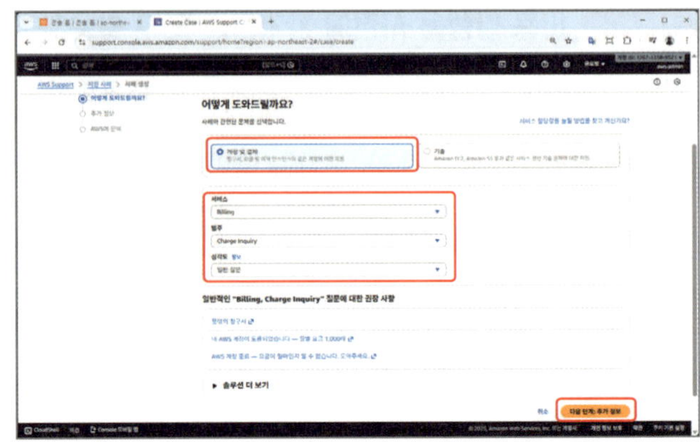

04 [제목]에는 '예상하지 못한 빌링 청구에 대한 문의'와 같이 제목을 쓰고, [설명]에는 'AWS를 공부하는 학생(또는 개발자)인데, 실수로 프리티어를 초과하는 요금이 발생했다. 프리티어 범위라고 착각했으며, 해당 리소스는 모두 삭제했다. 이번 한 번만 요금을 면제(waive)해 줄 수 있는지 정중히 요청한다.'와 같은 내용을 솔직하고 간결하게 작성합니다(이제는 한글로 작성해도 훌륭하게 응대해 줍니다). 내용을 제출하면 보통 24시간 이내에 지원팀으로부터 회신을 받을 수 있으며, 대부분의 경우 크레딧(Credit) 형태로 비용을 처리해 주게 됩니다.

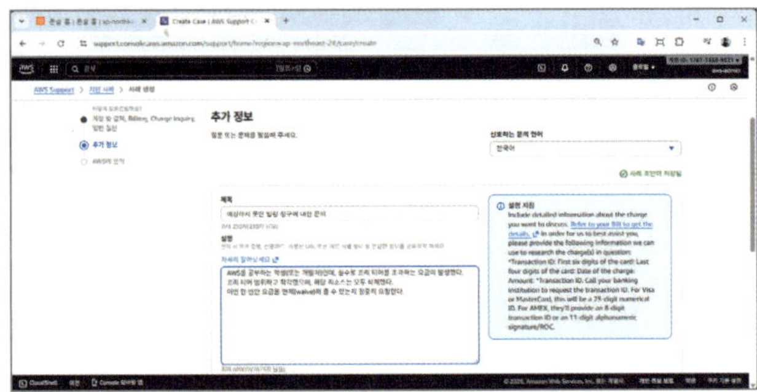

또한 여러분의 계정이 해킹당하거나 Access Key가 유출되어 본인이 생성하지 않은 자원으로 인해 막대한 비용이 청구되는 경우에도 즉시 모든 리소스를 삭제하고 지원팀에 문의하면 대부분의 경우 구제받을 수 있습니다(물론, 1부에서 배운 대로 루트 계정에 MFA를 설정하고 IAM 사용자를 사용하는 것이 이런 끔찍한 일을 막는 최고의 방법입니다). 이 책의 모든 실습은 프리티어 범위 내에서 진행될 수 있도록 세심하게 준비되었습니다. 하지만 여러분의 안전한 학습 여정을 위해 각 장의 에필로그 마지막 페이지에는 실습 리소스 정리(삭제) 가이드를 제공합니다.

실습이 끝나면 반드시 이 가이드를 따라 불필요한 서비스를 삭제하길 바랍니다. 만약, 앞 장에서 생성한 서비스를 다음 장에서도 이어서 사용해야 하는 경우에는 가이드에 따라 서비스를 '삭제'하는 대신 '중지'하길 권장합니다.

이 실습을 통해 여러분은 EC2를 생성하고 보안 그룹을 설정하는 방법에 대해 배웠습니다. 마지막으로 생성된 Linux 서버는 이후 3부, 4부까지 사용하게 됩니다. EC2의 삭제는 4부에서 진행할 예정이므로 Linux 서버를 삭제하지 마시고, 서버를 중지하여 EC2의 사용 비용이 발생하지 않도록 구성하겠습니다. 절차는 다음과 같습니다.

01 EC2 메뉴에 접속한 후 왼쪽 메뉴의 **[인스턴스]**를 선택하고 중지할 인스턴스를 선택합니다. 그런 다음 오른쪽 상단의 **[인스턴스 상태]**를 선택하고 **[인스턴스 중지]** 버튼을 클릭합니다.

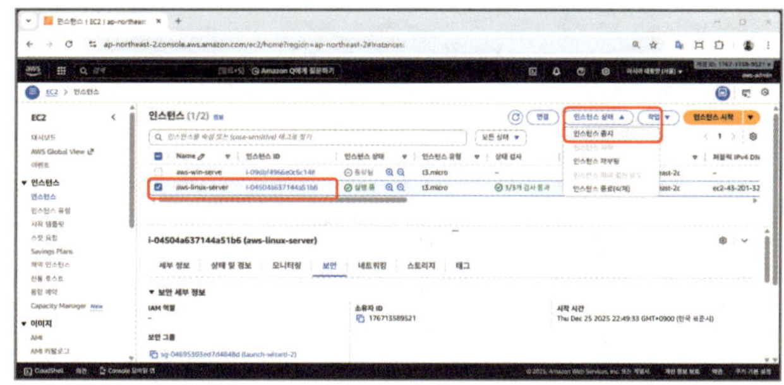

02 중지 인스턴스 팝업창에서 **[중지]** 버튼을 클릭합니다.

03 **[인스턴스]** 페이지에서 해당 인스턴스 상태가 '중지됨'으로 변경된 것을 확인합니다.

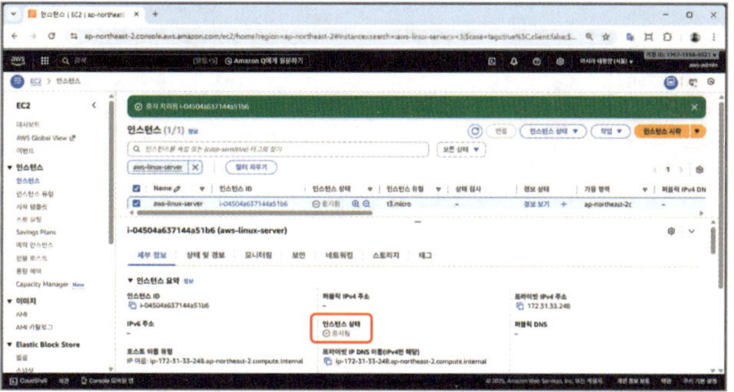

PART

03

무한대로
저장 가능한
스토리지 만들기

우리가 컴퓨터를 사용할 때 가장 먼저 하는 일은 하드디스크(C 드라이브)를 확인하는 것입니다. 클라우드에서도 이와 마찬가지입니다. 앞서 EC2라는 '컴퓨터 본체'를 빌렸다면, 이제 데이터를 담을 '무한한 하드디스크'가 필요합니다. AWS에서 가장 역사가 깊고, 가장 범용적으로 사용되며, 사실상 클라우드 스토리지의 표준이라 불리는 서비스가 바로 Amazon S3(Simple Storage Service)입니다. 3부에서는 S3의 작동 원리와 핵심 개념을 깊이 있게 이해하고, 단순한 파일 저장을 넘어 S3의 강력한 킬러 기능인 '정적 웹 사이트 호스팅'을 통해 서버 없이 나만의 홈페이지를 구축하는 실습을 진행합니다.

1-1 전통적인 스토리지: 물리적 한계와 복잡성

스토리지(Storage)는 데이터를 영구적으로 저장하는 공간입니다. 여러분이 매일 사용하는 스마트폰의 사진첩이나 노트북의 SSD가 모두 스토리지입니다. 기업 환경에서는 이 스토리지를 어떻게 구성하느냐가 시스템의 성능과 안정성을 결정짓는 중요한 요소였습니다.

과거 온프레미스(전산실) 환경에서는 스토리지를 구성하는 방식이 크게 세 가지로 나뉘었습니다.

- **DAS(Direct Attached Storage)**: 서버에 외장 하드처럼 직접 연결하는 방식입니다. 구성이 간단하지만, 다른 서버와 데이터를 공유하기 어렵습니다.

[그림 3-1] NAS(Network Attached Storage)

- **NAS(Network Attached Storage)**: LAN(네트워크)을 통해 여러 서버가 파일을 공유하는 방식입니다. 구축 비용이 저렴하고 관리가 쉽지만, 대규모 트래픽 처리에는 한계가 있습니다(OS에는 '파일 서버'로 인식됩니다).
- **SAN(Storage Area Network)**: 스토리지 전용 고속 네트워크를 별도로 구축하는 방식입니다. 대규모 엔터프라이즈 환경에 적합하며 고성능을 제공하지만, 구축 및 관리 비용이 매우 비쌉니다(OS에는 '로컬 디스크'로 인식됩니다).

[그림 3-2] SAN Storage

문제는 '확장성'이었습니다. 데이터를 저장할 공간이 부족해지면 어떻게 해야 했을까요? 비싼 스토리지 장비를 추가로 구매하고, 데이터 센터 랙(Rack)에 설치하고, 복잡한 네트워크 케이블을 연결하고, RAID를 새로 구성해야 했습니다. 이는 막대한 비용과 시간이 드는 '대공사'였습니다.

Amazon S3는 이러한 물리적 스토리지의 제약과 복잡함을 소프트웨어로 완벽하게 추상화하며 스토리지의 패러다임을 바꿨습니다. 더 이상 하드디스크를 구매하거나 용량을 고민할 필요가 없습니다. Amazon S3는 다음과 같은 혁신적인 특징을 제공합니다.

- **무한한 확장성(Elasticity):** 사용자는 용량을 미리 예측하거나 예약할 필요가 없습니다. 1GB를 저장하든, 1PB(페타바이트, 1024TB)를 저장하든 S3는 사용자가 데이터를 넣는 만큼 알아서 무한히 늘어납니다.
- **인터넷 기반 접근(Accessibility):** 복잡한 전용 네트워크가 필요 없습니다. 인터넷만 연결되어 있다면 전 세계 어디서든, 어떤 기기에서든 HTTP/HTTPS 프로토콜을 통해 안전하게 데이터에 접근할 수 있습니다. 거대한 '인터넷 외장 하드'인 셈입니다.
- **경이적인 내구성(Durability):** 이것이 S3의 가장 큰 장점입니다. S3에 파일을 업로드하면, 그 파일은 한 곳에만 저장되지 않습니다. 최소 3개 이상의 물리적으로 떨어진 데이터 센터(가용 영역)에 자동으로 복제되어 분산 저장됩니다.

이로 인해 S3는 99.999999999%(11Nine)라는 경이적인 데이터 내구성을 보장합니다. 이는 여러분이 1만 개의 파일을 S3에 저장했을 때 그중 하나가 손실될 확률이 1천만 년에 한 번이라는 의미입니다. 사실상 자연재해나 전쟁이 일어나도 데이터 유실이 불가능에 가깝습니다.

02 | 데이터 백업

데이터 백업(Data Backup)이란, 만일의 경우 데이터가 손상되거나 유실되는 것에 대비하여 데이터를 복사하고 다른 곳에 저장하는 것을 말합니다.

[그림 3-3] Data Backup Tape

저장 장소는 동일 장비 또는 다른 장비의 하드디스크 공간일 수도 있고 별도의 백업 테이프 또는 장비일 수도 있습니다. 대부분의 회사 내 IT 담당자는 평소 데이터 백업의 중요성에 대해 실감하지 못합니다. 하지만 엔지니어의 실수로 중요한 데이터를 삭제당해 본 경험이 있다면 데이터 백업의 중요성에 대해선 말하지 않아도 이해될 것이라 생각합니다. 우리는 언제든지 발생할 수 있는 최악의 상황에 대비하기 위해 중요한 데이터는 반드시 백업해야 합니다. 문제가 발생할 수 있는 경우는 다음과 같습니다.

- 하드웨어(Hardware) 고장, 하드디스크(Hard Disk) 손상
- 데이터베이스 및 소프트웨어 손상, OS 자체 문제로 인한 데이터 손상
- 운영상의 데이터 유실 및 작업자의 실수, 개발자의 실수 및 쿼리 오류 등

이 중 운영상의 실수란, 사용자가 잘못해서 데이터를 지우거나 전원을 내려 데이터가 손상되는 등의 실수를 말합니다. 데이터의 백업은 이런 문제만 예방하기 위해 수행하는 것은 아니며, 서버를 이전하거나 교체하는 경우에도 데이터 백업이 이루어져야 합니다. AWS는 EBS Snapshot 및 AMI 백업 등의 기능을 활용하여 데이터 백업 서비스를 제공합니다.

03 스냅샷

스냅샷(Snapshot)은 기술적인 용어로, 특정 시간에 데이터 저장 장치의 상태를 별도의 파일이나 이미지로 저장하는 기술로, 스냅샷 기능을 이용하여 데이터를 저장하면 유실된 데이터 복원과 일정 시점의 상태로 복원할 수 있습니다.

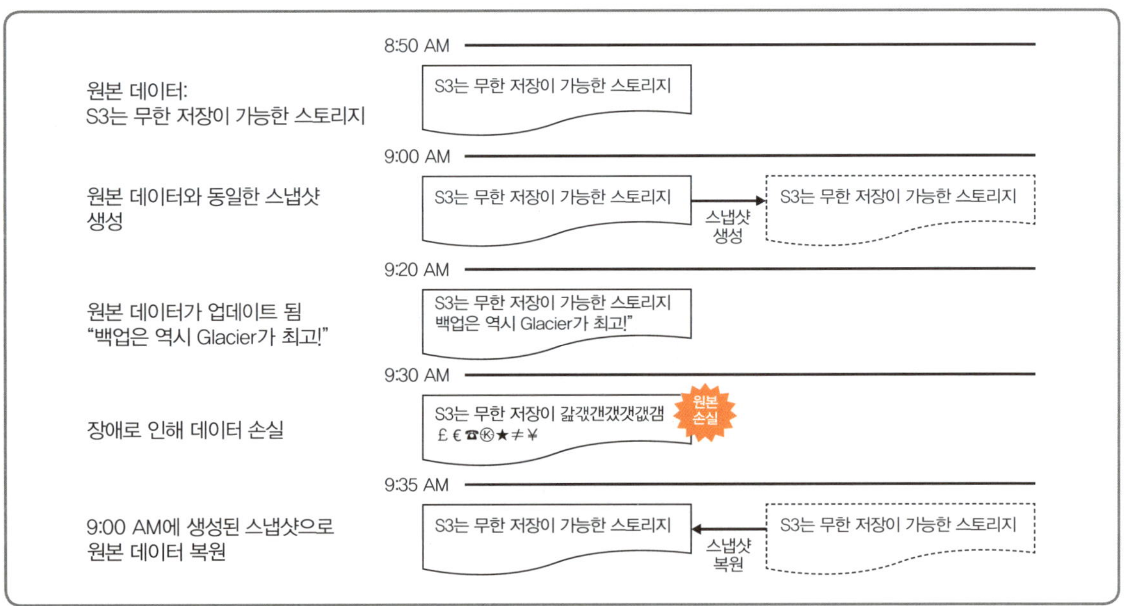

[그림 3-4] 스냅샷 백업과 복원 사례

일반적으로 스냅샷은 데이터 분석, 데이터 보호 및 데이터 복제와 같은 작업을 위해 수행되며, 재해 복구 (Disaster Recovery)와 같은 장애 상황에서도 데이터 복원을 통해 중요하고 긴급한 상황에서도 최상의 데이터 보호 수단이 될 수 있습니다. 스냅샷은 데이터 연속성을 요구하는 상황에서 데이터를 보호할 뿐만 아니라 보다 높은 애플리케이션 가용성을 제공하고 대용량 데이터의 백업 관리를 단순화하여 운영 관리 비용을 최소화할 수 있습니다.

AWS는 EBS에 대한 스냅샷을 제공함으로써 손쉽게 서버의 데이터 백업/복원 및 다른 EC2 또는 다른 리전으로 EBS 복사 기능을 통해 인스턴스의 마이그레이션을 지원합니다. 또한 이를 활용한 다양한 재해 복구(Disaster Recovery) 시나리오도 제공합니다.

<table>
<tr><td>04</td><td>클라우드의 무한 저장소, Amazon S3</td></tr>
</table>

4-1 Amazon S3

Amazon S3는 'Simple Storage Service'의 약자로, 확장성이 뛰어나며, 무한대로 저장 가능하고, 사용한 만큼만 지불하는 인터넷 기반 스토리지 서비스입니다. 버킷(Bucket)이라는 리전 내에서 유일한 영역을 생성하고 데이터를 키-값 형식의 객체(Object)로 저장합니다.

객체 저장소(Object Storage 또는 Object-based Storage)란?

- 데이터를 객체로 관리하는 데이터 저장 아키텍처로, 다른 저장 아키텍처와 구분됨
  - 파일 시스템은 데이터를 파일과 파일 계층 구조로 관리
  - 블록 저장소는 섹터와 트랙 내의 블록으로 데이터를 관리
- S3는 무제한 저장 공간을 제공하며, 기본 인프라에 대해 생각할 필요가 없습니다.
- S3 콘솔은 데이터를 업로드하고 액세스하는 인터페이스, API 연결을 지원

[그림 3-5] Amazon S3 버킷과 객체 구조

Amazon S3는 비용이 매우 저렴하며, 간단한 정적 웹 서비스를 위한 웹 사이트를 만들 수 있습니다. S3 서비스는 스토리지 기술을 근간으로 하며, 파일 단위의 접근만 지원하기 때문에 EBS 서비스를 대체할 수 없습니다.

[그림 3-6] Amazon S3(객체 스토리지)와 EBS(블록 스토리지) 비교

S3의 서비스 비용은 사용하고 있는 저장 공간만큼 매월 비용을 지불하며, 저장하는 데이터의 크기, 액세스 요청 횟수, 데이터 다운로드(Network Out) 용량 등으로 전체적인 비용을 산정합니다.

[표 3-1] Amazon S3 서비스 개요

구분	내용
서비스명	Amazon S3
설명	어디서나 원하는 양의 데이터를 저장하고 검색할 수 있도록 구축된 객체 스토리지
주요 특징	• 2006년에 출시된 최초의 AWS 서비스 • 객체 기반의 무제한 파일 저장 스토리지로, URL 기반 파일 공유 기능 제공 • 99.999999999%의 데이터 내구성으로 스토리지 리소스 크기 조정 • S3 스토리지 클래스 전체에 데이터 저장하여 선불 투자, 하드웨어 교체 없이 비용 절감 • 비교 불가능한 보안, 규정 준수 및 감사기능으로 데이터 보호 • 강력한 액세스 제어, 유연한 복제 도구 및 조직 전체의 가시성을 통해 모든 규모에서 데이터를 손쉽게 관리
프리티어 (Free Tier)	• 5GB Amazon S3 스토리지(S3 Standard 스토리지 클래스) • Get 요청 20,000건, Put 요청 2,000건, 100GB의 데이터 송신 혜택 • 가입 후 12개월 이후에 종료됨

▍4-2 Amazon S3의 주요 특징

Amazon S3의 활용 분야

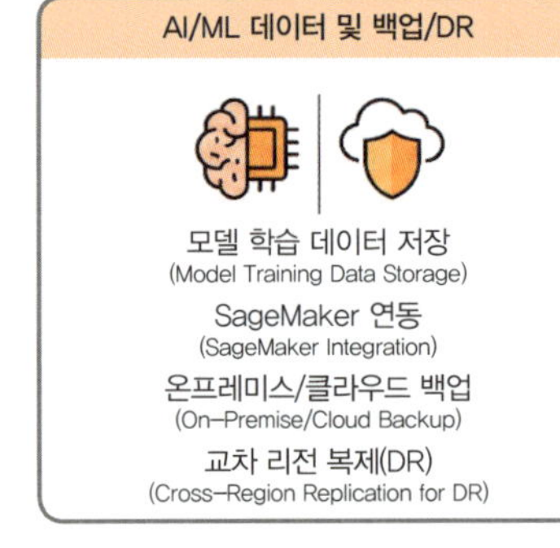

[그림 3-7] Amazon S3 활용 가능 분야

Amazon S3는 백업 및 복구, 데이터 아카이빙, 빅데이터 분석을 위한 데이터 레이크, 하이브리드 클라우드 스토리지 서비스, 재해 복구 등 다양한 분야에 활용할 수 있습니다.

[표 3-2] Amazon S3의 주요 활용 분야

활용 분야	내용
백업 및 복구(Backup & Restore)	뛰어난 내구성과 확장성을 제공하며, 버전 관리 기능을 통한 데이터 보호 기능 제공과 하이브리드(Hybrid) 구성을 통해 기업 내 데이터 백업 및 복원 기능을 제공할 수 있습니다.
데이터 아카이빙(Data Archiving)	고객이 규제 대상 산업(금융 및 의료 등)을 위한 규정 준수, 아카이브 요구사항 또는 아카이브 데이터에 드물지만 빠르게 액세스해야 하는 조직을 위한 활성, 아카이브 요구사항을 충족할 수 있도록 다양한 스토리지 클래스를 제공합니다.
빅데이터 분석을 위한 데이터레이크(Data Lake)	제약 또는 재무 데이터, 사진과 비디오와 같은 멀티미디어 파일과 같이 어떤 파일 저장하든 관계없이 Amazon S3를 빅데이터 분석용 데이터 레이크(Data Lake)로 사용할 수 있습니다.
하이브리드 클라우드 스토리지(Hybrid Cloud Storage)	AWS Storage Gateway와 연계하여 온프레미스 환경에서 클라우드 스토리지를 활용할 수 있으며, 데이터 백업 및 재해 복구를 원활하게 수행할 수 있습니다.
재해 복구(Disaster Recovery)	S3의 내구성 및 안전성이 뛰어난 글로벌 인프라를 활용하여 탁월한 데이터 보호 및 타 리전으로 교차 리전 복제(CCR) 서비스를 제공합니다.

Amazon S3의 스토리지 클래스

Amazon S3는 여러 사용 사례에 맞춰 설계된 다양한 스토리지 클래스를 통해 용도에 맞게 사용자가 선택할 수 있는 옵션을 제공합니다.

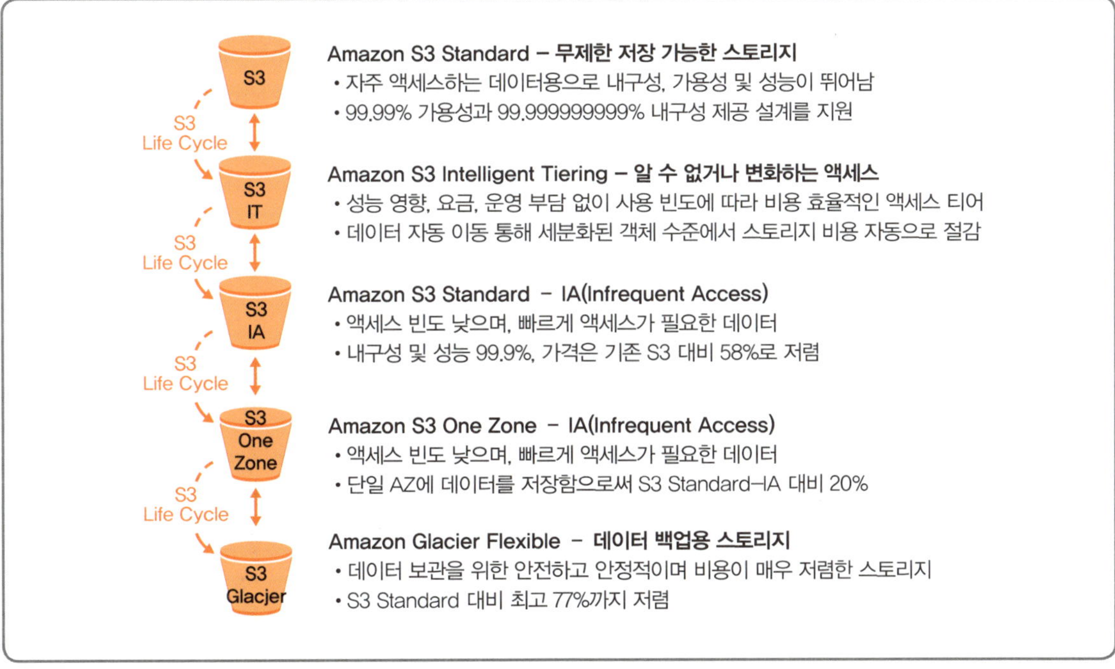

[그림 3-8] Amazon S3 스토리지 클래스

첫째, S3 표준(S3 Standard)입니다. 자주 액세스하는 핫(Hot) 데이터를 위한 기본 스토리지 클래스입니다. 내구성, 가용성 및 성능이 뛰어난 객체 스토리지 서비스를 제공하며, 99.99%의 가용성과 99.999999999%의 내구성을 제공하도록 설계되었습니다. 전송 데이터를 위한 SSL 및 저장 데이터 암호화를 기본적으로 지원합니다.

둘째, S3 Intelligent-Tiering입니다. 가장 많이 권장되는 스토리지 클래스 중 하나입니다. 데이터의 접근 패턴이 불규칙하거나 예측하기 어려운 경우에 적합합니다. 성능 저하나 운영 부담 없이 AI가 액세스 빈도를 분석하여 가장 비용 효율적인 계층(티어)으로 데이터를 자동으로 이동시켜 스토리지 비용을 최적화해 줍니다.

셋째, S3 표준-IA(S3 Standard-Infrequent Access)입니다. 액세스 빈도는 낮지만, 필요할 때 즉시(밀리초 단위) 접근해야 하는 데이터를 위한 클래스입니다. S3 Standard와 동일한 내구성 및 성능을 제공하면서도 스토리지 비용이 훨씬 저렴하여 백업 데이터나 재해 복구용 데이터 저장에 많이 사용됩니다(단, 데이터 검색 시 별도 비용이 발생합니다).

넷째, S3 One Zone-IA입니다. S3 Standard-IA와 비슷하지만, 데이터를 최소 3개 이상의 가용 영역에 복제하는 다른 클래스와 달리, 단일 가용 영역에만 저장합니다. 이로 인해 S3 Standard-IA 대비 약 20% 더 저렴한 비용을 제공합니다. 데이터를 다시 생성할 수 있거나 온프레미스 데이터의 2차 백업 사본 저장 용도로 적합합니다.

다섯째, S3 Glacier Flexible Retrieval(구 Amazon Glacier)입니다. 데이터 아카이빙 및 장기 보관을 위한 안전하고 매우 저렴한 스토리지 서비스입니다. S3 Standard와 동일한 11Nine의 내구성을 제공하지만, 비용은 S3 표준 대비 최대 77%까지 저렴합니다. 데이터를 즉시 꺼낼 필요가 없고, 복원에 일정 시간(분~시간 단위)이 소요되어도 괜찮은 규정 준수 데이터나 오래된 로그 데이터 보관에 적합합니다.

> **핵심 포인트** **AI 시대를 위한 초고속 스토리지, S3 Express One Zone**
> 최근 AWS는 AI/ML 학습이나 실시간 금융 분석처럼 데이터를 빛의 속도로 처리해야 하는 분야를 위해 'Amazon S3 Express One Zone'이라는 새로운 클래스를 출시했습니다. 기존 S3 Standard보다 최대 10배 빠르고 요청 비용도 저렴하지만, 데이터를 단일 가용 영역에 저장한다는 특징이 있습니다. 극한의 성능이 필요할 때 고려해 볼 수 있는 최신 옵션입니다.

[표 3-3] Amazon S3 스토리지 클래스 상세 비교

구분	Standard	Intelligent-Tiering	Standard-IA	One-Zone IA	Glacier Flexible (구 Glacier)
내구성(Durability)	99.999999999%	99.999999999%	99.999999999%	99.999999999%	99.999999999%
설계된 가용성 (Availability)	99.99%	99.9%	99.9%	99.5%	(해당 없음)
가용성 SLA	99.9%	99%	99%	99%	(해당 없음)
가용 영역 수	≥3	≥3	≥3	1	≥3
검색 비용(Retrieval Fee)	없음	없음(자동화 비용 별도)	GB당 과금	GB당 과금	GB당 과금
첫 바이트 대기 시간 (Latency)	ms(밀리초)	ms(밀리초)	ms(밀리초)	ms(밀리초)	분~시간

Amazon S3는 저장된 데이터(객체)를 안전하게 보호하기 위해 여러 계층의 보안 기능을 제공합니다. 과거에는 ACL을 많이 사용했지만, 현재는 더 강력하고 중앙 집중화된 방식을 권장합니다.

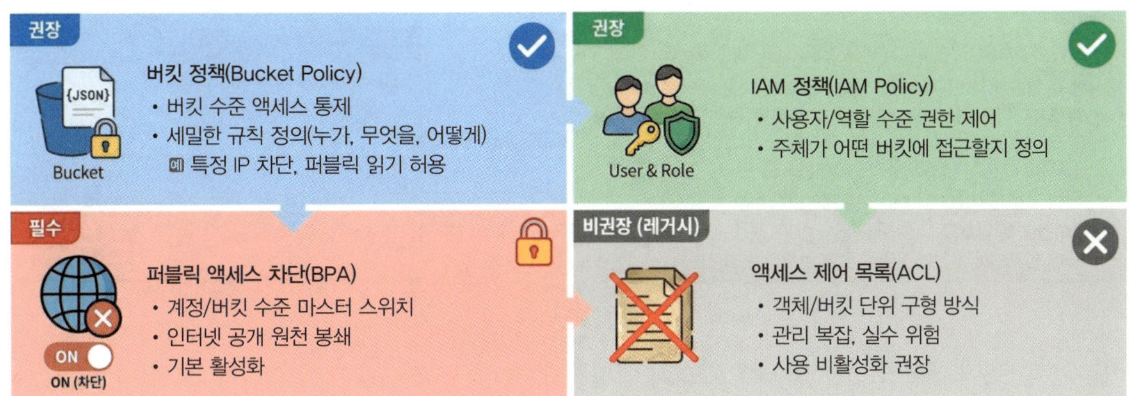

[그림 3-9] Amazon S3 보안 및 액세스 관리(버킷 정책, IAM, ACL)

버킷 정책(Bucket Policy)

권장 버킷 수준에서 적용되는 JSON 기반의 액세스 통제 문서입니다. '누가(Principal), 어떤 자원(Resource)에 대해, 어떤 행동(Action)을 할 수 있는지(Effect)'를 세밀하게 정의할 수 있습니다. 특정 IP 대역 차단, 다른 AWS 계정 접근 허용, 퍼블릭 읽기 전용 설정 등 복잡하고 정교한 보안 규칙을 적용할 때 사용합니다.

IAM 정책(IAM Policy)

권장 사용자(User)나 역할에 연결하여 해당 주체가 S3에 대해 어떤 권한을 가질지 제어합니다. 버킷 정책이 '이 버킷에 누가 들어올 수 있나.'를 정의한다면, IAM 정책은 '이 사용자가 어떤 버킷에 갈 수 있나.'를 정의하는 것입니다.

퍼블릭 액세스 차단(Block Public Access, BPA)

필수 계정 또는 버킷 수준에서 데이터가 의도치 않게 인터넷에 공개되는 것을 원천 봉쇄하는 마스터 스위치입니다. 현재 생성되는 모든 새 버킷은 기본적으로 이 기능이 활성화(차단)되어 있습니다. 웹 호스팅 등 특별한 목적이 아니라면 항상 켜 두는 것이 권장됩니다.

액세스 제어 목록(Access Control List, ACL)

레거시(비권장) 과거에 사용되던 객체/버킷 단위의 구형 권한 관리 방식입니다. 관리가 복잡하고 실수로 데이터를 공개할 위험이 커서 현재 AWS는 ACL 사용을 비활성화하고 버킷 정책을 사용할 것을 강력히 권장합니다. 최신 콘솔에서는 ACL 비활성화가 기본값입니다.

Amazon S3데이터 암호화 및 데이터 일관성

S3는 데이터 전송 및 사용 중 높은 보안성을 유지하기 위해 데이터 전송 중 암호화, 서버 측 암호화, 클라이언트 측 암호화를 지원합니다.

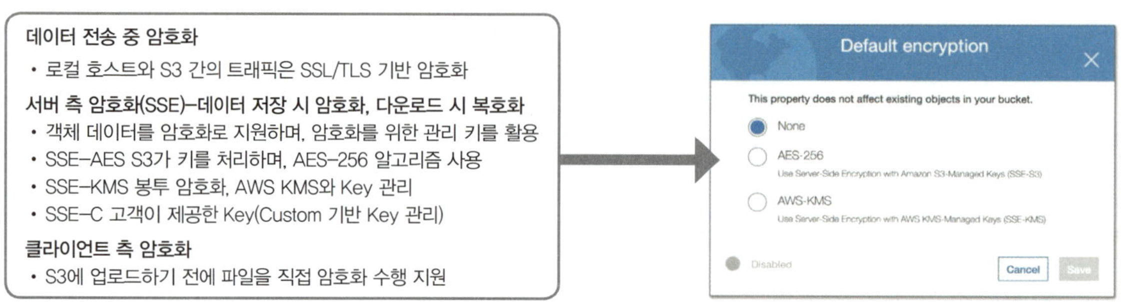

[그림 3-10] Amazon S3 데이터 암호화 방식

이를 통해 S3에 데이터 전송 및 다운로드 시 안전하게 데이터를 전송할 수 있습니다. 또한 데이터에 대한 무결성(Data Consistency)을 보장하기 위해 다음과 같은 두 가지 방식으로 지원합니다.

[표 3-4] S3 무결성 보장 방법

신규 Object(PUTS)	덮어쓰기(PUTS) 또는 객체 삭제(Delete)
• 읽기 후 쓰기 일관성 • 신규 S3 객체 업로드 시 Write 이후 즉시 Read 가능	• 객체 덮어쓰거나 삭제 시 S3가 버전을 AZs 복제 시 시간 소요 • 바로 Read 시 S3가 이전 복사본을 반환할 수 있으며, Read 전 수초의 시간 필요

Amazon S3 크로스 리전 복제 및 버전 관리 기능

S3의 데이터를 다른 리전으로 이전 또는 복제해야 하는 경우, S3 Cross Region Replication 기능을 활용하여 데이터를 자동으로 복제하거나 잠재적인 재해 복구를 위한 대비를 수행할 수 있습니다.

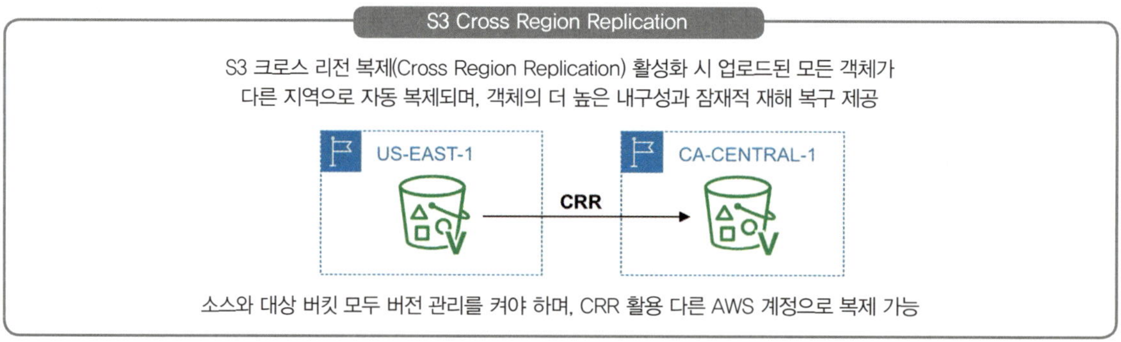

[그림 3-11] Amazon S3 교차 리전 복제(CRR)

해당 기능은 기본적으로 S3의 Versioning 기능을 활용하여 수행됩니다. Amazon S3 버전 관리 기능은 객체의 여러 변형을 통한 버킷에 보관하는 수단입니다. S3 버전 관리 기능을 통해 버킷에 저장된 모든 객체에 대한 모든 버전을 보존, 검색, 복원할 수 있습니다. 버전 관리 기능을 사용하면 의도하지 않은 사용자 작업과 애플리케이션의 오류를 보다 손쉽게 복구할 수 있습니다.

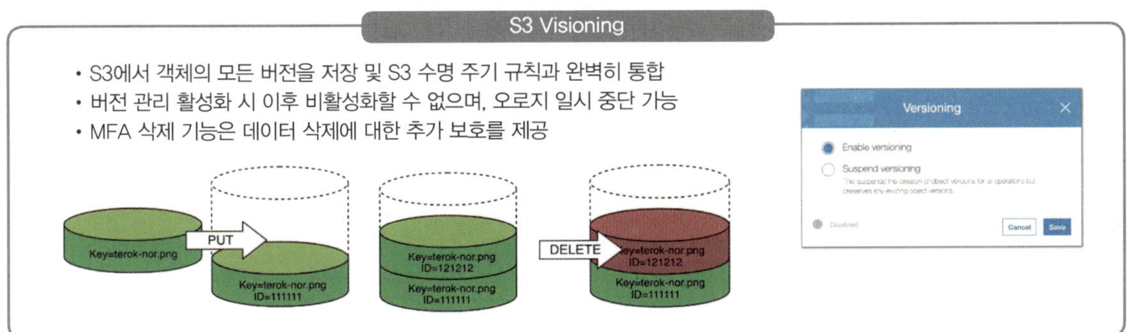

[그림 3-12] Amazon S3 버전 관리(Versioning) 동작

Amazon S3 Lifecycle 관리 기능과 S3 Transfer Acceleration, Pre-Signed URLs

S3 객체에 대해 서비스 기간 및 운영 관리와 비용 효율화를 위해 자동화된 프로세스를 통해 S3 객체에 대한 수명 주기(Lifecycle)를 구성 및 적용할 수 있습니다. S3 수명 주기 구성은 Amazon S3가 객체 그룹에 대해 적용 가능한 작업을 정의하는 규칙 세트입니다.

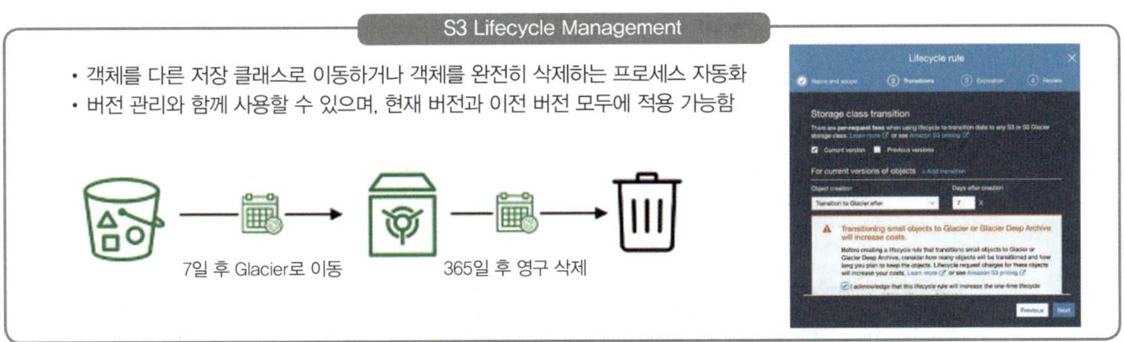

[그림 3-13] Amazon S3 수명 주기 관리

또한 Amazon S3 Transfer Acceleration은 클라이언트와 S3 버킷 간에 장거리에서 파일을 빠르고 쉽고 안전하게 전송할 수 있는 기능입니다. Transfer Acceleration은 전 세계에서 S3 버킷으로의 전송 속도를 최적화하도록 설계되었으며, Amazon CloudFront의 전 세계적으로 분산된 엣지 로케이션을 활용하여 S3 객체를 빠르고 안전하게 전 세계를 대상으로 제공할 수 있습니다.

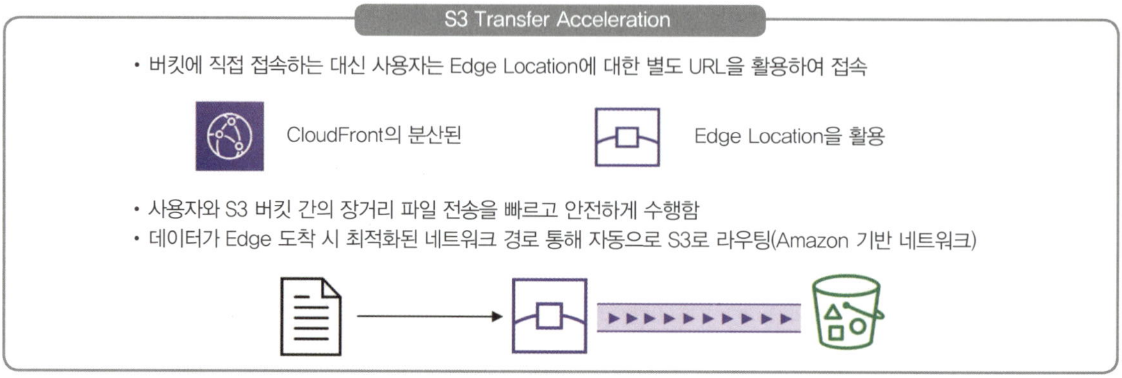

[그림 3-14] Amazon S3 Transfer Acceleration의 개념

S3에 저장된 객체에 대해 제한된 시간 또는 일시적으로 공유가 필요한 경우, '미리 서명된 URL(Pre-Signed URLs)'을 사용하여 버킷 정책을 업데이트하지 않고도 Amazon S3의 객체에 대한 시간 제한 액세스 권한을 부여할 수 있습니다. 미리 서명된 URL은 웹 브라우저에 입력하거나 프로그램에서 개체를 다운로드하는 데 사용할 수 있습니다. 미리 서명된 URL에서 사용하는 자격 증명은 URL을 생성한 AWS 사용자의 자격 증명입니다.

미리 서명된 URL을 사용하여 다른 사람이 Amazon S3 버킷에 특정 객체를 업로드하도록 허용할 수도 있습니다. 이를 통해 다른 당사자가 AWS 보안 자격 증명이나 권한을 요구하지 않고도 업로드할 수 있습니다.

[그림 3-15] Amazon S3로 미리 서명된 URL(Pre-signed URL)

Amazon S3 Glacier는 데이터 아카이빙 및 장기 백업을 위해 S3에서 제공하는 비용이 매우 저렴하고 안전한 스토리지 클래스 제품군입니다.

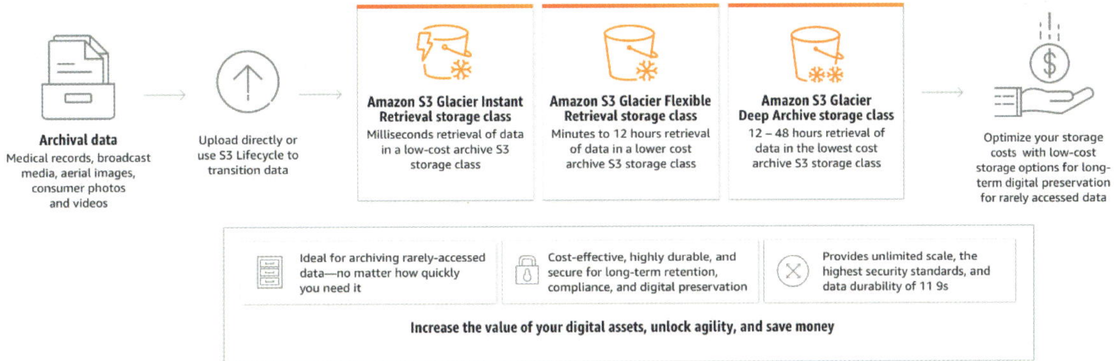

[그림 3-16] Amazon S3 Glacier 서비스 개념

S3 Standard와 동일한 99.999999999%의 내구성을 제공하며, 금융, 의료, 공공 분야의 가장 엄격한 데이터 보관 규제 요구사항(SEC, PCI-DSS, HIPAA, GDPR 등)을 충족할 수 있는 보안 및 규정 준수 기능을 갖추고 있습니다.

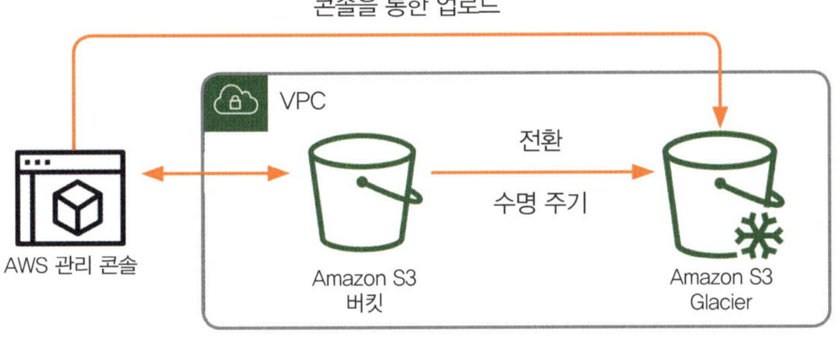

[그림 3-17] Amazon S3 Glacier Data 전송 방법

핵심 포인트 Glacier는 어떻게 사용하나요?(과거 vs. 현재)

과거에는 'Glacier'가 S3와 분리된 별도의 서비스였고 '볼트(Vault)'라는 특수한 저장소를 사용했습니다. 하지만 현재는 Amazon S3에 완전히 통합되었습니다. 지금은 일반적인 S3 버킷에 데이터를 저장할 때 스토리지 클래스만 Glacier 계열로 선택하면 됩니다. 별도의 볼트를 만들거나 새로운 API를 배울 필요가 없어졌습니다.

Glacier의 세부 종류(속도와 비용의 트레이드오프)

S3 Glacier는 데이터를 얼마나 빨리 꺼내야 하느냐에 따라 세 가지로 나뉩니다.

- **S3 Glacier Instant Retrieval(즉시 검색)**
  - **특징:** Glacier 중 유일하게 데이터를 밀리초 단위로 즉시 꺼낼 수 있습니다.
  - **용도:** 1년에 몇 번 접근하지만, 필요할 때는 바로 봐야 하는 데이터(예 의료 영상, 뉴스 아카이브)
  - **비용:** Glacier 중 저장 비용이 가장 비싸지만, 검색 비용은 저렴합니다.
- **S3 Glacier Flexible Retrieval(유연한 검색, 구 표준 Glacier)**
  - **특징:** 데이터를 꺼내는 데 수 분에서 수 시간이 걸립니다(복원 요청 필요).
  - **용도:** 당장 급하지 않은 일반적인 백업 데이터
  - **비용:** 저장 비용이 저렴하며, 검색 속도 옵션(신속, 표준, 대량)에 따라 검색 요금이 달라집니다.
- **S3 Glacier Deep Archive(딥 아카이브)**
  - **특징:** AWS에서 가장 저렴한 스토리지입니다. 데이터를 꺼내는 데 12~48시간이 걸립니다.
  - **용도:** 법적 규제로 인해 7년 또는 10년씩 보관만 하고 거의 꺼내 보지 않는 데이터

Glacier 데이터 접근 및 운영 방법

가장 일반적인 운영 방식은 S3 수명 주기 정책을 사용하는 것입니다. 예를 들어, "S3 버킷에 업로드된 지 90일이 지난 로그 파일은 자동으로 Glacier Deep Archive로 옮겨라."와 같이 설정하여 비용을 자동으로 최적화합니다.

[표 3-5] Amazon S3 Glacier 서비스 개요

구분	내용
서비스명	Amazon S3 Glacier 스토리지 클래스(제품군)
설명	S3 버킷 내에서 사용할 수 있는 장기 보관용 초저가 스토리지 클래스들입니다.
주요 특징	• S3 Standard와 동일한 11Nine 내구성 제공 • 용도에 따른 다양한 옵션 제공(즉시 접근부터 48시간 지연까지) • S3 수명 주기 정책과 통합하여 자동화된 비용 절감 가능 • 테이프 백업을 대체하는 수준의 매우 낮은 저장 비용
프리티어	S3 Glacier Flexible Retrieval에 대해 월별 10GB의 표준 데이터 검색 무료 제공(저장 비용은 프리티어 없음)

핵심 포인트 아카이브된 데이터 복원(Restore)

Instant Retrieval을 제외한 나머지 두 Glacier 클래스(Flexible, Deep Archive)에 저장된 데이터는 바로 다운로드할 수 없습니다. 먼저 '복원(Restore)' 명령을 내리고, 데이터가 준비될 때까지 기다려야(분~시간 소요) 접근이 가능해집니다. 이것이 일반 S3 클래스와의 가장 큰 차이점입니다.

EC2 인스턴스를 생성한다는 것은 빈 깡통 컴퓨터를 한 대 빌리는 것과 같습니다. 이 컴퓨터가 웹 서버로 작동하려면 운영체제(Linux/Windows)를 깔고, 웹 서버 프로그램(Apache/Nginx)을 설치하고 각종 설정을 해야 합니다. 매번 서버를 만들 때마다 이 작업을 반복해야 한다면 얼마나 비효율적일까요? 이 문제를 해결해 주는 것이 바로 AMI(Amazon Machine Image)입니다.

▌5-1   AMI

AMI는 EC2 인스턴스를 실행하는 데 필요한 모든 정보(운영체제, 애플리케이션 서버, 각종 소프트웨어와 설정 파일 등)가 담겨 있는 '서버의 템플릿(설계도)'입니다. 우리가 컴퓨터를 포맷하고 윈도우와 필수 유틸리티를 모두 설치한 상태를 '고스트 이미지'로 백업해 두는 것과 똑같습니다. 이 이미지만 있으면 똑같은 환경의 컴퓨터를 1대든 100대든 단 몇 분 만에 찍어 낼 수 있습니다.

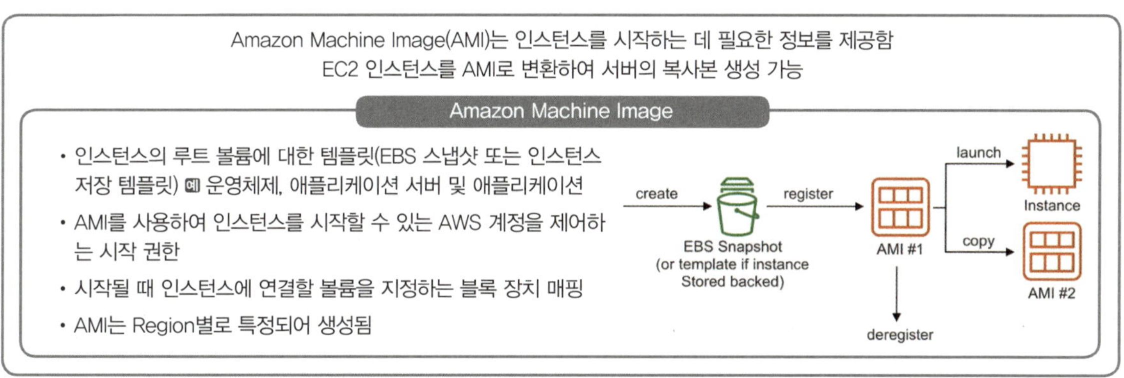

[그림 3-18] AMI의 개념

EC2 인스턴스를 시작할 때는 반드시 이 AMI를 지정해야 합니다. AWS는 Amazon Linux, Ubuntu, Windows Server 등 기본적으로 사용할 수 있는 다양한 AMI를 제공합니다.

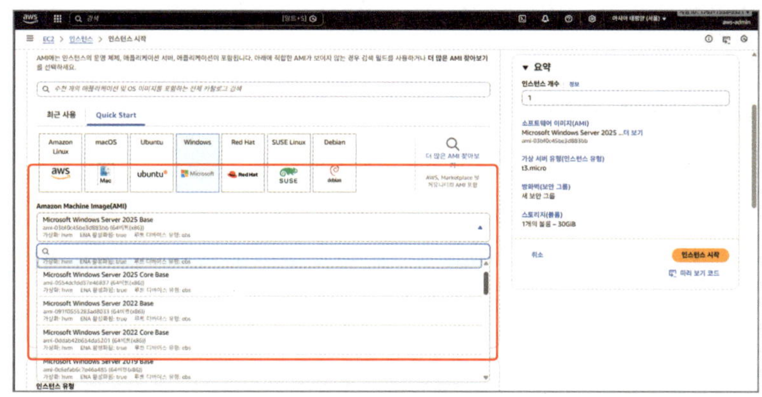

[그림 3-19] AMI 선택 화면

5-2 나만의 AMI 만들기(사용자 지정 이미지)

AMI의 진정한 가치는 사용자가 직접 만들었을 때 발휘됩니다. 여러분이 EC2를 하나 생성해서 필요한 웹 서버 환경을 완벽하게 구축했다고 가정해 봅시다. 이 상태 그대로 '이미지 생성(Create Image)' 기능을 통해 나만의 AMI로 저장할 수 있습니다.

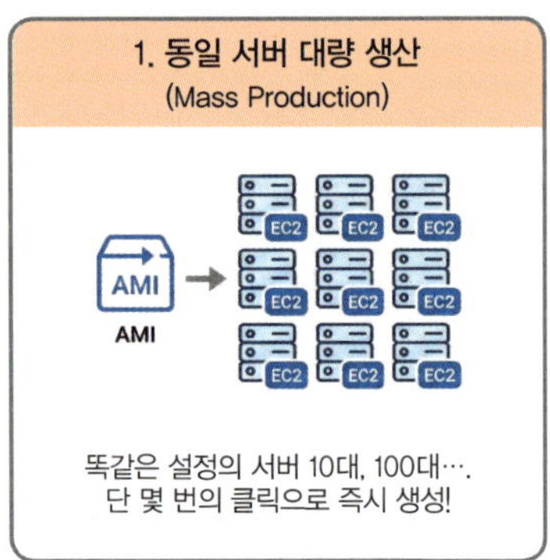

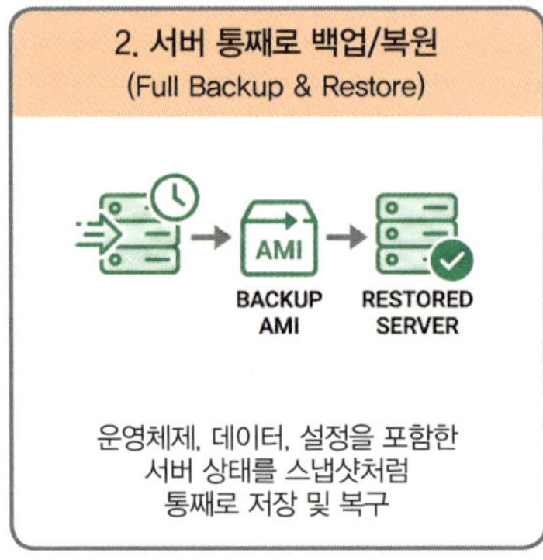

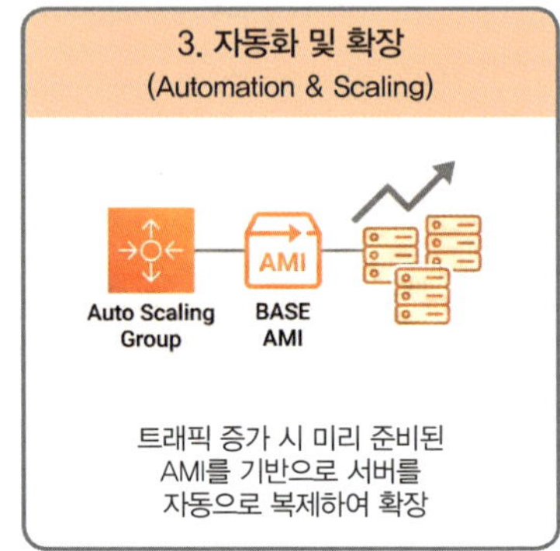

[그림 3-20] AMI 활용 방식 세 가지

이렇게 만든 사용자 지정 AMI는 다음과 같이 활용됩니다.

- **동일한 서버 대량 생산:** 똑같은 설정의 서버가 10대 필요하다면, 내가 만든 AMI로 인스턴스를 10개 실행하기만 하면 됩니다.
- **백업 및 복원:** 서버의 현재 상태를 AMI로 통째로 백업해 두면, 나중에 서버에 문제가 생겼을 때 즉시 이전 상태로 복원할 수 있습니다.
- **자동화(Auto Scaling):** 트래픽이 늘어나면 서버를 자동으로 늘려 주는 '오토 스케일링' 기능도 미리 만들어 둔 AMI를 기반으로 서버를 복제해 늘리는 방식으로 작동합니다.

> **핵심 포인트 AMI와 리전의 관계**
>
> AMI는 '리전'에 종속됩니다. 초보자가 가장 많이 하는 실수입니다. AMI는 특정 리전(예 서울) 내에서만 유효합니다. 서울 리전에서 만든 AMI ID는 도쿄 리전이나 미국 리전에서는 조회되지 않으며 사용할 수 없습니다. 만약, 동일한 서버 환경을 다른 리전에 구축하고 싶다면, 반드시 해당 AMI를 대상 리전으로 '복사(Copy AMI)'하는 과정을 먼저 수행해야 합니다.

5-3 서버를 위한 앱 스토어, AWS Marketplace

만약 여러분이 고도의 보안 솔루션이나 특정 상용 데이터베이스를 설치해야 한다면 어떻게 해야 할까요? 직접 설치하고 라이선스를 적용하는 과정은 매우 복잡합니다. AWS Marketplace는 검증된 서드파티(3rd Party) 소프트웨어 벤더들이 자사의 솔루션을 미리 설치해 둔 AMI를 판매하는 온라인 스토어입니다. 스마트폰의 '앱 스토어'와 개념이 같습니다.

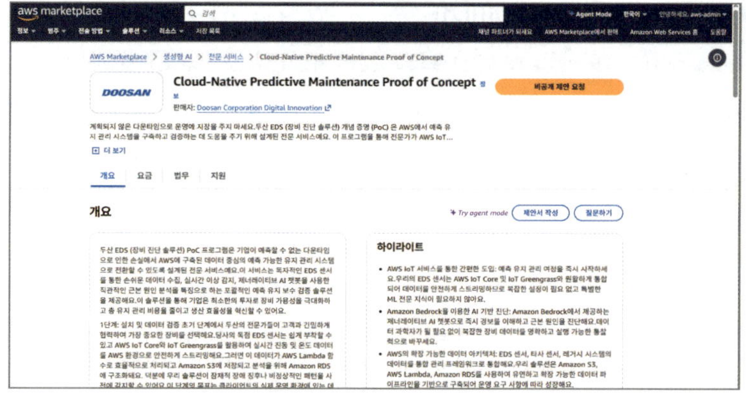

[그림 3-21] AWS Marketplace

예지 정비 솔루션, 보안, 네트워크, 스토리지, BI, 데이터베이스 등 수많은 카테고리에 걸쳐 수천 개의 상용 소프트웨어가 등록되어 있습니다. 사용자는 복잡한 설치 과정 없이 마켓플레이스에서 원하는 솔루션의 AMI를 선택해 EC2를 실행하기만 하면 즉시 사용할 수 있습니다.

[그림 3-22] AWS Marketplace 활용 예시

또한 위와 같이 AWS Marketplace에 등록된 서비스는 각 솔루션 Vendor별로 관리되는 이미지에 대한 서비스 구독료를 지불하게 되며, 이는 AWS 사용 요금과 별도의 금액으로 과금됩니다.

또한 AMI는 리전에 특정되고, 동일한 OS에 동일한 서비스용 AMI도 각 리전별로 다른 AMI ID를 보유하고 있으며, 본인만의 AMI 이미지를 생성하여 다른 리전으로 복제하거나 공개 이미지를 만들어 다른 AWS 계정으로 복제한 후 동일한 EC2 인스턴스를 다른 AWS 계정으로 복제하여 서비스를 사용할 수 있습니다.

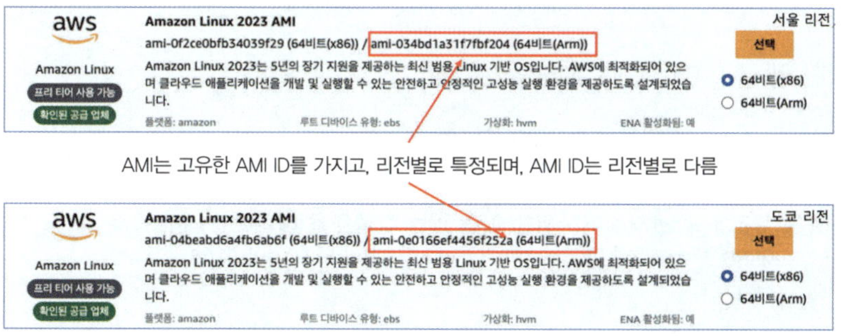

[그림 3-23] AMI 복사 및 공유

이론으로 배운 S3의 강력함을 직접 체험해 볼 시간입니다. EC2 서버를 전혀 사용하지 않고, 오직 S3 버킷만으로 HTML 파일을 업로드하여 전 세계 누구나 접속할 수 있는 웹 사이트를 만들어 보겠습니다.

6-1 시나리오 및 준비

시나리오

여러분은 이제 막 클라우드에 입문한 개발자입니다. "AWS 입문을 환영합니다."라는 메시지가 담긴 간단한 안내 페이지를 만들어 인터넷에 공개하라는 미션을 받았습니다. 비용은 최소화해야 하며, 서버 관리 부담 없이 안정적으로 운영되어야 합니다. S3의 정적 웹 사이트 호스팅 기능이 이 미션에 제격입니다.

준비물

1. AWS 계정: 프리티어 사용 권장
2. 웹 브라우저: 크롬(Chrome), 엣지(Edge) 등
3. index.html 파일: 다음 코드를 복사하여 메모장(또는 코드 에디터)에 붙여 넣고, 파일명을 반드시 index.html로 저장합니다(확장자가 .txt가 되지 않도록 주의하세요).

실습용 index.html 파일

```html
<!DOCTYPE html>
<html lang="ko">
<head>
  <meta charset="UTF-8">
  <meta name="viewport" content="width=device-width, initial-scale=1.0">
  <title>나의 첫 AWS S3 홈페이지</title>
  <style>
    body { display: flex; justify-content: center; align-items: center; height: 100vh; margin: 0;
background: linear-gradient(135deg, #f0f2f5 0%, #d9e2ec 100%); font-family: 'Noto Sans KR', sans-
serif; }
    .container { text-align: center; padding: 50px; background: white; border-radius: 20px; box-shadow:
0 10px 25px rgba(0,0,0,0.1); width: 80%; max-width: 600px; }
    h1 { color: #FF9900; margin-bottom: 20px; font-size: 2.5em; }
    p { color: #555; font-size: 1.2em; line-height: 1.6; margin-bottom: 10px; }
    .highlight { color: #232F3E; font-weight: bold; background-color: #FF990033; padding: 2px 5px;
border-radius: 5px;}
    .footer { margin-top: 30px; font-size: 0.9em; color: #888; }
  </style>
</head>
<body>
  <div class="container">
    <h1>축하합니다. <br>AWS 입문을 환영합니다</h1>
    <p>이 페이지는 비싼 <span class="highlight">서버(EC2) 없이</span> 오직 S3 버킷만으로 작동하고
있습니다.</p>
    <p>당신은 방금 클라우드 엔지니어로서의 의미 있는 첫걸음을 내디뎠습니다.</p>
    <div class="footer">Powered by Amazon S3 Static Website Hosting</div>
  </div>
</body>
</html>
```

▌6-2 웹 호스팅용 버킷 생성하기

홈페이지의 데이터를 담을 S3 Bucket을 만듭니다. 이때 중요한 보안 설정 한 가지를 변경해야 합니다.

01 AWS Console에 접속한 후 검색창에 'S3'를 입력하고 아래 검색된 내용 중 [S3] 메뉴를 클릭하여 S3 서비스로 이동합니다.

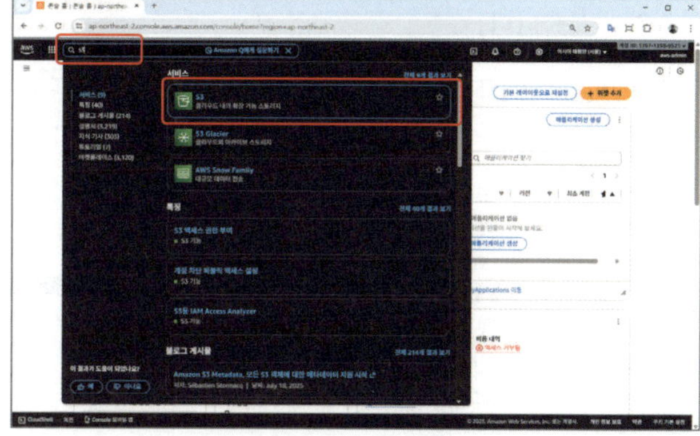

02 [Amazon S3] 페이지 오른쪽 상단의 [버킷 만들기] 버튼을 클릭합니다.

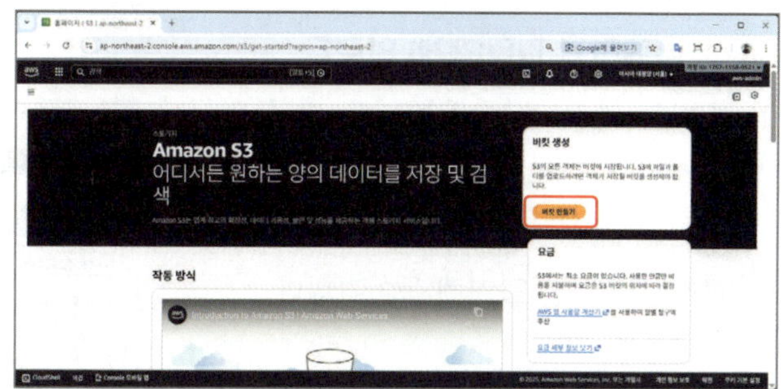

03 [버킷 만들기] 페이지에서 일반 구성과 객체 소유권 구성을 다음과 같은 옵션으로 입력 및 선택합니다.

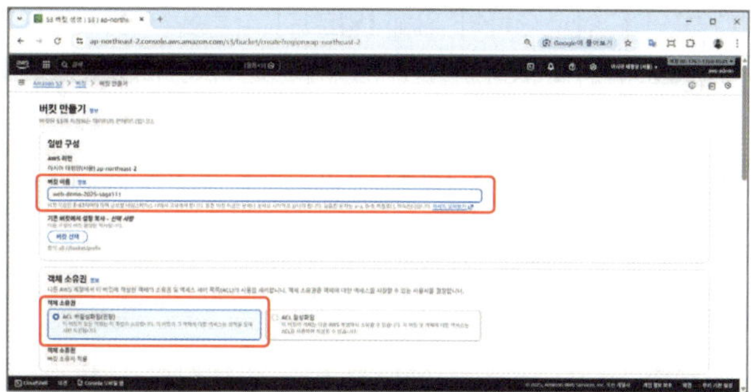

- 버킷명: 전 세계에서 유일한 이름을 입력합니다(예 web-demo-2025-[본인 이니셜]). 이미 존재한다고 나오면 숫자 등을 추가하여 고유한 이름을 만듭니다.
- AWS 리전: 아시아 태평양(서울) ap-northeast-2를 선택합니다(Default).
- 객체 소유권: 기본값인 'ACL 비활성화됨(권장)'을 그대로 둡니다(Default).

04 추가 S3 Bucket 설정에 대해 다음과 같은 정보를 확인한 후 옵션 설정을 진행하고 **[버킷 만들기]** 버튼을 클릭하여 버킷을 생성합니다.

> **필독** **이 버킷의 퍼블릭 액세스 차단 설정**
> - 기본적으로 모든 퍼블릭 액세스가 차단되어 있습니다. 하지만 우리는 웹 사이트를 외부에 공개해야 하므로 '모든 퍼블릭 액세스 차단' 체크를 해제합니다(첫 번째 보안 관문을 여는 것입니다). 해제 시 나타나는 노란색 경고 메시지 하단의 '현재 설정으로 인해 이 버킷과 그 안의 객체가 퍼블릭 상태가 될 수 있음을 알고 있습니다.'에 체크합니다.
> - 버킷 버전 관리, 기본 암호화: 실습을 위해 모두 기본값(비활성화, SSE-S3)으로 둡니다.

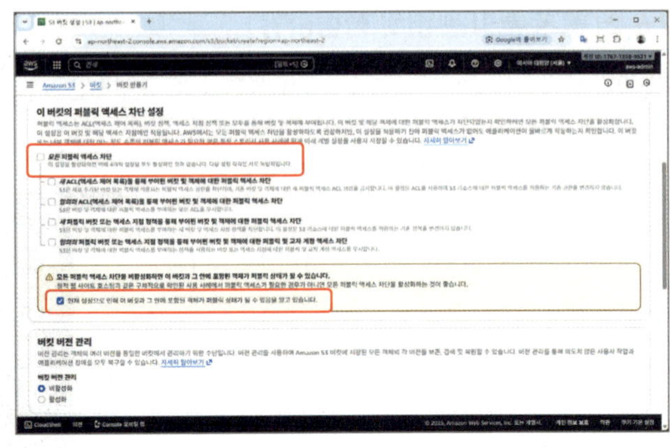

▌6-3 홈페이지 파일(객체) 업로드

01 준비한 index.html 파일을 방금 만든 버킷에 업로드하기 위해 버킷 목록에서 방금 생성한 버킷명(**에** web-demo-2025-ksh)을 클릭해 들어갑니다.

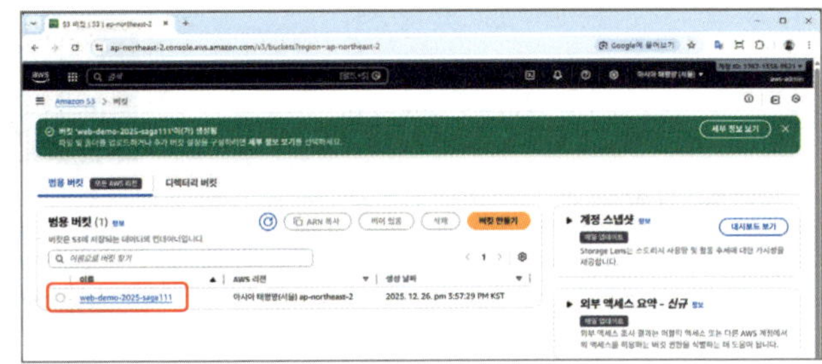

02 파일을 업로드하기 위해 **[업로드]** 버튼을 클릭합니다.

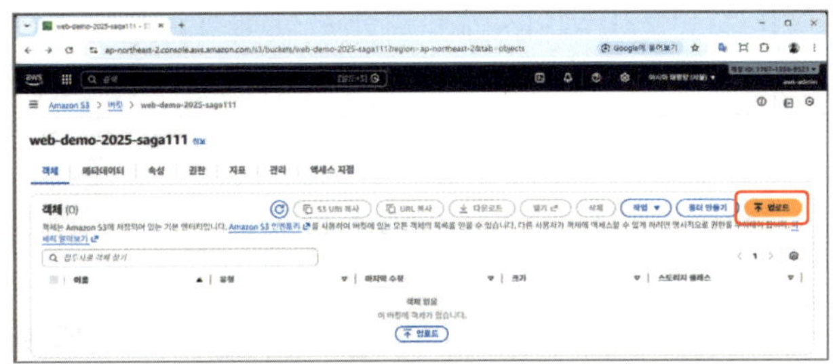

03 **[파일 추가]** 버튼을 클릭하거나 준비한 index.html 파일을 웹 브라우저 화면으로 드래그 앤 드롭합니다.

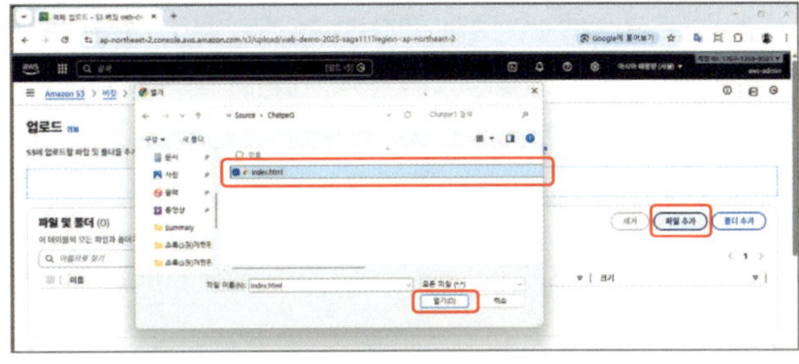

04 [파일 및 폴더] 페이지에서 등록된 파일이 리스트에 정상적으로 보이면 하단의 [업로드] 버튼을 클릭합니다(잠시 후 초록색 성공 메시지 바가 나타나면 [닫기] 버튼을 클릭합니다).

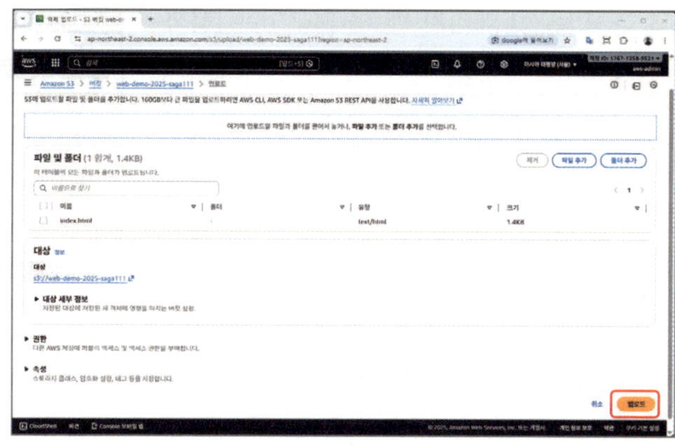

▌6-4 정적 웹 사이트 호스팅 기능 켜기

01 이제 해당 버킷을 단순 저장소가 아닌 '웹 서버'처럼 동작하도록 설정하기 위해 생성된 버킷으로 이동한 후 버킷 상세 화면 상단의 탭 메뉴 중 [속성] 탭을 클릭합니다.

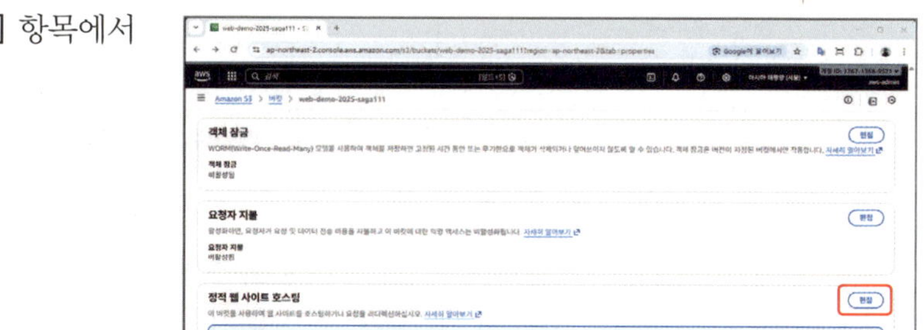

02 [속성]–[정적 웹 사이트 호스팅] 항목에서 [편집] 버튼을 클릭합니다.

03 [정적 웹 사이트 호스팅] 항목을 '활성화'로으로 변경한 후 호스팅 유형을 [정적 웹 사이트 호스팅]으로 선택하고 인덱스 문서에 'index.html'을 입력한 다음 하단의 [변경 사항 저장] 버튼을 클릭합니다.

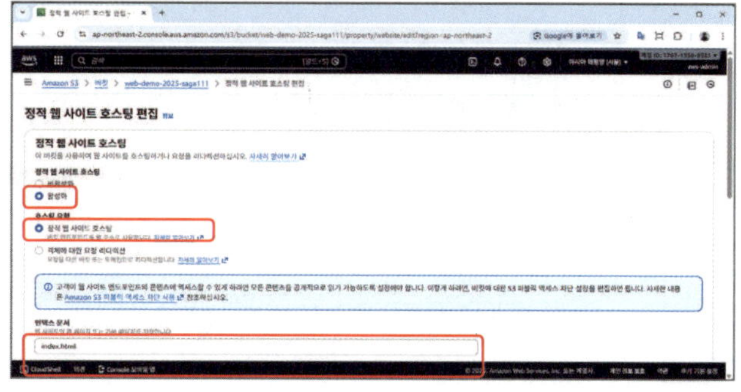

04 다시 **[속성]** 페이지 맨 아래에 있는 **[정적 웹 사이트 호스팅]** 섹션으로 가 보면, 웹 사이트 주소인 '버킷 웹 사이트 엔드포인트'의 URL이 생성된 것을 확인할 수 있습니다(아직 엔드포인트를 클릭해도 접속되지 않습니다. 403 Forbidden 에러 발생).

▮6-5 공개 권한 부여하기(버킷 정책 설정)

정적 웹 사이트 호스팅 설정을 하였지만, 웹 사이트가 접속되지 않습니다. 그 이유는 6-1에서 첫 번째 관문(퍼블릭 액세스 차단 해제)만 열었을 뿐, 두 번째 관문(버킷 정책)인 '구체적인 출입 허가증'을 발급하지 않았기 때문입니다.

01 **[S3 Bucket 속성]** 페이지의 상단 탭 메뉴에서 **[권한]** 탭으로 이동한 후 하단의 버킷 정책에서 **[편집]** 버튼을 클릭합니다.

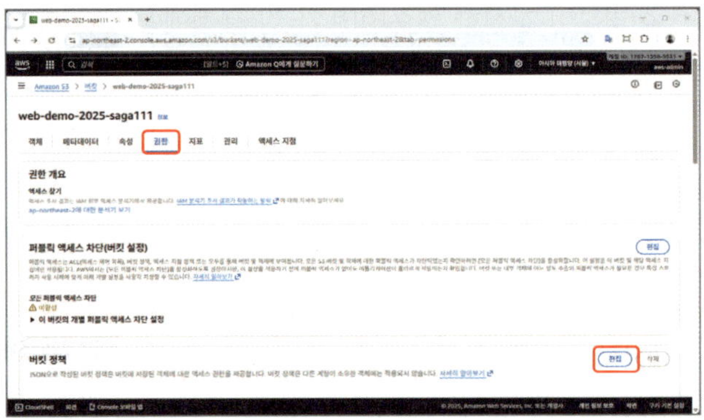

> • 버킷 정책 편집: 중간쯤에 있는 '버킷 정책' 섹션에서 [편집]을 클릭합니다.
> • 정책 입력: 정책 편집기 화면이 나오면, 다음 JSON 코드를 복사해서 붙여 넣습니다.
>
> (필독) 수정 필요: 코드 내의 'Resource' 줄에 있는 YOUR-BUCKET-NAME 부분을 6-1에서 만든 실제 버킷명으로 반드시 수정해야 합니다(예 "arn:aws:s3:::web-demo-2025-saga111/*").

02 **[버킷 정책 편집]** 페이지에 다음 버킷 정책 정보를 입력한 후 "Resource": "arn:aws:s3::: YOUR-BUCKET-NAME/*" 항목 중 'YOUR-BUCKET-NAME' 부분에 대해서 이전에 생성한 Bucket 이름을 입력하고 **[변경 사항 저장]** 버튼을 클릭합니다.

```json
{
    "Version": "2012-10-17",
    "Statement": [
        {
            "Sid": "PublicReadGetObject",
            "Effect": "Allow",
            "Principal": "*",
            "Action": "s3:GetObject",
            "Resource": "arn:aws:s3:::YOUR-BUCKET-NAME/*"
        }
    ]
}
```

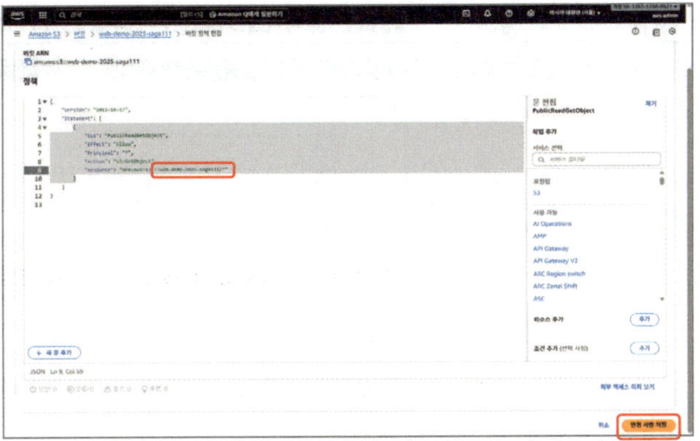

03 저장이 완료되면 상단에 '버킷 정책을 편집했습니다.'라는 메시지가 나타납니다. 여러분이 작성한 웹 사이트가 전 세계에 공개되었습니다.

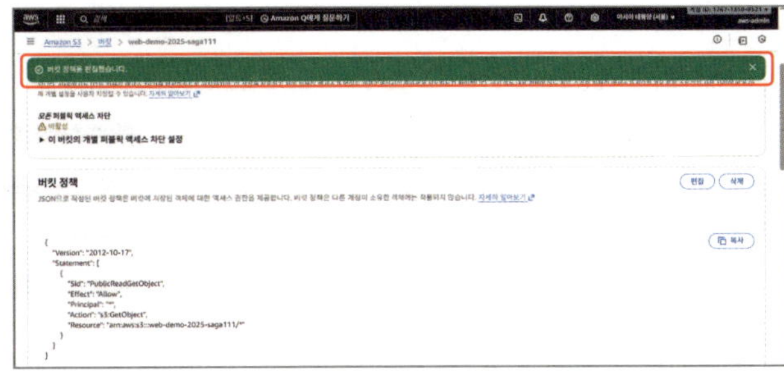

▌6-6 웹 페이지 접속 성공 확인

01 작성된 홈페이지를 확인하기 위해 다시 [속성] 탭의 맨 아래로 이동하여 '버킷 웹 사이트 엔드포인트' URL을 클릭합니다.

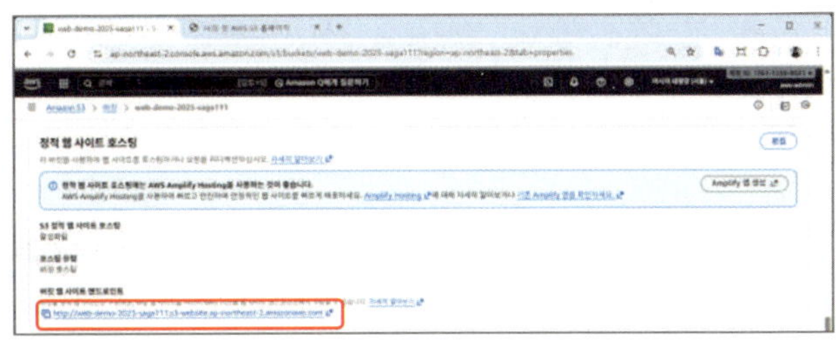

02 새 웹 브라우저 창에 우리가 만든 [**축하합니다. AWS 입문을 환영합니다**] 페이지가 나타나면 성공입니다.

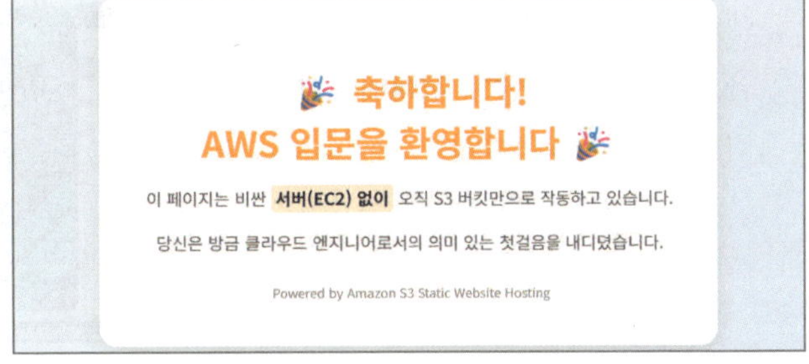

이 URL로 스마트폰으로도 접속해 보고, 주변 동료나 친구들에게 링크를 보내 여러분의 첫 클라우드 웹 사이트를 자랑해 보세요.

시나리오

이 실습에서는 AWS 명령줄 인터페이스(AWS CLI)를 설치 및 구성하고, 로컬 PC의 중요한 파일을 Amazon S3 버킷으로 안전하게 동기화(Sync)하는 방법을 배웁니다. 마지막으로 윈도우의 '작업 스케줄러'를 활용하여 이 백업 작업을 매일 특정 시간에 자동으로 수행하도록 자동화 시스템을 구현해 보겠습니다.

01 Amazon S3에 접속한 후 미리 생성된 버킷으로 이동하고 **[폴더 만들기]** 버튼을 클릭합니다.

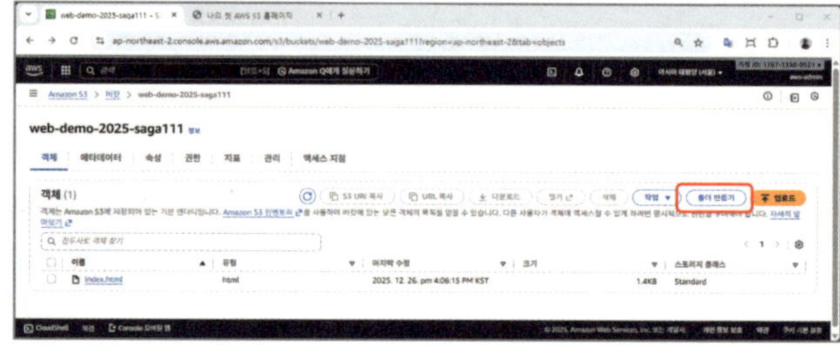

02 **[폴더 만들기]** 페이지로 이동한 후 '폴더 이름'에 'backup_test'라고 입력한 후 **[폴더 만들기]** 버튼을 클릭합니다.

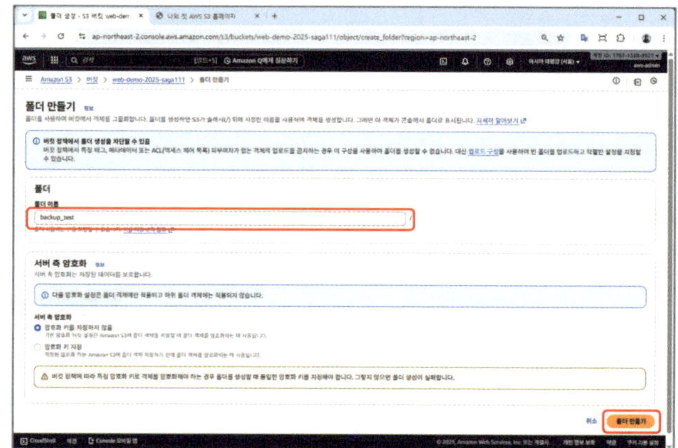

03 AWS CLI를 사용하기 위해 IAM 계정 생성이 필요합니다. 상단 검색창에 'IAM' 을 입력한 후 하단에 검색된 **[IAM]**을 클릭합니다.

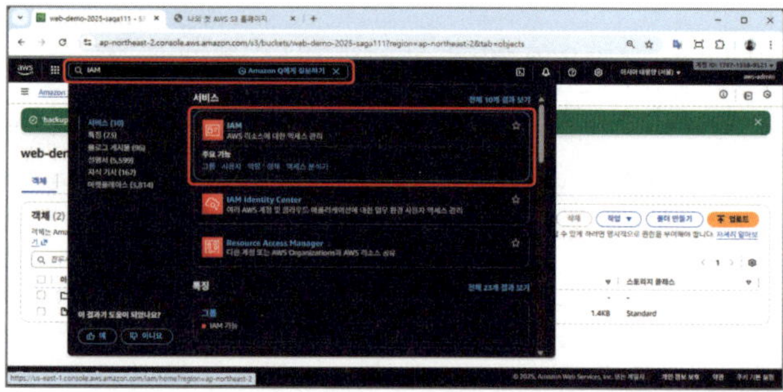

04 [IAM] 페이지에서 왼쪽 메뉴에서 [**사용자**]−[**사용자 추가**] 버튼을 클릭합니다.

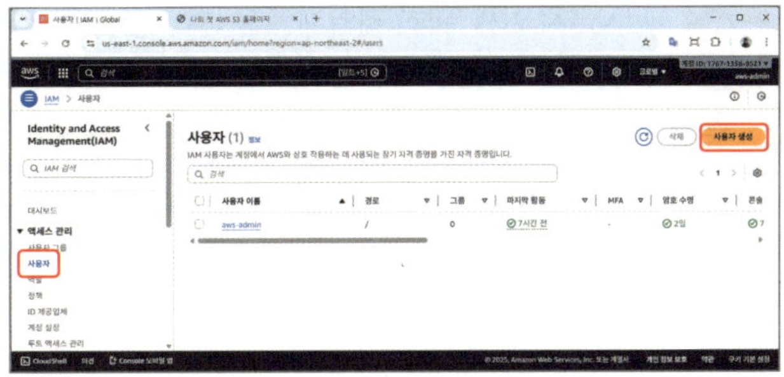

05 사용자 이름 입력 항목에 'aws−s3−upload'를 입력한 후 [**다음**] 버튼을 클릭합니다.

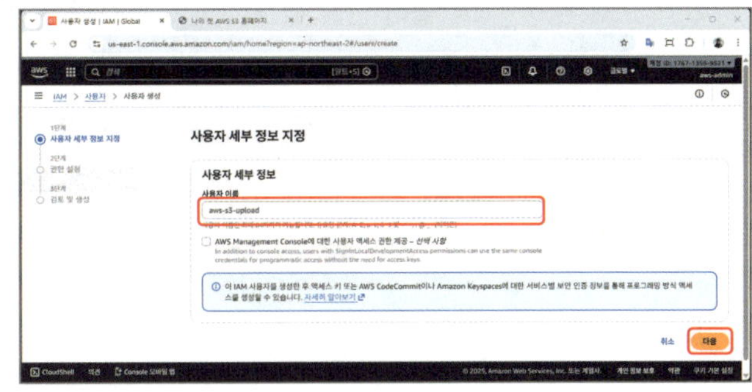

06 권한 설정 항목에서 [**직접 정책 연결**] 버튼을 클릭한 후 아래 권한 정책 검색 항목에 's3'를 입력하고 하단에서 'AmazonS3FullAccess' 권한을 선택한 다음 하단의 [**다음**] 버튼을 클릭합니다.

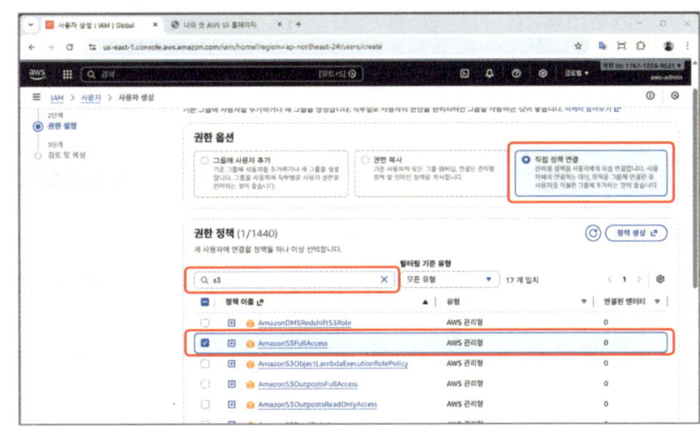

07 마지막으로 사용자 생성 정보를 확인한 후 [**사용자 생성**] 버튼을 클릭하여 사용자를 생성합니다.

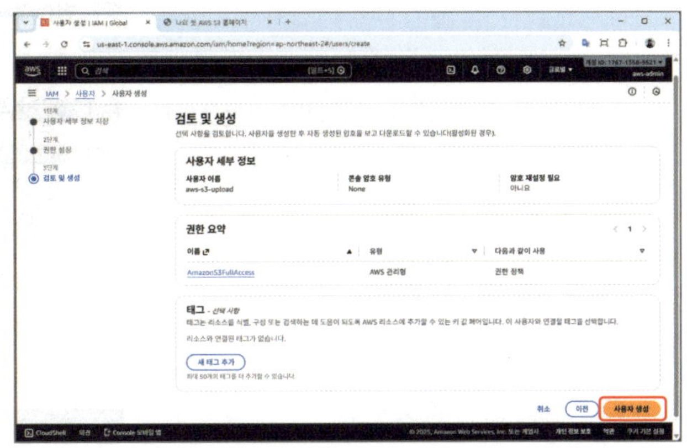

08 생성된 [사용자 상세 정보] 페이지에서 [보안 자격 증명]-[액세스 키 만들기] 버튼을 클릭합니다.

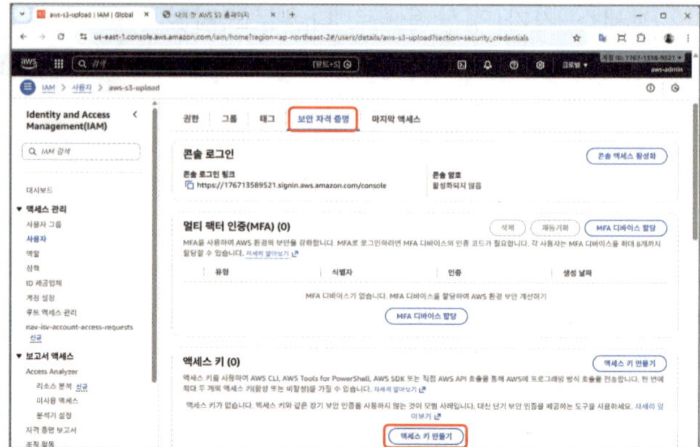

09 사용 사례 항목 중 'AWS 외부에서 실행되는 애플리케이션'을 선택한 후 [다음] 버튼을 클릭합니다.

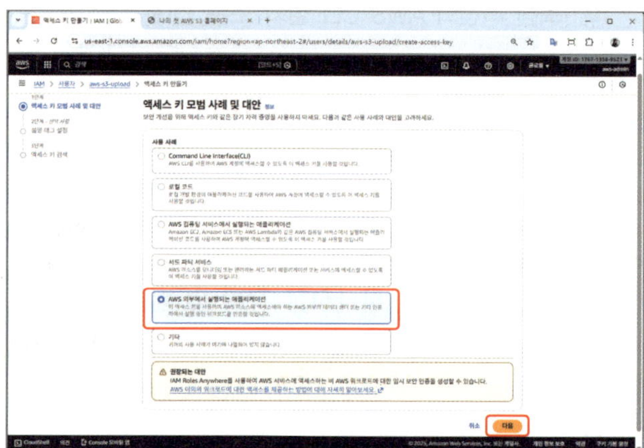

10 설명 태그 값 항목에 'aws-s3-upload'를 입력한 후 [액세스 키 만들기] 버튼을 클릭합니다.

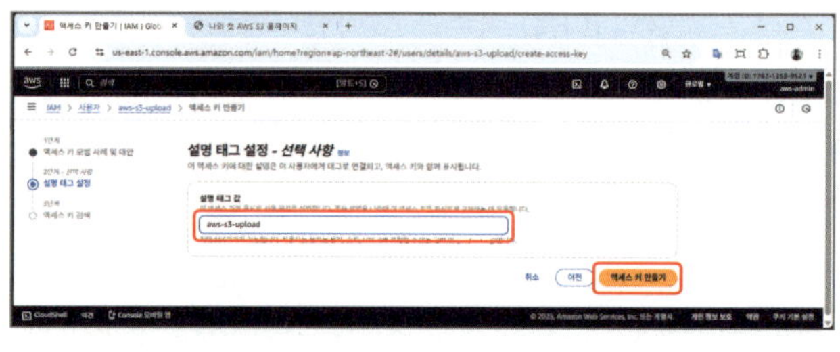

11 [액세스 키 검색] 페이지에서 생성된 액세스 키를 저장하거나 [.csv 파일 다운로드] 버튼을 눌러 접속 정보를 저장한 후 [완료] 버튼을 클릭합니다.

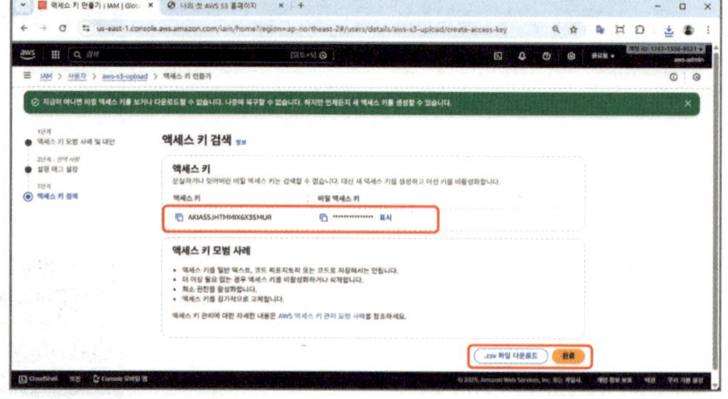

12 액세스 키가 정상적으로 다운로드되었 다는 것을 확인합니다.

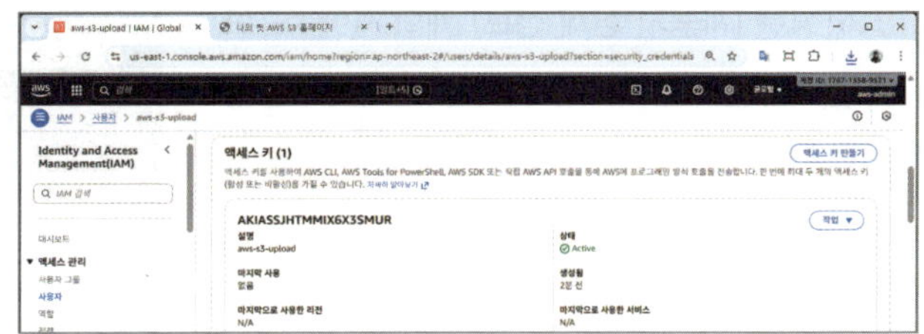

13 AWS CLI 설치를 위해 https://docs. aws.amazon.com/ko_kr/cli/latest/ userguide/installing.html로 이동한 후 [**최신 버전의 AWS CLI 설치 또는 업데 이트**] 항목을 눌러 최신 버전 다운로드 페이지로 이동합니다.

14 본인 PC의 OS에 맞게 파일을 선택한 후 다운로드해 AWS CLI를 설치합니다.

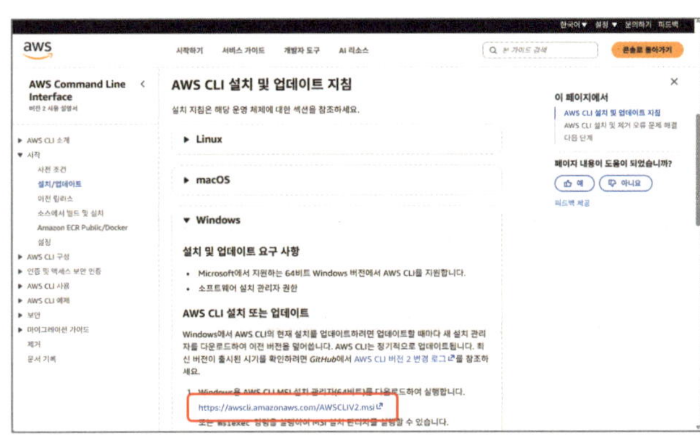

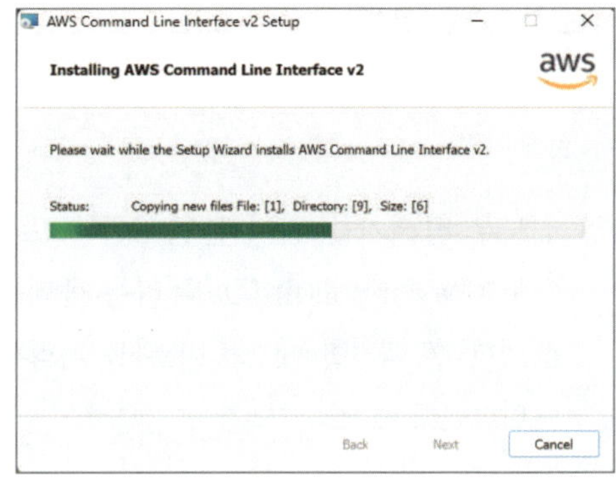

15 ⊞ + R 을 눌러 실행 상자를 나타나게 한 후 [**열기**] 항목에 'cmd'를 입력하고 [**확인**] 버튼을 클릭합니다.

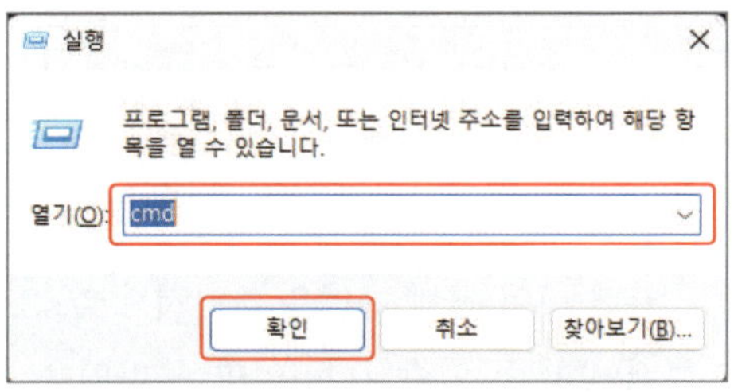

16 Command 창이 나타납니다.

17 이전에 다운로드한 CSV 파일을 열어 인증 정보를 확인합니다.

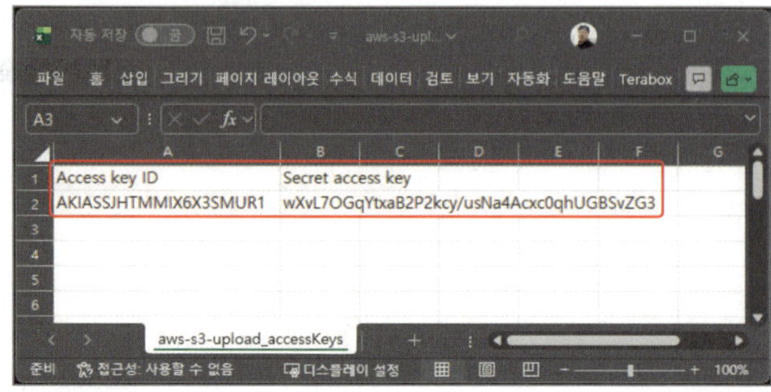

18 Command 창에 'aws configure'를 입력한 후 [Enter]를 누릅니다. 메시지가 나타나면 다음과 같이 설정합니다.

- AWS Access Key ID [None]: 이전 단계에서 다운로드한 aws-s3-upload_accessKeys.csv 파일의 액세스 키 ID를 확인한 후 입력
- AWS Secret Access Key [None]: 이전 단계에서 다운로드한 aws-s3-upload_accessKeys.csv 파일의 보안 액세스 키 ID 입력
- Default region name [None]: ap-northeast-2 입력
- Default output format [None]: json 입력

19 윈도우 탐색기를 열어 본인 PC의 로컬 C:\에 'MyImportantData'라는 폴더를 생성한 후 백업할 테스트 파일을 저장합니다.

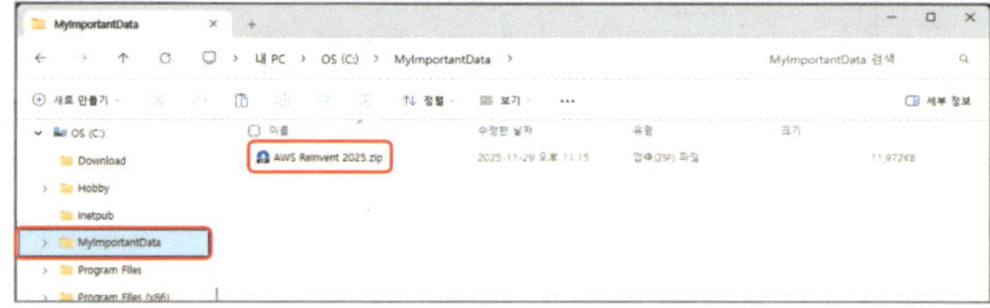

20 Command 창에서 오른쪽과 같은 정보를 참조하여 AWS CLI를 활용한 백업 명령을 실행합니다. 위와 같이 입력한 후 동일 명령을 주기적으로 실행하면 폴더 내의 전체 파일을 주기적으로 s3로 백업할 수 있습니다. 일일이 파일을 지정하지 않아도 되므로 파일 백업이 매우 편리합니다.

- 명령어: aws s3 sync '로컬 파일 경로' s3://버킷명/폴더 경로'
- 명령어 예시: aws s3 sync C:\MyImportantData s3://web-demo-2025-saga111/backup_test/

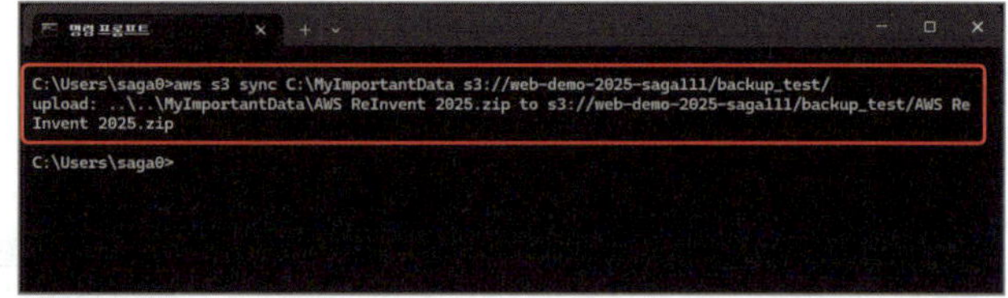

21 Amazon S3로 이동한 후 파일이 정상
적으로 동기화되었는지 확인합니다.

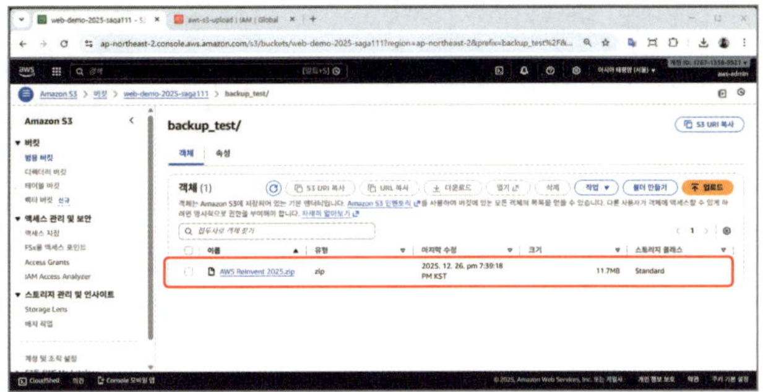

22 파일 백업을 자동화하기 위해 메모장
을 이용해서 배치 파일(.bat)을 만들고
'aws s3 sync 백업할 로컬 파일 경로
s3://버킷명/폴더 경로'를 메모장에 저
장하고 'file_backup.bat'라는 이름으
로 파일을 저장합니다.

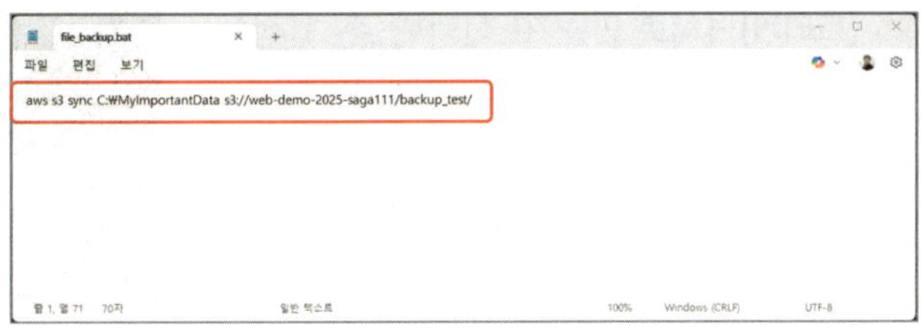

23 [제어판]-[Windows Tools]-[**작업 스케줄
러**]를 실행합니다.

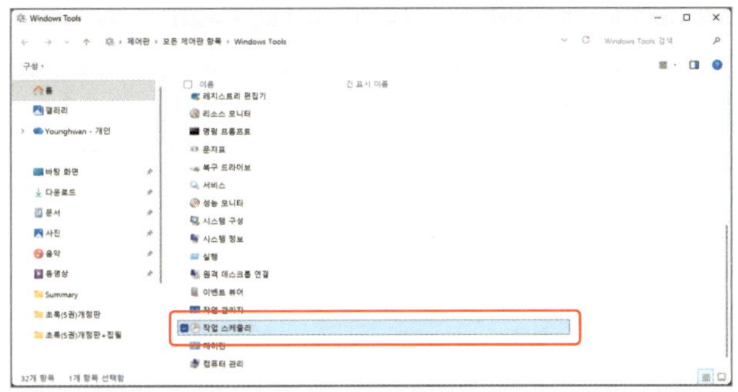

24 [**작업 스케줄러**]-[**작업 만들기**]를 클릭합
니다.

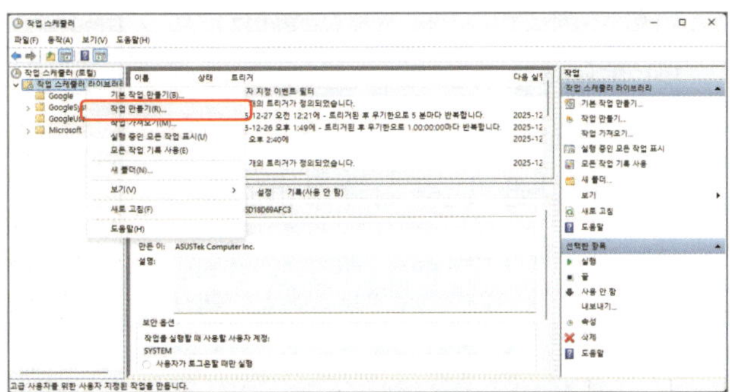

25 [새 작업 만들기]에서 작업 이름에 'AWS File Backup', 보안 옵션은 '사용자가 로그인할 때만 실행', '가장 높은 수준의 권한으로 실행'을 선택한 후 [트리거] 탭을 클릭합니다.

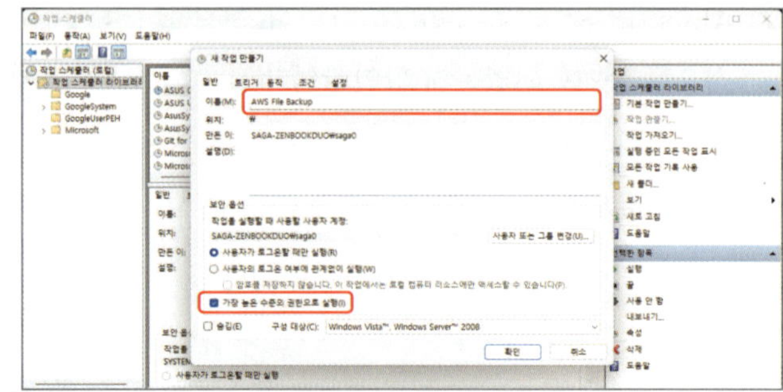

26 [트리거]–[새로 만들기] 선택한 후 설정에서 '매일', '오전:6:00:00', '사용' 옵션 선택한 후 [확인] 버튼을 클릭합니다.

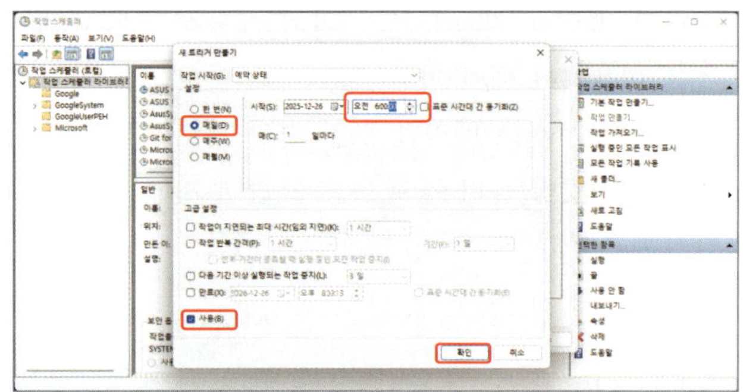

27 [동작]–[새로 만들기] 클릭한 후 [찾아보기] 버튼을 눌러 이전에 생성한 배치 파일을 선택한 후 [확인] 버튼을 클릭합니다.

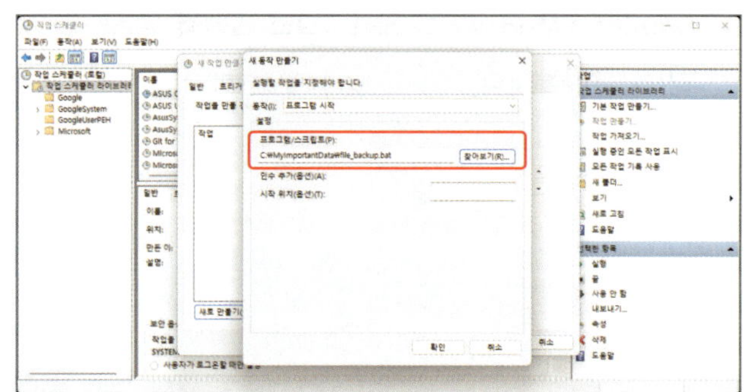

28 작업 스케줄의 모든 설정을 확인한 후 [확인] 버튼을 눌러 작업 스케줄을 등록을 확인하고 마우스 오른쪽 버튼을 클릭한 다음 [실행] 버튼을 눌러 정상 동작 여부를 확인합니다.

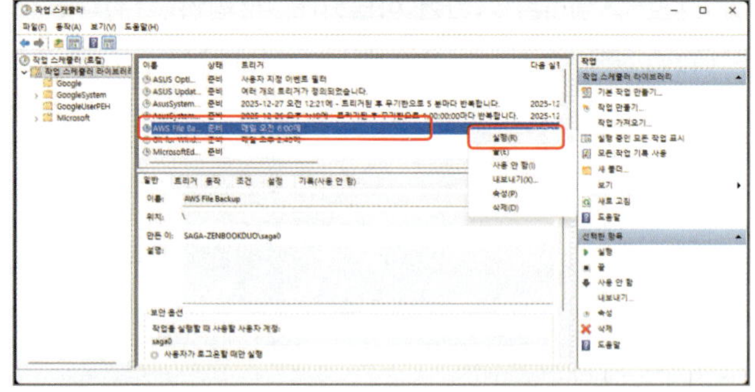

29 작업 스케줄을 통해 정상적으로 Sync
가 진행되었는지 AWS Console을 통해
확인합니다. 이후 작업 스케줄의 옵션을
조정하여 원하는 형태로 파일 백업 및
동기화를 수행할 수 있습니다.

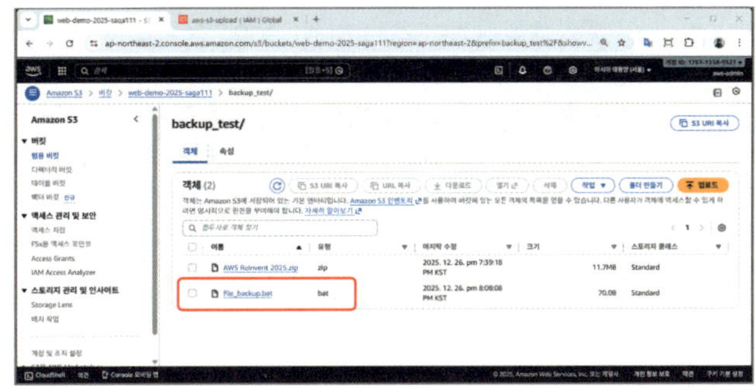

08 SAA 시험 대비 비법 노트

▌8-1 시험 직전 3분컷! 시험 대비 오답 노트

S3는 '어디에 저장할까?(클래스)', '어떻게 보호할까?(보안)', '어떻게 관리할까?(기능)'가 핵심입니다.

■ S3 스토리지 클래스(비용 최적화 핵심)

데이터 접근 빈도와 보관 기간에 따라 클래스를 선택하는 문제가 반드시 나옵니다.

- S3 Standard(표준): 자주 액세스하는 데이터, 99.99% 가용성(웹 사이트 호스팅, 모바일 앱 백엔드)
- S3 Standard-IA(Infrequent Access): 자주는 안 쓰지만(한 달에 1~2번), 필요할 때 즉시(밀리초) 꺼내야 함 (오래된 데이터, 재해 복구용)
- S3 One Zone-IA: 단일 AZ에만 저장, 비용 20% 더 저렴, 데이터 날아가도 되는 경우(재생성 가능한 섬네일, 2차 백업)
- 섬네일 S3 Intelligent-Tiering: 액세스 패턴을 모를 때 사용, 모니터링 비용 발생(데이터를 알아서 핫/콜드 계층으로 옮겨 줌)
- S3 Glacier(아카이브): 장기 보관용, 저렴하지만 꺼낼 때 시간/비용이 듦
- Instant Retrieval: 즉시(밀리초) 검색 가능(의료 영상, 뉴스 아카이브)
- Flexible Retrieval: 분~시간 소요(일반 백업)
- Deep Archive: 가장 저렴, 12시간~48시간 소요(규제 준수용 10년 보관 로그)

■ S3 보안 및 접근 관리(Security)

- Bucket Policy(버킷 정책): 버킷 단위 접근 제어(JSON 형식), '다른 계정이나 퍼블릭 접근 허용' 시 필수
- ACL(Access Control List): 객체 단위 제어(최근에는 잘 안 씀, 버킷 정책 권장)
- Block Public Access: 퍼블릭 접근을 원천 차단하는 안전장치(정적 웹 호스팅을 하려면 꺼야 함)
- 암호화
    - SSE-S3: AWS가 키 관리(가장 기본)
    - SSE-KMS: KMS 키 사용, 누가 언제 복호화했는지 감사(Audit) 가능
    - SSE-C: 고객(Customer)이 키 제공

■ S3 주요 기능(Performance & Management)

- Versioning(버전 관리): 덮어쓰거나 삭제해도 이전 버전 복구 가능, '실수로 삭제 방지' 시 정답

- Lifecycle Policy(수명 주기 정책): 30일 후 IA로 이동, 1년 후 Glacier로 이동, 3년 후 삭제(자동화된 비용 절감)
- Replication(CRR/SRR)
  - CRR(Cross-Region): 다른 리전으로 복제(재해 복구, 글로벌 지연 시간 감소)
  - SRR(Same-Region): 같은 리전 내 복제(로그 통합, 테스트용)
  - 조건: 양쪽 버킷 모두 Versioning이 켜져 있어야 함
- Transfer Acceleration: S3에 업로드 속도가 느릴 때 전 세계 엣지 로케이션(Edge Location)을 통해 가속화
- Presigned URL(미리 서명된 URL): 프라이빗 객체를 임시로 남에게 공유할 때(유료 콘텐츠 다운로드 링크 등)

▌8-2 SAA 적중 실전 문제(10문항)

Q1 데이터 접근 패턴에 따른 비용 최적화

한 회사가 규정 준수를 위해 7년 동안 로그 데이터를 보관해야 합니다. 이 데이터는 처음 30일 동안은 자주 분석되지만, 그 이후에는 거의 액세스되지 않습니다. 하지만 감사가 발생하면 24시간 이내에 데이터를 검색할 수 있어야 합니다. 가장 비용 효율적인 솔루션은 무엇입니까?

A. S3 Standard에 계속 저장한다.
B. S3 수명 주기 정책을 사용하여 30일 후 데이터를 S3 Glacier Deep Archive로 이동한다.
C. S3 수명 주기 정책을 사용하여 30일 후 데이터를 S3 One Zone-IA로 이동한다.
D. S3 수명 주기 정책을 사용하여 30일 후 데이터를 S3 Standard-IA로 이동한다.

정답 B

해설 '7년 장기 보관'+'거의 액세스 안 함'+'24시간 이내 검색(여유 있음)'=Glacier Deep Archive가 정답입니다. Deep Archive는 검색에 12~48시간이 걸리므로 '24시간 이내' 요건을 충족하면서 가장 저렴합니다.

Q2 실수로 인한 삭제 방지

사용자가 실수로 중요한 문서를 삭제하거나 덮어쓰는 사고가 발생했습니다. 이를 방지하고 삭제된 데이터도 복구할 수 있는 가장 간단한 방법은 무엇입니까?

A. S3 버킷에 MFA Delete를 활성화한다.
B. S3 버킷에 Versioning(버전 관리)을 활성화한다.
C. S3 버킷 액세스 로그를 활성화한다.
D. IAM 사용자의 삭제 권한을 모두 제거한다.

정답 B

해설 버전 관리(Versioning)를 켜면 파일을 덮어쓰거나 지워도 이전 버전이 보존됩니다. MFA Delete는 버전 관리가 켜진 상태에서 '영구 삭제'를 막는 추가 기능일 뿐입니다. 복구의 핵심은 버전 관리입니다.

Q3 글로벌 데이터 전송 가속화

전 세계 사용자들이 5GB 크기의 영상 파일을 미국의 S3 버킷으로 업로드해야 합니다. 현재 업로드 속도가 너무 느리고 불안정합니다. 이를 개선하는 가장 효과적인 방법은 무엇입니까?

A. S3 버킷의 리전을 사용자와 가까운 곳으로 매일 변경한다.
B. AWS Global Accelerator를 사용한다.
C. Amazon S3 Transfer Acceleration을 활성화한다.
D. 멀티파트 업로드(Multipart Upload)를 사용한다.

정답 C

Q4 프라이빗 콘텐츠의 임시 공유

회사는 유료 회원들에게만 프리미엄 비디오 콘텐츠(S3 프라이빗 객체)를 제공하고 싶습니다. 회원들이 로그인하면 비디오를 다운로드할 수 있는 링크를 제공하되, 이 링크는 10분 후에 만료되어야 합니다.

A. S3 버킷을 퍼블릭으로 설정하고 10분 후에 다시 프라이빗으로 바꾼다.
B. CloudFront 서명된 URL(Signed URL) 또는 S3 미리 서명된 URL(Presigned URL)을 생성하여 제공한다.
C. IAM 사용자를 생성하여 키를 공유한다.
D. 버킷 정책에서 특정 IP만 허용한다.

정답 B

해설 '임시 접근 권한', '시간 제한' 키워드는 Presigned URL(미리 서명된 URL)입니다. CloudFront를 쓰고 있다면 CloudFront Signed URL을, S3 직접 접근이면 S3 Presigned URL을 씁니다.

Q5 정적 웹 사이트 호스팅 보안

S3 버킷을 사용하여 정적 웹 사이트를 호스팅하고 있습니다. 도메인명(example.com)으로 접속하면 잘 되는데, 사용자들이 S3 엔드포인트 URL로 직접 접속하는 것을 막고 싶습니다. 오직 CloudFront를 통해서만 접속하게 하려면 어떻게 해야 합니까?

A. S3 버킷 정책에서 CloudFront의 Origin Access Control(OAC) 또는 OAI만 허용하도록 설정한다.
B. S3 버킷을 퍼블릭 액세스 차단하고 모든 IAM 권한을 제거한다.
C. CloudFront 배포 설정에서 HTTPS만 허용한다.
D. S3 ACL을 사용하여 모든 IP를 차단한다.

정답 A

해설 S3를 CloudFront 뒤에 숨겨서(Origin) 보안을 강화할 때는 OAC(Origin Access Control) 또는 구형 OAI를 사용합니다. 버킷 정책에서 '이 OAC가 아니면 접근 금지'라고 설정하면 S3 직접 접속을 막을 수 있습니다.

Q6 데이터 암호화 및 감사

회사의 보안 정책상 모든 데이터는 암호화되어야 하며, 누가 언제 데이터를 복호화했는지에 대한 감사 로그(Audit Log)를 남겨야 합니다. 어떤 암호화 방식을 사용해야 합니까?

A. SSE-S3(S3 관리형 키)
B. SSE-KMS(KMS 관리형 키)
C. SSE-C(고객 제공 키)
D. 클라이언트 측 암호화

정답 B

해설 '감사(Audit)', '키 사용 추적' 키워드가 나오면 SSE-KMS가 정답입니다. CloudTrail과 연동되어 키 사용 이력이 모두 기록됩니다. SSE-S3는 로그가 남지 않습니다.

Q7 재해 복구(DR)를 위한 복제

규정상 데이터 센터가 완전히 파괴되는 상황에 대비하여 데이터를 최소 300km 이상 떨어진 다른 지역에 실시간으로 백업해야 합니다. 가장 적절한 S3 기능은 무엇입니까?

A. S3 Same-Region Replication(SRR)

B. S3 Cross-Region Replication(CRR)

C. S3 수명 주기 정책으로 Glacier 이동

D. 람다 함수를 사용하여 파일 복사

정답 B

해설 '다른 지역(Region)', '재해 복구'는 CRR입니다. 이를 위해서는 소스/타깃 버킷 모두 버전 관리가 켜져 있어야 합니다.

Q8 대용량 데이터 업로드

1TB 크기의 단일 파일을 S3로 업로드해야 합니다. 업로드 도중 네트워크가 끊기면 처음부터 다시 올려야 하는 위험을 피하고 싶습니다. 필수적으로 사용해야 하는 기능은 무엇입니까?

A. S3 Transfer Acceleration

B. S3 Multipart Upload

C. AWS Direct Connect

D. AWS Snowball

정답 B

해설 S3에서 100MB 이상의 파일은 멀티파트 업로드를 권장하며, 5GB 이상은 필수입니다. 파일을 쪼개서 올리므로 중간에 실패해도 그 조각만 다시 올리면 됩니다(Snowball은 인터넷이 아예 느릴 때 하드디스크를 배송하는 방식입니다).

Q9 비용 효율적인 스토리지 클래스(접근 패턴 모름)

새로운 애플리케이션 로그가 S3에 저장됩니다. 이 로그가 얼마나 자주 액세스될지는 아무도 모릅니다. 처음엔 자주 보다가 안 볼 수도 있고, 갑자기 많이 볼 수도 있습니다. 관리 오버헤드 없이 비용을 최적화하려면?

A. S3 Standard

B. S3 Standard-IA

C. S3 Intelligent-Tiering

D. S3 One Zone-IA

정답 C

해설 '액세스 패턴을 모름(Unknown/Unpredictable)'=Intelligent-Tiering 공식입니다. 계층을 알아서 이동시켜 줍니다.

Q10 다른 계정의 버킷 접근

계정 A의 EC2 인스턴스가 계정 B의 S3 버킷에 데이터를 쓰려고 합니다. 계정 B의 버킷 정책에서는 계정 A의 쓰기 권한을 허용했습니다. 하지만 여전히 'Access Denied' 오류가 발생합니다. 무엇을 확인해야 합니까?

A. 계정 A의 IAM 사용자/역할에도 S3 쓰기 권한이 있는지 확인한다.

B. 계정 B의 버킷을 퍼블릭으로 만든다.

C. 계정 A의 EC2를 계정 B의 VPC로 옮긴다.

D. S3는 계정 간 접근을 지원하지 않는다.

정답 A

해설 다른 계정(Cross-Account) 접근 시에는 양쪽 모두 허용해야 합니다. 버킷 주인이 문을 열어 줘야 하고 (버킷 정책), 요청하는 쪽도 권한이 있어야 합니다(IAM 정책). 둘 중 하나라도 없으면 거부됩니다.

[그림 3-24] James Hamilton, Vice President And Distinguished Engineer, AWS(출처: 구글)

2006년 3월, 마이크로소프트(Microsoft)에서 Exchange Hosted Service의 안티 스팸 플랫폼 총괄 책임자로 일하던 제임스 해밀턴(James Hamilton)은 한 가지 흥미로운 뉴스에 주목했습니다. 당시 온라인 서점으로만 알려져 있던 아마존닷컴이 뜬금없이 새로운 '클라우드 기반 스토리지 시스템'을 출시했다는 소식이었습니다.

호기심이 발동한 그는 즉시 테스트용 애플리케이션을 짜서 Amazon S3에 데이터를 저장해 보았습니다. 그리고 그 결과에 소스라치게 놀라고 말았습니다.

복잡한 장비 구매 계약도 데이터 센터 방문도 필요 없었습니다. 그저 신용카드 한 장만 등록했을 뿐인데, 무제한에 가까운 스토리지 자원을 즉시 확보할 수 있었습니다. 심지어 그가 저장한 데이터는 자동으로 여러 데이터 센터에 복제되어 완벽한 안정성(Redundancy)까지 갖추고 있었습니다.

더 놀라운 것은 한 달 후 날아온 청구서였습니다. 이 혁신적인 시스템을 마음껏 테스트한 대가는 고작 3.08달러(약 4,000원)에 불과했습니다. 제임스 해밀턴은 Amazon S3와 이 새로운 클라우드 서비스가 기존 IT의 판도를 뒤엎는 '새로운 시대의 서막'이 될 것임을 확신했습니다.

2006년 세상에 첫선을 보인 Amazon S3는 전통적인 IT 인프라 환경의 제약을 무너뜨리고, IaaS(Infrastructure-as-a-Service), 즉 '서비스로서의 인프라'라는 거대한 시장을 개척한 혁신의 신호탄이었습니다. S3의 성공은 오늘날 AWS가 명실상부한 전 세계 클라우드 1위 기업으로 자리매김하는 가장 강력한 기반이 되었습니다.

[그림 3-25] James Hamilton, AWS re:Invent 2016(출처: 구글)

S3의 가능성을 누구보다 먼저 알아본 제임스 해밀턴은 이후 2009년 1월 아마존으로 이직했습니다. 그는 현재 AWS의 부사장(Vice President)이자 최고 엔지니어(Distinguished Engineer)로서 우리가 지금 배우고 있는 이 놀라운 클라우드 세상을 만드는 데 핵심적인 역할을 하고 있습니다.

10 | Resource Termination

이 실습에서 사용된 S3에 보관된 정보의 삭제는 S3의 버킷 삭제를 통해 전체 데이터에 대한 삭제가 가능합니다. 세부 절차는 다음과 같습니다.

01 실습을 위해 생성한 버킷(Bucket)을 선택한 후 [**삭제**] 버튼을 클릭합니다.

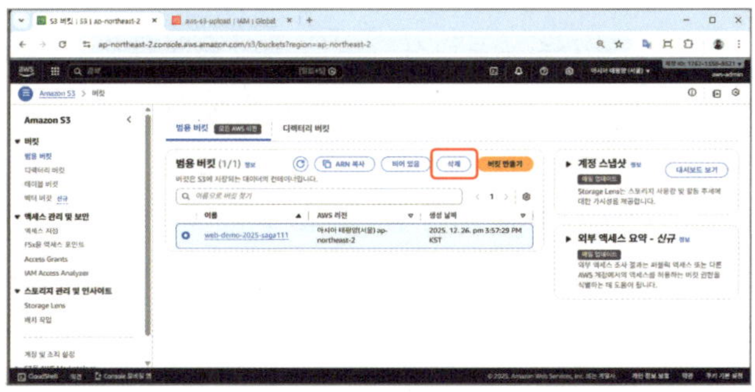

02 버킷을 삭제하려면 기존에 등록된 데이터를 삭제해야 합니다. 이를 위해 **[버킷 비우기]** 버튼을 클릭합니다(단, **[버킷 비우기]** 클릭할 경우, 모든 데이터가 삭제되므로 반드시 확인한 후 진행하길 바랍니다).

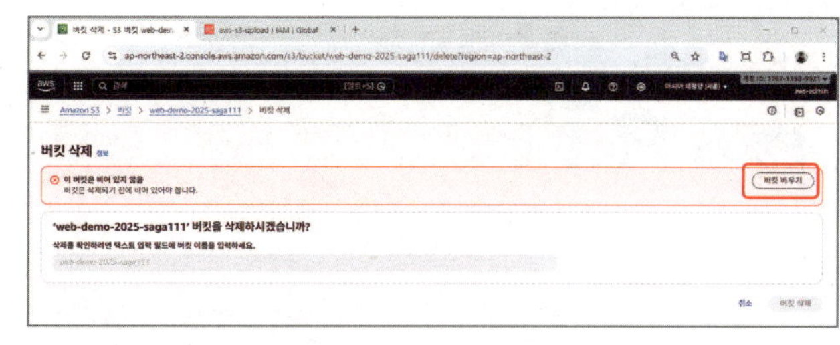

03 **[버킷 비우기]** 페이지에서 버킷의 모든 객체 삭제 동의 내용을 확인하고 '영구 삭제'를 입력한 후 **[비어 있음]** 버튼을 클릭합니다.

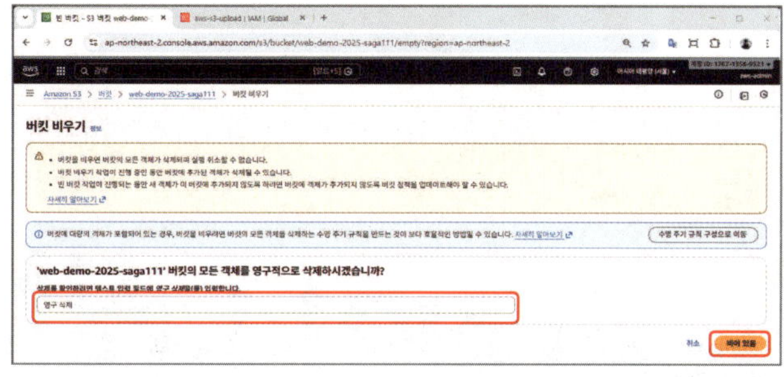

04 **[버킷 비우기]** 페이지에서 **[종료]** 버튼을 클릭합니다.

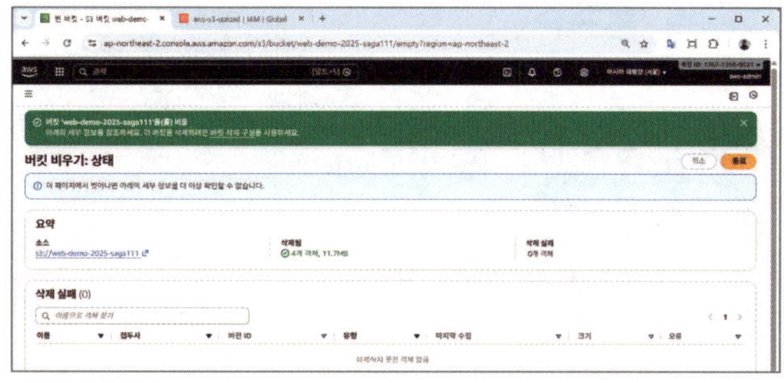

05 다시 버킷을 삭제하기 위해 해당 버킷을 선택한 후 **[삭제]** 버튼을 클릭합니다.

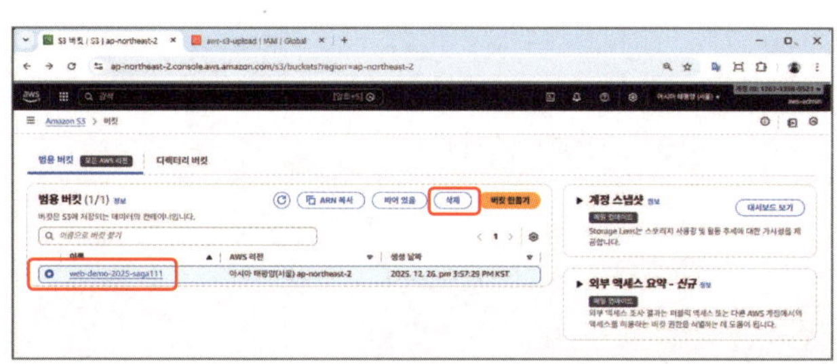

06 버킷을 삭제하기 위해 버킷명을 추가로 입력한 후 **[버킷 삭제]** 버튼을 클릭합니다.

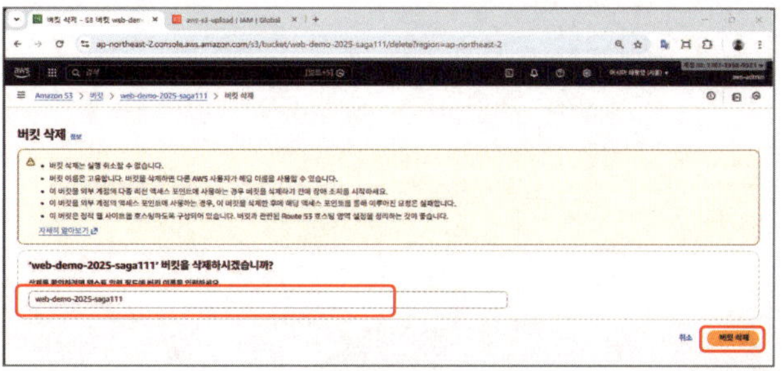

PART 04

독립적인 나만의 가상 네트워크 공간

우리는 2부에서 '컴퓨터(EC2)'를 빌렸고, 3부에서 '하드디스크(S3)'를 장만했습니다. 이제 이 컴퓨터들을 서로 연결하고, 인터넷 세상과 안전하게 소통할 수 있도록 '네트워크(Network)'를 구축할 차례입니다.
AWS에서는 Amazon VPC라는 서비스를 통해 마치 내 방에 랜선을 깔고 공유기를 설치하듯 클라우드상에 나만의 독립적인 네트워크 공간을 만들 수 있습니다. 4부에서는 VPC의 핵심 개념과 구성 요소들을 살펴보고, 안전하고 효율적인 네트워크를 설계하는 방법을 배웁니다.

네트워크 기초: 연결과 소통의 약속

네트워크(Network)는 'Net(그물)'과 'Work(일)'의 합성어로, 컴퓨터나 장비들이 그물망처럼 서로 연결되어 데이터를 주고받으며 가치를 창출하는 것을 의미합니다. 쉽게 말해 '서로 통신(Communication)을 한다.'라는 뜻입니다.

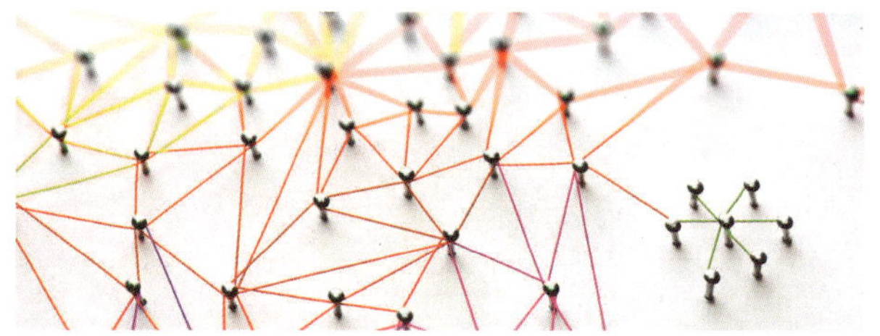

[그림 4-1] 네트워크

서로 통신을 하기 위해서는 반드시 지켜야 하는 약속들이 있습니다. 예를 들어, 회사와 회사가 거래를 할 때 서로 간의 지켜야 할 조항 및 합의에 대한 내용을 담은 계약서를 양쪽에서 작성하여 교환하는 것처럼 서로 간의 통신을 하기 위해 지켜야 하는 약속들을 준수하고, 교환함으로써 통신이 성립됩니다. 이 통신을 위해 지켜야 하는 약속들을 '프로토콜(Protocol)'이라고 합니다(예 인터넷 주소에 쓰이는 HTTP, 파일 전송에 쓰이는 FTP 등).

02 VPN에서 진화한 VPC

VPN은 'Virtual Private Network'의 약자로, 공용 네트워크인 인터넷을 통해 데이터를 주고받을 때 마치 전용선을 사용하는 것처럼 안전하게 통신하기 위한 기술입니다. 데이터를 암호화하여 터널(Tunnel)을 만들고 그 안으로 데이터를 전송하기 때문에 외부에서 데이터를 가로채더라도 내용을 알 수 없습니다.

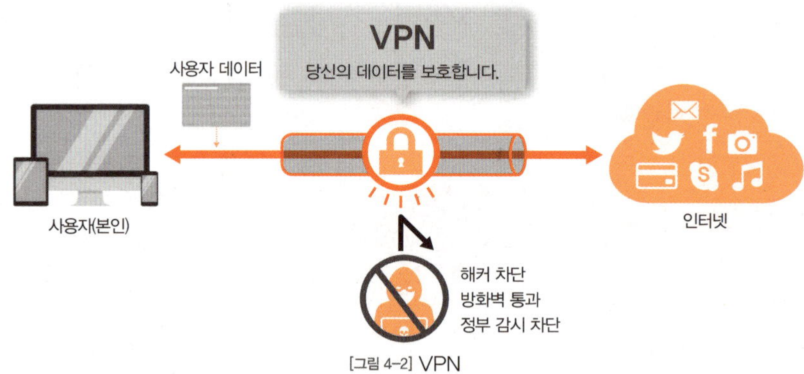

[그림 4-2] VPN

기존에 IDC(Internet Data Center)에서 서비스하던 시스템을 클라우드로 이전하는 경우, 모든 시스템을 클라우드로 이전하는 것은 매우 어려운 일입니다. 이러한 경우에 IDC-클라우드 간의 네트워크의 연결을 통해 기존 시스템과 클라우드 시스템 간의 데이터 통신이 필요하게 됩니다.

AWS는 VPC(Virtual Private Compute)와 VPC Gateway를 통해 온프레미스의 VPN 장비와 AWS 간에 VPN을 연결할 수 있으며, 이를 통해 보안성 높은 하이브리드 클라우드(Hybrid Cloud) 환경을 구현하여 원활한 클라우드 컴퓨팅 서비스를 지원할 수 있습니다.

03 | Amazon VPC의 등장

AWS는 이 VPN의 개념을 클라우드로 확장했습니다. Amazon VPC는 AWS라는 거대한 공용 클라우드 공간 안에 사용자만을 위한, 논리적으로 완전히 격리된 가상 네트워크 공간을 할당해 주는 서비스로, 가상 네트워크에서 AWS 리소스를 이용할 수 있는 서비스를 제공합니다.

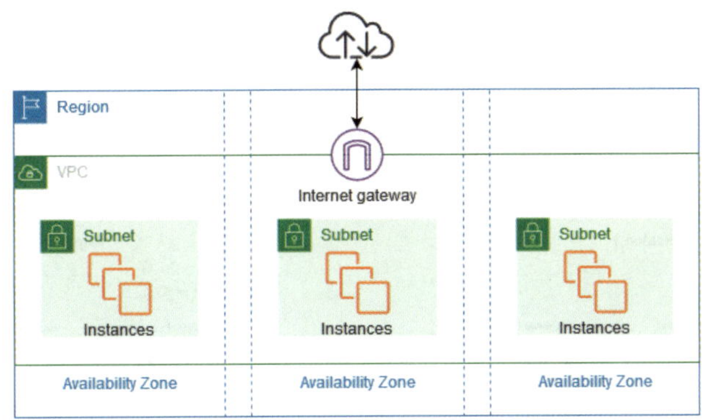

[그림 4-3] Amazon VPC

여러분은 이 VPC 안에서 IP 주소 범위를 직접 정한 후 서브넷(Subnet)을 나누고, 라우팅 테이블(Routing Table)과 게이트웨이(Gateway)를 구성하는 등 가상 네트워크 환경 전체를 완벽하게 제어할 수 있습니다. 마치 데이터 센터에 나만의 전용 서버실과 네트워크 장비를 구축하는 것과 같습니다.

Virtual Private Cloud

- VPC는 리전에 한정해 특정이며, 리전을 넘지 못함
- 리전 최대 5개의 VPC를 생성 가능
- 모든 리전 Default VPC 제공, VPC당 최대 200개 서브넷
- IPv4 CIRD, IPv6 CIRD 동시 사용 가능
- 비용 없음: VPC, Route Table, NACL, Internet Gateway, Security Group, Subnet, VPC Peering
- 일부 서비스 비용 발생: NAT Gateway, VPC Endpoint, VPN Gateway, Customer Gateway
- DNS 호스트 이름(인스턴스가 도메인 이름이 필요한 경우)

[그림 4-4] Amazon VPC 개요

[표 4-1] Amazon VPC 서비스 개요

[표 4-1] Amazon VPC 서비스 개요

구분	내용
서비스명	Amazon VPC(Virtual Private Cloud)
설명	직접 정의가 가능한 가상 네트워크(Private Network)에서 AWS 리소스를 구동할 수 있는 논리적으로 격리된 네트워크 제공
주요 특징	• AWS에 사설 네트워크 구축 • 회사와 AWS 간 VPN을 연결하거나 가상 네트워킹 구현 • 기존 데이터 센터와의 연결을 통해 하이브리드 환경 구성 • AWS를 회사 인프라의 일부처럼 사용할 수 있으며, 내부 시스템 소프트웨어의 연동이 매우 쉬움(예 메일, 그룹웨어와 같은 업무 시스템, 파일 서버 등) • 세심한 네트워크 설정 가능, 모든 리전에서 이용 가능
프리티어(Free Tier)	VPC 자체 생성 및 사용은 무료. 단, VPN 연결, NAT Gateway 등 일부 구성 요소와 데이터 전송에는 비용 발생

▌3-1 Amazon VPC 작동 방식

AWS 서비스 콘솔에서 VPC를 설정하여 시작한 후 Amazon Elastic Compute Cloud(EC2) 및 Amazon Relational Database Service(RDS) 인스턴스와 같은 리소스를 VPC에 추가할 수 있습니다. 이후 VPC가 계정, 가용 영역 또는 AWS 리전에서 서로 통신하는 방법을 정의합니다. 다음 예제에서 네트워크 트래픽은 각 리전 내 2개의 VPC 간에 공유됩니다.

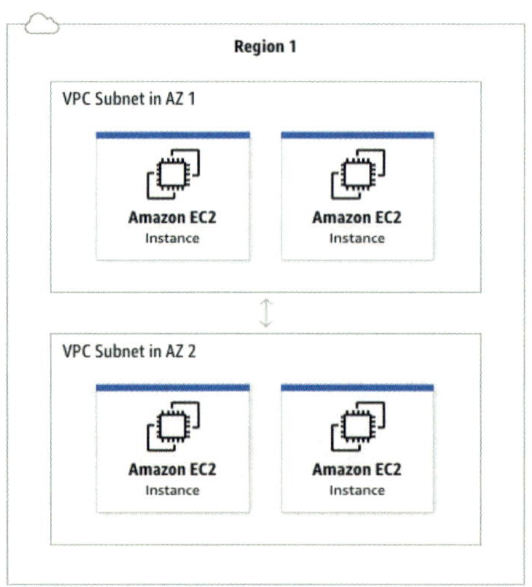

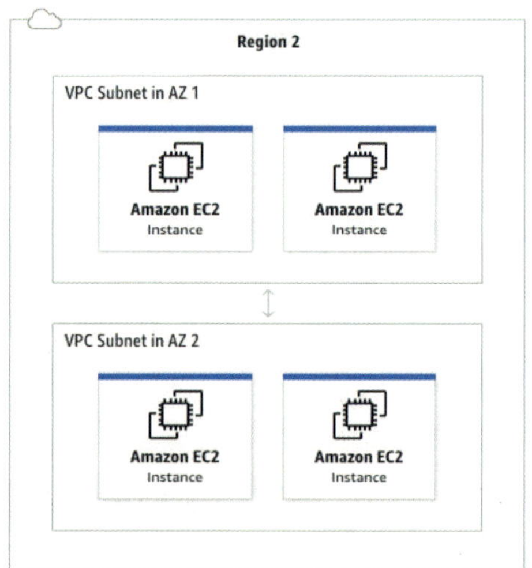

[그림 4-5] VPC 기본 구성

VPC는 계정, 가용 영역 또는 AWS 리전에서 서로 통신할 수 있습니다. [그림 4-5]는 리전 1 안에서 네트워크 트래픽이 가용 영역 1의 VPC와 가용 영역 2의 VPC 간에 공유되는 구성을 보여 줍니다. 동일한 아키텍처가 리전 2에도 표시되어 있습니다. 이 예제에서 리전 1과 2의 VPC는 서로 연결할 수 없습니다.

▎3-2 VPC의 구성 요소

VPC를 이해하려면 그 안을 구성하는 부품들을 알아야 합니다. 처음에는 복잡해 보일 수 있지만, 하나씩
살펴보면 실제 네트워크와 매우 비슷합니다.

AWS Default VPC

Default VPC는 AWS 계정 생성 시 각 리전별로 기본으로 생성되는 VPC로, 이를 활용하여 인스턴스를
즉시 배포할 수 있습니다.

- 크기가 /16 IPv4 CIDR 블록(172.31.0.0/16)인 VPC를 생성
- 각 가용성 영역에 크기 /20 Default 서브넷을 생성
- Internet Gateway를 생성하고 이를 Default VPC에 연결
- Default Security Group을 생성하고 이를 기본 VPC와 연결
- Default NACL(네트워크 액세스 제어 목록)을 생성하고 Default VPC와 연결
- AWS 계정에 설정된 Default DHCP 옵션을 기본 VPC와 연결
- VPC를 생성하면 자동으로 Default Routing Table이 있음

다만, 서비스의 목적과 상황에 따라 네트워크 구성에 대해 세부적인 설계와 구성이 필요하다면, 별도의
VPC를 생성하여 서비스를 구성하기를 권장합니다.

VPC의 IP 주소 범위(CIDR)

VPC를 만들 때 가장 먼저 해야 할 일은 '이 네트워크에서 사용할 전체 IP 주소의 범위'를 정하는 것입니
다. 이때 CIDR(Classless Inter-Domain Routing, 사이더) 표기법을 사용합니다(예 10.0.0.0/16).
10.0.0.0/16은 VPC 생성 시 가장 많이 사용되는 범위로, 10.0.X.X 대역의 IP 주소 약 65,000개를 사
용하겠다는 의미입니다.

핵심 포인트 [2026년 트렌드] IPv6 도입의 중요성

전 세계적인 IPv4 주소 고갈과 2024년 AWS의 퍼블릭 IPv4 유료화 정책으로 인해 IPv6 전환이 가속화되고 있습니다. 최신 VPC
환경에서는 IPv4와 함께 IPv6 CIDR 블록을 할당하여 듀얼 스택으로 구성하는 것이 권장됩니다. IPv6를 사용하면 비용을 절감하고
사실상 무한한 IP 주소를 활용할 수 있습니다.

프라이빗 IP, 퍼블릭 IP, 탄성 IP

[표 4-2] VPC 내 IP 주소 유형 비교

구분	설명	특징
프라이빗 IP(Private IP)	**필수** VPC 내부 통신용 IP 주소	• 인터넷과 직접 통신 불가 • 인스턴스 수명 동안 고정됨
퍼블릭 IP(Public IP)	**옵션** 인터넷 통신용 임시 IP 주소	• 인스턴스 중지/시작 시 변경됨 • 2024년부터 사용 시 시간당 요금 부과됨
탄력적 IP(Elastic IP, EIP)	**옵션** 인터넷 통신용 고정 IP 주소	• 인스턴스가 바뀌어도 주소 유지 가능 • 인스턴스에 연결하지 않고 방치하면 요금 부과됨(연결 시 무료 조건 있음)

VPC와 Subnet

[표 4-3] VPC와 서브넷의 정의

구분	내용
VPC	• VPC: 사용자의 AWS 계정을 위한 전용의 가상 네트워크 • VPC는 AWS 클라우드에서 다른 가상 네트워크와 논리적으로 분리되어 있으며, Amazon EC2 인스턴스와 같은 AWS 리소스를 VPC에서 실행 가능 • VPC 내부의 네트워크에서도 서비스 목적에 따라 IP Block으로 나누어 구분됨
서브넷	• Subnet: VPC 내부의 네트워크에서도 서비스 목적에 따라 IP Block으로 나누어 구분할 수 있고 이렇게 분리된 IP Block의 모음을 '서브넷'이라 함 • 우리가 흔히 알고 있는 네트워크상 서브넷과 동일한 개념임 • VPC는 리전의 모든 가용 영역에 적용되며, 각 가용 영역에 하나 이상의 서브넷을 추가할 수 있음 • 서브넷은 단일 가용 영역만 생성할 수 있으며, 여러 가용 영역으로 확장할 수 있음

VPC와 Subnet의 범위

[표 4-4] VPC 및 서브넷의 CIDR 블록 지정

구분	내용
VPC 생성 시 지정 방식	VPC를 생성할 때 VPC에서 사용하게 될 IP 주소의 범위(예 10.0.0.0/16)를 지정하게 되는데, 범위를 CIDR 블록 형태로 지정하는 것이 필요함
서브넷 생성 방법	• VPC 생성 시 10.0.0.0/24로 VPC를 생성하게 되면 256개의 IP 주소를 지원 • CIDR 블록을 각각 128개의 IP 주소 지원하는 2개의 서브넷으로 나눌 수 있음 • 한 서브넷은 10.0.0-/25 CIDR(10.0.0.0~10.0.0.127)과 다른 서브넷은 10.0.0.128/25 CIDR 블록(10.0.0.128~10.0.0.255)을 사용하도록 구성할 수 있음

퍼블릭 서브넷과 프라이빗 서브넷

[표 4-5] **퍼블릭 서브넷과 프라이빗 서브넷 비교**

구분	내용
퍼블릭 서브넷 (Public Subnet)	서브넷 네트워크 트래픽이 인터넷 게이트웨이(Internet Gateway, IGW)로 라우팅이 되는 서브넷(예 외부에서 접속이 필요한 Web 서버 또는 WAS 서버, 내부 시스템 접속을 위한 Bastion Host 등)
프라이빗 서브넷 (Private Subnet)	인터넷 게이트웨이로 라우팅되지 않는 서브넷을 '프라이빗 서브넷(Private Subnet)'이라 함(예 보안을 필요로 하며 외부에서 접근을 차단해야 하는 DB 서버 및 기간계 시스템들)

라우팅 테이블

라우팅(Routing)은 네트워크에서 트래픽이 목적지까지 어떻게 이동할지를 결정하는 과정입니다. 라우팅을 통해 데이터 패킷이 소스에서 목적지까지 효율적으로 전달될 수 있는 경로를 확인하고 전달합니다.

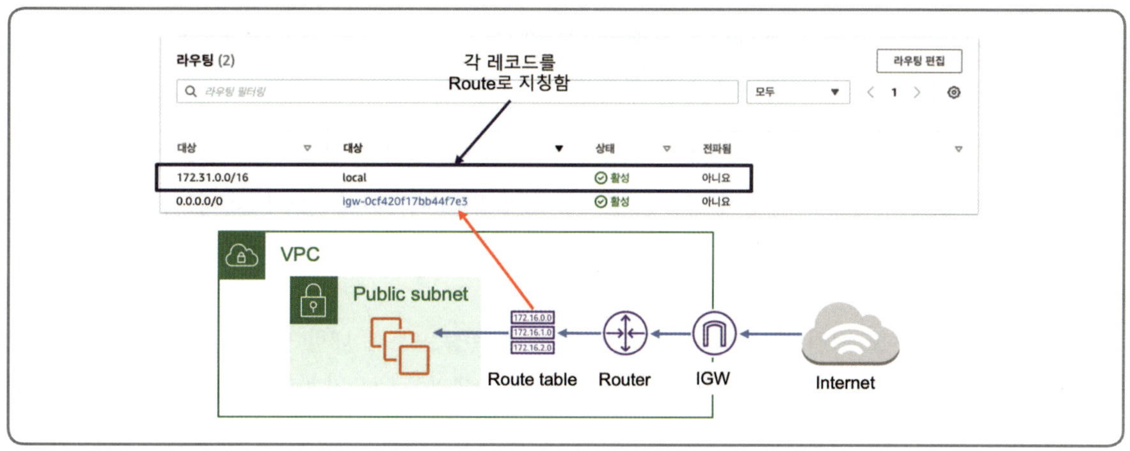

[그림 4-6] 라우팅과 라우팅 테이블

또한 라우팅 테이블(Routing Table)은 라우터가 패킷을 어떻게 전달해야 하는지에 대한 정보를 담고 있는 테이블입니다. VPC의 각 서브넷은 라우트 테이블과 연결되며 연결된 라우트 테이블에 등록된 라우팅 정보를 참조하여 네트워크 트래픽이 전송됩니다.

[표 4-6] **라우팅 테이블의 역할과 특징**

구분	내용
라우팅 테이블 (Routing Table)	각 서브넷들은 서브넷 외부로 나가는 아웃바운드(Outbound) 트래픽에 대해 허용된 경로를 지정하는 라우팅 테이블(Routing Table)이 연결되어 있어야 함.
라우팅 테이블의 특징	• 생성된 서브넷은 자동으로 VPC의 기본 라우팅 테이블과 연결되며, 테이블의 내용을 변경 가능 • VPC의 서브넷 내에서 생성된 네트워크 패킷이 목적지 주소로 이용하기 위해 어떤 경로로 이동되어야 하는지를 알려 주는 나침반과 비슷한 개념임 • 서브넷 간의 통신이나 VPC 간의 원활한 통신을 위해 라우팅 테이블을 이용함

▌3-3 VPC의 주요 서비스

네트워크 액세스 제어 목록과 보안 그룹

VPC는 네트워크 통신과 트래픽에 대해 IP와 Port를 기준으로 통신을 허용하거나 차단하기 위한 기능을 제공합니다. 이러한 서비스를 '보안 그룹'과 '네트워크 액세스 제어 목록'이라 합니다. VPC의 보안 그룹과 네트워크 ACL을 통해 AWS상에서 방화벽과 동일한 기능을 사용할 수 있으며, 보안 그룹과 네트워크 ACL의 서비스에 대한 비교는 다음과 같습니다.

[표 4-7] **보안 그룹과 네트워크 ACL 비교**

구분	보안 그룹	네트워크 ACL
서비스 범위	인스턴스 레벨(Instance Level)에 적용	서브넷 레벨(Subnet Level)에 적용
적용 정책	허용(Allow) 규칙만 적용	허용(Allow) 및 거부(Deny) 규칙 적용
구동 방식	규칙에 상관 없이 반환 트래픽 허용	반환 트래픽이 별도로 허용되어야 함
룰(Rule) 검토/적용	해당 객체 내 모든 룰 검토	해당 객체 내 룰 번호 순으로 처리
적용 방법	인스턴스에 보안 그룹 추가 필요	연결된 서브넷에 모든 인스턴스 자동 적용됨

NACL(Network Access Control List)은 서브넷 수준에서의 인바운드 및 아웃바운드 트래픽을 제어하는 데 사용되는 방화벽 규칙 집합입니다. NACL은 상태 비저장(stateless)이므로 들어오는 트래픽과 나가는 트래픽을 구분하여 판단합니다. 이는 각 요청을 개별적으로 평가하고 허용 또는 거부 규칙을 적용한다는 것을 의미합니다.

예를 들어, 특정 IP 주소 범위로부터의 접근을 차단하거나 특정 포트에 대한 트래픽을 제어하는 것과 같은 상황에서 NACL을 사용할 수 있습니다. 이렇게 하면 더욱 세밀한 네트워크 보안 전략을 구현할 수 있으며, 특정 유형의 트래픽을 허용하거나 차단하여 VPC 내의 리소스에 대한 액세스를 보호할 수 있습니다.

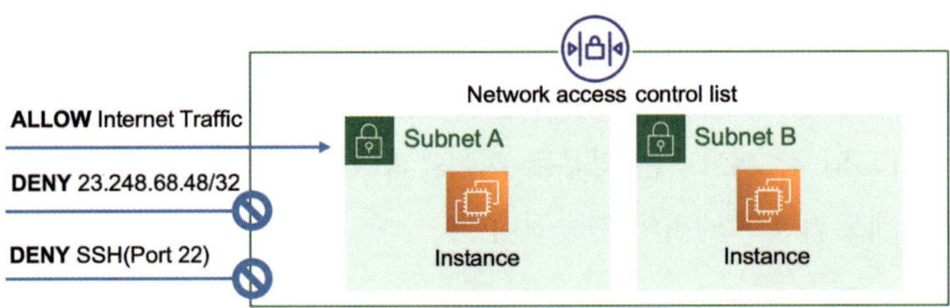

[그림 4-7] NACL 동작 방식

이와 같이 보안 그룹과 네트워크 ACL은 차이가 있으므로 필요에 따라 선택적으로 적용하여 사용하는 것을 권장합니다.

인터넷 게이트웨이

인터넷 게이트웨이(Internet Gateway)는 VPC와 인터넷 간의 통신을 가능하게 하는 라우팅 엔터티로, VPC의 서브넷과 연결되어 VPC 내부의 인프라나 시스템에 대해 외부 인터넷 액세스를 가능하게 합니다. 또한 VPC 내의 인스턴스와 인터넷 간의 양방향 트래픽을 지원하고, 고가용성을 제공하며, AWS의 각 가용 영역에서 자동으로 확장될 수 있습니다. 인터넷 게이트웨이를 사용하려면 VPC 내의 인스턴스에 공개 IP 주소가 할당되어 있어야 하며, 해당 주소를 통해 인터넷과의 연결이 가능합니다. 또한 보안 그룹과 NACL을 사용하여 인터넷 게이트웨이를 통한 트래픽을 제어할 수 있습니다.

- 인터넷 라우팅 트래픽에 대한 VPC 경로 테이블에 대상 제공
- 공용 IPv4 주소가 할당된 인스턴스에 대해 NAT(네트워크 주소 변환)를 수행

인터넷으로 Route Out하려면 Route Table에 라우트를 추가해야 합니다. Internet Gateway ID를 설정하고 대상을 0.0.0.0/0으로 설정해야 합니다. 이때 지정되는 0.0.0.0/0은 모든 트래픽 정보에 대해 허용하는 의미로 지정되는 IP 정보입니다.

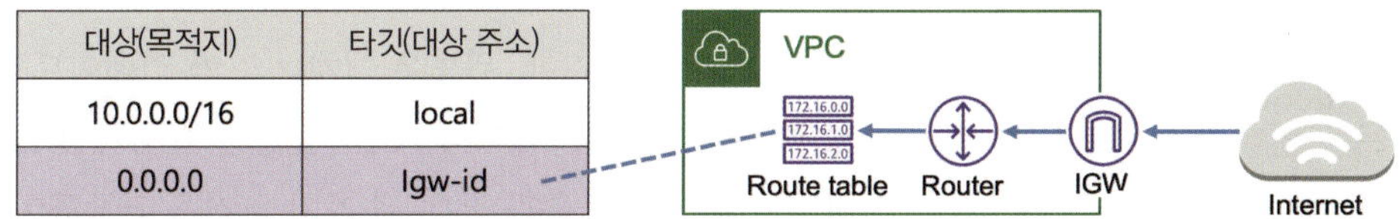

[그림 4-8] 인터넷 게이트웨이 동작 방식

인터넷 게이트웨이는 특히 인터넷에 액세스할 수 있는 AWS 리소스를 호스팅해야 하는 경우에 중요합니다. 이를 통해 외부 사용자가 해당 리소스에 원활하게 액세스할 수 있게 됩니다.

NAT 게이트웨이

NAT는 'Network Address Translation'의 약자로, 외부 네트워크에 알려진 것과 다른 IP 주소를 사용하는 내부 네트워크에서 내부 IP 주소를 외부 IP 주소로 변환하는 작업을 수행하는 서비스입니다. NAT 서비스는 NAT Instance와 NAT Gateway로 사용할 수 있습니다. 각 서비스별 주요 특징은 다음과 같습니다.

[표 4-8] NAT 인스턴스와 NAT 게이트웨이 비교

구분	내용
NAT Instance	• NAT 인스턴스 생성 시 소스/대상 검사 사용하지 않도록 설정 필수 • NAT 인스턴스는 Public 서브넷에 있어야 함 • Private 서브넷에서 NAT 인스턴스로 연결되는 Route가 있어야 함 • NAT 인스턴스의 크기에 따라 처리할 수 있는 트래픽 양이 결정됨 • Auto Scaling 그룹, 멀티 AZ에 있는 여러 서브넷을 대상으로 멀티 AZ 간에 자동화된 스크립트를 이용한 장애 조치 처리 가능함
NAT Gateway	• 가용 영역에서 NAT 게이트웨이 장애 지원 가능 • 1개의 가용성 영역은 1개의 NAT 게이트웨이만 사용할 수 있음 • 5Gbps에서 시작하여 최대 45Gbps까지 확장 가능 • NAT 게이트웨이는 엔터프라이즈 시스템에 가장 적합한 설정 • 업데이트/패치를 적용할 필요 없으며, 소스/대상 확인 미설정 불필요 • NAT 게이트웨이에 공용 IP 주소가 자동으로 할당됨 • NAT 게이트웨이 설정한 후 Route Table 업데이트 필요함 • 게이트웨이를 공유하는 여러 AZ의 리소스는 게이트웨이가 중단될 경우, 인터넷 액세스가 손실됨 • AZ에 게이트웨이를 만들고 그에 따라 경로 테이블을 구성해야 함

NAT 게이트웨이는 프라이빗 서브넷(Private Subnet) 내에 있는 인스턴스를 인터넷(예 소프트웨어 업데이트용) 또는 다른 AWS 서비스에 연결하고, 외부 망 또는 인터넷에서 해당 인스턴스에 연결하지 못하도록 구성하는 데 사용합니다.

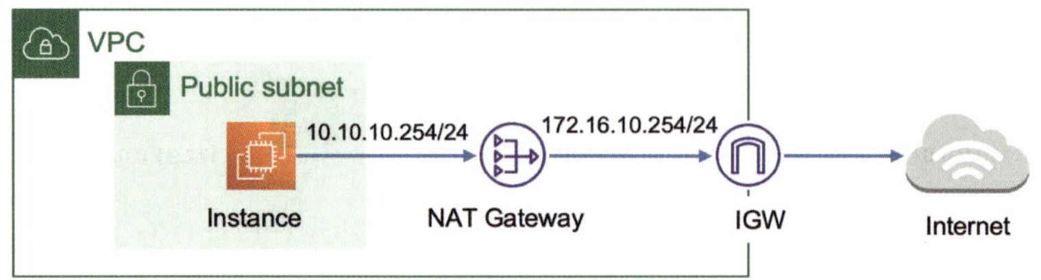

[그림 4-9] Amazon NAT Gateway

보통 외부에 공개될 필요가 없거나 보안상 중요한 서비스이지만, 윈도우 패치나 보안 업데이트, 소프트웨어 업데이트를 인터넷을 통해 받아야 하는 경우, NAT 게이트웨이나 NAT 인스턴스(NAT Instance)를 사용하게 됩니다. NAT 게이트웨이를 구성하기 위해서는 다음과 같은 세 가지 조건을 만족해야 합니다.

- NAT 게이트를 생성하기 위해 퍼블릭 서브넷(Public Subnet)을 지정
- NAT 게이트웨이와 연결할 탄력적 IP(Elastic IP) 주소 필요
- NAT 게이트웨이를 만든 후에 인터넷 트래픽이 NAT 게이트웨이로 통신이 가능하도록 프라이빗 서브넷(Private Subnet)과 연결된 라우팅 테이블(Routing Table) 업데이트

VPC Endpoint

Amazon S3는 인터넷 망에 연결된 서비스로 인터넷 기반의 IP 주소와 연결 정보를 가지고 있습니다. 이러한 공용 리소스에 대해서 퍼블릭 서브넷에 위치한 인스턴스는 인터넷을 통해 문제 없이 연결 가능합니다. 하지만 프라이빗 서브넷에 위치한 인스턴스는 인터넷과 연결되어 있는 S3와 같은 공용 리소스를 연결할 수 없습니다.

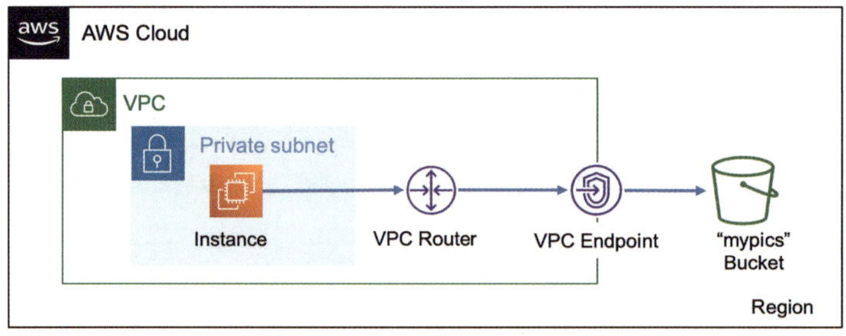

[그림 4-10] Amazon VPC Endpoint

이러한 경우에 S3에 연결하기 위해서는 NAT 게이트웨이나 NAT 인스턴스가 필요합니다. 하지만 VPC Endpoint를 이용하면 빠르고 손쉽게 S3, DynamoDB에 연결할 수 있습니다.

AWS VPC Peering은 2개의 Amazon Virtual Private Clouds(VPC) 간에 프라이빗 연결을 가능하게 하는 네트워킹 연결입니다. 이 연결을 통해 VPC 간에 IPv4 또는 IPv6 트래픽을 라우팅할 수 있으며, 두 VPC가 동일한 리전에 있거나 서로 다른 리전에 있을 수 있습니다.

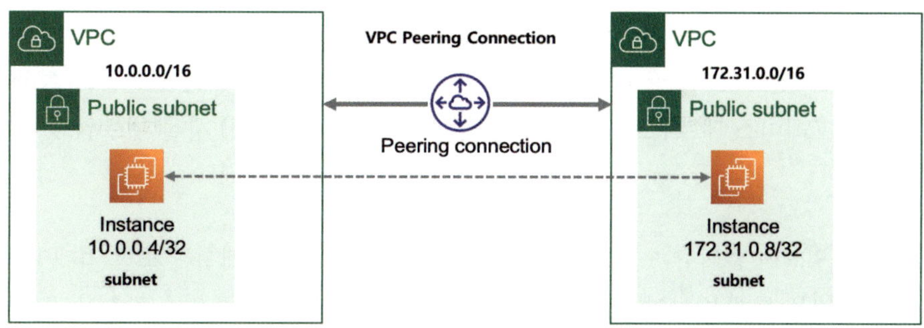

[그림 4-11] Amazon VPC Peering Connection

AWS VPC Peering의 주요 특징과 구성 요소는 다음과 같습니다.

- **프라이빗 연결:** 두 VPC 간의 트래픽이 프라이빗이며 안전하게 유지됩니다. 트래픽은 인터넷을 통하지 않고 아마존의 내부 네트워크 사용
- **서로 다른 계정 간 연결:** VPC Peering은 동일한 AWS 계정의 VPC 또는 다른 AWS 계정의 VPC 간에 설정 가능
- **리전 간 연결 지원:** VPC Peering은 동일한 리전 내의 VPC 연결과 서로 다른 리전의 VPC 간의 연결도 지원하며, 글로벌 비즈니스를 수행하는 기업이 리전 간에 안전하게 데이터를 공유할 수 있음
- **데이터 전송 비용:** 리전 간 VPC Peering의 경우, 데이터 전송 비용이 발생할 수 있으므로 비용을 고려하여 설계해야 함
- **보안 및 권한 제어:** 보안 그룹과 네트워크 ACL을 사용하여 VPC Peering 연결을 통한 트래픽을 세밀하게 제어 가능

일반적으로 엔터프라이즈 규모의 글로벌 기업에서 전 세계 임직원을 대상으로 이메일 서비스를 제공하는 경우에는 보다 빠른 메일 서비스를 제공하기 위해 주요 거점별로 메일 서버를 별도로 구축하고, 안전한 메일 송수신을 위해 고가의 글로벌 전용회선 서비스를 이용합니다.

AWS는 2017년 11월 다른 리전 간 VPC Peering 지원을 발표하였으며, 2018년 7월부터는 서울 리전을 비롯한 대부분의 리전에서 '리전 간 VPC Peering'을 제공함으로써 아마존의 글로벌 백본망을 활용하여 빠르고 보안성 높은 데이터 통신을 지원하게 되었습니다. VPC Peering은 기업이 클라우드 리소스 간의 안전한 통신을 간단하게 구현할 수 있도록 해 주며, 확장성 있고 유연한 연결 옵션을 제공합니다.

VPN

VPN(Virtual Private Network)은 AWS와 온프레미스 네트워크 또는 두 VPC 간의 보안된 사설 연결을 설정할 수 있게 해 줍니다. AWS VPN은 Site-to-Site VPN과 Client VPN의 두 가지 주요 옵션을 제공합니다.

첫째, AWS Site-To-Site VPN 연결입니다. AWS Site-to-Site VPN은 온프레미스 네트워크(예 회사의 데이터 센터)와 Amazon Virtual Private Cloud(VPC) 사이에 안전한 연결을 생성하는 서비스입니다. 이를 통해 온프레미스 네트워크에서 AWS 클라우드 리소스를 마치 사설 네트워크 내의 자원처럼 사용할 수 있습니다.

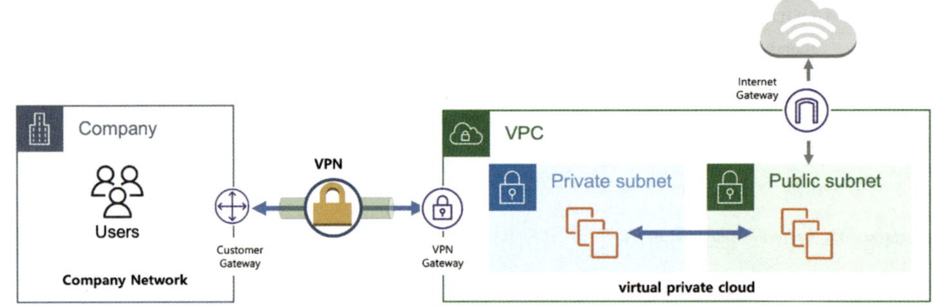

[그림 4-12] AWS Site-To-Site VPN

Site-to-Site VPN의 주요 특징과 구성 요소는 다음과 같습니다.

- **안전한 연결:** Site-to-Site VPN은 IPsec 프로토콜을 사용하여 두 네트워크 사이의 트래픽을 암호화하므로 안전하게 전송함
- **VPN 터널:** 두 지점 간에 VPN 터널을 생성하여 안전한 연결을 제공하며, 터널은 두 끝점 사이에서 데이터를 암호화 및 캡슐화를 수행함
- **고가용성:** 다중 VPN 연결과 함께 사용하면 연결의 장애 조치 및 높은 가용성을 지원함
- **확장성:** 여러 온프레미스 위치와 AWS 리전 간에 연결을 쉽게 확장 가능
- **AWS Transit Gateway 통합:** AWS Transit Gateway와 통합하여 여러 VPC와 온프레미스 네트워크를 중앙에서 관리하고 연결 가능
- **비용 효율적:** 필요한 연결만큼만 비용을 지불하므로 전통적인 하드웨어 VPN 솔루션에 비해 높은 비용 효율 제공함

Site-to-Site VPN을 설정하면 온프레미스 네트워크와 AWS 리소스 사이에 안전하고 신뢰할 수 있는 연결을 쉽게 구축할 수 있으며, 이를 통해 하이브리드 클라우드 아키텍처의 구현을 간소화할 수 있습니다.

둘째, AWS Client VPN입니다. AWS Client VPN은 클라이언트 기반의 VPN 서비스로, 사용자가 언제 어디서나 안전하게 AWS나 온프레미스 네트워크에 액세스할 수 있게 해 줍니다.

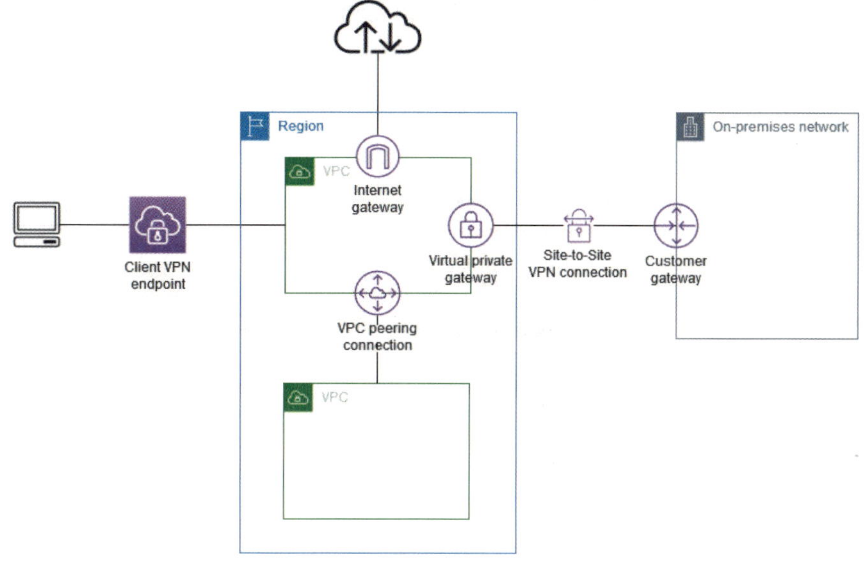

[그림 4-13] AWS Client VPN

이는 원격 근무자, 특별한 사이트를 방문하는 직원 또는 BYOD(Bring Your Own Device) 환경을 지원해야 하는 조직 등에서 유용합니다. AWS Client VPN의 주요 특징은 다음과 같습니다.

- **안전한 액세스:** Client VPN은 사용자의 디바이스와 VPN 엔드포인트 간에 안전한 TLS 기반 연결을 생성 및 지원
- **언제 어디서나 연결:** 사용자는 인터넷이 연결된 어디서든 안전하게 사내 리소스에 액세스 연결을 지원
- **확장성:** AWS에서 운영되므로 사용자 수에 관계없이 손쉽게 확장이 가능함
- **인증:** Active Directory, SAML 기반의 자격 증명 연동 또는 클라이언트 인증서를 사용하여 사용자 인증 지원
- **권한 관리:** 정책을 사용해 특정 사용자 또는 그룹이 액세스할 수 있는 네트워크 세그먼트를 세밀하게 제어할 수 있습니다.
- **VPC 통합:** 클라이언트 VPN 엔드포인트를 특정 VPC와 연결하여 AWS 리소스에 직접 액세스 제공 및 전체 사내 네트워크 연결 지원

AWS Client VPN은 사내 네트워크에 안전하게 연결되는 원격 액세스 솔루션을 제공하므로 원격 근무자나 파트너, 고객 등이 회사의 중요한 리소스와 서비스에 안전하고 일관된 방식으로 액세스할 수 있게 해 줍니다.

AWS Direct Connection 연결

AWS Direct Connect는 온프레미스 위치에서 AWS로 전용 네트워크 연결을 설정하기 위한 AWS 솔루션입니다. AWS Direct Connect은 고객과 AWS 간에 전용 연결을 제공하므로 데이터 전송의 지연 시간이 줄어들고 연결의 안정성이 향상됩니다.

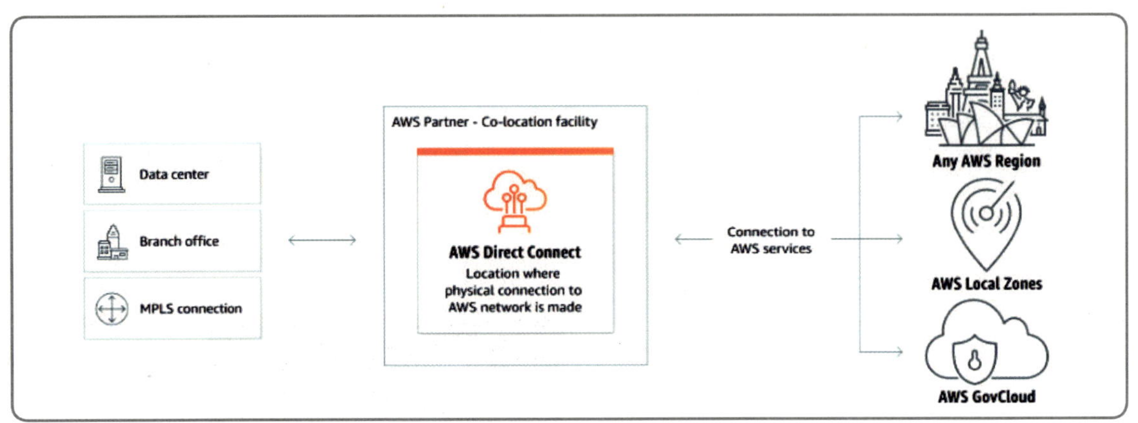

[그림 4-14] AWS Direct Connect 개요

AWS Direct Connect는 일반 인터넷 연결에 비해 더 높은 대역폭(50Mbps~10Gbps)과 더 낮은 지연 시간을 제공하여 애플리케이션의 성능을 향상시킬 수 있으며, 데이터를 AWS로 전송할 때 발생하는 비용을 절감할 수 있으며, 대역폭 요구 사항에 따라 연결을 맞춤 설정할 수 있어 비용 효율성이 높습니다.

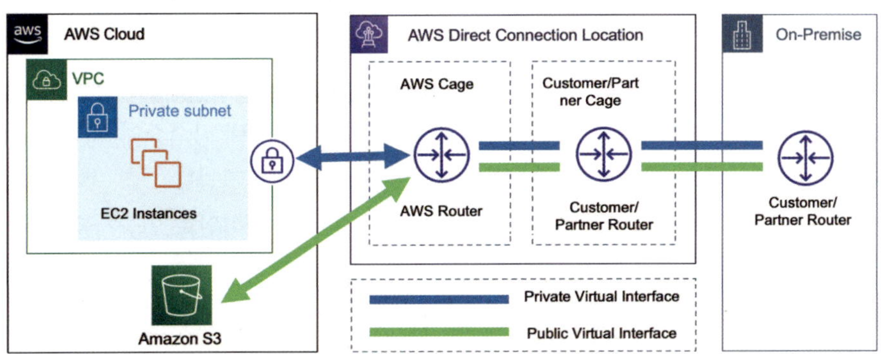

[그림 4-15] AWS Direct Connect

전용 연결을 통해 데이터가 인터넷을 거치지 않으므로 보안 매우 높으며, AWS Direct Connect은 Amazon VPC, Amazon S3, Amazon EC2 등과 같은 다양한 AWS 서비스와 호환되어 다양한 서비스의 연계 구성을 지원합니다.

AWS Direct Connect는 기업의 데이터 센터와 AWS 클라우드 간에 전용 연결을 제공함으로써 인터넷 연결의 변동성과 지연 시간을 줄이고 보안을 강화합니다. 이는 특히 대규모 데이터 전송, 실시간 스트리밍, 미션 크리티컬 애플리케이션과 같은 높은 네트워크 요구 사항을 갖는 조직에 이상적인 솔루션입니다.

시나리오

이론으로 배운 VPC, 서브넷, 라우팅 테이블, 인터넷 게이트웨이 NAT 게이트웨이 등을 언제 다 만들고 연결할까요? 하지만 걱정하지 마세요. AWS가 제공하는 'VPC 생성 마법사'를 사용하면 단 몇 번의 클릭으로 모범 사례(Best Practice) 기반의 네트워크 환경을 금방 만들어 낼 수 있습니다.

실습 전 필수 주의사항: 비용 발생 경고

이 실습에서는 프라이빗 서브넷의 인터넷 통신을 위해 NAT 게이트웨이를 생성하며, 여기에는 퍼블릭 IPv4 주소(탄력적 IP)가 필수적으로 할당됩니다. 이로 인해 실습을 진행하는 동안 시간당 약 0.05달러(NAT GW 비용)+0.005달러(퍼블릭 IP 비용)의 요금이 발생합니다. 실습이 끝나면 반드시 VPC를 삭제하여 과금을 중지해야 합니다.

01 AWS Console에 접속한 후 VPC를 구성하기 위해 검색창에서 'VPC'를 입력하고 하단에 검색된 VPC 메뉴를 클릭하여 VPC 대시보드로 이동합니다.

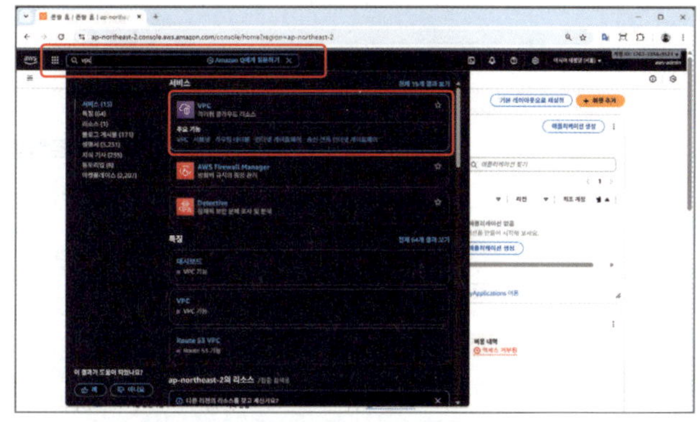

02 [VPC 대시보드] 페이지에서 상단의 [VPC 생성] 버튼을 클릭합니다.

03 [VPC 생성] 페이지에서 VPC를 설정하기 위해 옵션을 다음과 같이 설정합니다.

- 생성할 리소스: 'VPC 등' 선택
- 이름 태그 자동 생성: 'my-vpc-seoul' 입력
- IPv4 CIDR 블록: '10.0.0/16' 유지(Default)
- IPv6 CIDR 블록: 'Amazon 제공 IPv6 CIRD 블록' 선택
- 테넌시: '기본값'(Default)

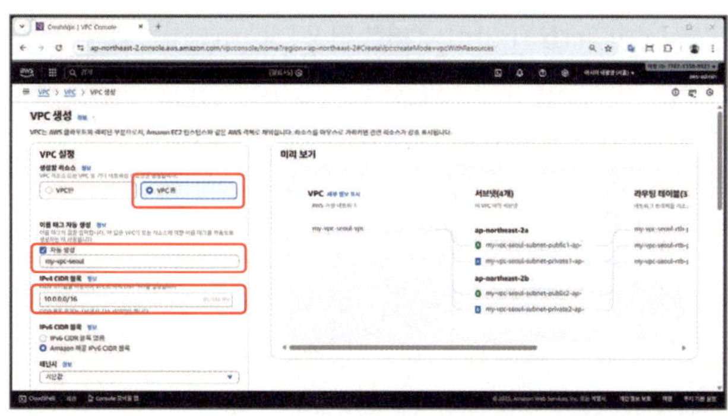

04 추가로 다음 옵션을 설정한 후 미리 보기 화면을 보면서 네트워크 구조를 정의하고 설정을 모두 완료한 다음 하단의 VPC 생성 버튼을 클릭합니다.

- 가용 영역 수: '1' 선택(고가용 구성 시 2개 이상 선택)
- 퍼블릭 서브넷 수: '1' 선택
- 프라이빗 서브넷 수: '1' 선택
- NAT 게이트웨이(달러)
  – 프라이빗 서브넷 인스턴스의 인터넷 접속을 위해 [Zonal] 선택
  – 추가 하단 옵션에서 [AZ당 1개]를 선택
- VPC 엔드포인트: '없음' 선택

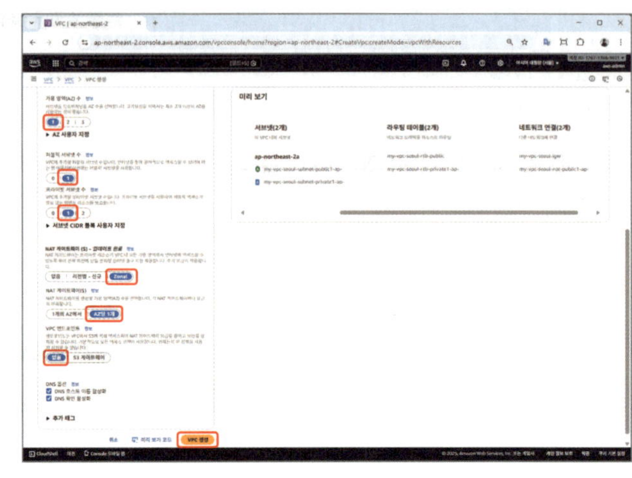

05 다음과 같이 VPC 구성이 모두 완료되었습니다. 오른쪽 하단의 [VPC 보기] 버튼을 클릭합니다.

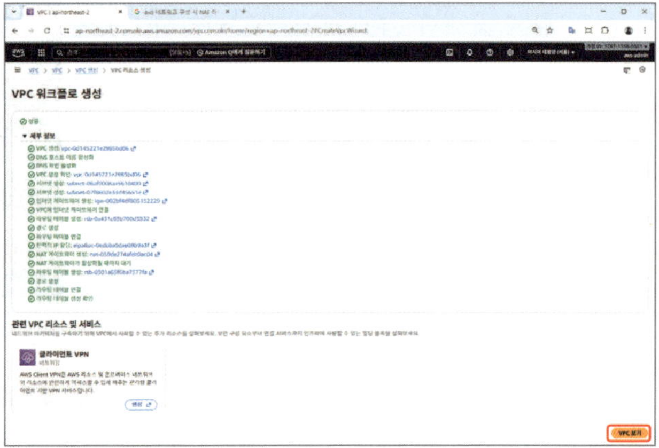

06 VPC 마법사가 만들어 준 결과물이 이론과 맞는지 확인하기 위해 왼쪽 메뉴 중 '라우팅 테이블'을 클릭한 후 'my-vpc-seoul-rtb-public'(퍼블릭용)과 'my-vpc-seoul-rtb-private'(프라이빗용)으로 2개의 라우팅 테이블이 생성되었다는 것을 확인합니다.

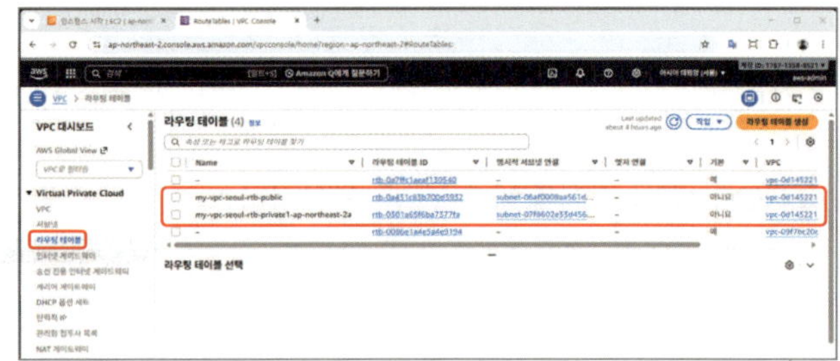

07 'my-vpc-seoul-rtb-public'을 클릭한 후 하단의 **[라우팅]** 탭을 클릭하여 설정된 라우팅 테이블 정보를 확인합니다. 이때 대상 0.0.0.0/0(모든 인터넷 트래픽)의 타깃이 igw-××××(인터넷 게이트웨이)로 설정되어 있는지 확인합니다. 이것이 퍼블릭 서브넷의 조건입니다.

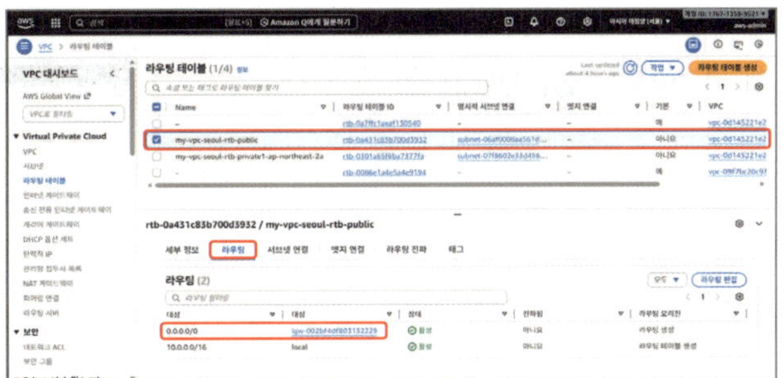

08 'my-vpc-seoul-rtb-private'을 클릭한 후 하단의 **[라우팅]** 탭을 클릭하여 설정된 라우팅 테이블 정보를 확인합니다. 이때 대상 0.0.0.0/0의 타깃이 nat-××××(NAT 게이트웨이)로 설정되어 있는지 확인합니다. 외부로 나갈 수는 있지만, 직접 들어올 수는 없는 구성입니다.

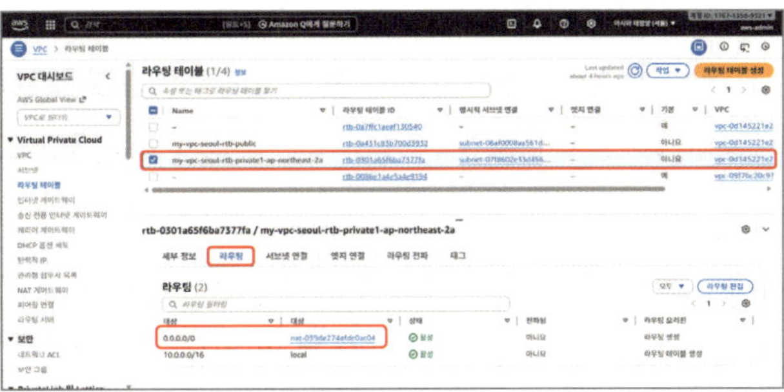

축하합니다. 단 5분 만에 보안과 가용성이 고려된 완벽한 클라우드 네트워크 기초 공사를 마쳤습니다.

05 실습 글로벌 네트워크 구축: 서울과 도쿄 VPC 연결하기(VPC Peering)

시나리오

이번에는 조금 더 난이도를 높여 봅니다. 한국(서울 리전)에 있는 내 VPC와 일본(도쿄 리전)에 있는 내 VPC를 VPC 피어링을 통해 마치 하나의 사내 네트워크처럼 연결해 보겠습니다. 이번 실습에서는 도쿄 리전의 VPC를 마법사가 아닌 '수동'으로 직접 하나씩 만들어 보며 VPC의 구조를 더 깊이 이해하게 될 것입니다.

전제 조건

이전 실습 6에서 만든 서울 리전의 VPC(my-vpc-seoul, CIDR 10.0.0.0/16)가 존재해야 합니다.

Step 1 도쿄 리전에 VPC 수동 생성

01 콘솔 오른쪽 상단 리전 메뉴에서 '아시아 태평양(도쿄)'를 선택하여 이동합니다.

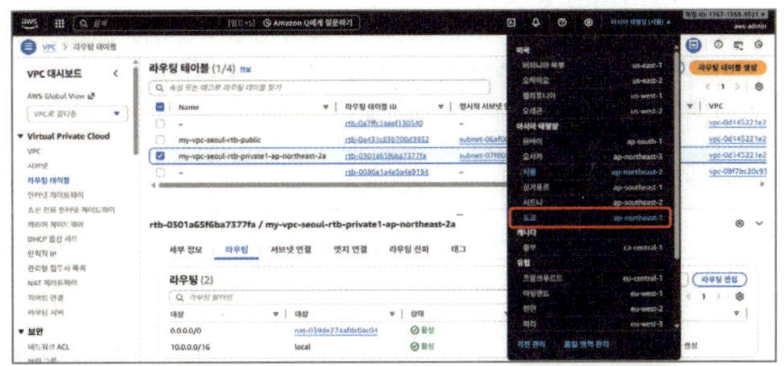

02 왼쪽 상단의 'VPC 대시보드'를 클릭한
후 [VPC 생성] 버튼을 클릭합니다.

03 [VPC 생성] 페이지에서 VPC를 설정하기
위해 옵션을 다음과 같이 설정합니다.

- 생성할 리소스: 'VPC 만' 선택
- 이름 태그 자동 생성: 'my-vpc-tokyo' 입력
- IPv4 CIDR 블록: IPv4 CIDR: 서울과 겹치지 않도록
  반드시 '192.168.0.0/16'으로 입력(피어링의 핵심
  조건)

그 외에 모든 옵션은 Default로 유지하고
하단의 [VPC 생성] 버튼을 클릭합니다.

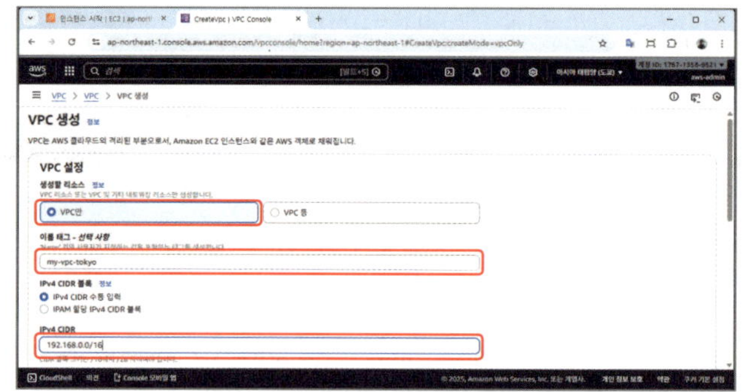

04 생성 완료 후 왼쪽의 서브넷 메뉴를 클릭
한 후 [서브넷 생성] 버튼을 클릭합니다.

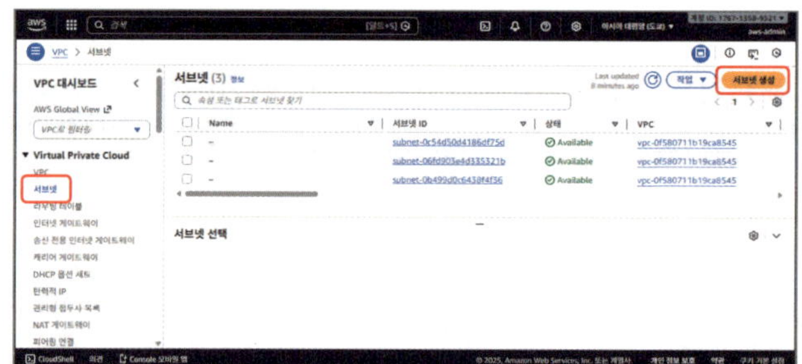

05 [서브넷 생성] 페이지에서 서브넷을 생성
하기 위해 옵션을 다음과 같이 설정하고
하단의 [서브넷 생성] 버튼을 클릭합니다.

- VPC ID: 방금 생성한 'my-vpc-tokyo' 선택
- 서브넷명: 'tokyo-public-subnet' 입력
- 가용 영역: ap-northeast-1a(임의 선택)
- IPv4 서브넷 CIDR 블록: 192.168.1.0/24 입력

06 왼쪽의 [인터넷 게이트웨이]를 클릭한 후 [인터넷 게이트웨이 생성] 버튼을 클릭합니다.

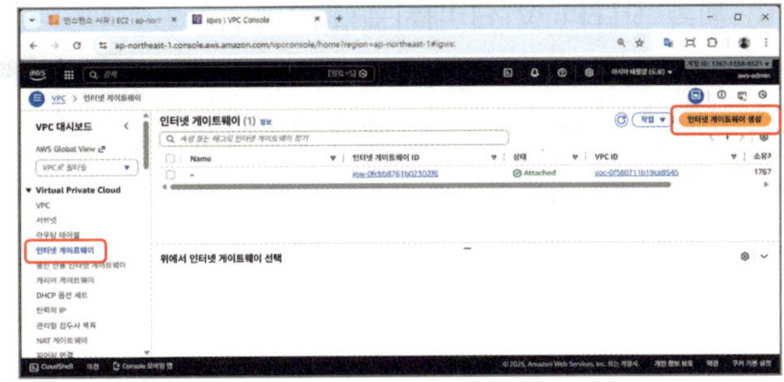

07 인터넷 게이트웨이 설정 항목의 이름 태그 항목에 'tokyo-igw'를 입력한 후 [인터넷 게이트웨이 생성] 버튼을 클릭합니다.

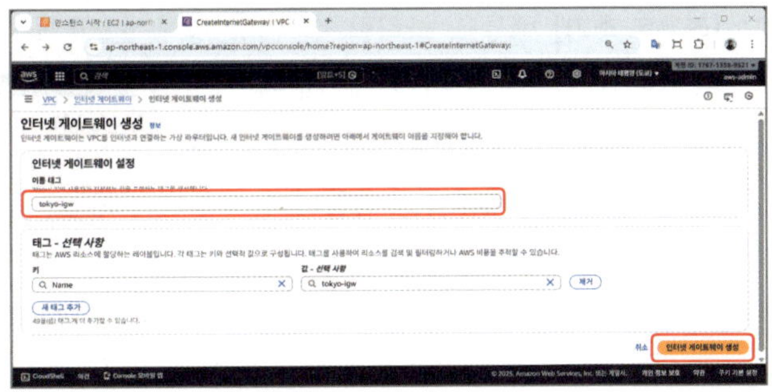

08 신규로 생성한 인터넷 게이트웨이를 선택한 후 오른쪽 상단의 [작업]-[VPC에 연결]을 클릭합니다.

09 [VPC에 연결] 페이지에서 'my-vpc-tokyo'를 선택한 후 [인터넷 게이트웨이 연결] 버튼을 클릭하여 인터넷 게이트웨이 연결을 완료합니다.

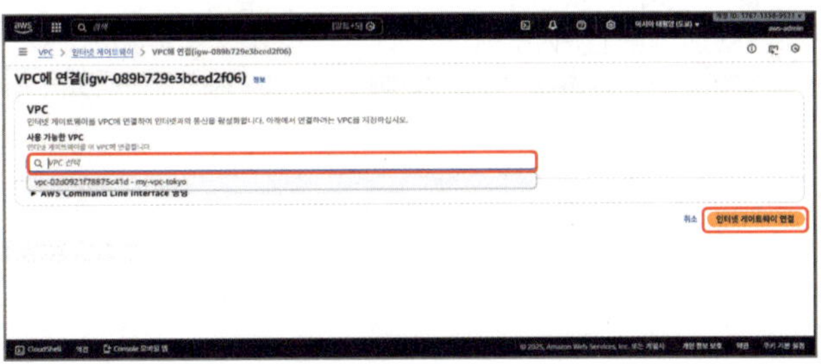

10 왼쪽의 **[라우팅 테이블]**을 클릭한 후
'my-vpc-tokyo' 생성 시 기본으로 만
들어진 라우팅 테이블을 선택하고 아래
의 **[라우팅]** 탭을 선택한 다음 오른쪽 하
단의 **[라우팅 편집]** 버튼을 클릭합니다.

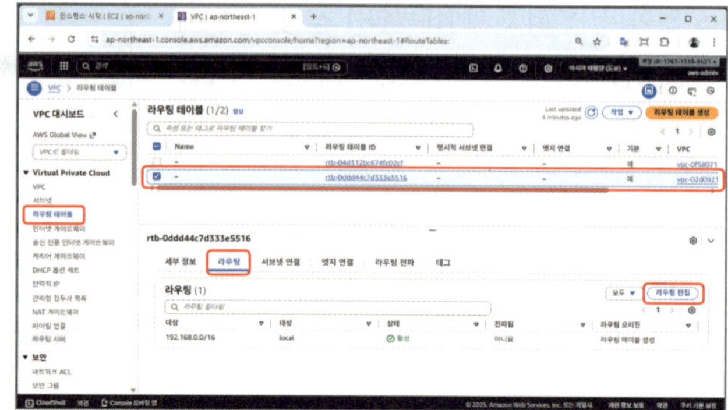

11 **[라우트 추가]** 버튼을 클릭한 후 대상 항
목의 0.0.0.0/0, 인터넷 게이트웨이 선
택(방금 만든 tokyo-igw가 나타남) 후
[변경 사항 저장] 버튼을 클릭합니다.

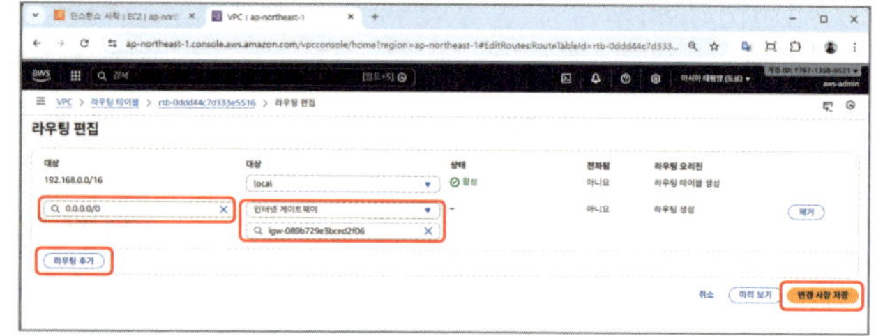

이제 이 서브넷은 인터넷이 되는 '퍼블릭 서브넷'이 되었습니다.

Step 2 **통신 테스트용 EC2 인스턴스 생성**

서울 리전과 도쿄 리전에 각각 EC2를 한 대씩 만들고 서로 통신이 되는지 확인합니다(EC2 생성 과정은
2부 복습입니다).

01 서울 리전에 EC2를 생성하기 위해 리전
을 다시 서울로 변경한 후 **[EC2 생성]** 페
이지로 이동하고 옵션을 다음과 같이 선
택합니다.

- 이름 및 태그: 'Seoul-VM' 입력
- OS: Amazon Linux 2023 AMI
- 인스턴스 유형: t2.micro
- 키 페어: 'aws-keypair-linux' 이전에 생성한 것 사용

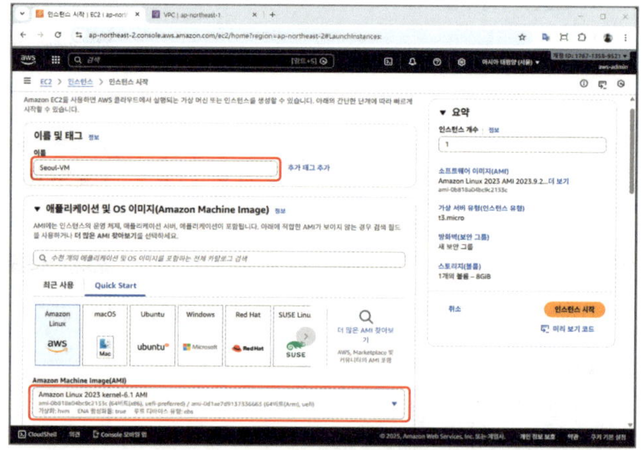

02 추가 설정을 위해 **[네트워크 설정]** 항목에서 **[편집]** 버튼을 클릭한 후 옵션을 다음과 같이 설정하고 **[인스턴스 시작]** 버튼을 클릭합니다.

- VPC: my-vpc-seoul 선택
- 서브넷: my-vpc-seoul-public-subnet 선택
- 퍼블릭 IP 자동 할당: 활성화
- 방화벽(보안 그룹): '보안 그룹 생성' 선택
- 보안 그룹 이름: 'Peering-Test-SG'
- 인바운드 보안 그룹 규칙
  - SSH(TCP 22, 내 IP), 모든 ICMP-IPv4(위치 무관 0.0.0.0/0) 추가
  - ICMP는 Ping 테스트용

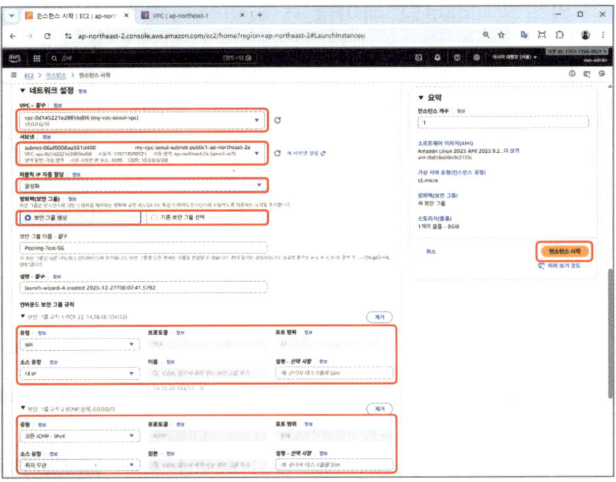

03 도쿄 리전 EC2를 생성하기 위해 리전을 '도쿄-ap-northeast-1'로 선택한 후 **[EC2 생성]** 페이지에서 **[인스턴스 생성]** 버튼을 클릭하고 옵션을 다음과 같이 설정합니다.

- VPC: my-vpc-tokyo 선택
- OS: Amazon Linux 2023 AMI
- 인스턴스 유형: t2.micro
- 키 페어(로그인): '새 키 페어 생성' 선택
  - 키 체어 이름: aws-keypair-tokyo-linux
  - 키 페어 유형: RSA
  - 프라이빗 키 파일 형식: .ppk
- [키 페어 생성] 버튼을 클릭

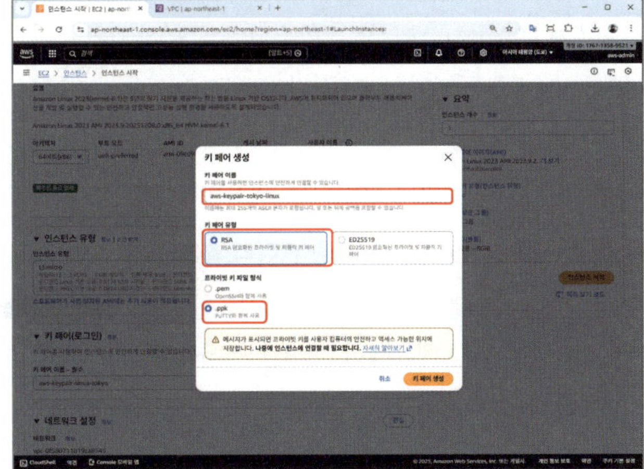

04 추가 설정을 위해 **[네트워크 설정]** 항목에서 **[편집]** 버튼을 클릭한 후 옵션을 다음과 같이 설정하고 **[인스턴스 시작]** 버튼을 클릭합니다.

- VPC: my-vpc-tokyo 선택
- 서브넷: tokyo-public-subnet 선택
- 퍼블릭 IP 자동 할당: 활성화
- 방화벽(보안 그룹): '보안 그룹 생성' 선택
- 보안 그룹 이름: 'Peering-Test-SG'
- 인바운드 보안 그룹 규칙
  - SSH(TCP 22, 내 IP), 모든 ICMP-IPv4(위치 무관 0.0.0.0/0) 추가
  - ICMP는 Ping 테스트용

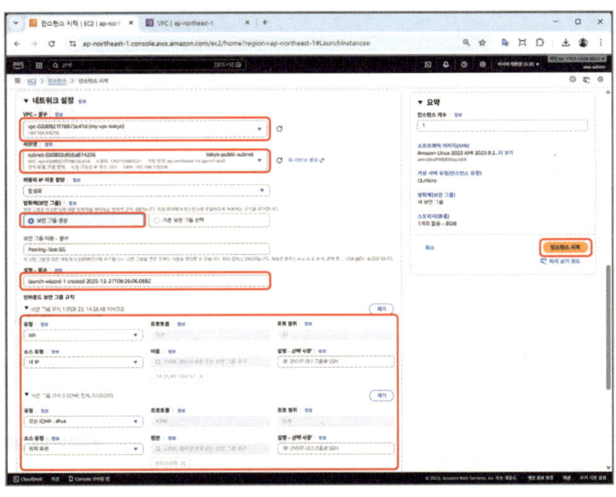

05 피어링 이전에 통신 테스트를 위해서 서울 리전에 설치된 EC2의 퍼블릿 IP 주소를 확인한 후 Putty에 입력하고 SSH 접속을 진행합니다.

Putty 접속 시 퍼블릭 IP 확인 등록 이외에 [Connection]–[SSH]–[Auth]–[Credentials]에 이전에 생성한 keypair 위치를 지정해야 합니다(진행이 안 되는 경우, '2부 EC2 접속 실습'을 참조하기 바랍니다).

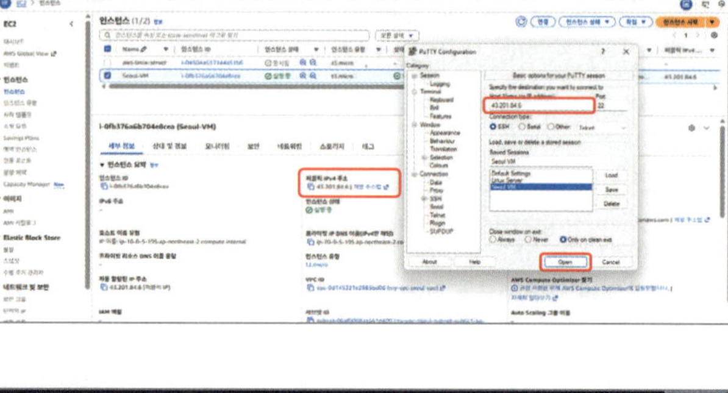

06 도쿄 리전에 설치된 EC2의 프라이빗 IP 주소를 확인한 후 서울 리전에 설치된 EC2에서 Ping을 실행합니다.

ping 192.168.1.×××→결과: 응답 없음(Request timed out)
당연합니다. 아직 두 VPC는 연결되지 않았습니다.

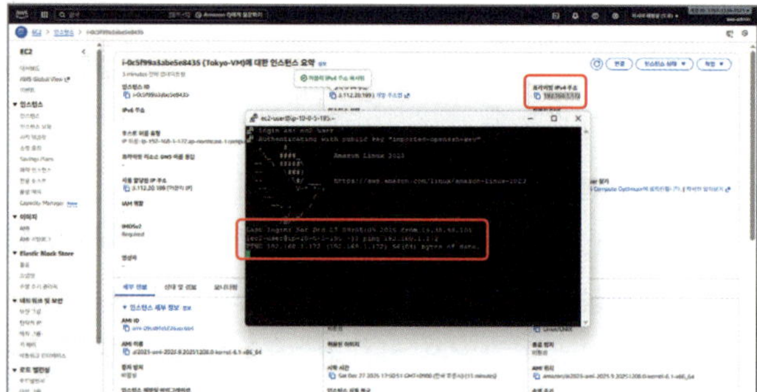

Step 3 VPC 피어일 연결 생성(다리 놓기)

01 리전을 서울로 변경한 후 VPC 서비스에 접속하여 왼쪽 메뉴에서 [피어링 연결]–[피어링 연결 생성] 버튼을 클릭합니다.

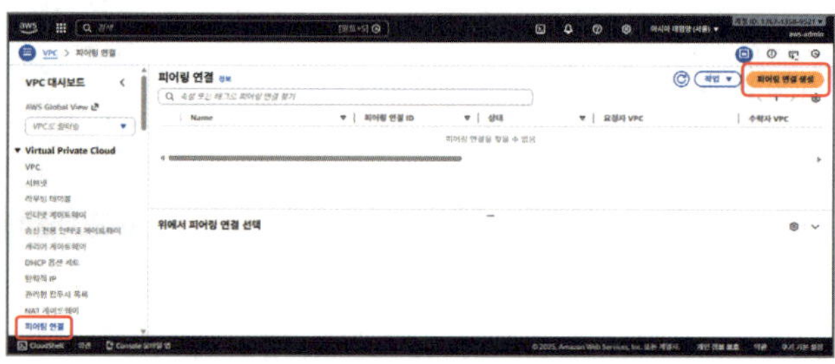

02 [피어링 연결 설정] 페이지에서 다음과 같이 연결할 VPC 정보를 입력한 후 [피어링 연결 생성] 버튼을 클릭합니다.

- 이름: Seoul–Tokyo–Peering
- 피어링 할 로컬 VPC 선택: my–vpc–seoul
- 피어링할 다른 VPC 선택
  - 계정: 내 계정
  - 리전: 다른 리전 [아시아 태평양(도쿄)(ap–northeast–1)
  - VPC ID(수락자): 도쿄 VPC의 ID(vpc–××××..)를 복사해서 붙여 넣습니다(도쿄 리전 VPC 콘솔에서 VPC ID 확인 필요).

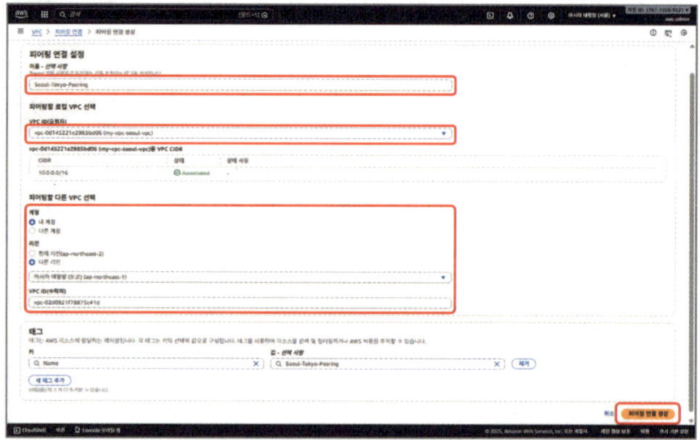

03 피어링 연결 요청을 수락하기 위해 리전을 도쿄로 변경한 후 왼쪽의 [**피어링 연결**] 버튼을 클릭하여 피어링 연결에 대한 수락 메시지를 확인하고 [**작업**]–[**요청 수락**] 버튼을 클릭합니다.

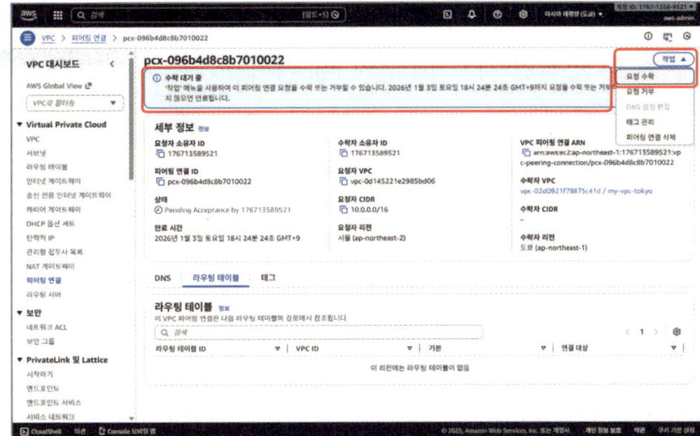

04 VPC 피어링 연결 요청을 수락하기 위해 [**요청 수락**] 버튼을 클릭하여 피어링 연결을 완료합니다.

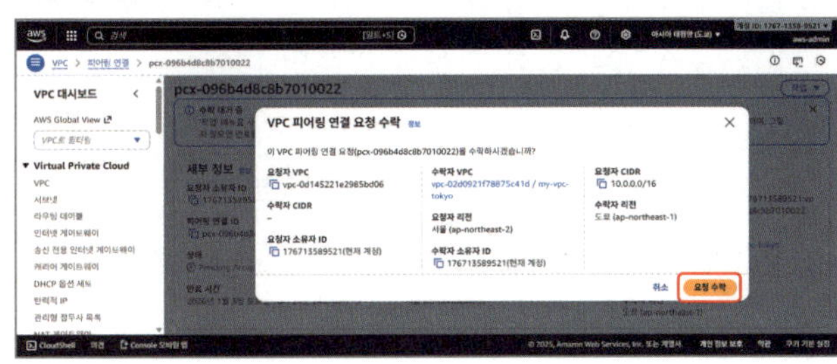

Step 4 라우팅 테이블 업데이트(길 안내 지도 수정)

다리는 놓았지만, 아직 양쪽 네트워크는 상대방에게 가는 길을 모릅니다. 라우팅 테이블에 길을 알려 줘야 합니다. 양쪽 리전 모두 설정해야 합니다.

01 리전을 '서울 리전'으로 변경한 후 VPC 서비스로 이동하여 [**라우팅 테이블 생성**]을 클릭합니다.

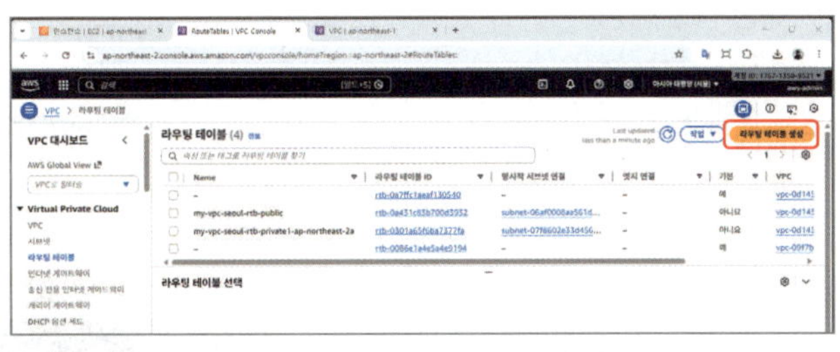

02 Seoul-VM이 속한 퍼블릭 라우팅 테이블(my-vpc-seoul-rtb-public)을 선택한 후 [**라우팅**] 탭을 선택하고 [**라우트 편집**] 버튼을 클릭합니다.

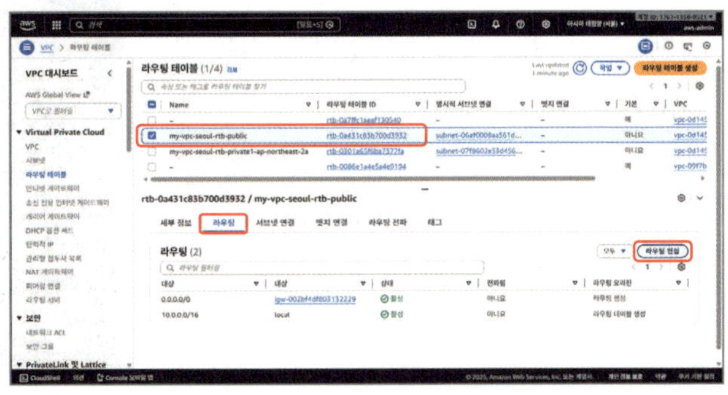

03 **[라우팅 편집]** 페이지에서 **[라우팅 추가]** 버튼을 클릭한 후 설정을 다음과 같이 추가하여 라우팅 테이블 정보를 추가한 후 **[변경 사항 저장]** 버튼을 클릭합니다.

- 대상: 도쿄 VPC의 CIDR인 192.168.0.0/16 입력
- 연결 방식: '피어링 연결' 선택
- 타깃: 방금 만든 Seoul–Tokyo–Peering 선택

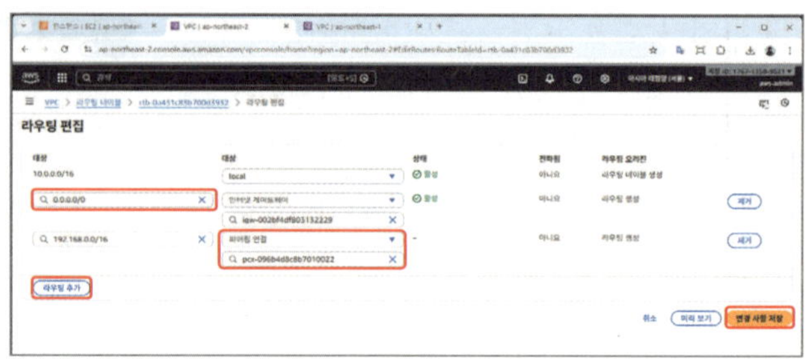

04 리전을 도쿄로 이동한 후 **[라우팅 테이블]** 페이지로 이동합니다. 그런 다음 tokyo-VM이 속한 퍼블릭 라우팅 테이블(my-vpc-tokyo-rtb-public)을 선택하고 **[라우팅]** 탭 선택한 후 **[라우트 편집]** 버튼을 클릭합니다.

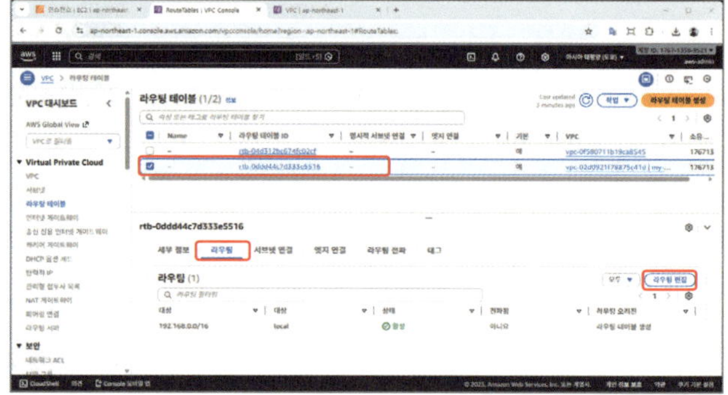

05 **[라우팅 편집]** 페이지에서 **[라우팅 추가]** 버튼을 클릭한 후 설정을 다음과 같이 추가하여 라우팅 테이블 정보를 추가한 후 **[변경 사항 저장]** 버튼을 클릭합니다.

- 대상: 서울 VPC의 CIDR인 10.0.0.0/16 입력
- 연결 방식: '피어링 연결' 선택
- 타깃: 방금 만든 Seoul–Tokyo–Peering 선택

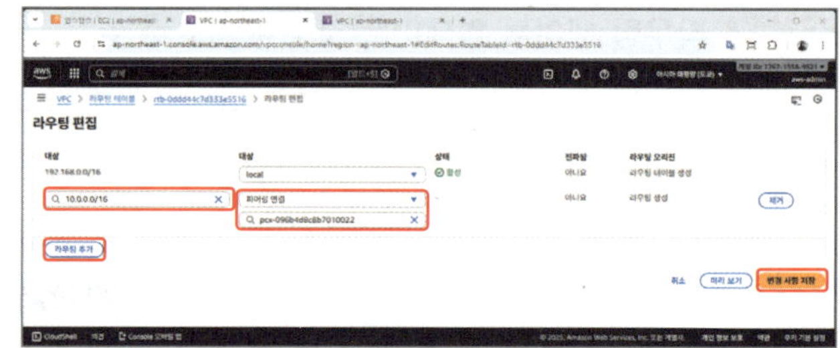

06 서울 리전에 설치된 EC2에 다시 접속하면 도쿄 리전에 설치된 EC2로 Ping이 되고 네트워크가 연결되었다는 것을 확인할 수 있습니다.

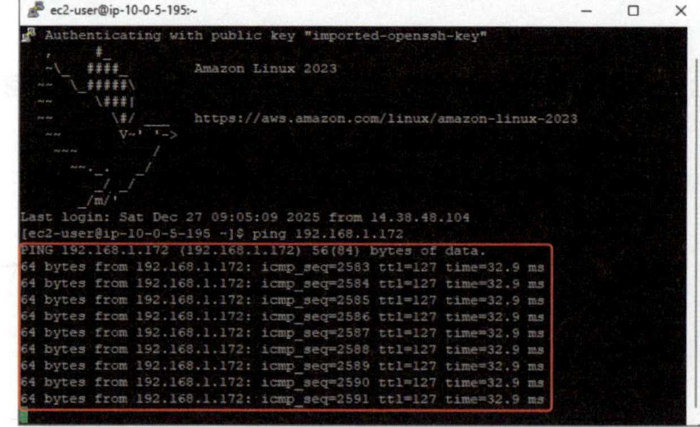

최종 프라이빗 네트워크가 연결되었습니다. 서울에 있는 서버가 도쿄에 있는 서버와 인터넷 망이 아닌 AWS 내부 전용망을 통해 안전하게 통신하는 것을 확인했습니다. 이것이 글로벌 네트워크 구축의 시작입니다.

06 SAA 시험 대비 비법 노트

6-1 3분컷! 시험 대비 오답 노트

■ Amazon VPC
- VPC: AWS 내의 격리된 나만의 가상 네트워크 공간, 리전 단위
- Subnet: VPC를 잘게 쪼갠 네트워크, 가용 영역 단위
  - Public Subnet: 인터넷과 통신 가능(IGW 라우팅 있음)(웹 서버, 로드 밸런서)
  - Private Subnet: 인터넷 직접 통신 불가(DB, 백엔드 서버)
- 라우팅
  - Internet Gateway(IGW): 퍼블릭 서브넷의 관문, 인터넷으로 나가는 길
  - NAT Gateway: 프라이빗 서브넷에 있는 인스턴스가 업데이트 등을 위해 인터넷으로 나갈 때 사용(들어오는 건 막힘), 퍼블릭 서브넷에 만들어야 함
  - VPC Endpoints: 인터넷을 타지 않고 AWS 서비스(S3, DynamoDB 등)에 프라이빗하게 접속
- Gateway Endpoint: S3, DynamoDB 전용(라우팅 테이블 수정)
- Interface Endpoint(PrivateLink): 나머지 서비스들(ENI 생성, 보안 그룹 적용 가능)

■ VPC Connectivity(연결성)
- VPC Peering: 두 VPC 간의 1:1 연결
  - 비전이성(Non-transitive): A-B 연결, B-C 연결되어 있어도 A-C는 통신 불가(A-C 피어링을 따로 맺어야 함)
  - 다른 리전, 다른 계정 간 연결 가능
- Transit Gateway(TGW): '클라우드 라우터'
  - 수십/수백 개의 VPC와 온프레미스를 허브 앤 스포크(Hub-and-Spoke) 방식으로 연결
  - 전이성(Transitive) 통신 가능(복잡한 메시 네트워크 해결사)

■ Hybrid Connectivity(온프레미스 연결)
- AWS VPN(Site-to-Site VPN)
  - 특징: 인터넷 공망을 사용, IPsec 암호화 터널
  - 장점: 저렴하고 구축이 빠름(백업 회선용)
  - 단점: 인터넷의 품질에 따라 속도가 불안정할 수 있음
  - 구성: AWS 측(VGW 또는 TGW)↔고객 측(Customer Gateway 장비)
- AWS Direct Connect(DX)
  - 특징: 전용 사설망(Dedicated Line), 인터넷을 타지 않음
  - 장점: 고속(1G/10G/100G), 일관된 성능, 보안성, 데이터 전송 비용 절감
  - 구성: 오랜 시간 소요(물리적 설치)
  - DX Gateway: 하나의 DX 회선으로 여러 리전의 VPC에 접속하고 싶을 때 사용
- VPN over DX: Direct Connect 회선 위에서 VPN을 띄움(전용선의 품질+VPN의 암호화 보안)

Q1 프라이빗 서브넷의 인터넷 접속(NAT Gateway)

프라이빗 서브넷에 있는 데이터베이스 서버가 최신 보안 패치를 다운로드하기 위해 인터넷에 접속해야 합니다. 하지만 외부에서 데이터베이스로 직접 접속하는 것은 차단해야 합니다. 가장 올바른 구성은 무엇입니까?

A. 프라이빗 서브넷에 NAT Gateway를 생성하고 라우팅을 설정한다.
B. 퍼블릭 서브넷에 NAT Gateway를 생성하고, 프라이빗 서브넷의 라우팅 테이블이 이를 가리키도록 설정한다.
C. 프라이빗 서브넷에 Internet Gateway를 연결한다.
D. 데이터베이스 서버에 Elastic IP를 할당한다.

정답 B

해설 NAT Gateway는 반드시 '퍼블릭 서브넷'에 위치해야 인터넷과 통신할 수 있습니다. 프라이빗 서브넷에 두면 아무 의미가 없습니다(A 오답). Internet Gateway를 연결하면 프라이빗이 아니라 퍼블릭 서브넷이 되어 버립니다(C 오답).

Q2 VPC 간의 연결(Peering vs. Transit Gateway)

한 대기업이 인수 합병을 통해 50개의 서로 다른 VPC를 갖게 되었습니다. 이 모든 VPC가 서로 통신해야 하며, 온프레미스 데이터 센터와도 연결되어야 합니다. 관리 복잡성을 최소화하는 아키텍처는 무엇입니까?

A. 모든 VPC 간에 Full-Mesh 형태로 VPC Peering을 설정한다.
B. AWS Transit Gateway를 사용하여 모든 VPC와 온프레미스 VPN을 연결한다.
C. AWS PrivateLink를 사용하여 연결한다.
D. 모든 VPC를 하나로 합친다.

정답 B

해설 50개의 VPC를 피어링으로 모두 연결하려면 N(N−1)/2 공식에 의해 1,225개의 피어링이 필요하므로 관리가 불가능합니다. Transit Gateway를 사용하면 허브 하나에 다 연결하여(Hub-and-Spoke) 모든 통신을 중앙에서 제어할 수 있습니다.

Q3 S3 보안 접속(VPC Endpoint)

EC2 인스턴스에서 S3 버킷으로 대용량 데이터를 업로드해야 합니다. 보안 규정상 데이터가 퍼블릭 인터넷을 통과해서는 안 됩니다. 비용 효율적이고 안전한 방법은 무엇입니까?

A. NAT Gateway를 사용하여 업로드한다.
B. Internet Gateway를 통해 업로드하되, HTTPS를 사용한다.
C. VPC Gateway Endpoint for S3를 생성하고 라우팅 테이블을 수정한다.
D. VPC Interface Endpoint for S3를 생성한다.

정답 C

해설 '인터넷을 통하지 않고 S3 접속'은 VPC Endpoint입니다. S3와 DynamoDB는 Gateway Endpoint를 사용하며, 이는 무료입니다(Interface Endpoint는 시간당 비용 발생). NAT Gateway는 인터넷을 통과하므로 오답입니다.

Q4 하이브리드 연결 백업(Direct Connect+VPN)

회사는 본사와 AWS 리전 간에 1Gbps Direct Connect(DX) 연결을 사용하고 있습니다. DX 회선 장애 시 자동으로 전환될 수 있는 비용 효율적인 백업 솔루션이 필요합니다. 백업 회선의 속도는 느려도 괜찮습니다.

A. 두 번째 Direct Connect 회선을 설치한다.

B. 인터넷을 통한 Site-to-Site VPN 연결을 구성한다.

C. VPC Peering을 사용한다.

D. Transit Gateway를 사용한다.

정답 B

해설 '비용 효율적인 백업', '속도 느려도 됨'이 키워드입니다. DX를 하나 더 깔면(A) 비쌉니다. 저렴하고 빠른 구축이 가능한 Site-to-Site VPN을 백업으로 사용하는 것이 표준 아키텍처입니다(BGP 라우팅을 통해 DX 우선, 장애 시 VPN으로 자동 절체됨).

Q5 멀티 리전 Direct Connect(Direct Connect Gateway)

미국 동부(us-east-1), 유럽(eu-west-1), 아시아(ap-northeast-2) 리전에 각각 VPC가 있습니다. 서울에 있는 온프레미스 데이터 센터에서 하나의 Direct Connect 회선을 사용하여 이 모든 리전의 VPC에 사설 통신을 하고 싶습니다.

A. 각 리전마다 별도의 Direct Connect 회선을 설치한다.

B. VPC Peering으로 모든 VPC를 연결하고 서울 리전 VPC에만 DX를 연결한다.

C. Direct Connect Gateway를 생성하여 전 세계 VPC와 연결한다.

D. Transit Gateway Peering을 사용한다.

정답 C

해설 하나의 DX 회선으로 여러 리전의 VPC에 접속하려면 Direct Connect Gateway를 사용해야 합니다(Private Virtual Interface를 DX Gateway에 연결).

Q6 고가용성 VPN 구성

온프레미스와 AWS 간에 Site-to-Site VPN을 설정했습니다. AWS 측에는 가상 프라이빗 게이트웨이(VGW)를 사용했습니다. 단일 VPN 터널 장애에 대비하여 고가용성을 확보하려면 어떻게 해야 합니까?

A. 두 번째 고객 게이트웨이(CGW) 장비를 구매하여 두 번째 VPN 연결을 설정한다.

B. AWS VGW는 기본적으로 2개의 터널을 제공하므로 고객 측 장비에서 두 터널 모두 구성한다.

C. Transit Gateway를 사용해야만 고가용성이 보장된다.

D. Direct Connect를 추가해야 한다.

정답 B

해설 AWS Site-to-Site VPN을 생성하면 기본적으로 2개의 터널(Tunnel)이 제공됩니다. 하지만 고객이 라우터 설정에서 하나만 연결해 두면 고가용성이 안 됩니다. 따라서 두 터널 모두 구성하는 것이 정답입니다(물론 A처럼 장비를 이중화하면 더 좋지만, 기본적으로 B가 우선입니다).

Q7 보안 그룹과 NACL의 차이(Troubleshooting)

웹 서버(EC2)에 접속할 수 없어 트러블슈팅 중입니다. 보안 그룹은 인바운드 80포트를 허용했습니다. NACL은 인바운드 80을 허용했지만, 아웃바운드는 모든 트래픽을 거부한 상태입니다. 접속이 안 되는 이유는?

A. 보안 그룹이 아웃바운드를 거부하고 있기 때문이다.

B. NACL은 Stateless하므로 아웃바운드 트래픽(Ephemeral Port)도 명시적으로 허용해야 한다.

C. NAT Gateway가 없어서 그렇다.

D. 라우팅 테이블 문제이다.

정답 B

해설 NACL은 Stateless입니다. 들어오는 요청(Inbound 80)을 허용했더라도 서버가 응답을 보낼 때(Outbound Ephemeral Port) 규칙이 거부이면 통신이 안 됩니다. 아웃바운드 규칙을 추가해야 합니다.

Q8 프라이빗 API 접속(Interface Endpoint)

VPC 내부의 EC2 인스턴스들이 AWS Kinesis 서비스로 데이터를 전송해야 합니다. 보안팀은 트래픽이 퍼블릭 인터넷 구간을 절대 지나가지 않도록 요구했습니다. S3/DynamoDB 외의 서비스이므로 Gateway Endpoint는 사용할 수 없습니다.

A. NAT Gateway 사용

B. Egress-Only Internet Gateway 사용

C. Interface VPC Endpoint(PrivateLink) 생성

D. VPN 연결 사용

정답 C

해설 S3/DynamoDB를 제외한 대부분의 AWS 서비스(Kinesis, CloudWatch, ELB 등)를 프라이빗하게 연결할 때는 Interface Endpoint(PrivateLink)를 사용합니다. 이는 VPC 내부에 ENI(논리적 네트워크 인터페이스)를 추가하여 사설 통신을 하게 해 줍니다.

Q9 IPv6 통신(Egress-Only IGW)

프라이빗 서브넷에 있는 EC2 인스턴스들이 IPv6를 사용하여 인터넷에서 소프트웨어 업데이트를 다운로드해야 합니다. 하지만 인터넷에서 이 인스턴스로 들어오는 IPv6 연결은 차단해야 합니다.

A. NAT Gateway 사용

B. Internet Gateway 사용

C. Egress-Only Internet Gateway 사용

D. VPC Peering 사용

정답 C

해설 IPv6 환경에서 '나가는 건 되고 들어오는 건 안 되는(Outbound Only)' 기능을 제공하는 것은 NAT Gateway가 아니라 Egress-Only Internet Gateway입니다.

Q10 VPC Flow Logs(모니터링)

VPC 내의 특정 인스턴스에 대한 트래픽이 보안 그룹에 의해 거부되고 있는지, 허용되고 있는지 확인하고 싶습니다. 가장 적절한 도구는?

A. AWS CloudTrail

B. Amazon CloudWatch Metrics

C. VPC Flow Logs

D. AWS Config

정답 C

해설 네트워크 인터페이스(ENI)를 오가는 IP 트래픽 정보(소스 IP, 포트, 프로토콜, Action: ACCEPT/REJECT)를 기록하는 것은 VPC Flow Logs입니다. 보안 그룹 문제 해결 시 필수입니다(CloudTrail은 API 호출 기록용입니다).

2013년 초 AWS를 처음 접하고 검토하면서 주변에서 이미 클라우드 서비스에 대해 검토했던 개발자에게 들었던 말이 아직도 기억이 납니다.

> "서버를 가상화(Virtual Machin) 방식으로 생성해서 사용할 수 있고, 사용한 만큼만 돈을 지불하면 된다. 그리고 네트워크 비용에 대해 사용한 만큼 지불해야 한다."

이 말을 듣고 문득 들었던 생각은 서버는 사용한 만큼 낸다니 상당히 합리적인 것 같은데, 네트워크 사용 요금을 사용한 만큼 지불한다는 것이 처음에는 어떤 의미인지 이해하기 어려웠습니다.

만일 여러분 회사에서 자체 IDC를 운영하거나 호스팅 업체에서 서버를 운영한다면, IDC에서 Rack 또는 상면(데이터 센터의 바닥 공간)을 임대해서 사용하는 코로케이션(Co-Location) 서비스를 사용할 수 있습니다. 보통 Full Rack 기준 100~200만 원의 비용을 월 단위로 지불하게 되며, 사용료에는 네트워크 회선 사용료, 전기세, UPS, 항온 항습기 외에 기타 내용을 사용 요금을 모두 포함하고 있습니다. 이렇듯 기존 IDC 서비스에서도 이미 네트워크 비용은 별도로 지불되고 있습니다.

클라우드는 비용을 사용량 기반 과금(Pay-Per-Use Pricing) 방식으로 지불하기 때문에 네트워크를 사용한 만큼 비용을 지불하는 것은 다르게 생각해 보면 당연한 일이라 느낄 수 있습니다.

만일 여러분이 온프레미스에서 사용하고 있는 서버를 클라우드로 이전하길 원한다면 클라우드 사용 요금에 대한 예산을 산정해야 합니다. 보통 저희 회사와 같은 클라우드 파트너사를 통해 비용을 산정하거나 직접 비용을 산정할 수도 있습니다. 이때 가장 주의해야 할 부분이 바로 네트워크 사용료에 대한 산정입니다. 일반적인 EC2의 경우에는 서버의 사양(CPU, RAM, Disk)에 따라 기존에 사용하던 서버를 기준으로 산정하게 됩니다.

하지만 네트워크 사용량에 대한 산정은 기존에 제공되던 서비스에 대해 세밀한 분석을 통해 확인하지 않으면, 서버는 클라우드로 문제 없이 이전할 수는 있지만, 네트워크 사용량에 대해 사전에 정확하게 파악하지 않고 서비스를 오픈하면 요금 폭탄을 받게 될 수도 있습니다.

[그림 4-16] AWS 예산(Budgets) 설정을 통한 빌링 폭탄 막기

이에 요금 폭탄을 받지 않을 수 있는 방법을 다음과 같이 안내드립니다.

첫째, 기존 서비스에 대해 명확하게 파악하고 분석하고 측정해서 예산에 반영해야 합니다. 기존 서비스를 정확하게 확인하고, 해당 서비스의 네트워크 트래픽과 사용량에 대해 정확하게 분석하여 비용 시뮬레이션을 수행해서 예산을 책정해야 합니다.

둘째, 서비스의 용도에 따라 다양한 네트워크 서비스를 최대한 활용해야 합니다. 아마존 AWS는 CloudFront, VPC, VPC Gateway, DirectConnect 등 다양한 네트워크 서비스를 제공합니다. 또한 B2C 서비스와 같이 인터넷을 통한 많은 양의 네트워크 통신이 필요하다면 Amazon CDN(Contents Delivery Network)인 CloudFront를 활용하여 네트워크 비용을 절감할 수 있습니다.

셋째, 경험 있는 파트너와 함께 비용을 산정하고, 서비스 모델을 리뷰해야 합니다. 대부분의 AWS 서비스는 셀프로 직접 구성하고 설정할 수 있게 되어 있습니다. 다만, 간단한 서비스는 셀프로 직접 구성하고 운영하는 것이 어렵지 않지만, 복잡하고 미션 크리티컬한 서비스는 전문적인 지식을 보유한 파트너의 도움과 지원이 필수적으로 필요합니다.

이러한 아마존 파트너의 도움을 통해 여러분 회사의 서비스에 최적화된 클라우드 인프라 구성과 운영, 지원, 모니터링, 빌링(Billing) 대행을 지원함으로써 보다 안정적이며, 업무 효율성 높은 클라우드 서비스 이용이 가능합니다.

08 | Resource Termination

이번 실습에서 생성된 EC2 2대는 이후 모두 사용하지 않습니다. 이에 다음과 같은 절차를 통해 기존에 생성된 EC2와 VPC를 모두 삭제해야 합니다.

08-1 EC2 삭제

기존 2부에서 설명드린 바와 같이 2개 리전에 설치된 EC2 인스턴스를 각각 삭제해야 합니다.

01 서울 리전으로 이동한 후 **[인스턴스]** 페이지에 접속하여 4부에서 생성한 Seoul-VM 인스턴스를 선택하고 오른쪽 상단의 **[인스턴스 상태]–[인스턴스 종료(삭제)]** 를 선택합니다.

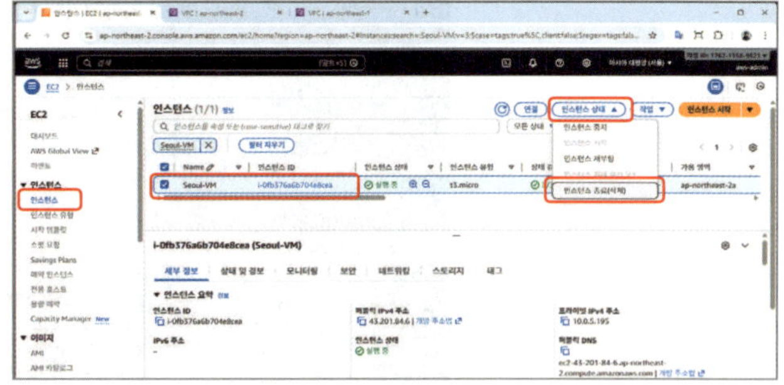

02 종료(삭제) 인스턴스 팝업창에서 **[종료(삭제)]** 버튼을 클릭하여 인스턴스 삭제를 완료합니다.

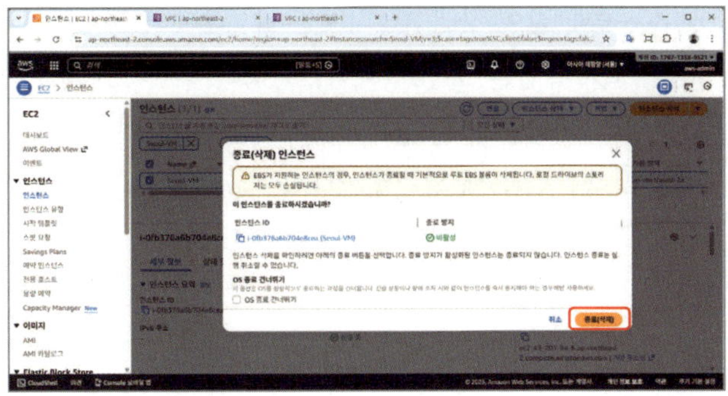

03 도쿄 리전에 설치된 인스턴스에 대해서도 동일한 절차를 통해 인스턴스 삭제를 마무리합니다.

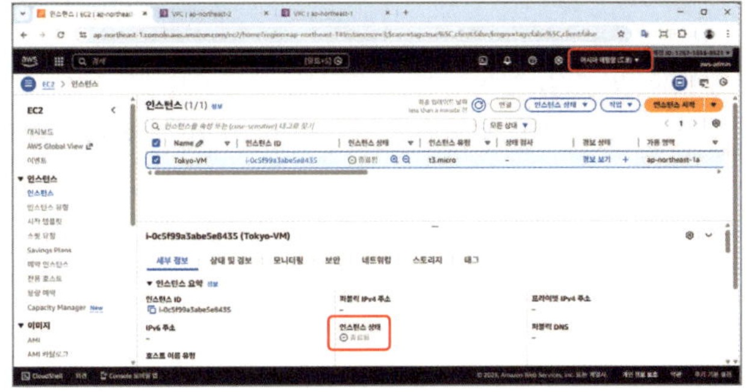

08-2 VPC 삭제

기존 서울 리전과 도쿄 리전에 구성된 VPC에 대한 삭제라서 필요합니다. 특히, NAT Gateway는 추가 비용이 발생하므로 꼭 삭제되어야 합니다. 이에 다음과 같은 절차를 통해 삭제를 진행합니다.

01 서울 리전 VPC에 접속한 후 'my-vpc-seoul' VPC를 선택하고 **[작업]**–**[VPC 삭제]** 버튼을 클릭합니다.

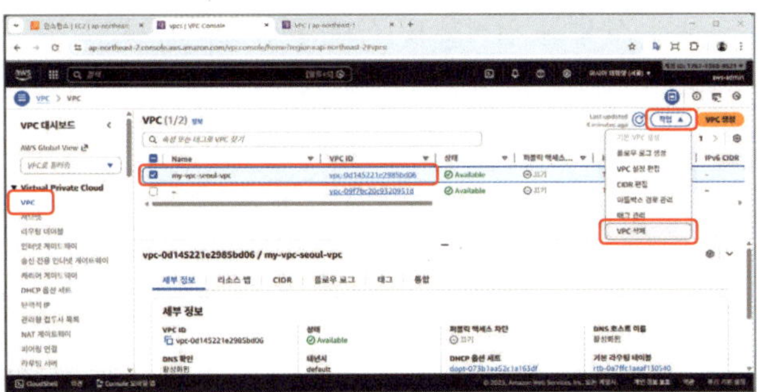

02 오른쪽과 같이 VPC를 삭제할 수 없다는 것을 확인할 수 있습니다. 생성의 역순으로 [피어링 삭제]-[NAT 게이트웨이 삭제]를 클릭해 삭제를 진행합니다.

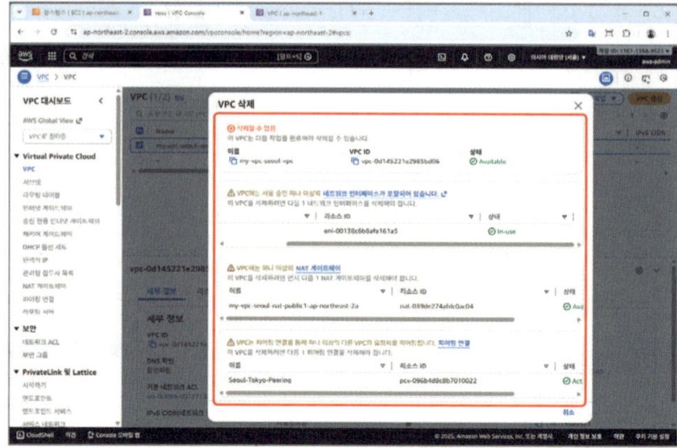

03 [피어링 연결] 페이지에 접속한 후 이전에 생성된 피어링을 선택하고 [작업]-[피어링 연결 삭제] 버튼을 클릭합니다.

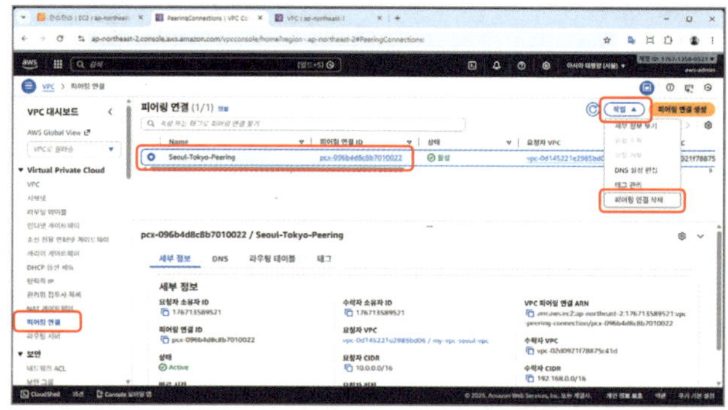

04 [피어링 연결 삭제] 페이지에서 '관련 라우팅 테이블 항목 삭제'를 선택한 후 입력창에 '삭제'를 입력하고 [삭제] 버튼을 클릭하여 '피어링'을 모두 삭제합니다.

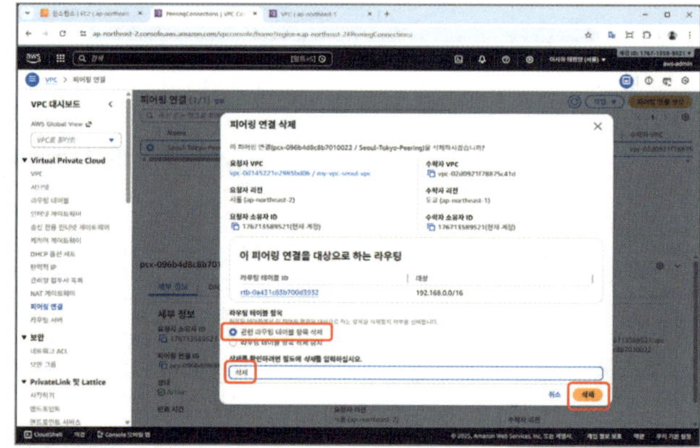

05 NAT 게이트웨이로 이동한 후 이전에 생성된 NAT 게이트웨이를 선택하고 **[작업]–[NAT 게이트웨이 삭제]** 버튼을 클릭합니다.

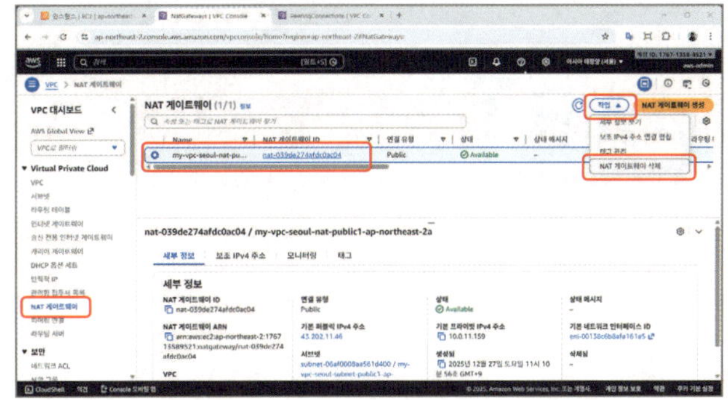

06 NAT 게이트웨이 삭제 팝업창에서 입력 필드에 '삭제'를 입력한 후 **[삭제]** 버튼을 클릭하여 NAT 게이트웨이를 모두 삭제합니다.

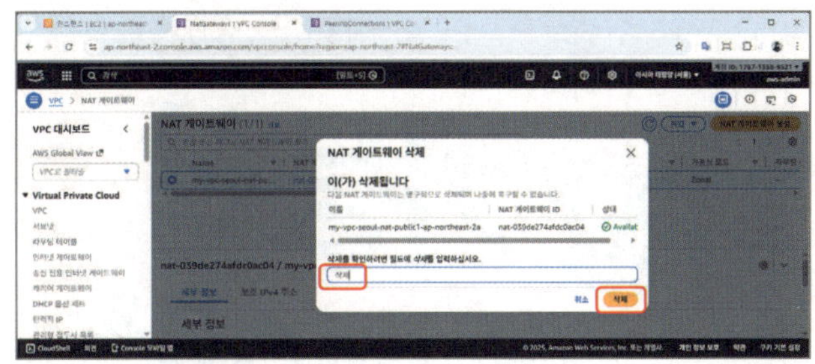

07 피어링과 NAT 게이트웨이를 모두 삭제한 후 **[VPC]** 페이지로 이동합니다. 그런 다음 **[작업]–[VPC 삭제]** 버튼을 클릭하고 입력 창에 '삭제'를 입력하여 VPC 삭제 작업을 모두 완료합니다.

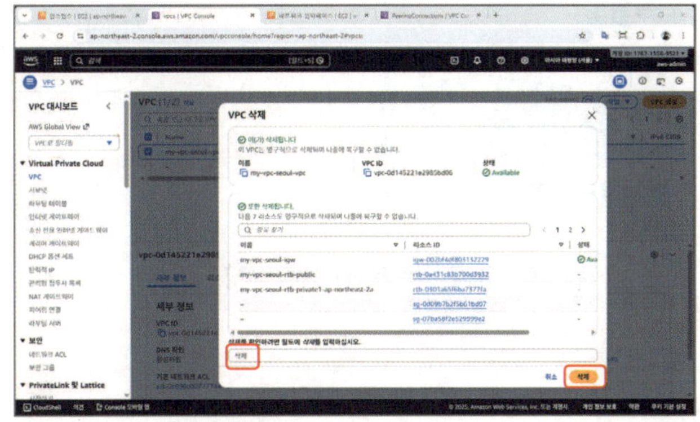

도쿄 리전에 생성된 VPC, NAT Gateway도 동일한 방식으로 삭제하길 바랍니다. 이제 모든 리소스가 삭제되었습니다. 이제 비용이 더 이상 지출되지 않으니 안심하셔도 됩니다.

확장 가능한 데이터베이스 서버 만들기

▌1-1 데이터의 체계적인 저장소

데이터베이스(Database, DB)란, 여러 사람에 의해 공유되어 사용될 목적으로 통합하여 관리되는 데이터의 집합을 나타내는 개념입니다. 특정 다수의 사용자들에게 필요한 정보를 제공하는 작업을 하거나 조직 내에서 필요한 정보를 체계적으로 저장 및 보관하여 그 조직 내 사용자들에게 필요한 정보를 제공하는 서비스에 필요한 핵심 서비스입니다. 쉽게 말해, '정리 정돈이 아주 잘된 거대한 디지털 서랍장'이라고 생각하면 됩니다.

[그림 5-1] 데이터베이스

예를 들어, 은행에서 거래를 하면 데이터를 관리하는 DBMS(Database Management System)를 통해 데이터에 접근해 입출금을 처리하고, 내 돈을 상대방에게 이체를 하게 됩니다. 이런 것뿐만 아니라 스마트폰, PC, 노트북 등 대부분의 컴퓨터에 사용되는 프로그램, OS 등도 이러한 DB를 사용한다고 생각하면 됩니다. 가계부를 쓰거나 장부를 기입하는 것, 오늘 할 일을 목록으로 작성하는 것도 어떻게 보면 데이터베이스의 일종으로 볼 수 있습니다. 꼭 IT 분야에 한정해 생각할 필요는 없습니다.

▌1-2 RDBMS: 엑셀처럼 표(Table)로 관리하기

데이터베이스 중에서도 가장 널리 사용되는 방식이 관계형 데이터베이스(Relational DBMS, RDBMS)입니다. 이름이 어렵지만, 원리는 간단합니다. 데이터를 엑셀(Excel) 시트처럼 '표(Table)' 형태로 관리하는 것입니다.

- 테이블(Table): 데이터가 저장되는 표(예 '고객 정보' 테이블)
- 행(Row, Record): 표의 가로줄 한 줄, 데이터 한 건을 의미합니다(예 홍길동 고객의 정보 한 줄).
- 열(Column, Field): 표의 세로줄, 데이터의 속성을 의미합니다(예 이름, 전화번호, 주소).

RDBMS는 이런 테이블 여러 개를 서로 연결(관계 맺기)하여 복잡한 데이터를 효율적으로 관리합니다. 그리고 이 데이터를 다루기 위해 'SQL(Structured Query Language)'이라는 표준 언어를 사용합니다.

[그림 5-2] 대표적인 RDBMS 서비스(출처: 구글)

대표적인 관계형 데이터베이스 관리 시스템으로는 오라클(Oracle) 사의 Oracle, MySQL, Microsoft SQL Server, PostgreSQL, MariaDB 등이 있습니다.

AWS는 RDS라는 서비스를 통해 RDBMS 서비스를 제공하고 있으며, Oracle, MySQL, MSSQL, Amazon Aurora과 같은 다양한 RDBMS를 서비스 형태로 제공합니다.

02 Amazon RDS: 클라우드 데이터베이스의 혁명

2-1 DB 관리가 이렇게 쉬워도 되나요?

과거에는 데이터베이스를 운영하려면 비싼 서버 장비를 사고, OS를 설치하고, DB 소프트웨어를 깔고, 패치하고, 매일 밤 백업하고, 장애가 나면 새벽에 달려가 복구해야 했습니다. 이처럼 DB 관리자(DBA)의 삶은 고달팠습니다.

하지만 클라우드 시대가 열리면서 이 모든 것이 바뀌었습니다. AWS는 Amazon RDS라는 서비스를 통해 이 복잡하고 귀찮은 모든 작업을 대신해 줍니다.

[그림 5-3] 데이터베이스 관리의 복잡성과 관리형 서비스(Managed Service)의 이점

이는 직접 요리하기 vs. 식당에서 사 먹기로 비유할 수 있습니다.

- **EC2에 DB 직접 설치:** 재료 사기부터 요리, 설거지까지 다 내가 해야 함(관리 부담 큼)
- **Amazon RDS 사용:** 식당에 가서 메뉴만 고르면 요리가 다 돼서 나옴(관리 부담 없음, 비용 지불)

RDS는 하드웨어 프로비저닝, DB 설정, 패치, 백업 등 시간 소모적인 관리 작업을 자동화해 주는 '완전 관리형 서비스(Fully Managed Service)'입니다. 여러분은 골치 아픈 인프라 관리에서 해방되어 애플리케이션 개발과 비즈니스 로직에만 집중할 수 있습니다.

[그림 5-4] Amazon RDS

Amazon RDS는 여러 데이터베이스 인스턴스 유형(메모리, 성능 또는 I/O 최적화)으로 제공되며, Amazon Aurora PostgreSQL 호환, Amazon Aurora MySQL 호환, PostgreSQL, MySQL, MariaDB, Oracle, Microsoft SQL Server, Db2를 비롯하여 8개의 익숙한 데이터베이스 엔진 중에서 원하는 DMBS를 선택할 수 있습니다. 또한 AWS Database Migration Service를 사용하여 기존 데이터베이스를 Amazon RDS로 손쉽게 마이그레이션 또는 복제할 수 있습니다.

[표 5-1] Amazon RDS(Relational Database Service) 서비스 개요

구분	내용
서비스명	• Amazon RDS
설명	• 가장 대중적인 8개의 데이터베이스 엔진(Amazon Aurora PostgreSQL 호환, Amazon Aurora MySQL 호환, PostgreSQL, MySQL, MariaDB, Oracle, Microsoft SQL Server, Db2) 중에서 선택하여 사용할 수 있는 완전 관리형 관계형 데이터베이스 서비스
주요 특징	• 관리 용이성: 하드웨어 프로비저닝, DB 설치, 패치 및 백업 유지관리 불필요 • 뛰어난 확장성: 클릭 몇 번으로 스토리지 및 서버 사양을 유연하게 확장 가능(서버 확장은 최소한의 중단 시간 필요) • 고가용성 및 내구성: 다중 AZ(Multi-AZ) 배포를 통해 안정성이 뛰어난 인프라 제공 • 빠른 속도: 고성능 범용 SSD(gp3) 및 초고성능 I/O 최적화 옵션 제공 • 보안: VPC 기반 네트워크 격리 및 IAM을 통한 손쉬운 액세스 제어
프리티어 (Free Tier)	• 지원 엔진: MySQL, PostgreSQL, MariaDB, Oracle BYOL, SQL Server • DB 인스턴스: 단일 AZ의 버스트 가능 성능 인스턴스(예 db.t3.micro 또는 db.t4g.micro, 리전별 상이)를 월 750시간 무료 제공 • 스토리지: 범용(SSD) DB 스토리지 20GB 및 백업 스토리지 20GB 제공 • 가입 후 12개월 동안 제공됨

▌2-2 Amazon RDS 데이터베이스 서비스의 선택 사항

AWS에서 데이터베이스 서비스를 사용하는 방법은 두 가지로 구분할 수 있습니다.

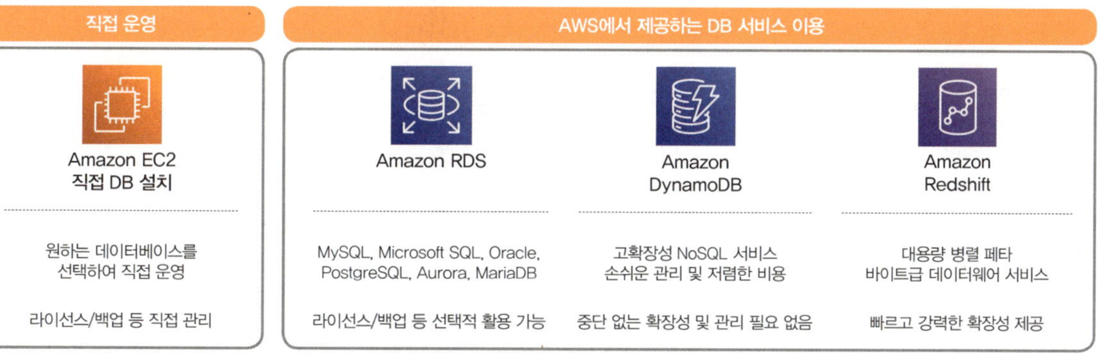

[그림 5-5] 아마존에서 제공하는 데이터베이스 서비스 선택 사항

[표 5-2] 직접 설치형(EC2) 데이터베이스와 관리형(RDS) 데이터베이스 비교

구분	EC2에 DB 직접 설치(Self-Managed)	Amazon RDS(Fully Managed)
DB 엔진	원하는 모든 DB 설치 가능	MySQL, MariaDB, PostgreSQL, Oracle, SQL Server, Aurora(6종)
OS/DB 패치	사용자가 직접 수행(수동)	AWS가 자동 수행
백업/복구	사용자가 직접 구현(스크립트 등)	클릭 몇 번으로 자동화 및 시점 복구 가능
고가용성(HA)	사용자가 직접 복잡하게 구성	'다중 AZ' 옵션 체크 한 번으로 해결
확장성	수동으로 서버 교체 및 설정	클릭 몇 번으로 스펙 업그레이드 및 용량 확장
관리 부담	매우 높음(DBA 필요)	매우 낮음(개발자도 운영 가능)

첫째, 직접 EC2에 데이터 베이스를 설치하여 이용하는 것입니다.

본인이 사용하기 원하는 데이터베이스를 EC2 인스턴스에 직접 설치하여 운영하는 방법으로, 기존에 온프레미스에서 사용하던 데이터베이스를 그대로 사용할 수 있고 가장 이질감 없이 사용할 수 있는 방법입니다. 다만, 데이터베이스 제공 밴더사에 따라서는 클라우드용 라이선스를 운영하는 경우가 있으므로 EC2에 설치 운영 전에 미리 파트너사를 통해 기존 라이선스를 사용할 수 있는지 여부를 확인해야 합니다.

둘째, AWS에서 직접 제공해 주는 데이터베이스 서비스를 이용하는 것입니다. AWS는 데이터베이스 서비스로, 관계형 데이터베이스 서비스인 Amazon RDS, NoSQL 기반의 중단 없는 확장성을 제공하는 Amazon DynamoDB, 대용량 병렬 페타바이트급 데이터 웨어(Data Ware) 서비스를 제공할 수 있는 Amazon Redshift와 같은 다양한 데이터베이스 서비스를 제공하고 있습니다. 이러한 서비스의 특징은 데이터베이스의 설치 및 운영/관리를 아마존에서 직접 제공하므로 별도의 운영/관리가 필요 없으며, 서비스의 용도 및 사용량에 따라 원하는 형태의 리소스를 선택할 수 있습니다. Amazon RDS의 경우에는 라이선스가 포함된 서비스, BYOL 라이선스용 서비스와 같이 기존 라이선스를 사용할 수 있는 서비스도 제공합니다.

[그림 5-6] 아마존에서 제공하는 데이터베이스의 유형과 서비스 범위

Amazon RDS와 같은 아마존의 관리형 데이터베이스 서비스를 사용함으로써 IT 조직은 IT 인프라 구축과 운영에 필요한 시간과 비용을 줄이고, 핵심 비즈니스 발굴과 개발에 시간과 노력을 집중할 수 있습니다.

RDS는 단순한 DB 호스팅을 넘어 엔터프라이즈급 운영에 필요한 강력한 기능들을 제공합니다.

▌3-1 Amazon RDS 선택 가능한 데이터베이스의 유형

Amazon RDS는 많이 사용되는 8개의 데이터베이스 엔진(Amazon Aurora PostgreSQL 호환 에디션, Amazon Aurora MySQL 호환 에디션, RDS for PostgreSQL, RDS for MySQL, RDS for MariaDB, RDS for SQL Server, RDS for Oracle, RDS for Db2) 중에서 선택할 수 있는 관계형 데이터베이스 서비스이며 관리형 서비스를 제공합니다.

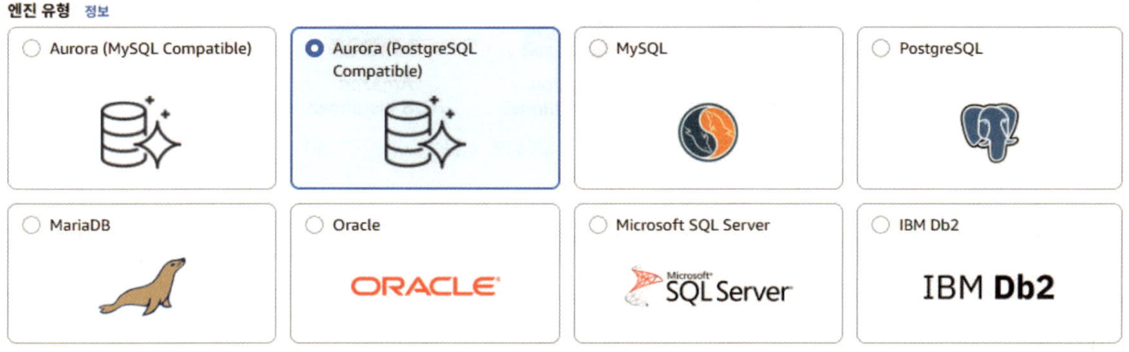

[그림 5-7] Amazon RDS에서 지원 가능한 RDMBS

▌3-2 Amazon RDS 리소스 암호화

Amazon RDS 암호화 DB 인스턴스는 기본 스토리지에 대한 무단 액세스로부터 데이터를 보호하여 추가적인 데이터 보호를 위한 데이터 암호화 기능을 제공합니다. Amazon RDS 암호화를 사용하여 클라우드에 배포된 애플리케이션의 데이터 보호를 강화하고, 저장된 암호화에 대한 규정 준수 요구 사항을 충족할 수 있습니다.

Amazon RDS 암호화 DB 인스턴스의 경우, 모든 로그, 백업 및 스냅샷이 암호화됩니다. 암호화는 AWS 키 관리 서비스(KMS)를 사용하여 처리됩니다. 암호화된 스냅샷을 복사하는 경우, 원본 스냅샷을 암호화하는 데 사용된 것과 다른 KMS 키를 사용하여 대상 스냅샷을 암호화할 수 있습니다.

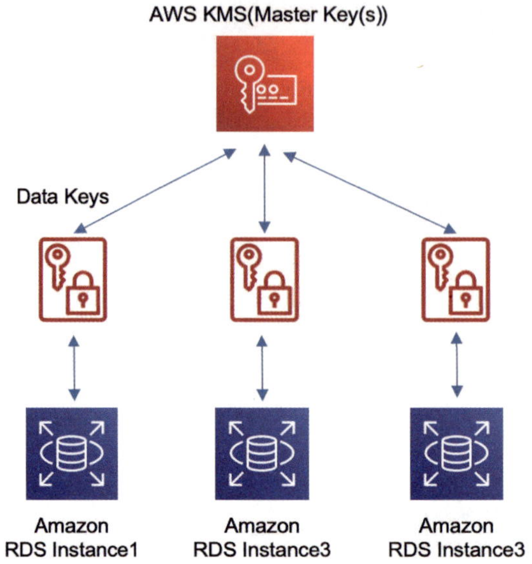

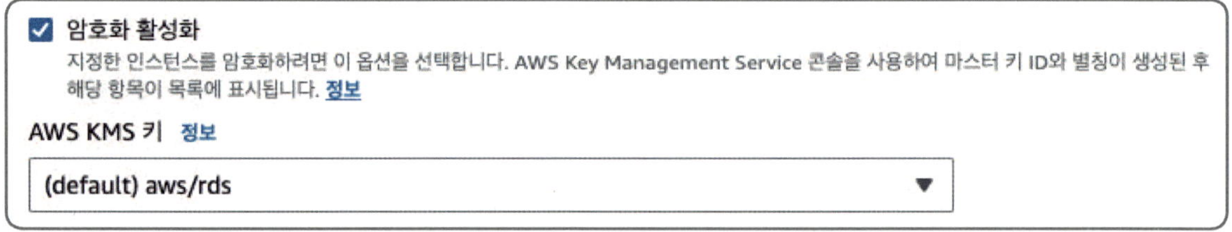

[그림 5-8] RDS 인스턴스에 대한 네트워크 접근 제어(보안 그룹)

[그림 5-9] Amazon RDS 데이터 암호화 구조

AWS RDS의 암호화 기능은 중요한 데이터를 보호하고 준수 요구 사항을 충족하는 데 도움이 됩니다. 암호화를 설정하려면 AWS 관리 콘솔, CLI 또는 SDK를 사용할 수 있으며, 관련 문서와 가이드라인을 따르는 것이 좋습니다.

▌3-3 Amazon RDS의 자동화된 백업

Amazon RDS는 여러분이 잠든 사이에도 데이터를 안전하게 지켜 줍니다. RDS는 DB 인스턴스의 스토리지 볼륨 스냅샷을 생성하여 개별 데이터베이스가 아닌 전체 DB 인스턴스를 백업합니다.

RDS는 지정한 백업 보존 기간에 따라 DB 인스턴스의 자동 백업을 저장합니다. 필요한 경우, 백업 보존 기간 중 원하는 시점으로 DB 인스턴스를 복구할 수 있으며, 자동 백업 기능을 통해 매일 정해진 시간에 전체 DB 스냅샷을 찍고, 트랜잭션 로그(변경 내역)를 5분 단위로 S3에 자동 저장합니다. 보존 기간은 최대 35일까지 설정 가능합니다.

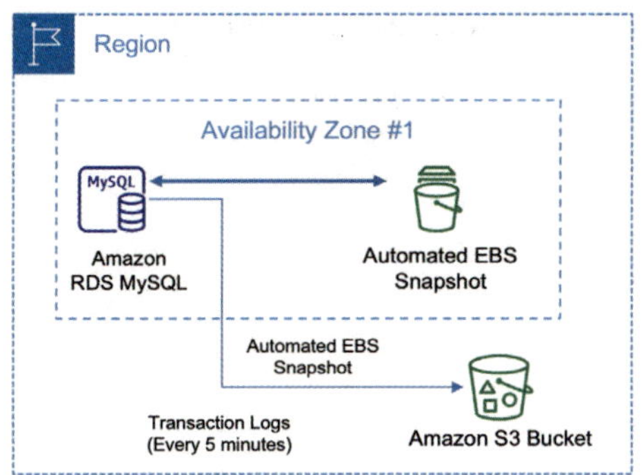

[그림 5-10] Amazon RDS 자동 백업(Automated Backup) 및 보존 기간 설정

RDS의 자동 백업의 특징은 다음과 같습니다.

- 보존 기간은 1~35일 사이로 선택할 수 있으며, 기본 7일임
- 트랜잭션 로그는 5분 주기로 자동 백업 저장되며, RPO는 5분임
- 자동 백업은 기본적으로 자동 활성화됨
- 자동 백업된 데이터는 S3에 Snapshot 데이터 저장됨

수동 스냅샷 백업은 필요에 따라 수동으로 스냅을 찍을 수 있습니다. Amazon RDS는 개별 데이터베이스뿐만 아니라 전체 DB 인스턴스를 백업하는 DB 인스턴스의 스토리지 볼륨 스냅샷을 생성합니다. 시스템 아키텍처는 다음과 같습니다.

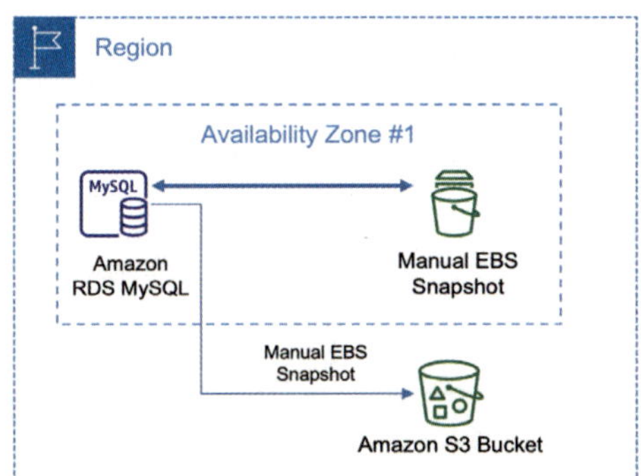

[그림 5-11] Amazon RDS 수동 DB 스냅샷 생성

수동 백업의 특징은 다음과 같습니다.

- 수동 백업은 사용자가 수동으로 진행합니다.
- 수동 백업은 보존 기간을 지정하지 않으며, 자동 삭제되지 않습니다.
- 원본 RDS 인스턴스를 삭제하더라도 백업은 계속 유지됩니다.
- 자동 백업을 진행 중인 경우, 수동 백업을 진행할 수 없습니다.

Amazon RDS Snapshot 복구 시에는 가장 최근의 일일 백업을 취하고 해당 날짜와 관련된 트랜잭션 로그 데이터를 취합하여 적용합니다. 이를 통해 보존 기간 내에서 초 단위까지 시점 복구가 가능합니다. 이를 통해 특정 시점 복구(PITR) 기능을 지원하며, 다음과 같은 시나리오가 지원됩니다.

"어제 오후 3시 15분 시점으로 되돌려 줘!"와 같이 초 단위로 원하는 과거 시점의 데이터를 복구할 수 있습니다(랜섬웨어 공격이나 실수로 데이터 삭제 시 매우 유용).

백업 데이터는 기존 인스턴스 위에 절대 복원되지 않습니다. 자동 백업이나 수동 스냅샷에서 RDS 인스턴스를 복원하면 복원된 데이터베이스에 대해 새 인스턴스가 별도로 생성됩니다.

DB 스냅샷을 이용하면 특정 시점의 DB 인스턴스의 스토리지 볼륨 스냅샷을 생성할 수 있어 개별 데이터베이스뿐만 아니라 전체 DB 인스턴스의 백업이 가능합니다. DB 스냅샷으로부터 복원을 통해 새로운 URL 엔드포인트를 가진 새로운 DB 인스턴스를 생성할 수 있습니다. 복원된 DB 인스턴스를 애플리케이션에서 지정하려면 이전 인스턴스와 복원된 인스턴스의 이름을 원래 인스턴스의 이름으로 변경하면 됩니다.

Amazon Route 53 프라이빗 영역에서 RDS DB 인스턴스를 가리키는 사용자 지정 CNAME 항목을 설정한 경우, 또 다른 방법은 RDS DB 인스턴스 이름을 변경하지 않고 CNAME 항목을 복원된 DB 인스턴스 엔드포인트로 편집하는 것입니다. 이렇게 하면 몇 초 만에 복원된 RDS DB 인스턴스에 연결 가능해집니다. [그림 5-12]는 스냅샷을 기반으로 복원하는 방법을 나타낸 것입니다.

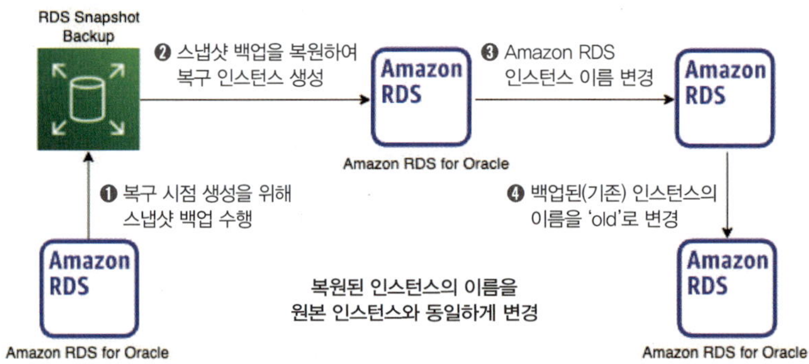

[그림 5-12] 스냅샷을 이용한 RDS 데이터베이스 복원 절차

DB 인스턴스를 복원하고 소스 DB 스냅샷과 다른 스토리지 유형을 사용할 수 있습니다. 이 경우, 데이터를 새 스토리지 유형으로 마이그레이션하는 데 필요한 추가 작업으로 인해 복원 프로세스가 느려집니다. 마그네틱 스토리지 또는 마그네틱 스토리지에서 복원하는 경우, 마이그레이션 프로세스가 가장 느립니다. 마그네틱 스토리지에는 프로비저닝된 IOPS 또는 범용(SSD) 스토리지의 IOPS 기능이 없기 때문입니다.

AWS RDS의 다중 AZ(Multi-Availability Zone) 배포는 데이터베이스의 가용성을 높이기 위한 기능으로, Master 데이터베이스 인스턴스와 동기식 복제본을 다른 가용 영역에 배치합니다.

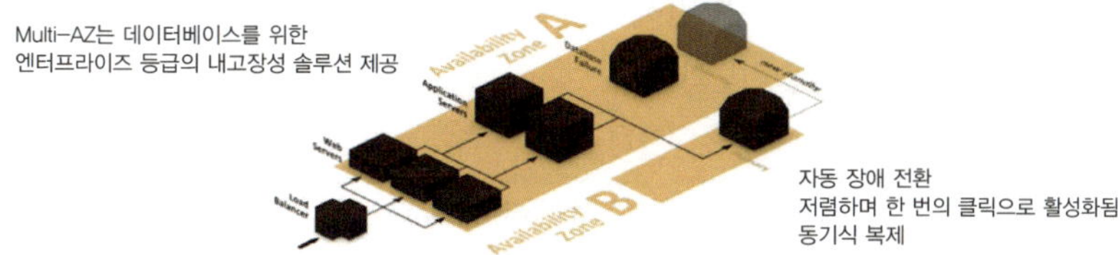

[그림 5-13] 고가용성을 위한 RDS 멀티 AZ(Multi-AZ) 배포 아키텍처

이렇게 하면 하나의 가용 영역에 문제가 발생해도 데이터베이스 작업이 계속될 수 있게 해 줍니다. 다중 AZ의 특징은 다음과 같습니다.

[표 5-3] **RDS 멀티 AZ 배포의 주요 특징 및 이점**

구분	내용
내고장성	하나의 가용 영역이 실패하면 RDS는 자동으로 복제본을 Master DB 인스턴스로 활성화합니다. 이 과정은 몇 분 내로 이루어지며 애플리케이션 변경 없이 작동합니다.
데이터 동기화	Master DB 인스턴스와 Standby 인스턴스 간에 데이터는 지속적으로 동기화됩니다. 이로 인해 데이터 손실의 위험이 줄어듭니다.
백업 및 복구	멀티 AZ 구성에서는 백업 작업과 복구 작업이 더욱 간편하게 이루어집니다.
유지 보수	패치 적용이나 하드웨어 교체와 같은 유지 보수 작업도 자동으로 처리됩니다.
확장성	RDS 멀티 AZ 배포는 읽기 트래픽에 대한 확장성을 제공하지 않습니다. 읽기 트래픽을 분산하려면 읽기 복제본을 별도로 구성해야 합니다.

멀티 AZ의 주요한 활용 사례는 비즈니스 임팩트가 매우 큰 중요한 애플리케이션에서 높은 가용성이 필요한 경우, 멀티 AZ 구성은 무중단 서비스를 제공할 수 있습니다. 또한 특정 규제 요건을 충족해야 하는 시스템의 경우, 데이터 손실에 대한 엄격한 제한을 두고 있는 서비스에 대해 멀티 AZ는 요구사항을 충족시키는 데 도움이 됩니다.

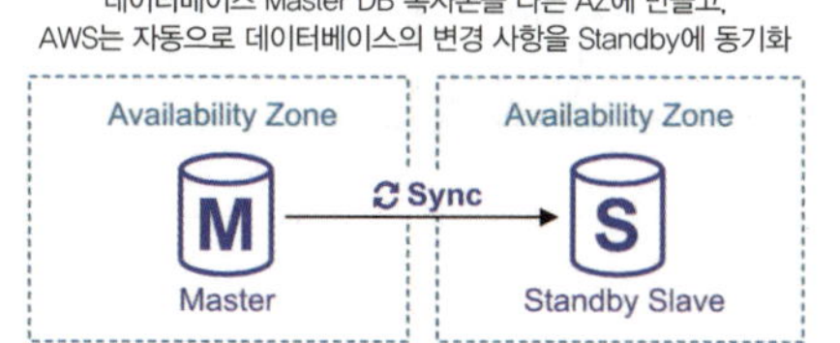

[그림 5-14] RDS 멀티 AZ의 장애 조치(Failover) 프로세스

AWS RDS의 멀티 AZ 배포는 가용성과 내고장성을 크게 향상시키는 데 중요한 역할을 합니다. 이 기능은 중요한 비즈니스 요구사항이나 규정 준수에 따라 선택할 수 있으며, 단순한 설정으로 활성화할 수 있습니다.

▌3-6 Amazon RDS Read-Replica(읽기 복제본 구성)

Amazon RDS의 Read-Replica 기능은 주로 읽기 요청의 부하를 분산하고, 데이터베이스의 확장성을 향상시키는 데 사용됩니다. 읽기 작업을 Master 인스턴스로부터 분리함으로써 Master 인스턴스의 성능과 확장성을 향상시킬 수 있습니다. 읽기 복제본의 특징은 다음과 같습니다.

[표 5-4] RDS 읽기 전용 복제본(Read Replica)의 주요 특징

구분	내용
읽기 부하 분산	읽기 작업이 많은 애플리케이션에서 Master 인스턴스의 부하를 줄이기 위해 Read-Replica 사용 가능
비동기식 복제	Master 인스턴스의 변경 사항은 자동으로 Read-Replica로 복제되며, 일반적으로 비동기식으로 이루어지기 때문에 복제 지연이 발생할 수 있음
확장성 향상	읽기 작업이 많은 시스템에서는 여러 Read-Replica를 사용하여 수평 확장을 달성할 수 있음
분석 및 보고	Read-Replica는 Master 인스턴스에 영향을 주지 않고 복잡한 쿼리와 보고 작업을 수행할 수 있는 환경을 제공함
백업 지원	Read-Replica는 백업과 같은 Master 인스턴스의 작업을 방해하지 않고 특정 작업을 수행을 지원

읽기 전용 복제본 활성화 방법의 경우, 대규모 애플리케이션 코드 릴리스 또는 DB 소프트웨어 업그레이드와 같이 계획된 잠재적으로 위험한 활동 전에 기존 소스 DB 인스턴스에 대한 읽기 전용 복제본 역할을 하는 새 DB 인스턴스를 생성하여 빠른 롤백을 제공할 수 있습니다.

원본 DB 인스턴스에서 계획된 활동을 시작하기 직전에 읽기 전용 복제본 DB 인스턴스가 독립 실행형 DB 인스턴스로 승격됩니다. No-go가 필요한 복구 불가능한 문제의 경우, 승격된 복제본 DB 인스턴스에 연결하여 이전 DB 상태로 빠르게 롤백할 수 있습니다.

다중 AZ인 경우 및 기타 읽기 전용 복제본이 원래 RDS DB 인스턴스에 구성된 경우, 다중 AZ를 활성화하고 승격된 복제본 DB 인스턴스에 추가 읽기 전용 복제본을 생성하여 RTO 및 RPO 측면에서 요구사항을 충족하는 데 걸리는 시간을 고려해야 합니다. [그림 5-15]는 RDS 읽기 복제본을 활용한 서비스 전환을 나타낸 것입니다.

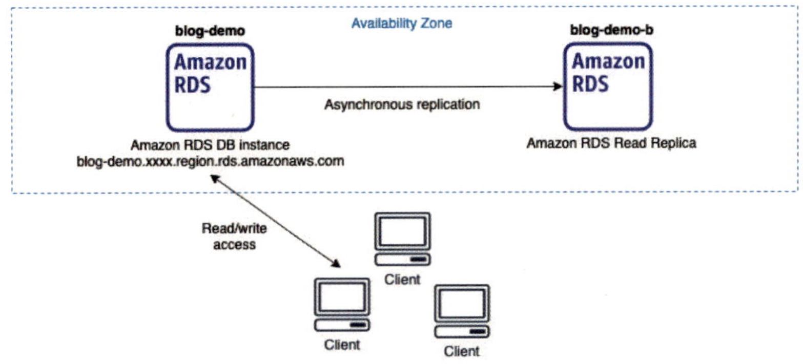

[그림 5-15] 읽기 전용 복제본의 마스터 승격(Promotion)을 통한 재해 복구

01 먼저 RDS 읽기 전용 복제본을 구성합
니다.

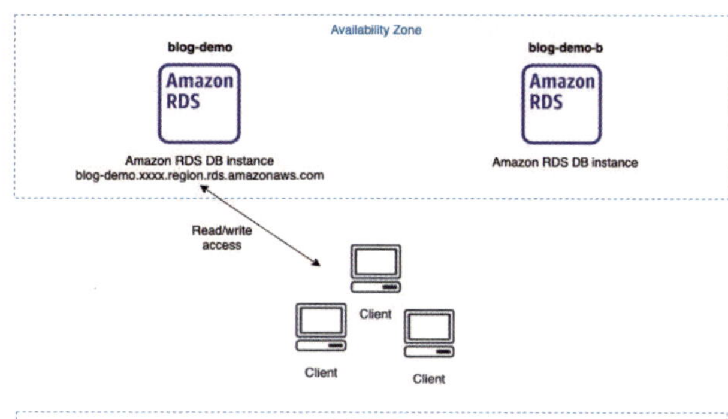

02 그런 다음 RDS 읽기 전용 복제본을 독
립 실행형 RDS DB 인스턴스로 승격합
니다.

03 원래 인스턴스 이름으로 변경하여 클라
이언트 연결을 승격된 RDS DB 읽기 전
용 복제본으로 전환합니다.

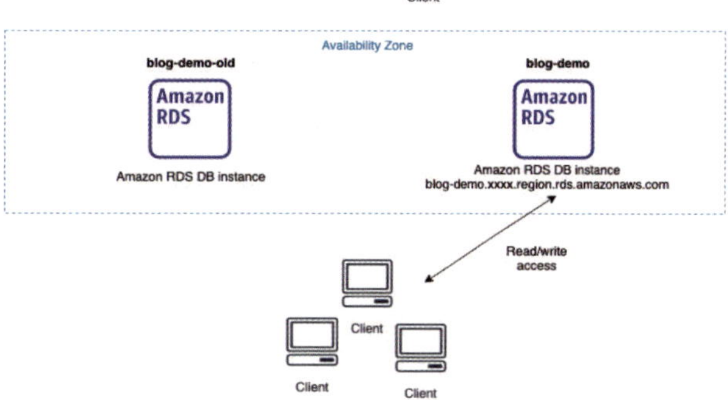

Amazon RDS의 Read-Replica 기능은 데이터베이스 성능과 확장성을 향상시키는 중요한 도구입니
다. 이를 통해 읽기 작업의 부하 분산, 데이터 분석 및 보고 작업 지원, 글로벌 확장 등을 수행할 수 있습
니다.

▌3-7 Amazon RDS의 꽃, Amazon RDS Aurora

Amazon RDS Aurora는 관계형 데이터베이스 엔진, Aurora는 MySQL과 PostgreSQL과 호환 엔진
으로, 기존 오픈 소스 버전보다 최대 5배 빠른 성능을 제공하며, 비슷한 성능과 가용성을 제공하는 다른
솔루션의 1/10의 비용입니다.

[그림 5-16] urora MySQL(왼쪽), Aurora PostgreSQL(오른쪽)

Amazon RDS Aurora의 기능적 특징은 다음과 같습니다.

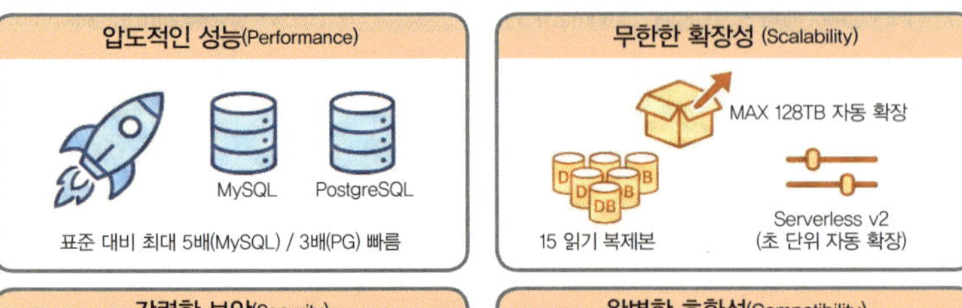

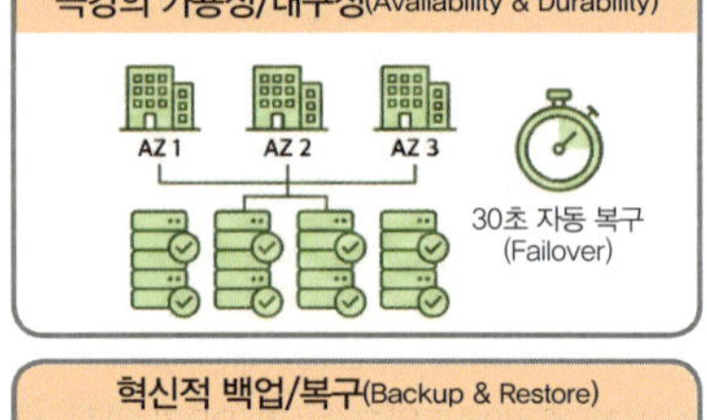

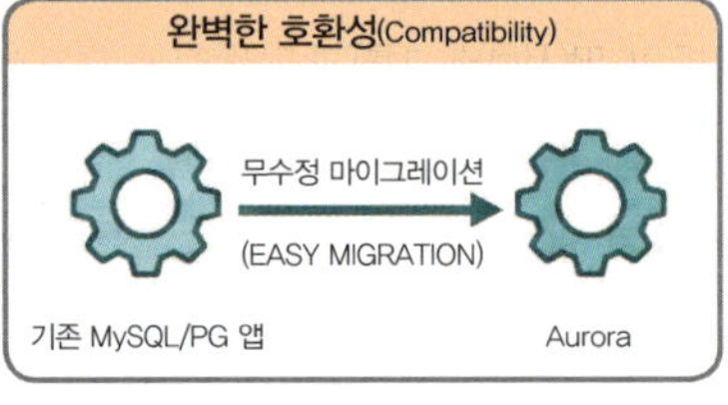

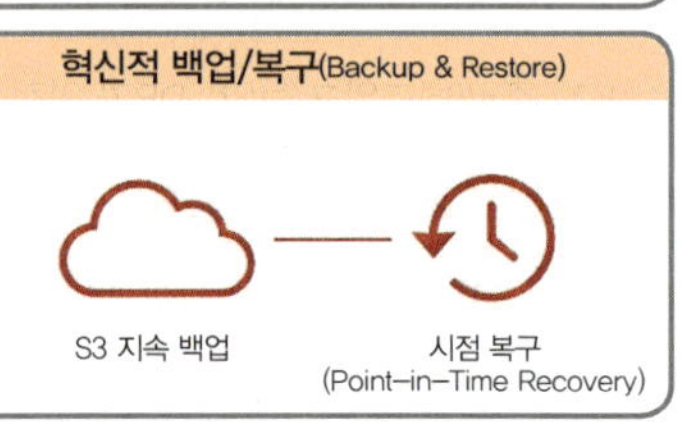

[그림 5-17] Amazon Aurora의 기능적 특징

[표 5-5] Amazon Aurora 데이터베이스의 핵심 장점

특징/카테고리	세부 내용 및 핵심 이점
압도적인 성능(Performance)	• 표준 MySQL 대비 최대 5배, PostgreSQL 대비 최대 3배 빠른 처리량 • 합리적인 비용으로 상용 DB 수준의 고성능 실현
무한에 가까운 확장성(Scalability)	• 스토리지: 필요에 따라 최대 128TB까지 자동 확장 • 컴퓨팅: 최대 15개의 읽기 복제본(Read Replica)으로 트래픽 분산 • Aurora Serverless v2: 워크로드에 맞춰 1초 단위로 용량 자동 스케일링 및 초 단위 과금
극강의 내고장성과 가용성(Availability & Durability)	• 3개의 가용 영역에 걸쳐 총 6개의 데이터 사본 분산 저장 • 장애 발생 시 30초 이내 자동 복구(Failover)로 서비스 중단 최소화
강력한 보안(Security)	• 저장(At-rest) 및 전송 중(In-transit) 데이터 모두 자동 암호화 • AWS IAM과 통합하여 세밀한 DB 접근 권한 제어
완벽한 호환성(Compatibility)	• MySQL 및 PostgreSQL 커뮤니티 에디션과 코드/도구 수준 완벽 호환 • 기존 애플리케이션을 수정 없이 즉시 Aurora로 마이그레이션 가능
혁신적인 백업과 복구(Backup & Restore)	• 성능 영향 없이 Amazon S3에 지속적인 데이터 백업 수행 • 시점 복구(PITR): 실수나 랜섬웨어 피해 시 과거의 특정 시점(초 단위)으로 데이터를 빠르게 복원

Amazon RDS Aurora는 성능, 확장성, 내고장성과 같은 면에서 뛰어난 관계형 데이터베이스 솔루션입니다. 기존 MySQL 및 PostgreSQL 애플리케이션을 쉽게 마이그레이션할 수 있어 다양한 활용이 가능합니다.

이번 실습의 목표는 단순히 DB를 하나 만드는 것이 아닙니다. 우리가 2부에서 만든 EC2 서버에 최신 웹 기술인 Node.js 환경을 구축하고, 이 웹 서버가 안전하게 통신할 수 있는 MySQL RDS 데이터베이스를 연결하여 실제 작동하는 '2-Tier(Web+DB) 아키텍처'를 완성하는 것입니다.

시나리오

1. 사전 준비(네트워크/보안): DB가 안전하게 입주할 '땅(서브넷 그룹)'과 DB를 지킬 '경비원(RDS 전용 보안 그룹)'을 먼저 준비합니다.
2. 생성 및 로컬 테스트: RDS를 생성하고, 일단 내 PC에서 접속이 되는지 확인하여 DB가 정상인지 검증합니다.
3. 웹 서버 연동(핵심)
   – RDS의 보안 설정을 강화하여 오직 나의 EC2 웹 서버만이 DB에 접근할 수 있도록 연결 고리를 만듭니다(보안 그룹 체이닝).
   – EC2에 Node.js 환경을 설치하고 연동 코드를 작성하여 최종 접속을 확인합니다.

사전 준비 사항

- VPC: 4부에서 만든 실습용 VPC(퍼블릭/프라이빗 서브넷 보유 권장)
- EC2 인스턴스: 2부의 실습에서 만든 Amazon Linux 2023 기반의 EC2 인스턴스가 Running 상태여야 합니다.

▌4-1 실습 준비: RDS를 위한 네트워크 및 보안 환경 구성

RDS는 그냥 만들어지지 않습니다. DB가 위치할 '땅(서브넷)'과 DB를 지킬 '울타리(보안 그룹)'가 먼저 준비되어야 합니다. 이에 우리는 다음과 같은 절차로 실습을 위한 준비를 진행하겠습니다.

RDS 설치를 위한 VPC 네트워크 구성(단, '3부 VPC'를 활용할 수 있으며, VPC를 삭제했을 경우에는 이 단계 진행 필요)
1. RDS DB 서브넷 그룹 만들기
2. RDS 전용 보안 그룹 만들기

▌4-2 RDS 설치를 위한 VPC 네트워크 구성

이 절차는 3부에서 VPC를 실습한 후 삭제했을 때 필요합니다. 아직 3부의 VPC를 삭제하지 않았다면, '4-1. RDS DB 서브넷 그룹 만들기' 단계로 바로 넘어가시길 바랍니다.

01 VPC 네트워크를 구성하기 위해 [서비스]-[VPC]-[VPC 대시보드] 페이지에서 상단의 [VPC 생성] 버튼을 클릭합니다.

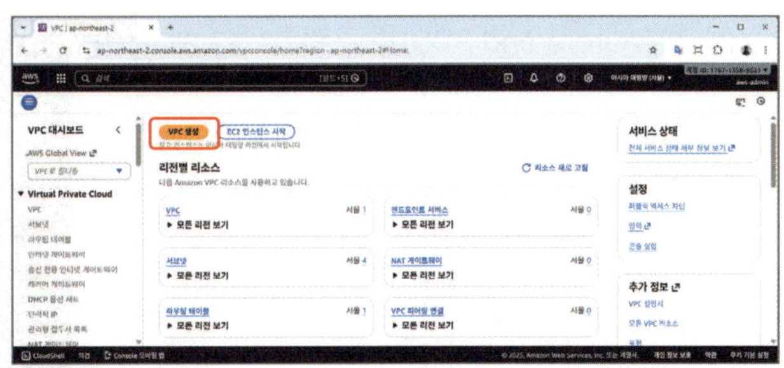

02 [VPC 생성] 페이지에서 VPC를 설정하기 위해 옵션을 다음과 같이 설정합니다.

- 생성할 리소스: 'VPC 등' 선택
- 이름 태그 자동 생성: 'my-vpc-seoul' 입력
- IPv4 CIDR 블록: '10.0.0/16'을 유지(Default)
- IPv6 CIDR 블록: 'Amazon 제공 IPv6 CIRD 블록' 선택
- 테넌시: '기본값'(Default)

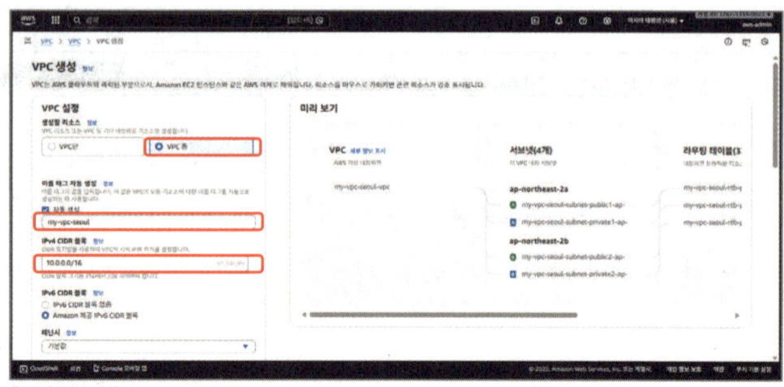

03 추가로 다음 옵션을 설정한 후 미리 보기 화면의 다이어그램을 보면서 네트워크 구조를 정의하고, 설정을 모두 완료한 다음 하단의 [VPC 생성] 버튼을 클릭합니다.

- 가용 영역 수: '2' 선택(RDS DB 서브넷 그룹 생성 시 2개 이상 필수)
- 퍼블릭 서브넷 수: '2' 선택
- 프라이빗 서브넷 수: '2' 선택
- NAT 게이트웨이(달러)
  – 프라이빗 서브넷 인스턴스의 인터넷 접속을 위해 [Zonal] 선택
  – 추가 하단 옵션에서 [AZ당 1개] 선택
- VPC 엔드포인트: '없음' 선택

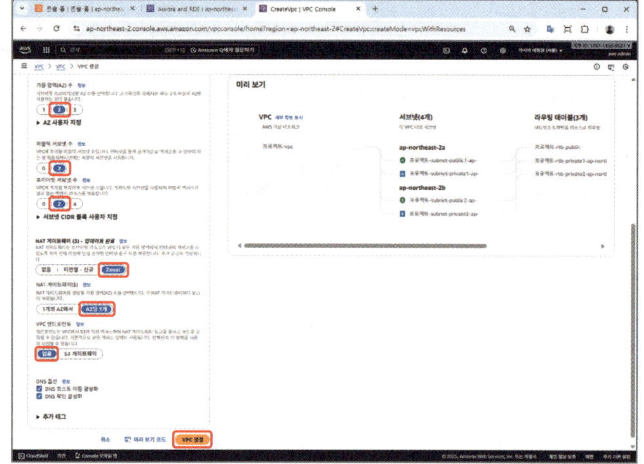

▌4-3 RDS DB 서브넷 그룹 만들기

RDS는 고가용성을 위해 최소 2개 이상의 가용 영역에 걸친 서브넷이 필요합니다. 이를 묶어 주는 것이 '서브넷 그룹'입니다.

01 AWS Console 검색창에서 'RDS'를 입력한 후 [Aurora and RDS]를 클릭합니다.

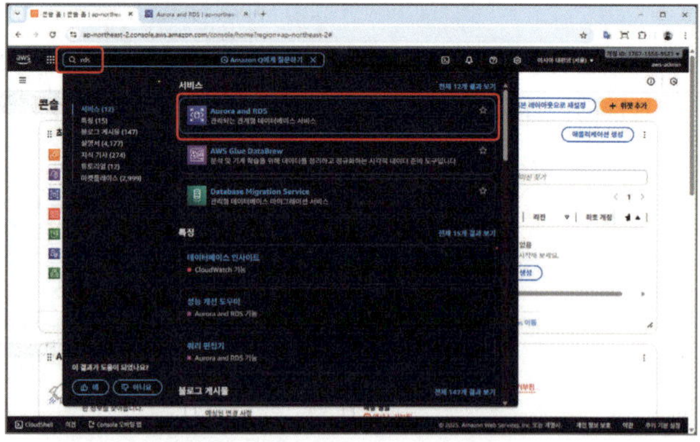

02 [Aurora and RDS] 페이지의 왼쪽 메뉴에서 [서브넷 그룹]을 클릭한 후 [DB 서브넷 그룹 생성] 버튼을 클릭합니다.

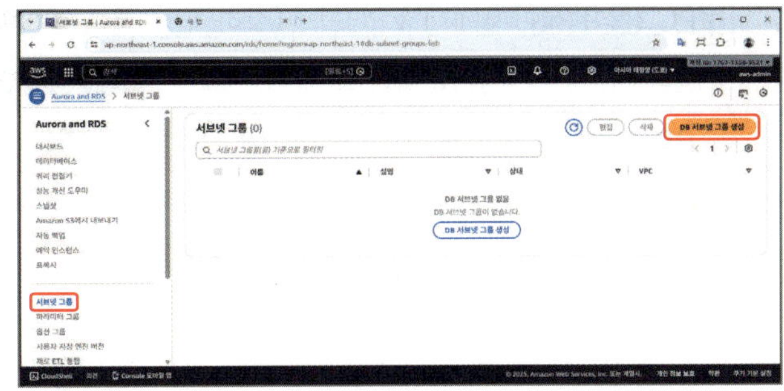

03 [DB 서브넷 그룹 생성] 페이지에서 다음 옵션 정보를 설정 및 입력한 후 [생성] 버튼을 클릭합니다.

- 이름: 'my-rdssubnet-group-public' 입력
- 설명: 'my-rdssubnet-group-public' 입력
- VPC: 'my-vpc-seoul' 입력(이전에 생성된 VPC 선택
- 가용 영역: 'ap-northeast-2a', 'ap-northeast-2b' 가용 영역 2개 선택
- 서브넷: 'my-vpc-seoul-subnet-public1-ap-northeast-2a', 'my-vpc-seoul-subnet-public2-ap-northeast-2b', VPC에 생성된 Public Subnet 2개 선택

※단, RDS를 Study 목적으로 생성 시 Public Subnet을 활용할 수 있지만, 서비스용 구성의 경우 Private 환경을 권장합니다.

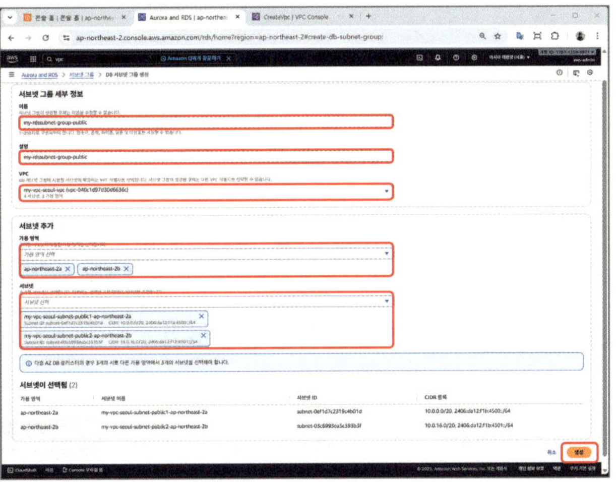

▌4-4 DB 전용 보안 그룹(방화벽) 만들기

DB는 아무나 접속하면 안 됩니다. MySQL 접속 포트인 3306번 문을 열어 줄 전용 경비원을 고용합니다.

01 EC2 서비스 콘솔로 이동하여 왼쪽 메뉴의 [보안 그룹]을 클릭한 후 [보안 그룹 생성] 버튼을 클릭합니다.

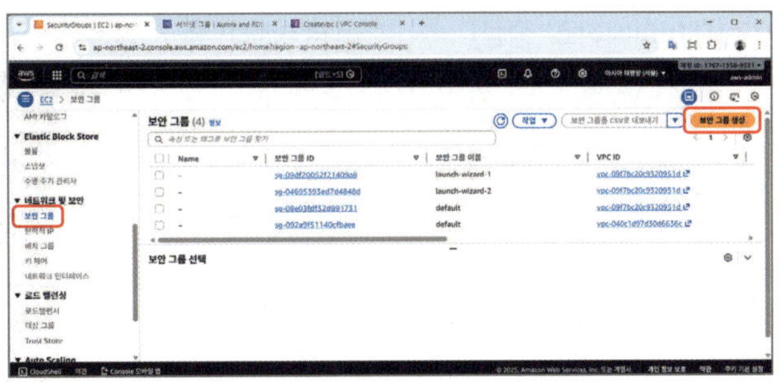

02 [**보안 그룹 생성**] 페이지에서 보안 그룹을
생성하기 위해 다음 옵션 정보 입력 완료
후 [**보안 그룹 생성**] 버튼을 클릭합니다.

- 보안 그룹 이름: 'rds-sg' 입력
- 설명: 'Security group for MySQL RDS' 입력
- VPC: 'my-vpc-seoul' 입력(이전에 생성된 VPC
  선택)
- 인바운드 규칙
  – 유형: 'MYSQL/Aurora' 선택
  – 소스: '내 IP' 선택

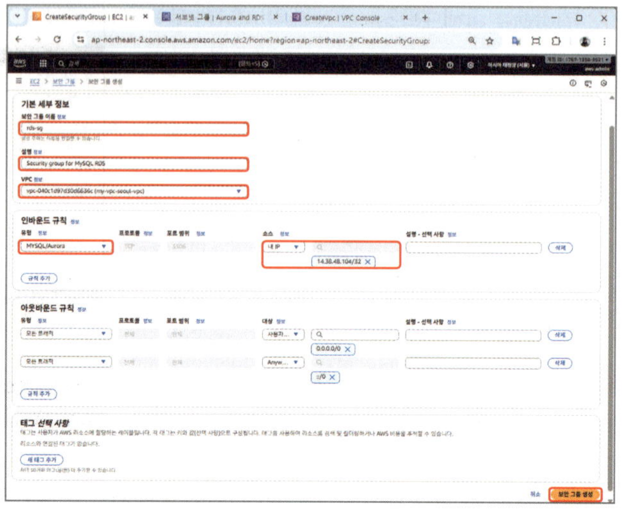

05 실습 MySQL DB 인스턴스 생성 및 로컬 접속 테스트

▌5-1 MySQL RDS 인스턴스 생성하기

01 다시 RDS 서비스 콘솔로 돌아와 대시보
드에서 [**데이터베이스 생성**] 버튼을 클릭
합니다.

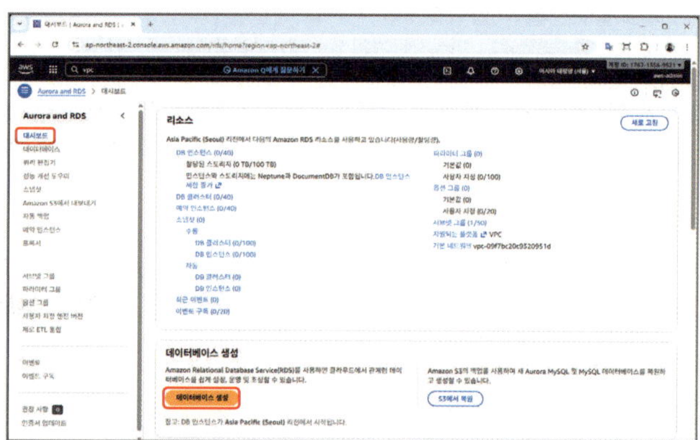

02 [**데이터베이스 생성**] 페이지에서 엔진 유
형은 [MySQL]을 선택한 후 다음 추가 옵
션 설정을 진행합니다.

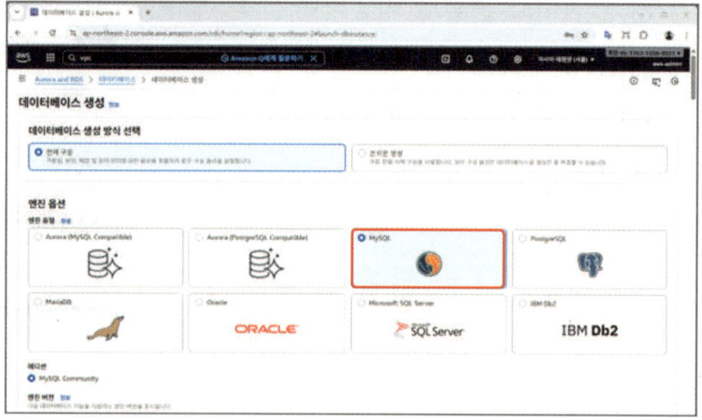

03 템플릿은 [샌드박스]를 선택한 후 가용성
및 내구성은 [단일 AZ DB 인스턴스 배포
(인스턴스1개)]를 선택합니다.

04 RDS를 다음과 같이 설정한 후 다음 옵
션의 입력 작업을 진행합니다.

- DB 인스턴스 식별자: my-first-db(RDS 목록에
표시될 이름)
- 마스터 사용자 이름: admin(또는 원하는 아이디)
- 자격 증명 관리: '자체 관리' 선택
- 마스터 암호: 강력한 암호를 입력하고, 반드시 따로
메모 필수(분실 시 접속 불가)

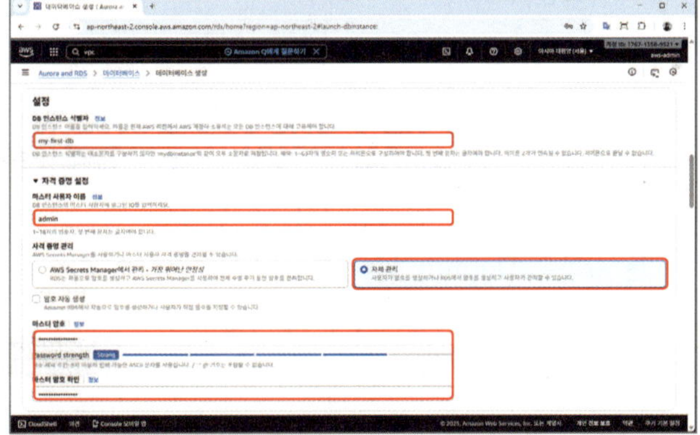

05 인스턴스 구성 및 스토리지는 Default
(기본) 구성을 유지합니다(db.t4g.
micro, 스토리지 20Gib).

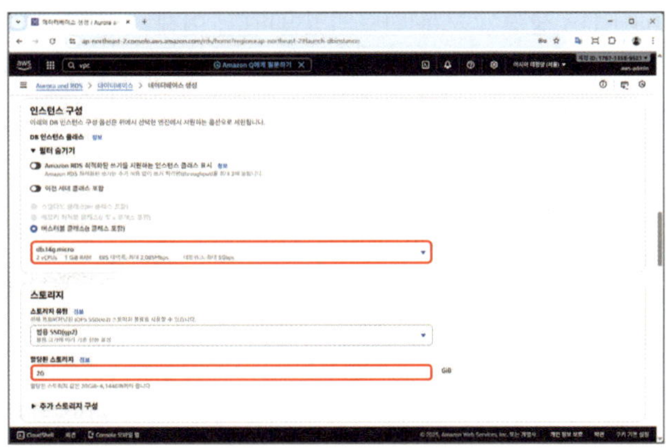

06 연결(필독 네트워크 및 보안 설정) 구성 항목에서 옵션을 다음과 같이 설정한 후 하단의 추가 구성 항목으로 이동합니다.

- 컴퓨팅 리소스: [EC2 컴퓨팅 리소스에 연결 안 함]
- VPC: 'my–vpc–seoul' 선택
- DB 서브넷 그룹: 'my–rdssubnet–group–public'
- 필독 퍼블릭 액세스: '예(Yes)'

잠깐 원래 DB는 프라이빗에 숨겨야 하지만, 이번 단계에서 내 PC(외부)에서 접속 테스트를 해 보기 위해 학습 목적으로 잠시 열어 두는 것입니다.

- VPC 보안 그룹(방화벽): [기존 항목 선택] 선택
- 기존 VPC 보안 그룹: '기본값'을 제거하고, 이전에 만든 'rds–sg' 선택
- 가용 영역: 'ap–northeast–1a' 선택

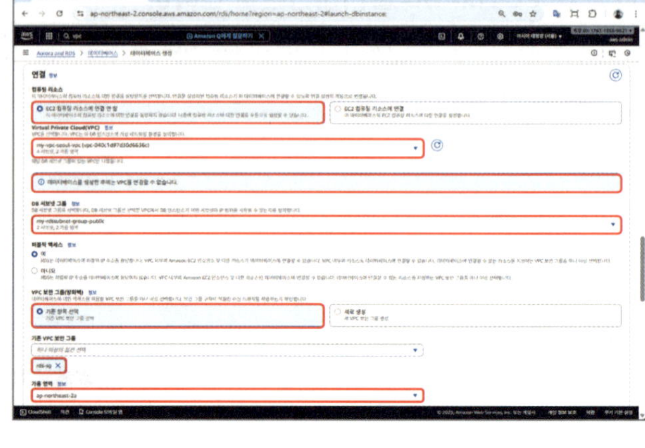

07 하단 추가 구성 항목의 '데이터베이스 옵션'에서 **[초기 데이터베이스 이름]** 항목에 'MyDB'라고 입력합니다. 이후 모든 항목은 Default 값(기본 구성)을 선택한 후 하단의 **[데이터베이스 생성]**(약 5~10분 소요) 버튼을 클릭합니다.

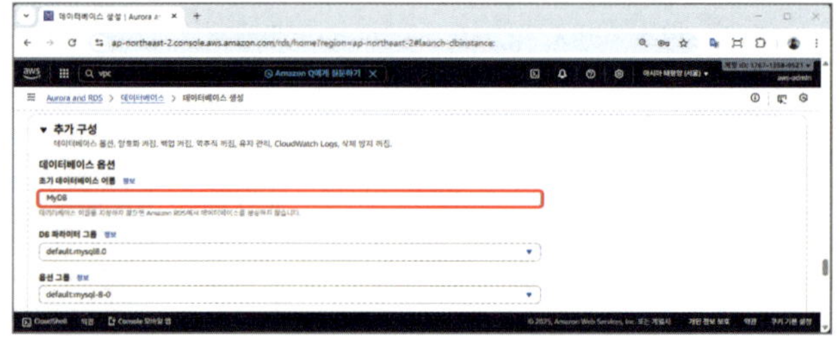

08 RDS 생성이 모두 완료되었습니다. 이제 DB Client로 접속이 가능합니다.

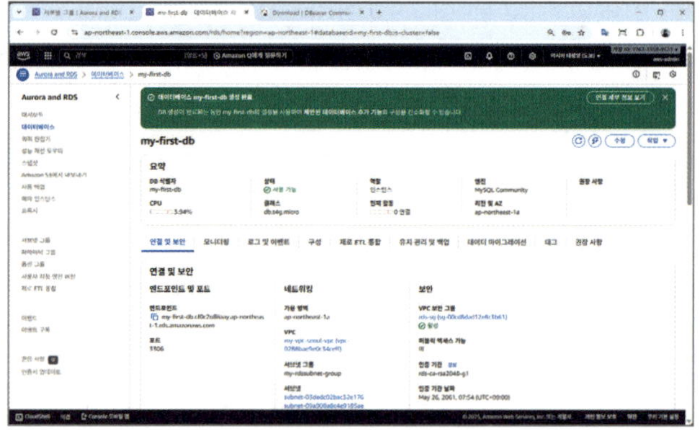

▌5-2 내 PC에서 DB 클라이언트로 접속하기

RDS 상태가 '사용 가능(Available)'이 되면 접속을 시도합니다.

01 [RDS 상세] 페이지에서 '엔드포인트' 주소와 '포트(Port)' 번호(3306)를 확인합니다. DB 접속을 확인하기 위한 DB 접속 클라이언트를 다운로드하기 위해 https://dbeaver.io/로 접속한 후 [Download]를 클릭합니다.

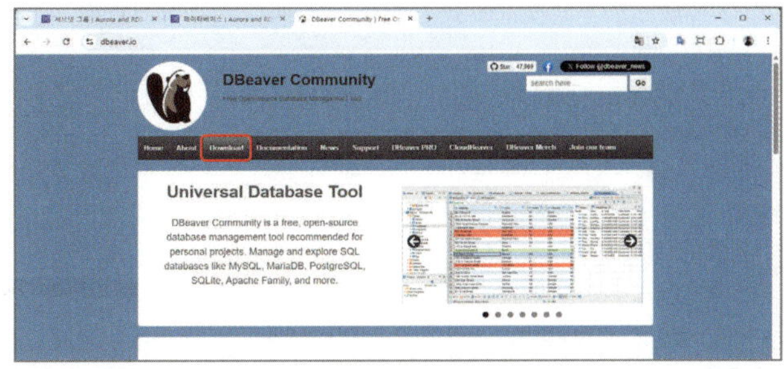

02 다운로드 페이지에서 Windows용 설치 파일을 다운로드합니다.

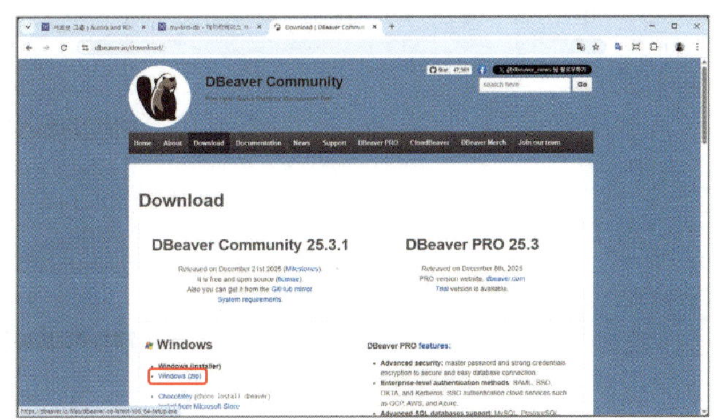

03 PC에 설치된 DBeaver를 실행한 후 왼쪽 상단의 [연결] 버튼을 클릭합니다. 그런 다음 'Select your database' 팝업 창에서 [MySQL]을 선택하고 하단의 [다음] 버튼을 클릭합니다.

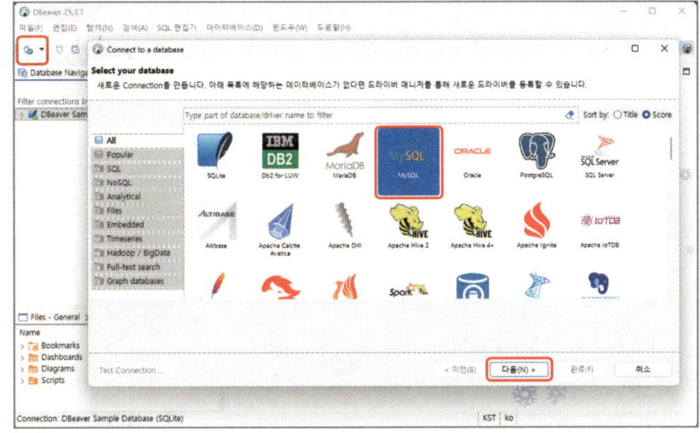

04 RDS 서비스의 데이터베이스 메뉴에서 이전에 설치한 RDS의 **[연결 및 보안]** 탭에서 **[엔드포인트]**를 복사합니다.

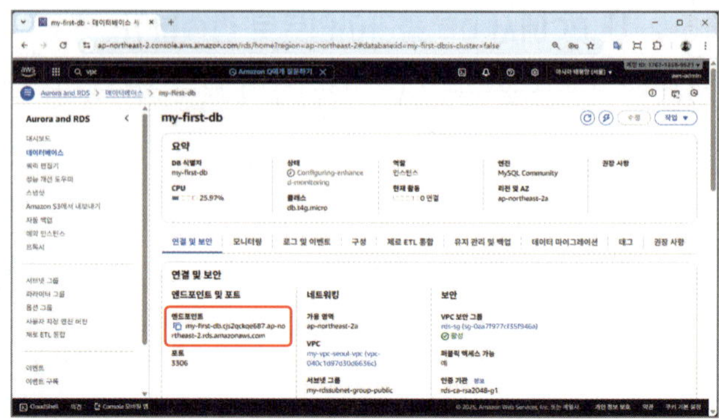

05 복사된 RDS 엔드포인트를 DBeaver의 'Server Host' 정보에 입력한 후 'Username', 'Password'를 입력하고 **[완료]** 버튼을 클릭합니다.

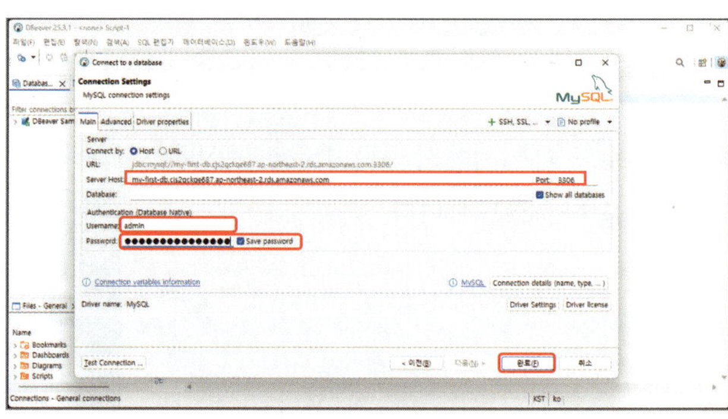

06 오른쪽과 같이 접속에 성공하면 DB 생성이 정상적으로 완료된 것입니다.

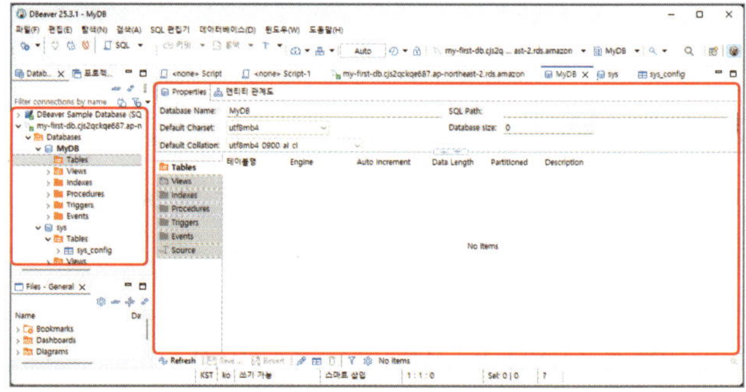

이제 DB를 안전하게 보호하고 실제 서비스 환경을 구축합니다. 외부 접속은 차단하고, 오직 내 EC2 웹 서버만 DB에 접근할 수 있도록 설정합니다.

▌6-1 핵심 보안 그룹 규칙 변경(보안 그룹 체이닝)

01 RDS의 보안 설정을 변경하기 위해 먼저 EC2 콘솔로 이동한 후 [인스턴스] 페이지에서 2부 실습 시 생성했던 Linux EC2의 퍼블릭 IP 주소를 복사합니다.

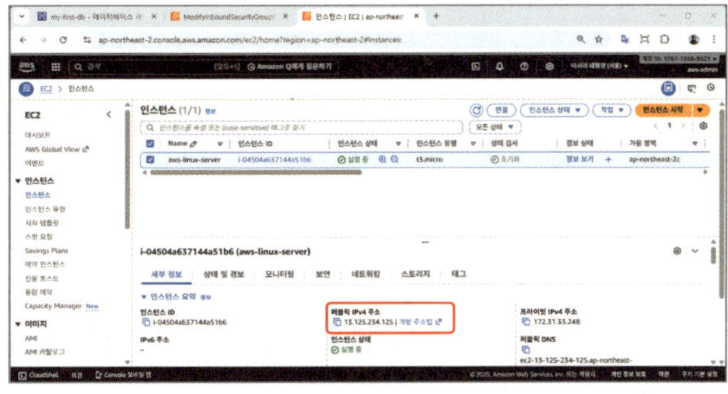

02 [보안 그룹] 메뉴로 이동합니다.

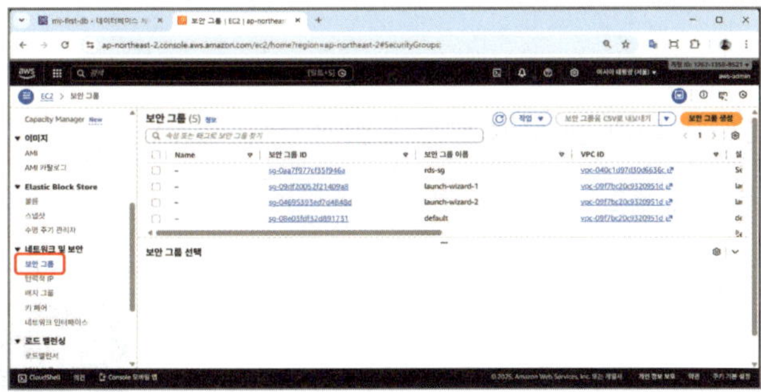

03 RDS용 보안 그룹인 'rds-sg'를 선택한 후 [인바운드 규칙 편집]을 클릭합니다.

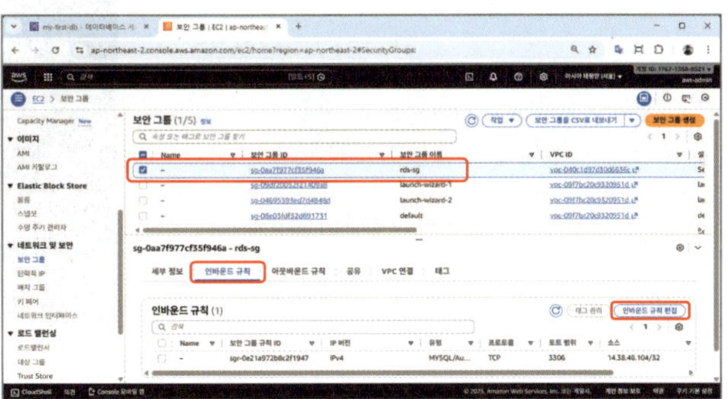

04 '내 IP'를 허용했던 기존 규칙을 삭제합니다.

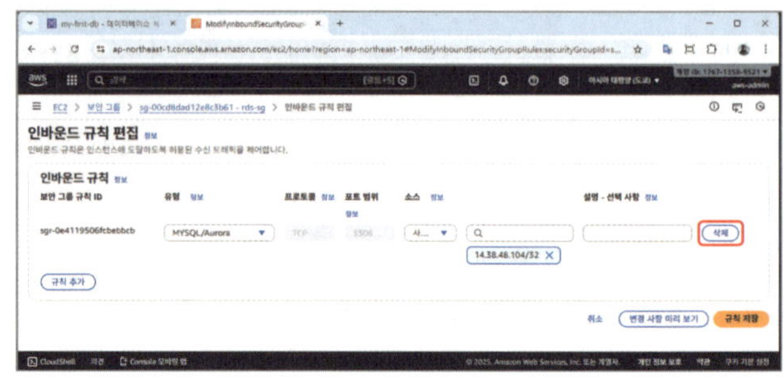

05 웹 서버에서만 접속을 허용하기 위해 다음과 같은 정보를 설정한 후 하단의 [규칙 저장] 버튼을 클릭합니다.

- [규칙 추가]→유형: MySQL/Aurora(3306)
- **필독** 소스: 이전에 복사했던 EC2 인스턴스의 퍼블릭 IP 주소 입력
- **필독** 이 설정으로 인해 해당 '보안 그룹 명찰'을 단 EC2 인스턴스만 DB 접속이 허용됩니다.

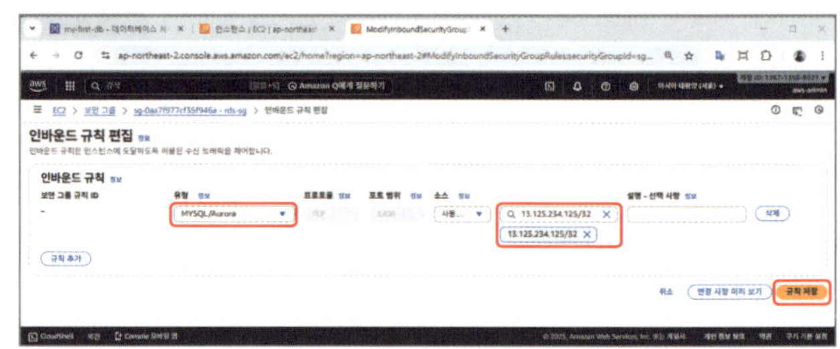

▌6-2 EC2 웹 서버 환경 준비(Node.js 설치)

이전에 생성했던 EC2 인스턴스에 접속한 후 웹 서버 환경을 구성합니다.

01 Putty 또는 SSH 클라이언트를 활용하여 EC2에 접속한 후 다음 명령어를 실행하여 Node.js의 설치를 진행합니다 (Amazon Linux 2023 기준).

```
sudo dnf update –y
sudo dnf install nodejs -y
node -v # 버전 정보가 출력되면 성공
```

02 프로젝트 디렉터리를 생성합니다.

```
mkdir ~/my-web-app && cd ~/my-web-app
```

01 프로젝트를 초기화한 후 라이브러리를
설치합니다.

```
npm init -y
npm install express mysql2
```

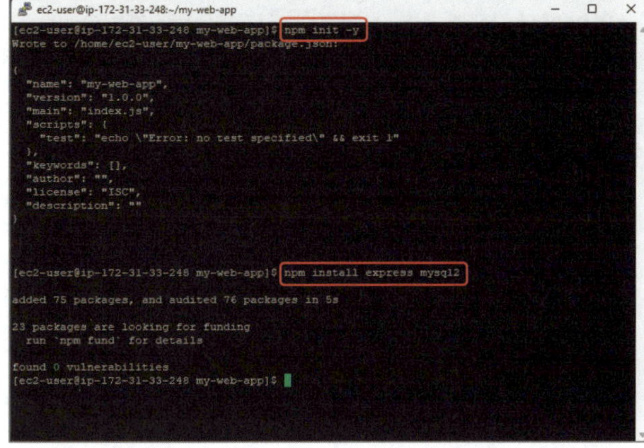

02 애플리케이션 코드를 작성(app.js)하기
위해 터미널 창에서 다음 명령을 입력하
여 코드를 작성 및 저장합니다.

```
nano app.js
```

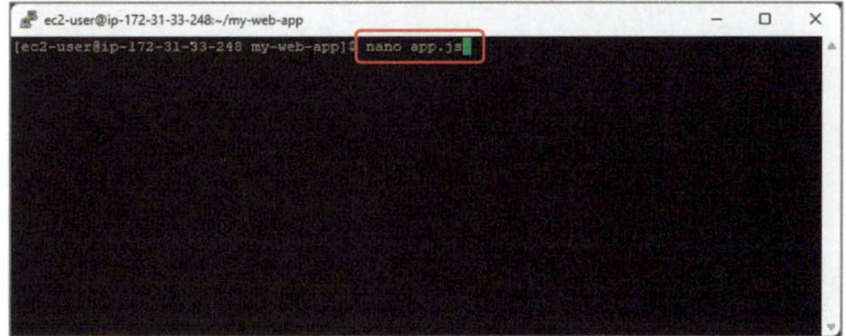

03 코드를 작성 및 저장 시 'host', 'user', 'password' 부분을 반드시 여러분의 RDS 정보로 수정해야
합니다. 수정한 후에는 Ctrl + X 를 누른 후 'Y'를 입력하고 Enter 를 누릅니다.

```javascript
// app.js-2-Tier Architecture Status Dashboard Version
const express=require('express');
const mysql=require('mysql2');
const app=express();
const port=3000;
// ================================================================
// [필독] RDS 연결 정보 설정(여러분의 정보로 반드시 수정하세요!)
// ================================================================
const dbConfig={
  host: '여기에_RDS 엔드포인트 주소_붙여 넣기',      // 예: my-db.xxxx.rds.amazonaws.com
  user: 'admin',                                   // 마스터 사용자명
  password: '여러분의_비밀번호',                     // 마스터 암호
  database: 'MyDB'                                 // 초기 DB 이름
};
// 커넥션 풀 생성(실무 권장 방식)
```

```javascript
const pool=mysql.createPool(dbConfig);
app.get('/',(req, res) => {
 // DB에서 간단한 쿼리 실행(현재 시간 및 버전 가져오기)
 pool.query('SELECT NOW() as now, VERSION() as version',(err, results) => {
   if(err) {
     // 연결 실패 시 보여줄 에러 페이지 스타일링
     const errorHtml='
     <div style="font-family: sans-serif; text-align: center; padding: 50px;">
       <h1 style="color: #D32F2F;">DB 연결 실패</h1>
       <p style="font-size: 1.2em; color: #555;">RDS 접속 정보를 다시 확인해 주세요.</p>
       <div style="background: #f8d7da; color: #721c24; padding: 20px; border-radius: 5px; display:
inline-block; text-align: left;">
         <strong>Error Details:</strong><br>
         <code style="white-space: pre-wrap;">${err.message}</code>
       </div>
     </div>';
     res.status(500).send(errorHtml);
    return;
   }
   const dbInfo=results[0];
   // ======================================================
   // [성공 시] 멋진 대시보드 HTML & CSS 렌더링
   // ======================================================
   const successHtml='
   <!DOCTYPE html>
   <html lang="ko">
   <head>
     <meta charset="UTF-8">
     <title>AWS 2-Tier 아키텍처 상태</title>
     <style>
       body { font-family: 'Segoe UI', Tahoma, Geneva, Verdana, sans-serif; background-color: #f0f2f5;
display: flex; justify-content: center; align-items: center; height: 100vh; margin: 0; }
       .dashboard-card { background: white; border-radius: 15px; box-shadow: 0 10px 25px
rgba(0,0,0,0.1); overflow: hidden; width: 600px; max-width: 90%; }
       .header { background: linear-gradient(135deg, #34d058 0%, #28a745 100%); color: white;
padding: 30px; text-align: center; }
       .header h1 { margin: 0; font-size: 2.2em; }
       .header p { margin: 10px 0 0; font-size: 1.1em; opacity: 0.9; }
       .content { padding: 30px; }
       .architecture-diagram { display: flex; justify-content: space-around; align-items: center;
margin-bottom: 30px; padding: 20px; background: #f8f9fa; border-radius: 10px; }
       .component { text-align: center; padding: 15px; border: 2px solid #e9ecef; border-radius: 10px;
background: white; width: 40%; }
       .component h3 { margin: 0 0 10px; color: #333; }
       .arrow { font-size: 2em; color: #28a745; font-weight: bold; }
       .info-table { width: 100%; border-collapse: collapse; }
```

```html
        .info-table th, .info-table td { padding: 12px; text-align: left; border-bottom: 1px solid
#e9ecef; }
        .info-table th { background-color: #f8f9fa; color: #555; width: 40%; }
        .status-badge { background: #d4edda; color: #155724; padding: 5px 10px; border-radius: 20px;
font-weight: bold; font-size: 0.9em; }
        .footer { text-align: center; padding: 20px; color: #777; font-size: 0.9em; border-top: 1px solid
#eee; }
    </style>
  </head>
  <body>
    <div class="dashboard-card">
      <div class="header">
        <h1>연결 성공! <br>(Connection Success)</h1>
        <p>안전한 AWS 2-Tier 아키텍처가 정상 작동 중입니다.</p>
      </div>
      <div class="content">
        <div class="architecture-diagram">
          <div class="component">
            <div style="font-size: 3em;"></div>
            <h3>EC2 Web Server</h3>
            <p>(Node.js App)</p>
          </div>
          <div class="arrow">Secure Link</div>
          <div class="component">
            <div style="font-size: 3em;"></div>
            <h3>RDS Database</h3>
            <p>(MySQL)</p>
          </div>
        </div>
        <h3 style="color: #333;">데이터베이스 연결 상세 정보</h3>
        <table class="info-table">
          <tr>
            <th>연결 상태(Status)</th>
            <td><span class="status-badge">Active & Healthy</span></td>
          </tr>
          <tr>
            <th>DB 엔드포인트(Host)</th>
            <td><code>${dbConfig.host}</code></td>
          </tr>
          <tr>
            <th>사용자/DB명</th>
            <td>${dbConfig.user}/${dbConfig.database}</td>
          </tr>
          <tr>
            <th>DB 서버 버전</th>
            <td>${dbInfo.version}</td>
```

```
            </tr>
            <tr>
                <th>DB 서버 현재 시간(쿼리 결과)</th>
                <td style="color: #007bff; font-weight: bold;">${dbInfo.now}</td>
            </tr>
          </table>
        </div>
        <div class="footer">
          AWS Cloud BootCamp-Chapter 5 Lab Project
        </div>
      </div>
    </body>
    </html>
    ';
    res.send(successHtml);
  });
});
app.listen(port,() => {
  console.log('멋진 대시보드 웹 서버가 포트 ${port}에서 실행 중입니다.');
});
```

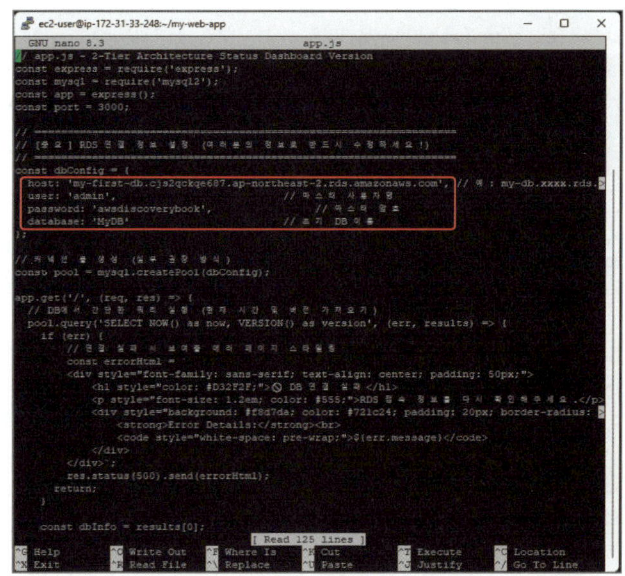

04 Node 명령을 활용하여 웹 서버를 실행한 후 DB 서버에 정상적으로 접속됨을 확인합니다.

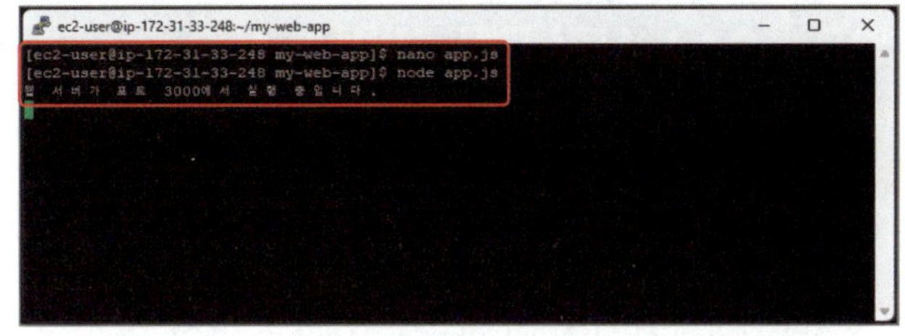

```
node app.js
```

05 Node.js 앱이 사용하는 3000번 포트를 웹 서버의 보안 그룹에서 열어 줘야 하므로 EC2의 보안 그룹을 설정하기 위해 **[EC2]–[보안 그룹]** 메뉴로 이동한 후 웹 서버용 보안 그룹을 선택하고 **[인바운드 규칙 편집]**을 클릭합니다.

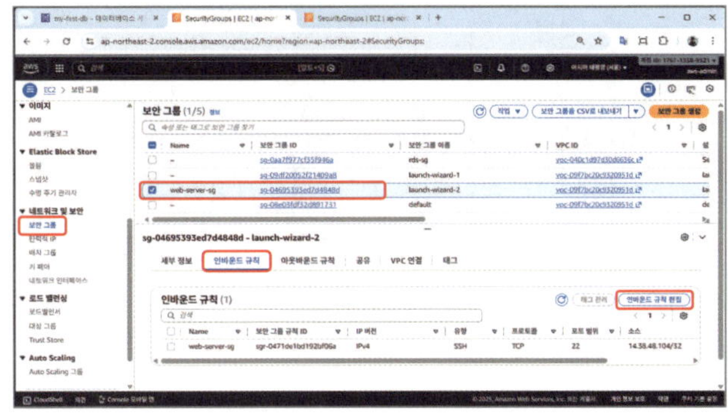

06 왼쪽 하단의 **[규칙 추가]–[유형: 사용자 지정 TCP]**, **[포트 범위: 3000]**, **[소스: 위치 무관(0.0.0.0/0)]**을 추가한 후 **[규칙 저장]** 버튼을 클릭합니다. .

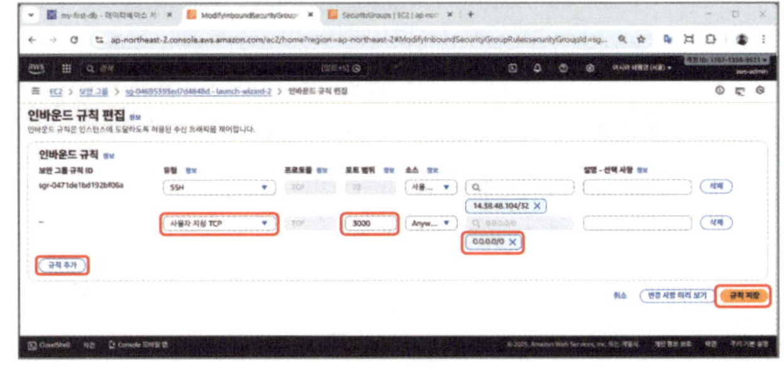

07 최종 접속을 확인하기 위해 웹 브라우저로 http://[EC2 웹 서버의_퍼블릭 IP]:3000에 접속합니다.

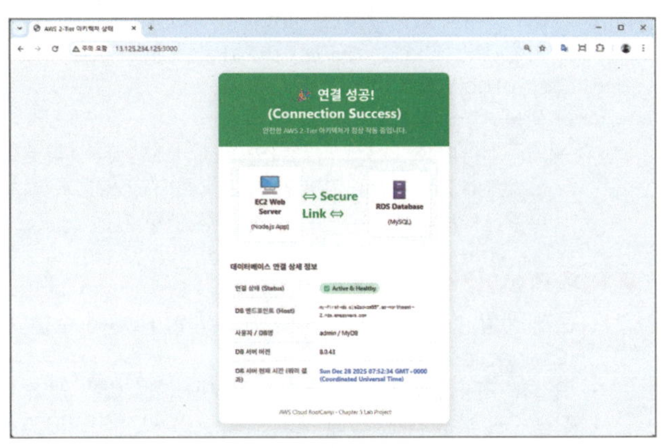

▎7-1　시험 직전 3분컷! 시험 대비 오답 노트

■ Multi-AZ vs. Read Replica(시험 최다 빈출)

이 둘의 차이를 모르면 시험장에 들어갈 수 없습니다.

구분	Multi-AZ(다중 가용 영역)	Read Replica(읽기 전용 복제본)
주 목적	고가용성(High Availability), 재해 복구(DR)	성능 확장(Scalability), 읽기 부하 분산
복제 방식	동기식(Synchronous)	비동기식(Asynchronous)
접속 가능 여부	Standby(대기) 인스턴스는 평소에 접속 불가	애플리케이션이 직접 접속하여 읽기 가능
장애 조치	자동(Automatic) Failover(CNAME 변경)	수동(Manual)(복제본을 승격시켜야 함)
백업	Standby에서 백업 수행(메인 성능 영향 없음)	–
비용	2배 비용 발생(항상 켜져 있으므로)	별도 인스턴스 비용 발생

■ Amazon Aurora(RDS의 진화형)

- 아키텍처: 3개의 가용 영역에 데이터 6개를 복제(스토리지 장애에 매우 강함)
- 구성
  - Writer Endpoint: 쓰기/읽기 모두 가능(Cluster당 1개)
  - Reader Endpoint: 읽기 전용, 여러 복제본으로 로드 밸런싱
- Aurora Serverless: 사용량이 불규칙하거나(드문드문) 예측 불가능한 경우, 알아서 용량을 늘리고 줄임(비용 절감)
- Aurora Global Database
  - 리전 간 복제 속도가 매우 빠름(<1초)
  - 재해 복구(DR) 및 전 세계 로컬 읽기 성능 제공
  - 장애 시 다른 리전으로 승격(Promote) 가능(RPO 초 단위, RTO 분 단위)

■ 데이터베이스 보안 및 관리

- IAM Database Authentication
  - DB 자체의 아이디/비번 대신 IAM 역할과 토큰을 사용해 로그인
  - 장점: 비밀번호를 코드에 하드 코딩할 필요 없음
- Encryption(암호화)
  - 생성 시 설정해야 함(KMS 사용)
  - 기존 비암호화 DB를 암호화하려면? [스냅샷]→[암호화하여 복사]→[새 DB로 복원](RDS, EBS 동일)
- Automated Backups: 기본 7일 보관(최대 35일). 특정 시점 복구(Point-in-Time Recovery) 가능
  - 복구 시 항상 새로운 엔드포인트(주소)를 가진 새 인스턴스가 생성됨(기존 DB 덮어쓰기 아님)

■ RDS Proxy(커넥션 풀링)

- 문제 상황: Lambda 같은 서버리스 앱이 RDS에 수천 개의 연결을 동시에 요청하면 DB 최대 연결 수 초과 (Connection Exhaustion)
- 해결책: RDS Proxy를 중간에 두어 커넥션을 미리 맺어 두고(Pooling) 재사용
- 장점: DB 부하 감소, 장애 조치(Failover) 시간 단축(66%)

■ **마이그레이션**
- AWS DMS(Database Migration Service): 데이터 자체를 옮김(중단 시간 최소화, 지속적 복제)
- AWS SCT(Schema Conversion Tool): 이기종(다른 엔진) 간 마이그레이션 시(예 Oracle→Aurora) 스키마(테이블 구조)를 변환해 줌

7-2 SAA 적중 실전 문제(10문항)

Q1 읽기 성능 문제 해결(Read Replica)

뉴스 웹 사이트를 운영 중인데, 사용자가 몰리는 아침 시간마다 RDS 데이터베이스(MySQL)의 CPU 사용량이 100%를 찍어 사이트가 느려집니다. 분석 결과, 트래픽의 90%는 뉴스 기사를 읽는(Read) 요청입니다. 애플리케이션 코드를 최소한으로 수정하여 이 문제를 해결하려면?

A. RDS 인스턴스 타입을 더 큰 것으로 변경한다(Vertical Scaling).
B. RDS Multi-AZ 배포를 활성화한다.
C. RDS 읽기 전용 복제본(Read Replica)을 생성하고, 읽기 트래픽을 분산하도록 앱을 설정한다.
D. Amazon ElastiCache를 도입한다.

정답 C

해설 '읽기 부하(Read-heavy)' 문제는 Read Replica로 해결하는 것이 정석입니다. Multi-AZ(B)는 고가용성 용도이지 성능 분산용이 아닙니다. ElastiCache(D)도 좋지만, 코드 수정이 많이 필요할 수 있습니다. 가장 직접적인 해결책은 C입니다.

Q2 고가용성 확보(Multi-AZ)

금융 회사가 단일 AZ에서 RDS PostgreSQL을 운영 중입니다. 데이터 센터 화재 등 가용 영역 전체 장애가 발생하더라도 데이터 손실 없이 5분 이내에 자동으로 복구되어야 합니다. 가장 적절한 조치는?

A. 매시간 EBS 스냅샷을 생성하여 S3에 저장한다.
B. 다른 가용 영역에 읽기 전용 복제본(Read Replica)을 생성한다.
C. RDS 설정을 수정하여 다중 가용 영역(Multi-AZ) 배포로 전환한다.
D. 데이터베이스를 Amazon DynamoDB로 마이그레이션한다.

정답 C

해설 '가용 영역 장애', '자동 복구', '데이터 손실 없음'은 Multi-AZ의 정의 그 자체입니다. Read Replica(B)는 자동 장애 조치가 안 되므로 수동 개입이 필요합니다.

Q3 서버리스 아키텍처 연동(RDS Proxy)

Lambda 함수를 사용하여 쇼핑몰의 주문 처리를 하는 서버리스 백엔드를 구축했습니다. 마케팅 이벤트로 트래픽이 폭주하자 'Too many connections' 오류가 발생하며 RDS 데이터베이스가 다운되었습니다. 이를 해결하기 위한 가장 효율적인 방법은?

A. RDS 인스턴스 크기를 늘려 최대 연결 수를 늘린다.
B. Lambda 함수의 동시성(Concurrency) 제한을 낮춘다.
C. Amazon RDS Proxy를 배포하여 데이터베이스 연결을 풀링(Pooling)한다.
D. SQS 대기열을 사용하여 트래픽을 조절한다.

정답 C

해설 Lambda+RDS 조합에서 연결 초과 문제는 RDS Proxy가 정답입니다. 연결을 맺고 끊는 오버헤드를 줄이고 커넥션을 재사용합니다.

Q4 불규칙한 워크로드(Aurora Serverless)

새로운 사내용 테스트 애플리케이션을 개발했습니다. 이 앱은 개발자들이 출근한 시간에만 간헐적으로 사용되고, 밤이나 주말에는 전혀 사용되지 않습니다. 비용을 최소화하면서 데이터베이스를 운영하려면?

A. Amazon Aurora Serverless를 사용한다.
B. Amazon RDS for MySQL을 사용하고 예약 인스턴스(RI)를 구매한다.
C. EC2 인스턴스에 MySQL을 설치하고 스크립트로 껐다 켠다.
D. Amazon Aurora Provisioned 클러스터를 사용한다.

정답 A

해설 '간헐적 사용', '예측 불가능', '사용 안 할 때 비용 절감'은 Aurora Serverless입니다. 사용량이 없으면 용량을 0으로 줄일 수도 있습니다(v2 기준 최저 용량 유지, v1은 0 가능).

Q5 글로벌 재해 복구(Aurora Global Database)

미국 리전에서 서비스 중인 Aurora 데이터베이스가 있습니다. 유럽 사용자들에게도 빠른 읽기 속도를 제공하고 싶고, 만약 미국 리전이 완전히 다운되더라도 1분 이내에 유럽에서 서비스를 재개하고 싶습니다.

A. 유럽 리전에 S3 버킷을 만들고 백업을 복사한다.
B. 유럽 리전에 Aurora Read Replica를 생성한다(Cross-Region).
C. Amazon Aurora Global Database를 사용한다.
D. DynamoDB Global Tables로 마이그레이션한다.

정답 C

해설 일반적인 Cross-Region Read Replica보다 Aurora Global Database가 리전 간 복제 지연이 훨씬 적고(1초 미만), 재해 복구 시 승격 속도가 빠릅니다. '가장 빠른' 글로벌 읽기 및 DR 솔루션입니다.

Q6 데이터베이스 인증 보안(IAM Auth)

보안 규정상 데이터베이스 비밀번호를 소스 코드나 환경 변수에 저장하는 것이 금지되어 있습니다. 애플리케이션(EC2)이 RDS MySQL에 접속할 때 비밀번호 없이 안전하게 인증하려면?

A. AWS Secrets Manager를 사용하여 비밀번호를 로테이션한다.
B. IAM Database Authentication을 활성화하고 IAM 역할을 사용한다.
C. 데이터베이스 보안 그룹에서 EC2의 IP만 허용한다.
D. Multi-Factor Authentication(MFA)을 활성화한다.

정답 B

해설 비밀번호 자체를 안 쓰는 방법은 IAM Database Authentication입니다. 인증 토큰을 사용하여 접속하므로 하드코딩된 비밀번호가 필요 없습니다(Secrets Manager(A)는 비밀번호를 안전하게 관리하는 것이지 안 쓰는 것이 아닙니다).

Q7 기존 DB 암호화(Snapshot Copy)

현재 암호화되지 않은 RDS 인스턴스를 운영 중입니다. 회사 보안 정책이 변경되어 이 DB를 암호화해야 합니다. 다운타임을 감수하고라도 암호화를 적용하는 절차는?

A. RDS 콘솔에서 [암호화 활성화] 버튼을 클릭한다.
B. AWS Support에 요청하여 암호화를 켠다.
C. DB 스냅샷 생성→스냅샷의 암호화된 복사본 생성→복사본으로 새 DB 복원
D. 데이터를 덤프 떠서 S3에 올리고 암호화한다.

정답 C

해설 RDS와 EBS는 실행 중에 암호화를 켤 수 없습니다. 스냅샷→복사(암호화 체크)→복원의 3단계를 거쳐야 합니다.

Q8 이기종 데이터베이스 마이그레이션

온프레미스 Oracle 데이터베이스를 AWS Aurora PostgreSQL로 마이그레이션하여 라이선스 비용을 절감하려고 합니다. 스키마 구조가 달라서 변환이 필요합니다. 어떤 도구 조합을 사용해야 합니까?

A. AWS DMS만 사용한다.
B. AWS Schema Conversion Tool(SCT)로 스키마를 변환하고, AWS DMS로 데이터를 이동한다. C. AWS DataSync를 사용한다.
D. 기본 PostgreSQL 백업/복원 도구를 사용한다.

정답 B

해설 엔진이 다를 때(Heterogeneous)는 SCT로 껍데기(스키마)를 변환하고, DMS로 알맹이(데이터)를 옮깁니다. 공식입니다.

Q9 유지 관리(Maintenance Window)

RDS 인스턴스에 대한 OS 패치나 마이너 버전 업그레이드가 필요합니다. 서비스 중단을 최소화하면서 사용자가 원하는 시간에 패치를 진행하려면?

A. 패치는 AWS가 알아서 하므로 신경 쓸 필요 없다.
B. 주간 유지 관리 기간(Maintenance Window)을 트래픽이 가장 적은 시간대로 설정한다.
C. Multi-AZ를 비활성화해야 패치가 가능하다.
D. EC2 인스턴스에 접속하여 yum update를 실행한다.

정답 B

해설 RDS는 관리형 서비스이므로 AWS가 패치를 해 주지만, 재부팅이 발생할 수 있습니다. 따라서 유지 관리 기간(Maintenance Window)을 설정하여 비즈니스 영향이 가장 적은 시간에 수행되도록 예약해야 합니다.

Q10 Aurora의 고가용성 특징

Aurora DB 클러스터를 사용 중입니다. 기본 인스턴스(Writer)에 장애가 발생했습니다. Aurora Replica(Reader)가 2개 생성되어 있는 상태입니다. 어떤 일이 발생합니까?

A. AWS가 새로운 Writer 인스턴스를 생성할 때까지 15분 정도 대기한다.
B. CNAME 레코드가 기존 Reader 중 하나를 가리키도록 변경되며, 해당 Reader가 Writer로 승격된다.
C. 관리자가 수동으로 Reader를 승격시켜야 한다.
D. 데이터가 손실되고 백업에서 복원해야 한다.

정답 B

해설 Aurora는 장애 발생 시 기존에 있는 Reader 중 하나를 자동으로 Writer로 승격(Promote)시킵니다. 이를 통해 서비스 중단 시간을 획기적으로 줄입니다(CNAME가 바뀌므로 앱 설정 변경 불필요).

2002년은 개인적으로 필자에게 잊지 못할 경험을 하게 된 한해 였습니다. 2002년 5월에는 2002년 한일 월드컵이 우리나라를 뜨겁게 했고, 2002년 12월에는 제16대 대통령 선거를 통해 노무현 대통령이 참여 정부를 이끄는 새로운 대통령으로 당선되었습니다.

2003년 2월 24일 영국 신문 〈가디언〉은 한국의 대선 결과를 분석하는 기사를 실으며, '세계 최초의 인터넷 대통령, 로그온하다(World first internet president logs on).'라는 제목의 기사를 실었습니다. 〈가디언〉은 기사를 통해 '노무현 대통령의 취임으로(한국은) 지구상에서 가장 발전된 온라인 민주주의 국가임을 주장할 수 있게 됐다.'라고 진단했습니다.

[그림 5-18] World first internet president logs on(출처: The Guardian)

당시 필자는 노무현 대통령 후보의 공식 웹 사이트인 노하우(http://www.knowhow.or.kr)의 개발과 시스템 운영을 담당하였습니다.

대선 기간 중 노무현 대통령 후보 홈페이지의 일일 평균 접속은 30만 클릭에 달했습니다. 당시 모바일이나 SNS가 활성화되기 전이었음을 감안하면 어마어마한 수치였으며, 국내 전체 웹 사이트 접속 수치 중 상위 50위 안에 들어갈 정도로 많은 사용자의 관심을 받았습니다. 선거 초기에는 웹 사이트의 접속자가 많지 않았지만, 2002년 10월 17일 김민석 전 의원이 국민통합21 입당 및 지지를 철회하자, 한 직장인이 '저녁 술값 3만 원을 노무현 대통령 후보에게 후원하겠다.'라는 글을 올렸고 이 직장인이 올린 글은 '희망 돼지 보내기 운동'의 단초가 되었습니다.

[그림 5-19] 16대 노무현 대통령 공식 웹 사이트(출처: 대통령 기록관)

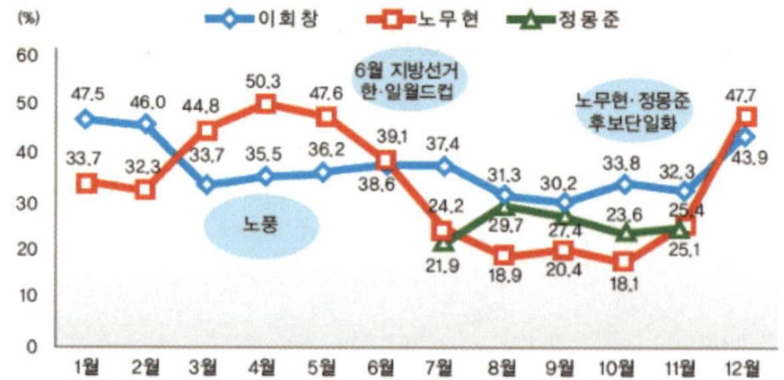

[그림 5-20] 2002년 16대 대선 시기 지지율 변동(출처: EAI동아시아연구원)

이 일을 계기로 많은 네티즌이 온라인 후원 시스템으로 후원을 하게 되었고 이런 성원과 관심이 끊임 없이 이어지면서 지지율 상승의 계기가 되었습니다. 2002년 12월 18일 노무현 후보 48.9%, 이회창 후보 46.6%로 노무현 후보가 16대 대통령으로 당선되었습니다. 당시 공식 웹 사이트와 TV 방송국(tvroh. com) 및 라디오 방송국(radioroh.com) 서비스는 윈도우 기반의 웹 서버와 MS-SQL 2000 데이터베이스로 운영하였습니다.

서비스 초기에는 사용자가 많지 않아서 서비스에 큰 문제가 없었지만, 선거 후반부에 접어들어서는 회원 게시판에 사용자들의 접속이 폭주하면서 DB 서버의 CPU 부하가 높아져 웹 서비스의 속도 저하 문제가 발생되었습니다. 당시까지만 해도 가상화 서비스나 클라우드 서비스가 없었고, 데이터베이스 또한 부하 분산 기술과 클러스터링(Clustering) 기능을 제공하지 않았습니다.

결국 여러 수소문 끝에 보다 매우 높은 사양의 하드웨어를 마련할 수 있게 되었고, 프로그램 방식의 개선을 통해 웹 사이트의 부하 문제를 해결할 수 있었습니다. 만일, 요즘과 같이 클라우드 서비스가 활성화되어 있는 시기였다면, 망설이지 않고 클라우드 서비스를 통해 데이터베이스의 문제를 해결했을 것이라 생각합니다.

최초의 인터넷 대통령으로 평가받았던 노무현 대통령과 미국 최초의 인터넷 대통령이라는 평가를 받고 있는 버락 오바마(Barack Obama)는 그런 면에서 많은 부분 닮아 있습니다. 또한 버락 오바마는 클라우드를 선거에 활용하여 성공한 첫 번째 사례로 평가받고 있습니다. 2012년 미국 대선 당시 오바마 캠프가 자체적으로 구축한 200개 이상의 애플리케이션이 아마존의 클라우드 플랫폼 위에서 구동했던 것에 반해, 롬니 캠프는 대형 IT 업체의 복잡한 서비스를 이용한 것으로 전해졌습니다.

[그림 5-21] Obama's Case study: Big Data in politics(출처: www.bigdatanomics.org)

가장 대표적인 것이 아마존의 관계형 데이터베이스 서비스인 RDS로, 오바마 캠프는 유권자 파일 정보에 대한 빅데이터를 분석하기 위해 RDS를 활용하였으며, EC2 인스턴스에서 구동되는 분석 툴은 정치 헌금 기부 명단, 각종 면허, 신용카드 정보, 소셜 네트워크 서비스(SNS) 등 다양한 빅데이터의 분석을

통해 유권자 개개인의 성향을 파악해 개인별 맞춤형 선거 운동을 전개했습니다. 또한 선거 캠프 통화 툴
은 선거 운동 기간 마지막 4일 동안에만 200만 통화를 걸 수 있도록 7,000명의 동시 사용자를 지원했다
고 했으며 선거 후 '오바마 캠프는 수천만 달러의 IT 투자 없이 AWS를 사용했다.'라고 평가받았습니다.
이처럼 대통령 선거와 데이터베이스는 매우 깊은 연관 관계가 있습니다.

만일, 2002년 겨울에도 클라우드를 사용할 수 있었다면 훨씬 더 쉽게 문제를 해결할 수 있지 않았을까
하는 생각이 듭니다. 마지막으로 '참여'와 '변화'를 강조했던 노무현 전대통령과 오바마 전대통령, 이렇게
두 사람의 지도자에게 붙여진 '인터넷 대통령'이라는 호칭은 그들에게 꼭 맞는 호칭이며 그 속에는 국민
참여와 변화의 열망과 열정이 담겨 있다고 생각합니다.

09 | Resource Termination

▌9-1 EC2 인스턴스 중지

이 실습에서 생성된 EC2는 이후 6, 7부에서 사용하게 되므로 Linux 서버를 삭제하지 마세요. 서버를
중지하여 EC2의 사용 비용이 발생하지 않도록 구성하겠습니다. 절차는 다음과 같습니다.

01 EC2 메뉴에 접속한 후 왼쪽 메뉴의 **[인
스턴스]**를 선택합니다. 그런 다음 중지할
인스턴스를 선택하고 오른쪽 상단 **[인스
턴스 상태]**를 선택한 후 **[인스턴스 중지]**를
클릭합니다.

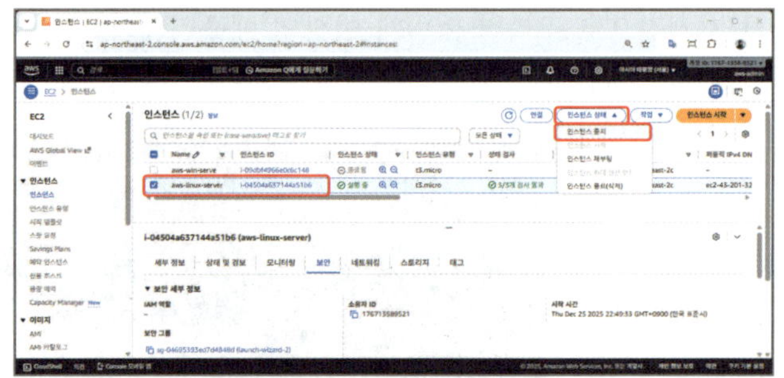

02 **[중지 인스턴스]** 팝업창에서 **[중지]** 버튼을
클릭합니다. **[인스턴스]** 페이지에서 해당
인스턴스 상태가 중지됨으로 변경됨을
확인합니다.

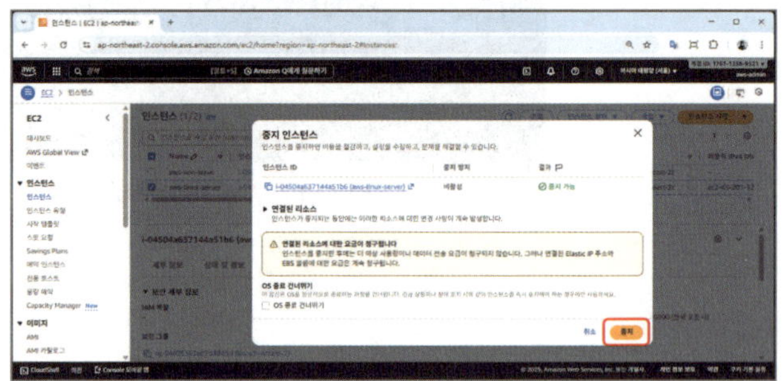

이 실습에서 생성된 RDS는 이후 6, 7부에서 사용하게 되므로 MySQL RDS는 삭제하지 마세요. 서버를 중지하여 RDS의 사용 비용이 발생하지 않도록 구성하겠습니다. 절차는 다음과 같습니다.

> **필독** RDS는 EC2와 달리, 인스턴스 중지가 영구적으로 적용되지 않습니다. 이에 RDS 중지는 일시적으로 최대 1주일만 적용됩니다. 이에 RDS를 사용하지 않는 경우, 삭제하거나 서비스를 주기적으로 중지해야 비용이 발생하지 않습니다.

01 RDS에 접속한 후 왼쪽의 [데이터베이스]를 클릭하고 중지할 '데이터베이스'를 선택한 다음 오른쪽 상단의 [작업]–[일시적으로 중지]를 클릭합니다.

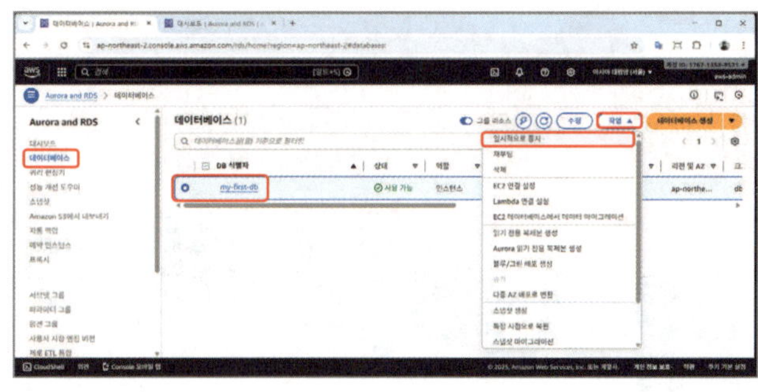

02 DB 인스턴스 중지 팝업창에서 RDS가 일시적으로만 중단되는 부분에 대한 확인창에 체크한 후 [승인]에 체크하고 [일시적으로 중지] 버튼을 클릭합니다.

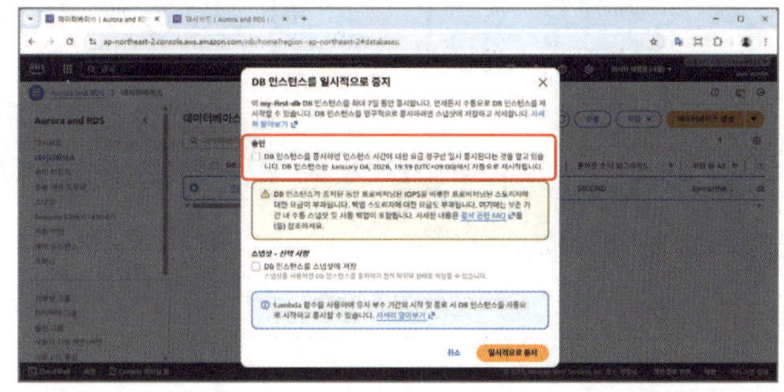

03 RDS가 정상적으로 중지되었다는 것을 확인할 수 있으며, 자동으로 다시 시작되는 일자도 확인 가능합니다.

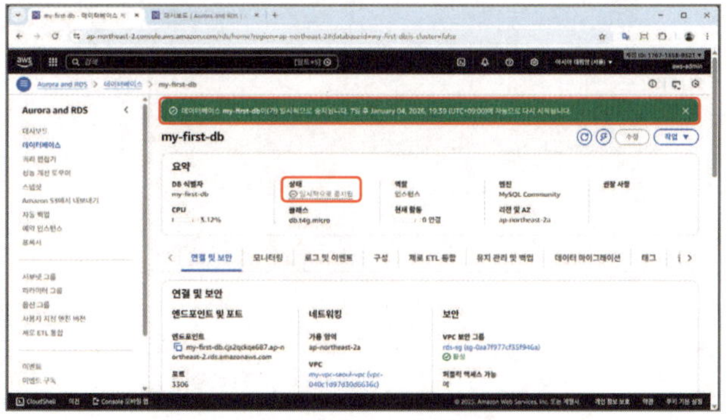

내 서비스에 멋진 이름표 달기: Amazon Route 53(DNS)

우리는 지금까지 긴 여정을 거쳐왔습니다. EC2로 서버를 만들고, VPC로 네트워크를 구성하고, RDS로 데이터를 저장했습니다. 이제 그럴듯한 웹 서비스의 모습을 갖췄습니다. 그런데 한 가지 큰 문제가 있습니다.

여러분이 만든 멋진 웹 사이트에 접속하려면, 친구에게 "야, 내 사이트 한번 들어와 봐. 주소는 54.182.12.99야."라고 말해야 하는데 아무도 이 숫자를 외우려 하지 않을 것입니다. 심지어 서버를 껐다 켜서 IP가 바뀌기라도 하면 연락할 방법이 없습니다. 따라서 우리에게는 네이버(naver.com)나 구글(google.com)처럼 기억하기 쉬운 '이름'이 필요합니다.

6부에서는 인터넷 세상의 주소록인 DNS의 기본 개념을 익히고, AWS의 강력한 DNS 서비스인 Amazon Route 53을 통해 여러분의 서비스에 멋진 도메인 이름표를 달아 보겠습니다.

▌1-1 기계는 숫자를, 사람은 이름을 좋아한다

DNS(Domain Name System)가 존재하는 이유는 컴퓨터와 사람이 소통하는 방식이 다르기 때문입니다.

- **컴퓨터**: 192.0.2.44와 같은 숫자 형태의 IP 주소로 서로의 위치를 찾습니다(마치 위도/경도 좌표처럼 정확하지만, 사람은 외우기 힘듭니다).
- **사람**: www.example.com과 같은 문자 형태의 도메인명을 선호합니다.

DNS는 이 둘 사이를 중재하는 '인터넷의 전화번호부'입니다. 우리가 스마트폰 주소록에서 '홍길동'을 찾아 전화를 걸면 실제로 '010-1234-5678'로 연결되듯이 웹 브라우저 주소창에 도메인을 입력하면 DNS가 그에 맞는 IP 주소를 찾아 연결해 줍니다.

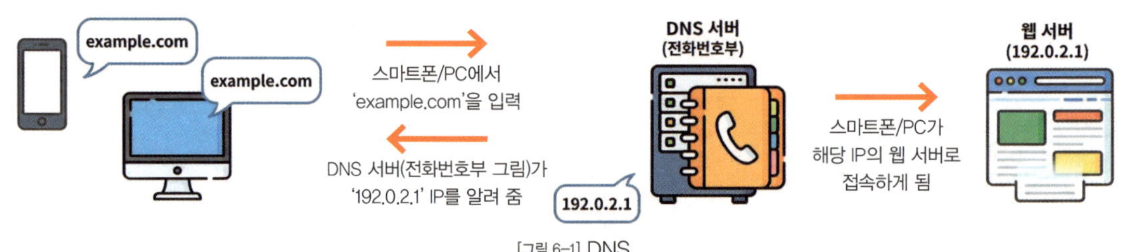

[그림 6-1] DNS

DNS 서비스가 있기 때문에 긴 숫자 대신 example.com과 같은 도메인명만 입력해도 원하는 웹 사이트로 갈 수 있습니다. 아마존은 Route 53과 같은 DNS 서비스를 이용하여 www.example.com과 같이 사람이 읽을 수 있는 이름을 192.0.2.1과 같은 숫자 IP 주소로 변환하여 컴퓨터가 서로 통신할 수 있도록 합니다.

▌1-2 도메인의 구조: 주소 체계 이해하기

인터넷 주소(도메인)는 오른쪽에서 왼쪽으로 읽으며 해석합니다. 마치 현실 세계의 주소(대한민국→서울시→강남구)처럼 계층 구조를 가집니다.

- **루트 도메인(Root Domain)**: 인터넷 주소 체계의 시작점입니다(예 www.example.co.kr.에는 맨 뒤에 루트 도메인 .이 숨어 있습니다).
- **최상위 도메인(TLD, Top-Level Domain)**: .com, .org(일반) 또는 .kr, .jp(국가)처럼 도메인의 종류나 목적을 나타냅니다(AWS도 .aws라는 자체 TLD를 가지고 있습니다).
- **2단계 도메인(SLD)**: example, naver처럼 우리가 등록하고 싶은 나만의 이름입니다.
- **서브 도메인(Sub Domain)**: www, blog, mail처럼 필요에 따라 앞에 붙여 사용하는 보조 이름입니다.

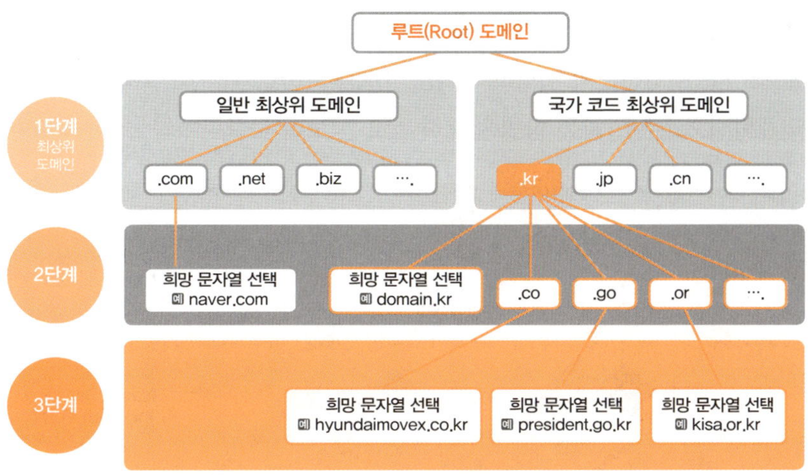

[그림 6-2] DNS 구성 및 체계

도메인을 구입할 경우, 1단계의 도메인 중 하나를 선택한 후 원하는 도메인명을 지정하여 등록합니다. 일반적으로 도메인명 내의 마지막 단어는 최상위 도메인명(top-level domain name)을 나타냅니다. 예를 들어 'example.com'에서 '.com'이 최상위 도메인입니다.

도메인명의 두 번째 단어는 두 번째 수준 도메인명(second-level domain name)이라고 알려져 있습니다. 'example.co.kr'에서 'co'가 이에 해당합니다.

최상위 도메인명은 인터넷 할당 번호 관리 기관(Internet Assigned Numbers Authority, IANA)에 의해 관리됩니다. 모든 사용 가능한 최상위 도메인은 공개적으로 접근 가능한 데이터베이스(http://www.iana.org/domains/root/db)에 저장되어 있습니다.

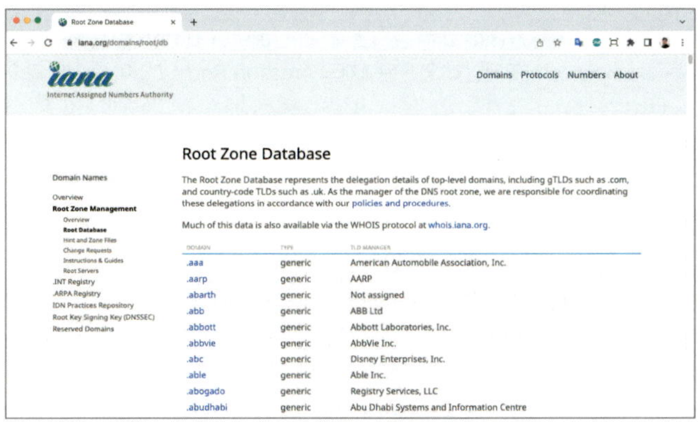

[그림 6-3] DNS의 계층 구조

AWS는 그들 만의 최상위 도메인인 '.aws'를 가지고 있습니다. 당연히 그렇게 했을 것이라고 생각할 수 있는데, 이는 AWS가 대형 클라우드 서비스 제공 업체로서 그만큼의 영향력을 가지고 있기 때문입니다. 이렇듯 도메인명은 구조화되어 있고, 각 부분은 특별한 의미와 역할을 가지고 있습니다.

[그림 6-4]는 재귀적 DNS 서비스와 신뢰할 수 있는 DNS 서비스가 서로 연계하여 최종 사용자를 웹 사이트 또는 애플리케이션으로 전달하는 방법에 대한 개요를 보여 줍니다.

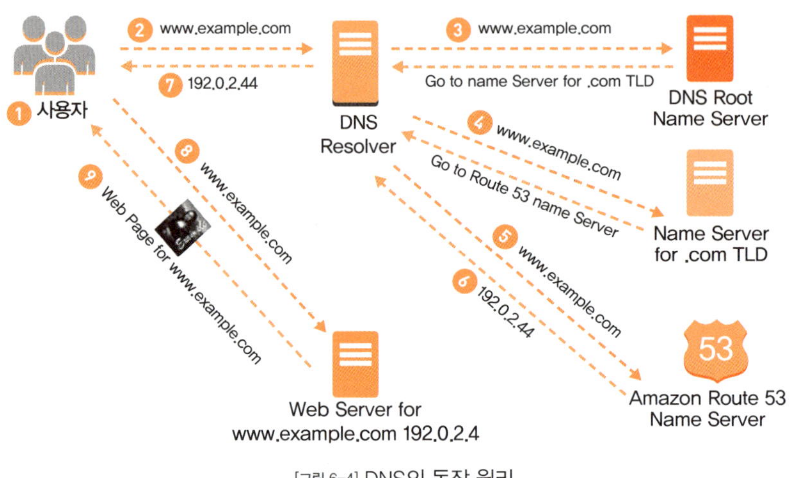

[그림 6-4] DNS의 동작 원리

[표 6-1] 웹 브라우저의 DNS 이름 해석 상세 절차

순서	주요 동작 방식
❶	사용자가 웹 브라우저 주소창에 'www.example.com'을 입력하고 접속 버튼을 클릭합니다.
❷	www.example.com에 대한 요청은 일반적으로 케이블 인터넷 공급 업체, DSL 광대역 공급 업체 또는 기업 네트워크 같은 인터넷 서비스 제공 업체(ISP)가 관리하는 DNS 해석기로 전달됩니다.
❸	ISP의 DNS 해석기는 www.example.com에 대한 요청을 DNS 루트 이름 서버에 전달합니다.
❹	ISP의 DNS 해석기는 www.example.com에 대한 요청을 .com 도메인의 TLD 이름 서버 중 하나에 다시 전달합니다. .com 도메인의 이름 서버는 example.com 도메인과 연관된 4개의 Amazon Route 53 이름 서버의 이름을 사용하여 요청에 응답합니다.
❺	ISP의 DNS 해석기는 Amazon Route 53 이름 서버 하나를 선택해 www.example.com에 대한 요청을 해당 이름 서버에 전달합니다.
❻	Amazon Route 53 이름 서버는 example.com 호스팅 영역에서 www.example.com 레코드를 찾아 웹 서버의 IP 주소 192.0.2.44 등 연관된 값을 받고 이 IP 주소를 DNS 해석기로 반환합니다.
❼	ISP의 DNS 해석기가 마침내 사용자에게 필요한 IP 주소를 확보하게 됩니다. 해석기는 이 값을 웹 브라우저로 반환합니다. 또한 DNS 해석기는 다음에 누군가가 example.com을 탐색할 때 좀 더 빠르게 응답할 수 있도록 사용자가 지정하는 일정 기간 동안 example.com의 IP 주소를 캐싱(저장)합니다. 자세한 내용은 TTL(Time to Live)을 참조합니다.
❽	웹 브라우저는 DNS 해석기로부터 얻은 IP 주소로, www.example.com에 대한 요청을 전송합니다. 여기가 콘텐츠(Contents)가 있는 곳으로, 웹 사이트 엔드포인트(End-Point)로 구성된 Amazon S3 버킷 또는 Amazon EC2 인스턴스에서 실행되는 웹 서버입니다.
❾	192.0.2.44에 있는 웹 서버 또는 그 밖의 리소스는 www.example.com의 웹 페이지를 웹 브라우저로 반환하고, 웹 브라우저는 이 페이지를 표시합니다.

Amazon Route 53란, 가용성과 확장성이 우수한 클라우드 기반의 DNS 웹 서비스입니다. Route 53의 '53'은 DNS 서비스가 사용하는 포트 번호(TCP/UDP 53번)에서 유래했습니다. 이 서비스는 www.example.com과 같은 이름을 192.0.2.1과 같이 컴퓨터 간의 연결을 위해 사용되는 숫자로 된 IP 주소로 변환하며, 개발자와 기업은 최종 사용자를 인터넷 애플리케이션에 매우 안정적이며 비용 효율적으로 연결할 수 있습니다. 또한 사용자의 요청을 Amazon EC2 인스턴스, Elastic Load Balancing, Amazon S3 Bucket 등 AWS에서 실행되는 다양한 인프라에 효과적으로 연결할 수 있습니다. 사용자를 AWS 외부의 인프라로 전달하는 서비스도 Route 53을 사용할 수 있습니다.

[표 6-2] **Amazon Route 53 서비스 개요**

구분	내용
서비스명	Amazon Route 53
설명	가용성과 확장성이 우수한 클라우드 Domain Name System(DNS) 웹 서비스
주요 특징	• 가용성과 확장성이 뛰어난 클라우드 기반 DNS 웹 서비스 • 동적으로 사용자에게 노출될 DNS 레코드 타입과 값 조정 • 각종 다양한 로드 밸런싱 기능 지원 • Amazon Route 53은 IPv6와 완벽하게 호환 • 사용자의 요청을 EC2, ELB, S3 Bucket 등 인프라로 직접 연결 가능 • 외부의 인프라로 라우팅하는 데 Route 53 사용 가능 • Route 53 트래픽 흐름을 사용하면 지연 시간 기반 라우팅 가능 • Route 53에서는 도메인명 등록도 지원
프리티어(Free Tier)	프리티어 없이 종량제 과금으로 사용하는 만큼 지불합니다.

AWS의 다양한 서비스와 연결을 통해 다음과 같은 방법으로 서비스를 사용할 수 있습니다.

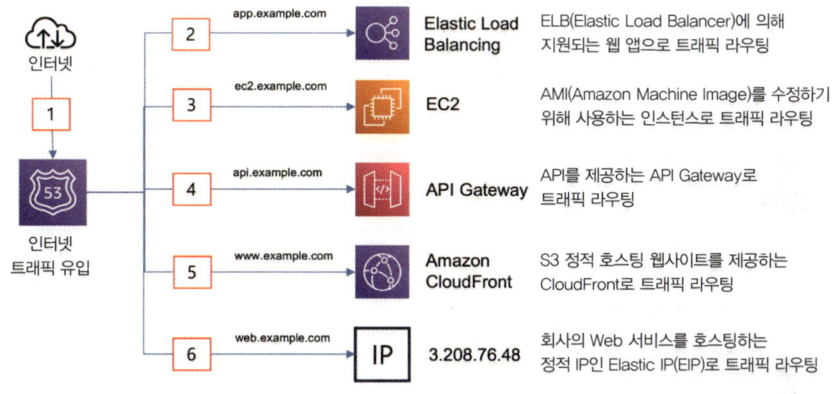

[그림 6-5] Amazon Route 53의 주요 기능과 역할

이외에도 다양한 기능과 AWS의 다양한 서비스 연계를 통해 네트워크 트래픽의 라우팅과 정보의 전달 기능을 수행합니다.

AWS Route 53은 사용할 도메인을 직접 등록하는 기능인 '도메인 등록' 서비스와 등록된 도메인으로 입력된 네트워크 트래픽을 다양한 라우팅 정책에 따라 전환 처리하는 'DNS 라우팅' 서비스와 서버나 시스템의 상태나 장애 발생 시 트래픽을 자동으로 다른 서버로 전환 하는 '상태 검사' 기능을 가지고 있습니다.

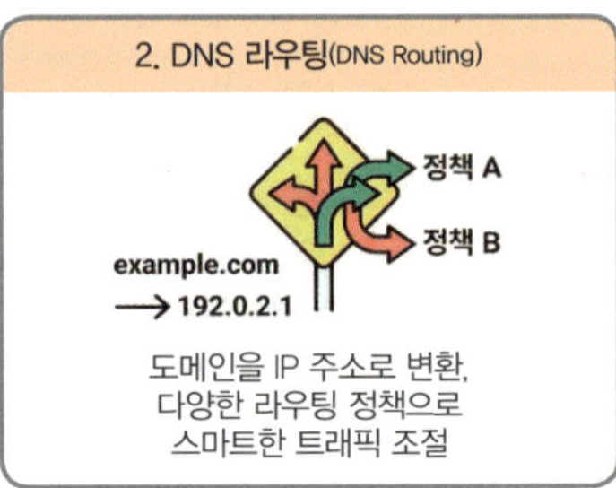

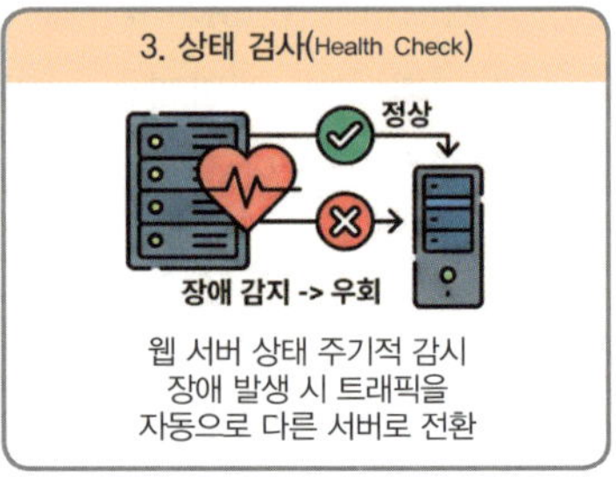

[그림 6-6] Amazon Route 53의 주요 기능과 역할

- **도메인 등록(Domain Registration)**: .com, .kr 같은 도메인명을 구입하고 관리할 수 있습니다(가비아, 후이즈 같은 역할).
- **DNS 라우팅(DNS Routing)**: 도메인명을 IP 주소로 변환해 줍니다. 특히, 다양한 '라우팅 정책'을 통해 트래픽을 스마트하게 조절할 수 있습니다.
- **상태 검사(Health Check)**: 웹 서버가 살았는지 죽었는지 주기적으로 감시합니다. 서버가 죽으면 DNS가 이를 감지하고 다른 서버로 트래픽을 돌릴 수 있습니다.

▌2-2 핵심 **AWS 서비스와의 찰떡 궁합: Alias(별칭) 레코드**

Route 53을 써야 하는 가장 큰 이유 중 하나는 바로 Alias(별칭) 레코드 때문입니다. 보통 도메인에 IP를 연결할 때는 'A 레코드'를, 다른 도메인 주소를 연결할 때는 'CNAME 레코드'를 사용합니다. 하지만 CNAME는 루트 도메인(에 example.com)에 사용할 수 없다는 치명적인 단점이 있습니다.

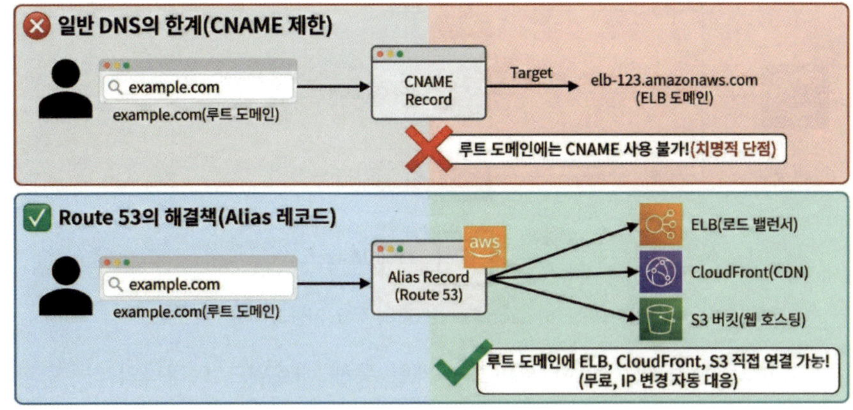

[그림 6-7] Route 53의 Alias 레코드 동작 원리

Route 53의 Alias 레코드는 이 문제를 해결합니다. IP 주소가 수시로 바뀌거나 없는 AWS 리소스들, 즉 ELB(로드 밸런서), CloudFront(CDN), S3 버킷 웹 호스팅 엔드포인트 등에 루트 도메인을 직접, 그 것도 무료로 연결할 수 있게 해 줍니다. 이는 실무에서 Route 53을 사용하는 가장 강력한 이유 중 하나 입니다.

03 트래픽을 지휘하는 교통 경찰: 라우팅 정책(Routing Policies)

Route 53은 단순한 주소 안내를 넘어 사용자의 요청(트래픽)을 상황에 맞게 적절한 서버로 안내하는 똑똑한 교통 경찰 역할을 하며, 일곱 가지 라우팅 정책을 제공합니다.

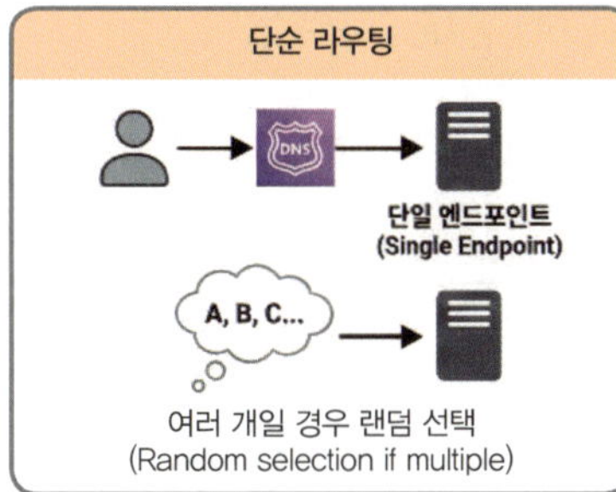

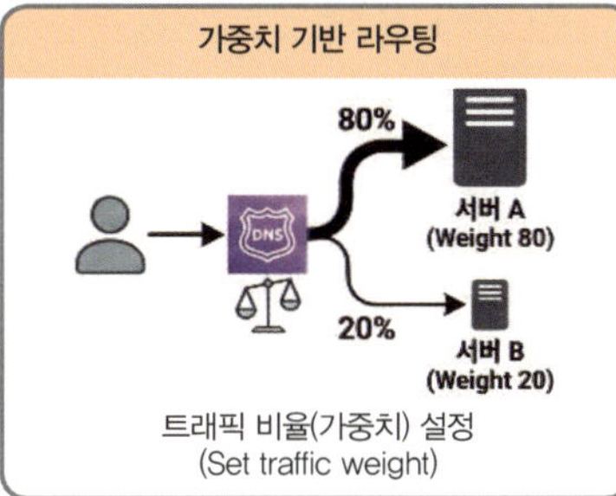

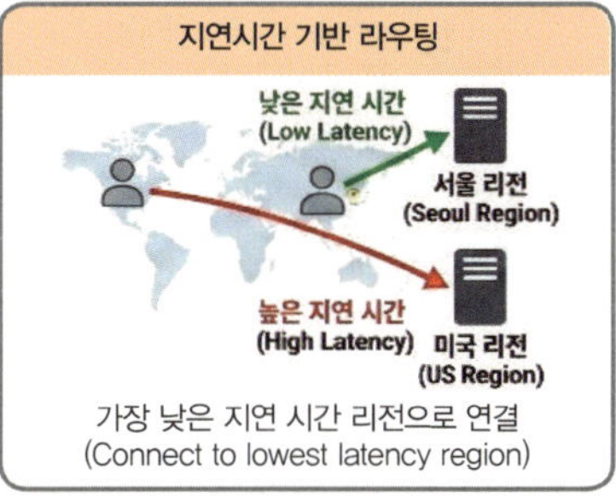

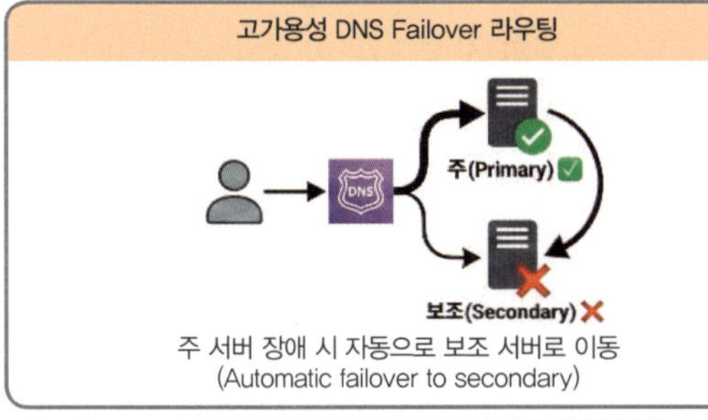

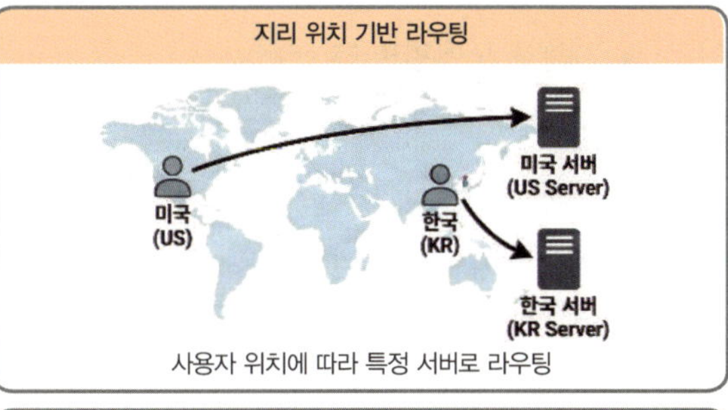

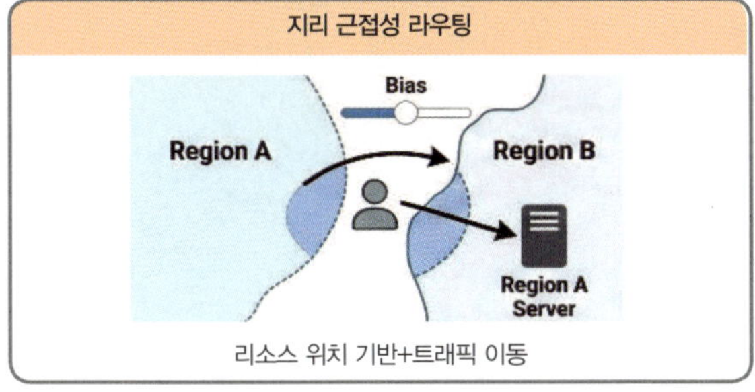

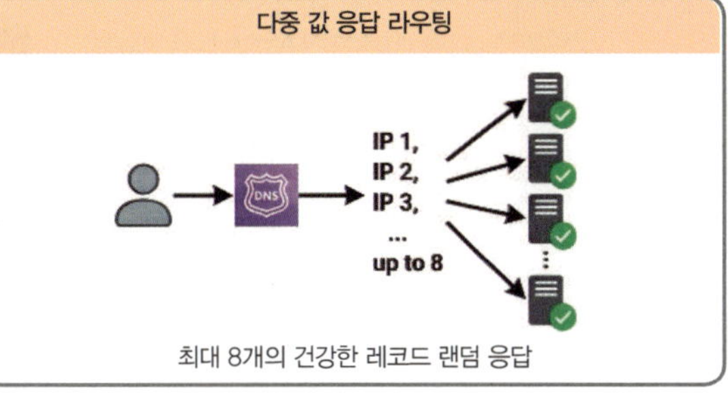

[그림 6-8] Amazon Route 53의 주요 라우팅 정책 비교

라우팅 정책 유형	설명
단순 라우팅 (Simple Routing)	여러 엔드포인트가 있을 경우, 랜덤하게 선택하여 트래픽을 라우팅합니다.
가중치 기반 라우팅 (Weighted Routing)	트래픽을 엔드포인트에 분배하는 비율(가중치)을 설정할 수 있습니다.
지연 시간 기반 라우팅 (Latency–Based Routing)	사용자에게 가장 낮은 지연 시간을 제공하는 리전으로 트래픽을 라우팅합니다.
고가용성 DNS Failover 라우팅 (DNS Failover Routing)	주 엔드포인트에 문제가 발생하면 자동으로 보조 엔드포인트로 트래픽이 이동합니다.
지리 위치 기반 라우팅 (Geolocation Routing)	사용자의 지리적 위치에 따라 트래픽을 특정 엔드포인트로 라우팅합니다.
지리 근접성 라우팅 (Geo–proximity Routing)	리소스의 지리적 위치를 기반으로 트래픽을 라우팅하며, 선택적으로 한 지역의 리소스에서 다른 지역의 리소스로 트래픽을 이동시킬 수 있습니다.
다중 값 응답 라우팅 (Multi–value Answer Routing)	DNS 쿼리에 대해 여러 개(최대 8개)의 건강한 레코드를 랜덤으로 선택하여 응답하게 됩니다.

각 라우팅 정책 유형별 세부 특징 및 서비스 구조는 다음과 같습니다.

▌3-1 단순 라우팅

단순 라우팅(Simple Routing)은 Amazon Route 53에서 제공하는 가장 기본적인 라우팅 정책입니다. 이 정책은 단일 도메인명(예 www.example.com)에 대해 하나 이상의 값을 반환할 수 있습니다. 단순 라우팅은 일반적으로 다음과 같은 경우에 사용됩니다.

- **단일 리소스에 라우팅:** 당신이 도메인명을 단일 리소스(예 단일 웹 서버 또는 데이터베이스 서버)로 라우팅하려는 경우, 단순 라우팅을 사용할 수 있습니다.
- **다중 리소스에 라우팅:** 도메인명에 대해 여러 개의 IP 주소를 지정하고, 이를 랜덤하게 반환하여 로드를 분산할 수 있습니다.

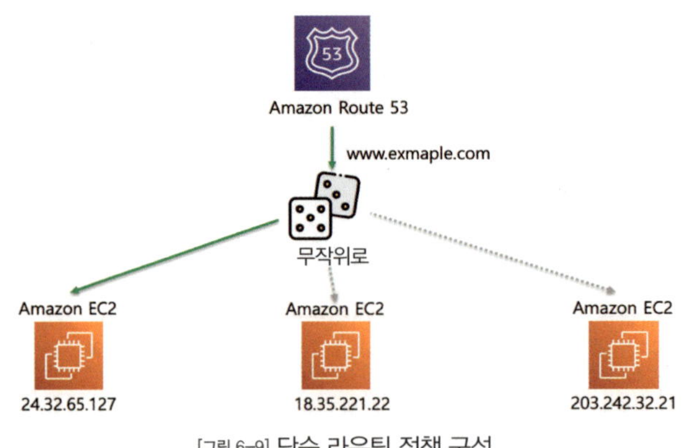

[그림 6–9] 단순 라우팅 정책 구성

단순 라우팅 정책의 작동 방식은 다음과 같습니다.

- 사용자가 DNS 쿼리를 수행하면, Route 53은 해당 도메인명에 지정된 모든 리소스 레코드 중 하나를 랜덤하게 선택합니다.
- 선택된 리소스 레코드의 IP 주소나 CNAME를 반환하여 사용자의 요청을 해당 리소스로 라우팅합니다.

단순 라우팅은 복잡한 로드 분산, 레이턴시 최적화, Failover 등의 고급 기능을 제공하지 않습니다. 그러나 작은 규모의 애플리케이션 또는 간단한 웹 사이트에서는 충분히 유용하게 사용될 수 있습니다.

▌3-2 가중치 기반 라우팅

가중치 기반 라우팅(Weighted Routing)은 Amazon Route 53의 라우팅 정책 중 하나로, 다양한 엔드포인트에 트래픽을 지정된 가중치에 따라 분배하는 방법을 제공합니다. 주요 내용은 다음과 같습니다.

[표 6-4] **가중치 기반 라우팅(Weighted Routing) 주요 특징**

분류	내용
작동 원리	• 가중치 설정: 각 엔드포인트에 가중치 할당 • DNS 쿼리 처리: 설정된 가중치에 따라 엔드포인트 선택 • 트래픽 분배: 설정된 가중치에 비례하여 트래픽 분배
사용 사례	A/B 테스팅, 점진적 릴리즈, 리소스 최적화
장점	유연한 트래픽 분배, 테스팅에 용이, 다양한 엔드포인트 설정 가능
단점	설정이 복잡할 수 있음, 가중치 설정을 잘못하면 트래픽 분배가 불균형할 수 있음

이 정책을 사용하면, 예를 들어 전체 웹 트래픽의 10%를 실험적인 기능을 가진 서버로, 나머지 90%는 일반 서버로 보낼 수 있습니다.

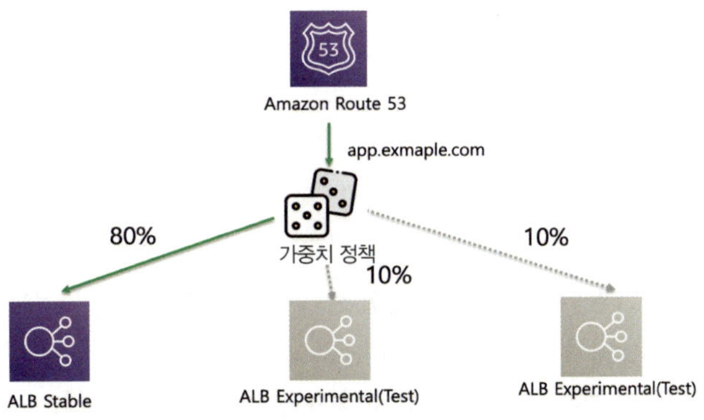

[그림 6-10] **가중치 기반 라우팅을 이용한 트래픽 분산**

이런 방식은 실험적인 기능이나 업데이트를 안전하게 테스트하고 Roll-Out을 할 때 유용합니다. 예를 들어, 실험적인 기능을 가진 애플리케이션 로드 밸런서(ALB)가 있을 때 가중치 라우팅 정책을 사용하면 소수의 사용자만이 이 실험적인 기능을 경험하게 할 수 있습니다. 이렇게 하면 실험적인 기능이 일으킬 수 있는 문제의 영향을 최소화할 수 있습니다.

 지연 시간 기반 라우팅(Latency-Based Routing)

사용자의 요청을 가장 낮은 네트워크 지연(latency)을 가진 엔드포인트나 리소스로 라우팅하는 방법입니다. 이 방식은 주로 지리적으로 분산된 서버 인프라에서 효율적인 트래픽 분배를 위해 사용됩니다. 예를 들어, 동일한 웹 애플리케이션을 미국과 유럽, 아시아의 여러 데이터 센터에 배포했다고 가정해 봅시다. 미국에서의 사용자 요청은 미국 데이터 센터로, 유럽에서의 요청은 유럽 데이터 센터로, 그리고 아시아에서의 요청은 아시아 데이터 센터로 라우팅되어야 합니다. 이럴 때 지연 시간 기반 라우팅을 사용하면, 각 사용자의 요청은 그에 가장 가까운 데이터 센터로 자동 라우팅됩니다. 이로써 네트워크 지연 시간이 최소화되고 사용자 경험이 향상됩니다.

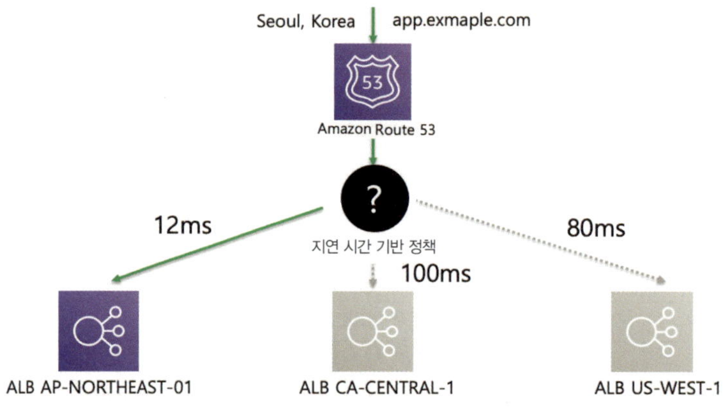

[그림 6-11] 지연 시간 기반 라우팅의 동작 원리

AWS Route 53 같은 DNS 서비스에서는 이러한 지연 시간 기반 라우팅을 설정하고 관리할 수 있는 기능을 제공합니다. 여러 리전에 걸쳐 서비스가 배포되어 있다면, 지연 시간 기반 라우팅은 각 리전의 상태를 실시간으로 모니터링하여 가장 효율적인 라우팅을 결정합니다. 이러한 방식은 빠르고 효율적인 서비스를 제공하려는 글로벌 서비스에 특히 유용합니다.

 고가용성 DNS Failover 라우팅(DNS Failover Routing)

Route53은 상태 검사와 연결된 장애 조치(Failover) 레코드를 구성할 수 있습니다. 만일 상태 검사에서 연결 상태로 정상 상태가 반환되면 애플리케이션은 계속 정상적으로 작동합니다.

하지만 상태 검사에서 연결 상태가 비정상 상태가 반환되면 Amazon Route 53에서 정상 상태가 아닌 끝점 값을 반환하지 않고 오류 복구 레코드의 값에 대해 응답하기 시작합니다. DNS Failover Record를 활용하면 외부 사용자를 애플리케이션의 오류나 시스템 장애 상황에서 미리 정의된 애플리케이션이나 정상적으로 도달 가능한 외부 리소스로 연결을 전환합니다. 이렇게 애플리케이션이나 시스템의 장애 상황에서 정상적인 엔드포인트로 장애 조치(Failover)를 수행하면 웹 사이트 또는 애플리케이션의 다운 타임을 최소화할 수 있습니다.

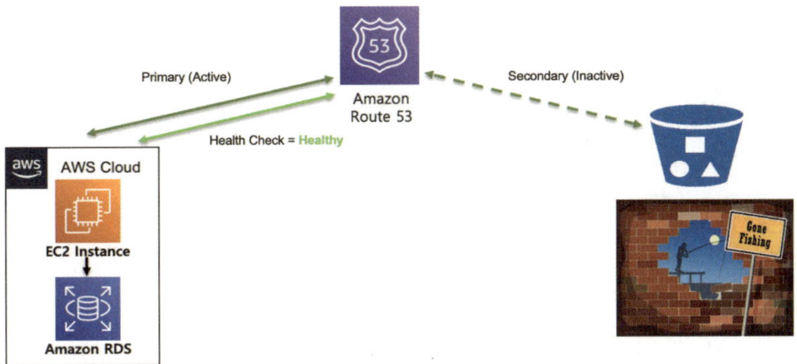

[그림 6-12] Route 53 고가용성 DNS 서비스(Healthy)

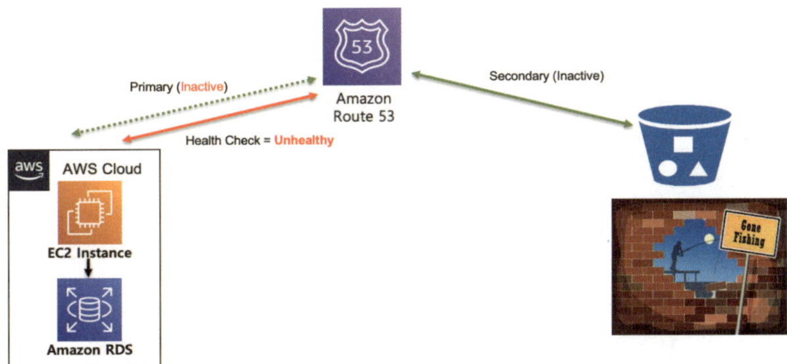

[그림 6-13] Route 53 고가용성 DNS 서비스(Unhealthy–Failover)

▌3-5 지리 위치 기반 라우팅

지리 위치 기반 라우팅(Geolocation Routing)은 DNS 쿼리를 만든 사용자의 지리적 위치에 따라 트래픽을 특정 서버나 리소스로 라우팅하는 방법입니다. 이 방식은 주로 특정 지역에 콘텐츠나 서비스를 최적화하거나 지역적 규제를 준수하기 위해 사용됩니다.

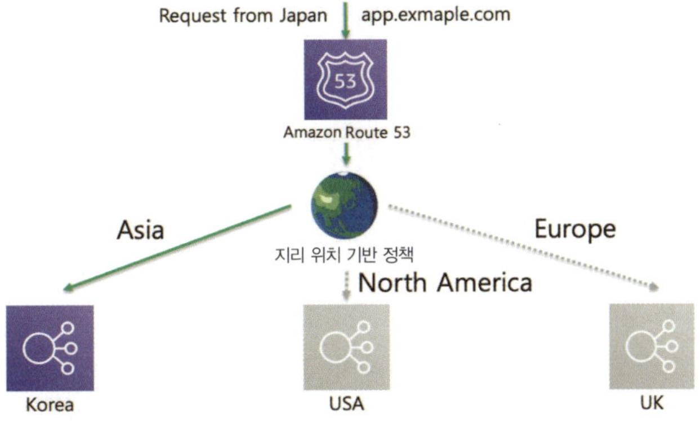

[그림 6-14] 지리 위치(Geolocation) 기반 라우팅 아키텍처

예를 들어, 한 서비스가 미국과 유럽, 아시아에서 다른 형태의 콘텐츠를 제공해야 할 경우, 지리 위치 기반 라우팅을 이용하여 미국에서의 요청은 미국 서버로, 유럽에서의 요청은 유럽 서버로, 아시아에서 온 요청은 아시아 서버로 보낼 수 있습니다. 이렇게 하면 사용자는 그들의 지리적 위치에 가장 적합한 콘텐츠나 서비스를 빠르게 이용할 수 있습니다.

AWS Route 53과 같은 고급 DNS 서비스는 이러한 지리 위치 기반 라우팅을 설정할 수 있는 옵션을 제공합니다. 관리자는 국가 레벨, 지역 레벨, 심지어 도시 레벨까지도 정밀하게 지리 위치 기반 라우팅을 설정할 수 있습니다. 이 설정은 도메인명(DNS) 해석 시에 자동으로 적용됩니다. 지리 위치 기반 라우팅은 지역적인 규제나 제한, 특정 지역에서만 제공되는 서비스 또는 지역별 사용자 경험을 최적화하고자 할 때 유용하게 사용됩니다.

▌3-6 지리 근접성 라우팅

지리 근접성 라우팅(Geo-proximity Routing)은 사용자의 지리적 위치와 클라우드 리소스의 지리적 위치를 모두 고려하여 트래픽을 라우팅하는 방식입니다. 이는 지리 위치 기반 라우팅과 비슷하지만, 리소스의 위치까지 고려한다는 점에서 차이가 있습니다. 또한 필요에 따라 특정 리소스로 트래픽을 시프트(shift)하는 옵션도 제공됩니다.

[그림 6-15] 지리 근접(Geoproximity) 라우팅과 트래픽 바이어스(Bias) 설정

예를 들어, 애플리케이션의 사용자가 주로 미국 동부와 미국 서부에 분포되어 있다고 가정해 봅시다. 미국 동부에는 리소스가 넉넉하지만, 미국 서부의 리소스는 한계에 다다르고 있을 수 있습니다. 이 경우, 지리 근접성 라우팅을 사용하여 동부 사용자의 일부 트래픽을 서부 리소스로 자동 시프트할 수 있습니다. 이렇게 하면 리소스 사용이 균형을 이루게 되고, 전체 시스템의 효율과 성능이 향상됩니다.

AWS의 Route 53 서비스에서는 이러한 지리 근접성 라우팅을 설정할 수 있는 옵션을 제공합니다. 이 방식은 전 세계 여러 위치에 분포된 리소스를 효과적으로 관리하고, 근접한 리소스를 자동으로 선택하여 지연 시간을 줄이고 사용자 경험을 향상시키는 데 유용합니다.

기본적으로는 가까운 리소스로 라우팅되지만, 사용자 지정 '바이어스(bias)' 설정을 통해 특정 리소스에 더 많은 트래픽을 보내거나 적게 보낼 수도 있습니다. 이러한 바이어스 설정은 특정 리소스가 더 높은 용량이나 더 빠른 응답 시간을 가지고 있을 때 유용하게 활용될 수 있습니다.

▌3-7 다중 값 응답 라우팅

다중 값 응답 라우팅(Multi-value Answer Routing)은 DNS 쿼리에 대한 응답으로 여러 개의 리소스 레코드를 반환할 수 있는 라우팅 정책입니다. 이 정책은 최대 8개의 정상 작동하는 레코드를 랜덤하게 선택하여 응답합니다. 이 방식은 단순 라우팅과 비슷하지만, 여러 대상 중에서 랜덤하게 선택하는 대신 설정된 모든 건강한 대상을 응답으로 제공합니다. 다중 값 응답 라우팅은 주로 다음과 같은 상황에서 유용합니다.

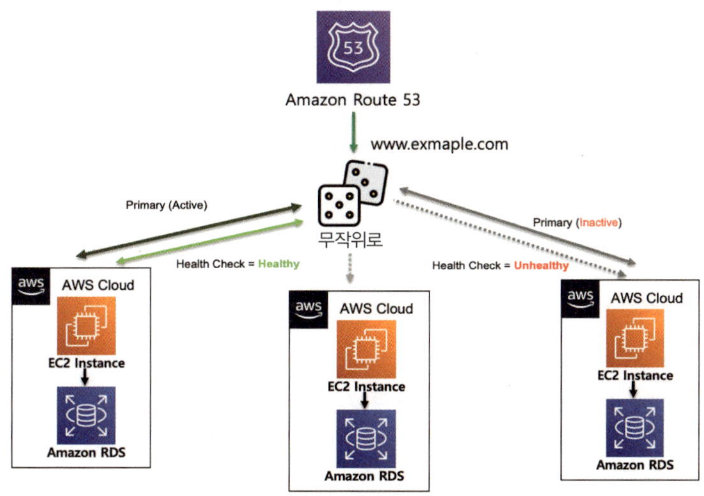

[그림 6-16] 다중 값 응답 라우팅을 통한 부하 분산

- **로드 분산:** 여러 서버나 엔드포인트가 동일한 서비스를 제공할 때 이들 간에 트래픽을 균등하게 분산할 수 있습니다.
- **고가용성:** 하나의 리소스가 실패할 경우, DNS 쿼리는 자동으로 다른 건강한 리소스로 라우팅됩니다. 이로 인해 서비스 중단 시간이 최소화됩니다.
- **단순성:** 이 정책은 설정이 간단하며, 복잡한 라우팅 로직 없이도 다중 서버 환경에서의 로드 분산과 고가용성을 달성할 수 있습니다.

AWS의 Route 53에서는 다중 값 응답 라우팅을 설정할 때 각 레코드에 대한 건강 상태 검사도 함께 설정할 수 있습니다. 이렇게 하면, 리소스의 건강 상태에 따라 자동으로 라우팅이 조정되므로 더욱 높은 서비스 가용성을 유지할 수 있습니다. 단, 이 방식은 단순한 사용 사례에는 적합하지만, 지리적 라우팅이나 가중치 기반의 복잡한 라우팅을 필요로 하는 상황에서는 다른 라우팅 정책을 고려할 필요가 있습니다.

이제 이론으로 배운 Route 53을 실제 AWS 환경에서 사용해 볼 차례입니다. 여러분이 만든 웹 서버에 54.123.×××.××× 같은 삭막한 IP 대신, www.myservice.com과 같은 멋진 이름을 달아 주는, 설레는 순간입니다.

시나리오

이번 실습은 총 세 부분으로 구성됩니다. 여러분의 상황에 맞춰 선택하여 진행하세요.

실습 1 Route 53에서 도메인 직접 구입하기: 가장 간편하지만 비용이 발생합니다. 나만의 도메인을 영구히 소유하고 싶은 분께 추천합니다.

실습 2 다른 곳에서 산 도메인을 Route 53에 등록하기: 가비아, 후이즈 등에서 이미 도메인을 구입한 경우에 진행합니다(도메인 구입 비용 별도).

실습 3 웹 서버에 도메인 연결하기: (실습 1 또는 실습 2 를 완료한 후) 실제 EC2 웹 서버의 IP 주소와 도메인명을 연결합니다.

4-1 실습 1 Route 53에서 DNS 구입하기

이 실습에서는 DNS를 등록하기 위해 AWS Route 53 콘솔에서 직접 도메인을 검색하고 구입하는 방법에 대해 실습을 진행하겠습니다.

필독 도메인 구입 비용 경고! 도메인 구입은 AWS 프리티어에 포함되지 않으며, 구입하는 순간 최소 약 12~30달러(연간) 이상의 비용이 즉시 청구됩니다. 또한 도메인 구입은 취소나 환불이 절대 불가능합니다. 비용 발생을 원치 않으면 실습 1 을 건너뛰고, 실습 2 의 내용을 참고하거나 무료 도메인 서비스(Freenom 등)를 활용하세요.

01 AWS Management Console에 로그인한 후 검색창에서 Route 53을 검색하고 [Route53]를 클릭하여 Route 53 서비스로 이동합니다.

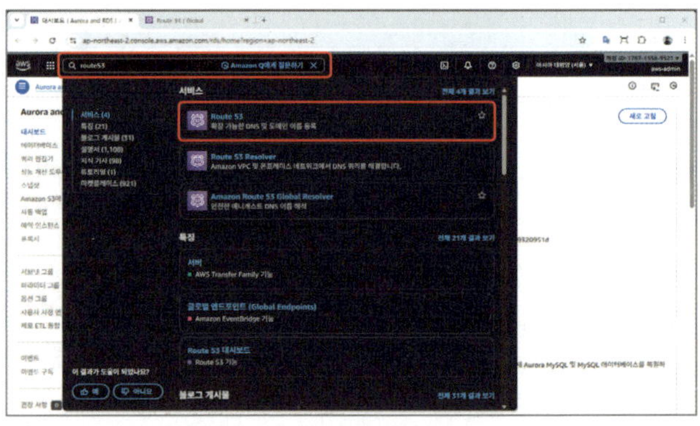

02 왼쪽 내비게이션 메뉴에서 [대시보드]를 클릭한 후 [도메인 등록] 버튼을 클릭합니다.

03 **[도메인 등록]** 페이지에서 등록을 원하는
도메인을 검색하기 위해 '도메인 검색'
창에서 등록을 원하는 도메인을 입력한
후 **[검색]** 버튼을 클릭하여 하단에 등록
가능한 도메인 정보를 확인합니다.

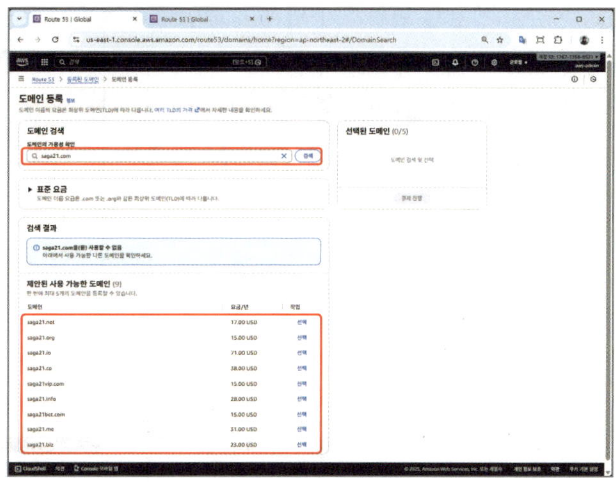

04 검색 결과에서 구매할 도메인 오른쪽에
[선택] 버튼을 클릭한 후 **[결제 진행]** 버튼
을 클릭합니다.

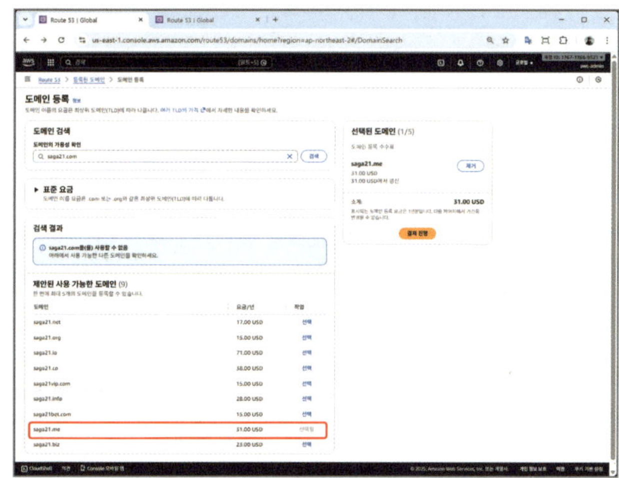

05 **[도메인 요금 옵션]** 페이지에서 도메인명,
기간, 자동 갱신에 대한 세부 정보를 확
인한 후 결제를 원한다면 **[다음]** 버튼을
클릭합니다.

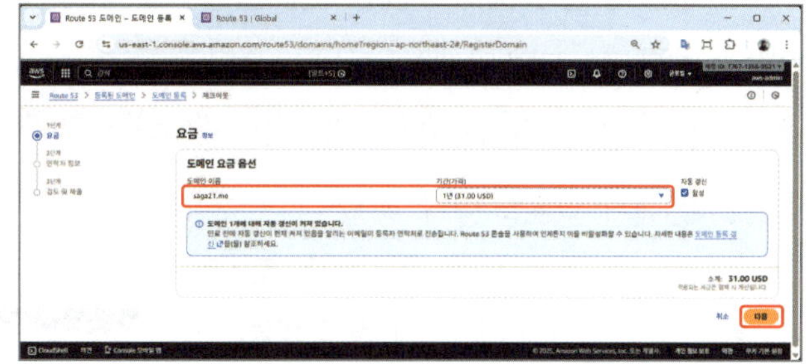

06 연락처 정보를 입력하기 위해 도메인 등록자(소유자) 정보를 영문으로 정확히 입력한 후 [다음] 버튼을 클릭합니다(개인 정보 보호 옵션을 활성화하는 것을 권장합니다).

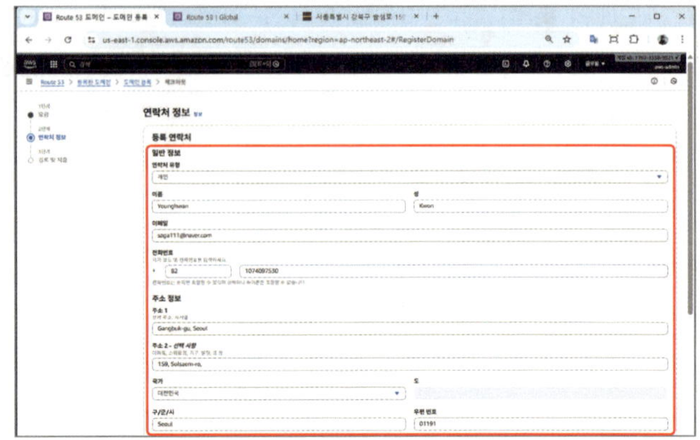

07 검토 및 구매를 마무리하기 위해 모든 정보와 최종 비용을 확인한 후 하단의 이용 약관에 동의하고 [제출] 버튼을 클릭합니다.

도메인 등록이 완료되기까지 몇 분에서 최대 몇 시간이 걸릴 수 있습니다. 등록이 완료되면 등록한 이메일로 알림이 오며, Route 53 콘솔의 [호스팅 영역] 메뉴에 해당 도메인이 자동으로 추가된 것을 볼 수 있습니다.

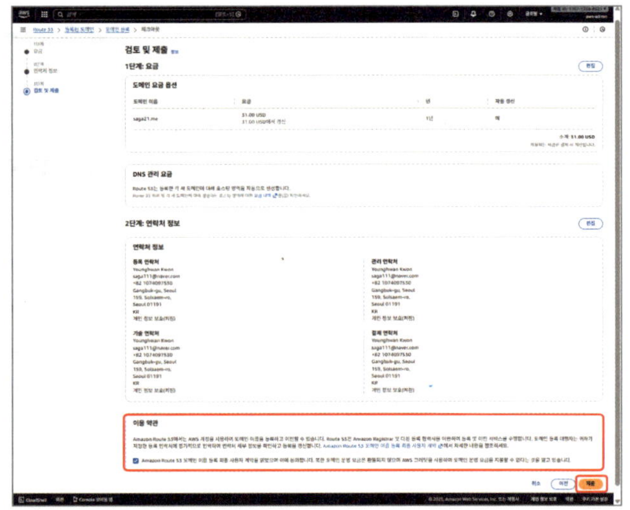

▌4-2 실습 2 다른 곳에서 구매한 도메인을 Amazon Route 53에 등록하기

이번 실습에서는 가비아, GoDaddy, 후이즈 등 타 등록 대행 업체에서 구입한 도메인의 DNS 관리를 Amazon Route 53으로 위임하여 도메인을 관리하는 방법을 알아보겠습니다.

Route 53에서 '호스팅 영역' 생성

01 Route 53 콘솔 왼쪽 메뉴에서 [호스팅 영역]을 클릭한 후 [호스팅 영역 생성] 버튼을 클릭합니다.

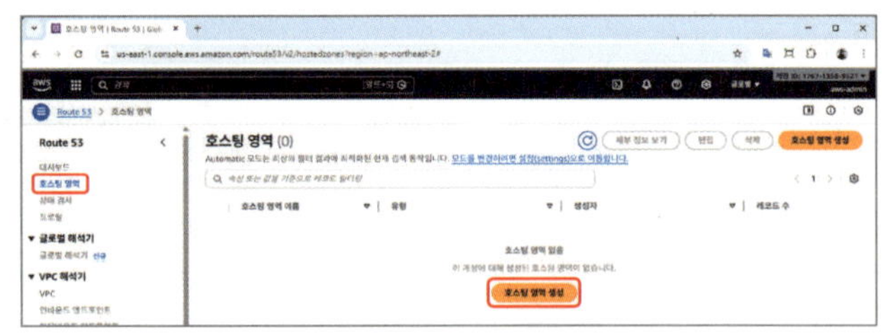

02 호스팅 영역을 생성하기 위해 정보를 다음과 같이 입력한 후 [**호스팅 영역 생성**] 버튼을 클릭합니다.

- 도메인명: 타사에서 구입한 도메인명(⬛ example.co.kr)을 정확히 입력(www는 빼고 입력)
- 설명: 도메인 대한 설명 입력
- 유형: [퍼블릭 호스팅 영역] 선택

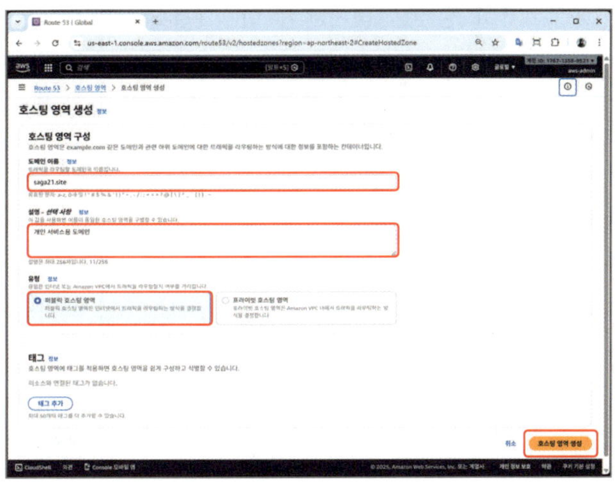

03 생성된 호스팅 영역의 상세 화면에서 NS(네임서버) 레코드를 확인합니다. 여기에 표시된 4개의 네임서버 주소(ns-×××.awsdns-××.com 등)를 따로 적어 두고 이전에 도메인을 구매한 업체(후이즈, 가비아 등)의 [**도메인 관리**] 페이지로 이동합니다.

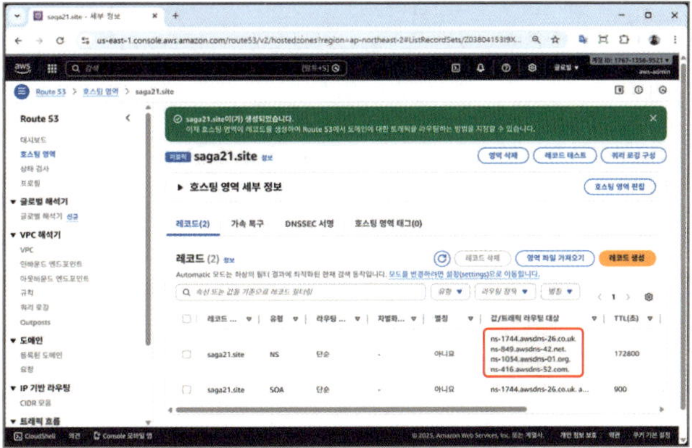

도메인 등록 대행 업체 사이트에서 네임서버 변경

01 도메인을 구입한 사이트(⬛ 가비아)에 로그인하여 [**도메인 관리**] 페이지로 이동합니다.

02 네임서버 설정을 변경하기 위해 **[설정]** 버튼을 클릭합니다.

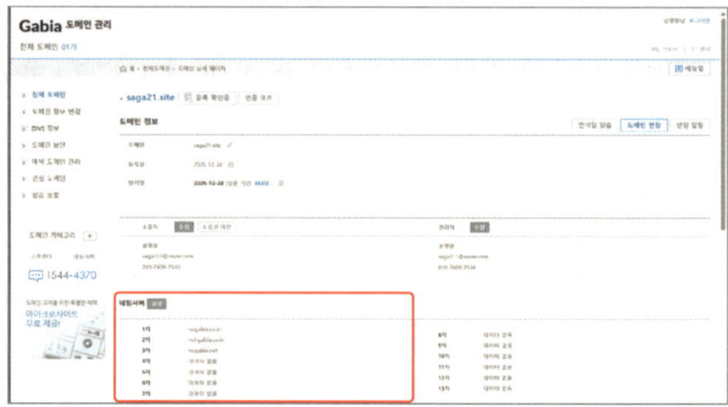

03 기존 네임서버 정보를 모두 지운 후 방금 Route 53에서 적어 둔 4개의 네임서버 주소를 순서대로 입력합니다.

04 새롭게 등록한 Name Server가 정상적으로 등록되었다는 것을 확인합니다.

05 윈도우에서 Ctrl + R 을 누른 후 'cmd'를 입력합니다. 그런 다음 Command 창을 띄우고 다음과 같이 설정하면, 도메인 정보가 정상적으로 업데이트되었다는 것을 확인할 수 있습니다.

- Ctrl + R → 'cmd' 입력 → Enter 를 통해 Command 창 띄움
- nslookup Enter
- set type=ns Enter
- saga21.site(enter) //구매한 도메인 정보 입력

이제 준비된 도메인명(호스팅 영역)과 실제 웹 서버를 연결할 차례입니다. 가장 기본적인 'A 레코드'를 사용합니다.

사전 준비 사항

- 실행 중인 EC2 웹 서버: 2부 실습에서 만든 웹 서버 인스턴스가 실행 중이어야 합니다.
- 탄력적 IP(Elastic IP): 웹 서버의 IP가 바뀌지 않도록 탄력적 IP를 할당하여 EC2에 연결해 두는 것을 강력히 권장합니다.
- EC2 설치 시에 기본 제공되는 퍼블릭 IP는 서버를 재시작하게 되면 IP가 변경됩니다. 도메인 연결을 지속적으로 유지를 원하는 경우 탄력적 IP를 사용하길 권고합니다.

01 Route 53 콘솔의 **[호스팅 영역]** 목록 에서 여러분의 도메인명(예 example. com)을 클릭합니다.

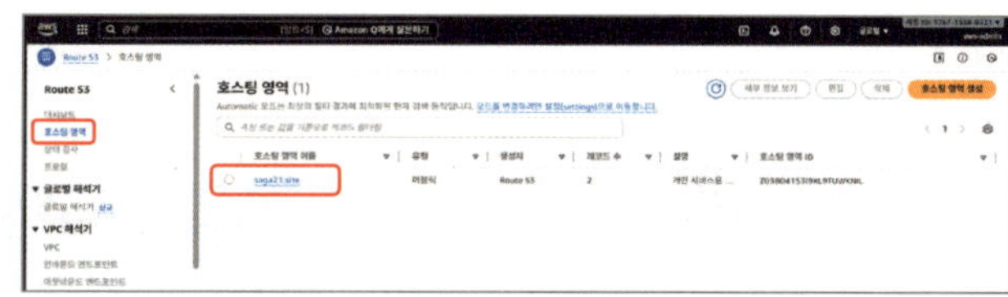

02 호스트 영역 **[세부 정보]** 페이지에서 **[레코드 생성]** 버튼을 클릭합니다.

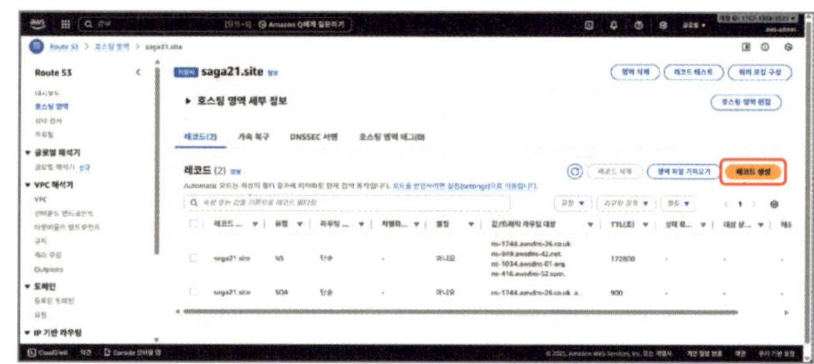

03 **[빠른 레코드 생성]** 페이지에서 다음과 같 이 설정한 후 **[레코드 생성]** 버튼을 클릭 합니다.

- 레코드 이름: 앞부분을 비워 두면 루트 도메인 (example.com)이 되고, www를 입력하면 서브 도메인(www.example.com)이 됩니다. 보통 둘 다 만듭니다(여기서는 www를 입력해 봅시다).
- 레코드 유형: [A–IPv4 주소 등으로 트래픽 라우팅] 선택
- 값: EC2 웹 서버의 '퍼블릭 IP 주소'(또는 탄력적 IP) 입력
- TTL(초): 기본값(300) 유지
- 라우팅 정책: [단순 라우팅] 선택

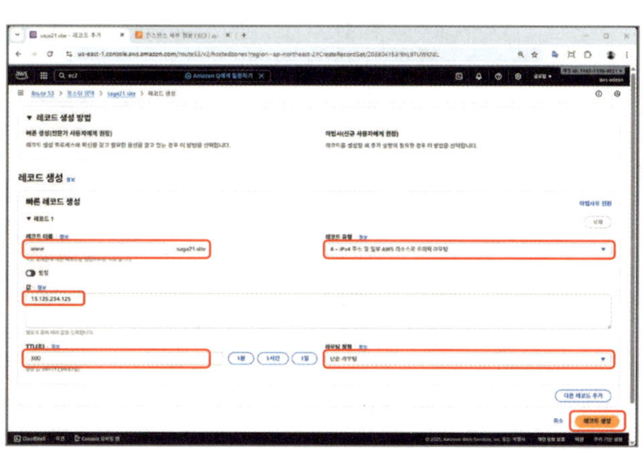

04 약 1~2분 후 웹 브라우저 주소창에 여러분이 연결한 도메인(예 http://www.saga21.site:3000)을 입력해 봅니다. 5부에서 보았던 익숙한 웹 페이지가 나타난다면 성공입니다.

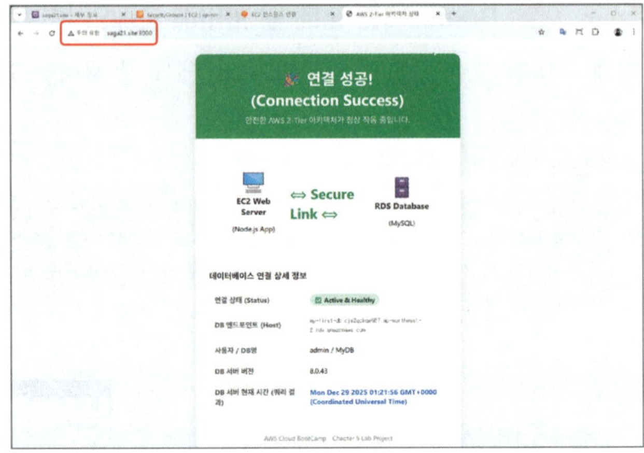

05 | SAA 시험 대비 비법 노트

▌5-1 시험 직전 3분컷! 시험 대비 오답 노트

■ **Amazon Route 53(DNS 서비스)**
- 핵심 기능: 도메인 등록, DNS 라우팅, 상태 검사
  필수 라우팅 정책(Routing Policies)
  - Simple(단순): 하나의 도메인에 하나의 리소스 연결(라운드 로빈 가능하지만 상태 검사 불가)
  - Weighted(가중치): 트래픽 비율 조절(예 A서버 80%, B서버 20%), Blue/Green 배포나 마이그레이션 테스트용
  - Latency(지연 시간): 사용자와 가장 지연 시간(Ping)이 짧은(가까운) 리전으로 보냄(글로벌 서비스 속도 최적화)
  - Failover(장애 조치): Active–Passive 구성, 주 서버가 죽으면(상태 검사 실패) 보조 서버(S3 정적 웹 등)로 보냄(DR)
  - Geolocation(지리적): 사용자의 실제 위치(국가/지역) 기반(예 한국인은 한국 서버, 미국인은 미국 서버). 규정 준수(GDPR), 언어 설정용
  - Geoproximity(지리적 근접성): 지도상의 거리+Bias(편향) 값으로 커버리지 조절(Traffic Flow 기능 필요)
  - Multivalue Answer: Simple과 비슷하지만, 상태 검사 가능(여러 서버 중 건강한 IP만 반환)

■ **Amazon API Gateway**
- 역할: 클라이언트와 백엔드(Lambda, EC2 등) 사이의 '대문', API 생성, 배포, 유지 관리
- 주요 기능
  - Throttling(제한): 초당 요청 수 제한하여 백엔드 보호(DDoS 방지)
  - Caching(캐싱): 반복된 요청 결과를 저장해 뒀다가 바로 반환(백엔드 부하 감소, 비용 절감)
  - API Keys & Usage Plans: 유료 API 서비스 만들 때 사용(키 발급하고 호출 횟수 제한)
  - WebSocket API: 실시간 양방향 통신(채팅 앱, 주식 시세)
- Endpoint Types
  - Edge–optimized: 글로벌 클라이언트용(CloudFront 엣지 사용)
  - Regional: 같은 리전 내 클라이언트용
  - Private: VPC 내부에서만 접속 가능(Interface Endpoint 사용)

■ **데이터 보안 및 암호화(KMS & Secrets Manager)**
- AWS KMS(Key Management Service)
  - CMK(Customer Master Key): 암호화 키를 생성하고 관리
  - Symmetric(대칭키): 암호화/복호화 키가 같음(S3, EBS 등 대부분의 AWS 서비스)
  - Asymmetric(비대칭키): 공개키/개인키 쌍(서명/검증, 외부 통신)
  - Envelope Encryption(봉투 암호화): 데이터 키(Data Key)로 데이터를 암호화하고, 그 데이터 키를 마스터 키(CMK)로 암호화함(대용량 데이터 성능 효율)
- AWS Secrets Manager vs. Parameter Store
  - Secrets Manager: DB 비밀번호, API 키 저장, '자동 로테이션(Rotation)' 지원(Lambda 사용)(유료)
  - SSM Parameter Store: 설정 값, 환경 변수 저장, 로테이션 기능 없음(무료/유료)

▌5-2 SAA 적중 실전 문제(10문항)

Q1 글로벌 성능 최적화(Latency Routing)

한 게임 회사가 전 세계 사용자를 대상으로 멀티플레이어 게임 서버를 운영합니다. 사용자는 AWS의 여러 리전에 분산되어 있습니다. 사용자에게 가장 빠른 응답 속도를 제공하는 리전의 서버로 연결해 주는 Route 53 라우팅 정책은?

A. Geolocation Routing(지리적 라우팅)
B. Latency Routing(지연 시간 라우팅)
C. Weighted Routing(가중치 기반 라우팅)
D. Failover Routing(장애 조치 라우팅)

정답 B

해설 '가장 빠른 응답 속도', '최소 지연 시간'은 Latency Routing입니다. Geolocation(A)은 물리적 위치(국가) 기준이라 네트워크 속도와 반드시 일치하지 않을 수 있습니다.

Q2 재해 복구 자동화(Failover Routing)

주 리전(Primary)에서 EC2로 웹 애플리케이션을 운영 중이고, 보조 리전(Secondary)에 S3 정적 웹 사이트로 [점검 중] 페이지를 만들어 두었습니다. 주 리전 장애 시 자동으로 S3 페이지를 보여 주려면?

A. Route 53 Simple Routing 사용
B. Route 53 Failover Routing을 구성하고 상태 검사를 연결한다.
C. CloudFront를 사용하여 오리진을 전환한다.
D. ELB의 상태 검사 기능을 사용한다.

정답 B

해설 Active-Passive(주-보조) 구성에서 장애 시 자동으로 넘어가는 것은 Failover Routing입니다. 반드시 상태 검사를 설정해야 장애를 감지할 수 있습니다.

Q3 지역별 콘텐츠 제한(Geolocation Routing)

유럽 연합(EU)의 GDPR 규정에 따라 유럽 사용자들의 데이터는 반드시 유럽 리전의 서버에만 저장되고 처리되어야 합니다. 다른 지역 사용자는 해당 리전으로 접속하면 안 됩니다.

A. Geolocation Routing(지리적 라우팅)
B. Geoproximity Routing(지리적 근접성 라우팅)

C. Latency Routing(지연 시간 라우팅)
D. Weighted Routing(가중치 기반 라우팅)

정답 A

해설 '특정 국가/지역의 사용자를 특정 리전으로' 보내거나 막는 것은 Geolocation Routing입니다. 규정 준수 (Compliance) 문제의 단골 정답입니다.

Q4 점진적 배포 테스트(Weighted Routing)

웹 사이트의 새 버전을 출시했습니다. 전체 트래픽의 5%만 새 버전(New)으로 보내고, 나머지 95%는 구 버전 (Old)으로 보내서 안정성을 테스트하고 싶습니다. 문제가 없으면 점차 비율을 늘릴 예정입니다.

A. ELB의 로드 밸런싱 알고리즘을 변경한다.
B. Route 53 Weighted Routing 정책을 사용한다.
C. Auto Scaling 그룹의 용량을 조절한다.
D. CloudFront 배포를 2개 만든다.

정답 B

해설 '트래픽 비율 조절(5:95)', 'A/B 테스트', 'Blue/Green 배포' 시나리오는 Weighted Routing입니다.

Q5 API 백엔드 보호(Throttling)

Lambda 함수를 백엔드로 사용하는 API Gateway가 있습니다. 갑자기 트래픽이 폭주하여 Lambda의 동시성 한계를 초과하고 오류가 발생했습니다. 백엔드 시스템을 보호하고 안정적인 서비스를 제공하려면?

A. Lambda 함수를 EC2로 마이그레이션한다.
B. API Gateway에서 스로틀링(Throttling) 제한을 설정한다.
C. API Gateway 캐싱을 비활성화한다.
D. CloudFront를 제거한다.

정답 B

해설 백엔드가 감당할 수 있는 수준으로 요청 속도를 제한(Rate Limiting)하는 기능은 Throttling입니다. 토큰 버킷 알고리즘을 사용하여 초과 트래픽은 429 오류(Too Many Requests)를 반환하고 백엔드를 보호합니다.

Q6 반복 요청 응답 속도 개선(Caching)

날씨 정보를 제공하는 API를 운영 중입니다. 날씨 데이터는 한 시간에 한 번만 업데이트되지만, 사용자는 1초 에도 수천 번씩 동일한 데이터를 요청합니다. 백엔드 부하를 줄이고 응답 속도를 높이려면?

A. API Gateway 캐싱을 활성화한다.
B. DynamoDB 대신 RDS를 사용한다.
C. Route 53 Latency Routing을 사용한다.
D. Lambda 함수의 메모리를 늘린다.

정답 A

해설 동일한 요청에 대해 백엔드까지 가지 않고 저장된 응답을 바로 주는 것은 Caching입니다. API Gateway 에는 캐시(Cache) 기능이 내장되어 있어 TTL(Time-to-Live) 동안 데이터를 저장할 수 있습니다. 비용과 부 하를 동시에 줄입니다.

Q7 프라이빗 API 접속(Private API)

VPC 내부에 있는 마이크로 서비스들이 서로 통신하기 위해 API Gateway를 사용하려고 합니다. 이 API는 퍼 블릭 인터넷에 노출되어서는 안 되며, 오직 VPC 내부에서만 접근 가능해야 합니다.

A. Edge-optimized API Gateway를 생성하고 WAF를 연결한다.

B. Regional API Gateway를 생성하고 IP 제한을 건다.
C. Private API Gateway를 생성하고 Interface VPC Endpoint를 사용한다.
D. Lambda 함수를 직접 호출한다.

정답 C

해설 'VPC 내부 전용', '인터넷 노출 금지'는 Private API입니다. VPC 엔드포인트(Interface Endpoint)를 통해 안전하게 접속합니다.

Q8 데이터베이스 암호화 키 관리(Envelope Encryption)

S3에 10GB가 넘는 대용량 영상 파일들을 암호화하여 업로드하려고 합니다. KMS를 사용하여 암호화하려는데, KMS API 호출(GenerateDataKey)을 최소화하고 성능을 최적화하려면 어떤 방식을 써야 합니까?

A. KMS 마스터 키(CMK)로 파일 전체를 직접 암호화한다.
B. 클라이언트 측에서 랜덤 키를 생성하고 암호화한 후 키는 버린다.
C. 봉투 암호화(Envelope Encryption) 방식을 사용한다.
D. SSL/TLS만 사용한다.

정답 C

해설 KMS는 최대 4KB 데이터만 직접 암호화할 수 있습니다. 대용량 데이터는 봉투 암호화를 써야 합니다.
1) KMS가 데이터 키(Data Key)를 생성해 줌, 2) 그 데이터 키로 파일을 암호화함, 3) 암호화된 파일과 암호화된 데이터 키를 함께 저장함.
이것이 AWS 암호화의 표준입니다.

Q9 DB 비밀번호 자동 관리(Secrets Manager)

RDS 데이터베이스의 비밀번호를 90일마다 자동으로 변경(Rotation)하고 싶습니다. 애플리케이션 코드를 수정하지 않고 이를 구현하려면?

A. SSM Parameter Store의 SecureString을 사용한다.
B. AWS Secrets Manager를 사용하고 자동 교체 기능을 켠다.
C. IAM 정책을 수정한다.
D. S3 버킷에 비밀번호 파일을 저장하고 람다로 업데이트한다.

정답 B

해설 '비밀번호 자동 교체(Rotation)' 기능은 Secrets Manager의 핵심 기능입니다(Lambda 함수가 주기적으로 돌면서 DB 비번을 바꾸고 새 비번을 저장해 둠). Parameter Store는 자동 교체 기능이 없습니다.

Q10 구형 클라이언트 호환성(Route 53 Alias vs. CNAME)

Route 53에서 ELB(로드 밸런서)의 도메인명을 루트 도메인(Apex Domain, 예 example.com)에 연결하려고 합니다. CNAME 레코드는 루트 도메인에 사용할 수 없습니다. 어떤 레코드 유형을 써야 합니까?

A. A 레코드를 만들고 '별칭(Alias)' 기능을 활성화한다.
B. AAAA 레코드를 사용한다.
C. TXT 레코드를 사용한다.
D. NS 레코드를 사용한다.

정답 A

해설 DNS 표준상 루트 도메인(Zone Apex)에는 CNAME를 쓸 수 없습니다. AWS Route 53은 이를 해결하기 위해 Alias(별칭) 기능을 제공합니다. A 레코드(IPv4)를 선택하고 Alias: Yes를 체크한 후 ELB를 선택하면 됩니다(무료이고 속도도 더 빠름).

대부분의 기업에서 서버 및 IT 인프라를 어느 정도 보유하고 있다면, DNS(Domain Name System) 서버는 회사 내에 별도의 서버를 설치해서 운영하게 됩니다.

[그림 6-17] Domain Name System

보통 윈도우 서버나 리눅스 서버에 DNS 서비스를 설치하여 운영합니다. 프로그램 설치나 구성이 복잡하지 않고, 특별히 시스템 부하를 유발하지 않는 서비스로, 높은 사양의 서버를 필요로 하지 않기 때문에 사양이 낮은 서버로 단독 구축을 하거나 타 서비스와 함께 구성하는 경우가 대부분입니다. 또한 한 번 구성해 놓으면 크게 문제가 생기지 않기 때문에 한 번 구성해 놓고 크게 신경 쓰지 않는 경우가 대부분입니다. 다만, 한 번 문제가 생기거나 시스템이 다운되면 DNS에 등록된 전체 시스템에 접근할 수 없기 때문에 중요성이 높은 서비스입니다. 2000년도 후반, DNS 서비스가 온프레미스 구축형이 아닌 웹 기반의 관리형 DNS로 점차 변화하고 있는 상황이며, 대표적인 예로 아카마이 CDNetworks를 들 수 있습니다. 2015년 이후 클라우드 사업자인 아마존, MS, Google이 DNS 서비스를 자사의 클라우드 서비스를 결합하여 비용은 저렴하면서 다양한 기능과 보안성, 클라우드 서비스와의 연계성을 무기로 클라우드 서비스 기반형 DNS 서비스로 변화하고 있는 상황입니다.

2010년 초반 웹 기반의 DNS 서비스를 월 과금 형태로 사용하게 되었습니다. 웹 기반 관리형 DNS 서비스는 운영/관리가 쉬우며, 글로벌 네트워크를 활용하여 Domain의 변경사항에 대해 빠르게 전파할 수 있다는 장점을 가지고 있었습니다. 2015년 1월, 고객사의 대외 서비스 활성화에 따라 DNS Query가 증가하게 되었고, 이에 따라 비용이 기하급수적으로 늘어나게 되어, 그 대안으로 Amazon Route 53을 시범 적용하여 사용해 보았습니다.

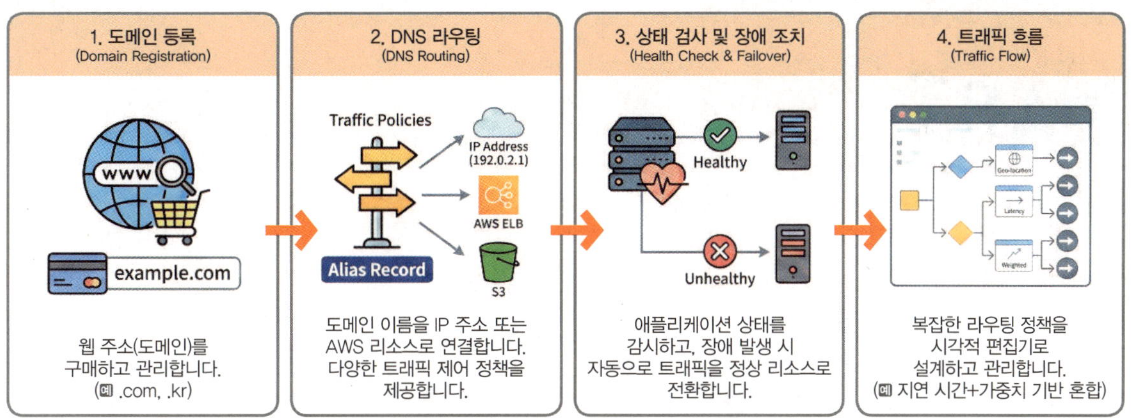

[그림 6-18] Amazon Route 53의 주요 기능

Route 53을 사용해 본 결과, 웹 기반 서비스로 운영/관리가 쉬우며, 다양한 기능과 외부 DDoS (Distributed Denial of Service) 공격을 차단하는 기능을 기본으로 제공합니다. 또한 무엇보다 가격이 매우 저렴하여 기존 대비 약 1/10로 가격으로 DNS 서비스를 사용할 수 있게 되어 고객 만족도가 매우 높은 서비스가 되었습니다. 만일 여러분도 지금 DNS 서비스에 대한 Needs가 있다면 망설이지 말고 Amazon Route 53을 사용해 보시길 권장드립니다. 아마도 깜짝 놀라실 만큼 만족하실 겁니다.

07   Resource Termination

이 실습은 서버나 RDS를 별도로 생성하지 않으므로 자원을 중지하거나 삭제할 필요가 없습니다.

PART

07

트래픽 폭주? 걱정 없음!: ELB(Elastic Load Balancing)

우리는 2부에서 EC2 서버를 만들고, 5부에서 RDS 데이터베이스를 연결하여 그럴듯한 웹 서비스를 구축했습니다. 이제 여러분의 서비스가 대박이 나서 사용자가 구름처럼 몰려든다고 상상해 봅시다. 행복한 비명이 나와야 할 상황이지만, 현실은 다릅니다. 서버 한 대가 감당할 수 있는 트래픽에는 한계가 있기 때문입니다. 사용자가 늘어나면 서버는 점점 느려지다가 결국 멈춰버릴 것입니다. 고객들의 불만이 폭주하는 것은 시간문제입니다. 그럼 어떻게 해야 할까요? 더 비싸고 좋은 슈퍼 컴퓨터로 바꿔야 할까요, 아니면 서버를 여러 대로 늘려야 할까요?

7부에서는 이 문제를 해결하는 AWS의 핵심 네트워킹 서비스인 ELB(Elastic Load Balancing)에 대해 알아보겠습니다.

1-1 단일 서버의 한계와 두 가지 해결책

서버 한 대로 서비스를 운영하는 것은 마치 식당에 직원이 한 명뿐인 것과 같습니다. 손님이 적을 때는 문제 없지만, 점심시간에 손님이 몰리면 주문도 밀리고 음식도 늦게 나와 결국 손님들이 떠나게 됩니다. 서버의 성능 한계에 부딪혔을 때 우리는 두 가지 선택을 할 수 있습니다.

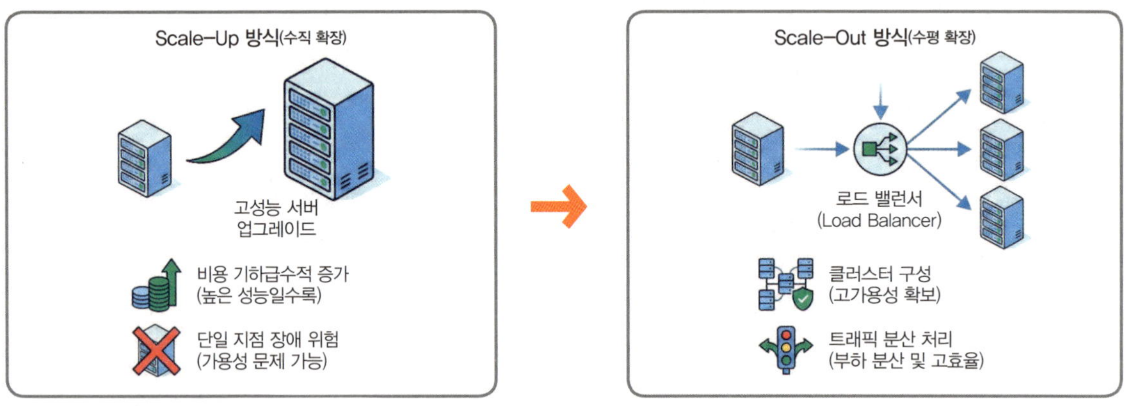

[그림 7-1] 서버 확장 방식 비교

[표 7-1] 서버 확장 방식 비교

구분	Scale-Up(수직 확장): 더 힘센 직원 고용하기	Scale-Out(수평 확장): 직원 수 늘리기
개념	기존 서버 1대의 사양(CPU, RAM 등)을 높여 성능을 향상시키는 방식	비슷한 사양의 서버 여러 대를 추가 연결하여 전체 시스템의 성능을 높이는 방식
장점	• 관리 용이: 서버가 1대여서 관리가 단순하고 포인트가 작음 • 구현 단순: 복잡한 네트워크 구성이나 데이터 분산 처리가 필요 없음	• 고가용성: 한 대가 고장 나도 다른 서버가 대체하여 서비스 중단 위험이 낮음 • 유연한 확장성: 필요한 만큼 서버를 계속 추가하여 사실상 무한히 확장 가능함
단점	• 비용 증가폭 큼: 고사양으로 갈수록 장비 비용이 기하급수적으로 비싸짐. • 확장성 한계: 물리적인 하드웨어 성능 한계 부딪히면 더 이상 확장이 불가능 • 낮은 가용성(SPOF): 단일 서버 장애 시 전체 서비스가 중단될 위험이 큼.	• 관리 복잡: 여러 대의 서버를 관리해야 하므로 운영 포인트와 난이도가 증가함 • 구현 어려움: 로드 밸런싱, 데이터 동기화 등 아키텍처 설계가 복잡해짐 • 라이선스 비용: 서버 대수에 비례하여 소프트웨어 라이선스 비용이 증가됨
적합한 대상	트래픽 예측이 쉽고 관리가 중요한 소규모 서비스	높은 가용성과 확장성이 필수적인 대규모 트래픽 서비스(클라우드 환경)

▌1-2 트래픽을 나누는 똑똑한 교통 경찰, 로드 밸런서

스케일 아웃 방식으로 서버를 여러 대 늘렸다고 가정해 봅시다. 그런데 사용자들이 여전히 첫 번째 서버로만 몰린다면 아무 소용이 없습니다. 누군가가 앞에서 들어오는 요청(트래픽)을 받아 여러 서버에 골고루 나눠 줘야 합니다. 이 역할을 하는 것이 바로 '로드 밸런서(Load Balancer)'입니다. 마치 식당 입구에서 안내원이 손님들을 빈 자리로 골고루 안내하는 것과 같습니다. AWS가 제공하는 관리형 로드 밸런싱 서비스가 바로 ELB(Elastic Load Balancing)입니다.

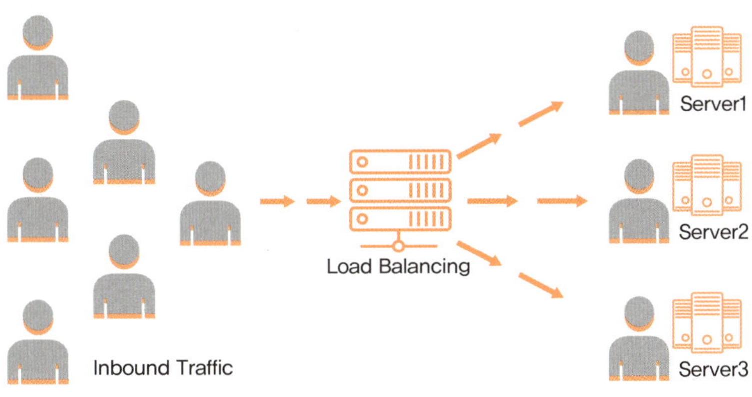

[그림 7-2] Load Balancing

이러한 로드 밸런싱 서비스를 통해 외부에서 발생되는 많은 인터넷 트래픽을 여러 웹 서버나 장비로 부하를 분산하여 처리할 수 있습니다. 다양한 로드 밸런싱 방식이 있으며, 그중 몇 가지는 다음과 같습니다.

[표 7-2] **주요 로드 밸런싱 알고리즘 및 특징**

구분	동작 방식
Round Robin	Real 서버로의 Session 연결을 순차적으로 맺어 주는 방식으로, 연결되어 있는 Session 수에 상관 없이 순차적으로 연결시키기 때문에 Session에 대한 보장을 제공하지 않습니다.
Hash	Hash 알고리즘을 이용한 로드 밸런싱 방식으로 Client와 Server 간에 연결된 Session을 계속 유지해 주기 때문에 Client가 특정 Server로 연결된 이후 동일 서버로만 연결되는 구조로 Session에 대한 보장을 제공합니다.
Least Connection	Session 수를 고려하여 가장 작은 Session을 보유한 서버로 Session을 맺어 주는 연결 방식으로, Session에 대한 보장을 제공하지 않습니다
Response Time	서버 간의 Resource와 Connection의 차이가 있는 환경에서 사용되는 방식으로 응답 시간을 고려하여 빠른 응답 시간을 제공하는 서버로 Session을 맺어 주기 때문에 Session에 대한 보장을 제공하지 않습니다.

각 방식은 특정 시나리오나 요구 사항에 더 적합할 수 있으므로 애플리케이션의 필요에 따라 적절한 로드 밸런싱 전략을 선택해야 합니다.

2-1 Amazon Elastic Load Balancing 서비스 소개

Amazon Elastic Load Balancing은 단일 가용 영역 또는 여러 가용 영역에서 Amazon EC2 인스턴트 및 컨테이너, IP 주소 같은 동일한 서비스를 제공 하기 위해 준비된 여러 대상으로 애플리케이션 및 네트워크 트래픽을 자동으로 분산시킵니다. 이러한 기능을 통해 외부로부터 들어오는 애플리케이션 트래픽을 여러 대의 EC2 인스턴스, 컨테이너, IP 주소 및 Lambda 함수로 자동 분배할 수 있습니다. 이를 통해 애플리케이션의 가용성과 견고성이 향상됩니다.

Elastic Load Balancing은 서비스의 목적에 따라 세 가지의 로드 밸런서 중 하나의 서비스를 선택하여 사용할 수 있으며, 이를 통해 애플리케이션의 내결함성을 보장하기 위해 필요한 고가용성, 부하 분산, 자동 확대/축소, 강력한 보안 기능을 제공합니다.

[표 7-3] Amazon ELB 서비스 개요

구분	내용
서비스명	Amazon Elastic Load Balancing
설명	확장성, 성능, 보안성을 통한 애플리케이션 내결함성 제공하는 로드 밸런서 서비스로, 네트워크 트래픽을 분산하여 애플리케이션 확장성 개선
주요 특징	• 수신되는 트래픽을 여러 EC2 인스턴스에 자동 배포 • 애플리케이션의 내결함성을 확보하며, 네트워크 트래픽을 원활하게 대상으로 자동 분산 처리 기능 제공 • 고가용성, 자동 조정 및 강력한 보안 서비스 제공 • Application Load Balancer, Network Load Balancer, Classic Load Balancer 등 세 가지 유형의 로드 밸런서를 지원하며, 애플리케이션의 필요에 따라 로드 밸런스
프리티어 (Free Tier)	• 클래식 및 애플리케이션 로드 밸런서 간에 공유되는 탄력적 로드 밸런서 750시간을 프리티어로 제공 • 클래식 로드 밸런서의 데이터 처리 15GB, 애플리케이션 • 로드 밸런서 15GB를 프리티어로 제공

2-2 Amazon Elastic Load Balancing 서비스의 유형

Amazon Elastic Load Balancing은 애플리케이션의 요구사항에 따라 Application Load Balance, Network Load Balancer, Classic Load Balancer 중 하나의 유형을 선택하여 로드 밸런싱 서비스를 사용할 수 있습니다. 각 로드 밸런서별 세부 내용은 다음과 같습니다.

[표 7-4] ELB 유형별 비교

구분	ALB(Application Load Balancer)	NLB(Network Load Balancer)	CLB(Classic Load Balancer)
작동 계층	7계층(애플리케이션 계층)	4계층(전송 계층)	4계층 & 7계층 혼용
주요 대상	웹 트래픽(HTTP, HTTPS)	고성능 TCP/UDP 트래픽	(구형) EC2-Classic
특징	• 요청 내용(URL 등)을 보고 똑똑하게 분산 • 웹 서비스에 최적화	• 내용 안 봄 • 엄청 빠름 • 초고속 트래픽 처리에 최적화	(Legacy) 현재는 거의 사용하지 않음
실무 추천	웹 서비스라면 무조건 ALB!	극한의 성능이 필요할 때 NLB!	사용 비추천

- **ALB(똑똑한 비서):** 사용자의 요청 내용(예 /images로 가는지, /api로 가는지)을 이해하고 그에 맞는 서버로 안내합니다. 웹 서비스에 가장 적합합니다.
- **NLB(신속한 배달원):** 내용은 보지 않고 오직 목적지 주소(IP, 포트)만 보고 최대한 빠르게 전달합니다. 게임 서버처럼 성능이 매우 중요할 때 사용합니다.
- **CLB(은퇴한 선배):** 예전에 사용하던 구형 모델입니다. 특별한 이유가 없다면 ALB나 NLB를 사용하길 권장합니다.

각 서비스 유형별 동작 방식은 다음과 같습니다.

Application Load Balancer(ALB) 또는 Network Load Balancer(NLB)에서 트래픽은 리스너(Listener)로 전송됩니다. 포트가 일치하면 룰(Rules)을 확인하여 어떤 작업을 할지 결정합니다. 이 룰은 트래픽을 타깃 그룹(Target Group)으로 전달합니다. 타깃 그룹은 그룹에 등록된 인스턴스에 트래픽을 균등하게 분배합니다.

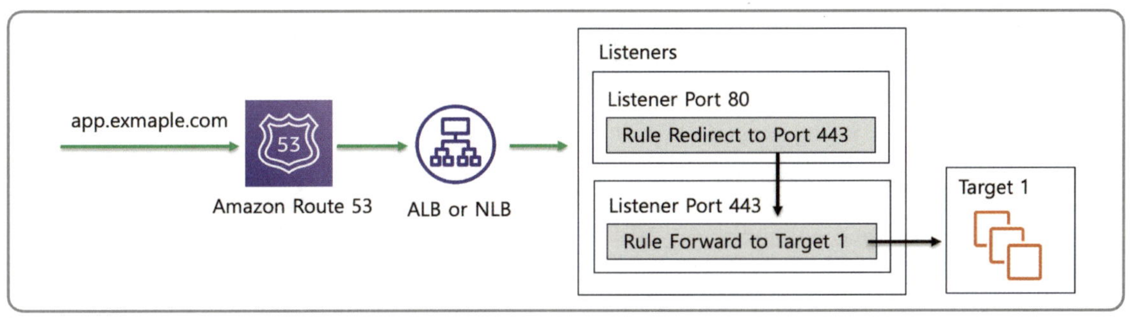

[그림 7-3] Load Balancing(ALB 동작 방식)

이 구조의 장점은 높은 유연성과 확장성을 제공한다는 것입니다. 리스너와 룰을 통해 다양한 트래픽 분배 전략을 적용할 수 있으며, 타깃 그룹을 사용하면 특정 서비스나 애플리케이션에 트래픽을 더욱 효과적으로 분배할 수 있습니다.

Classic Load Balancer(CLB)에서 트래픽은 리스너(Listener)로 전송됩니다. 포트가 일치하면 트래픽을 Classic Load Balancer에 등록된 EC2 인스턴스로 전달합니다. CLB는 리스너에 룰을 적용할 수 없습니다.

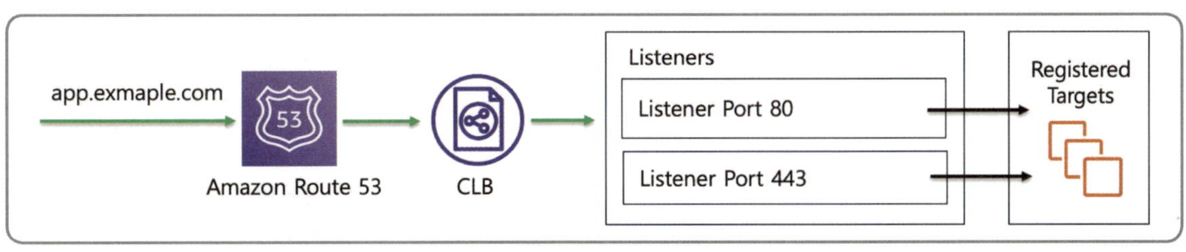

[그림 7-4] Load Balancing(CLB 동작 방식)

Classic Load Balancer는 AWS의 초기 로드 밸런서 옵션 중 하나로, 기본적인 로드 밸런싱 기능을 제공합니다. 하지만 ALB나 NLB와 비교했을 때 CLB는 트래픽 분배 전략에 있어서 덜 유연합니다. 예를 들어, 리스너에 대한 룰 설정이 불가능하기 때문에 HTTP 헤더나 URL 경로를 기반으로 한 라우팅 또는 다양한 타깃 그룹을 사용한 트래픽 분배 등의 고급 라우팅 전략을 적용할 수 없습니다. 따라서 더 복잡하고 다양한 요구 사항을 가진 애플리케이션의 경우, ALB나 NLB를 사용하는 것이 더 적합할 수 있습니다.

또한 ELB를 생성하는 것이 로드 밸런싱 서비스를 인터넷에 연결할 것인지, 아닌지에 따라 internet-facing 여부를 선택하게 됩니다. 이 항목의 선택 여부에 따라 ELB가 Internal ELB, External ELB로 구분됩니다. 서비스별 차이점은 다음과 같습니다.

[표 7–5] **인터넷 연결 여부에 따른 ELB 구분**

항목	External Elastic Load Balance	Internal Elastic Load Balance
인터넷 연결	연결 가능	연결 불가
사용 가능 IP	Public IP, Private IP	Private IP
접속 가능 영역	인터넷, VPC 내부	VPC 내부

▌2-3 **Amazon Elastic Load Balancing의 구성 요소**

Amazon Elastic Load Balancer는 기본적인 서비스를 제공하기 위해 다음과 같은 구성 요소를 포함합니다.

[표 7–6] **ELB의 주요 구성 요소**

구분	내용
리스너(Listeners) (귀를 기울이는 문지기 역할)	• 들어오는 트래픽은 리스너(Listeners)를 통해 평가 • 리스너는 리스너의 포트와 일치하는 모든 트래픽을 평가 • 클래식 로드 밸런서(Classic Load Balancer)의 경우, EC2 인스턴스는 로드 밸런서에 직접 등록됨
규칙(Rules) (트래픽을 분류하는 표지판 역할)	• 리스너가 받은 요청을 어떻게 처리할지 결정 • "URL이 /img로 시작하면 A 그룹으로 보내고, 나머지는 B 그룹으로 보내라."와 같이 조건을 정할 수 있음 • 주로 ALB에서 사용하게 됨
대상 그룹(Target Groups) (실제 일하는 서버들의 팀 역할)	• 실제 요청을 처리할 EC2 인스턴스들을 묶어 놓은 그룹 • ELB는 규칙에 따라 결정된 '대상 그룹'으로 트래픽을 전달, 대상 그룹 내의 서버들이 요청을 나누어 처리

이 내용은 Amazon ELB의 트래픽 라우팅 방법에 관한 것입니다. 리스너는 들어오는 트래픽을 첫 단계에서 분석하고, 그다음 규칙에 따라 트래픽을 처리합니다. 타깃 그룹은 최종적으로 트래픽을 처리할 EC2 인스턴스의 그룹입니다. 클래식 로드 밸런서는 이러한 고급 기능을 제공하지 않습니다.

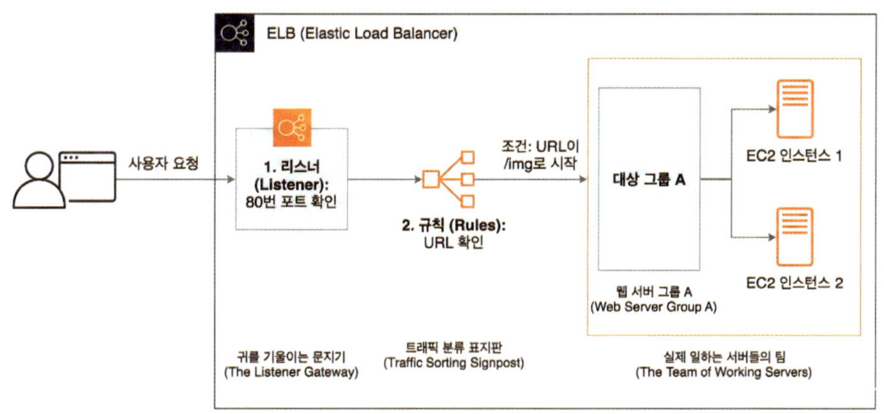

[그림 7-5] ELB 내부 작동 구조도

▌3-1 상태 검사: 좀비 서버 걸러내기

만약 트래픽을 나눠 주던 서버 중 한 대가 고장 났다고 가정해 봅시다. ELB가 이를 모르고 계속 그 서버로 요청을 보낸다면, 그 요청을 받은 사용자들은 오류 화면을 보게 될 것입니다.

ELB는 이런 일을 막기 위해 주기적으로 대상 그룹 내의 모든 서버에게 '살아 있니?'라는 신호(상태 검사)를 보냅니다. 만약, 특정 서버가 응답하지 않거나 오류를 반환하면, ELB는 그 서버를 '비정상(Unhealthy)'으로 간주하고 트래픽 전달을 즉시 중단합니다. 그리고 서버가 다시 정상으로 돌아오면 그 때부터 다시 트래픽을 보냅니다. 이 기능 덕분에 우리는 서버 몇 대가 고장 나도 전체 서비스에는 아무런 문제 없이 운영할 수 있습니다.

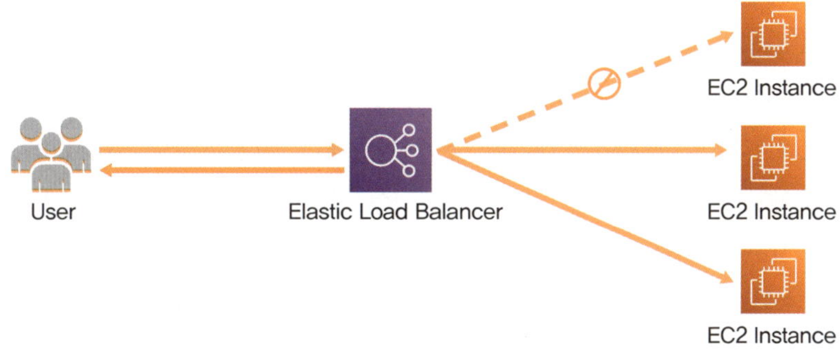

[그림 7-6] ELB 상태 검사 서비스

기본적으로 ELB는 들어오는 요청을 서버들에게 골고루 나눠 줍니다(라운드 로빈 방식). 그런데 쇼핑몰 웹 사이트의 경우, 문제가 생길 수 있습니다.

사용자 A가 서버 1에 접속해서 장바구니에 물건을 담았습니다. 이 정보(세션)는 서버 1에 저장됩니다. 그런데 다음 클릭 때 ELB가 사용자 A를 서버 2로 보내면 서버 2는 사용자 A의 장바구니 정보를 모르기 때문에 장바구니가 비어 버리거나 로그인이 풀려버립니다.

스티키 세션(세션 유지) 기능을 켜면 ELB는 사용자에게 특별한 '쿠키'를 발급합니다. 그리고 그 사용자가 다음에 접속할 때 이 쿠키를 확인하여 처음에 접속했던 바로 그 서버로 계속해서 연결해 줍니다. 덕분에 사용자는 로그인 상태나 장바구니 정보를 유지하며 끊김 없는 서비스를 경험할 수 있습니다.

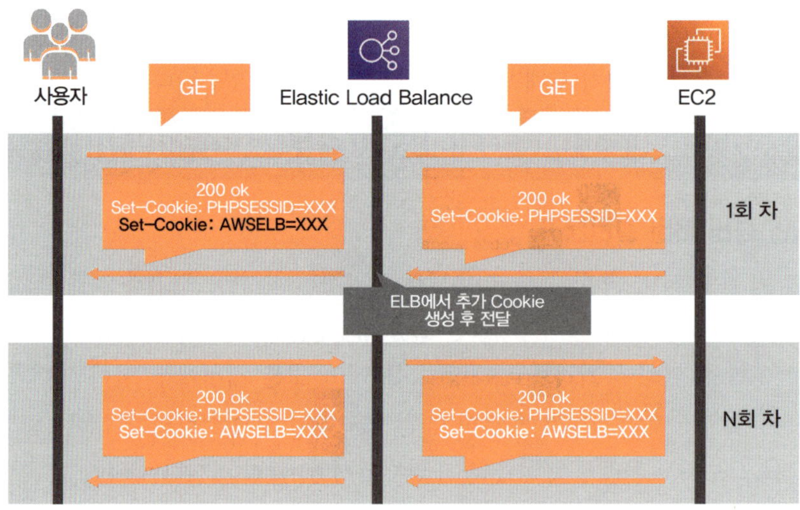

[그림 7-7] ELB Sticky Session

■ 3-3 SSL 종료(SSL Termination): 보안 담당 비서

요즘 웹 사이트는 보안을 위해 HTTPS(SSL/TLS 암호화)가 필수입니다. 그런데 이 암호화 및 복호화 과정은 서버의 CPU를 꽤 많이 사용합니다.

ELB가 이 귀찮고 힘든 암호화 작업을 대신해 줄 수 있습니다. 이것을 'SSL 종료(Termination)'라고 합니다. 외부 사용자와 ELB 사이는 안전한 HTTPS로 통신하고, ELB가 암호를 풀어서 뒤에 있는 EC2 서버들과는 빠르고 가벼운 HTTP로 통신하는 방식입니다.

EC2 서버들은 암호화 부담에서 벗어나 본연의 업무(웹 페이지 처리)에만 집중할 수 있어 성능이 향상됩니다. 또한 SSL 인증서를 개별 서버마다 설치할 필요 없이 ELB에 한 번만 설치하면 되므로 관리도 훨씬 쉬워집니다(AWS ACM 서비스를 이용하면 무료 인증서를 쉽게 발급받아 연동할 수 있습니다).

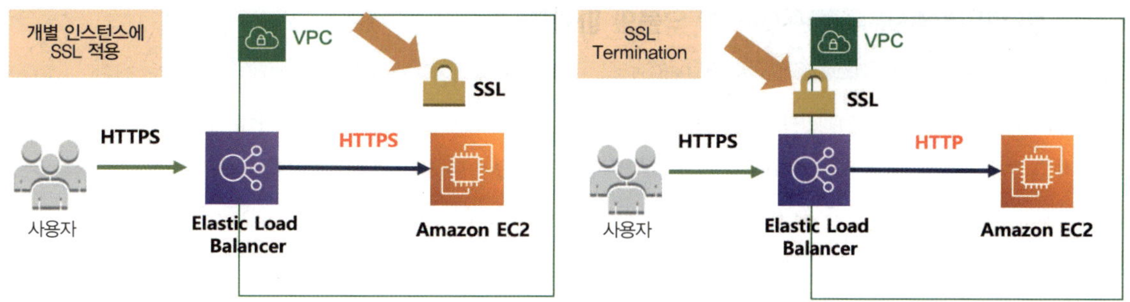

[그림 7-8] ELB SSL Termination 및 보안 기능

3-4 Elastic Load Balancing을 활용한 고가용성 구성

Elastic Load Balancing은 단일 가용 영역 또는 여러 가용 영역에 있는 여러 대상(Amazon EC2 인스턴스, 컨테이너 및 IP 주소)에 걸쳐 트래픽을 자동으로 분산할 수 있습니다. 특히, 고가용성을 구성하기 위해 Route53과 같은 AWS의 다른 서비스와의 연계를 통해 가용성 서비스를 제공할 수 있습니다.

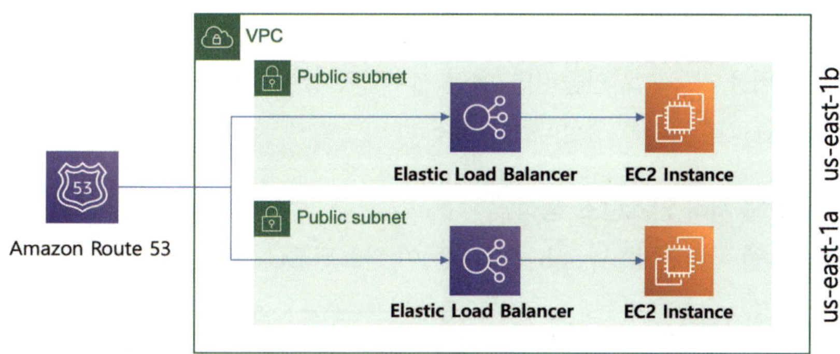

[그림 7-9] ELB 고가용성 구성

04 하지만 아직 부족하다. 다음 단계를 향해

지금까지 ELB를 통해 여러 대의 서버에 트래픽을 효율적으로 분산하고, 고장 난 서버를 자동으로 제외하는 방법까지 배웠습니다. 이제 여러분의 시스템은 훨씬 튼튼해졌습니다. 하지만 한 가지 근본적인 문제가 남아 있습니다. ELB는 서버들 사이에서 트래픽을 '나눠 줄' 뿐입니다. 만약, 트래픽이 너무 많이 몰려서 현재 준비된 서버 3대로도 감당이 안 된다면 어떻게 될까요? 결국 모든 서버가 과부하에 걸려 서비스가 느려지거나 멈추게 될 것입니다. 트래픽이 늘어나면 자동으로 서버 수도 늘어나고, 트래픽이 줄어들면 서버 수도 자동으로 줄어드는 마법 같은 방법은 없을까요? 클라우드 탄력성의 꽃, Auto Scaling을 통해 이 마지막 퍼즐을 맞춰 보겠습니다.

지금까지 배운 ELB의 부하 분산 기능과 Auto Scaling의 자동 확장 기능을 결합하여 진정한 의미의 '탄력적이고 고가용성(High Availability)을 갖춘' 웹 서비스를 구축해 보겠습니다. 우리의 목표는 수동으로 서버를 관리하는 것이 아닙니다. 우리는 '시스템'을 구축할 것이고, 그 시스템이 알아서 서버를 늘리고 줄이며, 장애를 복구하도록 만들 것입니다.

시나리오

- 서버의 설계도 만들기(AMI & 시작 템플릿): 웹 서버가 설치된 상태를 '이미지(AMI)'로 뜨고, 이를 바탕으로 Auto Scaling이 서버를 찍어 낼 때 사용할 '설계도(시작 템플릿)'를 만듭니다.
- 트래픽의 관문 만들기(ALB): 사용자의 요청을 받아 서버들에게 나눠 줄 Application Load Balancer를 생성합니다.
- 자동화 엔진 가동(Auto Scaling 그룹): 설계도를 바탕으로 서버를 자동으로 생성하고 관리하는 Auto Scaling 그룹을 만들고, 이를 ALB와 연결합니다.
- 검증(마법 확인하기): 부하 분산이 잘 되는지, 그리고 멀쩡한 서버를 강제로 종료했을 때 시스템이 자동으로 복구하는지 눈으로 확인합니다.

▌5-1 실습 서버의 설계도 만들기(AMI 및 시작 템플릿)

Auto Scaling이 서버를 자동으로 만들려면 '어떤 서버를 만들어야 할지'에 대한 기준이 필요합니다. 자동 생성의 기반이 되는 인스턴스를 생성하겠습니다.

Step 1 '원본'이 될 웹 서버 인스턴스 생성

먼저, 우리가 원하는 웹 서버 설정(Apache 설치 등)이 완료된 EC2 인스턴스를 하나 만듭니다.

01 EC2 콘솔에서 [인스턴스]를 클릭한 후 [인스턴스 시작] 버튼을 클릭합니다.

02 인스턴스를 생성하기 위해 옵션을 다음
과 같이 설정한 후 **[인스턴스 시작]** 버튼
을 클릭합니다.

- 이름: Web-Server-Template(임시
  인스턴스입니다)
- AMI: Amazon Linux 2023(또는 Amazon Linux 2)
- 인스턴스 유형: t2.micro(프리티어)
- 키 페어: 'aws-keypair-linux' 선택(기존에 사용하던
  키 페어 선택)

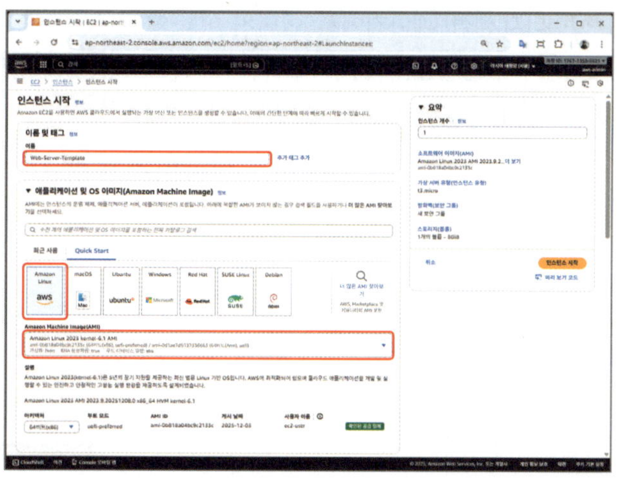

03 다음과 같이 네트워크 옵션을 선택한 후
마지막으로 **[인스턴스 시작]** 버튼을 클릭
합니다.

- 보안 그룹
  - '보안 그룹 생성'→'다음에서 SSH 트래픽 허용', '인
    터넷에서 HTTP 트래픽 허용' 체크
  - 대상 IP: '위치 무관-0.0.0.0/0' 선택

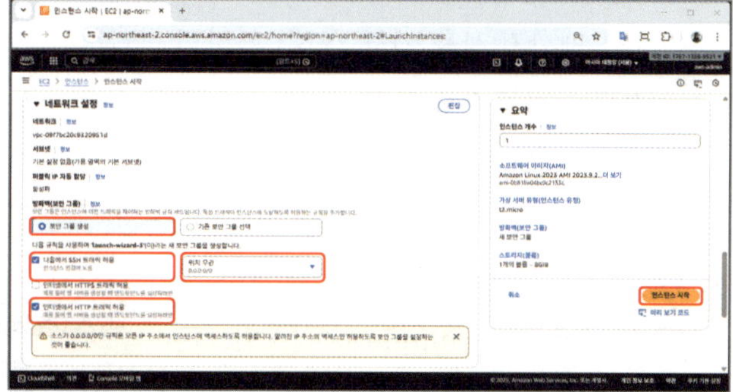

Step 2 **나만의 서버 이미지(AMI) 생성**

잘 설정된 이 서버를 현재 상태 그대로 본떠서 'AMI 이미지'를 생성합니다.

01 EC2 인스턴스 목록에서 방금 만든 Web
-Server-Template 인스턴스를 선택
합니다. 상단 메뉴에서 **[작업]**-**[이미지 및**
템플릿]-**[이미지 생성]**을 클릭합니다.

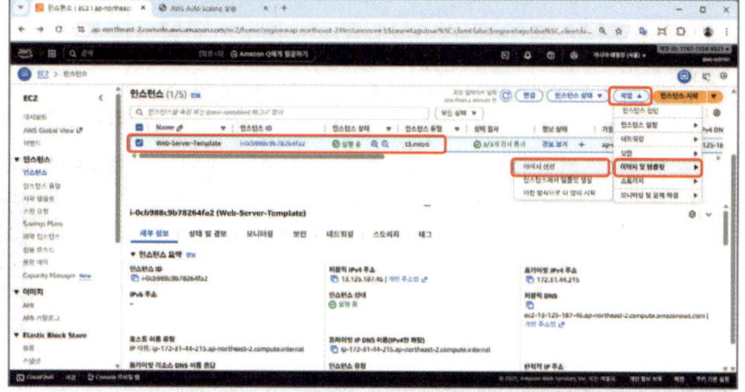

02 **[이미지 생성]** 페이지에서 '이미지 이름'에
'My-Web-AMI-v1'를 입력한 후 하단
의 **[이미지 생성]** 버튼을 클릭합니다.

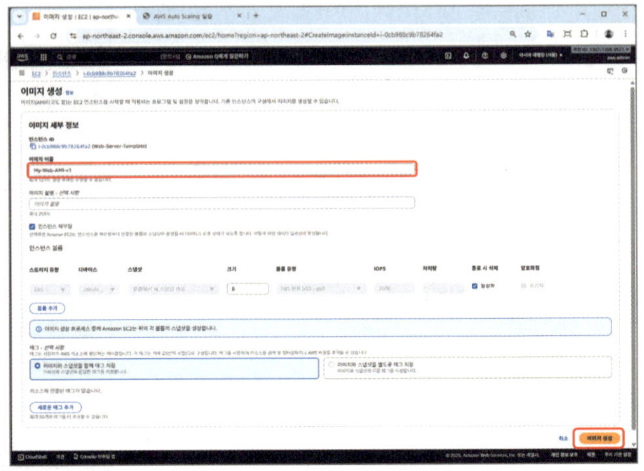

03 왼쪽 메뉴의 **[AMI]**에서 이미지 생성이
완료될 때까지(사용 가능 상태) 기다립
니다(몇 분이 소요될 수 있습니다).

04 **필독** AMI 생성이 완료되면, 원본이 된
Web-Server-Template 인스턴스는
더 이상 필요 없으므로 **[인스턴스 종료]**버
튼을 클릭해 비용을 절약합니다.

Step 3 **시작 템플릿(Launch Template) 생성**

이제 Auto Scaling이 이 AMI를 사용해서 서버를 만들도록 '설계도'를 정의합니다.

01 EC2 콘솔 왼쪽 메뉴에서 **[시작 템플
릿]**-**[시작 템플릿 생성]**을 클릭합니다.

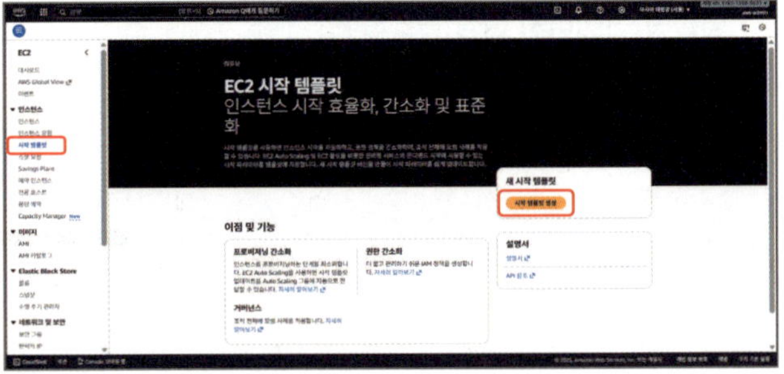

02 [**시작 템플릿 생성**] 페이지에서 옵션을 다음과 같이 입력합니다.

- 시작 템플릿 이름: 'My-AutoScaling-Template' 입력
- 템플릿 버전 설명: 'v1-based on My-Web-AMI-v1' 입력
- 애플리케이션 및 OS 이미지(Amazon Machine Image): [내 AMI] 탭 선택한 후 방금 만든 'My-Web-AMI-v1' 선택
- 인스턴스 유형: 't2.micro' 선택

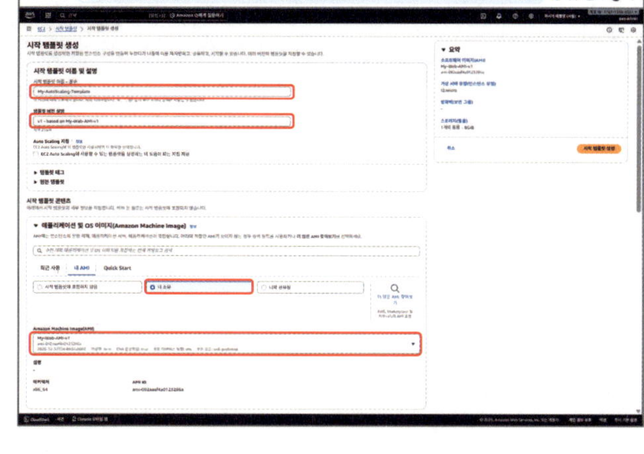

03 키페어와 네트워크 설정을 옵션을 다음과 같이 선택 및 입력합니다.

- 키 페어: 'aws-keypair-linux'(기존에 생성된 키 페어 선택) 선택
- 네트워크 설정→방화벽(보안 그룹): 기존 보안 그룹 선택 버튼을 클릭하고 이전 AMI 생성용으로 만들었던 EC2에 할당된 보안 그룹 선택(웹 서버용 보안 그룹: 80번 포트 허용)

하단의 [**고급 세부 정보**] 항목을 클릭한 후 하단의 [**사용자 데이터(User Data)**] 항목에 다음과 같은 정보를 입력한 후 [**시작 템플릿 생성**] 버튼을 클릭합니다.

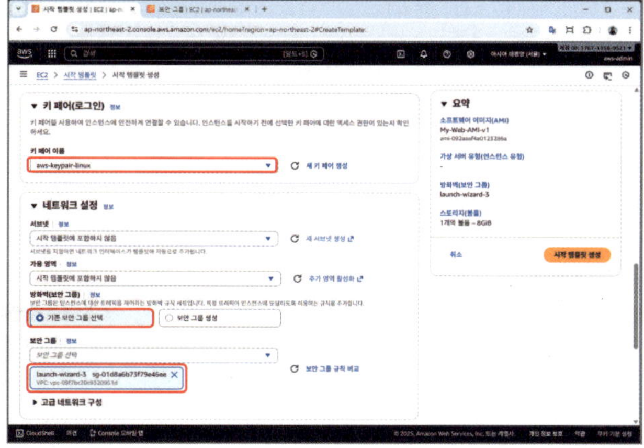

참고 서버가 시작될 때 자동으로 웹 서버를 설치하고, 자신의 IP 주소와 가용 영역을 보여 주는 간단한 웹 페이지를 생성하는 스크립트를 넣습니다(나중에 부하 분산을 눈으로 확인하기 위함입니다).

```bash
#!/bin/bash
# ------------------------------------------------------------
# [교재 실습용] Auto Scaling 웹 서버 자동 설정 스크립트
# 목표: Apache 웹 서버를 설치하고, 현재 서버의 위치(AZ)와 IP 주소를
#       보여 주는 웹 페이지(index.html)를 자동으로 생성한다.
# ------------------------------------------------------------
# 1. 관리자 권한으로 시스템 패키지 업데이트
yum update -y
# 2. 아파치(Apache) 웹 서버 패키지 설치
yum install -y httpd
# 3. 웹 서버 서비스 시작 및 운영체제 부팅 시 자동 시작하도록 설정
systemctl start httpd
systemctl enable httpd
# ------------------------------------------------------------
# [핵심 기능] 서버의 고유 정보 가져오기(IMDSv2 최신 보안 방식 적용)
# ------------------------------------------------------------
# 설명: AWS 내부의 메타데이터 서버(169.254.169.254)에 요청하여
#       현재 인스턴스의 정보를 안전하게 가져옵니다.
# 1) 메타데이터 접근을 위한 보안 토큰(Token) 발급 요청(유효 시간: 6시간)
TOKEN=`curl -X PUT "http://169.254.169.254/latest/api/token" -H "X-aws-ec2-metadata-token-ttl-seconds:
21600"`
# 2) 발급받은 토큰을 헤더에 포함시켜 가용 영역(AZ) 정보 가져오기
EC2_AZ=$(curl -H "X-aws-ec2-metadata-token: $TOKEN" -s http://169.254.169.254/latest/meta-data/
placement/availability-zone)
# 3) 발급받은 토큰을 헤더에 포함시켜 사설 IP 주소(Private IP) 정보 가져오기
EC2_IP=$(curl -H "X-aws-ec2-metadata-token: $TOKEN" -s http://169.254.169.254/latest/meta-data/local-
ipv4)
# ------------------------------------------------------------
# 4. 가져온 정보를 바탕으로 웹 페이지(index.html) 생성하기
# ------------------------------------------------------------
# 설명: 'cat <<EOF' 명령어를 사용하여 다음 HTML 코드를
#       /var/www/html/index.html 파일로 저장합니다.
cat <<EOF>/var/www/html/index.html
<!DOCTYPE html>
<html lang="ko">
<head>
  <meta charset="UTF-8">
  <title>AWS Auto Scaling 실습</title>
  <style>
    /* 웹 페이지 스타일 정의(CSS) */
    body { font-family: sans-serif; text-align: center; padding-top: 50px; background-color: #f8f9fa;
}
    .container { background: #ffffff; padding: 40px; border-radius: 15px; display: inline-block; box-
shadow: 0 10px 20px rgba(0,0,0,0.1); }
    h1 { color: #FF9900; margin-bottom: 20px; } /* AWS 오렌지색 */
    hr { border: 0; height: 1px; background: #eee; margin: 25px 0; }
```

```css
.info-box { background-color: #e9ecef; padding: 20px; border-radius: 10px; margin: 15px 0; text-align: left; }
.info-title { font-size: 0.9em; color: #666; margin-bottom: 5px; font-weight: bold; }
.highlight { font-size: 1.4em; font-weight: bold; color: #007bff; font-family: monospace; }
.footer { margin-top: 35px; color: #888; font-size: 0.9em; }
.footer b { color: #d9534f; }
</style>
</head>
<body>
<div class="container">
<h1>Auto Scaling Web Server </h1>
<p>이 페이지는 Auto Scaling에 의해 자동으로 생성된 서버에서 제공됩니다.</p>
<hr>
<div class="info-box">
<div class="info-title">현재 서버 위치(Availability Zone)</div>
<div class="highlight">$EC2_AZ</div>
</div>
<div class="info-box">
<div class="info-title">현재 서버 IP 주소(Private IP)</div>
<div class="highlight">$EC2_IP</div>
</div>
<div class="footer">
<p>웹 브라우저에서 <b>[새로고침(F5)]</b> 키를 여러 번 눌러 보세요!</p>
<p>로드 밸런서(ALB)에 의해 접속되는 서버가 바뀌면서<br>위의 정보가 변경되는 것을 확인할 수 있습니다(부하 분산)./p>
</div>
</div>
</body>
</html>
EOF
```

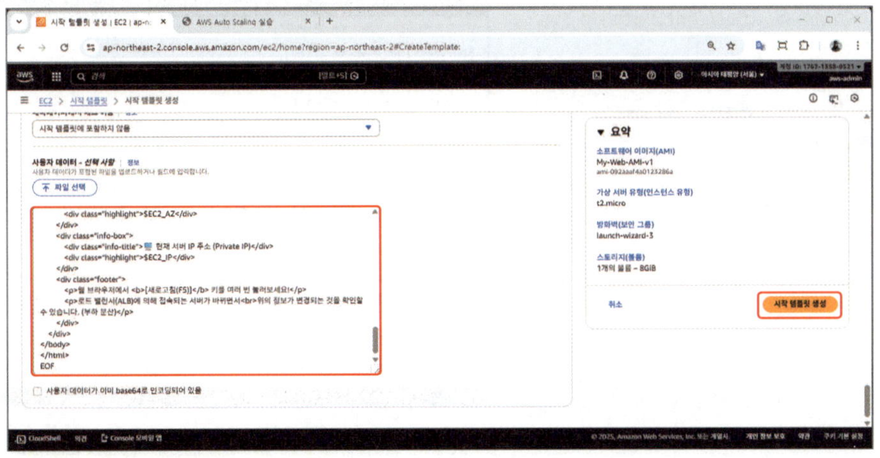

▌5-2 실습 트래픽의 관문 만들기(ALB 생성)

사용자의 요청을 가장 먼저 받아 줄 로드 밸런서를 만듭니다.

01 EC2 콘솔 왼쪽 메뉴에서 [로드 밸런서]-[로드 밸런서 생성] 버튼을 클릭합니다.

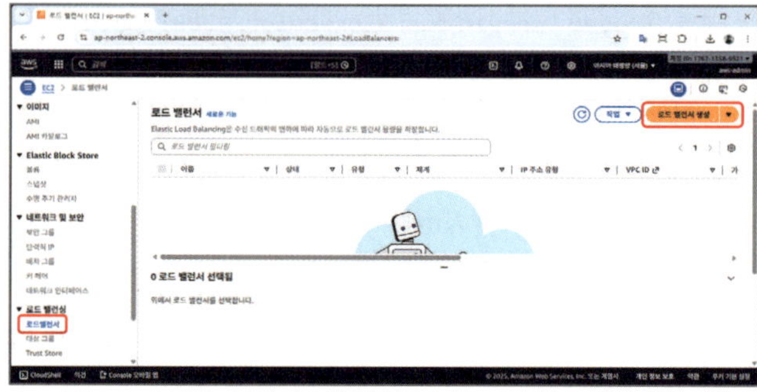

02 Application Load Balancer(ALB) 하단의 [생성] 버튼을 클릭합니다.

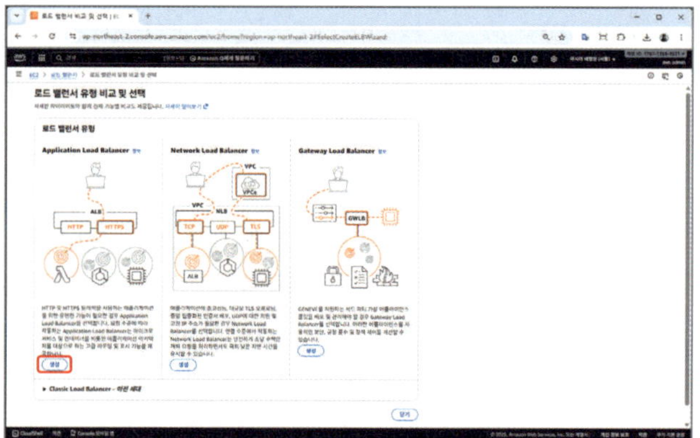

03 [Application Load Balancer 생성] 페이지에서 기본 구성 항목에 정보를 다음과 같이 설정합니다.

- 로드 밸런서 이름: 'My-Web-ALB' 입력
- 체계: '인터넷 경계(Internet-facing)' 선택(외부에서 접속해야 하므로)

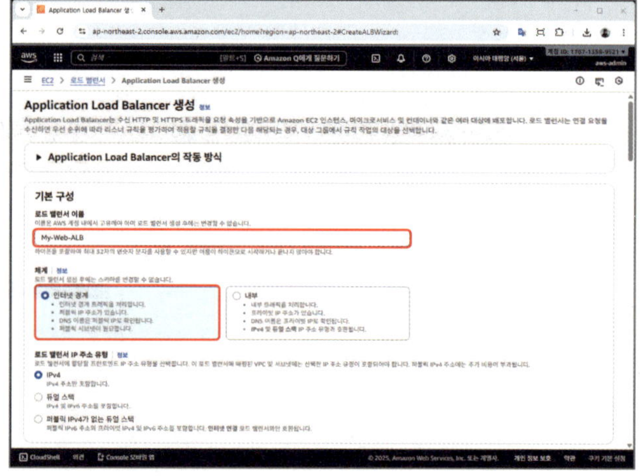

04 네트워크 매핑 정보를 입력하기 위해 옵션을 다음과 같이 설정합니다.

- VPC: 여러분의 기본 VPC(또는 실습용 VPC) 선택
- 매핑: 최소 2개 이상의 가용 영역의 퍼블릭 서브넷 선택(⑩ ap-northeast-2a, ap-northeast-2c)→고가용성을 위한 필수 조건

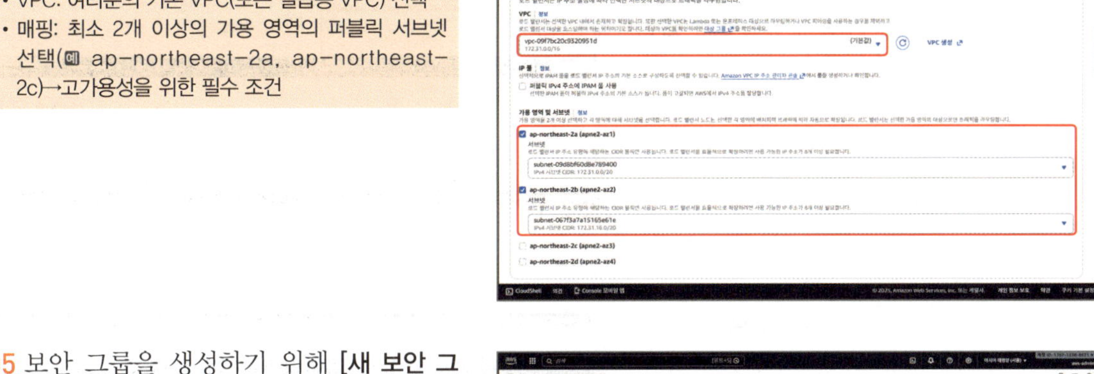

05 보안 그룹을 생성하기 위해 [새 보안 그룹] 버튼을 클릭한 후 정보를 다음과 같이 입력하고 [보안 그룹 생성] 버튼을 클릭합니다.

- 보안 그룹 이름/설명: 'ALB-SG' 입력
- 인바운드 규칙: HTTP(80) 포트, Anywhere-IPv4(0.0.0.0/0) 허용

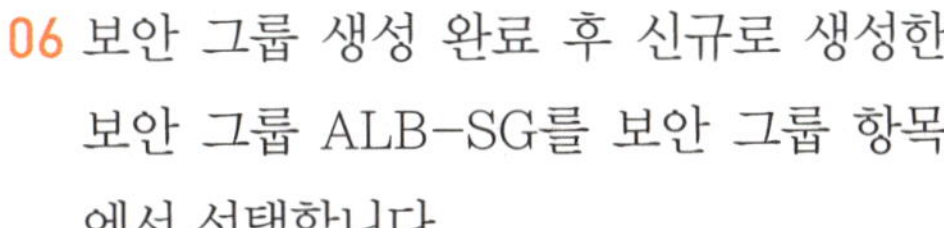

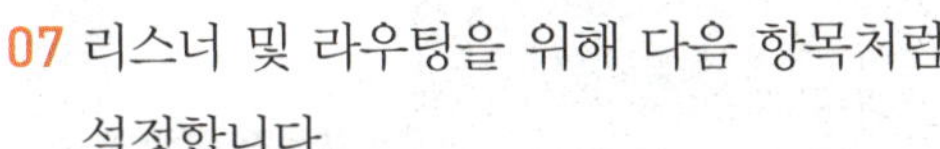

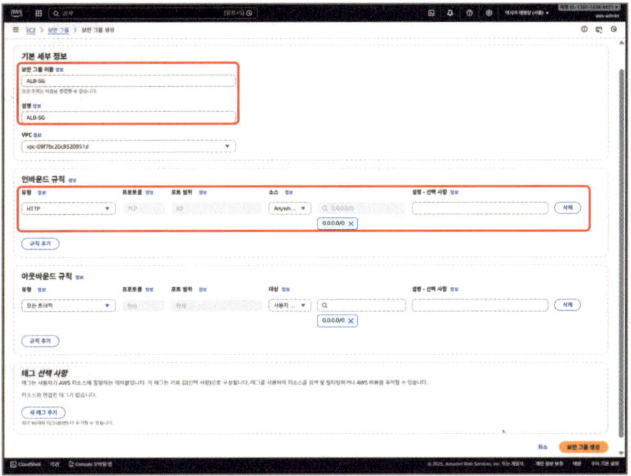

06 보안 그룹 생성 완료 후 신규로 생성한 보안 그룹 ALB-SG를 보안 그룹 항목에서 선택합니다.

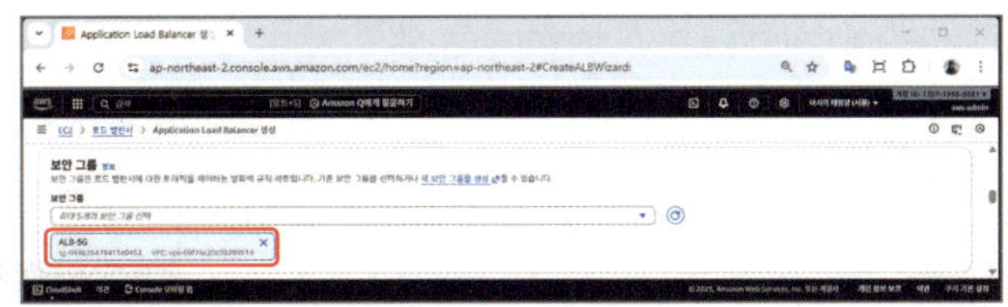

07 리스너 및 라우팅을 위해 다음 항목처럼 설정합니다.

- **프로토콜**: HTTP, 포트: 80
- 기본 작업: [대상 그룹 생성] 링크를 클릭하여 새 창에서 [대상 그룹 생성] 페이지로 이동

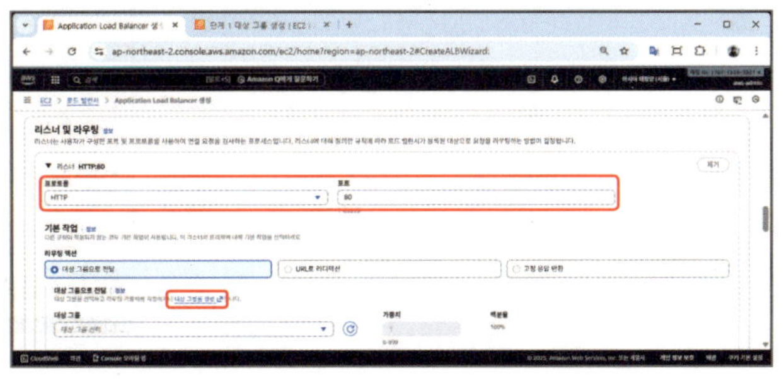

08 [대상 그룹 생성] 페이지에서 정보를 다음과 같이 입력한 후 [다음]-[다음]을 클릭하여 [대상 그룹 생성]을 완료합니다 (Auto Scaling이 나중에 자동으로 채워 줄 것입니다).

- 대상 유형: '인스턴스' 선택
- 대상 그룹 이름: 'My-Web-TG' 입력
- 다른 옵션은 Default를 유지하고, [다음] 버튼 클릭

09 [Application Load Balancer 생성] 페이지로 다시 이동한 후 다시 [새로 고침] 버튼을 클릭합니다. 그런 다음 방금 만든 'My-Web-TG' 대상 그룹을 선택하고 하단의 [로드 밸런서 생성] 버튼을 클릭합니다.

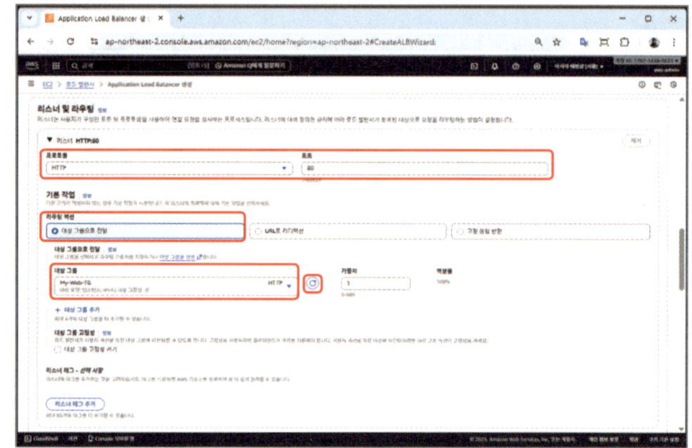

▌5-3 실습 자동화 엔진 가동(Auto Scaling 그룹 생성 및 연결)

드디어 핵심 단계입니다. 설계도(시작 템플릿)를 바탕으로 서버를 자동으로 생성하고, 이를 ALB와 연결하는 Auto Scaling 그룹(ASG)을 만듭니다.

01 EC2 콘솔 왼쪽에서 [Auto Scaling 그룹]을 클릭한 후 [Auto Scaling 그룹 생성] 버튼을 클릭합니다.

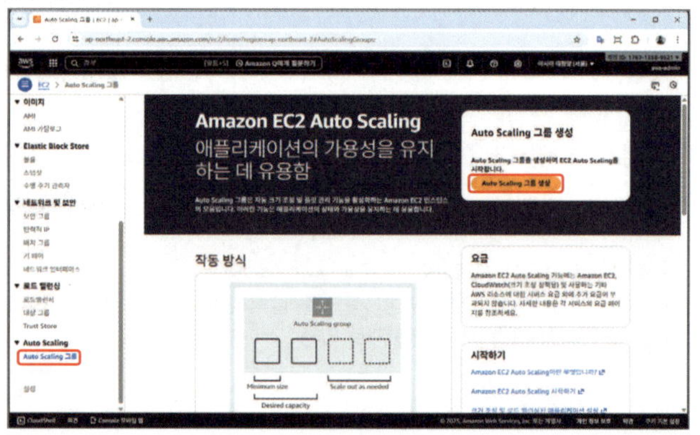

02 [Auto Scaling 그룹 생성] 페이지에서 '1단계: 시작 템플릿 선택'의 진행을 위해 옵션을 다음과 같이 설정한 후 [다음] 버튼을 클릭합니다.

- Auto Scaling 그룹 이름: 'My-Web-ASG' 입력
- 시작 템플릿: 이전에 생성한 'My-AutoScaling-Template' 선택

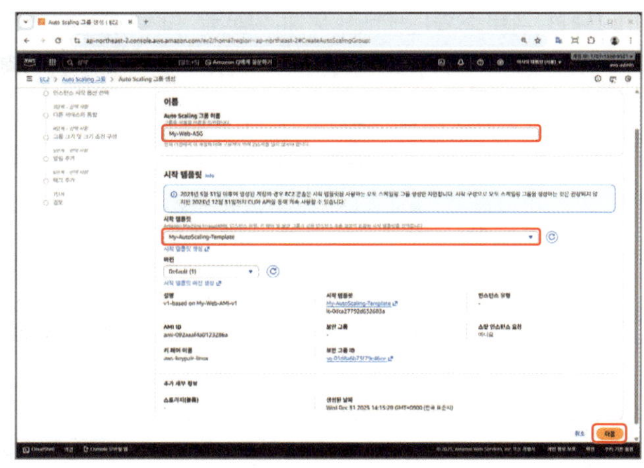

03 '2단계: 인스턴스 시작 옵션 선택'을 위해 다음과 같이 '인스턴스 유형 요구사항'은 기존에 작성된 것을 유지하고, '네트워크' 옵션을 설정하기 위해 옵션을 다음과 같이 설정한 후 [다음] 버튼을 클릭합니다.

- VPC: ALB를 생성할 때 선택했던 것과 동일한 VPC 선택
- 가용 영역 및 서브넷: ALB를 생성할 때 선택했던 것과 동일한 퍼블릭 서브넷 2개 이상 선택(서버들이 이 서브넷들에 배치)

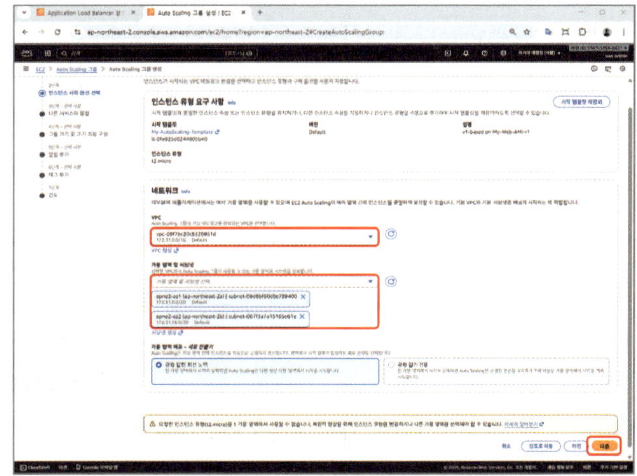

04 '다른 서비스와 통합'을 위해 3단계: 고급 옵션 구성(핵심 연결 고리!)에서 로드 밸런싱 설정을 진행합니다.

- 로드 밸런싱: [기존 로드 밸런서에 연결] 선택
- 로드 밸런서 대상 그룹에서 선택: 이전에 생성한 ALB의 대상 그룹인 'My-Web-TG' 선택(이 설정이 있어야 ASG가 만든 서버들이 자동으로 ALB에 연결됨)

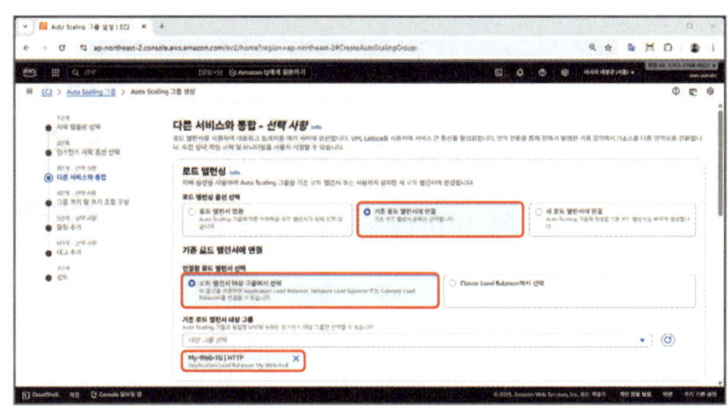

05 '다른 서비스와 통합'을 위해 3단계: 고급 옵션 구성(핵심 연결 고리!)에서 '상태 확인' 설정을 다음과 같이 진행한 후 [다음] 버튼을 클릭합니다.

- 상태 검사: '상태 검사 유형'에서 [ELB]를 추가 체크(ELB가 "이 서버 문제 있어."라고 판단하면 ASG가 해당 서버를 교체함)

06 [그룹 크기 및 크기 조정 구성] 페이지에서 4단계: 그룹 크기 및 조정 정책을 구성하기 위해 다음과 같이 설정한 후 [다음] 버튼을 클릭합니다.

- 원하는 용량(Desired): 2(항상 서버 2대를 유지하라는 뜻)
- 최소 용량(Min): 2
- 최대 용량(Max): 4(트래픽이 몰리면 최대 4대까지 늘릴 수 있다는 뜻)(조정 정책은 나중에 설정할 수 있으므로 일단 넘어감)

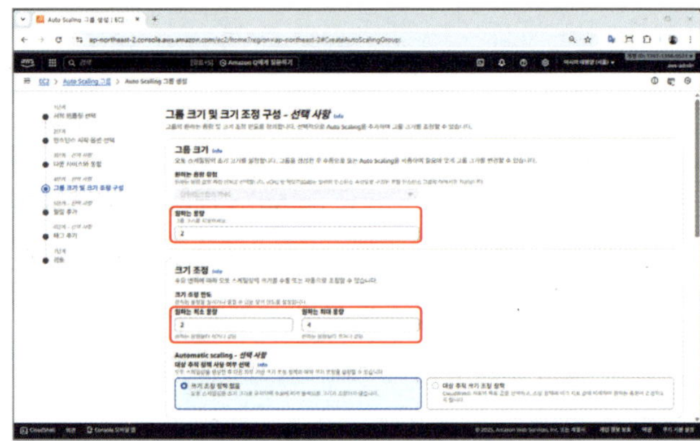

07 6단계: [태그 추가] 항목에서 키: 'Name', 값-선택 사항: 'ASG-Web-Server'를 지정한 후 [다음] 버튼을 클릭합니다.

08 7단계: 검토를 모두 완료한 후 [Auto Scaling 그룹 생성] 버튼을 클릭합니다.

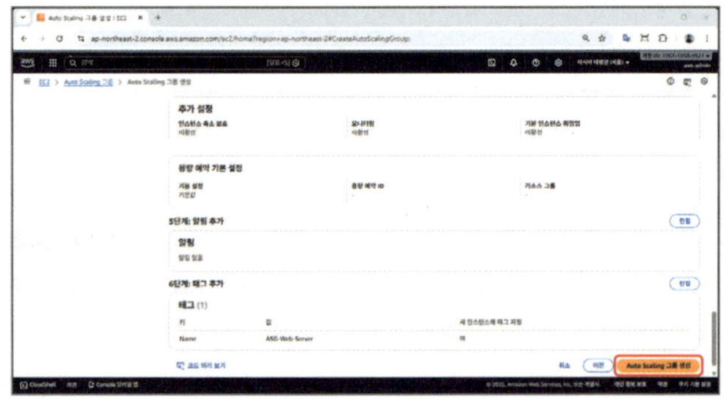

축하드립니다. 여러분은 방금 '자동화된 웹 서비스 아키텍처'를 구축했습니다. 이제 이 시스템이 의도한 대로 작동하는지 확인해 볼 시간입니다.

Step 1 초기 상태 및 부하 분산 확인

01 인스턴스 자동 생성을 확인하기 위해 EC2 인스턴스 목록으로 이동합니다. 여러분이 손대지 않았는데도 'ASG-Web-Server'라는 태그가 붙은 인스턴스 두 대가 자동으로 생성되어 '실행 중' 상태인 것을 확인할 수 있습니다.

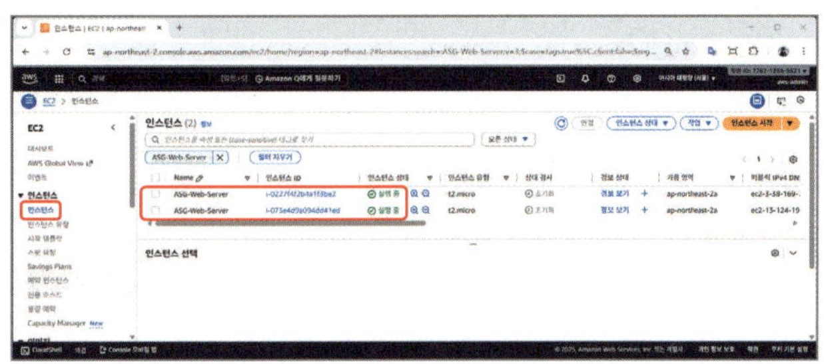

02 ALB 연결을 확인하기 위해 [로드 밸런서]-[대상 그룹]으로 이동한 후 'My-Web-TG' 대상 그룹을 클릭하면 자동으로 생성된 인스턴스 2대가 등록되어 있고, 상태가 'Healthy(정상)'로 표시되는지 확인할 수 있습니다.

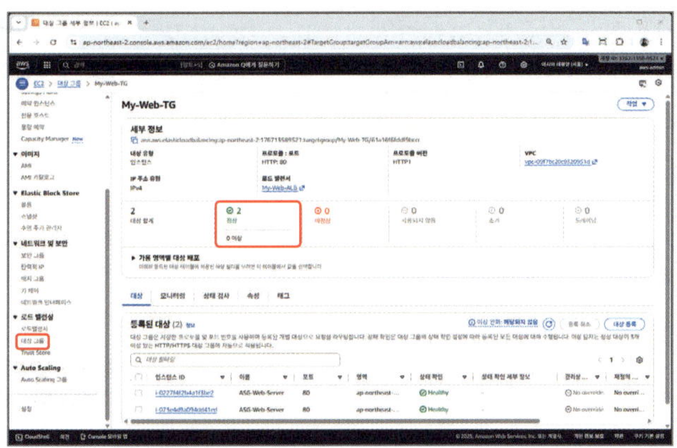

03 서버의 부하 분산 테스트를 위해 [로드 밸런서] 메뉴에서 'My-Web-ALB'의 'DNS 이름'(예 http://My-Web-ALB-××××.ap-northeast-2.elb.amazonaws.com)을 복사합니다.

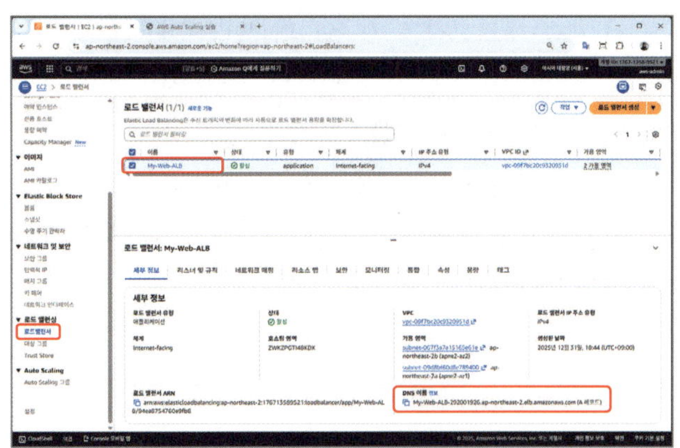

04 웹 브라우저의 주소창에 붙여 넣고 접속
합니다. [Hello from Auto Scaling Web
Server!] 페이지가 보입니다.

[새로고침]을 여러 번 누르면 화면에 표시되는 Private
IP 주소와 가용 영역이 바뀌는 것을 볼 수 있습니다.
ALB가 트래픽을 두 대의 서버로 골고루 분산하고
있다는 증거입니다.

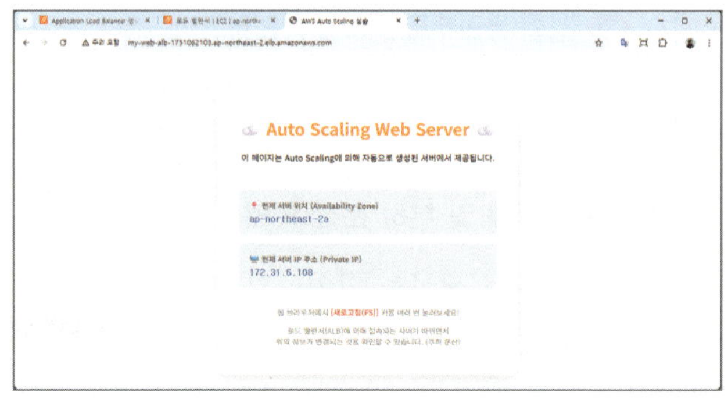

Step 2 **[하이라이트] 고가용성(장애 조치) 테스트**

멀쩡히 잘 돌아가는 서버를 강제로 종료시켰을 때 Auto Scaling이 어떻게 반응하는지 확인해 봅시다.
이 실습의 백미입니다.

01 EC2 인스턴스 목록에서 Auto Scaling
이 만든 두 대의 인스턴스 중 하나를 선
택한 후 [인스턴스 상태]–[인스턴스 종료
(Terminate)]를 클릭하여 강제로 삭제합
니다.

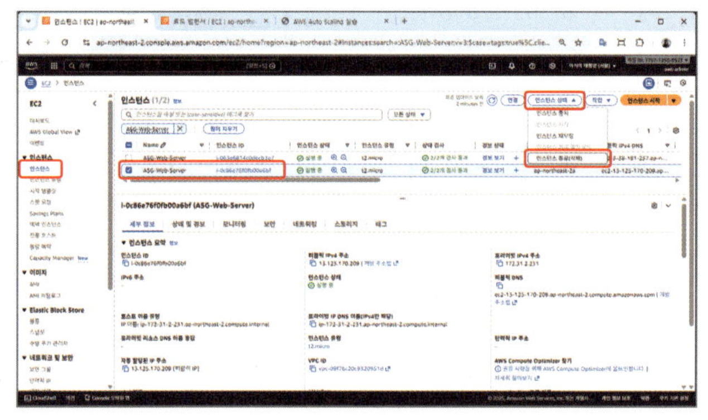

02 아까 열어 둔 ALB 주소의 웹 페이지에
서 계속 새로고침을 해 봅니다. 한 서버
가 죽었음에도 불구하고, 오류 페이지
없이 나머지 살아 있는 서버가 계속 응
답하여 서비스가 중단되지 않는 것을 확
인합니다(ALB가 장애를 감지하고 트래
픽을 우회시켰기 때문입니다).

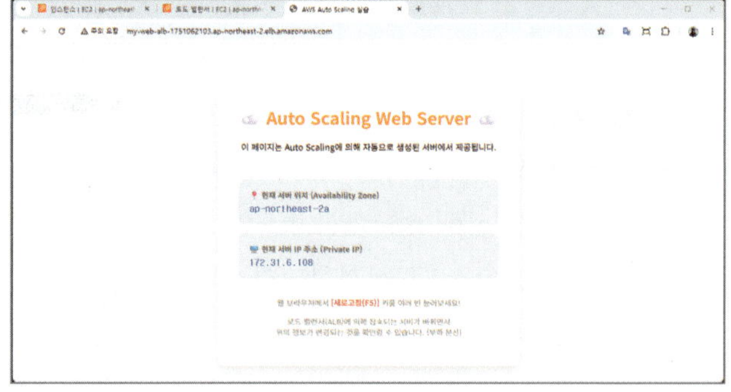

03 약 1~2분 정도 기다린 후 EC2 인스턴스 목록을 새로고침해 봅니다. 놀랍게도 새로운 인스턴스가 자동으로 생성되어 '초기화 중' 또는 '실행 중' 상태로 올라오는 것을 볼 수 있습니다. Auto Scaling 그룹이 '어? 최소 2대를 유지해야 하는데 1대밖에 없네?'라고 감지하고, 즉시 시작 템플릿을 사용해 새 서버를 투입한 것입니다.

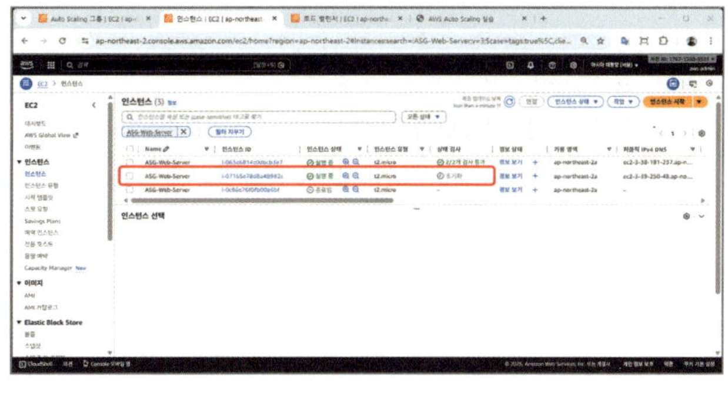

이것이 바로 클라우드가 제공하는 '탄력성'과 '고가용성'의 마법입니다.

06 SAA 시험 대비 비법 노트

▌6-1 시험 직전 3분컷! 시험 대비 오답 노트

1. Elastic Load Balancing(ELB)

트래픽을 여러 대상(EC2, 컨테이너, IP 등)으로 분산시켜 고가용성과 내결함성을 확보합니다.

- Application Load Balancer(ALB)
  - Layer 7(HTTP/HTTPS) 로드 밸런서
  - 경로 기반 라우팅: /images는 A 그룹으로, /api는 B 그룹으로 보냄(마이크로 서비스)
  - 호스트 기반 라우팅: api.example.com과 www.example.com을 구분
  - 타깃: EC2, Lambda, IP 주소, 컨테이너(Fargate)
  - 특징: WAF 연결 가능. 고정 세션(Sticky Session) 지원
- Network Load Balancer(NLB)
  - Layer 4(TCP/UDP/TLS) 로드 밸런서
  - 초고성능: 초당 수백만 건의 요청 처리, 초저지연(Low Latency)
  - 고정 IP(Static IP): 각 AZ마다 고정 IP 할당 가능(방화벽 허용 시 유리)
  - 타깃: EC2, IP 주소, ALB(ALB 앞에 NLB 두기 가능)
- Gateway Load Balancer(GWLB)
  - 보안 어플라이언스 전용: 방화벽, 침입 탐지 시스템(IDS/IPS) 등 타사 보안 장비를 트래픽 경로에 투명하게 삽입할 때 사용(GENEVE 프로토콜)

2. AWS WAF(Web Application Firewall)

- 역할: 웹 애플리케이션에 대한 Layer 7 공격 방어(SQL 인젝션, XSS 크로스 사이트 스크립팅)
- 적용 대상: ALB, API Gateway, CloudFront, AppSync(NLB에는 직접 적용 불가)
- 주요 기능
  - Web ACL: 규칙(Rule)들의 집합
  - IP Set: 특정 IP 대역 차단/허용(국가 차단은 GeoMatch)

– Rate-based Rule: 특성 IP에서 5분 동안 100회 이상 요청 시 자동 차단(DDoS 방어)

3. Disaster Recovery(DR, 재해 복구)

RTO(복구 시간 목표)와 RPO(복구 시점 목표)에 따라 네 가지 전략으로 나뉩니다. 비용과 복구 속도는 비례합니다.

- Backup & Restore(백업 및 복구): 가장 저렴, 복구 시간 가장 김(시간 단위)(데이터만 S3에 백업해 둠)
- Pilot Light(파일럿 라이트): 'DB는 켜져 있고(작게), 서버는 꺼져 있음', 장애 시 서버 켬(수십 분)
- Warm Standby(웜 스탠바이): 'DB와 서버 모두 켜져 있지만, 최소 규모로 유지', 장애 시 규모 키움(Scale-out)(수 분)
- Multi-Site Active/Active(멀티 사이트): 두 리전 모두 풀 가동, 트래픽을 반반 받음. 즉시 복구(초 단위), 가장 비쌈

4. AWS DataSync(데이터 마이그레이션)

- 역할: 온프레미스 스토리지(NAS)와 AWS 스토리지(S3, EFS, FSx) 간의 대용량 데이터 전송
- 특징
  - 에이전트(Agent): 온프레미스에 VM(가상머신) 형태로 설치해야 함
  - 프로토콜: 자체 프로토콜 사용(오픈소스 툴보다 10배 빠름). 암호화 전송
  - 기능: 대역폭 제한, 예약 전송, 데이터 무결성 검증
- 비교
  - Snowball: 인터넷이 없거나 너무 느릴 때 물리적 디스크 배송(페타바이트 규모)
  - Storage Gateway: 온프레미스에서 클라우드 스토리지를 캐시(Cache)하여 로컬처럼 쓸 때(하이브리드 스토리지)

▋6-2 SAA 적중 실전 문제(10문항)

Q1 마이크로 서비스 라우팅(ALB)

전자상거래 웹 사이트를 모놀리식에서 마이크로 서비스로 전환 중입니다. example.com/orders로 들어오는 요청은 '주문 서비스' 그룹으로, example.com/products로 들어오는 요청은 '상품 서비스' 그룹으로 보내고 싶습니다. 가장 적합한 로드 밸런서는?

A. Classic Load Balancer(CLB)
B. Application Load Balancer(ALB)
C. Network Load Balancer(NLB)
D. Gateway Load Balancer(GWLB)

정답 B

해설 URL 경로(/orders, /products)를 보고 트래픽을 나누는 경로 기반 라우팅(Path-based Routing)은 ALB의 핵심 기능입니다. NLB는 Layer 4라 URL을 볼 수 없습니다.

Q2 고정 IP가 필요한 경우(NLB)

회사의 보안 정책상 방화벽에 로드 밸런서의 IP 주소를 화이트 리스트로 등록해야 합니다. 하지만 ALB의 IP 주소는 수시로 변경되어 등록할 수 없습니다. 고정 IP(Static IP)를 제공하는 로드 밸런싱 솔루션은?

A. ALB 앞에 Global Accelerator를 붙인다.
B. Network Load Balancer(NLB)를 사용한다.
C. Route 53 A 레코드를 사용한다.
D. ALB에 Elastic IP를 직접 할당한다.

정답 B

해설 NLB는 각 가용 영역마다 고정 IP(Elastic IP 할당 가능)를 가질 수 있습니다. ALB는 IP가 계속 바뀌므로 고정 IP가 필요하면 NLB를 쓰거나 Global Accelerator를 ALB 앞에 둬야 합니다(A도 가능하지만, B가 더 직접적인 답). ALB 자체에는 EIP 할당이 불가능합니다(D 오답).

Q3 악성 봇 차단(WAF Rate-based Rule)

웹 사이트에 특정 IP 주소들로부터 비정상적으로 많은 트래픽(DDoS 공격 의심)이 들어와 서버가 마비되고 있습니다. 이를 자동으로 탐지하고, 특정 IP가 5분 동안 2,000회 이상 요청을 보내면 즉시 차단하고 싶습니다.

A. 보안 그룹에서 해당 IP를 차단한다.
B. Network ACL에서 해당 IP를 차단한다.
C. AWS WAF의 속도 기반 규칙(Rate-based Rule)을 설정하여 ALB에 연결한다.
D. AWS Shield Advanced를 구매한다.

정답 C

해설 '특정 시간 동안 N회 이상 요청 시 차단'은 WAF의 속도 기반 규칙(Rate-based Rule)입니다. SG나 NACL은 수동으로 IP를 넣어야 하므로 자동화된 동적 차단에는 부적합합니다.

Q4 SQL 인젝션 방어(WAF)

해커가 웹 사이트의 로그인 폼에 악성 SQL 코드를 입력하여 데이터베이스를 공격하려고 합니다(SQL Injection). 애플리케이션 코드를 수정하지 않고 이를 방어할 수 있는 가장 간편한 방법은?

A. RDS 보안 그룹에서 웹 서버 IP만 허용한다.
B. AWS WAF의 SQL 인젝션 일치 조건(SQL injection match condition)을 사용하여 트래픽을 검사한다.
C. CloudFront에서 HTTPS를 강제한다.
D. 데이터베이스 암호화를 활성화한다.

정답 B

해설 SQL 인젝션이나 XSS(크로스 사이트 스크립팅) 같은 Layer 7 공격 패턴을 막는 것은 WAF의 주특기입니다.

Q5 최단 시간 재해 복구(Multi-Site Active/Active)

글로벌 주식 거래 시스템을 운영 중입니다. 어떤 재해가 발생하더라도 다운타임이 거의 없어야(Zero Downtime)하며, RTO와 RPO는 0에 가까워야 합니다. 비용이 많이 들어도 상관없습니다.

A. Backup & Restore 전략
B. Pilot Light 전략
C. Warm Standby 전략
D. Multi-Site Active/Active 전략

정답 D

해설 '다운타임 없음', '비용 상관없음', '즉시 복구'는 멀티 사이트 액티브/액티브 전략입니다. 두 리전이 항상 켜져 있고 트래픽을 나눠 받으므로 하나가 죽어도 나머지가 즉시 처리합니다.

Q6 대용량 데이터 마이그레이션(DataSync)

온프레미스 NAS 스토리지에 있는 500TB의 데이터를 AWS S3로 마이그레이션해야 합니다. 전용선(Direct Connect)이 연결되어 있으며, 마이그레이션 과정을 자동화하고 예약하고 싶습니다. 또한 전송 중 데이터 무결성 검증도 필요합니다.

A. aws s3 sync 명령어를 사용하는 스크립트를 작성한다.

B. AWS Snowball Edge 장치를 주문하여 데이터를 복사해 보낸다.

C. AWS DataSync 에이전트를 온프레미스에 설치하고 작업을 구성한다.

D. AWS Storage Gateway의 파일 게이트웨이 모드를 사용한다.

정답 C

해설 '네트워크(DX)를 통한 대용량 전송', '자동화/예약', '무결성 검증'에는 AWS DataSync가 최적입니다. Snowball(B)은 네트워크가 느릴 때 쓰는 물리적 방식입니다. s3 sync(A)는 대용량/고속 전송에 한계가 있고 관리가 어렵습니다.

Q7 보안 어플라이언스 통합(GWLB)

규정 준수를 위해 모든 인바운드/아웃바운드 트래픽을 타사(3rd Party) 방화벽 어플라이언스(EC2에 설치됨)를 통과시켜 검사해야 합니다. 아키텍처를 복잡하게 만들지 않고, 투명하게 트래픽을 검사 장비로 보냈다가 다시 원래 목적지로 보내려면?

A. 모든 트래픽을 Transit Gateway로 보낸다.

B. Gateway Load Balancer(GWLB)를 사용한다.

C. VPC Peering을 사용한다.

D. NAT Gateway를 사용한다.

정답 B

해설 '타사 보안 장비(Appliance)', '투명한 트래픽 검사', 'GENEVE 프로토콜'의 키워드는 Gateway Load Balancer(GWLB)입니다. 로드 밸런싱과 게이트웨이 역할을 동시에 수행합니다.

Q8 하이브리드 스토리지 캐시(Storage Gateway)

본사 사무실 사용자들은 지연 시간 문제로 인해 클라우드 스토리지보다는 로컬 파일 서버를 선호합니다. 하지만 로컬 디스크 용량이 부족합니다. 자주 쓰는 파일은 로컬에서 빠르게 열고, 전체 데이터는 S3에 무제한으로 저장하고 싶습니다.

A. AWS DataSync

B. AWS Storage Gateway(File Gateway—Cache Mode)

C. Amazon EFS

D. S3 Transfer Acceleration

정답 B

해설 로컬 캐시(Low Latency) + 클라우드 저장(S3) 형태의 하이브리드 스토리지는 Storage Gateway입니다. 그중에서도 파일 공유(NFS/SMB) 방식은 File Gateway입니다.

Q9 비용 효율적인 DR(Pilot Light)

재해 복구 계획을 세우고 있습니다. RTO(복구 시간)는 10분 정도면 충분합니다. 평소에는 비용을 최소화하고 싶지만, 데이터베이스 데이터는 항상 최신 상태로 유지되어야 합니다.

A. Backup & Restore

B. Pilot Light

C. Warm Standby

D. Multi—Site Active/Active

정답 B

해설 '데이터(DB)는 살아 있고, 서버는 꺼져 있음', '비용 절감'은 Pilot Light(파일럿 라이트) 전략입니다. 가스 레인지의 작은 불씨(Pilot Light)만 켜 두었다가 요리할 때 확 키우는 것과 같습니다(Warm Standby는 서버도 '작게나마' 켜져 있는 상태라 비용이 더 듭니다).

Auto Scaling 그룹에 있는 EC2 인스턴스들이 ALB 뒤에 연결되어 있습니다. 특정 인스턴스의 애플리케이션이 멈췄지만(Hang), EC2 상태(Status Check)는 '정상'입니다. ALB가 이 인스턴스로 계속 트래픽을 보내 오류가 발생합니다. 해결책은?

A. Auto Scaling 그룹의 상태 검사를 'ELB'로 변경한다.
B. EC2 인스턴스 유형을 변경한다.
C. ALB의 대상 그룹(Target Group)에서 상태 검사 경로를 변경한다.
D. CloudWatch 경보를 생성하여 인스턴스를 재부팅한다.

정답 A

해설 기본적으로 Auto Scaling은 'EC2 하드웨어 상태'만 봅니다. 앱이 죽어도 하드웨어가 멀쩡하면 종료하지 않습니다. Auto Scaling의 상태 검사 유형을 'ELB'로 바꾸면, ALB가 '이 앱이 죽었어(500 에러)'라고 판단할 때 Auto Scaling이 해당 인스턴스를 종료하고 새 것을 만듭니다. 매우 중요한 실무 패턴입니다.

07 | 에필로그: 제프 베조스와 아마존의 탄생

아마존 창업자 제프 베조스는 2018년 8월, 169조 원의 자산을 가진 '현대 역사상 최고의 부자'로 등극했습니다. 베조스의 자산 1,500억 달러는 지난 1982년 포브스가 부자 순위를 집계하기 시작한 이후 최고 기록이자 마이크로소프트 창업자인 빌 게이츠와 구글 공동 창업자 래리 페이지의 자산을 합친 것보다 많습니다. 세계 최초로 대기업이 된 전자상거래 기업인 아마존닷컴을 1994년에 창립하였으며, 2018년 현재까지도 CEO로 재직하고 있습니다.

제프 베조스는 1964년 1월 12일 미국 뉴멕시코 주 엘버커키에서 테드 졸겐슨(Ted Jorgensen)과 재클린 자이스(Jacklyn Gise) 사이에서 태어났습니다. 제프가 태어나기 전에 테드와 재클린은 결혼했지만, 17개월 후 이혼하게 됩니다. 이후 재클린은 쿠바 출신 미겔 베조스(Miguel Bezos)와 재혼하게 되며, 베조스라는 성은 재혼한 아버지의 성을 따온 것이었습니다.

미겔은 아무 밑천 없는 쿠바 이민자였음에도 불구하고 열심히 노력하여 석유 기업 엑슨(EXXON)의 임원까지 지내게 되며, 베조스는 그런 아버지를 존경하게 됩니다. 4세부터 16세까지 베조스는 텍사스의 외갓집 목장에서 여름을 보냈습니다. 그곳에서 풍차 수리는 물론, 송아지 예방 접종, 숫소 거세 작업을 직접 하기도 했습니다.

[그림 7-10] 제프 베조스와 외할아버지(출처: 구글)

그의 외할아버지인 로런스 브레스턴 가이스는 베조스에게 많은 영향을 주게 됩니다. 제프 베조스의 지적 호기심을 자극하고, 관심 분야에 열정을 가질 수 있도록 노력했으며, 대부분 그가 직접 할 수 있도록 자유방임주의적으로 교육했습니다.

제프 베조스는 2010년 모교인 프린스턴대학 졸업식 연설에서 '사람이 똑똑하기보다는 친절하기가 더 어렵다.'라는 어릴 적 할아버지의 가르침을 소개하기도 했습니다. 이후 제프 베조스는 1994년 아버지에게 30만 달러를 투자받아 시애틀의 자신의 집 차고(미국 IT 업계의 성공 신화는 차고에서 시작한다. 빌 게이츠, 스티브 잡스 등이 그랬다)에 전자상거래 업체인 아마존을 창업했습니다.

[그림 7-11] 제프 베조스의 첫 번째 사옥(출처: 구글)

드디어 1995년 7월 첫 번째 책이 팔렸고, 2년 후인 1997년에는 기업 공개(IPO)에 나섰습니다. 23년이 지난 지금 아마존은 오늘날 세계에서 가장 큰 온라인 유통업체로 성장했습니다. 미국의 경제 전문지 〈포춘〉은 베조스를 '지금껏 한 번도 혁신을 멈춘 적이 없는 기업인'이라고 평가했습니다. 제프 베조스는 혁신에 필요한 세 가지 요소를 다음과 같이 말하고 있습니다.

첫째, 실패에 맞서는 용기입니다. 아마존은 지금도 온라인, 식품, 물류 등 다양한 분야와 영역에서 지속적인 혁신과 성장을 위해 열심히 실패하는 중이라 말하고 있습니다. 이러한 실패를 두려워한다면 혁신적인 수 없으며, 적극적인 의지가 있어야 혁신적일 수 있다고 말하고 있습니다.

둘째, 오해를 두려워하지 않고 발언하는 용기입니다. 혁신을 원하는 사람은 오해를 받는 것에 대해 두려움을 가지면 안됩니다. 무언가 새로운 것을 한다는 것은 반드시 비판이 따르게 되며, 중요한 사실은 그러한 비판이 정말 맞는 것인지를 확인하고 그것이 옳다면 자신이 바뀌면 되고, 그들에게 동의할 수 없다면 자신의 생각을 보다 확고하고 완고하게 할 수 있어야 한다고 말하고 있습니다.

셋째, 아이 같은 마음을 가지고 세계에 대한 호기심을 잃지 않는 것입니다. 만일 수천 번 반복되는 일이며, 당연하게 생각되는 일이라도 자신이 알아채지 못한 보다 낳은 방법이 있는지 끊임없이 생각하고 고민하는 것이 매우 중요하고, 혁신에 꼭 필요한 필수 요소라고 말하고 있습니다.

[그림 7-12] **제프 베조스**(출처: 구글)

실패에 맞서는 용기, 오해를 두려워하지 않는 용기, 아이와 같은 호기심을 잃지 않고 노력한다면 당신도 제2의 제프 베조스가 될 수 있습니다.

08 | Resource Termination

7부 실습에서 만든 모든 리소스는 8부 실습에서 모두 그대로 사용합니다. 이에 8부 실습을 진행하시고 이후 리소스를 삭제하길 바랍니다. 만일, 바로 리소스 삭제를 원하신다면, 8부의 7. Resource Termination을 참조하셔서 리소스 삭제를 진행하길 바랍니다.

PART

08

가용성 높고, 빠르게 확장 가능한 인프라 구성하기 (Amazon Auto Scaling)

"사용자가 몰리면 서버가 늘어나고, 한가해지면 줄어든다. 알아서."

우리는 7부에서 ELB를 통해 트래픽을 분산하고, Auto Scaling 그룹을 통해 정해진 수의 서버를 유지하는 방법을 배웠습니다. 하지만 진정한 클라우드의 위력은 트래픽 변화에 따라 인프라가 살아 있는 생물처럼 반응할 때 나타납니다.

8부에서는 클라우드 아키텍처의 핵심 목표인 가용성(Availability)과 확장성(Scalability)의 개념을 깊이 있게 이해하고, Amazon Auto Scaling의 고급 기능을 활용하여 CPU 부하에 따라 자동으로 서버를 늘리고 줄이는 동적인 시스템을 구축해 보겠습니다.

클라우드 도입의 가장 큰 목적은 바로 '가용성(Availability)'과 '확장성(Scalability)'을 확보하는 것입니다.

▌1-1 가용성: 언제나 접속 가능한 상태

가용성이란, 시스템이 정상적으로 작동하여 사용자가 서비스를 이용할 수 있는 시간의 비율을 의미합니다. 쉽게 말해 '서버가 죽지 않고 얼마나 잘 버티는지'를 나타내는 지표입니다.

[그림 8-1] 가용성

가용성은 보통 '9(Nine)'의 개수로 표현합니다. '9가 많을수록(5Nines 등)' 다운타임(중단 시간)이 적은 고가용성 시스템을 의미합니다. 예를 들어, 가용성 수준이 '3개의 9(3Nines)'인 서비스는 해당 서비스가 가동되어 실행되는 시간이 99.9%의 시간만큼 지원할 수 있다는 것을 말하며, 24×7×365(하루 24시간/일주일 7일/1년 365일)를 기준으로 했을 때 1년 동안 서비스의 중지 시간이 8.76시간이라는 것을 의미합니다.

[표 8-1] **시스템 가용성(Availability) 비율과 연간 허용 다운타임**

가용성 비율	연간 허용 다운타임	의미
99%(2Nines)	약 3일 15시간	일반적인 웹 사이트
99.9%(3Nines)	약 8시간 45분	대부분의 상용 서비스 목표
99.99%(4Nines)	약 52분	매우 중요한 비즈니스 시스템(AWS가 지향하는 목표)
99.999%(5Nines)	약 5분	통신, 금융 등 핵심 인프라

AWS는 여러 가용 영역에 인프라를 분산 배치하고 Auto Scaling의 자동 복구 기능을 활용하여 손쉽게 '고가용성 시스템'을 구축할 수 있도록 지원합니다(우리가 7부에서 실습한 내용이 바로 이것입니다).

▌1-2 확장성: 성장에 유연하게 대응하는 능력

확장성(Scalability)은 트래픽이나 데이터가 증가했을 때 시스템이 성능 저하 없이 이를 처리할 수 있도록 인프라를 확장할 수 있는 능력을 말합니다. 물리적 환경에서는 확장이 어렵지만, 클라우드에서는 두 가지 전략을 통해 확장성을 손쉽게 확보할 수 있습니다.

[그림 8-2] 확장성

[표 8-2] **클라우드 확장의 두 가지 전략**

구분	스케일 업(Scale-Up, 수직 확장)	스케일 아웃(Scale-Out, 수평 확장)
방식	서버 자체의 성능(CPU, RAM)을 높임	비슷한 사양의 서버 대수를 늘림
예시	t2.micro를 c5.large로 교체	t2.micro 2대를 10대로 증가
장점	구조 변경 없이 성능 향상 가능	확장의 한계가 거의 없음, 고가용성 확보 유리
단점	고사양 장비일수록 비용이 급격히 증가, 확장 한계 존재	애플리케이션이 분산 환경을 지원해야 함(로드 밸런싱 필수)
AWS 적용	EC2 인스턴스 유형 변경	Auto Scaling+ELB(클라우드 권장 방식)

Amazon Auto Scaling은 클라우드의 장점인 스케일 아웃을 자동화하여 탄력적인 시스템을 구현하는 핵심 서비스입니다.

Amazon Auto Scaling은 애플리케이션의 로드(부하)를 모니터링하고, 사전에 정의된 규칙에 따라 용량을 자동으로 조정(Scale-In/Scale-Out)하여 최대한 저렴한 비용으로 안정적인 성능을 유지하도록 돕는 서비스입니다. 예를 들어, 신규 모바일 게임을 전 세계 게이머를 대상으로 오픈하는 경우, 이벤트와 홍보 등을 통해 많은 사용자가 동시에 접속하게 됩니다. 만일, 클라우드가 아니라 일반 하드웨어로 시스템을 구성한다면 사용자의 접속 예상치의 최대치를 산정하여 하드웨어를 구매해야 합니다. 비용적인 측면에서 보면 많은 초기 투자가 필요하며, 사용자가 줄어들어 더 이상 많은 시스템이 필요하지 않더라도 구매했던 하드웨어를 다시 처분할 수 없습니다.

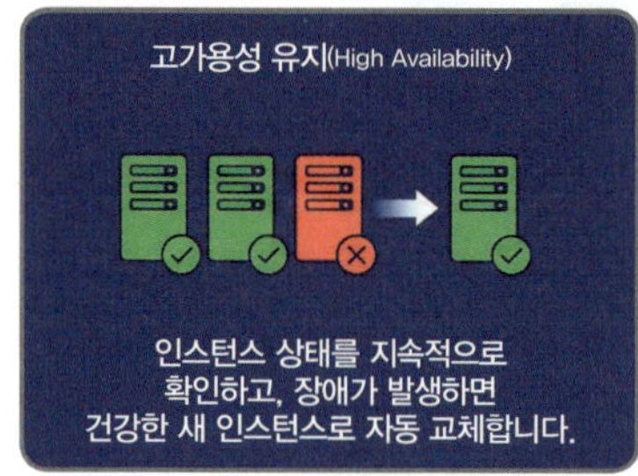

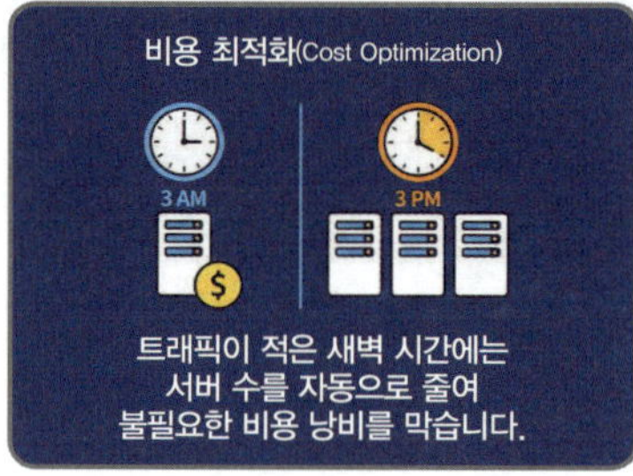

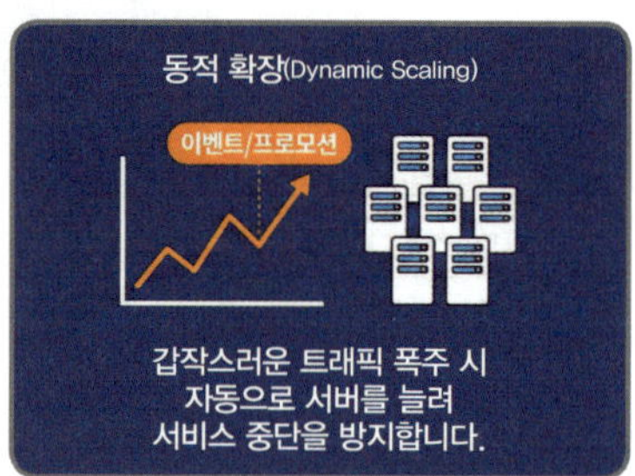

[그림 8-3] Auto Scaling 핵심 장점

동일한 상황에서 AWS의 Auto Scaling을 사용한다면 초기 하드웨어 구매나 투자는 필요하지 않으며 서비스 오픈 초기 서버의 사용자가 급증하면 Auto Scaling을 사용하여 인스턴스를 늘려서 성능을 유지하고, 이용자가 줄어서 평시 상황을 유지되면 인스턴스를 자동으로 줄여서 비용을 줄이는 효과를 볼 수 있습니다.

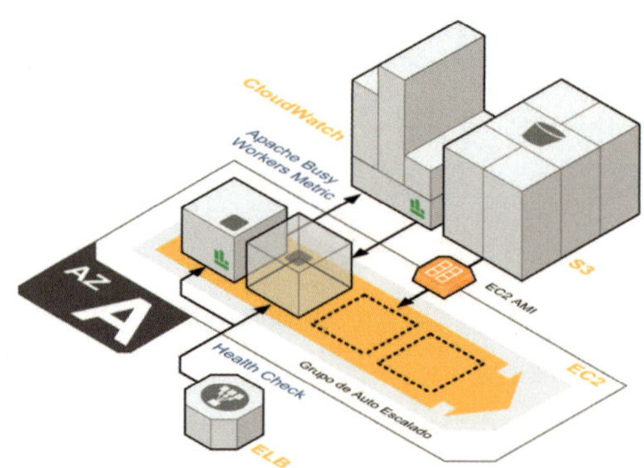

[그림 8-4] Amazon Auto scaling(출처: 아마존 홈페이지)

이렇듯 Amazon Web Service Auto scaling은 서버나 애플리케이션을 모니터링하고 리소스를 자동으로 조정(Scale In/Scale Out)하여 최대한 저렴한 비용으로 안정적이고 예측 가능한 성능을 유지할 수 있습니다.

구분	내용
서비스명	Amazon Auto Scaling
설명	성능과 비용을 최적화하도록 애플리케이션 규모 조정
주요 특징	• Auto Scaling을 사용하면 애플리케이션 가용성을 간편하게 관리 • EC2 용량이 사용자가 정의한 조건에 따라 자동으로 확장/축소 • 실행 중인 EC2 인스턴스의 수를 원하는 수준으로 유지 가능 • 수요가 급증할 경우, 인스턴스의 수를 자동으로 증가(Scale In) • 수요가 적을 경우, 자동으로 용량을 감소시켜 비용 낭비를 최소화(Scale Out) • 수요 변화가 많지 않은 애플리케이션과 사용량이 일, 주 단위로 변하는 애플리케이션 모두에 알맞은 상품
프리티어(Free Tier)	Auto Scaling의 사용은 무료이지만, AWS 리소스에 대한 비용과 CloudWatch 비용은 발생됨

03 Auto Scaling의 핵심 구성 요소

Auto Scaling이 마법처럼 작동하기 위해서는 세 가지 핵심 요소가 필요합니다. 우리는 이미 7부에서 이 요소들을 다뤘습니다.

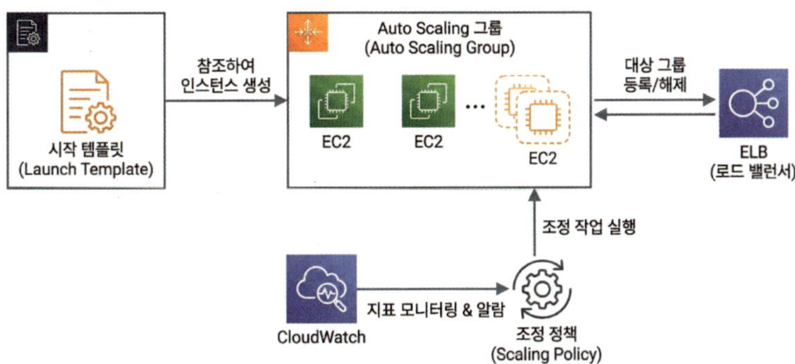

[그림 8-5] Auto Scaling의 작동 원리

▌3-1 시작 템플릿(Launch Template): '무엇을 만들 것인가?'

• Auto Scaling이 서버를 자동으로 찍어 낼 때 사용할 '설계도'입니다.

• 어떤 AMI(운영체제 이미지), 인스턴스 유형, 보안 그룹, 키 페어, 그리고 사용자 데이터(User Data) 스크립트를 사용할지 정의합니다.

• 시작 구성을 생성하는 경우, Amazon Machine Image(AMI), 인스턴스 유형, 키 페어, 하나 이상의 보안 그룹, EBS 등 인스턴스에 대한 정보를 지정

참고 과거에는 '시작 구성(Launch Configuration)'을 사용했지만, 현재는 더 유연하고 버전 관리가 가능한 '시작 템플릿' 사용이 표준입니다.

▌3-2 Auto Scaling 그룹(ASG): "어디에, 얼마나 만들 것인가?"

Amazon Auto Scaling 그룹은 인스턴스의 조정 및 관리의 목적으로 구성된 논리적 그룹으로 Auto Scaling을 수행하는 인스턴스의 모음입니다. 예를 들어, B2용 웹 사이트를 여러 인스턴스에서 서비스한다면 애플리케이션의 성능을 향상시키기 위해 Auto Scaling 그룹을 사용하여 지정된 조건에 따라 자동으로 인스턴스 수를 늘리거나 인스턴스가 비정상적으로 동작하는 경우, 고정된 수의 인스턴스를 유지하거나 비용 절감을 위해 인스턴스의 수를 자동으로 조정할 수 있습니다.

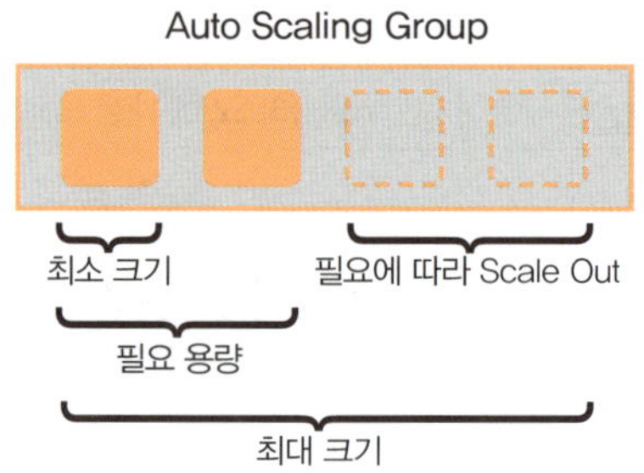

[그림 8-6] Amazon Auto Scaling Group

- 실제 EC2 인스턴스들의 논리적인 집합이자 관리 단위입니다.
- **네트워크 위치:** 서버들을 어느 VPC의 어떤 서브넷(가용 영역)에 배치할지 결정합니다.
- 용량 설정(Capacity Settings)

[표 8-4] Auto Scaling 그룹 용량 설정

구분	내용
최소(Min)	트래픽이 아무리 적어도 유지해야 할 최소 서버 수(가용성 보장)
최대(Max)	트래픽이 아무리 많아도 이 이상 늘리지 말라는 상한선(비용 통제)
원하는 용량(Desired)	평상시에 유지하고자 하는 목표 서버 수

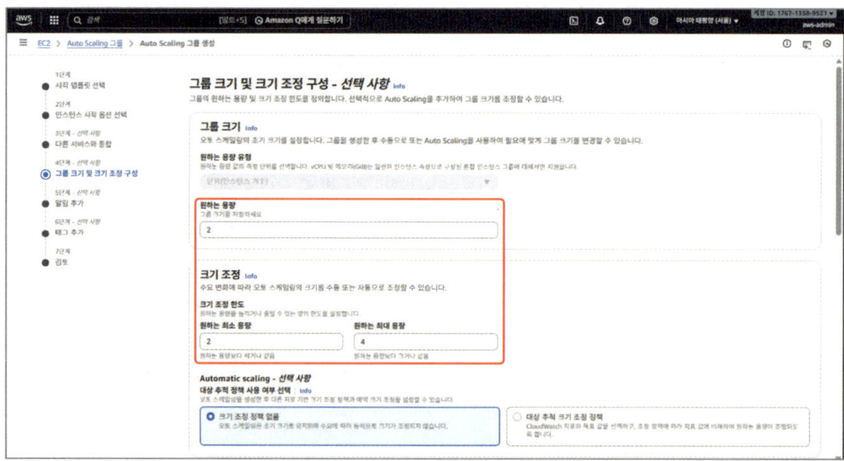

[그림 8-7] Auto Scaling의 EC2 상태 검사 흐름

ASG Health Check

AWS의 Auto Scaling Group(ASG) Health Check는 ASG에 속한 EC2 인스턴스들이 정상적으로 작동하는지 확인하는 메커니즘입니다. 헬스 체크는 두 가지 유형이 있습니다.

- **EC2 Health Check**: 이 헬스 체크 유형은 AWS EC2의 기본 상태 체크를 사용하여 인스턴스가 하드웨어나 소프트웨어적인 문제를 가지고 있는지 확인합니다.
- **ELB(Elastic Load Balancer) Health Check**: 이 경우, ASG는 Elastic Load Balancer를 사용하여 헬스 체크를 수행합니다. ELB 헬스 체크는 주로 인스턴스의 응답 시간, 연결 가능 여부 등을 검사합니다.

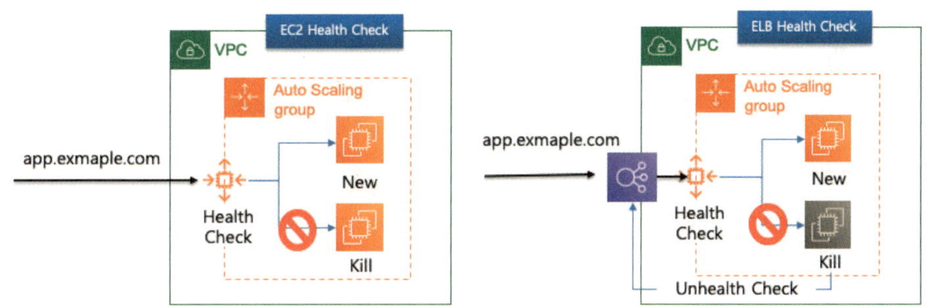

[그림 8-8] 비정상 인스턴스 감지 및 자동 교체(Replacement) 과정

ASG 헬스 체크가 인스턴스를 '비건강'으로 판단하면, 해당 인스턴스는 자동으로 종료되고 새 인스턴스가 시작됩니다. 이러한 자동 복구 메커니즘은 ASG가 높은 가용성과 내구성을 제공하는 데 중요한 역할을 합니다. 또한 헬스 체크 간격, 타임아웃 값, 실패 허용 횟수 등을 설정하여 헬스 체크의 동작을 세부적으로 조정할 수 있습니다. 이 과정은 웹 서비스가 대량의 트래픽을 안정적으로 처리할 수 있도록 도와주며, 필요한 경우 자동으로 스케일링하여 리소스를 효율적으로 사용하게 합니다.

▌3-3 조정 정책(Scaling Policies): '언제 늘리고 줄일 것인가?'

- 서버를 언제 추가(Scale-Out)하고 언제 제거(Scale-In)할지를 결정하는 규칙입니다.
- 특정 조건에 따라 서버를 늘리거나 줄이는 조건이나 정책을 수립하고 적용할 수 있습니다.

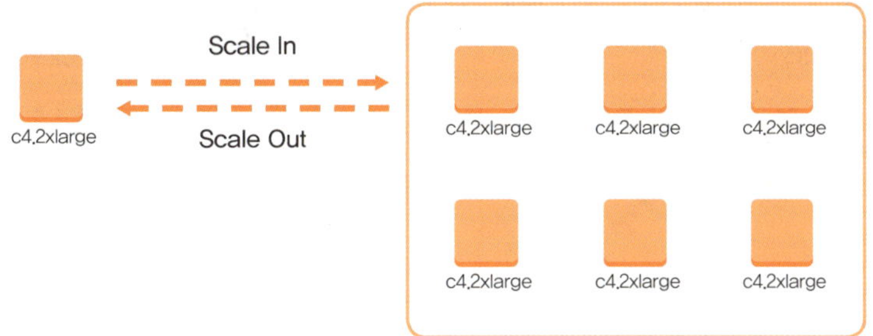

[그림 8-9] Auto Scaling 조정 정책 실행 구조

[표 8–5] Auto Scaling의 주요 조정 정책 유형 비교

[표 8–5] Auto Scaling의 주요 조정 정책 유형 비교

정책 유형	설명	예시
대상 추적 (Target Tracking)	• 가장 권장되는 방식 • 특정 지표의 목표 값을 정하면 알아서 서버 수를 조절	"평균 CPU 사용률을 50%로 유지해 줘."
단계 조정 (Step Scaling)	단계별로 구체적인 동작을 지정	"CPU가 70% 넘으면 서버 2대 추가, 40% 밑이면 1대 감소"
예약된 조정 (Scheduled)	예측 가능한 트래픽 변화에 맞춰 미리 일정을 설정	"매주 월요일 오전 9시에 서버를 10대로 늘려 줘."

3-4 Auto Scaling Use Case

다음 예시는 Auto Scaling을 활용하여 사용량 증가에 따른 서비스 증가 및 Scale Out 사례에 대한 내용입니다.

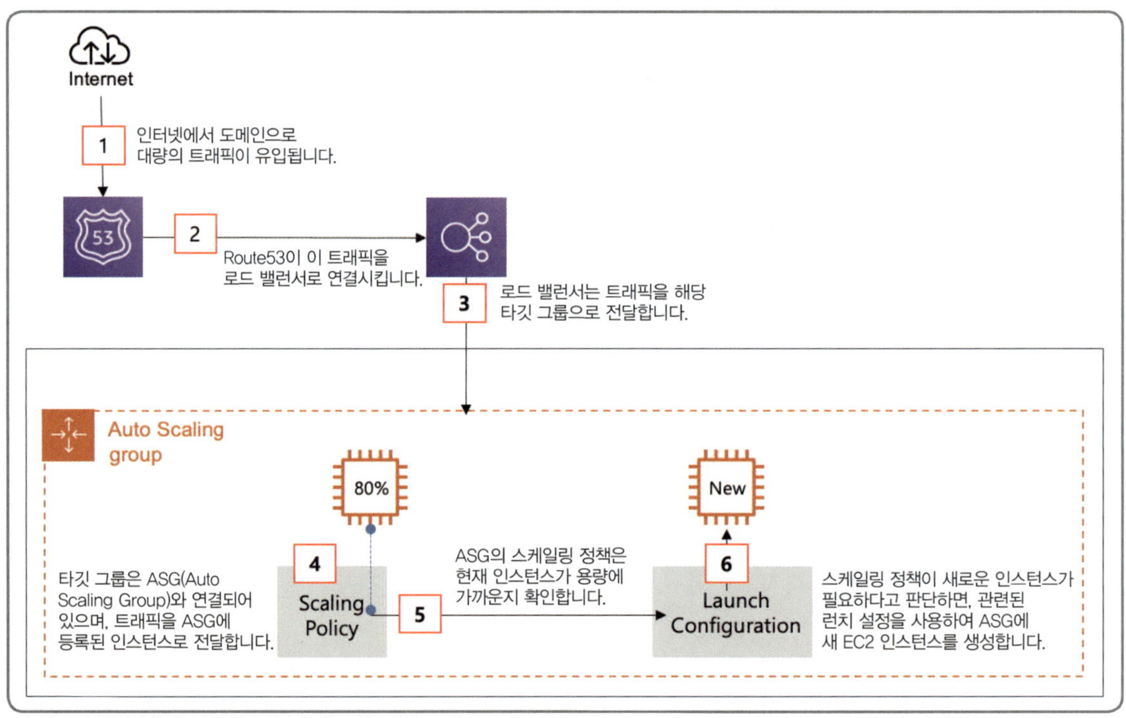

[그림 8–10] CPU 부하 발생에 따른 Auto Scaling 동작 모니터링 동작

7부에서는 고정된 수(2대)의 서버를 유지하는 실습을 했습니다. 이번에는 8부의 주제인 '확장성'을 체험하기 위해 서버에 의도적으로 부하를 주어 Auto Scaling이 자동으로 서버를 늘리는 동적 조정(Dynamic Scaling)을 실습해 보겠습니다.

시나리오

- 평균 CPU 사용률을 기반으로 하는 '대상 추적 조정 정책'을 설정합니다.
- 서버에 접속하여 인위적으로 CPU 부하를 발생시킵니다.
- Auto Scaling이 이를 감지하고 서버를 자동으로 추가(Scale-Out)하는 것을 눈으로 확인합니다.

전제 조건

- 7부 실습에서 생성한 My-Web-ASG(Auto Scaling 그룹)와 My-Web-ALB(로드 밸런서)가 정상 작동 중이어야 합니다.
- 현재 인스턴스는 2대가 실행 중이어야 합니다.

▌4-1 조정 정책 설정하기(CPU 사용률 50% 유지)

우리의 ASG에게 "CPU가 바빠지면 알아서 친구들을 더 불러와!"라고 규칙을 정해 줍니다.

01 [EC2 콘솔]-[좌측 메뉴 [Auto Scaling 그룹]을 선택한 후 7부에서 만든 My-Web-ASG를 클릭하여 상세 화면을 활성화합니다. 그런 다음 [자동 조정(Automatic scaling)] 탭을 클릭하고 하단의 [동적 조정 정책 생성] 버튼을 클릭합니다.

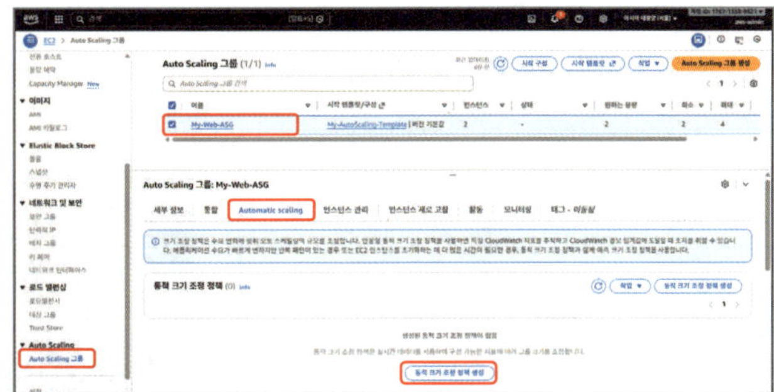

02 [동적 크기 조정 정책 생성] 페이지에서 정책 세부 정보를 입력한 후 [생성] 버튼을 클릭합니다.

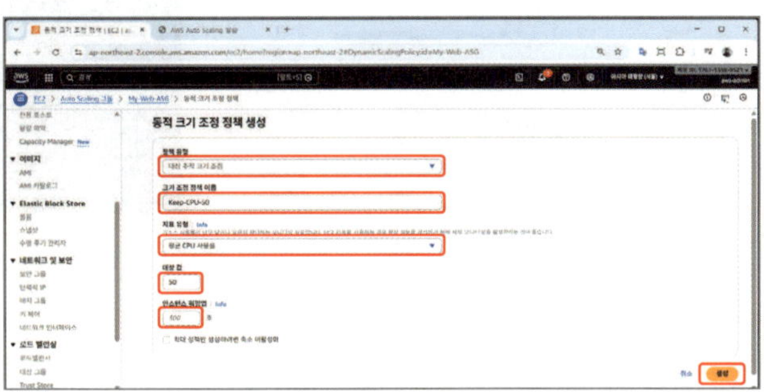

- 정책 유형: 대상 추적 조정(Target tracking scaling)(기본값)
- 조정 정책 이름: Keep-CPU-50
- 지표 유형: 평균 CPU 사용률(Average CPU utilization)
- 대상 값(Target value): 50(CPU가 50%를 넘어가면 서버를 늘리기 시작하라는 의미)
- 인스턴스 워밍업: 300초 기본값(필요 시 초기에 서버가 준비될 시간을 줌)

이제 Auto Scaling 그룹은 5분마다(기본 CloudWatch 주기) 평균 CPU 사용률을 체크하여 50%를 유지하려고 노력할 것입니다.

■4-2 서버에 인위적인 CPU 부하 주기(stress 도구 사용)

이제 멀쩡한 서버에 일을 시켜서 CPU를 뜨겁게 만들어 보겠습니다.

01 EC2 인스턴스 목록에서 Auto Scaling
이 만든 인스턴스 중 하나를 선택하여
퍼블릭 IP를 확인합니다.

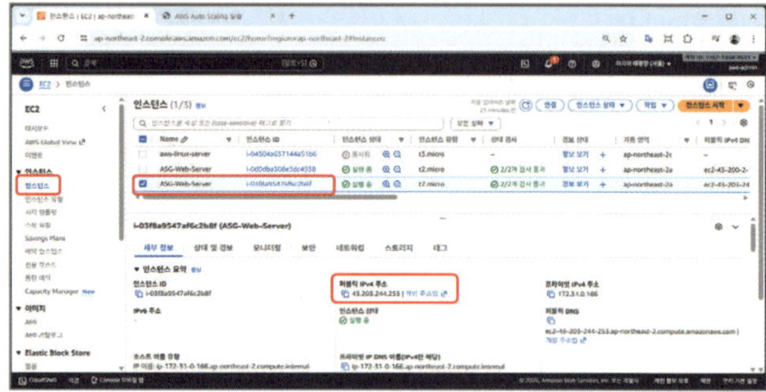

02 터미널(또는 PuTTY)을 이용해 해당 인스턴스에 SSH로 접속합니다(ec2-user 계정 사용). 이때
Putty 접속 시 기존 aws-keypair-linux.ppk 파일을 Putty상에서 설정([Connection]-[SSH]-
[Auth]-[Credentials] 메뉴에서 'Private key file for authentication:'에 경로 지정)한 후 IP 주소
를 입력하여 접속할 수 있습니다.

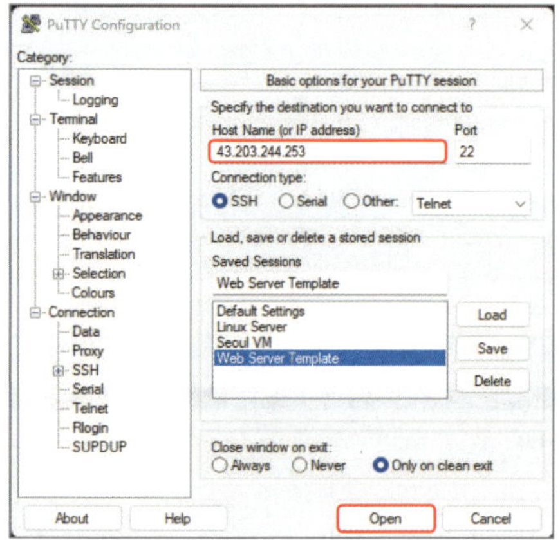
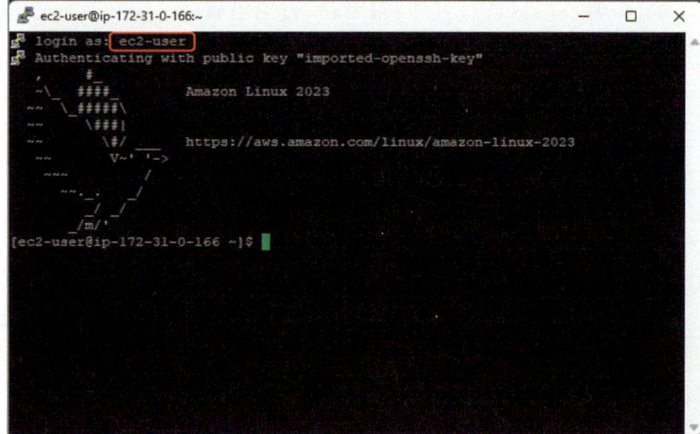

03 부하 테스트 도구인 stress를 설치하기
위해 EPEL 저장소를 활성화하고 설치
합니다.

sudo dnf install stress -y

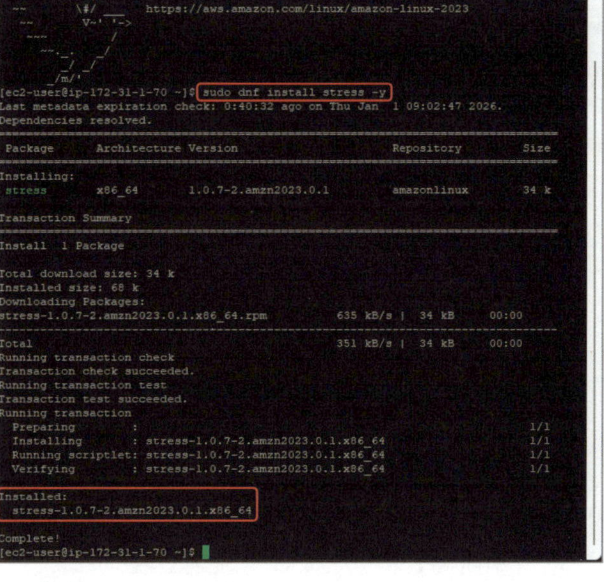

04 CPU 코어 1개에 100% 부하를 주는 명
령어를 실행합니다(실행한 후 터미널을
끄지 말고 둡니다).

\# CPU 코어 1개에 부하를 줍니다(현재 **t2.micro**는
1코어이므로 전체 CPU가 100%가 됨).
stress--cpu 1--timeout 600s &
600초(10분) 동안 백그라운드에서 CPU 부하를
발생시킴

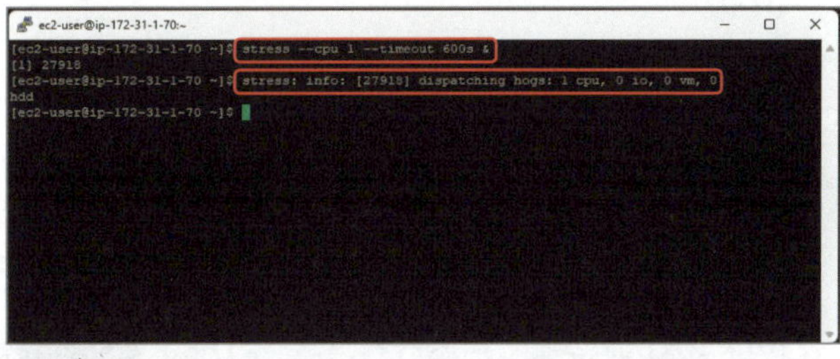

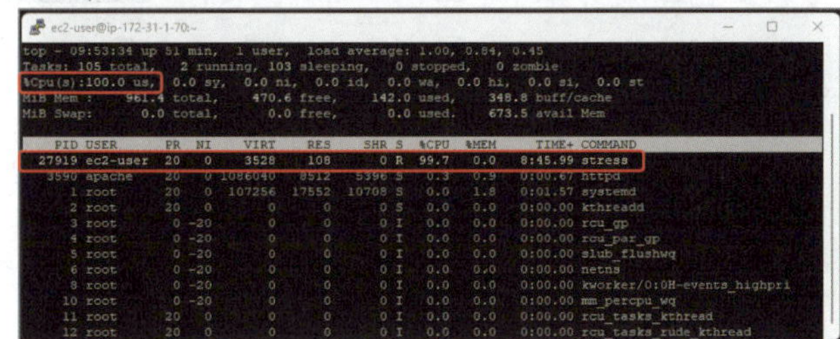

테스트로 Stress 프로그램을 구동시키는 인스턴스는 부하가 시작되면서 약 5~10분 후에 클라우드의 마법이 펼쳐집니다.

01 이전에 Stress 명령어로 인스턴스 CPU 사용량을 조정했던 EC2로 이동한 후 CPU 사용률을 확인합니다.

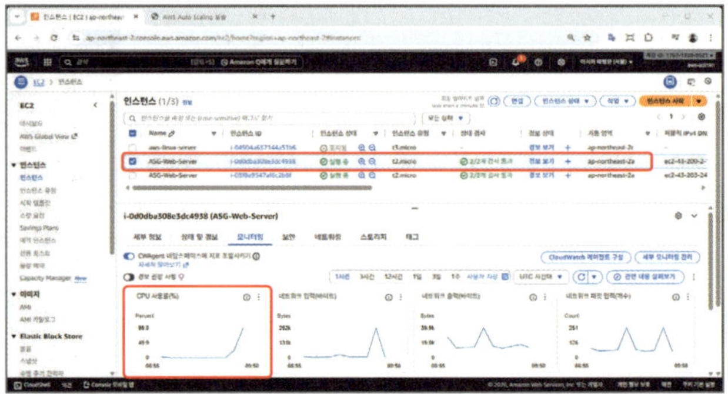

02 Auto Scaling 그룹 활동 기록을 확인하기 위해 My-Web-ASG 상세 화면의 [활동(Activity)] 탭으로 이동합니다.

> 잠시 후 활동 기록에 "지표가 목표 값(50%)을 초과하여 용량을 2에서 3으로 늘립니다."와 같은 메시지가 나타나고 새로운 인스턴스 시작이 진행되는 것을 확인할 수 있습니다.

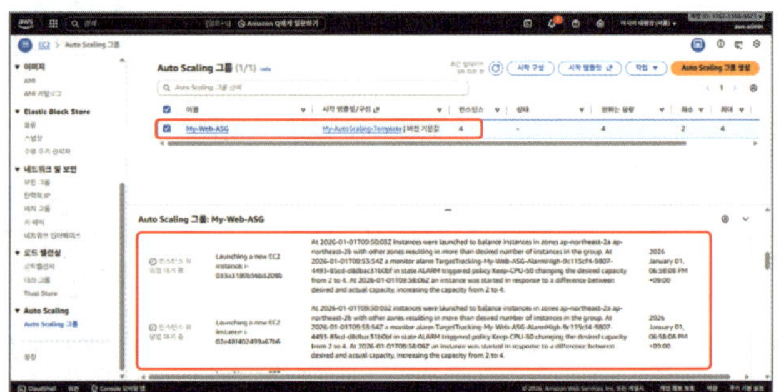

03 [인스턴스] 메뉴에서 인스턴스 목록을 [새로고침]하면 새로운 인스턴스가 자동으로 생성되어 '초기화 중'인 것을 볼 수 있습니다.

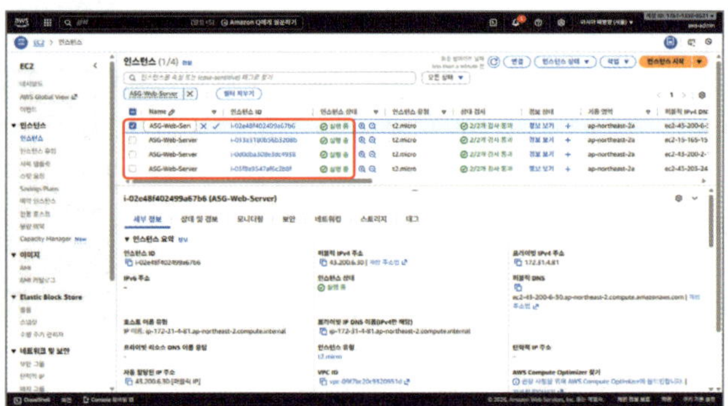

Stress 테스트 결과 부하가 걸린 서버를 돕기 위해 Auto Scaling이 자동으로 새 서버를 투입했습니다. 이것이 바로 '확장성'입니다.

참고 실습 후에는 비용 절감을 위해 7부과 동일하게 리소스를 정리해 주세요. Auto Scaling 그룹을 삭제하면 모든 인스턴스가 종료됩니다. 리소스 정리 절차는 '7. Resource Termination'에서 삭제 절차와 방법을 상세하게 안내드리겠습니다.

▌5-1 시험 직전 3분컷! 시험 대비 오답 노트

■ EC2 Auto Scaling(탄력성 핵심)

- 목적: 수요(Load)에 맞춰 EC2 인스턴스 수를 자동으로 늘리고(Scale-out) 줄임(Scale-in), 고가용성과 비용 최적화
- 구성 요소
  - Launch Template(시작 템플릿): "무엇을 실행할까?"(AMI ID, 인스턴스 타입, 키 페어, 보안 그룹 등), 버전 관리 가능(권장)
  - Auto Scaling Group(ASG): "어디서, 얼마나 실행할까?"(VPC, 서브넷, 최소/최대/원하는 용량)
- Scaling Policies(조정 정책)
  - Target Tracking(대상 추적): "CPU 사용률을 50%로 유지하라."(가장 권장, 설정 쉬움)
  - Step Scaling(단계별): "CPU가 70% 넘으면 2개 추가, 85% 넘으면 4개 추가"
  - Scheduled(예약): "매주 월요일 아침 9시에 10대 추가"(예측 가능한 트래픽)
- 기타 기능
  - Instance Refresh: 인스턴스들을 새 AMI 버전으로 교체(롤링 업데이트)
  - Cooldown Period: 스케일링 직후 잠시 대기(중복 실행 방지)

■ Disaster Recovery(DR) 개념: RPO vs. RTO

시험 문제의 지문을 읽고 RPO와 RTO 요구사항을 파악해야 정답을 고를 수 있습니다.

- RPO(Recovery Point Objective, 복구 시점 목표): "데이터를 얼마나 잃어버려도 되는가?"
  - 예 RPO 1시간="장애 발생 시 최대 1시간 전 데이터까지만 복구하면 됨"(1시간 데이터 손실 허용)
  - 해결책: 백업 주기(1시간마다 백업)
- RTO(Recovery Time Objective, 복구 시간 목표): "복구하는 데 얼마나 걸려야 하는가?"
  - 예 RTO 4시간="장애 발생 후 4시간 안에 시스템이 다시 켜져야 함"
  - 해결책: DR 전략(Backup & Restore vs. Multi-Site)

■ Server Migration Service(AWS SMS/MGN)

- AWS Application Migration Service(MGN): 구 SMS의 후속, 최신 표준
- 역할: 온프레미스(물리 서버, VMware, Hyper-V)나 다른 클라우드(Azure, GCP)의 서버 전체(OS+Data)를 AWS EC2로 Lift-and-Shift(그대로 이전)할 때 사용
- 특징
  - 블록 레벨 복제: 서버가 실행 중인 상태에서 지속적으로 복제(다운타임 최소화)
  - 테스트 기능: 실제 컷오버(전환) 전에 EC2로 띄워서 테스트 가능

■ AWS Snow Family(오프라인 데이터 전송)

인터넷이 없거나(오지, 선박), 네트워크 속도가 너무 느려서 수백 TB~PB(페타바이트) 데이터를 옮기는 데 수십 년이 걸릴 때 사용, '물리적 하드디스크 배송 서비스'

- Snowcone: 도시락통 크기, 8TB(가볍고 휴대 가능, 드론 탑재)
- Snowball Edge: PC 본체 크기
  - Storage Optimized: 80TB(대용량 데이터 이동)
  - Compute Optimized: 42TB+vCPU/GPU 탑재(현장에서 데이터 처리/ML 분석 후 전송)
- Snowmobile: 트럭(컨테이너) 크기, 100PB(엑사바이트 급)(데이터 센터 전체 이전)
- OpsHub: Snow 장비를 PC에 연결해서 관리하는 GUI 소프트웨어

Q1 예측 가능한 트래픽 대응(Scheduled Scaling)

매달 말일마다 정기적인 급여 정산 배치 작업이 실행되어 CPU 부하가 급증합니다. 이 작업은 정확히 오전 1시에 시작되어 4시에 끝납니다. 사용자가 몰리기 전에 미리 인스턴스를 준비하여 성능 저하를 막으려면?

A. Target Tracking Scaling 정책을 사용하여 CPU 50%를 유지한다.
B. Step Scaling 정책을 사용한다.
C. Scheduled Scaling(예약된 조정) 정책을 사용한다.
D. 수동으로 매달 인스턴스를 생성한다.

정답 C

해설 '매달 말일', '오전 1시'처럼 트래픽 패턴이 예측 가능하고 정기적일 때는 Scheduled Scaling이 가장 효율적입니다. 미리 늘려 놓았으므로 지연(Lag)이 없습니다(Target Tracking은 부하가 발생한 후에 반응하므로 초반에 느릴 수 있음).

Q2 오프라인 대용량 전송(Snowball)

회사가 데이터 센터를 폐쇄하고 AWS로 이전하려고 합니다. 700TB의 영상 데이터가 있는데, 현재 인터넷 회선 속도로는 전송에 3개월이 걸린다고 합니다. 2주 안에 이전을 완료하려면?

A. AWS Direct Connect 10Gbps 회선을 설치한다.
B. AWS Site-to-Site VPN을 설정하고 S3 Transfer Acceleration을 사용한다.
C. AWS Snowball Edge Storage Optimized 디바이스를 여러 대 주문하여 데이터를 복사해 보낸다.
D. Amazon S3 멀티파트 업로드를 사용한다.

정답 C

해설 '대용량(수백 TB)', '느린 네트워크', '빠른 마감 기한(2주)' 조건에서는 물리적 배송인 Snowball이 정답입니다. Direct Connect(A)는 설치에만 몇 주~몇 달이 걸립니다.

Q3 데이터 손실 허용 범위(RPO)

회사의 재해 복구(DR) 정책에 따르면, 데이터베이스 장애 발생 시 최대 15분 전의 데이터까지만 손실이 허용됩니다. 즉, 15분 전 데이터로 복구할 수 있어야 합니다. 이는 무엇에 대한 정의입니까?

A. RTO(Recovery Time Objective)가 15분이다.
B. RPO(Recovery Point Objective)가 15분이다.
C. MTTR(Mean Time To Recovery)이 15분이다.
D. 고가용성(High Availability) SLA가 99.9%이다.

정답 B

해설 '데이터 손실 허용 시점'은 RPO(복구 시점 목표)입니다. 따라서 15분마다 백업을 하거나 DB 트랜잭션 로그를 백업해야 합니다(RTO는 시스템이 다시 켜지는 데 걸리는 시간입니다).

Q4 서버 마이그레이션(MGN/SMS)

온프레미스 VMware 환경에서 운영 중인 50대의 웹 서버를 AWS EC2로 신속하게 마이그레이션해야 합니다. 서버를 중단하지 않고 데이터를 계속 복제하다가 준비가 되면 짧은 다운타임으로 전환(Cutover)하고 싶습니다.

A. VM을 OVF로 내보내고(Export), S3에 올린 후 EC2로 변환(Import)한다.
B. AWS Application Migration Service(MGN)를 사용한다.
C. AWS Snowball Edge를 사용하여 VM 이미지를 복사한다.
D. AWS Database Migration Service(DMS)를 사용한다.

정답 B

Q5 Auto Scaling의 종료 정책(Termination Policy)

Auto Scaling 그룹(ASG)이 스케일 인(축소)을 시작하여 인스턴스 하나를 종료하려고 합니다. ASG에는 서로 다른 가용 영역(AZ-A, AZ-B)에 인스턴스가 분산되어 있고, 일부는 구형 시작 템플릿을 사용 중입니다. 기본 종료 정책에 따라 어떤 인스턴스가 먼저 종료됩니까?

A. 가장 먼저 생성된(가장 오래된) 인스턴스
B. 다음 청구 시간(Billing hour)이 가장 많이 남은 인스턴스
C. 인스턴스가 가장 많은 가용 영역에 있는 인스턴스 중 구형 템플릿을 사용하는 인스턴스
D. 무작위로 종료한다.

정답 C

해설 기본 종료 정책 순서는 다음과 같습니다.
– 인스턴스 수가 가장 많은 AZ를 선택(AZ 균형 맞춤)
– 해당 AZ에서 구형 시작 템플릿/구형 구성을 쓰는 인스턴스 선택
– 가장 다음 청구 시간에 가까운(오래된) 인스턴스 선택

Q6 엣지 컴퓨팅(Snowball Edge Compute Optimized)

인터넷 연결이 없는 해상 선박에서 수집된 센서 데이터를 실시간으로 분석하고 싶습니다. 분석된 결과(요약본)만 나중에 항구에 도착했을 때 AWS로 전송하려고 합니다. 어떤 장비가 적합합니까?

A. AWS Snowcone
B. AWS Snowball Edge Storage Optimized
C. AWS Snowball Edge Compute Optimized
D. AWS Outposts

정답 C

해설 '현장에서 데이터 처리/분석(Compute)', '인터넷 없음'은 Snowball Edge Compute Optimized입니다. vCPU와 GPU가 탑재되어 있어 로컬에서 EC2나 Lambda를 돌릴 수 있습니다(Storage Optimized는 저장 용량이 크지만, 연산 능력은 낮습니다).

Q7 파일럿 라이트 DR 전략(RTO 단축)

현재 '백업 및 복구' DR 전략을 사용 중인데, RTO(복구 시간)가 너무 오래 걸려(12시간) 불만입니다. 비용을 조금 더 쓰더라도 RTO를 1시간 이내로 줄이고 싶습니다. 핵심 데이터베이스는 항상 최신이어야 합니다.

A. 백업 주기를 1시간으로 줄인다.
B. Pilot Light(파일럿 라이트) 전략으로 변경한다.
C. Multi-Site Active/Active 전략으로 변경한다.
D. S3 Cross-Region Replication을 사용한다.

정답 B

해설 백업만 하는 것보다 빠르고, Active-Active보다는 저렴한 중간 단계는 Pilot Light입니다. 다른 리전에 DB 복제본만 켜 두고(데이터 최신화), 웹 서버는 이미지만 준비해 뒀다가 장애 시 켜는 방식입니다.

Q8 Auto Scaling 그룹의 상태 검사

ALB와 연결된 Auto Scaling 그룹이 있습니다. 애플리케이션이 500 오류를 내며 멈췄는데도 Auto Scaling이 이를 감지하지 못하고 인스턴스를 계속 유지하고 있습니다. 원인은 무엇입니까?

A. Auto Scaling 그룹의 Health Check Type이 'EC2'로 설정되어 있다.

B. Auto Scaling 그룹의 쿨다운(Cooldown) 기간이 너무 길다.

C. ALB의 타깃 그룹 설정이 잘못되었다.

D. 시작 템플릿의 버전이 구형이다.

정답 A

해설 기본값인 'EC2' 상태 검사는 하드웨어 전원만 봅니다. 애플리케이션(HTTP 500) 오류를 감지해서 교체하려면 Health Check Type을 'ELB'로 변경해야 합니다.

Q9 비용 효율적인 데이터 전송(Snowcone)

아프리카의 오지 연구소에서 매주 5TB 정도의 데이터를 수집합니다. 인터넷은 매우 느리고 불안정합니다. 데이터를 매주 AWS로 보내야 하는데, 이동성을 고려하여 가볍고 드론으로도 운송 가능한 장비는?

A. AWS Snowmobile

B. AWS Snowball Edge

C. AWS Snowcone

D. AWS Direct Connect

정답 C

해설 '소용량(8TB 이하)', '휴대성(가벼움)', '열악한 환경'에는 도시락통 크기의 Snowcone이 적합합니다.

Q10 혼합 인스턴스 정책(Mixed Instances Policy)

Auto Scaling 그룹을 사용하여 비용을 절감하고 싶습니다. 기본 용량은 신뢰성 있는 온디맨드 인스턴스로 유지하고, 추가되는 트래픽은 저렴한 스폿 인스턴스로 처리하고 싶습니다. 단일 ASG에서 이를 구성하려면?

A. 2개의 ASG를 만들고 하나는 온디맨드, 하나는 스폿으로 설정한다.

B. ASG의 시작 템플릿 설정에서 'Mixed Instances Policy(혼합 인스턴스 정책)'를 구성한다.

C. 스폿 인스턴스는 ASG에서 사용할 수 없다.

D. AWS Savings Plans를 구매한다.

정답 B

해설 하나의 ASG 안에서 [온디맨드 비율+스폿 인스턴스 비율]을 섞어서 구성하고, [여러 인스턴스 타입(t3.micro, m5.large 등)]을 지정하여 스폿 가용성을 높이는 기능은 Mixed Instances Policy입니다. 비용 최적화의 핵심 기능입니다.

06 에필로그: 국민 게임 쿠키런과 오토스케일링

AWS의 여러 서비스 중 개인적으로 클라우드의 장점을 가장 잘 설명할 수 있는 서비스를 Amazon Auto Scaling이라고 생각합니다. 2014년 AWS가 국내 시장에 막 소개되기 시작한 시점에 AWS를 필자에게 강하게 각인시켜 준 사례가 있었습니다. 바로 국민 게임 '쿠키런의 AWS 오토스케일링 활용 사례'입니다. 이는 AWS와 관련된 세미나와 다양한 매체를 통해 많이 소개되었던 내용이자 데브시스터즈(DEVSISTERS) 사의 홍성진 팀장이 세미나에서 언급한 내용으로, 간략하게 소개해드리겠습니다.

국민 게임 '쿠키런'은 데브시스터즈 사에서 제작한 스마트폰용 모바일 게임으로, 장르는 사이드 스크롤링 액션이며, 2013년 4월 2일, '쿠키런 for Kakao'이라는 이름으로 출시되었습니다.

[그림 8-11] 데브시스터즈 사의 국민 게임 '쿠키런 for Kakao'

5월 '쿠키런 for Kakao'는 구글 플레이 한국 1위를 달성하였고, 7월 가입자 수 1,000만 명을 돌파하는 국민 게임이 되었습니다. 이후 2013년 대한민국 게임 대상 게임 캐릭터 부문 수상과 더불어 개발사인 데브시스터즈는 2014년 10월 코스닥에 상장됩니다. 또한 2016년 10월에는 후속작인 '쿠키런: 오븐브레이크'을 출시하여 지금도 많은 게이머에게 사랑받고 있습니다.

그럼 이번에는 개발 관련 에피소드에 대해 알아보겠습니다. 2013년 쿠키런 모바일 서비스 개발 초기에 홍 팀장은 서버 개발자 입사하면서 기존 개발자의 퇴사로 인해 서버 개발 및 운영을 혼자 수행하게 되었습니다. 이러한 상황에서 기존보다 효율적으로 서버 및 인프라에 대해 개발 및 운영을 하고 싶었지만, 마땅한 대안을 찾기가 쉽지 않았습니다.

처음에는 IDC에 서버 입주를 고려하였지만, 1명의 인력으로 서버 입고 및 설치 관리에 어려움이 있었고, 초기 투자 비용에 대한 문제로 IDC는 검토 대상에서 제외되었습니다. 또한 당시 국내에서 제공되는 클라우드 서비스 또한 검토를 진행하였지만, 서비스의 안정성 문제와 기능 부족으로 최종으로 AWS를 선택하게 되었습니다.

서비스 개발 당시 가장 중요하게 생각한 부분은 인프라에 대한 자동화였습니다. 이를 위해 인프라의 자동화 관리를 위한 서비스인 Amazon Cloudformation과 Chef를 활용하여 서버 생성 및 인프라 확장 증설을 자동화하였고, 각종 이미지와 텍스처, 사운드 파일의 다운로드를 위해 S3를 사용하였습니다.

또한 게임 접속자가 많은 시간에는 사용량에 따라 서버의 수를 늘리고 다시 사용자가 거의 없는 새벽 시간대에는 서버 수를 줄일 수 있도록 Auto Scaling을 통해 인프라에 대한 자동화를 구현하였습니다.

2013년 4월 2일 오픈 첫날 9만 명의 사용자 가입하였고, 6일째 되는 날 120만 명의 사용자가 가입하였으며, 평일 기준 새벽 시간대는 4대의 서버, 피크 시간대에는 30대의 서버가 자동으로 운영되었습니다. 또한 이후 사용자 증가에 따른 데이터베이스 이슈와 각종 장애 조치를 위해서 다양한 AWS의 서비스를 활용하여 인프라의 자동화 및 서비스의 안정화를 이루었습니다.

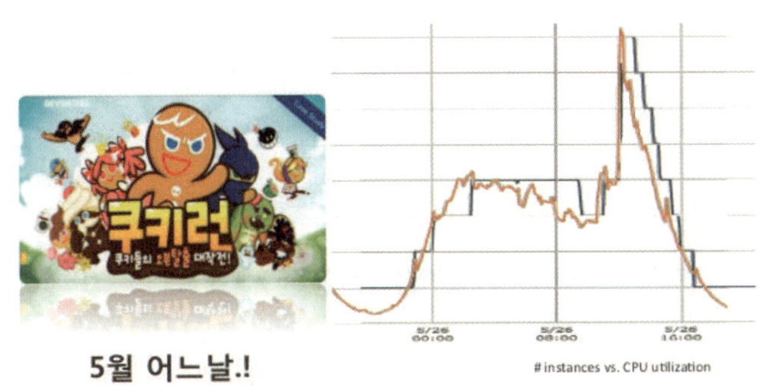

[그림 8-12] 쿠키런의 Auto Scaling 적용 사례(출처: slideshare.net)

쿠키런의 사례와 같이 Auto scaling 서비스는 사용량을 확정할 수 없으며, 이벤트나 서비스의 특성에 따라 사용량에 변화가 빈번하게 발생하는 서비스에 적합한 서비스입니다. 만일 여러분도 이와 비슷한 서비스에 대해 고민하고 계신다면 주저하지 마시고 Amazon Auto Scaling 서비스를 활용하길 강력 추천 드립니다.

07 Resource Termination

▌7-1 EC2 삭제

이 실습의 테스트를 위해 신규로 생성된 4대의 EC2에 대해 다음 절차에 따라 삭제를 진행하길 바랍니다.

01 **[인스턴스]**를 선택한 후 인스턴스 리스트에서 'ASG-Web-Server'으로 등록된 인스턴스를 선택하고 **[인스턴스 상태]-[인스턴스 종료(삭제)]** 버튼을 클릭하여 EC2 인스턴스를 모두 삭제합니다.

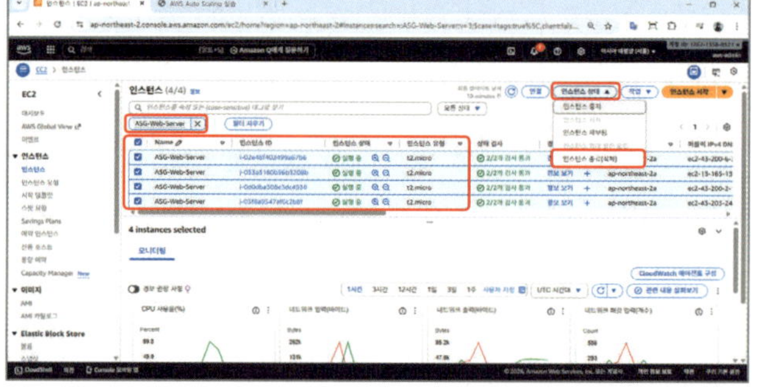

02 **[시작 템플릿]**을 클릭한 후 삭제할 시작 템플릿을 선택하고 **[작업]-[템플릿 삭제]** 버튼을 클릭하여 시작 템플릿을 삭제합니다.

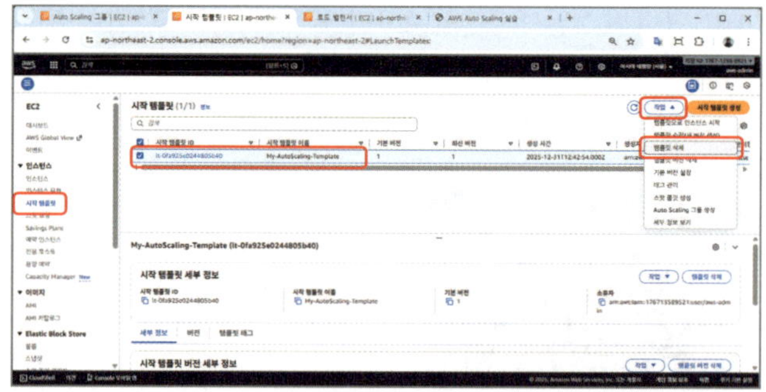

03 [AMI]를 클릭한 후 삭제할 AMI를 선택하고 [작업]–[AMI 비활성화]를 진행합니다.

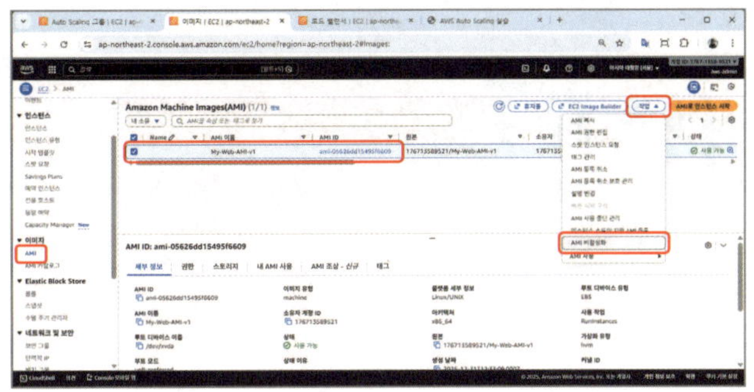

▌7-2 ELB 삭제

01 [로드 밸런싱] 항목의 하위에 있는 [로드 밸런서]를 클릭한 후 삭제할 로드 밸런서를 선택하고 [작업]–[삭제] 버튼을 클릭합니다.

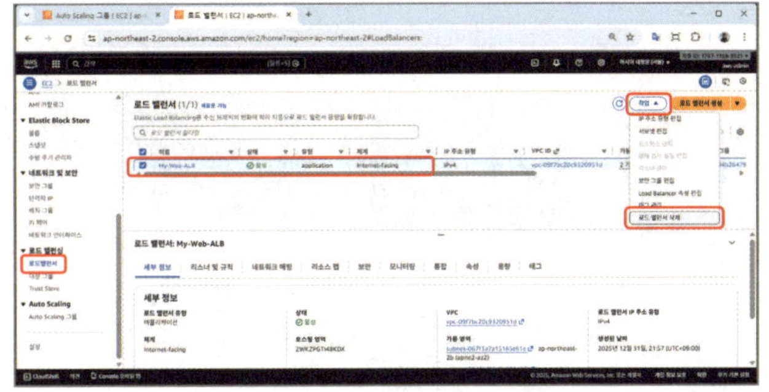

02 [Auto Scaling 그룹]을 클릭한 후 삭제할 [Auto Scaling 그룹]을 선택하고 [작업]–[삭제] 버튼을 클릭합니다.

03 [Auto Scaling] 그룹을 모두 삭제한 후 [로드 밸런싱] 항목의 하위에 있는 [대상 그룹]을 클릭합니다. 그런 다음 삭제할 대상 그룹을 선택하고 [작업]–[삭제] 버튼을 클릭합니다.

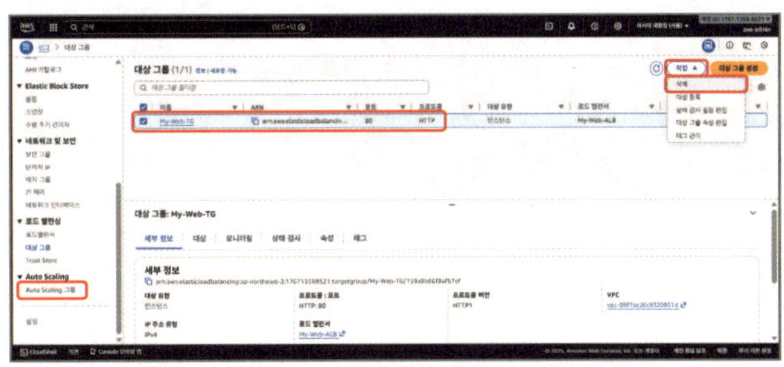

모든 리소스에 대한 삭제를 완료하였습니다.

전 세계 사용자에게 빛의 속도로 서비스 배달하기(Amazon CloudFront)

"한국에서 만든 내 서비스, 지구 반대편에서도 빠르게 접속할 수 있을까?"
우리는 지난 장까지 열심히 노력해서 서울(ap-northeast-2) 리전에 튼튼하고 확장성 있는 웹
서비스를 구축했습니다. 그런데 만약 이 서비스를 미국 뉴욕이나 영국 런던에 있는 사용자가
접속한다면 어떨까요?
물리적인 거리 때문에 필연적으로 지연 시간(Latency)이 발생하여 웹 페이지가 느리게 나타날
것입니다. 사용자는 로딩이 3초만 넘어도 [뒤로 가기] 버튼을 클릭하죠.
9부에서는 아마존의 전 세계 물류 네트워크처럼 우리의 디지털 콘텐츠를 전 세계 사용자에게
가장 빠른 속도로 배달해 주는 CDN 서비스인 Amazon CloudFront에 대해 알아보고, 우리가
만든 ALB 앞단에 이를 연결하여 글로벌 서비스로 업그레이드해 보겠습니다.

"맛집 본점까지 가지 않아도 집 앞 분점에서 똑같은 맛을 즐긴다."

CDN(Contents Delivery Network)은 'Contents Delivery Network' 또는 'Content distribution network'의 약자로, 콘텐츠(이미지, 동영상, HTML 파일 등)를 사용자에게 효율적으로 전달하기 위해 전 세계 여러 지역에 분산 배치된 서버 네트워크를 말합니다.

1-1 CDN이 필요한 이유: 지연 시간과의 전쟁

웹 브라우저의 주소창에 URL을 입력하면, 인터넷이라는 거대한 바다를 건너 서버(Origin)에 도착하고, 서버는 결과물을 다시 우리에게 보내 줍니다. 만약, 서버는 한국에 있는데 사용자가 미국에 있다면, 요청과 응답이 오가는 물리적 거리가 멀어 접속 속도가 느려집니다.

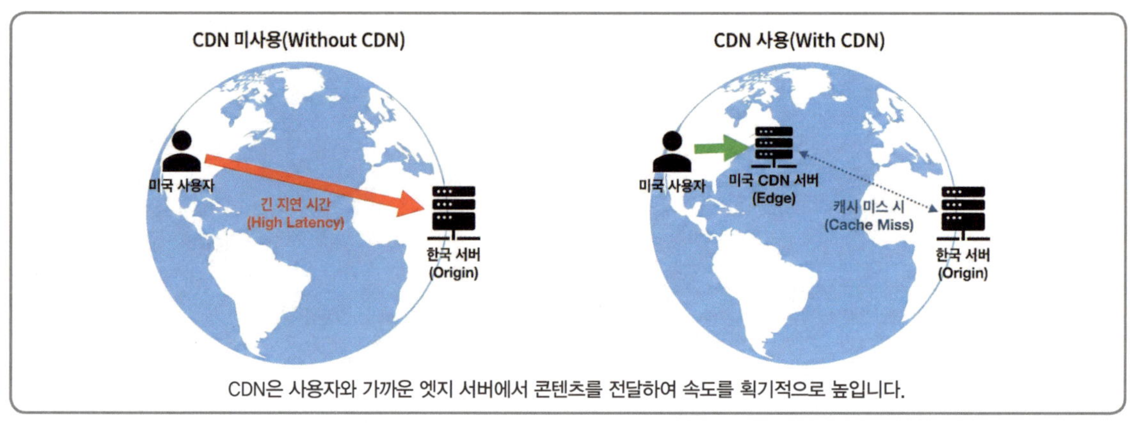

[그림 9-1] CDN 미사용 vs. CDN 사용 트래픽 흐름 비교

1-2 CDN의 동작 원리: "일단 나한테 물어봐, 없으면 본점에 다녀올게!"

CDN의 핵심 원리는 '캐싱(Caching, 임시 저장)'입니다.

첫 번째 요청(캐시 미스)

뉴욕 사용자가 웹 페이지에 처음 접속합니다. 뉴욕 근처의 CDN 서버는 아직 데이터가 없습니다. 이때는 한국에 있는 원본(Origin) 서버까지 가서 데이터를 받아와 사용자에게 전달하고, 동시에 자기 자신에게도 임시로 저장(캐싱)해 둡니다(이때는 조금 느릴 수 있습니다).

두 번째 요청 이후(캐시 히트)

또 다른 뉴욕 사용자가 같은 웹 페이지에 접속합니다. 이번에는 CDN 서버가 이미 저장해 둔 데이터를 바로 전달합니다. 한국까지 갈 필요가 없으니 엄청나게 빠릅니다.

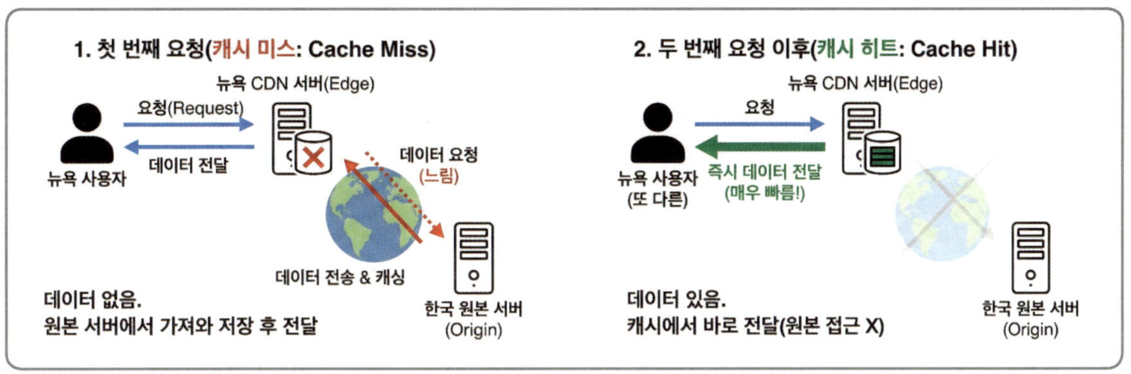

[그림 9-2] CDN의 동작 원리: '캐싱(Caching)'의 마법

CDN은 이 문제를 해결하기 위해 전 세계 주요 거점마다 '캐시 서버(Cache Server, 엣지 서버)'를 둡니다. 마치 전 세계에 지점(분점)을 내는 것과 같습니다.

02   Amazon CloudFront란?

Amazon CloudFront는 AWS가 제공하는 강력한 글로벌 CDN 서비스로, 사용자의 지리적 위치, 웹 페이지의 원점, 그리고 콘텐츠 전달 서버를 기반으로 사용자에게 웹 페이지와 콘텐츠를 전달하는 분산 서버 네트워크 서비스입니다. 정적, 동적 및 스트리밍을 포함한 전체 웹 사이트를 전달하는 데 사용될 수 있으며, 콘텐츠에 대한 요청은 최상의 성능을 위해 가장 가까운 엣지 위치(Edge Location)에서 제공됩니다.

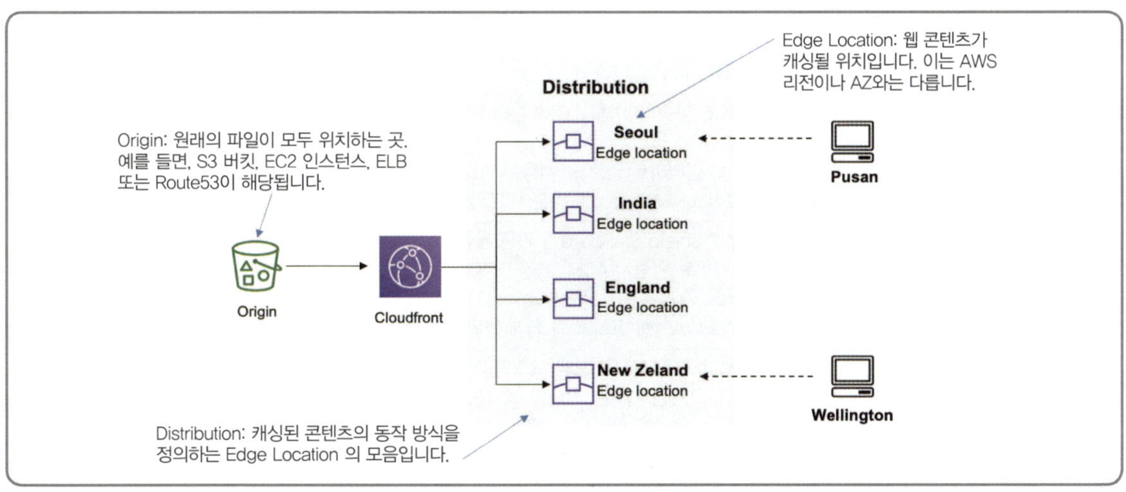

[그림 9-3] Amazon CloudFront의 글로벌 엣지 로케이션(Edge Location) 연결

CloudFront는 AWS의 다양한 서비스와 통합되며, 여기에서 AWS 글로벌 인프라와 직접 연결된 물리적 위치뿐만 아니라 DDoS(Distributed Denial of Service)와 같은 외부 공격을 완화하는 AWS Shield, 애플리케이션의 오리진인 Amazon S3, 애플리케이션의 오리진으로 서의 Amazon EC2 또는 Elastic Load Balancing, 최종 사용자와 가까운 위치에서 사용자 정의 코드를 실행하도록 지원하는 Lambda@Edge 등의 서비스와 원활하게 연동되는 소프트웨어가 포함됩니다.

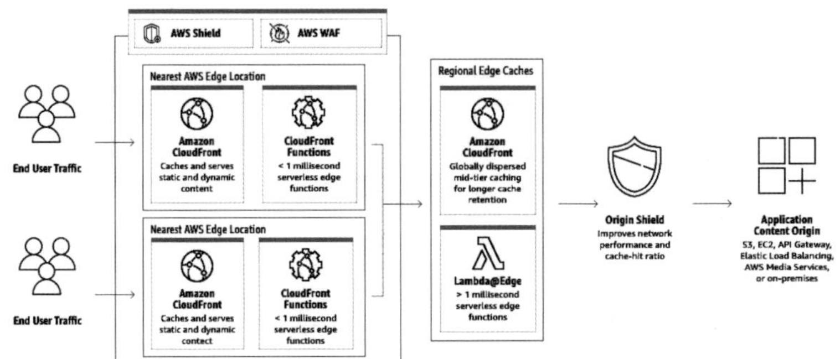

[그림 9-4] 다양한 AWS 서비스와 CloudFront의 통합 구성

API, AWS Management Console, AWS CloudFormation, CLI 및 SDK와 같이 이미 익숙한 AWS 도구를 사용하여 몇 분 만에 CloudFront를 시작할 수 있습니다. CloudFront는 선 결제 금액이나 장기 약정 없이 사용량에 따라 지불하는 간편한 요금 모델을 제공하며, CloudFront에 대한 지원은 기존 AWS Support 구독에 포함되어 있습니다.

[표 9-1] Amazon CloudFront 서비스 개요

구분		내용
서비스명		Amazon CloudFront
설명		전 세계 사용자에게 짧은 지연 시간과 빠른 전송 속도로 데이터, 동영상, 애플리케이션 및 API를 안전하게 전송하는 글로벌 콘텐츠 전송 네트워크(CDN) 서비스입니다.
주요 특징	일반	• 정적/동적 콘텐츠 가속: 이미지, HTML뿐만 아니라 API, 실시간 스트리밍 등 모든 유형의 콘텐츠 전송 속도 향상 • 업로드 가속: S3 멀티파트 업로드, 대용량 파일 업로드 속도 개선 • 최적화된 네트워크: AWS 글로벌 백본 네트워크를 활용하여 가장 빠르고 안정적인 경로로 전송
	보안	• 기본 보안: AWS Shield Standard가 기본 통합, DDoS 공격 방어 • SSL/TLS 지원: 무료 인증서(ACM) 제공 및 자체 SSL(Custom SSL) 지원을 통한 안전한 HTTPS 전송 • 프라이빗 콘텐츠: 서명된 URL/쿠키(Signed URL/Cookie)를 통한 유료/비공개 콘텐츠 접근 제어 • 고급 보안: AWS WAF(웹 방화벽)와 쉽게 연동하여 애플리케이션 계층 보호 강화
	개발자 경험 및 통합	• 커스텀 오류 응답: 특정 HTTP 오류 코드에 대해 사용자 지정 페이지 반환 • 헤더/쿠키 제어: 오리진 서버로 전달할 헤더/쿠키 세밀 제어 • 엣지 컴퓨팅: Lambda@Edge, CloudFront Functions를 사용해 엣지 위치에서 사용자 지정 코드 실행 • 로깅 및 감사: CloudTrail 연동을 통한 API 호출 감사 및 상세 액세스 로그 제공
프리티어 (Free Tier)	항시 무료 (Always Free)	• 매월 데이터 전송량(Data Transfer Out) 1TB 무료 • 매월 HTTP/HTTPS 요청 1,000만 건 무료 • 매월 CloudFront Functions 호출 200만 건 무료(※ 프리티어 한도 초과 시 표준 요금이 부과됩니다)

▌3-1 CDN 서비스의 동작 원리

일반적인 PC나 모바일 기기의 웹 브라우저에서 URL을 이용하여 웹 사이트에 접속을 시도하면, 사용자에게 웹 페이지를 제공하는 데 필요한 콘텐츠(HTML, 이미지, CSS, JavaScript 등)를 서버에 요청합니다. 대부분의 CDN 서비스는 콘텐츠에 대한 요청이 발생하면 사용자(End-User)와 가장 가까운 위치에 배치된 CDN 서버로 사용자를 접속시키게 되며, CDN 서버는 요청된 파일의 캐싱된(사전 저장된) 콘텐츠를 사용자에게 전달하게 됩니다.

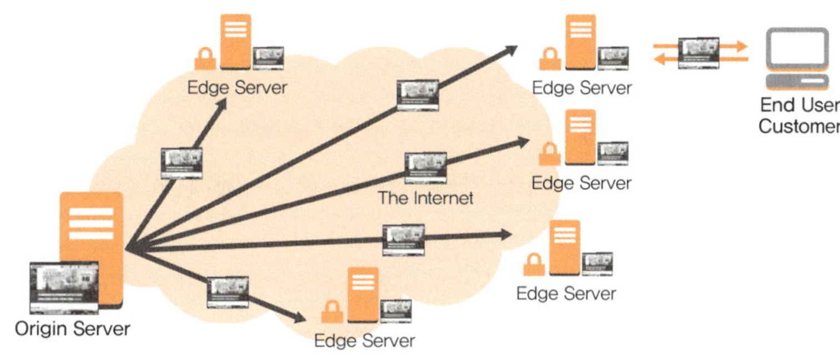

[그림 9-5] CDN의 동작 원리

만일 서버가 파일을 찾는 데 실패했거나 콘텐츠가 너무 오래된 경우에는 오리진(원본) 서버에서 파일을 조회하여 사용자에게 전달하며, 이후 동일한 콘텐츠에 대해 요청을 받게 되면 캐싱된 데이터에서 콘텐츠 전송하므로 보다 빠르게 콘텐츠를 전달할 수 있습니다.

▌3-2 CDN 캐싱 방식의 종류

CDN의 캐싱 방식은 콘텐츠를 엣지 서버에 어떻게 저장 하느냐에 따라 크게 두 가지로 나눌 수 있습니다. 하지만 최근에는 이 두 가지 방식을 혼합하여 사용하는 것이 일반적입니다.

푸시 캐싱(Push Caching, 사전 적재)

- **개념:** 콘텐츠 운영자가 새 버전의 파일(예 게임 패치 대용량 파일, 인기 드라마 신작)을 배포하기 전에 미리 CDN의 엣지 서버로 강제로 전송(Push)해 두는 방식입니다. '프리패치(Prefetch)' 또는 '웜업(Warm-up)'이라고도 부릅니다.
- **장점:** 사용자가 처음 요청할 때부터 '캐시 히트'가 발생하여 첫 사용자도 매우 빠른 속도로 콘텐츠를 받을 수 있습니다. 대규모 트래픽이 예상되는 이벤트에 효과적입니다.
- **단점:** 모든 엣지 서버에 미리 데이터를 채워야 하므로 비용이 많이 들고, 어떤 콘텐츠가 인기가 있을지 예측하기 어려울 때는 비효율적일 수 있습니다. Amazon CloudFront는 API 등을 통해 이 기능을 제한적으로 지원합니다.

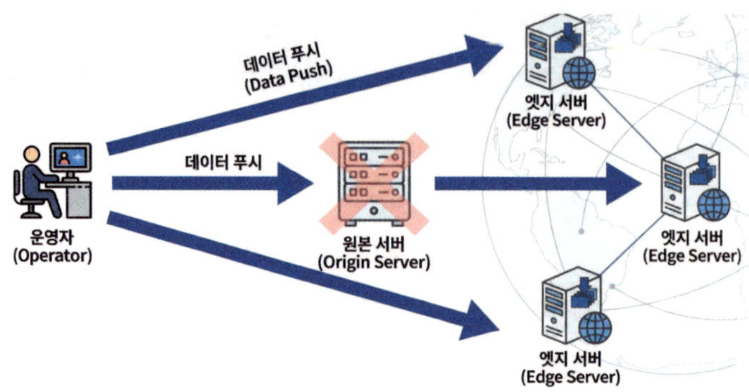

[그림 9-6] Push Caching(Pre-loading)

풀 캐싱(Pull Caching, 온디맨드 캐싱)

- **개념:** 가장 일반적인 방식입니다. 사용자가 콘텐츠를 요청했을 때 엣지 서버에 해당 콘텐츠가 없으면 (캐시 미스) 그제야 원본 서버에서 데이터를 가져와(Pull) 사용자에게 전달하고, 동시에 엣지 서버에 캐싱합니다.

- **장점:** 실제 사용자가 요청하는 인기 있는 콘텐츠만 자연스럽게 캐싱되므로 저장 공간을 효율적으로 사용할 수 있고 관리 비용이 저렴합니다. Amazon CloudFront를 포함한 대부분의 최신 CDN 서비스가 기본적으로 이 방식을 사용합니다.

- **단점:** 특정 콘텐츠를 처음 요청하는 사용자는 원본 서버에서 데이터를 가져오는 동안 약간의 지연 시간을 경험할 수 있습니다.

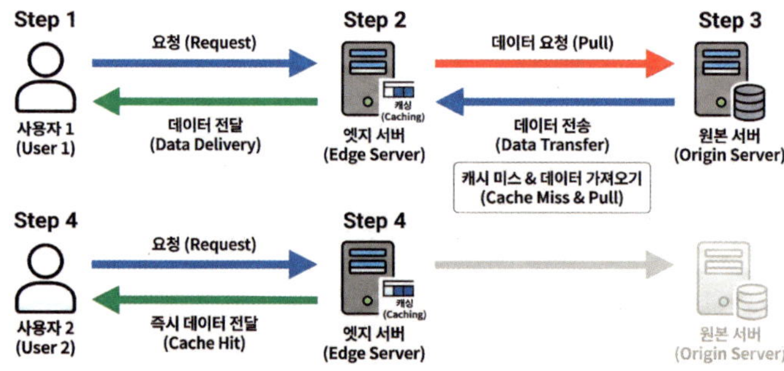

[그림 9-7] Pull Caching(On-demand)

핵심 포인트 **동적 콘텐츠 가속(Dynamic Content Acceleration)**
최근 웹 환경은 쇼핑몰의 장바구니, 개인화된 추천 웹 페이지처럼 사용자마다 내용이 다른 '동적 콘텐츠'가 많습니다. 이런 콘텐츠는 캐싱하기 어렵습니다. Amazon CloudFront는 캐싱이 불가능한 동적 콘텐츠에 대해서도 성능을 향상시킵니다. 사용자의 요청을 가장 가까운 엣지 서버가 받은 후 AWS의 최적화된 글로벌 네트워크 전용선을 타고 원본 서버(EC2, ALB 등)까지 가장 빠르고 안정적인 경로로 데이터를 주고받아 전체적인 응답 속도를 높여 줍니다.

4-1 Amazon CloudFront Global Edge 서비스

Amazon CloudFront는 글로벌 사용자를 대상으로 보다 적은 지연 시간으로 콘텐츠를 제공하기 위해 50개국, 100개 이상의 도시에 분포된 600개 이상의 CDN PoP의 글로벌 네트워크를 보유하고 있으며, 전 세계 모든 글로벌 CDN 서비스 밴더 중 가장 빠르게 성장하고 있는 글로벌 CDN 서비스 제공자입니다.

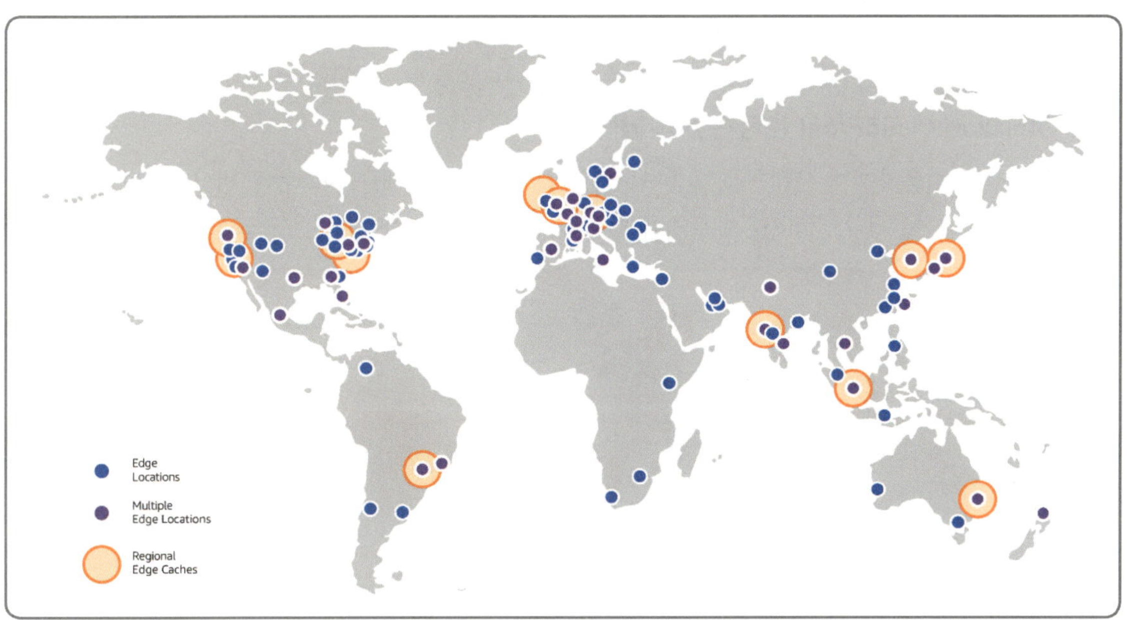

[그림 9-8] Amazon CloudFront 글로벌 인프라(출처: aws.amazon.com)

4-2 Amazon CloudFront 연결 가능한 오리진 서비스

Amazon CloudFront를 사용하여 콘텐츠를 전송할 때 해당 콘텐츠가 위치하는 소스를 '오리진(Origin)'이라고 합니다. Amazon CloudFront는 오리진으로, 여러 AWS 리소스와 Custom 시스템을 사용하는 것을 지원합니다. 예를 들어, Amazon S3 버킷(Bucket)이나 Amazon EC2 Instance, Elastic Load Balancer 또는 사용자 지정 오리진(다른 위치에서 서비스 중인 HTTP 웹 서버 등)을 지정할 수 있습니다.

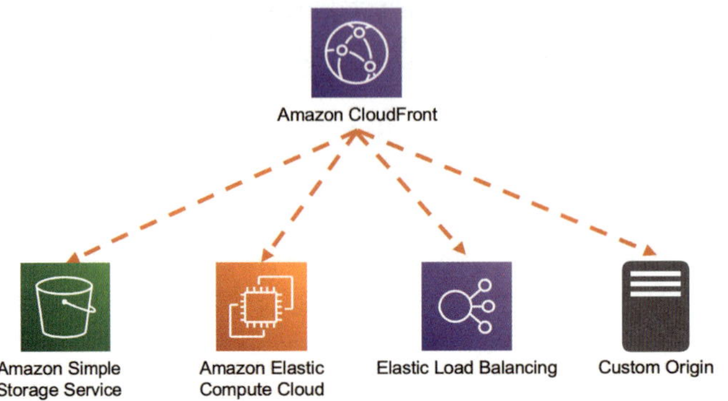

[그림 9-9] Amazon CloudFront 연결 가능한 오리진

▌4-3 Amazon CloudFront 콘텐츠 제공 방식

CloudFront가 사용자에게 콘텐츠를 제공하는 방식은 마치 택배 배송 시스템과 비슷합니다. 사용자가 요청하면 가장 가까운 물류 센터(엣지 로케이션)에서 물건을 바로 전달해 주는 구조입니다.

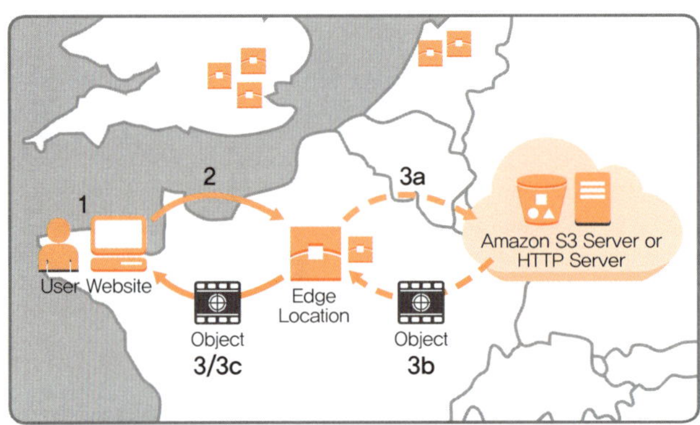

[그림 9-10] Amazon CloudFront 서비스 제공 방식

- 사용자가 웹 사이트 또는 애플리케이션에 액세스하고 이미지 파일 및 HTML 파일 같은 하나 이상의 객체를 요청합니다.
- DNS가 요청을 최적으로 서비스할 수 있는 CloudFront 엣지 로케이션으로 요청을 라우팅합니다. 이 위치는 일반적으로 지연 시간과 관련해 가장 가까운 CloudFront 엣지 로케이션이며, 요청을 해당 위치로 라우팅합니다.
- 엣지 로케이션에서 CloudFront는 해당 캐시에 요청된 파일이 있는지 확인합니다. 파일이 캐시에 있으면 CloudFront는 파일을 사용자에게 반환합니다. 파일이 캐시에 없으면 다음을 수행합니다.
  - CloudFront는 배포의 사양과 요청을 비교하고 파일에 대한 요청을 해당 파일 형식에 적절한 오리진 서버(예 이미지 파일의 경우 Amazon S3, 버킷 및 HTML 파일의 경우 HTTP 서버)로 전달합니다.
  - 오리진 서버는 파일을 다시 CloudFront 엣지 로케이션으로 보냅니다.
  - 오리진에서 첫 번째 바이트가 도착하면 CloudFront가 파일을 사용자에게 전달하기 시작합니다. CloudFront는 다음에 다른 사용자가 해당 파일을 요청할 때 엣지 로케이션의 캐시에 파일을 추가합니다.

▌5-1 정적 콘텐츠에 대한 캐싱 서비스와 비디오 스트리밍 서비스

CloudFront는 전 세계를 대상으로 온디맨드 미디어 스트리밍 서비스를 제공할 수 있습니다. 온디맨드 스트리밍 서비스를 위해 CloudFront를 사용하면 MPEG DASH, Apple HLS, Microsoft Smooth Streaming, CMAF 등과 같은 일반적인 형식의 동영상 스트리밍 서비스를 제공할 수 있으며, Amazon Elemental Media Convert와 같은 서비스를 사용하여 라이브 스트리밍 서비스를 제공할 수 있습니다.

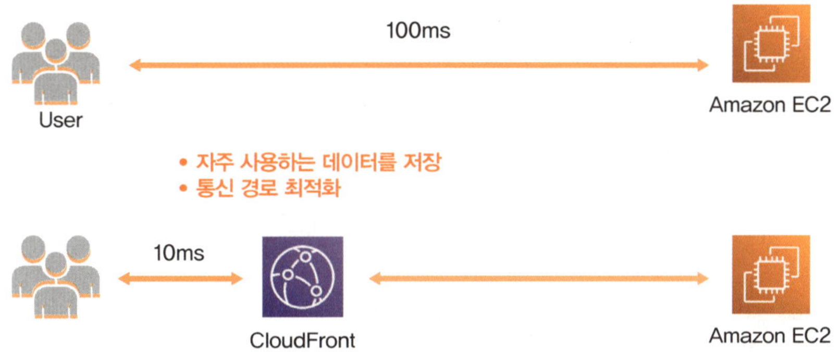

[그림 9-11] Amazon CloudFront 정적 콘텐츠 캐싱

또한 정적인 콘텐츠(이미지, CSS, HTML, Javascript)에 대해서도 전송 속도를 높일 수 있도록 Amazon 글로벌 백본 네트워크와 Edge 서버를 활용하여 해당 웹 사이트에 방문하는 사용자에게 빠르고 안전한 환경을 제공할 수 있습니다.

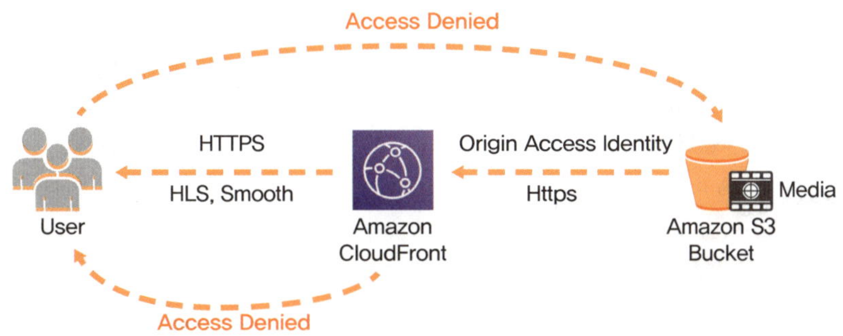

[그림 9-12] Amazon CloudFront 비디오 스트리밍 서비스

Amazon S3 버킷을 사용하여 정적 콘텐츠 서비스를 제공할 수 있으며, OAI(Origin Access ID)를 이용하여 콘텐츠에 대한 접근을 손쉽게 제한할 수 있습니다.

5-2 동적 콘텐츠에 대한 캐싱 서비스

CloudFront는 웹 사이트의 전체 서비스에 해당하는 이미지, 동영상 등의 정적 파일 외에도 동적인 파일에 대해서도 전체 사이트 전체를 캐싱할 수 있으며, 이 중 빈번하게 갱신되거나 동적인 업데이트가 필요한 페이지나 콘텐츠에 대해서도 TTL을 설정하여 콘텐츠에 대한 캐싱을 지원합니다.

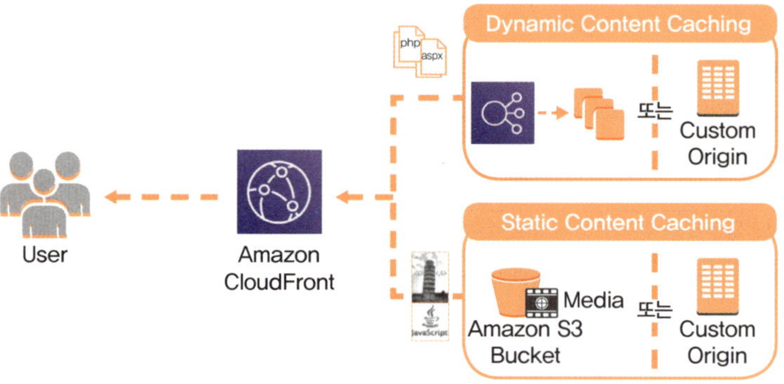

[그림 9-13] Amazon CloudFront 동적 콘텐츠 캐싱

5-3 다양한 보안 서비스

최근 웹 사이트를 오픈하게 되면 해외의 불특정 다수의 국가에서 웹 사이트에 접속을 시도하거나 초당 몇 백 번에 해당하는 접속 시도를 통한 DDoS 공격을 받는다는 말을 자주 듣습니다. 이런 경우, CloudFront를 사용하는 것만으로 DDoS 공격을 차단할 수 있습니다. CloudFront를 웹 서비스 및 콘텐츠에 대한 다양한 보안 서비스를 제공합니다.

[그림 9-14] CloudFront와 연계 가능한 보안 서비스(AWS Shield, WAF, Signed URL)

기본 DDoS 방어(무료, AWS Shield Standard)

- CloudFront 사용 시 자동으로 적용되는 무료 보안 기능입니다.
- 네트워크(Layer 3) 및 전송(Layer 4) 계층에서 발생하는 일반적인 DDoS 공격(SYN/UDP Floods 등)을 자동으로 탐지하고 차단합니다.

웹 애플리케이션 방화벽(유료, AWS WAF)

- 애플리케이션(Layer 7) 계층의 웹 공격을 방어하는 유료 서비스입니다.
- CloudFront로 들어오는 HTTP/HTTPS 요청을 모니터링합니다.
- SQL 인젝션, XSS와 같은 공격을 차단하거나 특정 IP 주소를 막는 등 사용자 정의 규칙을 만들어 적용할 수 있습니다.

프라이빗 콘텐츠 보호(Signed URL/Cookie)

- 유료 멤버십 회원이나 인증된 사용자에게만 콘텐츠를 제공할 때 사용합니다.
- 서명된 URL(Signed URL) 또는 서명된 쿠키(Signed Cookie)를 발급받은 사용자만 콘텐츠에 접근할 수 있도록 제한하여 무단 공유를 막습니다.

안전한 HTTPS 접속(무료, ACM 연동)

- 클릭 몇 번으로 웹 사이트에 안전한 HTTPS 접속을 적용할 수 있습니다.
- AWS Certificate Manager(ACM)와 연동하면 SSL/TLS 인증서를 무료로 발급받고 자동으로 갱신할 수 있어 비용과 관리 부담이 없습니다(이 인증서는 ELB에서도 사용 가능합니다).

▌5-4 비용 최적화를 통한 비용 절감

일반적으로 S3 bucket, EC2 Instance, Elastic Load Balancer와 같은 서비스를 사용하게 되면 사용자에게 데이터를 전송하는 데 필요한 Network Out에 대한 비용을 지불하게 됩니다. 다만, Amazon CloudFront를 사용하면 기존 S3 bucket, EC2 Instance, Elastic Load Balancer와 같은 서비스에서 사용자에게 데이터를 전송할 때 지불되는 네트워크 Out에 대한 데이터 전송 비용을 지불하지 않으며, CloudFront 사용료에 대한 부분만 지불하게 됩니다.

이렇게 오리진이 아마존 내에 있는 경우, 네트워크 Out에 대한 비용을 지불하지 않게 되며, 비용 또한 기존의 네트워크 Out에 대한 비용보다 저렴하게 제공됩니다. 이렇게 CloudFront를 사용함으로써 N/W 사용료에 대한 비용 최적화를 통해 비용 절감이 가능합니다.

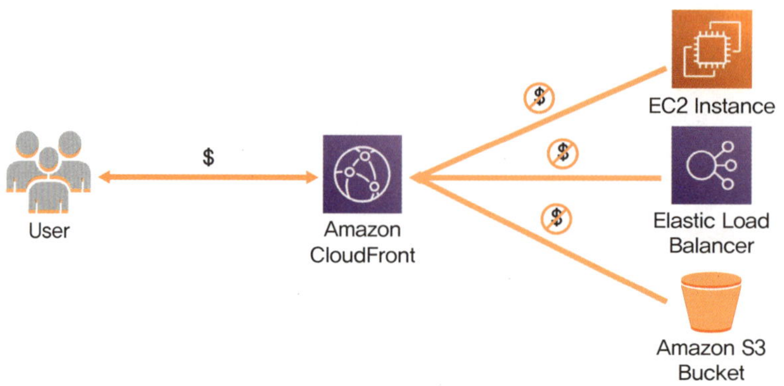

[그림 9-15] Amazon CloudFront 비용 최적화

5-5 Lambda@Edge

Amazon CloudFront의 Lambda@Edge는 Amazon CloudFront의 이벤트가 발생되는 경우에 AWS Lambda 함수를 실행할 수 있게 해 주는 기능입니다. 이를 통해 CloudFront 사용자에게 콘텐츠를 전송하기 전후, 그리고 오리진에서 콘텐츠를 로드하기 전후에 AWS Lambda를 통해 사용자 정의 코드를 실행할 수 있습니다. Lambda@Edge의 주요 특징 및 사용 사례는 다음과 같습니다.

- 사용자에게 맞춤 콘텐츠 제공: 사용자의 요청에 따라 동적으로 콘텐츠를 변경하거나 맞춤화 할 수 있습니다. 예를 들어, 사용자의 위치나 디바이스 타입에 따라 다른 버전의 웹 페이지를 제공할 수 있습니다.
- 보안 향상: 요청 Traffic을 검사하여 악성 요청을 필터링하거나 특정 조건에 맞는 요청에만 액세스를 허용할 수 있습니다.
- URL 리다이렉트: 오래된 URL을 새 URL로 리다이렉트하거나 특정 조건을 만족하는 요청에 대해 다른 오리진으로 요청을 전달할 수 있습니다.
- 헤더 수정: Lambda@Edge를 사용하여 요청이나 응답의 HTTP 헤더를 추가, 수정 또는 삭제할 수 있습니다.

Lambda@Edge는 CloudFront에서 발생하는 네 가지 주요 이벤트에 대응하여 실행될 수 있습니다.

[표 9-2] Lambda@Edge의 네 가지 주요 이벤트 트리거

구분	세부 내용
Viewer request	CloudFront가 사용자로부터 요청을 받을 때
Origin request	CloudFront가 요청을 오리진으로 전달하기 전
Origin response	CloudFront가 오리진으로부터 응답을 받았을 때
Viewer response	CloudFront가 응답을 뷰어에게 반환하기 전

이러한 이벤트 중 하나 또는 여러 개에 Lambda 함수를 연결하여 콘텐츠의 전달 방식을 세밀하게 제어하거나 사용자 경험을 최적화할 수 있습니다.

이번 실습에서는 우리가 이전에 배웠던 지식을 총동원하여 '원본 서버(EC2)'와 '부하 분산기(ELB)'를 빠르게 다시 구축하고, 그 앞단에 '글로벌 전송 네트워크(CloudFront)'를 연결하여 전 세계 어디서나 빠른 웹 서비스를 만들어 보겠습니다.

시나리오

- 웹 서버가 설치된 EC2 인스턴스 1대를 빠르게 생성합니다(사용자 데이터 활용).
- EC2 앞단에 로드 밸런서(ALB)를 생성하여 연결합니다.
- ALB를 원본으로 하는 CloudFront 배포를 생성하여 글로벌 가속을 시작하고, 캐싱 동작을 확인합니다.

▌6-1 원본 서버 준비: 웹 서버(EC2) 빠르게 만들기

가장 먼저 콘텐츠를 만들어 낼 서버가 필요합니다. 복잡한 설정 없이 '사용자 데이터(User Data)'를 이용해 부팅과 동시에 웹 서버가 되도록 만들겠습니다.

01 AWS 콘솔에서 EC2 서비스로 이동하여 [**인스턴스 시작**]을 클릭합니다.

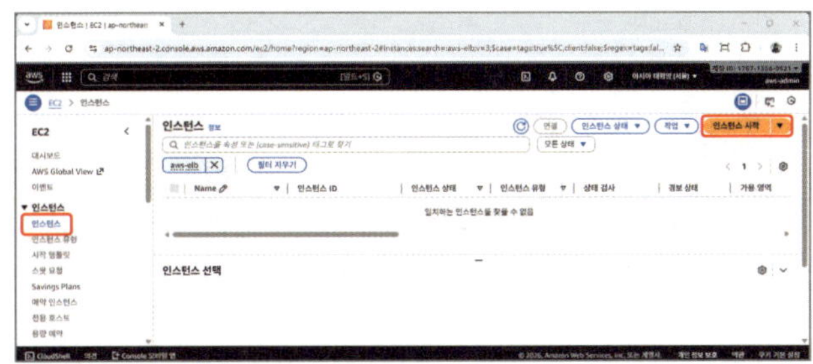

02 인스턴스의 빠른 생성을 위해 다음과 같이 인스턴스 정보를 입력합니다.

- 이름 및 태그: My-Web-Server 등 알아보기 쉽게 입력
- AMI: 기본값인 Amazon Linux 2023 그대로 사용
- 인스턴스 유형: 프리티어인 t2.micro 선택
- 키 페어: 'aws-keypair-linux' 선택(이전에 생성된 Keypair)

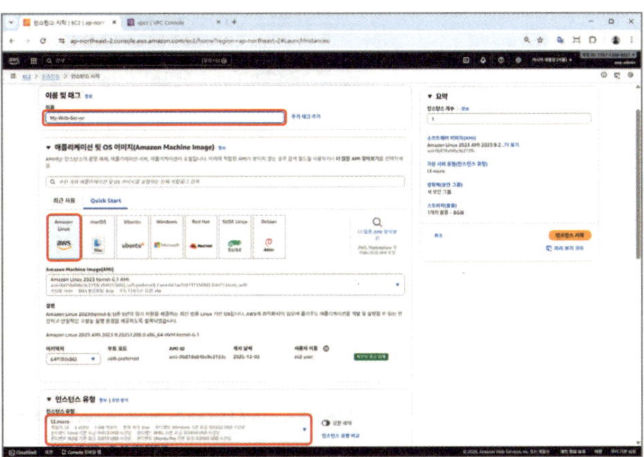

03 **필독** 네트워크 및 보안 그룹을 설정하기
위해 설정을 다음과 같이 설정합니다.

- 네트워크 설정 옆의 [편집] 누름
- VPC:(기본값) default VPC 선택
- 서브넷: 기본값(기본 설정 없음)을 유지하거나 임의의 서브넷 선택
- 퍼블릭 IP 자동 할당: [활성화] 선택
- 방화벽(보안 그룹): [보안 그룹 생성] 선택한 후 '보안 그룹 이름/설명'에 각각 'Web-SG' 입력
- 인바운드 보안 그룹 규칙: 기본적으로 있는 SSH 규칙 외에 [보안 그룹 규칙 추가]를 눌러 유형: HTTP(TCP 80), 소스 유형: 위치 무관(0.0.0.0/0)을 추가(웹에 접속하기 위해 문을 엶)

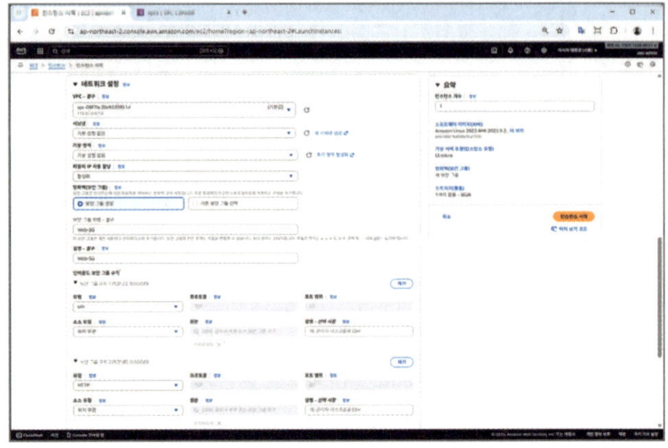

04 사용자 데이터(User Data)를 입력하기 위해 가장 밑에 있는 **[고급 세부 정보]** 버튼을 클릭한 후 하단의 **[사용자 데이터]** 항목에 다음 스크립트 내용을 복사해서 붙여 넣고 **[인스턴스 시작 버튼]**을 클릭합니다(서버가 켜질 때 자동으로 아파치 웹 서버를 설치하고 샘플 페이지를 만드는 명령어입니다).

```
#!/bin/bash
dnf update -y
dnf install -y httpd
systemctl start httpd
systemctl enable httpd
echo '<html><head><title>글로벌 서비스</title></head><body><div style="text-align:center; margin-top:100px;"><h1> 안녕, CloudFront!</h1><p>이 페이지는 서울 리전의 <strong>EC2 서버</strong>에서 생성되어<br><strong>ELB</strong>를 거쳐 전 세계로 배달됩니다.</p></div></body></html>'>/var/www/html/index.html
```

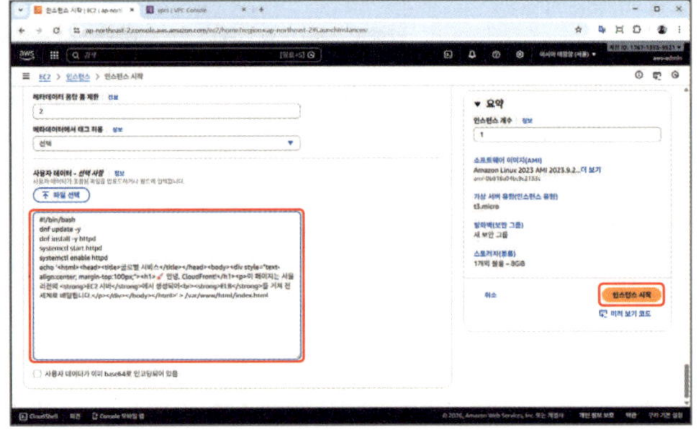

▌6-2 연결 고리 만들기: 로드 밸런서(ELB) 생성 및 연결

CloudFront는 EC2 인스턴스를 직접 바라보기보다 안정적인 ELB를 바라보는 것이 구조와 보안상으로
좋습니다.

01 대상 그룹(Target Group)을 생성하기
위해 EC2 콘솔 왼쪽 메뉴에서 **[로드 밸런
싱]**–**[대상 그룹]**을 클릭한 후 오른쪽 상단
의 **[대상 그룹 생성]** 버튼을 클릭합니다.

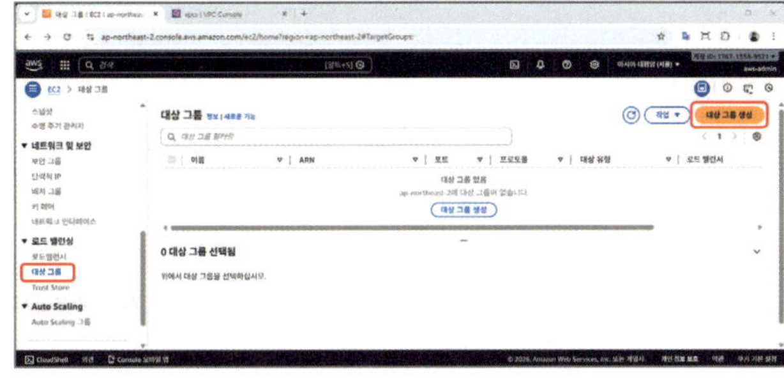

02 **[대상 그룹 생성]** 페이지에서 옵션을 다음
과 같이 입력한 후 페이지 하단의 **[다음]**
버튼을 클릭합니다.

- 대상 유형: **[인스턴스]** 선택
- 대상 그룹 이름: 'My–Web–TG' 입력
- 프로토콜/포트: HTTP:80을 확인하고, VPC는 기본
VPC가 선택되어 있는지 확인

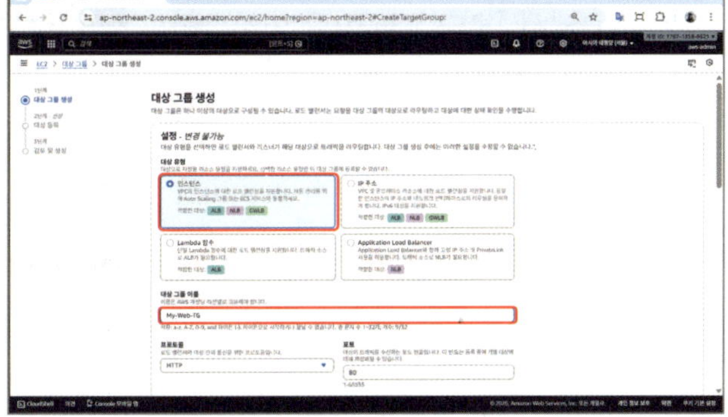

03 **[대상 등록–권장]** 페이지에서 이전에 생성
한 'My–Web–Server' 인스턴스를 체
크한 후 **[아래에 보류 중인 것으로 포함]** 버
튼을 클릭합니다.

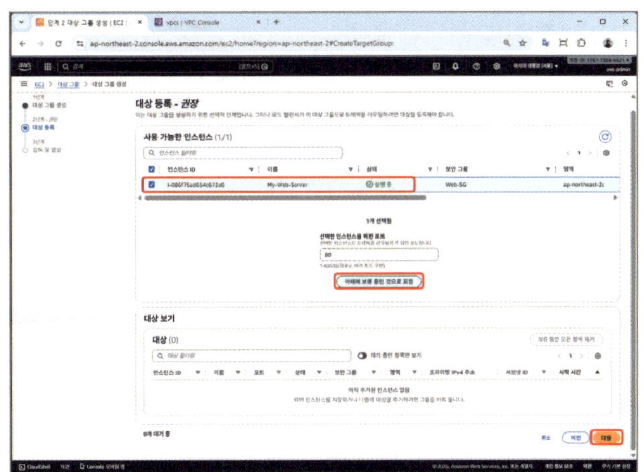

04 **[검토 및 생성]** 페이지에서 **[대상 그룹 생성]** 버튼을 클릭하여 완료합니다.

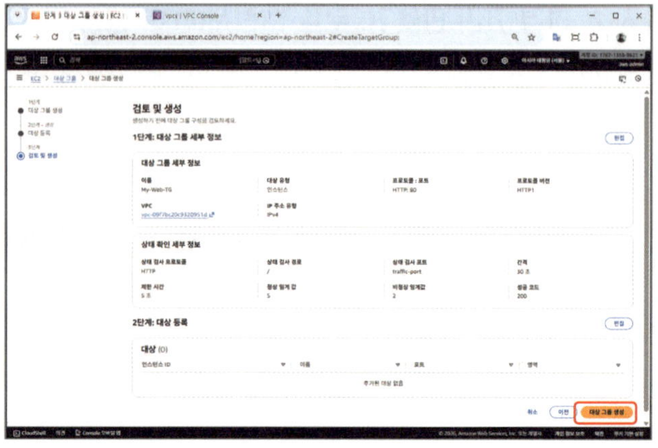

05 로드 밸런서(ALB)를 생성하기 위해 왼쪽 메뉴에서 **[로드 밸런서]**로 이동하여 **[로드 밸런서 생성]**을 클릭합니다.

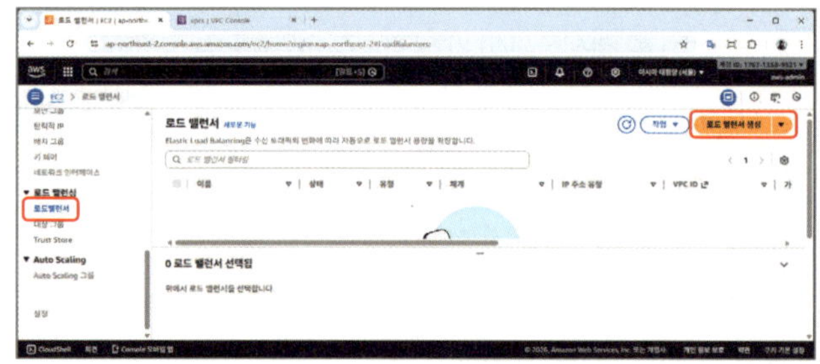

06 **[로드 밸런서 유형 비교 및 선택]** 페이지에서 Application Load Balancer 하단의 **[생성]**을 선택합니다.

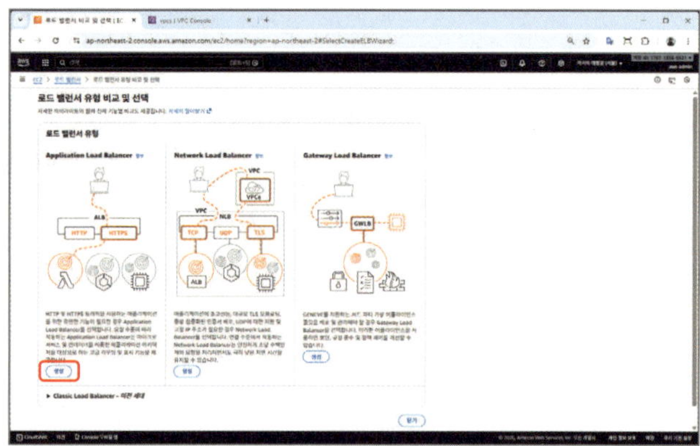

07 [Application Load Balancer 생성] 페이지에서 다음과 같이 기본 구성 정보 및 네트워크 매핑 정보를 입력합니다.

- 로드 밸런서 이름: 'My-Web-ALB' 입력
- 네트워크 매핑: 기본 VPC를 선택한 후 표시되는 모든 가용 영역(서브넷) 모두 체크(최소 2개 이상)
- 보안 그룹: 아까 만든 Web-SG 선택(기본으로 선택된 'default' 그룹은 [X]를 눌러 제거)

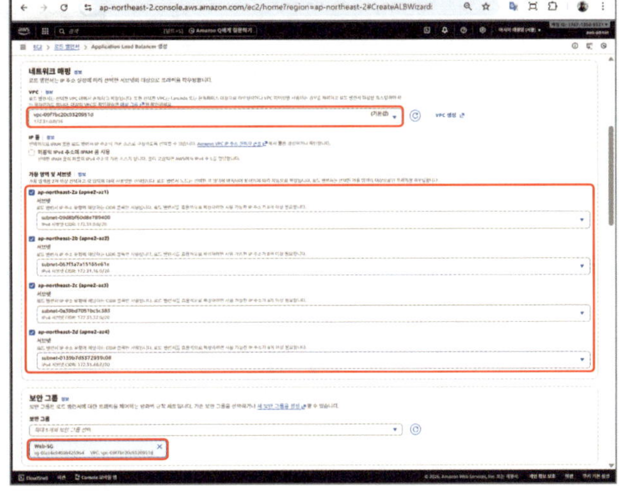

08 [Application Load Balancer 생성] 페이지에서 다음과 같이 기본 구성 정보 및 네트워크 매핑 정보를 입력한 후 하단의 [로드 밸런서 생성] 버튼을 클릭합니다.

- 리스너 및 라우팅: HTTP:80 리스너의 [대상 전달(Forward to)] 선택
- 대상 그룹: 이전에 생성한 'My-Web-TG' 선택

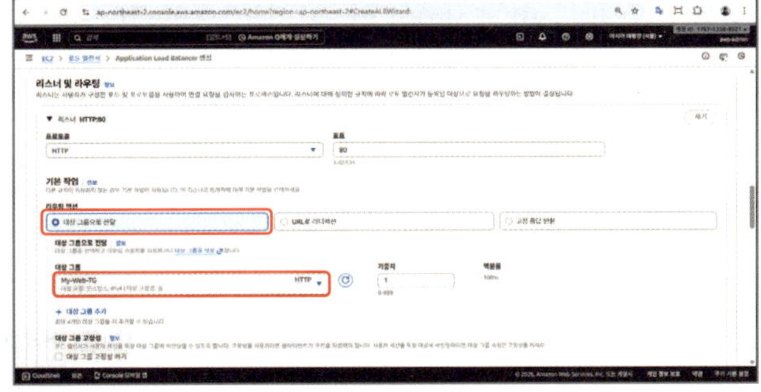

09 ALB 접속 테스트를 위해 먼저 로드 밸런서 상태가 Active가 될 때까지 잠시 기다립니다.

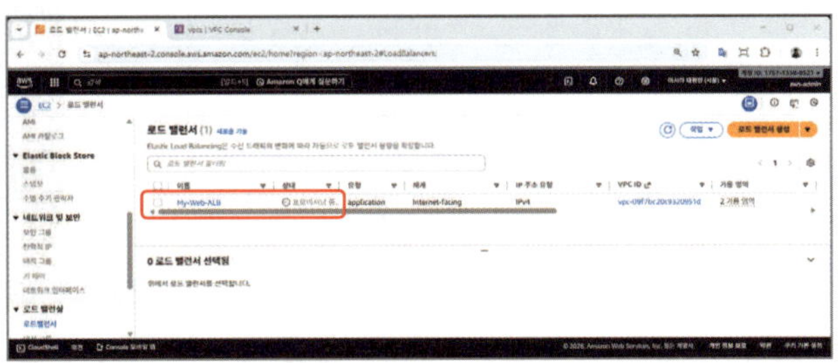

10 ALB의 상태가 Active로 변경한 후 'My-Web-ALB'를 클릭하고 [정보] 탭에서 DNS 이름(예 My-Web-ALB-××××.ap-northeast-2.elb.amazonaws.com)을 복사합니다.

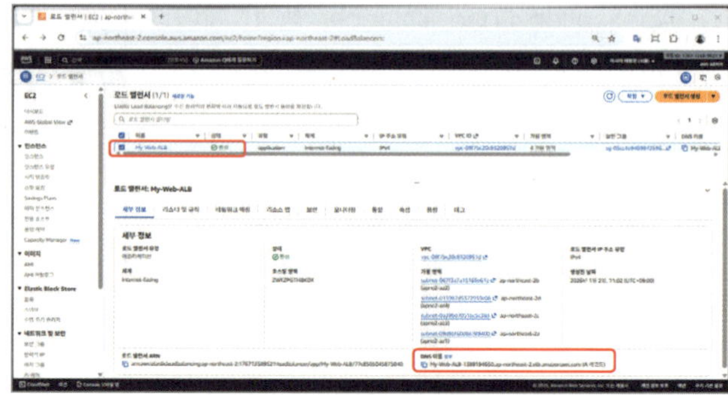

11 웹 브라우저에서 새 탭을 연 후 복사한 DNS 이름으로 접속해 봅니다.

[안녕, CloudFront!] 페이지가 잘 보이나요? 백엔드 준비가 완벽하게 끝났습니다.

▌6-3 글로벌 날개 달기: CloudFront 배포 생성

이제 준비된 ALB 앞단에 CloudFront를 연결하여 전 세계로 서비스를 확장합니다.

01 먼저 CloudFront 배포 생성을 시작하기 위해 AWS 콘솔 상단 검색창에서 'CloudFront'를 입력한 후 [CloudFront] 버튼을 클릭하여 서비스를 선택합니다.

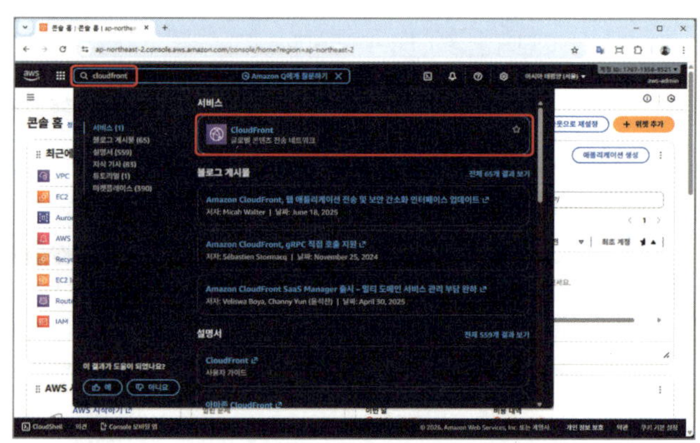

02 CloudFront 대시보드에서 [배포 생성] 버튼을 클릭합니다.

03 배포 생성 프로세스를 위한 '1단계: Plan'을 선택하는 항목에서 [Free] 항목을 선택한 후 하단의 [Next] 버튼을 클릭합니다.

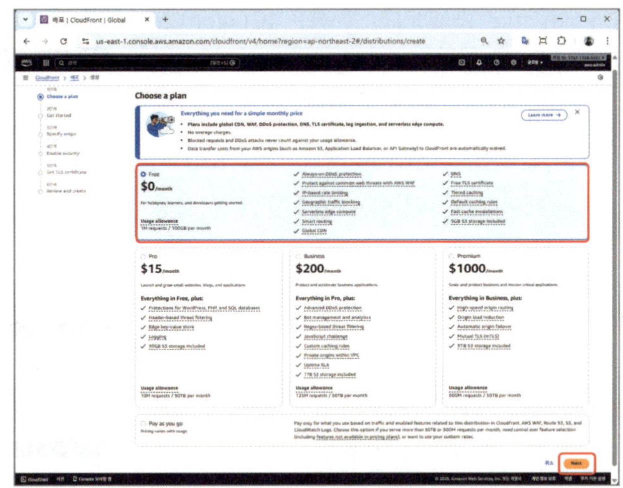

04 [Get Started] 페이지에서 배포 설정 정보를 다음과 같이 설정한 후 [Next] 버튼을 클릭합니다.

- Distribution name: 'My-CloudFront-Web-ALB' 입력
- Description: 'My-CloudFront-Web-ALB' 입력
- Distribution Type: [Single website or app] 선택

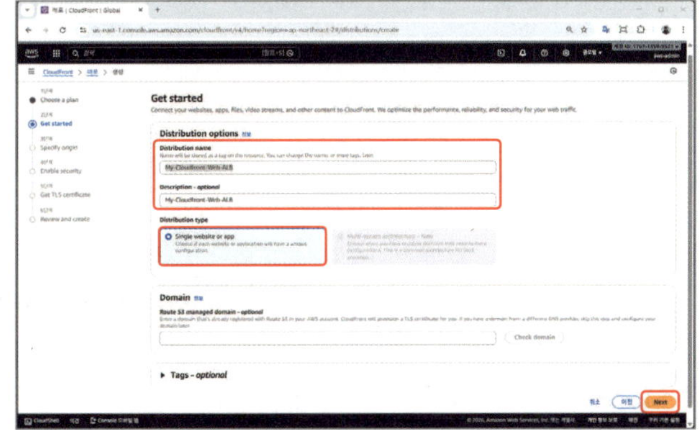

05 필독 [Specify Origin] 페이지에서 옵션을 다음과 같이 설정합니다.

- Origin type: [Elastic Load Balancer] 선택
- [Origin] 항목에서 'Elastic Load Balancing origin' 대상을 선택하기 위해 [Browse load Balancers] 버튼을 클릭하여 ALB가 선택된 리전 선택 후 'My-Web-ALB' 선택하고 [Choose] 버튼 클릭

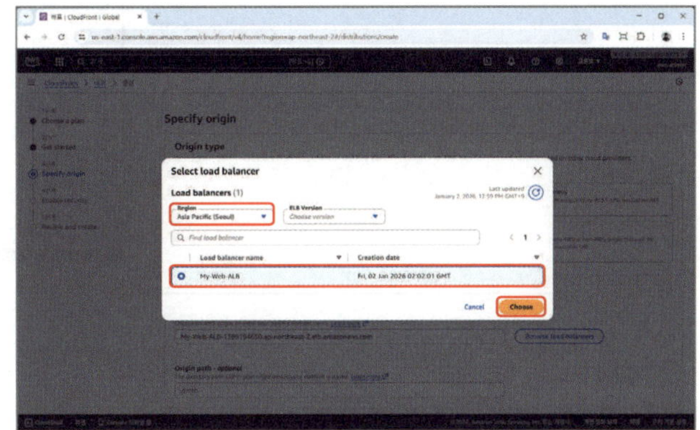

06 Setting 중 오리진 설정은 [Customize Origin settings] 버튼을 클릭한 후 '프로토콜(Protocol): HTTP만(HTTP only)'을 선택합니다(CloudFront가 ALB에게 데이터를 요청할 때는 HTTP를 사용합니다).

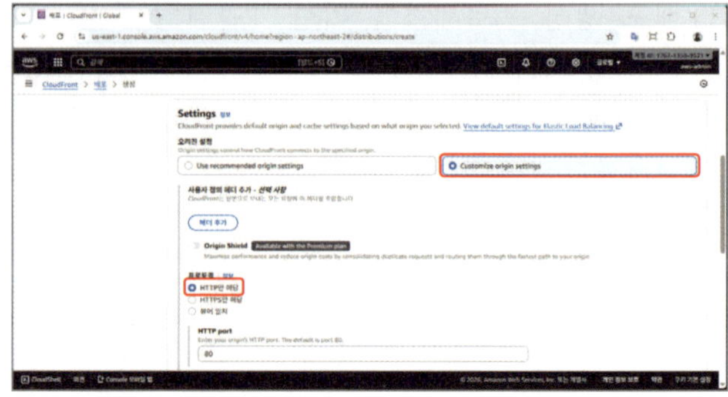

07 Cache settings를 다음과 같이 설정한 후 [Next] 버튼을 클릭합니다.

- 뷰어 프로토콜 정책: 'Redirect HTTP to HTTPS' 선택(사용자가 http로 접속해도 안전한 https로 강제 전환함)
- 캐시 키 및 원본 요청: 권장 설정인 'Caching Optimized'가 선택되어 있는지 확인
- 나머지 설정은 모두 [기본 설정] 유지

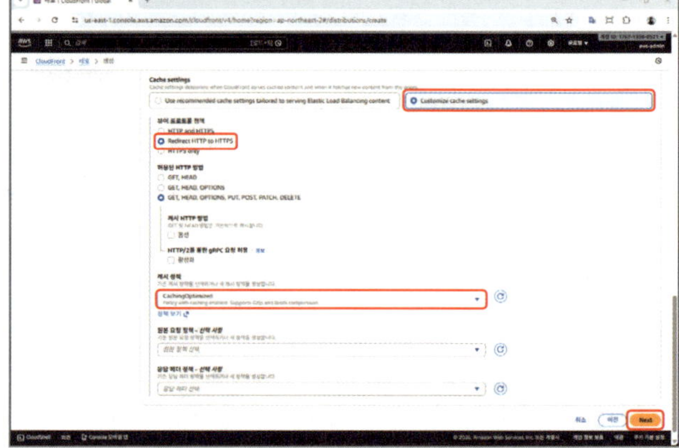

08 [Enable Security] 페이지에서 [Next] 버튼을 클릭합니다.

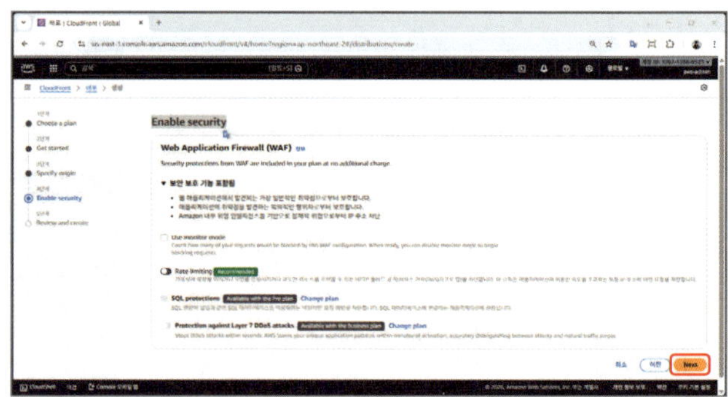

09 전체 배포 설정 정보를 확인한 후 [Create distribution] 버튼을 클릭합니다.

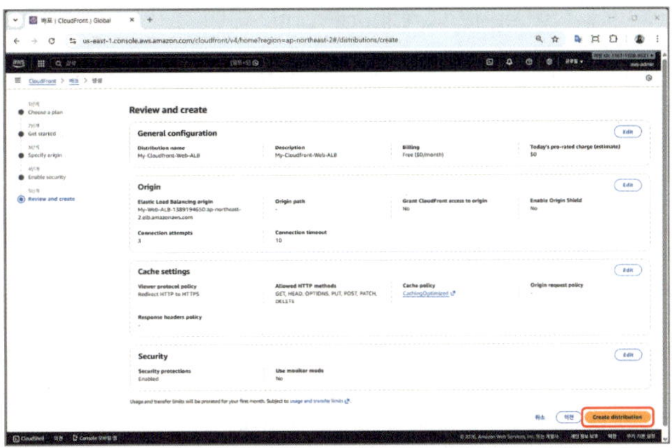

10 배포 상세 화면이 나타나며 상태가 배포 중(Deploying)으로 표시됩니다. 전 세계 엣지 서버에 설정이 전파되는 데 약 5~10분이 소요됩니다. 기다리는 동안 배포 도메인 이름(예 d1234abcde. cloud front.net)을 복사해 둡니다.

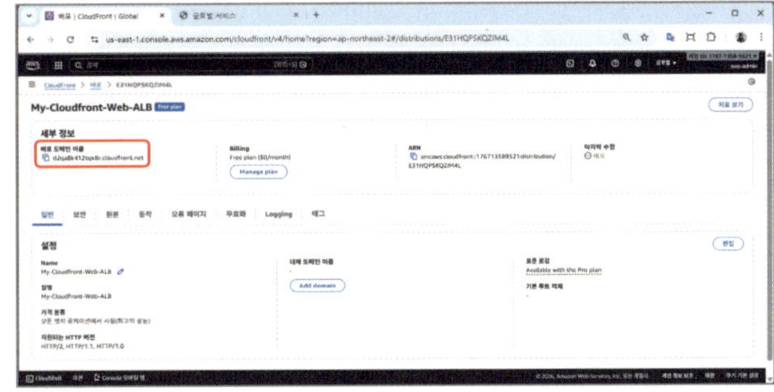

▌6-4 접속 테스트 및 '캐싱의 위력' 확인하기

드디어 우리의 글로벌 웹 사이트가 완성되었습니다. CloudFront가 얼마나 똑똑하게 일하는지 직접 확인해 봅시다.

01 CloudFront 배포 항목에서 상태가 '활성화됨'으로 바뀌었는지 확인합니다.

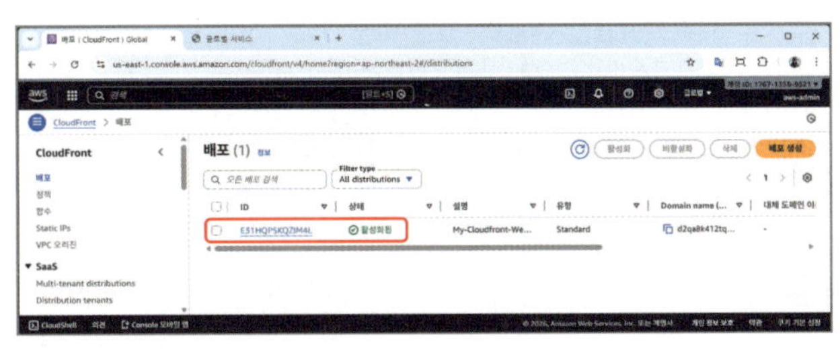

02 상태가 활성화됨(Enabled)으로 바뀌면, 웹 브라우저 주소창에 아까 복사해 둔 CloudFront 도메인(https://d... cloudfront.net)을 입력하고 접속합니다.

EC2에 심어 둔 [안녕, CloudFront!] 페이지가 잘 보이나요? 주소 칭 옆에 자물쇠 아이콘이 보인다면 안전한 HTTPS 접속까지 성공한 것입니다.

03 (개발자 도구의 마법) 캐싱 기능을 확인하기 위해 웹 브라우저에서 F12를 눌러 개발자 도구를 열고 다음과 같이 진행합니다.

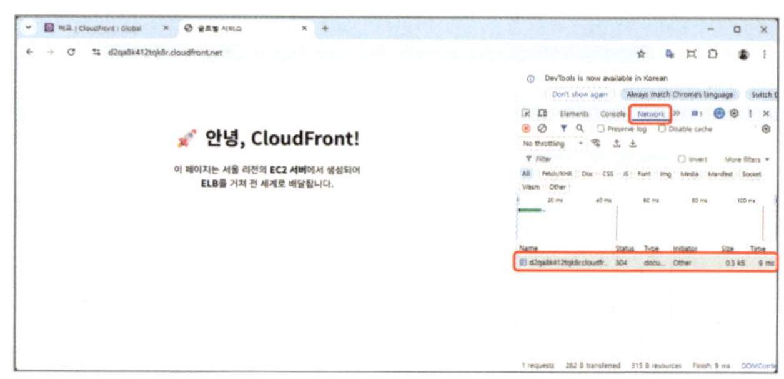

- [네트워크(Network)] 탭 선택
- 웹 페이지를 새로고침(F5)
- 목록 가장 위에 있는 요청(도메인명) 클릭 후 오른쪽의 [헤더(Headers)] 탭에서 응답 헤더(Response Headers) 영역을 살펴봄

04 '접속 도메인'을 클릭한 후 오른쪽의 [headers]를 클릭하고 하단의 [X-Cache]라는 항목을 찾아보세요.

- Miss from cloudFront: "엣지 서버에 데이터가 없어서 저 멀리 한국의 ALB까지 가서 가져왔어요."(첫 접속 시)
- Hit from cloudFront: "성공입니다. 서울까지 안 가고, 여러분 근처의 엣지 서버가 바로 응답해 줬어요!"(새로고침 후)→이것이 바로 CDN의 위력입니다.

05 필독 '캐싱의 함정'을 이해하는 것은 매우 중요합니다. CloudFront 하위에 있는 웹 서버의 소스를 수정한다면 다음과 같이 '무효화 생성'을 진행해야 합니다.

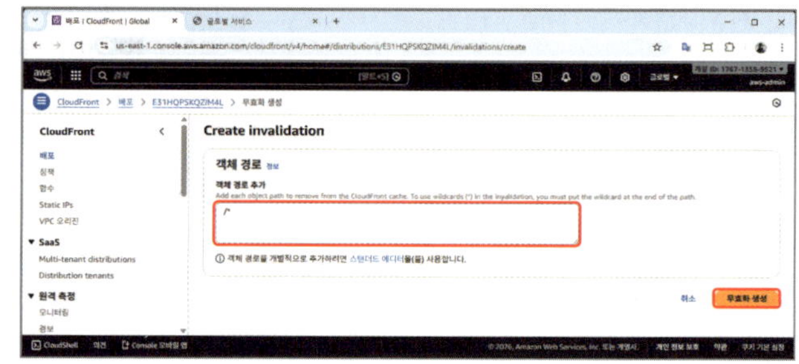

만약, 지금 여러분이 EC2 서버에 접속해서 index.html 파일의 내용을 '업데이트 버전!'으로 수정했다고 가정해 봅시다. 그리고 웹 브라우저에서 CloudFront 주소로 새로고침하면 내용이 바로 바뀔까요? 아마 바뀌지 않을 것입니다. 왜냐하면 전 세계에 퍼져 있는 엣지 서버들이 아직 옛날 버전을 기억(캐싱)하고 있기 때문입니다. 이것이 바로 CDN의 특징이자 함정입니다.

참고 실제 운영 환경에서 내용을 즉시 반영해야 할 때는 CloudFront 콘솔에서 '무효화(Invalidation)'라는 작업을 요청해서 엣지 서버의 캐시를 강제로 지워 줘야 합니다.

06 기존에 생성했던 배포된 페이지에 대해
[무효화]를 진행한 후 다시 웹 사이트 접
속을 통해 개발자 모드로 'X-Cache'를
확인한 결과 'Miss from CloudFront'
로 서버에 직접 접속해서 웹 서버의 파
일을 직접 읽어 와 처리했음을 확인할
수 있습니다.

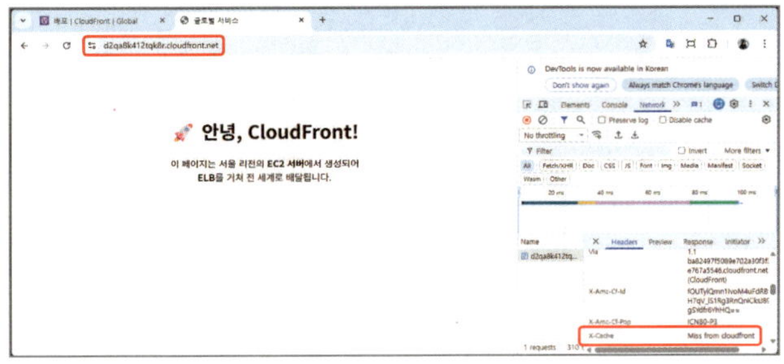

축하합니다. 이제 여러분의 서비스는 전 세계 어디서든 빠르고 안전하게 접속할 수 있는 글로벌 서비스
가 되었습니다.

07   SAA 시험 대비 비법 노트

▌7-1 시험 직전 3분컷! 시험 대비 오답 노트

■ Amazon CloudFront(CDN)

전 세계에 있는 엣지 로케이션(Edge Location)에 콘텐츠를 캐싱(Caching)하여 사용자에게 가장 빠르게 전달하
는 서비스입니다.

- Origin(오리진): 원본 데이터가 있는 곳(S3 버킷, EC2, ALB, 온프레미스 서버)
- 주요 기능
  - S3 Origin Access Control(OAC): S3 버킷을 퍼블릭이 아닌 CloudFront를 통해서만 안전하게 접근하도
    록 제한(구 OAI)
  - Lambda@Edge/CloudFront Functions: 엣지에서 실행되는 코드로 요청/응답을 수정(예 이미지 리사이
    징, 헤더 변경, 인증)
  - Geo Restriction: 특정 국가 접속 차단/허용
  - Signed URL/Signed Cookies: 유료 콘텐츠 등을 위한 임시 접근 권한 부여

■ 애플리케이션 통합(Decoupling Services)

시스템 간의 결합도(Coupling)를 낮추어 확장성과 내결함성을 높이는 서비스들입니다.

- Amazon SQS(Simple Queue Service): 메시지 대기열(Queue)
  - Standard Queue: 처리량 무제한, 순서 보장 안 함, 중복 전송 가능성
  - FIFO Queue: 순서 정확히 보장(First-In-First-Out), 정확히 1회 처리(처리량 제한 있음—초당 3,000건)
  - Visibility Timeout: 메시지 처리 중 다른 소비자가 못 보게 가림(실패 시 다시 보임)
  - Dead Letter Queue(DLQ): 처리에 계속 실패한 메시지를 따로 모아 두는 곳
- Amazon SNS(Simple Notification Service): Pub/Sub(게시/구독) 모델
  - 하나의 메시지를 여러 구독자(Lambda, SQS, Email, SMS, Mobile Push)에게 동시에(Fan-out) 전송
- Amazon SES(Simple Email Service): 대량 이메일 발송/수신 서비스(마케팅 메일, 알림 메일)

■ 데이터 스트리밍(Kinesis)

실시간으로 대용량 데이터를 수집하고 처리하는 서비스입니다.

- Kinesis Data Streams(KDS): 실시간 데이터 수집
  - Shard(샤드): 데이터 처리 단위, 수동으로 늘려야 함
  - Data Retention: 기본 24시간~최대 365일 저장(나중에 다시 읽기 가능)
  - 소비자: Lambda, Kinesis Data Analytics, EC2 등 직접 앱을 짜서 소비
- Kinesis Data Firehose(KDF): 데이터를 저장소로 적재(Load)
  - Near Real-time(준실시간): 약 60초 버퍼링 후 저장
  - Destination: S3, Redshift, OpenSearch, Splunk 등으로 자동 저장(코드 작성 불필요)
  - 기능: 데이터 변환(Lambda), 포맷 변환(JSON→Parquet/ORC), 압축 지원

▌7-2 SAA 적중 실전 문제(10문항)

Q1 글로벌 정적 웹 사이트 보안(CloudFront OAC)

S3 버킷을 오리진으로 사용하는 CloudFront 배포를 통해 정적 웹 사이트를 운영 중입니다. 사용자가 S3 버킷 URL로 직접 접속하는 것을 막고, 반드시 CloudFront를 통해서만 접속하게 하려면?

A. S3 버킷을 퍼블릭으로 설정하고 WAF를 연결한다.
B. S3 버킷 정책에서 CloudFront의 Origin Access Control(OAC)만 허용하도록 설정한다.
C. CloudFront 배포 설정에서 HTTPS만 허용한다.
D. S3 ACL을 사용하여 모든 IP를 차단한다.

정답 B

해설 CloudFront 뒤에 있는 S3를 보호하는 표준 방법은 OAC(Origin Access Control)입니다. 버킷 정책에서 '이 OAC가 아니면 접근 금지'라고 명시하여 S3 직접 접근을 차단합니다(구형 OAI보다 보안이 강화된 방식).

Q2 주문 처리 시스템의 순서 보장(SQS FIFO)

쇼핑몰 주문 시스템을 구축 중입니다. 고객이 주문한 순서대로 재고를 차감하고 배송 처리를 해야 합니다. 순서가 바뀌면 재고 오류가 발생합니다. 가장 적합한 아키텍처는?

A. Amazon SQS Standard Queue 사용
B. Amazon SQS FIFO Queue 사용
C. Amazon SNS 주제(Topic) 사용
D. Amazon Kinesis Data Firehose 사용

정답 B

해설 '순서 보장(Order Preservation)', '중복 처리 방지'가 필수인 금융/재고 시스템에는 SQS FIFO Queue가 정답입니다. Standard Queue는 순서가 바뀔 수 있습니다.

Q3 여러 서비스로 메시지 동시 전송(SNS Fan-out)

사용자가 이미지를 업로드하면 1) 섬네일을 생성하고, 2) 이미지 분석을 하고, 3) 관리자에게 이메일을 보내야 합니다. 이 세 가지 작업은 독립적으로 동시에 실행되어야 합니다.

A. S3 이벤트 알림을 3개의 Lambda 함수에 각각 연결한다.
B. 이미지를 SQS 대기열에 넣고 3개의 EC2가 경쟁적으로 가져가게 한다.
C. SNS 주제(Topic)에 메시지를 게시하고, 3개의 SQS 대기열이 이를 구독하게 한다(Fan-out 패턴).
D. Kinesis Data Firehose를 사용하여 3곳으로 전송한다.

정답 C

해설 하나의 이벤트를 여러 목적지(소비자)로 동시에 복사해서 보내는 패턴을 Fan-out이라고 하며, SNS+SQS 조합이 표준입니다. SNS가 메시지를 받아서 구독 중인 여러 SQS에 뿌려 줍니다.

Q4 실시간 로그 분석 및 저장(Kinesis Firehose)

수천 대의 서버에서 발생하는 로그 데이터를 실시간으로 수집하여 Amazon OpenSearch Service에 검색용으로 저장하고, 동시에 S3에 아카이브용으로 저장하고 싶습니다. 코드를 최소한으로 작성하려면?

A. Kinesis Data Streams를 사용하고 Lambda로 OpenSearch와 S3에 넣는다.
B. Kinesis Data Firehose를 사용하여 OpenSearch와 S3로 데이터를 전송한다.
C. EC2에 Logstash를 설치하여 전송한다.
D. SQS 대기열에 로그를 넣는다.

정답 B

해설 '저장소로 적재(Delivery/Load)', '코드 작성 최소화', 'OpenSearch/S3 타깃'은 Kinesis Data Firehose의 주특기입니다. Firehose는 데이터를 버퍼링했다가 타깃 서비스로 알아서 밀어 넣어 줍니다.

Q5 동적 콘텐츠 가속화(CloudFront)

정적 이미지뿐만 아니라 사용자 맞춤형 동적 콘텐츠(API 결과 등)도 전 세계 사용자에게 빠르게 제공하고 싶습니다. CloudFront를 어떻게 설정해야 합니까?

A. 동적 콘텐츠는 캐싱할 수 없으므로 CloudFront를 사용할 수 없다.
B. TTL(Time-to-Live)을 0으로 설정하여 캐싱은 끄되, AWS 백본 네트워크를 통한 전송 가속 이점을 활용한다.
C. Lambda@Edge를 사용하여 모든 요청을 처리한다.
D. S3 Transfer Acceleration을 사용한다.

정답 B

해설 CloudFront는 캐싱뿐만 아니라 네트워크 최적화 도구이기도 합니다. 동적 콘텐츠라 캐싱을 못 하더라도 사용자와 오리진 사이의 경로를 AWS 전용 고속 네트워크로 연결하여 속도를 높일 수 있습니다. 이때 TTL을 0으로 설정하여 캐싱을 비활성화합니다.

Q6 대기열 메시지 처리 실패(SQS Visibility Timeout)

EC2 인스턴스가 SQS에서 메시지를 가져와 처리하던 중 예상치 못한 오류로 애플리케이션이 죽었습니다. 하지만 잠시 후 다른 EC2 인스턴스가 동일한 메시지를 다시 가져와 처리를 완료했습니다. 어떤 기능 덕분입니까?

A. Dead Letter Queue(DLQ)
B. Visibility Timeout(가시성 제한 시간)
C. Long Polling(롱 폴링)
D. Message Retention Period(메시지 보존 기간)

정답 B

해설 SQS는 메시지를 전달하면 잠시 안 보이게 숨깁니다(Visibility Timeout). 소비자가 처리 완료 신호(Delete)를 보내지 않고 타임아웃이 지나면, 메시지는 다시 보이는 상태(Visible)가 되어 다른 소비자가 가져갈 수 있게 됩니다. 이것이 SQS의 내결함성 핵심입니다.

Q7 유료 콘텐츠 배포(Signed URL vs. Signed Cookies)

온라인 강의 사이트에서 유료 회원에게만 동영상 강의와 교재 PDF 등 여러 파일에 대한 접근 권한을 제공하고 싶습니다. 매번 URL을 생성하는 것은 비효율적입니다.

A. S3 Presigned URL을 파일마다 생성한다.
B. CloudFront Signed URL을 파일마다 생성한다.
C. CloudFront Signed Cookies(서명된 쿠키)를 사용하여 전체 경로에 대한 권한을 부여한다.
D. IAM 사용자를 생성하여 키를 배포한다.

정답 C

해설 '여러 파일(다수 리소스)'에 대한 접근 권한을 한 번에 줄 때는 Signed Cookies가 효율적입니다(반대로 파일 하나만 공유할 때는 Signed URL이 좋습니다).

Q8 실시간 데이터 샤딩(Kinesis Data Streams)

주식 거래 데이터를 실시간으로 수집하는 Kinesis Data Streams를 운영 중입니다. 데이터 양이 급증하여 ProvisionedThroughputExceededException 오류가 발생하고 있습니다. 해결 방법은?

A. Kinesis Data Firehose로 마이그레이션한다.
B. 샤드(Shard)의 수를 늘린다(Resharding).
C. 소비자(Consumer) 애플리케이션의 수를 늘린다.
D. 데이터 보존 기간을 늘린다.

정답 B

해설 Kinesis Data Streams의 성능(처리량)은 샤드(Shard) 수에 비례합니다. 쓰기 용량이 부족하면 샤드 분할(Resharding)을 통해 샤드 수를 늘려야 합니다.

Q9 이메일 수신 및 자동 처리(SES)

회사 도메인(support@example.com)으로 들어오는 모든 이메일을 받아 내용을 분석한 후 S3 버킷에 저장하고 싶습니다.

A. EC2에 메일 서버를 구축한다.
B. Amazon SES의 수신 규칙(Receipt Rule)을 설정하여 S3 Action을 연결한다.
C. Amazon SNS로 이메일을 받는다.
D. Route 53 MX 레코드를 S3로 연결한다.

정답 B

해설 Amazon SES는 발송뿐만 아니라 이메일 수신도 가능합니다. 수신 규칙을 통해 이메일을 받자마자 S3 저장, Lambda 실행, SNS 알림 등의 작업을 자동화할 수 있습니다.

Q10 비용 절감(SQS Long Polling)

SQS 대기열을 사용하는 애플리케이션의 비용을 줄이고 싶습니다. 현재 소비자가 빈 대기열에 대해 계속 요청을 보내고 있어(Empty Receives) API 호출 비용이 발생합니다.

A. Visibility Timeout을 줄인다.
B. Short Polling을 사용한다.
C. Long Polling(롱 폴링)을 활성화한다.
D. FIFO Queue로 변경한다.

정답 C

해설 Long Polling을 사용하면 메시지가 없을 때 소비자가 연결을 끊지 않고 최대 20초간 기다립니다. 메시지가 도착하면 즉시 반환하고, 없으면 빈 응답을 한 번만 보냅니다. 이를 통해 불필요한 빈 호출 수를 줄여 비용을 절감합니다. 'WaitTimeSeconds>0'으로 설정합니다.

초등학교 시절 '너는 커서 뭐가 되고 싶어? 너의 꿈은 뭐니?'라고 물어보면 언제나 저의 답변은 '우주 비행사'였습니다.

그 당시 즐겨 보던 만화 영화의 주인공과 같이 우주를 누비며 악당을 물리치는 것이 너무 멋져 보였기 때문이었습니다. 지금 생각해 보면 허무맹랑한 생각이었지만, 그 당시에는 21세기가 되면 하늘에 자동차가 날아다니고, 우주선을 타고 달나라를 갈 수 있을 것이라 기대했습니다. 그런 의미에서 〈스타워즈〉가 필자가 가장 좋아하는 영화가 된 것은 우연이 아닌 듯합니다.

〈스타워즈〉는 영화 각본 작가이자 영화 제작자 겸 영화 감독인 조지 루카스의 9부작 스페이스 오페라 영화 시리즈로, 원래는 시리즈 중 〈스타워즈 에피소드 IV−새로운 희망〉만을 '스타워즈'라고 불렀지만, 〈스타워즈 에피소드 V−제국의 역습〉 등의 후속작이 만들어지면서 스타워즈 시리즈로 굳어지게 되었습니다. 스타워즈 시리즈 중 IT 업계에 중요한 사건으로 기록되는 〈스타워즈 에피소드 I − 보이지 않는 위험〉의 개봉은 많은 기업에게 새로운 기회를 만들어 준 영화로 기록되고 있습니다.

〈스타워즈 에피소드 I−보이지 않는 위험〉은 1977년 〈스타워즈 에피소드 VI − 제다이의 귀환〉 이후 20년 만에 만들어진 새로운 시리즈로, 많은 영화광과 스타워즈에 굶주린 팬들을 흥분시키기에 충분했습니다.

당시 영화의 예고편을 보려면 본 영화 상영 전에 상영되는 예고편을 시청하는 것이 유일한 방법이었습니다. 그래서 당시 스타워즈 예고편을 보기 위해 표를 사서 스타워즈의 예고편을 보고, 예고편이 끝나고 본 영화가 시작되기 전에 자리를 뜨는 사람들이 많을 정도로 〈스타워즈 에피소드 I−보이지 않는 위험〉에 대한 팬들의 관심을 대단했습니다. 심지어 영화 예고편을 카메라로 찍어 팬 사이트에 올리는 일까지 생겨났습니다. 이에 조지 루카스는 1998년 11월 2분 11초짜리의 첫 번째 영화 예고편을 온라인을 통해 배포합니다.

[그림 9-16] 〈스타워즈 에피소드 I − 보이지 않는 위험〉

[그림 9-17] Starwars.com을 통해 공개된 첫 번째 예고편

(출처: 구글)

이는 오늘날 영화 마케팅에서 매우 중요한 부분인 '예고편을 통한 영화 마케팅'의 시초가 되었으며, 인터넷의 초창기 시절 '인터넷(Internet)의 성공 스토리'로 기록되었습니다.

첫 예고편을 공개할 당시에는 Real Media, Quick Time, AVI 파일로 배포되었습니다. 당시에는 동영상 포맷에 대한 표준이 만들어지기 이전이었으며, 표준 선점을 위해 많은 업체가 경쟁 중인 상황이었습니다.

6개월 후인 1999년 3월, 조지 루카스는 2분 30초짜리 고화질의 두 번째 예고편을 Starwars.com를 통해 애플의 Quick Time 포맷으로만 공개하게 됩니다. 이로 인해 첫 날에만 애플의 예고편 사이트(trailers.apple.com)를 통해 60만 회의 다운로드가 발생합니다. 이후 배포 24시간 만에 100만 회의 다운로드, 3주 만에 600만 회의 다운로드를 기록하며 당시 인터넷 역사상 가장 많은 다운로드 수로 기록됩니다.

[그림 9–18] Starwars.com을 통해 공개된 두 번째 예고편(출처: 구글)

이를 통해 애플의 Quick Time 포맷이 빠르게 확장되었으며, 애플의 예고편 사이트(trailers.apple.com)도 영화 예고편 배포를 위한 중요한 역할을 수행하게 됩니다.

이후 또 하나의 IT 서비스가 영화 예고편 서비스에 중요한 역할을 하게 되는데, 그것은 바로 CDN입니다. 당시 예고편은 애플과 Starwars.com 외에 많은 다른 사이트에서도 제공되었습니다. 하지만 많은 다운로드 접속 시도로 인해 파일을 다운로드할 수 없거나 해당 다운로드 트래픽으로 인해 웹 사이트가 접속 불가 상태까지 이르게 됩니다. 하지만 애플과 Starwars.com 사이트에서만 파일이 정상적으로 다운로드가 가능하여 많은 사용자들이 몰리게 됩니다. 해당 2개의 사이트는 CDN 서비스를 활용하여 예고편을 제공했기 때문입니다.

이후 해당 CDN 업체는 많은 기업으로부터 서비스 도입에 대한 제안과 러브콜을 받게 되었고, 이에 따라 많은 수익을 거두게 되면서 CDN 서비스가 활성화되는 계기를 만들게 됩니다.

〈스타워즈 에피소드 I–보이지 않는 위험〉은 1999년 5월 19일 개봉하며, 월드와이드 10억 불을 넘긴 작품이자 가장 대박을 터트린 작품이 됩니다.

9-1 EC2 삭제

이 실습의 테스트를 위해 신규로 생성된 1대의 EC2에 대해 다음 절차에 따라 삭제를 진행하길 바랍니다.

01 [**인스턴스**]를 선택한 후 인스턴스 리스트에서 삭제할 인스턴스를 선택하고 [**인스턴스 상태**]-[**인스턴스 종료(삭제)**] 버튼을 클릭하여 EC2 인스턴스를 삭제합니다.

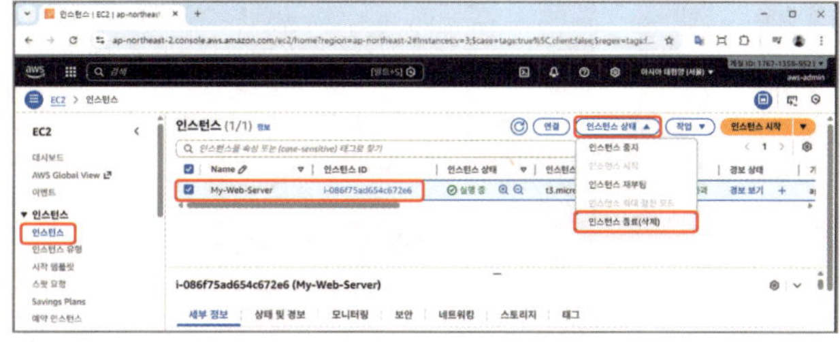

9-2 ELB 삭제

01 [**로드 밸런싱**] 항목의 하위에 있는 [**로드 밸런서**]를 클릭한 후 삭제할 로드 밸런서를 선택하고 [**작업**]-[**삭제**] 버튼을 클릭합니다.

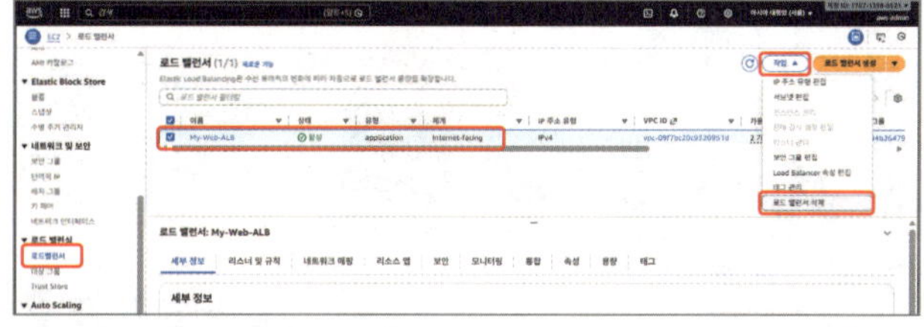

02 로드 밸런싱 항목의 하위에 있는 [**대상 그룹**]을 클릭한 후 삭제할 대상 그룹을 선택하고 [**작업**]-[**삭제**] 버튼을 클릭합니다.

9-3 CloudFront 삭제

01 [**배포**]를 클릭한 후 배포 항목 리스트에서 삭제할 배포 대상을 클릭합니다. 그런 다음 [**비활성화**] 버튼을 클릭하여 [**사용 중지**] 상태로 만들고 5~10분이 지난 후에 [**삭제**] 버튼을 눌러 배포 항목을 삭제합니다.

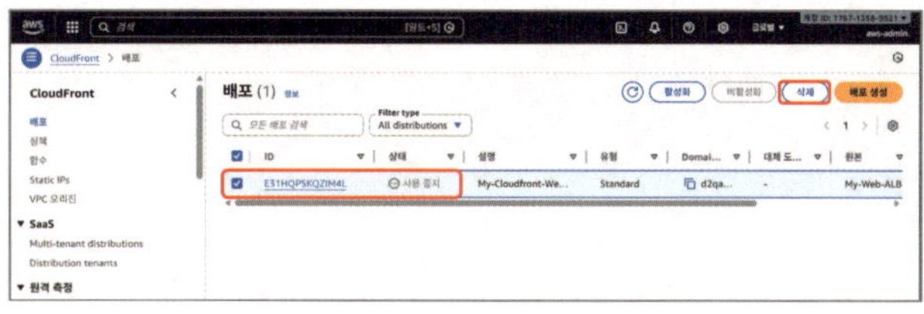

이제 모든 리소스를 삭제하였습니다.

클라우드의 철통 문지기, IAM으로 계정 안전하게 지키기

'루트(Root) 계정의 비밀번호, 포스트잇에 적어 두셨나요?'
보안은 클라우드에서 선택이 아닌 필수입니다. 만약, 모든 권한을 가진 루트 계정이 탈취된다면, 여러분의 소중한 서비스는 한순간에 사라질 수도 있습니다.
10부에서는 AWS 보안의 핵심인 IAM(Identity and Access Management)을 다룹니다. 마치 회사의 사원증처럼 '누가(인증)', '어디에(권한)' 접근할 수 있는지를 철저히 관리하여, 안전하고 견고한 클라우드 환경을 만드는 방법을 알아보겠습니다.

IAM(Identity and Access Management)은 쉽게 말해 '누구에게, 어떤 권한을 줄 것인가?'를 관리하는 서비스입니다. 회사 생활을 예로 들어 볼까요? 신입 사원이 입사하면 사원증(Identity)을 발급받습니다. 이 사원증이 있으면 회사 건물에 들어올 수 있죠(인증). 하지만 사원증이 있다고 해서 재무팀 금고나 전산실 서버룸에 마음대로 들어갈 수는 없습니다. 각자의 부서와 직급에 맞는 '출입 권한'이 사원증에 부여되어 있기 때문입니다. AWS IAM도 이와 똑같습니다.

[그림 10-1] 현실 세계의 사원증 시스템과 AWS IAM 비교

- **인증(Authentication, "당신은 누구입니까?")**: 아이디/비밀번호, MFA(다중 인증) 등으로 사용자가 누구인지 확인합니다(예 사원증 확인).
- **권한 부여(Authorization, "무엇을 할 수 있습니까?")**: 인증된 사용자에게 EC2를 켤 수 있는지, S3 파일을 읽을 수 있는지 등 구체적인 작업 권한을 허락하거나 거부합니다(예 전산실 출입 허가).

AWS는 서비스의 종류가 엄청나게 많기 때문에 이 권한 또한 매우 세밀하게 관리할 수 있습니다. IAM을 잘 활용하면 '김 대리는 개발 서버만 재부팅할 수 있고, 박 과장은 재무 관련 데이터만 읽을 수 있다.'와 같은 정교한 보안 정책을 수립할 수 있습니다.

많은 초보자가 저지르는 가장 위험한 실수가 바로 '모든 작업을 루트 계정으로 하는 것'입니다.

2-1 루트 계정은 '마스터키'와 같다

호텔의 마스터키를 아무 직원이나 들고 다닌다면 어떻게 될까요? 보안 사고가 터지는 건 시간문제입니다. 루트 계정은 AWS 계정 내의 모든 리소스에 대한 무제한 접근 권한을 가집니다. 심지어 계정 자체를 해지할 수도 있습니다.

보안 제1 원칙: 루트 계정은 '최초 설정'과 '긴급 상황'에만 사용하세요

일상적인 운영 업무(서버 생성, 모니터링 등)는 루트 계정이 아닌, 별도로 만든 'IAM 사용자'로 수행해야 합니다. 그리고 루트 계정에는 반드시 MFA(Multi-Factor Authentication, 다중 인증)를 설정하여 비밀번호가 노출되어도 스마트폰 인증 없이는 로그인할 수 없도록 2중 잠금 장치를 걸어야 합니다(이건 선택이 아닌 필수입니다).

2-2 '최소 권한의 원칙'을 지켜야 한다

여러 명이 함께 프로젝트를 한다고 가정해 봅시다. 팀원 모두에게 루트 계정 비밀번호를 공유하는 것은 최악의 방법입니다. 누군가의 실수로 중요한 서버가 삭제될 수도 있고, 누가 어떤 작업을 했는지 추적하기도 불가능합니다.

IAM을 사용하면 각 팀원에게 '딱 필요한 만큼의 최소 권한'만 부여할 수 있습니다. 개발자에게는 개발 서버 접근 권한만, 디자이너에게는 S3 이미지 버킷 접근 권한만 주는 식이죠. 이렇게 하면 실수나 악의적인 행동으로 인한 피해를 최소화할 수 있습니다.

▌2-3 AWS IAM 소개

AWS IAM(Identity and Access Management)은 AWS 서비스와 리소스에 대한 액세스를 통합적으로, 안전하게 관리할 수 있게 해 주는 서비스로, AWS 사용자 및 그룹을 만들고 관리하며, 권한을 사용해 AWS 리소스에 대한 액세스를 허용 및 거부할 수 있습니다.

[그림 10-2] AWS IAM

또한 암호나 액세스 키를 공유하지 않고도 AWS의 계정의 리소스를 관리하고 사용할 수 있는 권한을 다른 사람에게 부여할 수 있으며, 리소스에 따라 여러 사람에게 권한을 부여하거나 특정 EC2 및 애플리케이션에서 실행 가능하도록 안전한 방법을 제공합니다. 또한 계정에 대한 보호를 위해 멀티 팩터 인증(MFA)을 통해 사용자 계정 및 암호에 추가 인증을 통한 계정 보호 기능을 제공합니다. 이러한 다양한 인증 처리 기능과 강력한 보안 기능을 통해 AWS 내부의 리소스에 대한 보호와 체계적인 자원 관리 기능을 제공합니다.

[표 10-1] Amazon IAM 서비스 개요

구분	내용
서비스명	Amazon Identity and Access Management(IAM)
설명	• AWS 리소스에 대한 액세스를 안전하게 제어합니다. • IAM을 사용하여 리소스를 사용할 수 있는 대상(인증)과 이들이 수행할 수 있는 작업(권한 부여)을 중앙에서 관리합니다.
주요 특징	• 세부적인 접근 제어: 누가(사용자, 그룹, 역할) 어떤 리소스에 어떤 조건하에서 접근할 수 있는지 최소 권한 원칙에 따라 세밀하게 통제 가능 • 중앙 집중식 ID 및 접근 관리: AWS 사용자 및 그룹을 만들고 관리하며, 정책을 통해 권한을 허용하거나 거부 • 멀티 팩터 인증(MFA) 지원: 사용자 이름과 암호 외에 추가 인증 계층을 적용하여 계정 보안 강화 • 자격 증명 연동(Federation): 기업 디렉터리(Microsoft AD 등)나 외부 자격 증명 공급자(IdP)의 자격 증명을 사용하여 AWS 콘솔 및 리소스에 접근 허용 • IAM 역할 활용: EC2 인스턴스나 AWS 서비스 또는 외부 사용자에게 임시적인 보안 자격 증명을 부여하여 안전한 접근 제공 • 액세스 분석 및 정책 검증: IAM 액세스 분석기 및 정책 시뮬레이터를 통해 의도하지 않은 접근 권한을 식별하고 정책을 사전에 검증 가능
프리티어 (Free Tier)	IAM은 AWS 계정의 기본 기능으로 제공되며, 사용에 따른 별도의 추가 비용이 발생하지 않습니다(무료 서비스).

▎3-1 IAM의 사용자, 그룹, 역할, 정책 서비스

IAM을 제대로 이해하려면 이 네 가지 개념을 확실히 잡아야 합니다. 서로 밀접하게 연관되어 있으므로 관계를 잘 파악하는 것이 중요합니다.

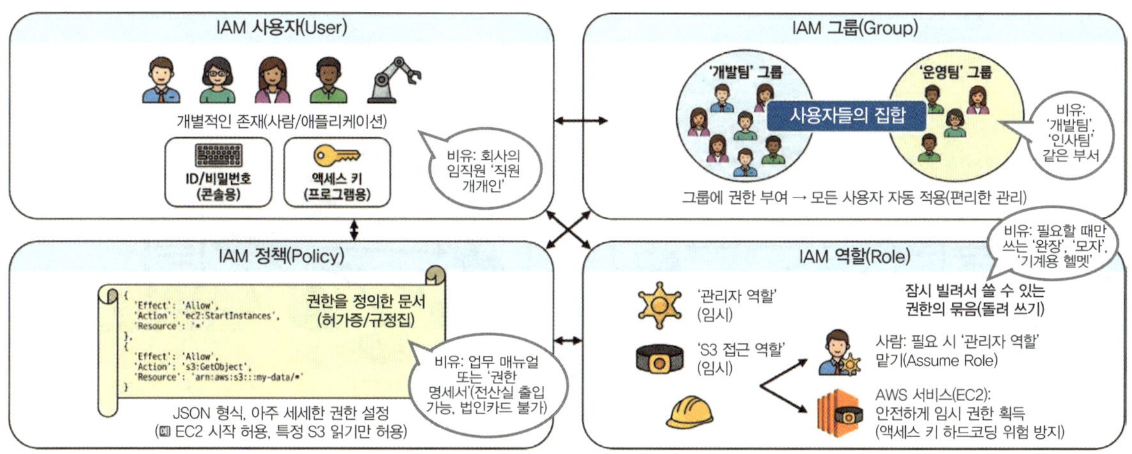

[그림 10-3] IAM 사용자, 그룹, 정책, 역할 서비스 소개

IAM 사용자(User): 실제 사람 또는 애플리케이션

AWS를 사용하는 '개별적인 존재'입니다. 여러분의 팀원 한 명 한 명이 IAM 사용자가 될 수 있고, AWS API를 호출하는 특정 애플리케이션이 될 수도 있습니다.

- 각 사용자는 고유한 아이디와 비밀번호(콘솔 접속용) 또는 액세스 키(프로그램 접속용)를 가집니다.
- **비유:** 회사에 입사한 '직원 개개인'

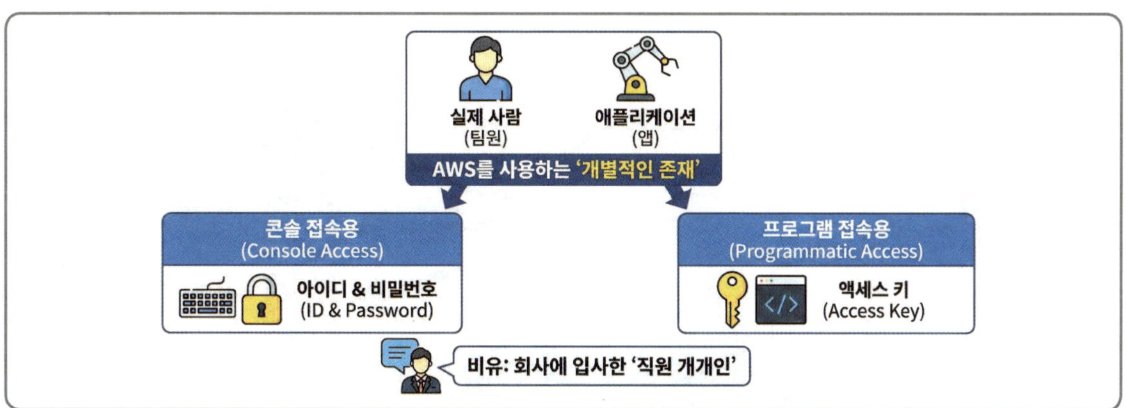

[그림 10-4] IAM 사용자(User): 효율적인 권한 관리를 위한 사용자의 집합

IAM 그룹: 사용자들의 모임

같은 업무를 하는 '사용자들의 집합'입니다. 예를 들어 '개발팀', '운영팀', '재무팀' 같은 그룹을 만들 수 있습니다.

- 그룹에 권한을 부여하면, 그 그룹에 속한 모든 사용자에게 동일한 권한이 자동으로 적용됩니다.
- 사용자 한 명 한 명에게 일일이 권한을 주는 것보다 관리하기가 훨씬 편합니다. 팀원이 바뀌어도 그룹에서 넣고 빼기만 하면 되니까요.
- **비유:** '개발팀', '인사팀' 같은 '부서'

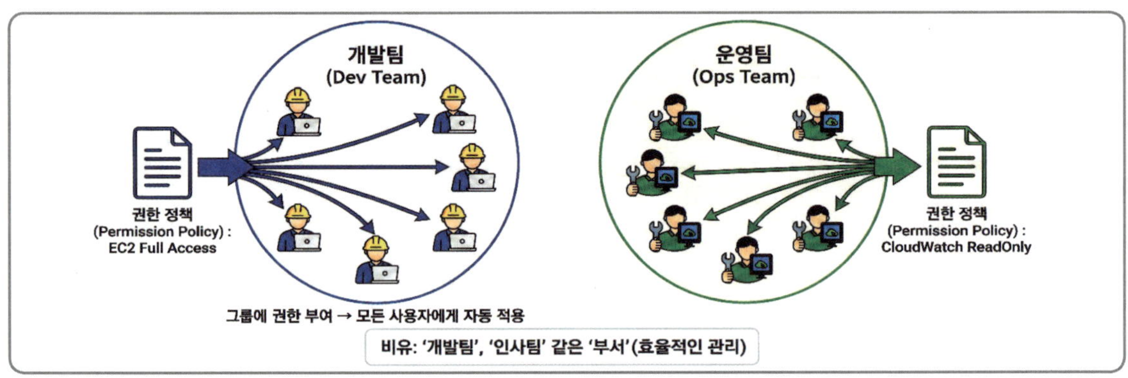

[그림 10-5] IAM 그룹(Group): 효율적인 권한 관리를 위한 사용자의 집합

IAM 정책(Policy): 권한을 정의한 문서

'무엇을 할 수 있고, 무엇을 할 수 없는지'를 구체적으로 적어 놓은 '허가증' 또는 '규정집'입니다. AWS에서는 JSON이라는 형식의 문서로 권한을 정의합니다.

- 'EC2 인스턴스 시작/중지 허용', 'S3 버킷 중 my-data 버킷만 읽기 허용'처럼 아주 세세하게 권한을 설정할 수 있습니다.
- 이 정책 문서를 사용자, 그룹, 역할에 연결(Attach)하여 권한을 부여합니다.
- **비유:** '전산실 출입 가능', '법인카드 사용 불가' 등이 적힌 '업무 매뉴얼' 또는 '권한 명세서'

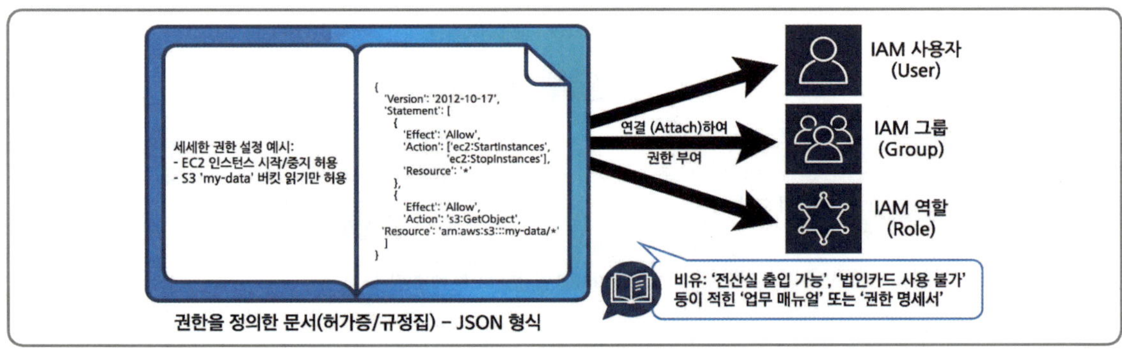

[그림 10-6] IAM 정책: JSON 형태의 권한 정의 문서

특정 사용자에게 고정된 것이 아니라 '필요한 사람이나 서비스가 잠시 빌려서 쓸 수 있는 권한의 묶음'입니다. 마치 '당직 완장'이나 '보안관 배지'와 비슷합니다.

- **사람이 사용할 때:** 평소에는 일반 권한을 가진 사용자가 중요한 작업을 할 때만 잠시 '관리자 역할'을 맡아서(Assume Role) 높은 권한을 행사할 수 있습니다.

- **필독 AWS 서비스가 사용할 때:** 우리가 만든 EC2 서버가 S3 버킷에 있는 파일을 가져와야 한다고 가정해 봅시다. 이때 EC2 서버 안에 액세스 키를 하드코딩하는 것은 매우 위험합니다. 대신, 'S3 읽기 권한'이 있는 IAM 역할을 만들어서 EC2 인스턴스에 부여하면, EC2는 안전하게 임시 권한을 얻어 S3에 접근할 수 있습니다(이 내용은 뒤에서 실습으로 다룹니다).

- **비유:** 필요할 때만 쓰는 '완장', '모자' 또는 EC2 같은 기계에게 주는 '출입증'

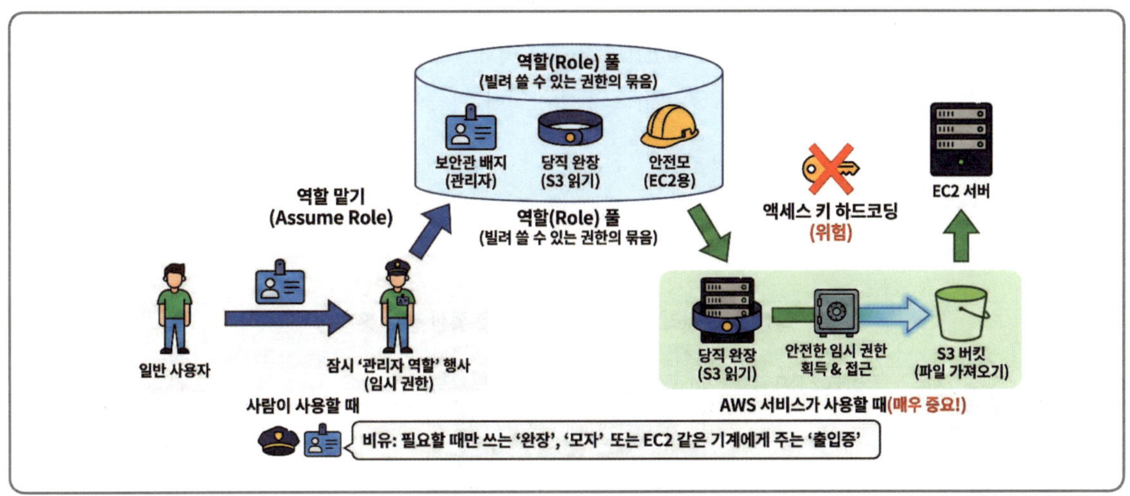

[그림 10-7] IAM 역할(Role): 임시 권한 부여를 위한 모자(Hat) 개념

3-2 IAM 역할과 서비스 동작 방식

IAM은 AWS 환경의 보안 문지기 역할을 합니다. 사용자별로 고유한 자격 증명을 발급하고, 각자가 수행할 수 있는 작업(API 호출 및 리소스 접근)을 철저하게 통제하여 전체 시스템을 안전하게 보호합니다.

핵심 동작 원리: "권한이 있어야 작업이 가능하다."

IAM은 철저히 부여된 권한(Permission) 에 따라 작동합니다. 권한이 없으면 어떠한 작업도 수행할 수 없습니다.

- **관리자(Admin) 계정:** EC2를 포함한 모든 서비스에 대해 '모든 권한(Full Access)'을 가지고 있습니다. 따라서 인스턴스를 정지하거나 종료하는 등 모든 작업이 가능합니다.

- **개발자(Developer) 계정:** EC2에 대한 권한이 부여되지 않았다면, 인스턴스에 접근하거나 정지/종료와 같은 작업을 전혀 수행할 수 없습니다.

이처럼 IAM은 '누가(Who)'에게 '어떤(What)' 권한을 줄 것인지를 명확히 정의하여 허용된 사용자만이 허용된 작업만 수행할 수 있도록 합니다.

IAM을 통한 세부 제어 대상

IAM을 통해 제어할 수 있는 접근 권한은 크게 세 가지 영역으로 나눌 수 있습니다.

- **AWS 관리 콘솔(Console) 접속 권한:** 웹 브라우저를 통해 AWS 관리 화면에 로그인하고 서비스를 이용할 수 있는 권한을 제어합니다(사용자 ID/비밀번호 기반).
- **AWS 리소스에 대한 직접적인 접근 권한:** EC2 인스턴스에 SSH로 접속하거나 S3 버킷의 객체를 읽고 쓰는 등 실제 리소스를 다루는 권한을 제어합니다.
- **프로그래밍 방식(API)의 접근 권한:** AWS CLI(명령줄 인터페이스), SDK(소프트웨어 개발 키트) 또는 다른 애플리케이션이 코드를 통해 AWS 서비스의 데이터나 기능에 접근하는 권한을 제어합니다(액세스 키/보안 키 기반).

결론적으로 IAM은 이 세 가지 영역 모두에 대해 사용자, 그룹, 역할별로 매우 세밀한 접근 제어 정책을 수립하고 적용할 수 있게 해 줍니다.

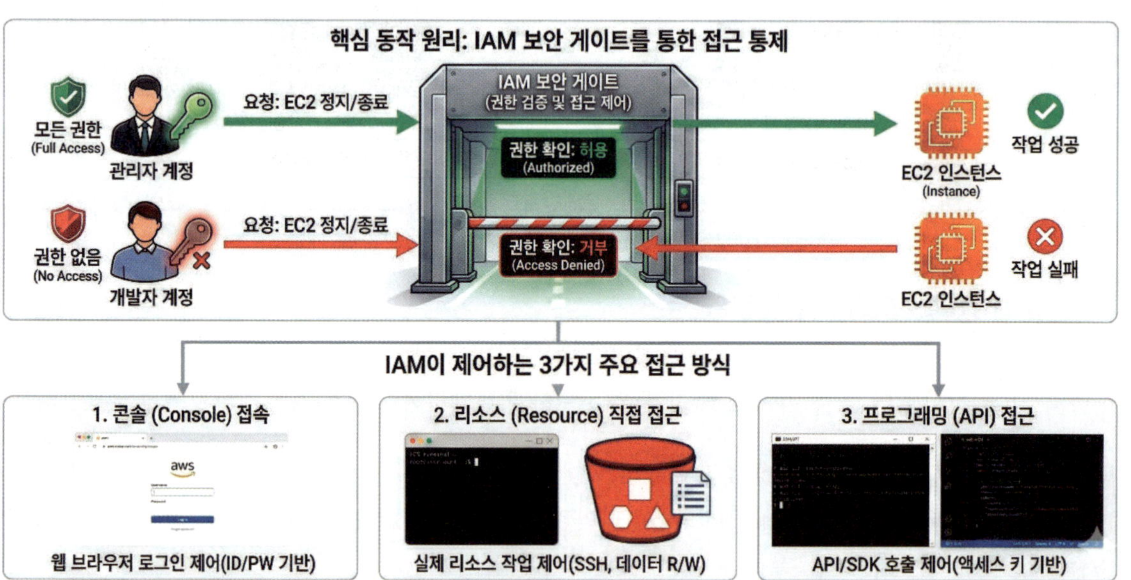

[그림 10-8] IAM 역할(Role)을 통한 서비스 간 접근 권한 위임

3-3 IAM의 자격 증명 관리 기능

"왜 모든 서비스에 아이디와 비밀번호를 심어 둬야 할까요? 위험하지 않을까요?"

IT 서비스를 운영하다 보면 영구적인 자격 증명(액세스 키 등)이 아닌, 특정 작업을 수행할 때만 일시적으로 권한이 필요한 경우가 많습니다. 이때 IAM 역할을 사용하면 권한이 없는 사용자나 AWS 서비스에 안전하게 임시 보안 자격 증명을 부여할 수 있습니다.

IAM 역할은 마치 '모자'와 같습니다. 평소에는 권한이 없더라도 필요할 때 권한이 부여된 '모자(역할)'를 쓰면(Assume Role) 그 권한을 행사할 수 있게 되는 원리입니다.

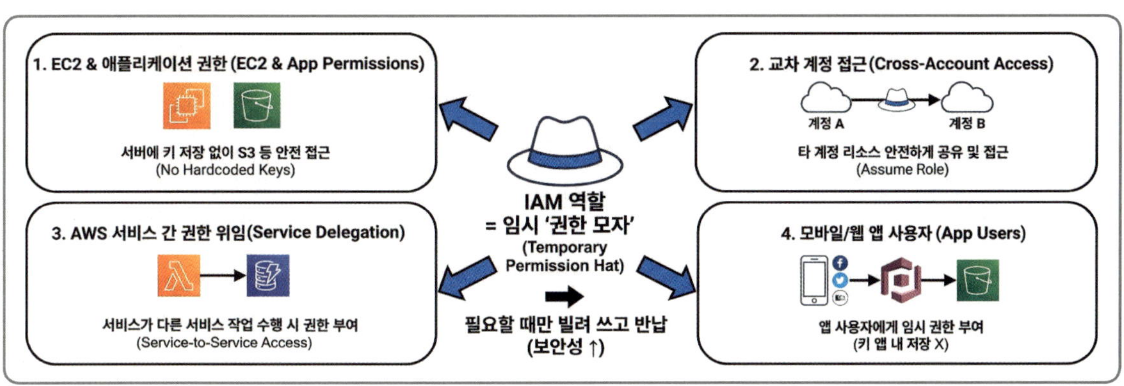

[그림 10-9] IAM 역할을 활용한 임시 자격 증명 관리

IAM 역할을 사용하는 주요 시나리오 및 이점

IAM 역할은 다양한 상황에서 보안을 강화하고 관리를 단순화하는 데 사용됩니다.

[표 10-2] EC2 인스턴스에 IAM 역할을 적용하는 시나리오 및 이점

시나리오	내용 및 이점
EC2 인스턴스에서 실행되는 애플리케이션에 권한 부여	• EC2 인스턴스 내 애플리케이션이 S3 등 다른 AWS 리소스에 접근할 때 사용합니다. • 위험한 액세스 키 하드코딩 대신, 필요한 권한이 부여된 IAM 역할을 EC2에 연결합니다. • EC2는 임시 자격 증명을 받아 안전하게 리소스에 접근하므로 보안성이 획기적으로 향상됩니다.
교차 계정 (Cross-Account) 액세스	• 서로 다른 AWS 계정(예 개발 계정과 운영 계정) 간의 리소스 접근이 필요할 때 사용합니다. • 대상 계정(B)에 IAM 역할을 생성하고, 접근하려는 계정(A)의 사용자가 해당 역할을 맡을(Assume) 수 있도록 허용합니다. • 계정 간 안전하고 제어된 리소스 공유가 가능해집니다.
AWS 서비스 간 권한 부여	• 특정 AWS 서비스(예 Lambda, CloudFormation)가 다른 AWS 서비스의 리소스를 사용해야 할 때 권한을 위임합니다(예 Lambda 함수가 DynamoDB에 데이터를 쓰거나 CloudFormation이 EC2 인스턴스를 생성할 때 필요한 권한을 IAM 역할로 부여).
모바일 앱 또는 웹 애플리케이션 사용자 인증	• Cognito와 연동하여 페이스북, 구글 등으로 로그인한 외부 사용자에게 임시 권한을 부여합니다(예 로그인한 사용자가 자신의 사진을 S3 버킷에 업로드할 수 있도록 제한된 권한의 IAM 역할을 할당). • 앱 내부에 영구적인 AWS 액세스 키를 저장할 필요가 없어 안전합니다.

IAM은 사용자와 애플리케이션이 AWS에 접근하는 방식을 제어하기 위해 다양한 유형의 자격 증명을 제공합니다. 보안 모범 사례는 장기적인 자격 증명 사용을 최소화하고 임시 자격 증명과 MFA를 적극 활용하는 것입니다.

[표 10-3] IAM 자격 증명 유형 및 주요 용도

유형	내용 및 주요 용도	비고
암호(Password)	• AWS 관리 콘솔(웹 브라우저)에 로그인할 때 사용 • 루트 사용자 및 IAM 사용자의 기본 로그인 수단	IAM 정책 통해 암호 복잡성 및 만료 규칙 강제화 가능
액세스 키(Access Key ID & Secret Access Key)	• 프로그래밍 방식(CLI, SDK, API)으로 AWS에 요청을 보낼 때 사용하는 장기 자격 증명 • 로컬 개발 환경이나 온-프레미스 서버의 애플리케이션에서 주로 사용	보안 주의: 유출 시 심각한 위험 있으므로 코드 아닌 안전한 곳(환경 변수 등)에 저장, 주기적 교체 필수
임시 보안 자격 증명 (Temporary Security Credentials)	• 액세스 키와 비슷하지만, 수명이 짧고 자동으로 만료되는 안전한 자격 증명(액세스 키, 비밀 키, 세션 토큰으로 구성) • 주로 IAM 역할 통해 발급되며, EC2 인스턴스, Lambda 함수, 교차 계정 접근, 연동 사용자(Federation)에 사용됨	권장 사항: 가능한 한 장기 액세스 키 대신 임시 자격 증명 사용하는 것이 보안 모범 사례임
MFA 디바이스 (Multi-Factor Authentication)	• 로그인 시 암호 외 추가적 요구되는 일회용 인증 코드(OTP)를 생성하는 장치 또는 앱임 • 자격 증명 자체는 아니지만, 계정 보안을 강화하는 가장 중요한 수단	루트 사용자 및 권한이 높은 IAM 사용자에게는 활성화 필수
CloudFront 키 페어 (Key Pair)	Amazon CloudFront에서 서명된 URL 또는 서명된 쿠키를 생성하여 비공개 콘텐츠를 안전하게 배포할 때 사용	루트 사용자만 생성 및 관리 가능
SSH 퍼블릭 키 (SSH Public Key)	AWS CodeCommit 리포지토리에 SSH 방식으로 접속하여 Git 작업을 인증할 때 사용	EC2 인스턴스 접속에 사용하는 키 페어와는 다른 용도임

3-5 외부 인증 시스템과의 연동(Identity Federation)

기업들은 이미 사내에서 Microsoft Active Directory(AD)나 Okta, Google Workspace와 같은 자체적인 자격 증명 공급자(IdP, Identity Provider)를 사용하여 직원들의 계정을 중앙에서 관리하고 있을 수 있습니다. 이런 경우, AWS를 사용하기 위해 모든 직원의 IAM 사용자 계정을 일일이 새로 만드는 것은 비효율적이며 보안 관리 부담도 커집니다. IAM의 자격 증명 연동(Identity Federation) 기능을 사용하면, 기존 사내 인증 시스템의 로그인 정보를 그대로 사용하여 AWS 리소스에 안전하게 접근할 수 있습니다.

이를 통해 사용자는 여러 사이트의 아이디/비밀번호를 기억할 필요 없이 한 번의 로그인으로 여러 시스템을 이용하는 SSO(Single Sign-On)의 편리함을 누릴 수 있고, 관리자는 중앙에서 사용자 접근 권한을 통합적으로 관리할 수 있습니다.

Federation은 주로 SAML 2.0(Security Assertion Markup Language) 또는 OIDC(OpenID Connect)와 같은 업계 표준 보안 프로토콜을 사용하여 외부 IdP와 AWS 간에 안전하게 인증 정보를 교환하는 방식으로 작동합니다.

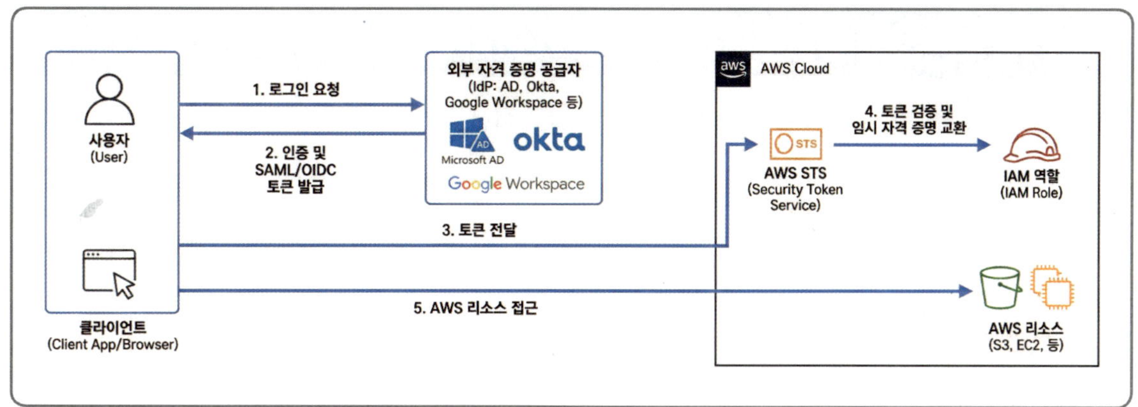

[그림 10-10] 외부 인증 시스템과 AWS IAM 연동 개념도

주요 연동 시나리오 및 관련 서비스

AWS는 다양한 환경에 맞춘 연동 방식을 지원합니다.

[표 10-4] IAM의 연동 관련 기능과 연동 시나리오

시나리오 및 구분	내용
기업 IdP를 통한 AWS 접근 관리(권장) AWS IAM Identity Center(구 AWS SSO)	• 기업의 기존 자격 증명(Microsoft AD, Azure AD, Okta 등)을 사용하여 AWS 계정 및 비즈니스 애플리케이션에 대한 SSO 접근을 중앙에서 관리하는 서비스입니다. • 사용자는 회사 포털에 한 번 로그인하면 권한이 부여된 모든 AWS 계정의 콘솔이나 CLI에 별도 로그인 없이 접근할 수 있습니다(가장 현대적이고 권장되는 방식).
웹 및 모바일 앱 사용자 인증 Amazon Cognito	• 개발자가 만드는 웹 또는 모바일 애플리케이션에 회원 가입/로그인 기능을 쉽게 구현해 주는 서비스입니다. • Facebook, Google, Apple과 같은 소셜 IdP를 통한 로그인 기능을 손쉽게 추가할 수 있으며, 로그인 성공 시 Cognito가 IAM 역할을 통해 제한된 권한의 임시 자격 증명을 앱에 발급하여 S3 등의 리소스에 안전하게 접근하게 합니다.
Windows 기반 인프라 워크로드 통합 AWS Directory Service(Managed Microsoft AD)	• AWS 클라우드 내에서 관리형 Microsoft Active Directory를 제공하는 서비스입니다. • 온프레미스 AD와 신뢰 관계를 설정하여 사내 AD 계정으로 EC2 Windows 인스턴스에 도메인 조인 및 RDP 로그인을 할 수 있으며, SQL Server용 RDS와 같은 Windows 기반 서비스에 통합 인증(Kerberos)을 사용할 수 있습니다.

04 **실습** **IAM으로 클라우드 보안의 기초 다지기**

이론을 통해 IAM이 왜 중요한지, 그리고 사용자, 그룹, 역할, 정책이라는 네 가지 핵심 요소가 어떻게 맞물려 돌아가는지 이해하셨을 겁니다. 이제 직접 AWS 콘솔에서 이 기능들을 설정해 보면서 클라우드 보안 전문가로 첫발을 내디뎌 봅시다. 이번 실습은 가상의 스타트업 시나리오를 따라 진행됩니다. 여러분이 이 회사의 보안 책임자(CTO)가 되어 안전한 클라우드 환경을 구축하는 임무를 수행합니다.

4-1 실습 1 필수 루트 계정 잠그고, 팀원 맞이하기

시나리오

- 여러분의 회사는 스타트 업이며, 이제 막 AWS를 도입했음
- 로그인한 계정은 모든 권한을 가진 무시무시한 '루트 계정'
- 위험한 루트 계정에 이중 잠금 장치(MFA)를 거는 작업 필요
- 실제 업무 수행할 관리자 계정과 팀원들의 계정 만들어 권한 분리 필요함

잠깐 1부에서 이미 기본 설정을 마치셨나요?

만약, 1부(AWS 계정 생성 및 기본 설정)에서 이미 루트 계정에 MFA를 설정하고 관리자(Admin)용 IAM 사용자를 만드셨다면, 다음의 실습 1 은 건너뛰고 바로 '실습 2 액세스 키 없는 안전한 서버 만들기'로 넘어가셔도 좋습니다. 하지만 IAM의 핵심 기능을 복습하는 차원에서 다시 한번 진행해 보시는 것도 권장합니다.

Step 1 필독 루트 계정에 '이중 잠금 장치(MFA)' 설정하기

루트 계정의 비밀번호가 노출되면 끝장입니다. 스마트폰 앱을 이용한 MFA(Multi-Factor Authentication) 설정은 선택이 아닌 필수입니다.

01 AWS 관리 콘솔에 루트 사용자로 로그인한 후 오른쪽 위 내 계정 이름을 클릭하고 [보안 자격 증명] 버튼을 클릭합니다.

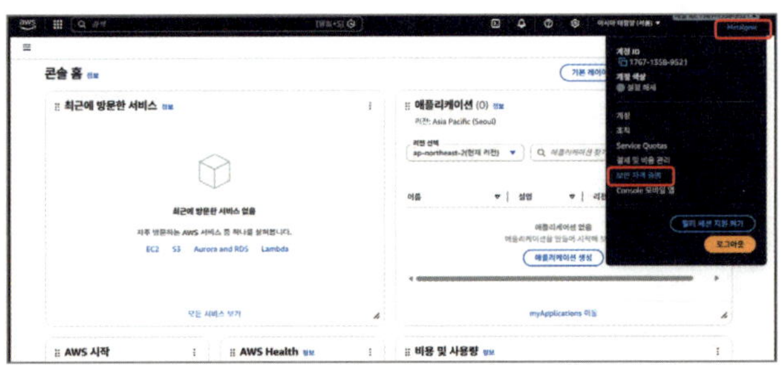

02 [다중 인증(MFA)] 패널에서 [MFA 할당] 버튼을 클릭합니다.

03 [MFA 디바이스 선택] 페이지에서 디바이스 이름에 'MySmartPhone'을 입력한 후 [인증 관리자 앱]을 선택하고 [다음] 버튼을 클릭합니다.

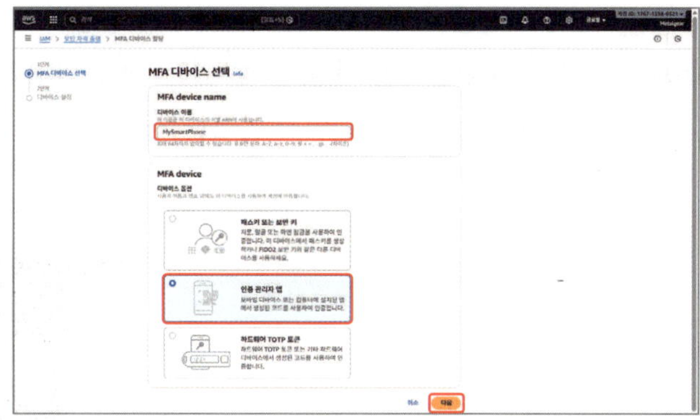

04 먼저 스마트폰의 앱 설치를 위해 구글 플레이 스토어에서 [Google OTP] 앱을 설치 및 로그인한 후 [디바이스 설정] 페이지에서 QR코드를 스캔합니다. 그런 다음 앱에 표시되는 6자리 코드 2개를 연속으로 입력하고 [MFA 추가] 버튼을 클릭합니다.

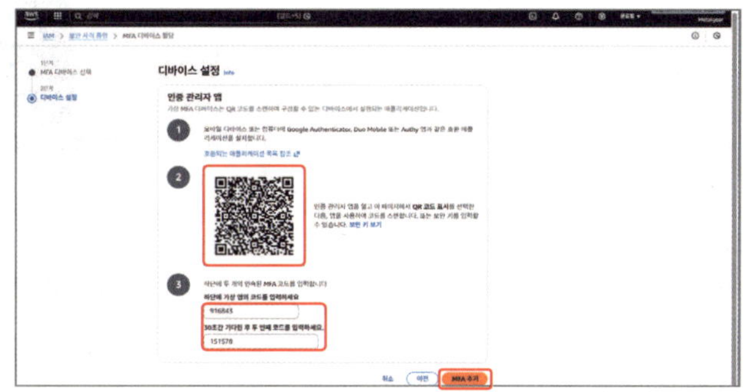

05 오른쪽과 같이 MFA가 정상적으로 추가된 것을 확인할 수 있습니다.

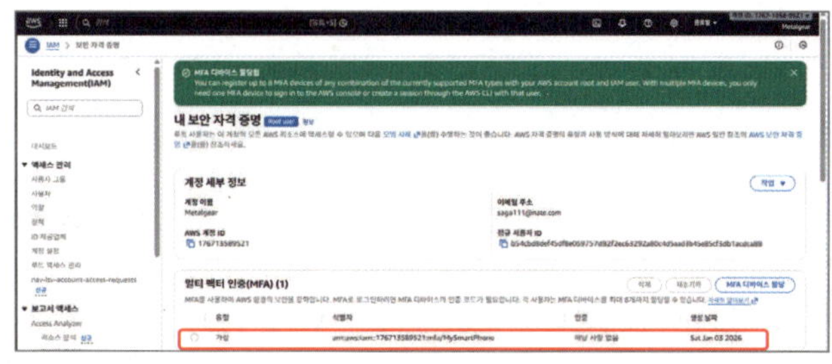

06 이후 로그인할 때는 로그인 계정과 비밀번호+MFA 코드를 확인한 후 로그인할 수 있으며, 만약의 사태에 대비하여 클라우드 정보를 안전하게 지킬 수 있습니다.

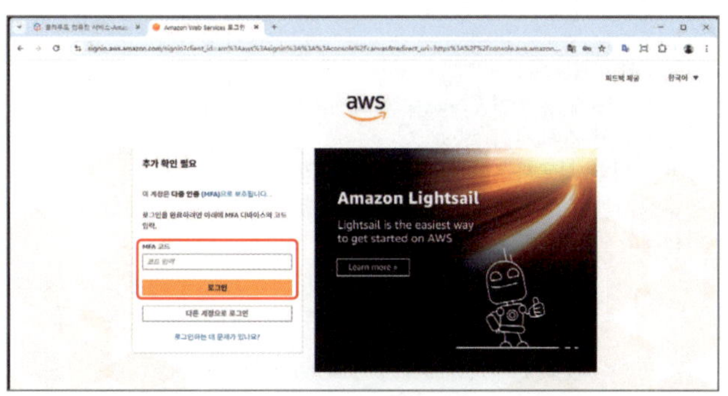

루트 사용자는 계정의 모든 것을 할 수 있는 '절대 반지'와 같습니다. 평소에는 금고에 안전하게 보관하고, 일상적인 작업은 권한을 위임 받은 '관리자 사용자(IAM User)'로 수행해야 합니다.

01 AWS 관리 콘솔 검색창에 'IAM'을 검색하여 [IAM]을 클릭합니다.

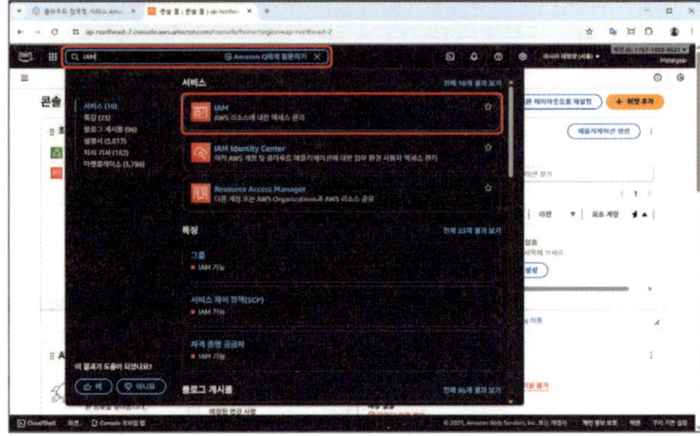

02 [IAM] 페이지의 왼쪽 메뉴 중 [사용자]를 선택한 후 [사용자 생성] 버튼을 클릭합니다.

03 [사용자 세부 정보 지정] 페이지에서 다음과 같이 정보 입력과 옵션을 선택한 후 [다음] 버튼을 클릭합니다.

- 사용자 이름: aws-admin
- AWS Management Console에 대한 사용자 액세스 권한 제공—선택사항: 체크
- 콘솔 암호: 사용자 지정 암호 – '로그인 암호 입력'
- 사용자는 다음 로그인 시 새 암호를 생성해야 합니다.—권장: 체크 해제

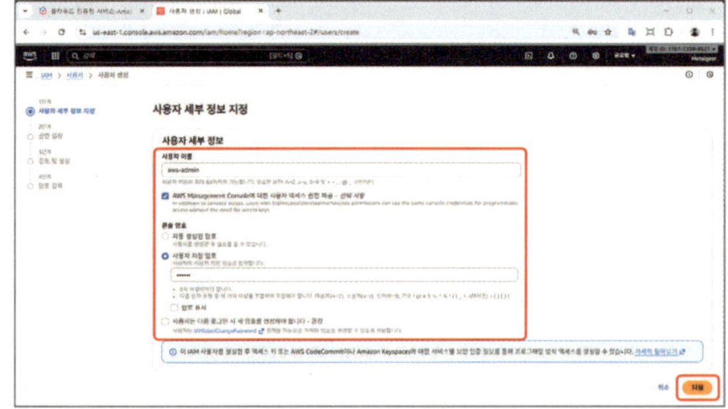

04 다음 권한 설정 단계에서 **[직접 정책 연결]**을 선택한 후 정책 목록에서 'Admini stratorAccess'를 검색하여 '체크'하고 하단 제일 아래에서 **[다음]** 버튼을 클릭합니다. 이 정책은 루트 사용자에 준하는 관리자 권한을 부여합니다.

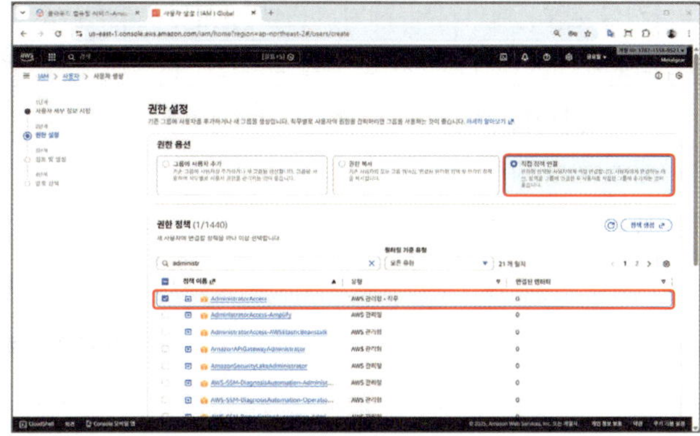

05 나머지 단계는 기본값으로 두고 **[사용자 생성]**을 완료합니다.

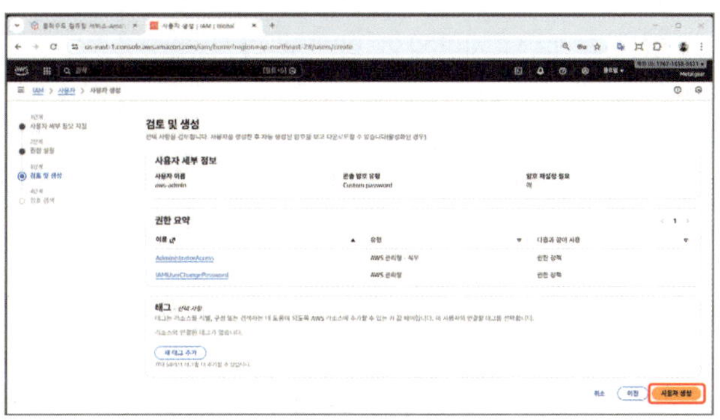

06 사용자 계정 생성을 완료한 후 콘솔 로그인 URL(예 https://1767135×× ×××.signin.aws.amazon.com/ console)을 북마크하거나 복사합니다. 그런 다음 하단의 **[.csv 파일 다운로드]** 버튼을 눌러 저장된 인증 정보를 다운로드하고 로그인 시 사용합니다.

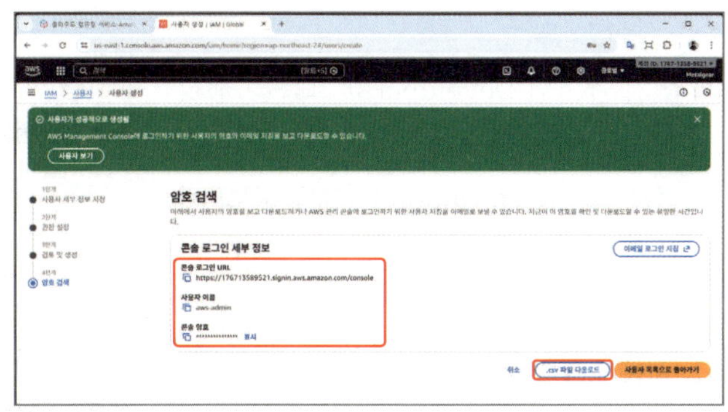

07 IAM 계정에서 Billing 정보 조회 권한 추가를 위해 오른쪽 상단의 계정 명칭을 클릭한 후 **[계정]** 버튼을 클릭합니다.

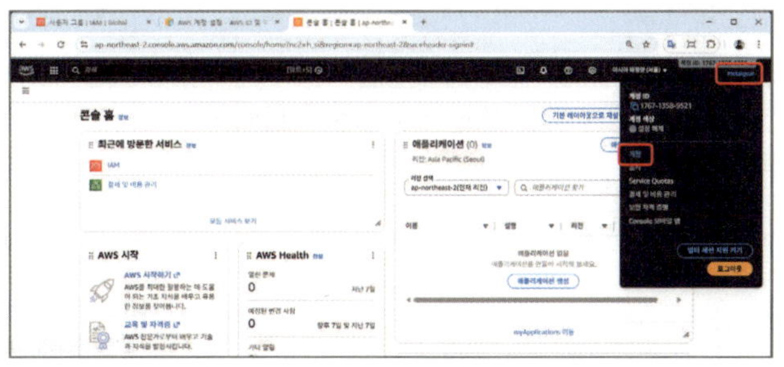

08 **[계정 정보]** 페이지의 제일 하단의 **[결제 정보에 대한 IAM 사용자 및 역할 액세스]** 항목에서 **[편집]** 버튼을 클릭한 후 'IAM 액세스 활성화'에 체크하고 **[업데이트]** 버튼을 클릭합니다.

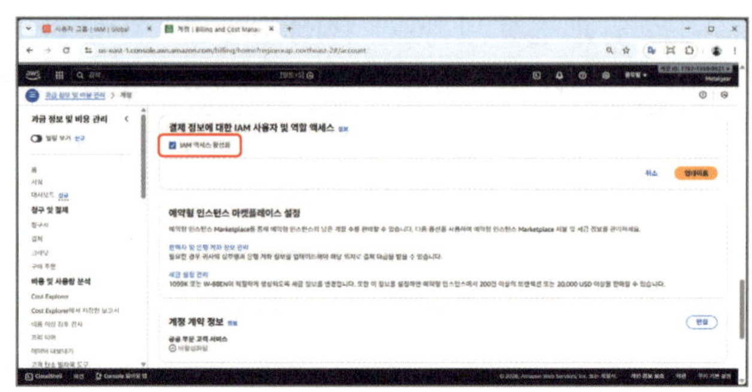

09 이제 오른쪽 위 계정에서 로그아웃한 후 방금 복사한 로그인 URL로 접속하여 새로 만든 IAM 사용자와 암호로 다시 로그인하여 실습을 진행합니다.

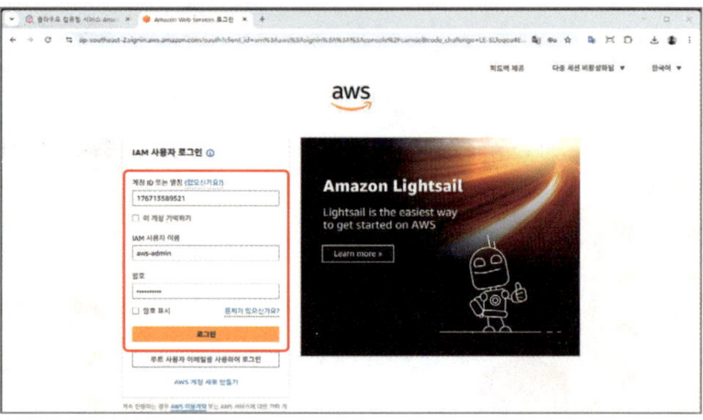

Step 3 · 그룹을 만들고 팀원 계정 생성하기

개발팀과 재무팀을 위한 그룹을 만든 후 각 팀에 맞는 권한을 부여해 봅시다.

01 먼저 개발팀(Developers) 그룹을 생성하기 위해 IAM 콘솔 좌측 메뉴에서 **[사용자 그룹(User groups)]–[그룹 생성]** 버튼을 클릭합니다.

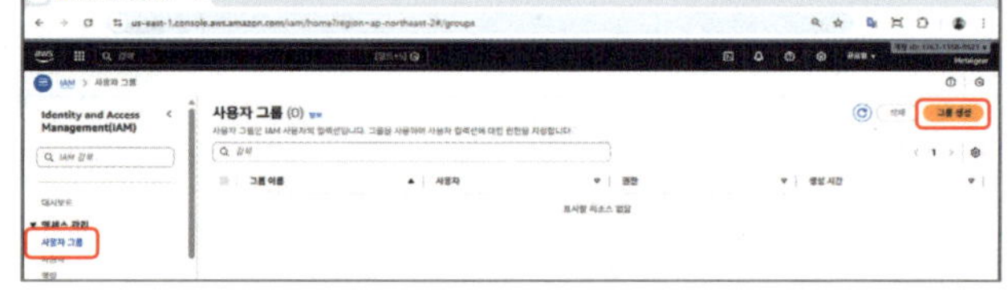

02 **[사용자 그룹 생성]** 페이지에서 정보를 다음과 같이 설정한 후 **[그룹 생성]** 버튼을 클릭합니다.

- 사용자 그룹 이름: 'Developers' 입력
- 권한 검색: 검색창에서 PowerUserAccess 검색
- 권한 정책 연결: 검색 결과 List에서 PowerUser Access 선택(이 권한은 IAM 관리 빼고 대부분의 작업을 할 수 있는 개발자용 권한)

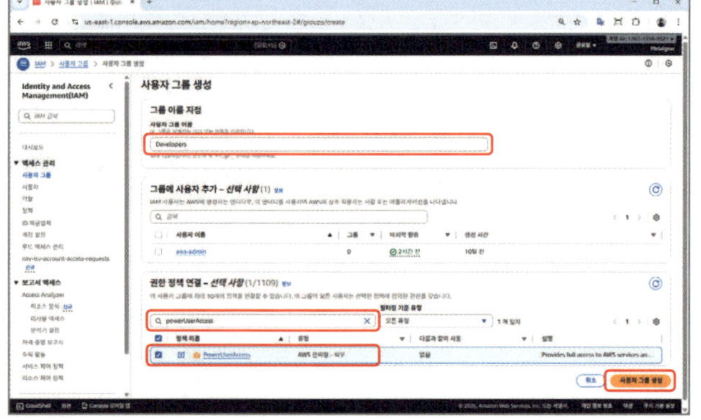

03 재무팀(Finance) 그룹을 생성하기 위해 이전과 동일한 방식으로 **[사용자 그룹 생성]** 페이지에서 다음과 같이 입력한 후 **[그룹 생성]** 버튼을 클릭합니다.

- 사용자 그룹 이름: 'Finance' 입력
- 권한 검색: 검색창에서 Billing 검색
- 권한 정책 연결: 검색 결과 List에서 AWSBilling ReadOnlyAccess 선택(결제 정보만 볼 수 있는 권한)

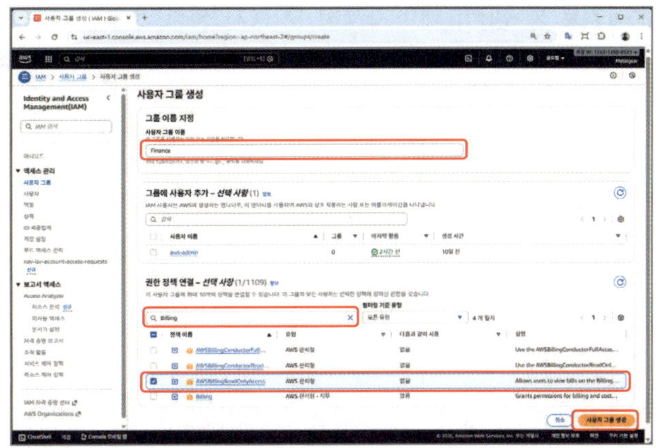

04 각 팀의 신입 사원 계정을 생성하기 위해 **[사용자]**를 클릭한 후 **[사용자 생성]** 버튼을 클릭합니다.

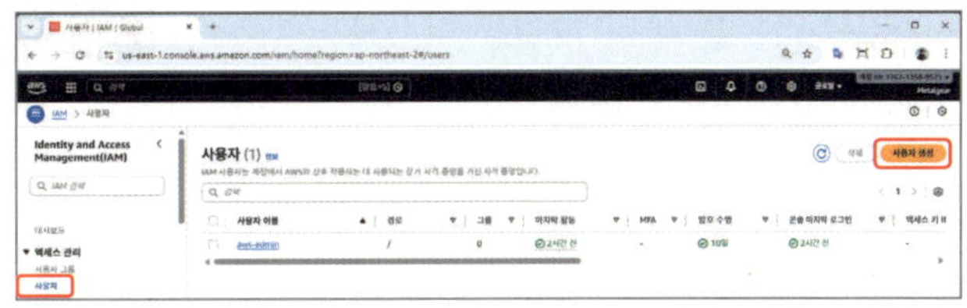

05 **[사용자 세부 정보 지정]** 페이지에서 사용자를 생성하기 위해 옵션을 다음과 같이 설정한 후 **[다음]** 버튼을 클릭합니다.

- 사용자 이름: 'kim_dev' 입력
- AWS Management Console에 대한 사용자 액세스 권한 제공: 체크
- 콘솔 암호: 사용자 지정 암호를 선택한 후 test할 암호('12345678!@#$') 입력
- 사용자는 다음 로그인 시 새 암호 생성(옵션 체크 해제)

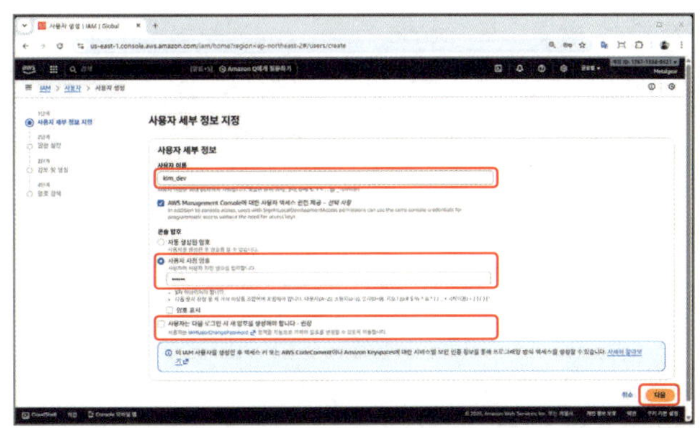

06 **[권한 설정]** 페이지의 권한 옵션 항목에서 **[그룹에 사용자 추가]** 선택한 후 방금 만든 'Developers 그룹'을 체크하고 **[다음]** 버튼을 클릭합니다.

07 **[검토 및 생성]** 페이지에서 **[사용자 생성]** 버튼을 클릭합니다.

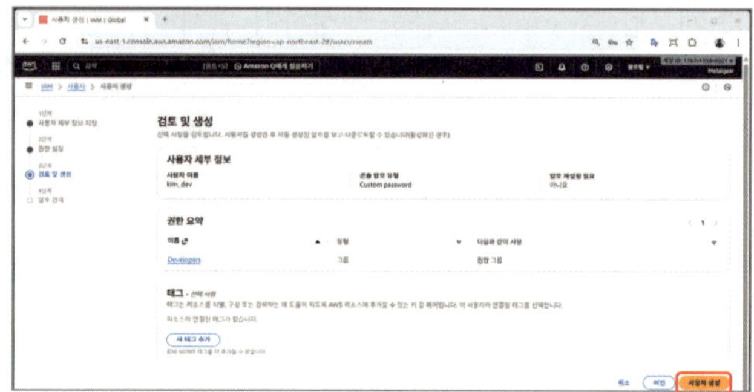

08 **[암호 검색]** 페이지에서 콘솔 로그인 세부 정보를 메모하여 둔 후 **[.CSV 파일 다운 로드]** 버튼을 눌러 파일을 다운로드하고 **[사용자 목록으로 돌아가기]** 버튼을 클릭합 니다.

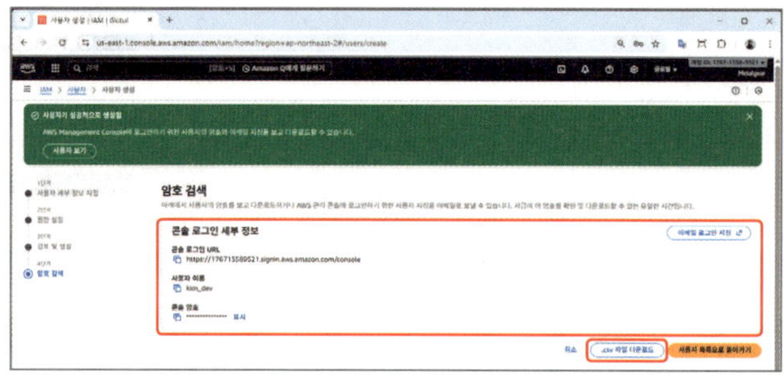

09 같은 방법으로 'park_finance'(재무팀 신입) 사용자를 만든 후 'Finance 그룹' 에 추가하여 계정을 모두 생성합니다.

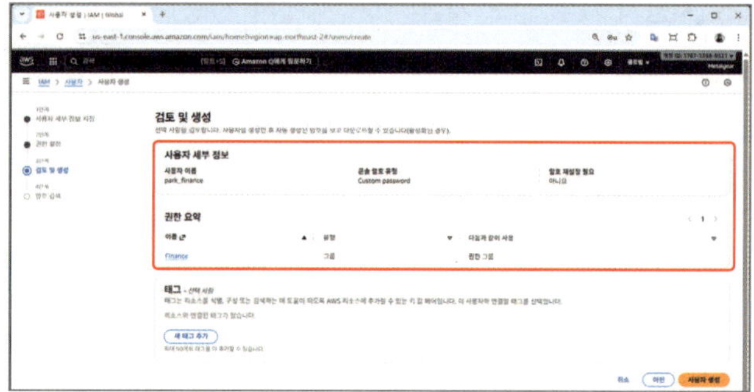

Step 4 필독 **권한 검증**

우리가 설정한 권한이 제대로 작동하는지 확인해 볼 시간입니다. '최소 권한 원칙'이 지켜지는지 눈으로 확인해 봅시다.

01 현재 로그인된 admin-user에서 로그 아웃합니다.

02 재무팀 계정인 park_finance로 로그인
합니다.

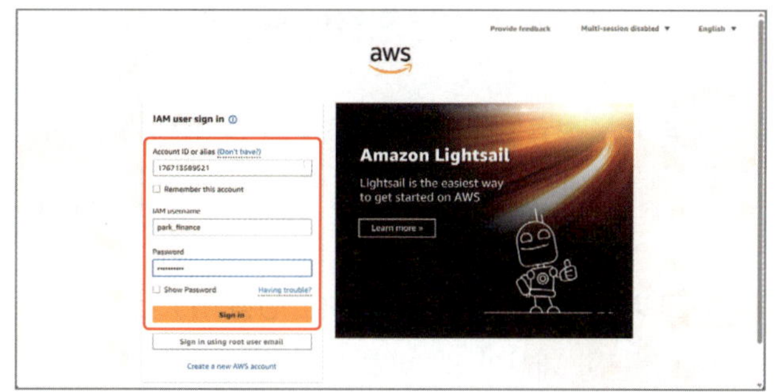

03 우측 상단 계정 메뉴에서 **[결제 대시보드
(Billing Dashboard)]**로 이동합니다. 결
제 정보가 잘 보일 것입니다(권한 있음).

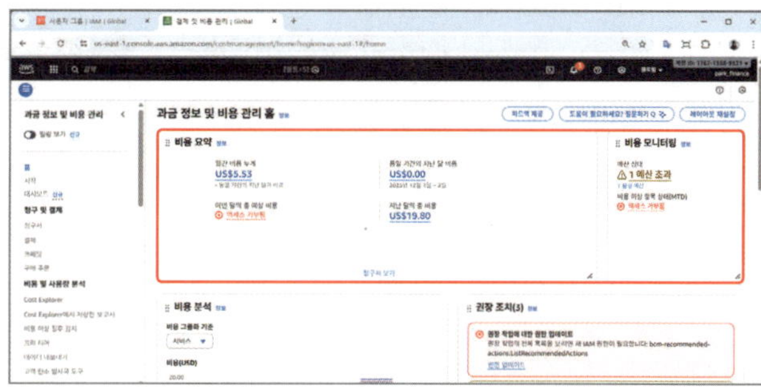

04 이제 상단 검색창에 'EC2'를 입력한 후
EC2 콘솔로 이동합니다.

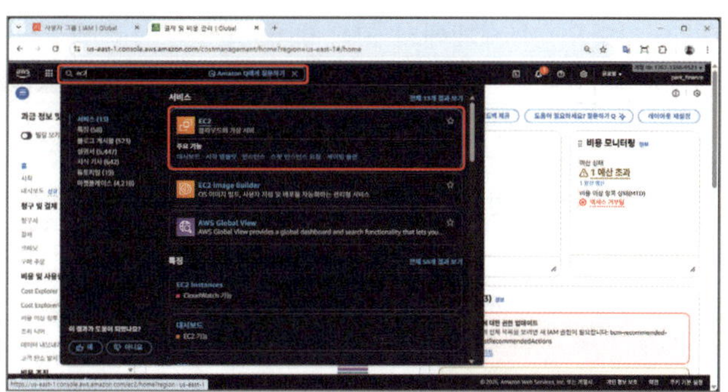

05 **[인스턴스]** 페이지로 이동 시 오른쪽과 같
이 인스턴스 생성에 대한 권한이 없음에
대한 경고가 출력되고 빨간색 오류 메시
지가 나타나면서 인스턴스 생성이 실패
할 것입니다(You are not authorized
to perform this operation... 등의 메
시지).

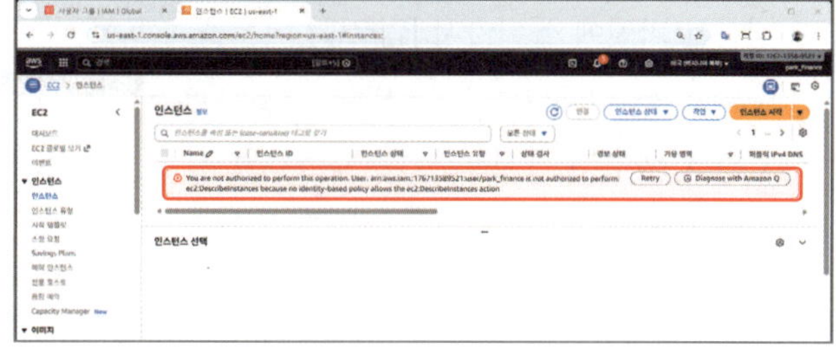

축하합니다. 재무팀 직원이 실수로 비싼 서버를 켜는 대참사를 막아 냈습니다. 그룹에 부여된 권한 정책
에 따라 접근이 철저히 통제되는 것을 확인했습니다.

▌4-2 (실습) 액세스 키 없는 안전한 서버 만들기(IAM Role 활용)

시나리오

- 개발팀에서 EC2 서버에 애플리케이션을 올렸는데, 이 앱이 S3 버킷에 있는 이미지 파일을 읽어 와야 함
- 초보 개발자가 서버 코드 안에 액세스 키를 직접 적어 넣으려 함
- 보안 책임자인 여러분이 "안 돼! 위험해! IAM Role을 써야지!" 하며 시범을 보이고자 함

Step 1 사전 준비(테스트용 S3 버킷 만들기)

EC2가 접근할 대상인 S3 버킷과 파일에 대한 준비가 필요합니다.

01 (admin-user로 다시 로그인하세요) S3 콘솔로 이동하여 [버킷 만들기] 버튼을 클릭합니다.

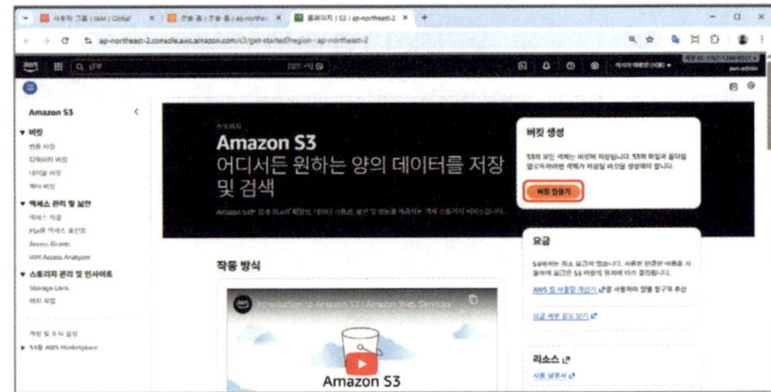

02 버킷명은 전 세계에서 고유해야 하므로 버킷명을 'my-iam-test-bucket-자기 이니셜-날짜'처럼 유니크하게 짓고 하단의 [버킷 만들기] 버튼을 클릭합니다.

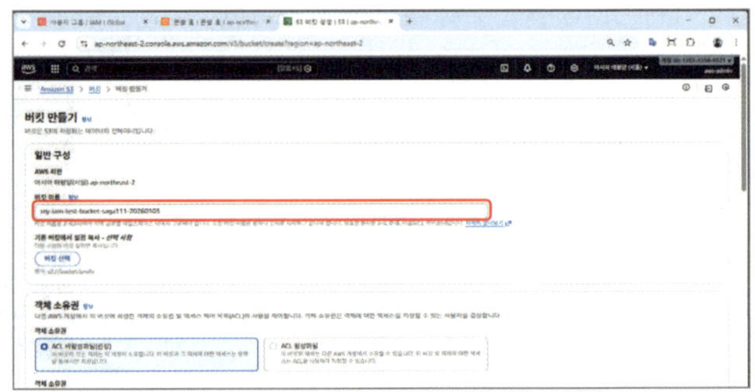

03 생성된 버킷에 들어가서 [업로드] 버튼을 클릭한 후 컴퓨터에 있는 아무 그림 파일이나 텍스트 파일 하나를 업로드합니다(예 hello.txt).

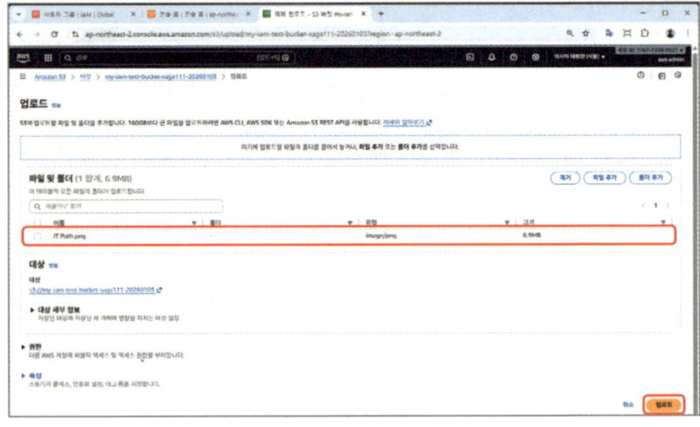

EC2 서버가 S3에 접근할 수 있도록 허용하는 '역할'을 생성합니다.

01 IAM 콘솔 좌측 메뉴에서 [역할]을 클릭한 후 [역할 생성] 버튼을 클릭합니다.

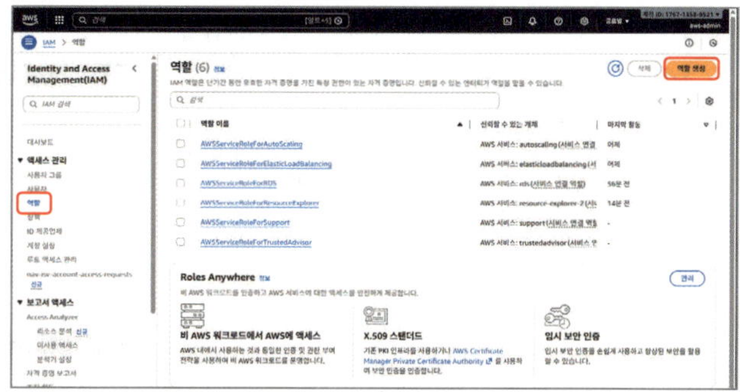

02 신뢰할 수 있는 엔터티 유형을 선택하기 위해 옵션을 다음과 같이 선택한 후 [다음] 버튼을 클릭합니다.

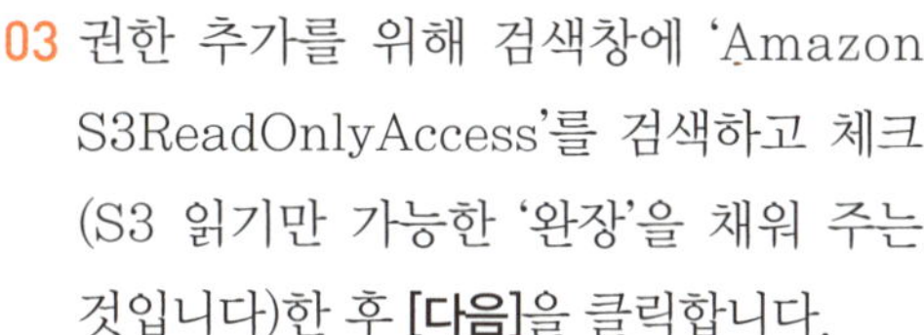

- 신뢰할 수 있는 엔티티 유형: [AWS 서비스] 선택
- 사용 사례: 아래 항목 중 [EC2] 선택

03 권한 추가를 위해 검색창에 'Amazon S3ReadOnlyAccess'를 검색하고 체크 (S3 읽기만 가능한 '완장'을 채워 주는 것입니다)한 후 [다음]을 클릭합니다.

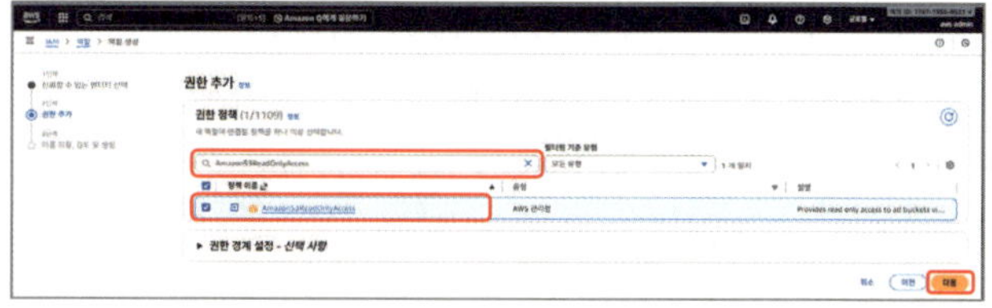

04 [이름 지정, 검토 및 생성] 페이지에서 역할 이름을 'EC2-S3-Read-Role'이라고 입력한 후 [역할 생성] 버튼을 클릭합니다.

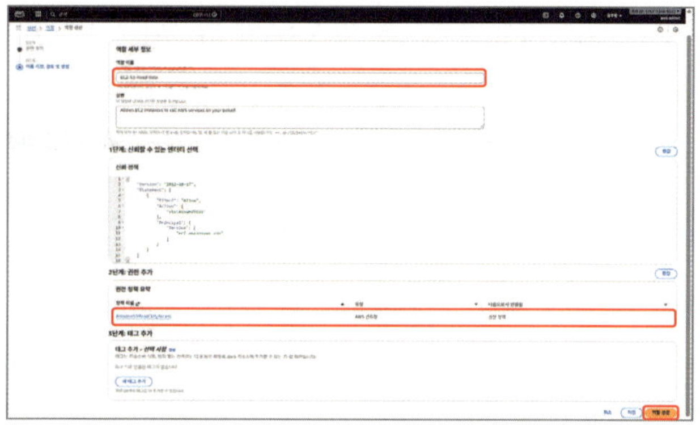

 IAM 역할을 장착한 EC2 인스턴스 시작하기

이제 서버를 만들 때 방금 만든 출입증(접근 권한)을 목에 걸어 줍시다.

01 EC2 콘솔로 이동하여 **[인스턴스 시작]**을 버튼을 클릭합니다.

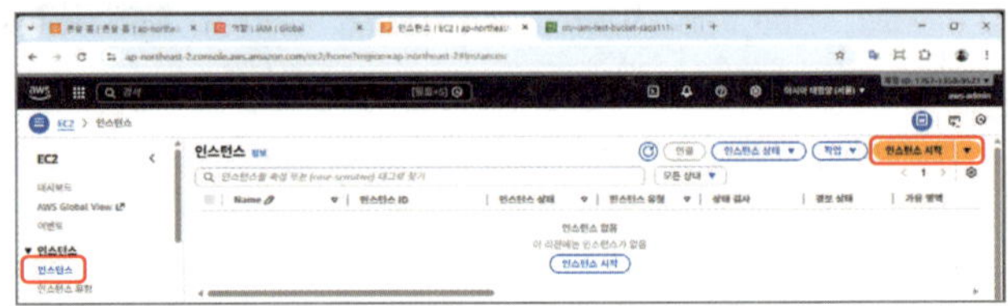

02 인스턴스의 이름을 'IAM-Test-Server'라 입력한 후 서버 OS는 'Amazon Linux 2003', 인스턴스 유형은 't3.micro', Keypair는 'aws-keypair-linux'를 선택하고, 네트워크 옵션은 모두 기본을 유지합니다.

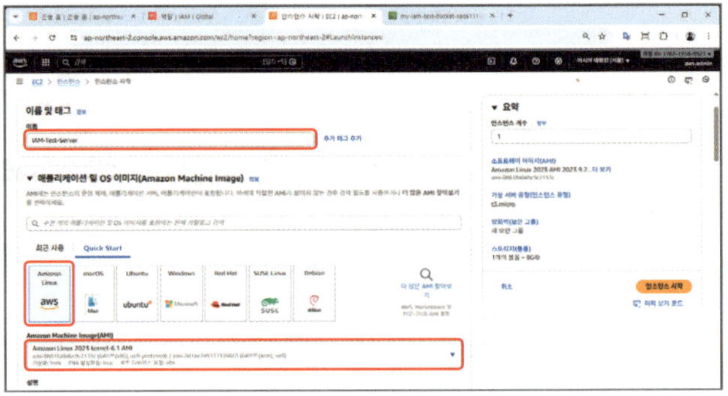

03 고급 세부 정보(Advanced details) 섹션을 클릭한 후 하단의 스크롤을 내려 IAM 인스턴스 프로파일(IAM instance profile) 항목을 찾고, 드롭다운 메뉴에서 방금 만든 **[EC2-S3-Read-Role]**을 선택합니다(이것이 핵심입니다). 그런 다음 **[인스턴스 시작]** 버튼을 클릭합니다.

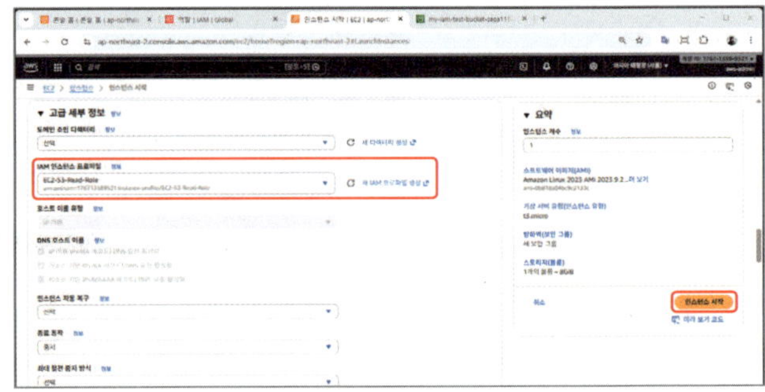

 동작 확인(마법 같은 순간!)

서버에 접속해서 액세스 키 없이 S3에 접근되는지 확인해 봅시다.

01 생성된 EC2 인스턴스가 '실행 중' 상태가 되면, 퍼블릭 IP 주소를 확인 및 복사합니다.

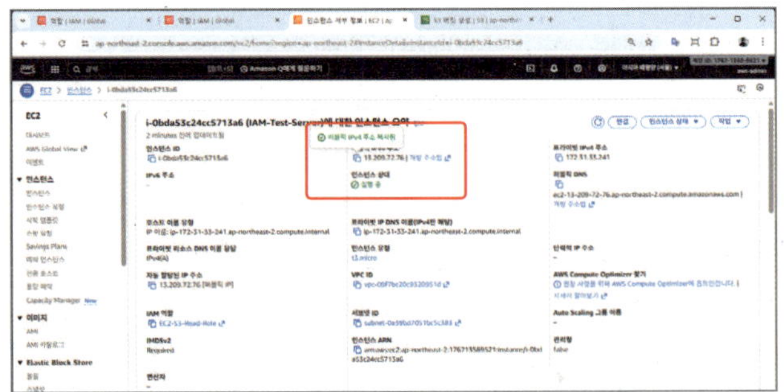

02 Putty를 실행한 후 SSH(또는 EC2 Instance Connect)를 통해 서버 터미널에 접속합니다.

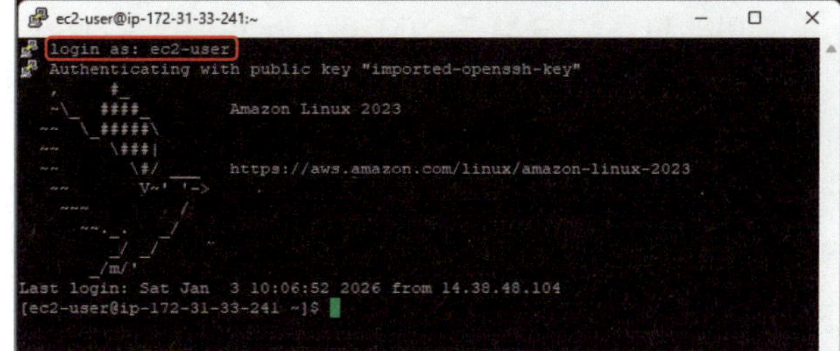

03 터미널에서 다음 명령어를 입력해 봅니다(버킷명은 아까 여러분이 만든 이름으로 바꾸세요).

```
aws s3 ls s3://my-iam-test-bucket-자기
이니셜-날짜
```

최종적으로 EC2에서 S3에 접근을 통해 이전에 업로드한 파일 목록이 터미널에서 확인됩니다.

핵심 포인트 **IAM Role을 활용한 AWS 리소스 접근 방법**

여러분은 이 서버에서 aws configure 명령어로 액세스 키와 비밀 키를 입력한 적이 전혀 없습니다. 그런데도 AWS CLI가 작동했습니다. 그 이유는 EC2 인스턴스가 자신에게 연결된 IAM 역할을 감지하고, 백그라운드에서 자동으로 임시 보안 자격 증명을 받아와 S3에 접근했기 때문입니다. 이것이 바로 서버에 키를 하드코딩하지 않고 안전하게 권한을 부여하는 모범 사례입니다.

05 │ SAA 시험 대비 비법 노트

▌5-1 시험 직전 3분컷! 시험 대비 오답 노트

■ AWS IAM(Identity and Access Management)
- Identity(신원)
  - User(사용자): 실제 사람이나 앱(장기 자격 증명: Access Key/Password)
  - Group(그룹): 사용자들의 집합(개발팀, 운영팀), 권한 관리 용이
  - Role(역할): '모자'와 같음, EC2나 Lambda 같은 AWS 리소스가 씀(단기 자격 증명: STS Token)
- Policy(정책): JSON 문서, '누가 무엇을 할 수 있는가' 정의
  - Effect: Allow/Deny(Deny가 항상 우선)
  - Principal: 누가?(Role의 신뢰 정책에서 중요)
  - Action: 무엇을?(s3: ListBucket 등)
  - Resource: 어디에?(특정 버킷 ARN)
- IAM Best Practices
  - Root 계정 사용 금지(MFA 설정한 후 봉인)
  - 최소 권한 원칙(Least Privilege): 딱 필요한 만큼만 허용
  - Access Key 공유 금지

■ **데이터 보호 및 규정 준수(Macie, Inspector, GuardDuty)**

이 세 가지 서비스의 차이를 묻는 문제가 자주 나옵니다. 키워드로 구분하세요.

[표 10-5] **AWS 주요 데이터 보호 및 보안 서비스 비교**

서비스	핵심 키워드	용도
Amazon Macie	S3, PII(개인정보), 머신러닝	S3에 저장된 민감한 데이터(주민번호, 카드번호)를 자동으로 발견하고 분류함
Amazon GuardDuty	위협 탐지, 로그 분석, 머신러닝	VPC Flow Logs, DNS Logs, CloudTrail 등을 분석하여 해킹/채굴 시도 탐지
Amazon Inspector	취약점 스캔, EC2/ECR, CVE	EC2 내부의 OS 패치 미적용이나 네트워크 노출(취약점)을 스캔함

■ **비밀 및 키 관리(Secrets Manager vs. KMS vs. ACM)**

- AWS Secrets Manager
  - 용도: 데이터베이스 비밀번호, API 키 저장
  - 핵심 기능: '자동 교체(Rotation)'(Lambda를 이용해 주기적으로 DB 비번을 바꿈)
- AWS KMS(Key Management Service)
  - 용도: 데이터 암호화 키(Encryption Key) 관리(EBS, S3 암호화 등)
- AWS Certificate Manager(ACM)
  - 용도: SSL/TLS 인증서 발급 및 관리(HTTPS 적용)
  - 특징: ELB, CloudFront, API Gateway에 무료로 인증서 적용 가능(자동 갱신됨)

■ **기타 보안 서비스**

- AWS Shield: DDoS 방어
  - Standard: 무료(L3/L4 방어)
  - Advanced: 유료(대규모 공격 방어, 비용 보호, 전담 팀 지원)
- AWS WAF: 웹 해킹 방어(SQL Injection, XSS)(L7 방어)
- AWS Config: 리소스의 설정 변경 기록 및 규정 준수 모니터링("누가 보안 그룹을 열었나?", "모든 S3가 암호화되어 있나?").

▍5-2 SAA 적중 실전 문제(10문항)

Q1 민감한 데이터 자동 식별(Macie)

회사의 S3 버킷에 수백만 개의 파일이 저장되어 있습니다. 이 중에 고객의 신용카드 번호나 주민등록번호 같은 PII(개인 식별 정보)가 포함되어 있는지 확인하고, 지속적으로 모니터링하고 싶습니다.

A. Amazon Inspector를 실행한다.
B. Amazon GuardDuty를 활성화한다.
C. Amazon Macie를 활성화한다.
D. AWS Config 규칙을 생성한다.

정답 C

해설 'S3'+'민감한 데이터/PII/개인정보'=Amazon Macie입니다. 머신러닝을 사용해 패턴(숫자 포맷 등)을 분석하여 찾아냅니다(Inspector는 EC2 취약점, GuardDuty는 외부 공격 탐지입니다).

Q2 DB 비밀번호 관리 및 자동 교체(Secrets Manager)

RDS 데이터베이스에 접속하는 Lambda 함수를 개발 중입니다. 보안 정책상 데이터베이스 비밀번호를 코드에 하드 코딩하면 안 되며, 90일마다 비밀번호를 자동으로 변경(Rotation)해야 합니다.

A. AWS Systems Manager Parameter Store에 비밀번호를 저장한다.
B. AWS Secrets Manager에 비밀번호를 저장하고 자동 교체를 구성한다.
C. IAM 데이터베이스 인증을 사용한다.
D. S3 버킷에 암호화된 텍스트 파일로 저장한다.

정답 B

해설 비밀번호 저장 자체는 Parameter Store도 가능하지만, '자동 교체(Rotation)' 기능은 Secrets Manager만의 고유 기능입니다(C는 비밀번호를 아예 쓰지 않는 방식이라 '비밀번호 변경' 요건과는 맞지 않습니다).

Q3 HTTPS 인증서 관리(ACM)

Application Load Balancer(ALB)를 사용하는 웹 애플리케이션에 HTTPS(SSL/TLS)를 적용하려고 합니다. 인증서 구매 비용을 절감하고, 매년 갱신하는 번거로움을 없애고 싶습니다.

A. 외부 인증 기관(CA)에서 인증서를 구매하여 IAM에 업로드한다.
B. EC2 인스턴스 내부에 무료 SSL(Let's Encrypt)을 설치한다.
C. AWS Certificate Manager(ACM)에서 공인 인증서를 요청하고 ALB에 연결한다.
D. Route 53에서 도메인 보안 확장을 구매한다.

정답 C

해설 ACM을 사용하면 공인 SSL 인증서를 무료로 발급받을 수 있고, ALB/CloudFront 등에 연결하면 만료 전에 자동으로 갱신해 줍니다. 관리 포인트가 사라집니다.

Q4 EC2 취약점 점검(Inspector)

운영 중인 EC2 인스턴스들에 최신 보안 패치가 설치되어 있는지 또는 의도치 않게 열려 있는 네트워크 포트가 있는지 정기적으로 스캔하여 보고서를 받고 싶습니다.

A. Amazon GuardDuty
B. Amazon Inspector
C. AWS Trusted Advisor
D. AWS WAF

정답 B

해설 'EC2 내부의 취약점(CVE)', '패치 미적용', '네트워크 노출' 스캔은 Inspector의 역할입니다(GuardDuty는 외부의 공격 시도를 로그로 분석하는 것이라 성격이 다릅니다).

Q5 해킹 시도 탐지(GuardDuty)

누군가 회사의 AWS 계정에서 비트코인을 채굴하기 위해 EC2 인스턴스를 무단으로 생성하거나 평소와 다른 지역에서 콘솔에 로그인하는 등 의심스러운 활동을 하고 있습니다. 이를 실시간으로 탐지하려면?

A. AWS CloudTrail 로그를 직접 분석한다.
B. VPC Flow Logs를 S3에 저장한다.
C. Amazon GuardDuty를 활성화한다.
D. AWS Shield Advanced를 구매한다.

정답 C

해설 '위협 탐지(Threat Detection)', '비정상적인 행위(Anomaly)', '채굴(Mining)' 키워드는 GuardDuty입니다. CloudTrail, VPC Flow Logs, DNS 로그 등을 머신러닝으로 분석해 줍니다.

Q6 EC2의 권한 관리(IAM Role)

EC2 인스턴스에서 실행되는 애플리케이션이 S3 버킷의 사진을 읽어야 합니다. 액세스 키와 시크릿 키를 애플리케이션 설정 파일에 저장하는 것은 보안상 위험합니다. 권장되는 방법은?

A. 액세스 키를 암호화하여 저장한다.
B. S3 버킷을 퍼블릭으로 설정한다.
C. S3 읽기 권한이 있는 IAM 역할을 생성하여 EC2에 연결한다.
D. IAM 사용자를 생성하여 EC2에 로그인하게 한다.

정답 C

해설 AWS 리소스(EC2, Lambda)가 다른 서비스(S3)에 접근할 때는 반드시 IAM 역할을 사용해야 합니다. 장기 자격 증명(Access Key)을 EC2에 저장하는 것은 최악의 보안 관행입니다.

Q7 규정 준수 모니터링(AWS Config)

회사의 모든 S3 버킷은 반드시 '암호화'가 활성화되어야 하고 '퍼블릭 액세스'가 차단되어야 한다는 규정이 있습니다. 누군가 실수로 이 설정을 변경하면 즉시 알림을 받고, 변경 이력을 추적하고 싶습니다.

A. AWS CloudTrail
B. AWS Config
C. Amazon CloudWatch Logs
D. Amazon Inspector

정답 B

해설 '리소스 설정 변경 추적', '규정 준수(Compliance) 확인'은 AWS Config입니다. '어제는 암호화가 켜져 있었는데 오늘 누가 껐는지'를 알 수 있습니다.

Q8 DDoS 공격 방어(Shield)

글로벌 쇼핑몰 사이트를 운영 중인데, 대규모 DDoS 공격이 우려됩니다. Layer 3/4 공격뿐만 아니라 애플리케이션 레벨의 공격도 방어하고, 공격으로 인한 요금 폭탄(Scale-out 비용)도 보상받고 싶습니다.

A. AWS WAF만 사용한다.
B. AWS Shield Standard(기본 제공)
C. AWS Shield Advanced
D. Security Group을 강화한다.

정답 C

해설 모든 AWS 고객은 Shield Standard(무료)로 L3/L4 방어를 받습니다. 하지만 '비용 보호(Cost Protection)', 'DDoS 대응팀(DRT) 지원', '대규모 공격 방어' 혜택을 받으려면 유료 서비스인 Shield Advanced를 써야 합니다.

Q9 최소 권한 원칙(IAM Policy)

개발자에게 S3 버킷에 대한 전체 권한을 주려고 합니다. 하지만 실수로 버킷 자체를 삭제하거나 권한 설정을 바꾸는 것은 막고 싶습니다. 오직 객체(파일)를 올리고 내리는 것만 허용하려면?

A. AmazonS3FullAccess 정책을 연결한다.
B. Action: "s3:*"를 허용한다.
C. Action: ["s3:PutObject", "s3:GetObject"]만 허용하는 커스텀 정책을 연결한다.
D. IAM 그룹을 사용한다.

정답 C

Q10 KMS 키 권한 분리(Key Policy)

KMS를 사용하여 데이터를 암호화했습니다. 하지만 관리자(Admin) 권한을 가진 IAM 사용자조차도 이 데이터를 복호화할 수 없게 하고 싶습니다. 오직 특정 애플리케이션 역할만 복호화하게 하려면?

A. IAM 정책에서 Admin의 KMS 접근을 거부한다.
B. KMS 키 정책(Key Policy)에서 키 관리자와 키 사용자를 분리하여 정의한다.
C. S3 버킷 정책을 수정한다.
D. KMS는 관리자 접근을 막을 수 없다.

정답 B

해설 KMS는 키 정책(Key Policy)이 IAM 정책보다 우선하거나 키 정책에서 허용하지 않으면 IAM에서 허용해도 접근이 안 됩니다(기본 설정 시). 키 정책 내에서 Key Administrators(관리만 가능)와 Key Users(암/복호화 가능)를 분리하면, 관리자라도 데이터를 볼 수는 없게 만들 수 있습니다.

06 에필로그: Business Support가 필요한 이유

[그림 10-11] 2,500명의 아침을 구한 5분의 기적, 그리고 AWS Support

"클라우드? 그게 뭔데? 일단 서버가 죽었으니 살려 내!"

시간은 2015년으로 거슬러 올라갑니다. 당시만 해도 한국에는 AWS 리전조차 없었고, '클라우드'라는 단어 자체가 생소하던 시절이었습니다. 필자는 당시 전국 2,500명의 직원을 거느린 거대 물류 기업 ○○택

배의 차세대 그룹웨어 구축이라는 막중한 임무를 맡고 있었습니다.

기존 온프레미스 서버의 수명이 다해가는 절체절명의 상황에서 우리는 맨땅에 헤딩하듯 AWS 클라우드 도입이라는 과감한 결단을 내렸습니다. 수많은 밤을 새워가며 EC2 인스턴스를 띄우고, 네트워크를 구성하고, 애플리케이션을 올렸습니다. 그리고 드디어 결전의 날, 서비스 오픈 당일 아침 8시가 되었습니다.

오전 8시 00분, 전국 2,500명의 직원이 동시에 새로운 그룹웨어에 접속했습니다. 로그인 성공, 메일 발송 테스트 성공. 환호성이 터져 나왔습니다.

  "해냈다."

오전 8시 10분. 딱 10분이 지났을 때였습니다. 고객센터 전화기에 불이 나기 시작했습니다.

  "메일이 안 나갑니다."

  "거래처에 급한 메일을 보내야 하는데 발송 실패가 뜹니다."

등줄기에 식은땀이 흘렀습니다. 황급히 서버에 접속해 로그를 뒤지고 시스템을 점검했습니다. CPU, 메모리, 디스크, 애플리케이션 로그 등 모든 것이 정상이었습니다. 우리가 아는 모든 서버 설정과 소프트웨어는 완벽했습니다. 그런데 거짓말처럼 외부로 나가는 메일만 블랙홀에 빠진 듯 사라지고 있었습니다. 당시에는 지금처럼 풍부한 한글 기술 문서도 네이버나 구글의 친절한 블로그 글도 없었습니다. AWS 코리아의 지원 조직도 제대로 갖춰지지 않은 상태에서 우리는 망망대해에 고립된 느낌이었습니다. 2,500명의 업무가 마비되기 직전, 피를 말리는 시간이 흘러갔습니다.

지푸라기라도 잡는 심정으로 누른 [Support] 버튼!

더 이상 자체적으로 해결할 방법이 없다고 판단한 필자는 떨리는 손으로 AWS 관리 콘솔 구석에 있는 [Support] 버튼을 눌렀습니다. 한국어 지원은 기대도 할 수 없었기 때문에 짧은 영어 실력으로 더듬더듬 해외 엔지니어와의 전화 연결을 시도했습니다. 초조한 1시간이 지나고 겨우 연결된 수화기 너머의 낯선 목소리…. 필자는 다급하게 외쳤습니다.

  "Please help! Emergency! 2,500 users are down! Email system is dead!"(도와주세요! 긴급상황입니다. 2500명이 다운됐어요! 메일 시스템이 죽었다고요!)

필자의 절박함이 전해졌는지 또는 '2,500명'이라는 숫자가 주는 무게감 때문이었는지 수화기 너머 엔지니어의 목소리가 진지해졌습니다. 잠시 키보드 두드리는 소리가 들리더니 그가 말했습니다.

  "아, EC2 인스턴스에서 SMTP 25번 포트를 사용 중이시군요. AWS는 스팸 메일 방지를 위해 기본적으로 이 포트를 막아 둡니다. 이걸 열려면 별도 신청이 필요하지만 지금 상황이 매우 급박해 보이니 제가 즉시 조치해 드리겠습니다. 5분만 기다려 주세요."

그리고 정확히 5분 후 거짓말처럼 메일 발송 큐(Queue)에 쌓여 있던 수천 통의 메일이 봇물 터지듯 빠져 나가기 시작했습니다. 2,500명의 아침 업무를 마비시킬 뻔했던 대형 사고가 지구 반대편 얼굴 모르는 엔지니어의 클릭 몇 번으로 단 5분 만에 해결된 것입니다.

그날 필자는 뼈저리게 깨달았습니다. 우리가 아무리 완벽하게 IAM 권한을 설정하고, 보안 그룹으로 방화벽을 철저히 세운다 하더라도 클라우드 플랫폼 자체가 가진 거대한 규칙과 보이지 않는 제약사항까지 모두 알 수는 없다는 것을요.

10년 전, 그 열악했던 환경에서도 AWS Support는 기업의 존폐가 걸린 위기 상황에서 가장 확실하고 강력한 구명조끼였습니다. 지금은 그때보다 훨씬 더 빠르고, 정확하며, 심지어 친절한 한국어 지원까지 제공됩니다.

여러분이 회사의 중요한 서비스를 AWS 위에서 운영한다면, Business Support 이상의 플랜은 선택이 아닌 필수 보험입니다. 제가 2,500명의 직원 앞에서 겪었던 그 아찔한 경험을 여러분은 겪지 않으시길 바랍니다.

> "문제가 터졌을 때 구글링을 하시겠습니까, 아니면 AWS의 핵심 엔지니어를 내 옆자리에 앉히시
> 겠습니까?"

이 질문에 대한 답이 여러분의 서비스 안정성을 결정지을 것입니다.

AWS는 사용자가 스스로 서비스를 구축하고 운영할 수 있도록 설계되었지만, 실제 서비스 운영 중에는 구글링만으로 해결하기 어려운 복잡한 문제나 긴급한 장애 상황이 발생하기 마련입니다. 이때 필요한 것이 바로 AWS 전문가의 직접적인 도움을 받을 수 있는 AWS Support입니다.

AWS Support는 문제 해결뿐만 아니라 아키텍처 최적화, 비용 절감 등 AWS 활용 전반에 걸쳐 맞춤형 지원을 제공합니다.

▌6-1 주요 Support 플랜 비교 및 권장 사항

AWS는 다양한 요구사항에 맞춰 여러 단계의 Support 플랜을 제공합니다. 회사의 중요한 서비스를 AWS에서 운영한다면, 장애 발생 시 신속하고 전문적인 지원을 받을 수 있는 'Business' 등급 이상을 선택하는 것이 좋다.

핵심 포인트 AWS Support 플랜별 주요 특징

다음 표는 주요 차이점을 요약한 것으로, 세부 사항 및 최신 비용은 AWS 공식 홈페이지를 확인해야 합니다.

[표 10-6] AWS Support 플랜별 특징 비교(Developer, Business, Enterprise)

구분	Developer(개발자)	Business(비즈니스) 권장	Enterprise On-Ramp/Enterprise
권장 대상	AWS 테스트 및 초기 개발 단계	프로덕션(운영) 워크로드 실행 기업	비즈니스 핵심 워크로드 실행 대기업
기술 지원 방식	업무 시간 내 이메일 지원	24×7 연중무휴 전화, 채팅, 이메일, 화면 공유	24×7 연중무휴, 전담 기술 관리자(TAM) 지원
응답 시간(긴급)	시스템 장애 시<12시간	프로덕션 시스템 다운 시<1시간	비즈니스 핵심 시스템 다운 시<15~30분
Trusted Advisor	일곱 가지 핵심 검사	모든 검사 항목(전체 기능)	모든 검사 항목(전체 기능)
비용(월)	29달러부터 시작(사용량 기반)	100달러부터 시작(사용량 기반)	5,500달러 또는 15,000 달러부터 시작(사용량 기반)

▌6-2 왜 Business Support가 필요할까?

원인 불명의 이유로 운영 중인 핵심 서버 접속이 차단된 긴급 상황을 가정해 봅시다.

- Basic/Developer 플랜: 기술 지원 자체가 불가능하거나 답변을 받기까지 최대 12시간 이상 걸릴 수 있어 서비스 장애가 장기화될 위험이 큽니다.
- Business 플랜: 1시간 이내에 AWS 지원 엔지니어와 전화나 채팅으로 즉시 연결됩니다. 실시간 화면 공유를 통해 문제를 함께 분석하고 신속하게 해결책을 찾을 수 있어 서비스 중단 시간을 최소화할 수 있습니다.

결론적으로, 예상치 못한 장애에 대비하고 안정적인 서비스 운영을 보장하기 위한 '필수 보험'으로 Business Support 플랜 도입을 적극 고려해야 합니다.

07 Resource Termination

▌7-1 EC2 삭제

이 실습의 테스트를 위해 신규로 생성된 1대의 EC2에 대해 다음 절차에 따라 삭제를 진행하길 바랍니다.

01 [인스턴스]를 선택한 후 인스턴스 리스트에서 삭제할 인스턴스를 선택하고 [인스턴스 상태]-[인스턴스 종료(삭제)] 버튼을 클릭하여 EC2 인스턴스를 삭제합니다.

▌7-2 S3 버킷의 삭제

이 실습에서 사용된 S3에 보관된 정보의 삭제는 S3의 버킷 삭제를 통해 전체 데이터에 대한 삭제가 가능합니다. 세부 절차는 다음과 같습니다.

01 실습을 위해 생성한 버킷을 선택한 후 [삭제] 버튼을 클릭합니다.

02 버킷을 삭제하기 위해 **[버킷 비우기]** 버튼을 클릭합니다(단, **[버킷 비우기]**를 클릭하면 모든 데이터가 삭제되므로 꼭 확인한 후 진행하길 바랍니다).

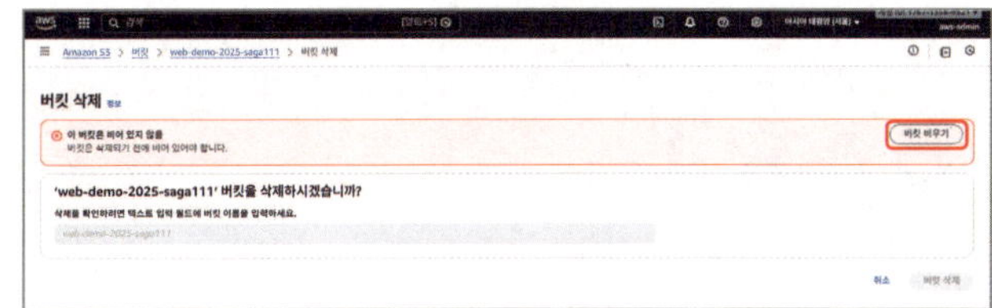

03 **[버킷 비우기]** 페이지에서 버킷의 모든 객체 삭제 동의 내용을 확인한 후 '영구 삭제'를 입력하고 **[비어 있음]** 버튼을 클릭합니다.

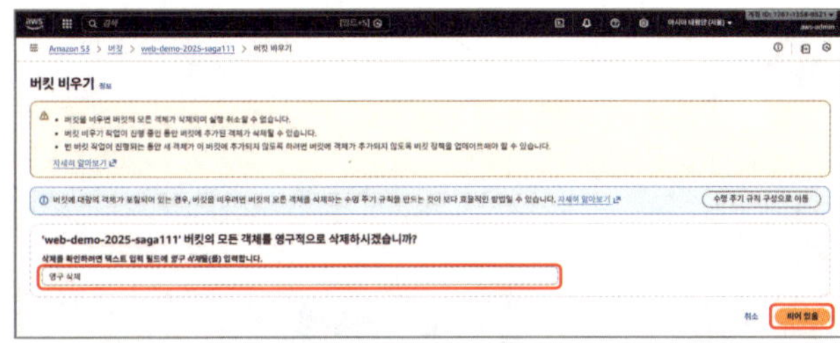

04 **[버킷 비우기: 상태]** 페이지에서 **[종료]** 버튼을 클릭합니다.

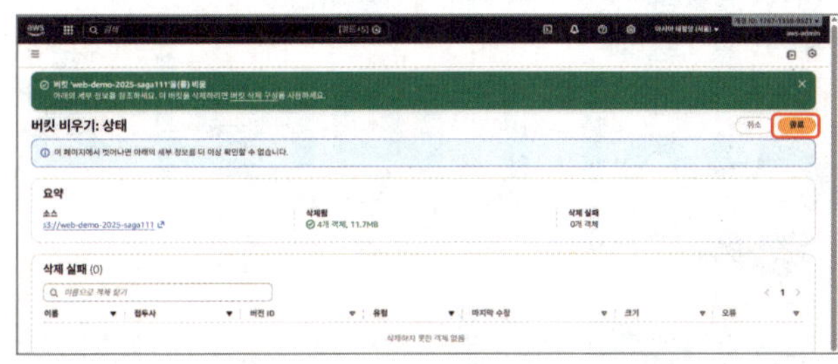

05 다시 버킷을 삭제하기 위해 해당 버킷을 선택한 후 **[삭제]** 버튼을 클릭합니다.

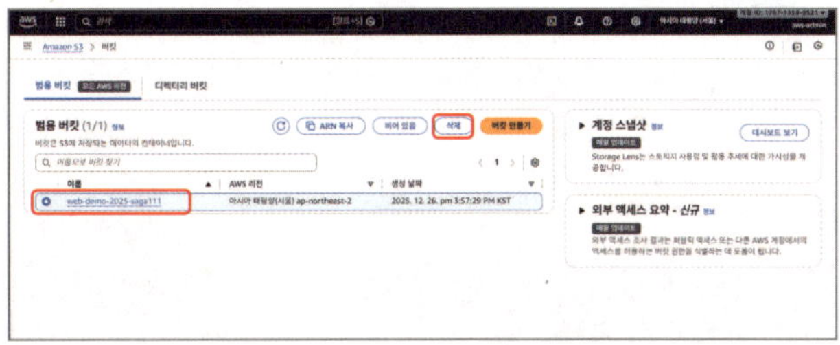

06 버킷을 삭제하기 위해 버킷명을 추가로 입력한 후 **[버킷 삭제]** 버튼을 클릭합니다.

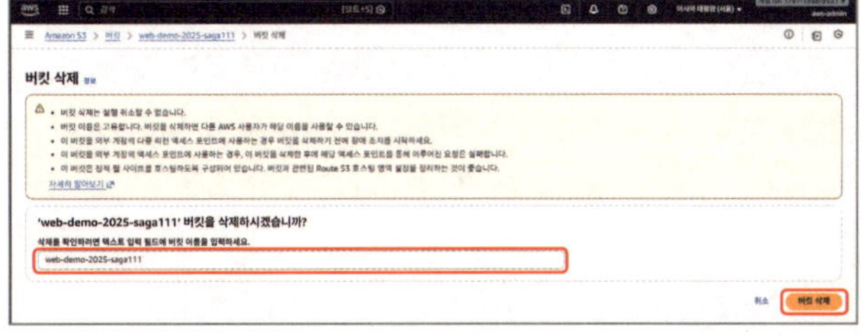

비용 부담 없이 나만의 서버 만들기(Amazon Lightsail)

"클라우드가 좋은 건 알겠는데, 너무 복잡하고 어렵나요?"
처음 클라우드를 접하는 분들에게 VPC, 서브넷, 라우팅 테이블 같은 네트워크 용어는 큰 진입 장벽이 되곤 합니다. '그냥 워드프레스 블로그 하나 만들고 싶은데, 이렇게 공부할 게 많나?'라는 생각이 드셨다면, 11부가 정답입니다. 아마존 라이트세일(Amazon Lightsail)은 복잡한 설정 없이 몇 번의 클릭만으로 가상 서버(VPS)를 만들 수 있는 가장 쉬운 서비스입니다. 저렴한 월 정액 요금으로 나만의 서버를 만들고, 웹 사이트를 뚝딱 배포하는 즐거움을 느껴 보세요.

▌1-1 호스팅이란?

인터넷상에서 웹 사이트나 애플리케이션과 같은 서비스를 제공하려면 서버(컴퓨터), 네트워크 회선, 전력, 상면(공간) 등 다양한 인프라가 필요합니다. 개인이 이러한 인프라를 모두 갖추고 관리하는 것은 비용과 기술적인 측면에서 부담이 큽니다.

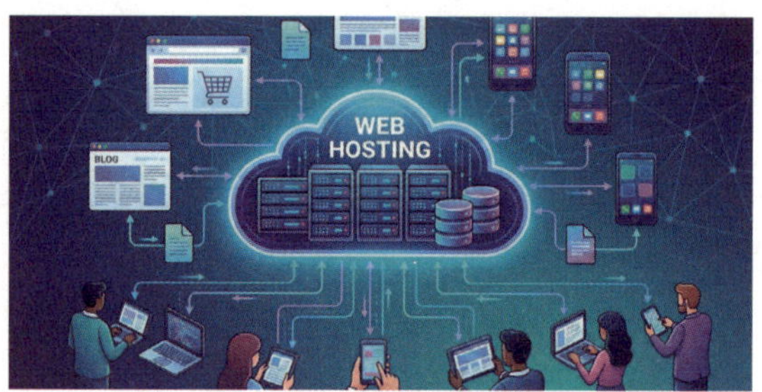

[그림 11-1] 온프레미스 인프라 구축의 복잡성

호스팅(Hosting)은 이러한 문제를 해결하기 위해 전문 업체가 서버, 네트워크 등 서비스 운영에 필요한 인프라를 구축하고, 사용자에게 필요한 만큼 임대해 주는 서비스를 말합니다. 사용자는 복잡한 인프라 관리 대신 자신의 서비스(웹 사이트, 애플리케이션 등) 개발과 운영에 집중할 수 있습니다. 마치 건물을 직접 짓지 않고 사무실을 임대하여 사업을 하는 것과 같습니다.

▌1-2 호스팅 서비스의 유형

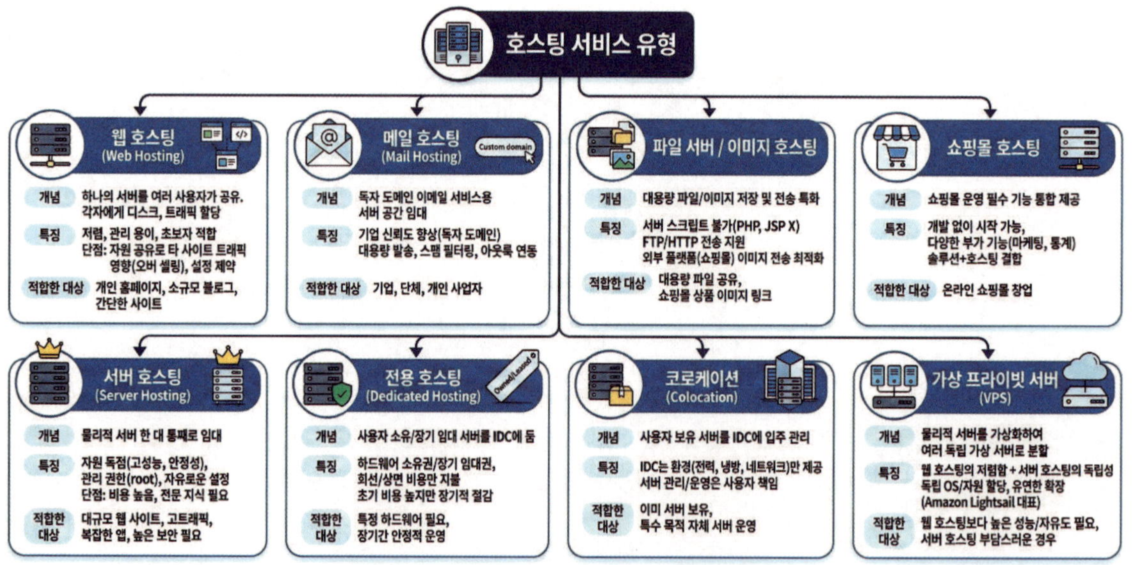

[그림 11-2] 호스팅 서비스의 종류와 주요 특징

호스팅 서비스는 제공하는 리소스의 범위와 관리 방식에 따라 다양하게 분류됩니다. 자신의 서비스 규모와 요구사항에 맞는 호스팅 유형을 선택하는 것이 중요합니다.

웹 호스팅(Web Hosting)

- **개념:** 하나의 물리적 서버를 여러 사용자가 나누어 사용하는 방식입니다. 각 사용자에게는 웹 사이트를 운영할 수 있는 일정 공간(디스크), 트래픽, 데이터베이스 등이 할당됩니다.
- **특징:** 저렴한 비용으로 이용할 수 있으며, 서버 관리가 필요 없어 초보자도 쉽게 사용할 수 있습니다. 하지만 서버 자원을 다른 사용자와 공유하기 때문에 다른 사용자의 웹 사이트에 트래픽이 몰리면 내 웹 사이트의 성능이 저하될 수 있습니다(오버 셀링). 또한 서버 설정 변경이나 특정 프로그램 설치에 제약이 있을 수 있습니다.
- **적합한 대상:** 개인 홈페이지, 소규모 블로그, 간단한 회사 소개 사이트 등 방문자 수가 많지 않고 복잡한 기능이 필요 없는 경우에 적합합니다.

메일 호스팅(Mail Hosting)

- **개념:** 독자적인 도메인(예 yourname@yourcompany.com)을 사용하여 이메일 서비스를 이용할 수 있도록 메일 서버 공간을 임대해 주는 서비스입니다.
- **특징:** 포털 사이트에서 제공하는 무료 메일과 달리, 기업의 신뢰도를 높일 수 있는 독자 도메인 메일 주소를 사용할 수 있습니다. 대용량 메일 발송, 스팸 필터링, 백업 등 다양한 부가 기능을 제공합니다. 웹 메일뿐만 아니라 아웃룩(Outlook)과 같은 메일 클라이언트 프로그램과 연동하여 사용할 수도 있습니다.
- **적합한 대상:** 기업, 단체, 개인 사업자 등 독자적인 도메인으로 전문적인 이메일 서비스를 이용하고자 하는 경우에 적합합니다.

파일 서버 호스팅/이미지 호스팅

- **개념:** 대용량 파일이나 이미지 파일을 저장하고 전송하는 데 특화된 호스팅 서비스입니다.
- **특징:** 웹 호스팅과 달리, PHP, JSP와 같은 서버 사이드 스크립트 실행은 불가능하며, FTP를 통한 파일 업로드/다운로드와 HTTP를 통한 파일 전송만 지원합니다. 이미지 호스팅은 옥션, 지마켓 등 외부 플랫폼에 상품 이미지를 보여 주기 위해 이미지 파일 전송에 최적화된 서비스입니다.
- **적합한 대상:** 대용량 파일을 공유하거나 외부 웹 사이트에 많은 이미지를 링크해야 하는 경우(예 쇼핑몰 상품 이미지)에 적합합니다.

쇼핑몰 호스팅

- **개념:** 온라인 쇼핑몰 운영에 필요한 모든 기능(상품 관리, 주문 관리, 결제 시스템, 회원 관리 등)을 통합하여 제공하는 호스팅 서비스입니다.

- **특징:** 별도의 개발 없이 쇼핑몰을 바로 시작할 수 있으며, 쇼핑몰 운영에 필요한 다양한 부가 기능(마케팅 도구, 통계 등)을 제공합니다. 쇼핑몰 솔루션(메 카페24, 고도몰)과 호스팅이 결합된 형태가 일반적입니다.
- **적합한 대상:** 온라인 쇼핑몰을 창업하고자 하는 경우에 적합합니다.

서버 호스팅(Server Hosting)

- **개념:** 물리적인 서버 한 대를 통째로 임대하여 사용하는 방식입니다.
- **특징:** 서버의 모든 자원(CPU, 메모리, 디스크 등)을 독점적으로 사용할 수 있어 고성능과 안정성을 보장합니다. 서버에 대한 관리 권한(root 권한)을 가지므로 원하는 운영체제와 소프트웨어를 자유롭게 설치하고 설정할 수 있습니다. 하지만 비용이 비싸고 서버 관리 전문 지식이 필요합니다.
- **적합한 대상:** 대규모 웹 사이트, 트래픽이 많은 서비스, 복잡한 애플리케이션 운영, 높은 보안이 필요한 경우에 적합합니다.

전용 호스팅(Dedicated Hosting)

- **개념:** 서버 호스팅과 비슷하지만, 사용자가 원하는 사양의 서버를 직접 구매하거나 임대하여 호스팅 업체의 데이터 센터에 두고 사용하는 방식입니다.
- **특징:** 서버 하드웨어에 대한 소유권 또는 장기 임대권을 가지며, 네트워크 회선과 상면(공간) 비용만 지불합니다. 서버 호스팅보다 초기 비용 부담이 크지만, 장기적으로는 비용 절감 효과가 있을 수 있습니다.
- **적합한 대상:** 특정 하드웨어 사양이 필요하거나 장기간 안정적인 서비스 운영이 필요한 경우에 적합합니다.

코로케이션(Colocation)

- **개념:** 사용자가 직접 보유한 서버를 호스팅 업체의 데이터 센터(IDC)에 입주시켜 관리하는 방식입니다.
- **특징:** 호스팅 업체는 최적의 서버 운영 환경(전력, 냉방, 보안, 네트워크 회선 등)만 제공하고, 서버 관리와 운영은 사용자가 직접 책임집니다.
- **적합한 대상:** 이미 서버를 보유하고 있거나 특수한 목적으로 자체 서버를 운영해야 하는 경우에 적합합니다.

가상 프라이빗 서버

- **개념:** 물리적인 서버 한 대를 가상화 기술을 이용하여 여러 개의 독립적인 가상 서버로 나누어 사용하는 방식입니다.
- **특징:** 웹 호스팅의 저렴함과 서버 호스팅의 독립성/관리 권한을 모두 갖춘 서비스입니다. 각 가상 서버는 독립적인 운영체제와 자원(CPU, 메모리, 디스크)을 할당받아 다른 사용자의 영향을 덜 받

습니다. 서버 호스팅보다 저렴하며, 필요에 따라 자원을 유연하게 확장할 수 있습니다. Amazon Lightsail이 대표적인 VPS 서비스입니다.

- **적합한 대상:** 웹 호스팅보다 높은 성능과 자유도가 필요하지만, 서버 호스팅은 부담스러운 경우(예 중소 규모 웹 사이트, 개발 테스트 환경)에 적합합니다.

02 트래픽

2-1 트래픽이란?

트래픽(Traffic)은 웹 사이트나 서버에 접속하여 데이터를 주고받을 때 전송되는 데이터의 총량을 의미합니다. 웹 페이지를 열 때 텍스트, 이미지, 동영상 등 구성 요소들이 사용자 컴퓨터로 다운로드되는데, 이때 전송된 데이터의 양이 트래픽입니다(예 1MB 용량의 이미지 파일이 포함된 웹 페이지를 1,000명이 접속하여 보았다면, 총 트래픽은 1,000MB(약 1GB)가 됩니다).

2-2 트래픽 제한 정책

대부분의 호스팅 서비스는 요금제에 따라 월간 또는 일일 데이터 전송량(트래픽) 한도를 정해 놓습니다. VPS나 웹 호스팅처럼 여러 사용자가 서버 자원을 공유하는 경우, 한 사용자가 과도한 트래픽을 유발하면 다른 사용자의 서비스에 영향을 줄 수 있기 때문입니다.

- **트래픽 초과 시:** 약정된 트래픽을 초과하면 호스팅 업체 정책에 따라 다음과 같은 조치가 취해질 수 있습니다.
- **추가 요금 부과:** 초과한 트래픽 양만큼 추가 요금을 지불해야 합니다.
- **사이트 접속 차단:** 트래픽이 초기화될 때까지 웹 사이트 접속이 차단될 수 있습니다(일부 호스팅 업체는 일일 트래픽 초과 시 자정까지 접속 차단).
- **대역폭 제한:** 웹 사이트 접속 속도가 느려질 수 있습니다.

03 Amazon Lightsail

Amazon Lightsail은 AWS에서 제공하는 사용하기 쉬운 가상 프라이빗 서버(VPS) 서비스입니다. 복잡한 AWS 서비스를 잘 몰라도 몇 번의 클릭만으로 웹 사이트, 웹 애플리케이션, 개발 환경 등을 빠르게 구축할 수 있습니다. 컴퓨팅(vCPU), 메모리(RAM), 스토리지(SSD), 네트워크(데이터 전송량)를 묶어 합리적이고 예측 가능한 월별 요금제로 제공합니다.

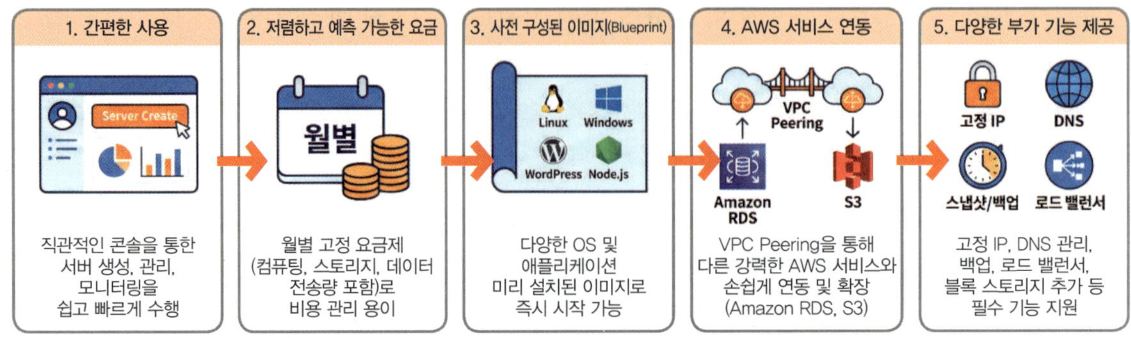

[그림 11-3] Amazon Lightsail 서비스 개요

몇 번의 클릭만으로도 SSD 기반의 스토리지 서비스와 DNS 관리 기능, 정적 IP 주소를 갖는 가상 서버를 만들 수 있으며, 원하는 운영체제(Amazon Linux AMI, Ubuntu, CentOS, FreeBSD, Debian), 개발 플랫폼(LAMP, LEMP, MEAN, or Node.js), 애플리케이션(Wordpress, Drupal, Joomla, Redmine, GitLab 등)을 선택할 수 있습니다. 또한 합리적인 데이터 전송량(Traffic)을 기반으로 저렴한 비용으로 VPS 서비스를 제공합니다.

[표 11-1] Amazon Lightsail 서비스 개요

구분	내용
서비스명	Amazon Lightsail
설명	사용하기 쉽고 저렴한 가상 프라이빗 서버(VPS) 및 관련 클라우드 리소스를 제공하여 웹 사이트, 애플리케이션, 개발 환경 등을 빠르게 구축하고 운영할 수 있도록 지원합니다.
주요 특징	• 올인원(All-in-One) 서비스: 컴퓨팅(vCPU), 스토리지(SSD), 네트워크(데이터 전송량)가 모두 포함된 패키지 형태로 제공됩니다. • 사전 구성된 이미지(Blueprint): 다양한 운영체제(Linux, Windows)와 인기 애플리케이션(WordPress, LAMP, Node.js 등)이 미리 설치된 이미지를 제공하여 즉시 시작할 수 있습니다. • 저렴하고 예측 가능한 요금: 월별 고정 요금제로 제공되어 비용 관리가 쉽고 예측이 가능합니다. • 직관적인 콘솔: 초보자도 쉽게 사용할 수 있는 사용자 친화적인 웹 인터페이스를 제공하며, 다국어(한국어 포함)를 지원합니다. • 유연한 확장성: 스냅샷을 통해 더 높은 사양의 인스턴스로 쉽게 업그레이드할 수 있으며, 로드 밸런서 및 추가 블록 스토리지를 연결할 수 있습니다. • AWS 서비스 연동: VPC Peering을 통해 Amazon S3, RDS 등 다양한 AWS 서비스와 안전하게 연동하여 기능을 확장할 수 있습니다. • 다양한 부가 기능: 고정 IP 주소, DNS 관리, 방화벽(네트워크 보안 그룹), 모니터링 기능 등을 기본으로 제공합니다. • 개발자 도구 지원: API 및 CLI(Command Line Interface)를 통한 자동화 및 프로그래밍 방식의 관리를 지원합니다.
프리티어 (Free Tier)	• 가상 서버(인스턴스): 특정 Linux/Unix 번들(예 3.5달러/월, 5달러/월, 10달러/월 플랜 중 선택) 또는 특정 Windows 번들(예 8달러/월, 12달러/월, 20달러/월 플랜 중 선택)에 대해 3개월(90일)간 무료로 사용할 수 있습니다(정확한 대상 번들은 AWS 공식 문서 확인 필요). • 컨테이너 서비스: Micro 서비스에 대해 3개월간 무료로 사용할 수 있습니다. • 관리형 데이터베이스: 표준(Standard) 플랜의 특정 데이터베이스 번들에 대해 3개월간 무료로 사용할 수 있습니다. • 로드 밸런서: 로드 밸런서 1개에 대해 3개월간 무료로 사용할 수 있습니다. 참고 프리티어 혜택은 신규 AWS 계정 생성한 후 12개월 동안 유효하며, 각 서비스별로 무료 사용 기간과 조건이 다를 수 있으므로 사용 전 AWS 공식 웹 사이트에서 최신 프리티어 정책을 반드시 확인하시기 바랍니다.

Amazon Lightsail은 VPS가 필요한 사용자에게 AWS에서 제공하는 가장 쉽고 직관적인 서비스입니다. Lightsail은 프로젝트를 빠르게 시작하는 데 필요한 핵심 구성 요소인 가상 머신(컴퓨팅), SSD 기반 스토리지, 데이터 전송량, DNS 관리, 고정 IP를 하나의 패키지로 묶어 제공합니다. 일반적으로 Amazon EC2를 생성하기 위해서는 네트워크(VPC), 서브넷, 보안 그룹 등 복잡한 설정 과정을 거쳐야 하지만, Lightsail을 사용하면 미리 구성된 설정을 통해 몇 번의 클릭만으로 즉시 서버를 생성할 수 있습니다.

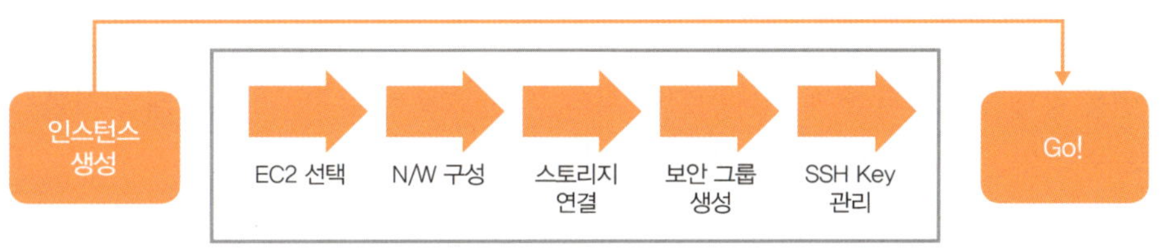

[그림 11-4] Amazon Lightsail 서버 생성 절차

Amazon Lightsail은 복잡한 구성보다는 간편한 관리 인터페이스와 예측 가능한 비용 구조를 선호하는 개발자, 학생, 소규모 비즈니스에 최적화된 서비스입니다. 초기 구축 시간을 획기적으로 단축할 수 있도록 운영체제(OS)뿐만 아니라 애플리케이션이 미리 설치된 다양한 블루프린트(Blueprint)를 제공합니다. Amazon Linux 2023, Ubuntu, CentOS Stream, AlmaLinux, Windows Server 등 다양한 OS 플랫폼은 물론, WordPress, LAMP, Node.js, Django, GitLab 등 인기 있는 애플리케이션 및 개발 스택이 사전 구성된 이미지를 선택하여 즉시 개발을 시작할 수 있습니다. 이를 통해 클라우드 리소스를 손쉽게 배포 및 관리하고, 다양한 서비스를 실험하거나 학습하는 데 유용합니다.

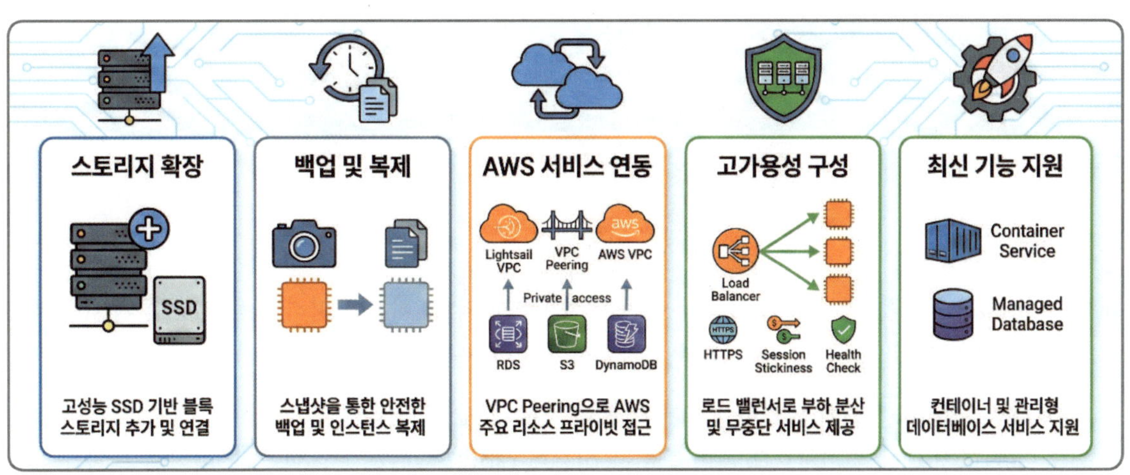

[그림 11-5] Amazon Lightsail 주요 기능적 특징

또한 서비스 규모가 성장함에 따라 유연하게 기능을 확장할 수 있는 다양한 옵션을 제공합니다.

- **스토리지 확장:** 데이터 저장 공간이 부족할 경우, 고성능 SSD 기반의 블록 스토리지를 추가하여 인스턴스에 연결할 수 있습니다.
- **백업 및 복제:** 인스턴스와 디스크의 스냅샷 기능을 통해 데이터를 안전하게 백업하고, 이를 기반으로 똑같은 환경의 새로운 인스턴스를 복제할 수 있습니다.
- **AWS 서비스 연동:** VPC Peering 기능을 통해 Lightsail 네트워크와 AWS의 기본 VPC를 연결할 수 있습니다. 이를 통해 Lightsail 인스턴스에서 Amazon RDS, S3, DynamoDB 등 다른 강력한 AWS 리소스에 프라이빗하게 접근하여 서비스를 확장할 수 있습니다.
- **고가용성 구성:** Lightsail 로드 밸런서를 사용하여 트래픽을 여러 인스턴스로 분산(부하 분산)할 수 있습니다. 이를 통해 암호화된 트래픽(HTTPS) 처리, 세션 지속성 유지, 자동 상태 검사를 수행하여 장애 시에도 중단 없는 고가용성 서비스를 제공합니다.
- **최신 기능 지원:** 최근에는 가상 서버뿐만 아니라 컨테이너 서비스(Container Service)와 관리형 데이터베이스(Managed Database) 기능도 제공하여 인프라 관리 부담 없이 애플리케이션 배포와 데이터 관리에 집중할 수 있는 환경을 지원합니다.

▌4-1 Amazon Lightsail 사용 가능한 리전/가용 영역

Lightsail은 15개의 글로벌 리전과 38개의 가용 영역을 통해 웹 사이트 및 앱이 필요한 곳에 Lightsail 서버를 생성할 수 있습니다.

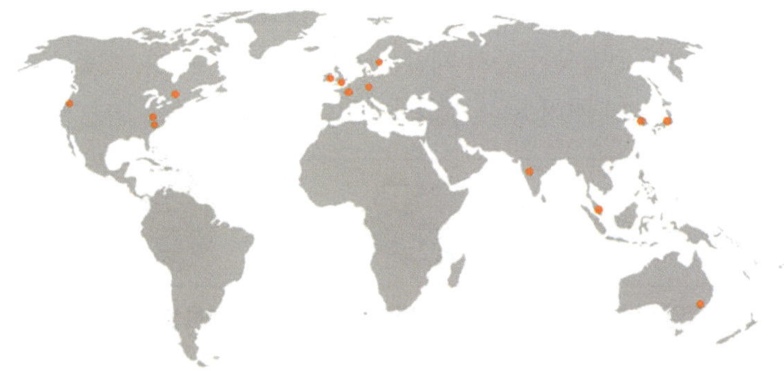

[그림 11-6] Amazon Lightsail 사용 가능 리전

처음 Lightsail 서버를 생성할 때 사용할 리전을 선택하게 되며, 리전에 따라 사용 가능한 가용 영역을 선택할 수 있으므로 로드 밸런서를 이용한 고가용성 구성이 가능합니다.

- **리전:** AWS 데이터 센터가 위치한 지리적 영역(예 서울, 도쿄, 버지니아 북부 등)
- **가용 영역:** 리전 내에 물리적으로 격리된 하나 이상의 데이터 센터로 하나의 가용 영역에 문제가 발생해도 다른 가용 영역은 정상적으로 운영되어 서비스 안정성을 높일 수 있습니다.

[그림 11-7] Amazon Lightsail 사용 가능 리전

가용 영역은 물리적으로 구분된 자체 독립 인프라에서 운영되는 데이터 센터를 모은 것입니다. 가용 영역은 높은 안정성을 갖추도록 설계되었습니다. 발전기 및 냉각 장비 등에 발생하는 일반적인 장애 사항은 가용 영역 간에 공유되지 않습니다.

가용 영역 역시 물리적으로는 분리되어 있으므로 화재, 토네이도 홍수 등 극한의 재해 상황이 발생하더라도 단 하나의 가용 영역에만 영향을 미치게 될 뿐입니다.

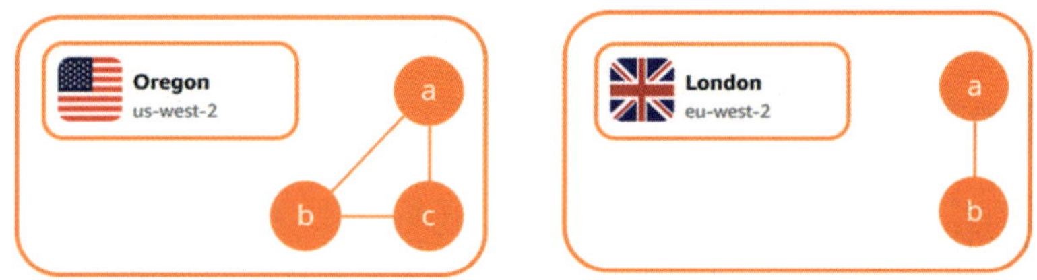

[그림 11-8] Amazon Lightsail 가용 영역

만일 가용성 확보를 위해 로드 밸런스 서비스를 구성한다면 Lightsail 서버를 각각 다른 가용 영역에 구성할 수 있으며, 이를 통해 단일 위치에서 장애가 발생할 경우에도 애플리케이션을 보호할 수 있습니다.

4-2 Amazon Lightsail 인스턴스 이미지

Amazon Lightsail은 소프트웨어나 프레임워크를 설치하는 시간을 줄일 수 있도록 Windows Platform 6개의 블루프린트, Linux Platform 29개의 블루프린트 등 다양한 종류의 Lightsail 인스턴스 이미지를 제공합니다. 운영체제만 설치된 'OS 전용' 이미지와 애플리케이션까지 미리 설치된 '앱+OS' 이미지를 제공하며, 사용자는 자신의 목적에 맞는 이미지를 선택하여 빠르게 서버를 생성할 수 있습니다.

- **OS 전용:** Amazon Linux, Ubuntu, CentOS, Debian, FreeBSD, Windows Server 등 다양한 운영체제 선택 가능
- **앱+OS:** WordPress, LAMP Stack, Node.js, GitLab, Redmine, Nginx, MEAN Stack, Django 등 인기 있는 애플리케이션 및 개발 스택 선택 가능

Lightsail은 Linux/Unix 기반 또는 Windows 기반의 두 가지 플랫폼 중 원하는 이미지를 선택할 수 있습니다. 세부 내용은 다음과 같습니다.

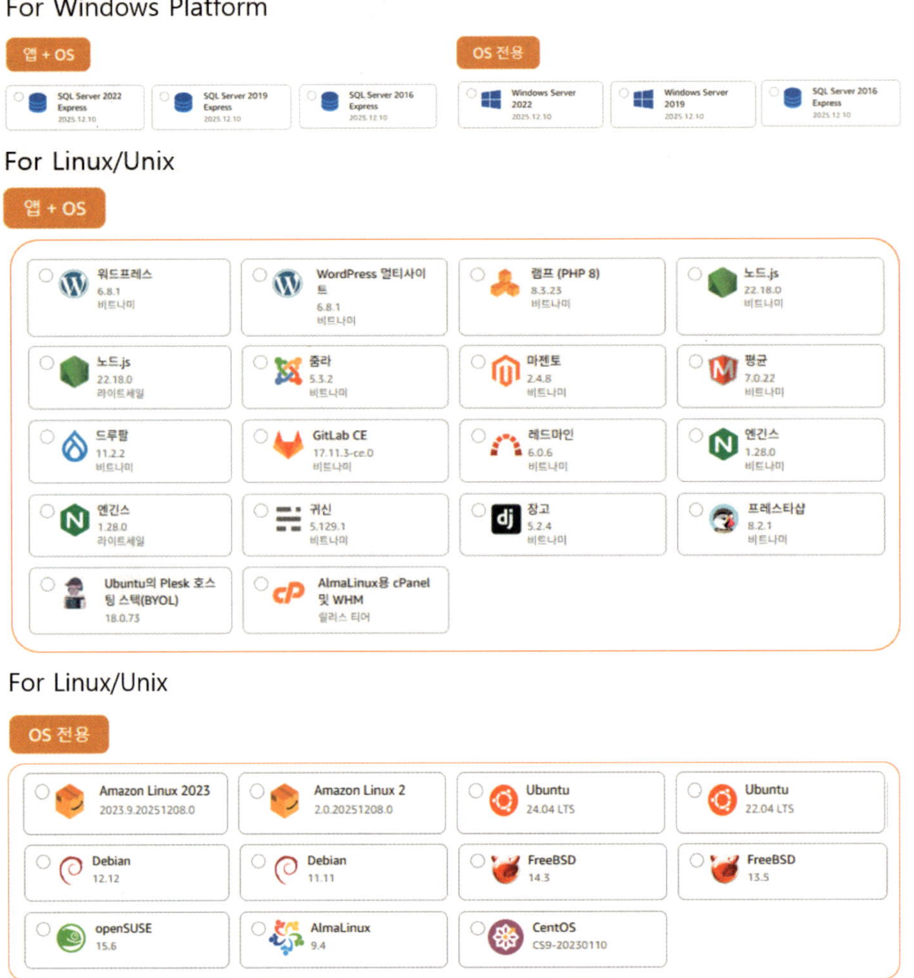

[그림 11-9] Amazon Lightsail에서 선택 가능한 인스턴스 이미지

▌4-3 **Amazon Lightsail 요금제**

요금제 개요

Amazon Lightsail은 가상 서버(인스턴스) 운영에 필요한 메모리(RAM), 컴퓨팅(vCPU), SSD 스토리지, 데이터 전송량을 하나의 패키지(Bundle)로 묶어 제공합니다. 복잡한 계산 없이 월별 고정 요금을 예측할 수 있다는 것이 가장 큰 장점입니다. Lightsail은 사용한 시간만큼만 요금을 지불하는 온디맨드(On-Demand) 방식을 따릅니다. 인스턴스를 실행한 시간당 요금이 부과되며, 한 달 동안 계속 실행할

경우, 해당 플랜의 '월별 요금'까지만 청구됩니다(월 최대 청구 시간은 720시간 기준). 만일 인스턴스를 월 중간에 삭제한다면, 사용한 시간만큼만 계산되어 청구됩니다.

필독 IPv4 및 IPv6 요금 정책 변화

2024년 2월부터 AWS의 공인 IPv4 주소에 대한 요금 정책이 변경됨에 따라 Lightsail 요금제도 'IPv6 전용 플랜'과 '듀얼 스택(IPv4+IPv6) 플랜'으로 구분되었습니다.

- **IPv6 전용 플랜:** 공인 IPv4 주소가 필요 없는 경우 더 저렴한 비용으로 이용할 수 있습니다(예 Linux 기준 월 3.50달러부터 시작).
- **듀얼 스택 플랜:** 기존처럼 공인 IPv4 주소가 포함된 플랜입니다. IPv4 주소 비용이 포함되어 IPv6 전용 플랜보다 가격이 조금 더 높습니다(예 Linux 기준 월 5.00달러부터 시작).

프리티어 혜택 활용하기

프리티어(Free Tier) Lightsail은 신규 고객에게 특정 플랜(예 Linux/Windows의 Nano, Micro, Small 인스턴스 등)에 한해 첫 3개월(또는 750시간) 동안 무료 혜택을 제공합니다. 이를 통해 비용 부담 없이 서비스를 체험하고 학습할 수 있습니다.

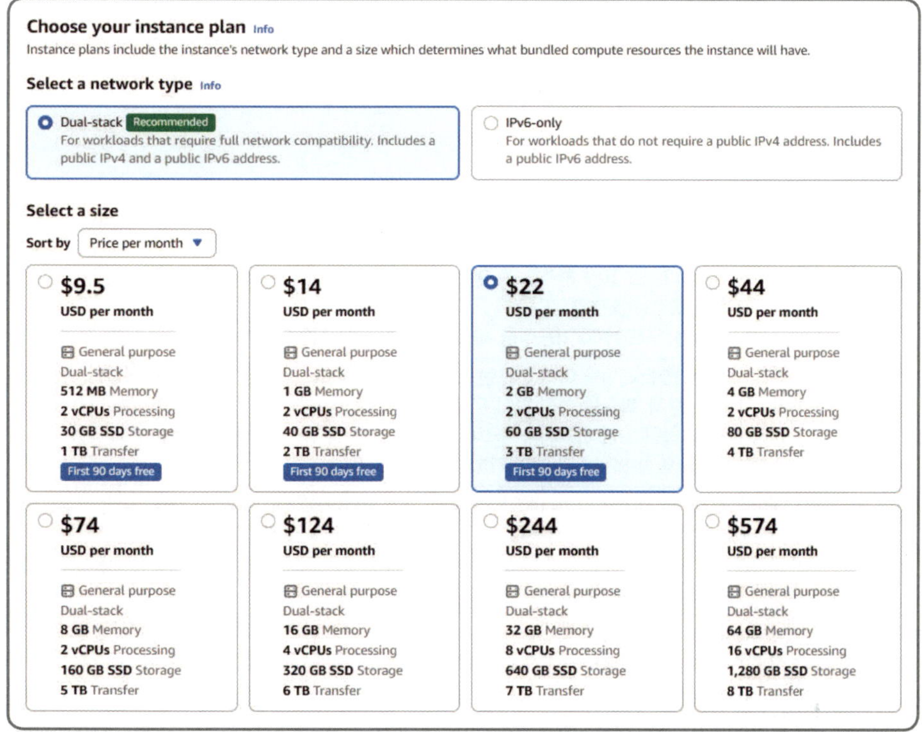

[그림 11-10] Amazon Lightsail 요금제

Lightsail 요금제는 기본적으로 서버 운영에 필수적인 요소들을 포함하고 있지만, 제공된 허용량을 초과하거나 추가 기능을 사용할 경우, 별도의 비용이 발생합니다.

[표 11-2] Lightsail **요금제(Bundle) 포함 내역 및 과금 정책**

구분	포함 사항(번들 내역)	미포함 사항(추가 과금)
기본 제공	• 컴퓨팅(vCPU): 플랜별 할당된 CPU 코어 수 • 메모리(RAM): 플랜별 할당된 메모리 용량 • 스토리지(SSD): 운영체제 및 데이터 저장 공간 • 데이터 전송량: 플랜별 월 무료 전송 허용량(아웃바운드) • DNS 관리: 계정당 도메인 영역 6개(Route53 기능의 일부) • IP 주소:(듀얼 스택 플랜 선택 시) 인스턴스용 고정 IPv4 주소 1개 포함	• 초과 데이터 전송: 월 무료 허용량 초과 시 GB당 과금(서울 리전 기준 약 0.13USD/GB, 리전별 상이) • 스냅샷: 백업 생성 및 보관 비용(GB당 미화 0.05달러/월) • 추가 블록 스토리지: 추가 디스크 연결 시(GB당 미화 0.10달러/월) • 로드 밸런서: 부하 분산 서비스 이용 시(월 미화 18달러) • 미사용 고정 IP: 인스턴스에 연결되지 않고 방치된 고정 IP(미화 0.005달러/시간)

※ 자세한 내용은 https://aws.amazon.com/ko/lightsail/faq/ 참조

4-4 애플리케이션 확장성과 고가용성 지원

Amazon Lightsail은 초기에는 단일 서버로 시작하더라도 프로젝트 규모가 커짐에 따라 로드 밸런서, 블록 스토리지, 관리형 데이터베이스, CDN 등을 추가하여 서비스의 안정성과 성능을 확장할 수 있습니다. 또한 VPC Peering을 통해 Lightsail의 간편함과 AWS의 강력한 기능을 결합한 하이브리드 아키텍처를 구성할 수 있습니다. 주요 서비스별 기능은 다음과 같습니다.

[표 11-3] Lightsail **블록 스토리지 특징**

구분	내용
Lightsail 블록 스토리지	• 고성능 SSD: 빠르고 지연 시간이 짧은 SSD 기반 스토리 제공 • 유연한 확장: 디스크 용량 부족할 때 몇 분 이내 디스크의 크기를 늘리거나 인스턴스당 여러 개의 디스크(최대 16TB/개) 연결 가능 • 데이터 안정성: 99.99%의 가용성을 제공하며, 데이터는 자동으로 암호화되어 안전하게 저장됨
Lightsail 로드 밸런서	• 트래픽 분산: 웹 트래픽을 여러 인스턴스로 분산하여 애플리케이션의 가용성과 내결함성을 강화 • 무료 보안 인증서: 복잡한 설정 없이 무료 SSL/TLS 인증서를 발급 및 자동 갱신하여 HTTPS 통신을 지원 • 상태 검사: 인스턴스 상태를 지속적으로 모니터링하여 장애가 발생한 서버로는 트래픽을 보내지 않음 • 고정 요금: 월 미화 18달러의 예측 가능한 비용으로 제공
Lightsail 관리형 데이터베이스 (최신 추가)	• 데이터 분리: 웹 서버와 데이터베이스를 분리하여 보안과 성능을 높일 수 있음 • 자동화된 관리: 백업, 패치 등 복잡한 DB 관리 작업을 AWS가 자동으로 수행 • 고가용성 모드: '고가용성(High Availability)' 옵션 선택 시 대기(Standby) 데이터베이스를 자동 생성하여 장애 발생 시 즉시 복구(Failover)
Lightsail CDN (최신 추가)	• 글로벌 전송: 전 세계에 분포된 Amazon CloudFront 네트워크를 통해 콘텐츠를 사용자에게 빠르게 전달 • 간편한 설정: 클릭 몇 번으로 CDN을 활성화하여 웹 사이트 로딩 속도를 획기적으로 개선할 수 있음
AWS Service 연동	• VPC Peering: Lightsail의 VPC와 AWS 기본 VPC를 비공개 네트워크로 연결 • 무한한 확장: S3(무제한 저장소), RDS(엔터프라이즈 DB), Lambda(서버리스) 등 200개 이상의 AWS 서비스와 연동하여 기능을 확장할 수 있음

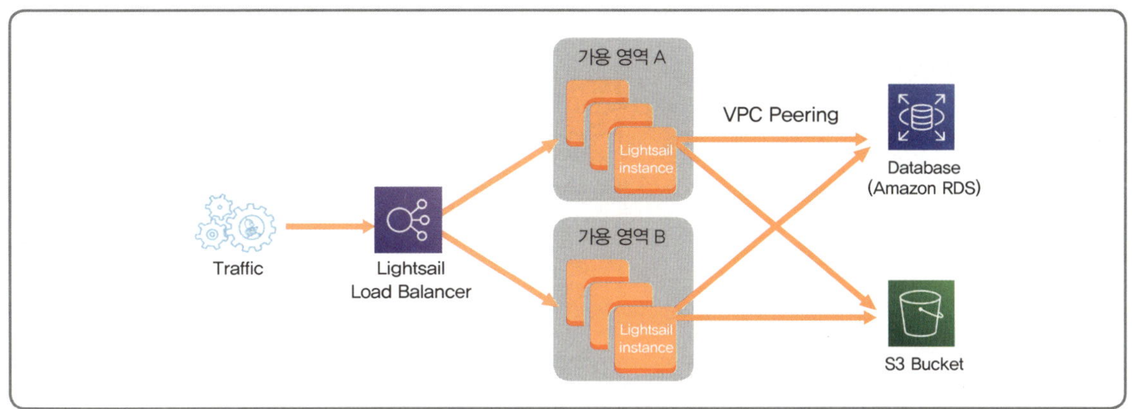

[그림 11-11] Amazon Lightsail 확장성과 고가용성

이처럼 Lightsail은 단순한 VPS를 넘어 로드 밸런서를 통한 부하 분산, 관리형 데이터베이스를 통한 데이터 안정성 확보, VPC Peering을 통한 AWS 생태계와의 연결을 통해 고가용성(High Availability) 애플리케이션을 손쉽게 구성할 수 있는 환경을 제공합니다.

05 실습 Amazon Lightsail 200% 활용하기

11부에서는 Amazon Lightsail을 사용하여 실제 서비스를 구축해 보는 두 가지 실습을 진행합니다. 첫째, 가장 대중적인 블로그 도구인 'WordPress'를 구축해 보며 가상 서버(VPS)의 기본 운영 방법을 익힙니다. 둘째, 최신 트렌드인 '컨테이너(Container)' 서비스를 통해 서버 관리 없이 웹 애플리케이션을 배포하는 방법을 배웁니다.

5-1 실습 1-기본 10분 만에 완성하는 나만의 워드프레스 블로그

Step 1 Lightsail 인스턴스 생성하기

01 Lightsail 콘솔에 접속하기 위해 AWS Management Console 상단 검색창에 'Lightsail'을 입력한 후 [Lightsail]을 선택합니다.

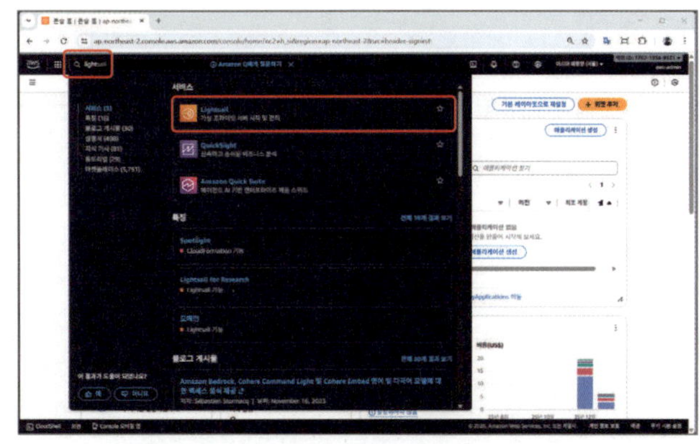

02 신규 인스턴스를 생성하기 위해 홈 화면에서 [Create Instance] 버튼을 클릭합니다.

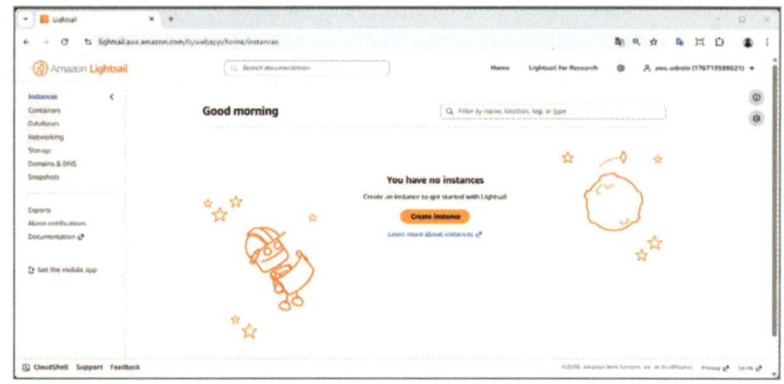

03 인스턴스 위치 및 이미지를 선택하기 위해 다음과 같이 설정합니다.

- 인스턴스 위치: 서울(ap-northeast-2) 리전이 선택되었는지 확인
- 플랫폼: Linux/Unix 선택
- 블루프린트: [앱+OS] 탭에서 [WordPress] 선택

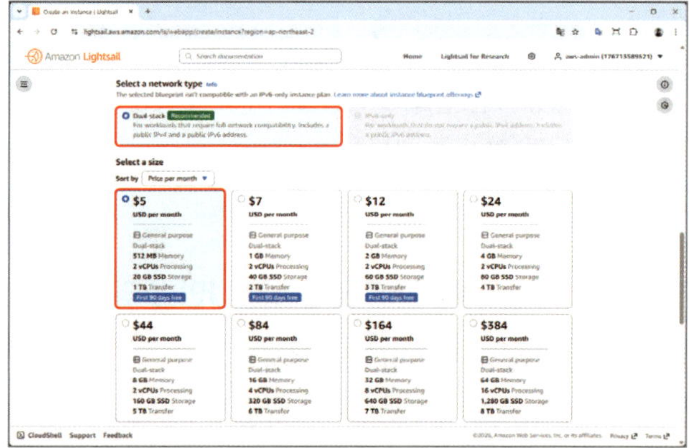

04 필독 인스턴스 플랜 선택 항목에서 다음과 같이 설정한 후 [Create Instance] 버튼을 클릭합니다.

- Select a Network Type: 네트워킹 유형에서 [Dual-stack] 선택
- Select Size: 월 미화 5달러(메모리 512MB) 선택(첫 3개월 무료 배지 확인)
- Instance Name: 인스턴스 이름에 'My-Blog' 입력

05 다음과 같이 WordPress용 Lightsail 인스턴스가 정상적으로 생성되었습니다.

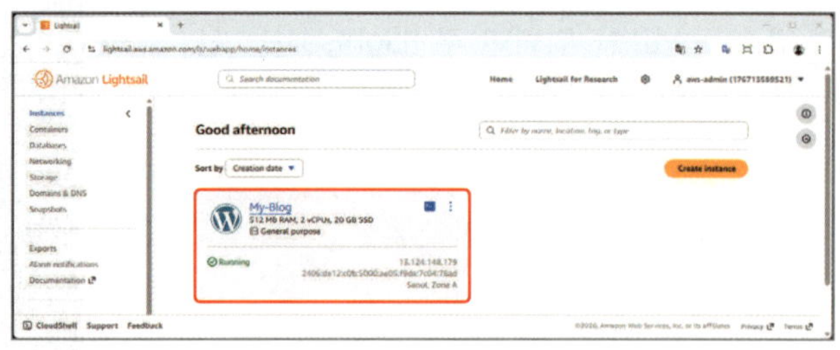

 고정 IP(Static IP) 생성 및 연결

서버를 재부팅해도 IP 주소가 바뀌지 않도록 고정 IP 연결 작업을 진행합니다.

01 생성된 Lightsail 인스턴스를 클릭한 후 상세 페이지에서 하단 **[네트워킹]** 탭으로 이동하고 **[Attach static ip]** 버튼을 클릭합니다.

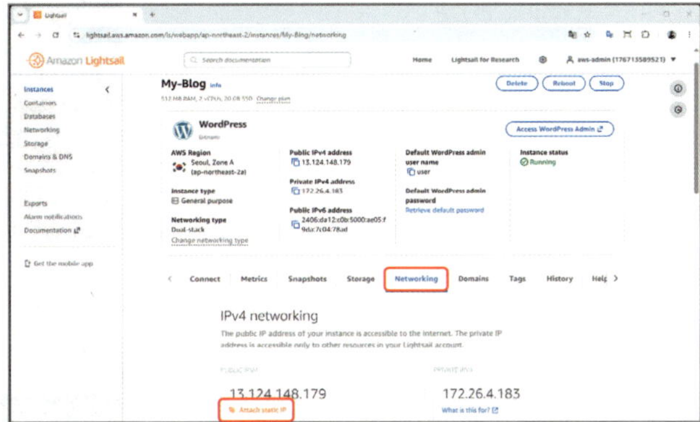

02 고정 IP와 연결하기 위해 '고정 IP 이름'을 'Static-IP-Blog'라고 입력한 후 **[Create and attach]** 버튼을 클릭합니다.

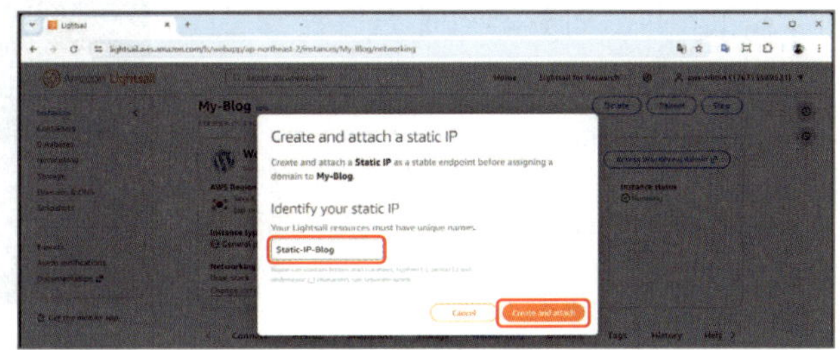

03 이제 화면에 표시된 퍼블릭 IP 주소(예 3.38.×××.×××)는 영원히 바뀌지 않는 내 블로그의 주소가 되었습니다.

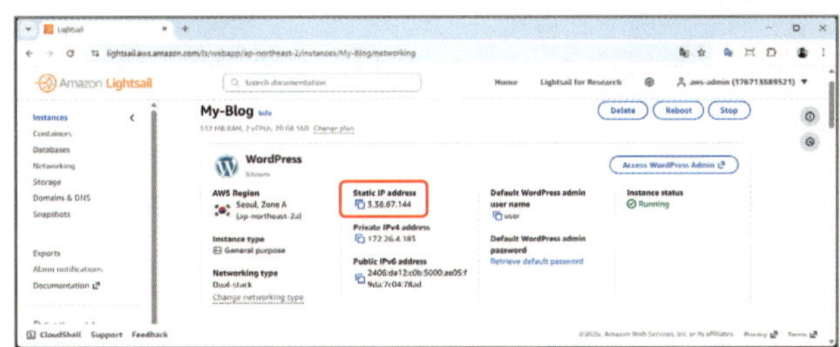

 관리자 비밀번호 확인 및 로그인

Amazon Lightsail로 생성된 WordPress는 보안을 위해 초기 비밀번호가 서버 내부에 숨어 있습니다. 이를 확인하고 로그인해 보겠습니다.

01 비밀번호를 확인하기 위해 Lightsail 홈으로 돌아와 인스턴스 우측의 **[터미널 아이콘]** ▷_ 을 클릭합니다.

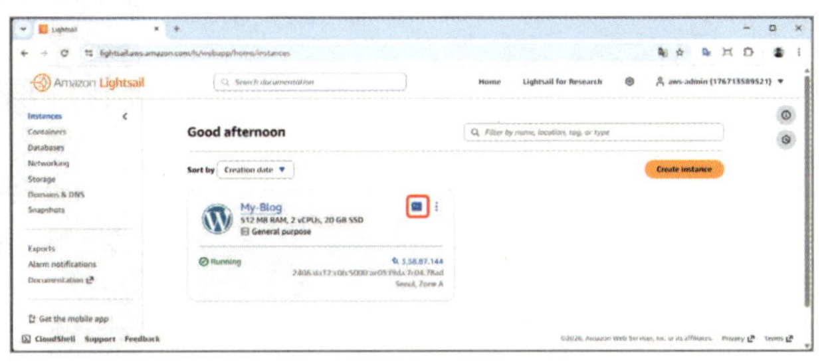

02 Amazon Lightsail용 웹 브라우저 기반의 SSH 창이 열립니다.

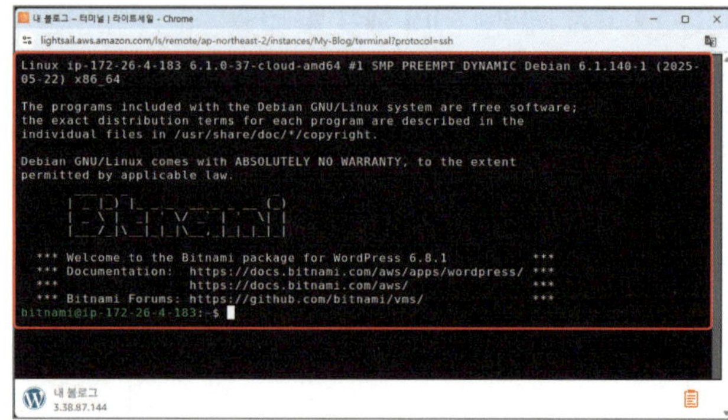

03 검은색 터미널 창이 나타나면 다음 명령어를 입력한 후 명령창에 다음과 같이 입력합니다. 이후 화면에 출력된 영문/숫자 조합의 문자열을 마우스로 드래그하여 복사해 둡니다.

`cat $HOME/bitnami_application_password`

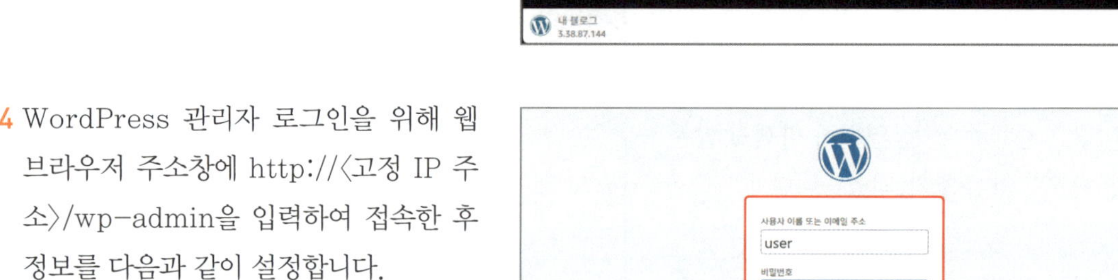

04 WordPress 관리자 로그인을 위해 웹 브라우저 주소창에 http://〈고정 IP 주소〉/wp-admin을 입력하여 접속한 후 정보를 다음과 같이 설정합니다.

- 접속 URL: http://〈고정 IP 주소〉/wp-admin
- Username: user
- Password: 복사해 둔 비밀번호

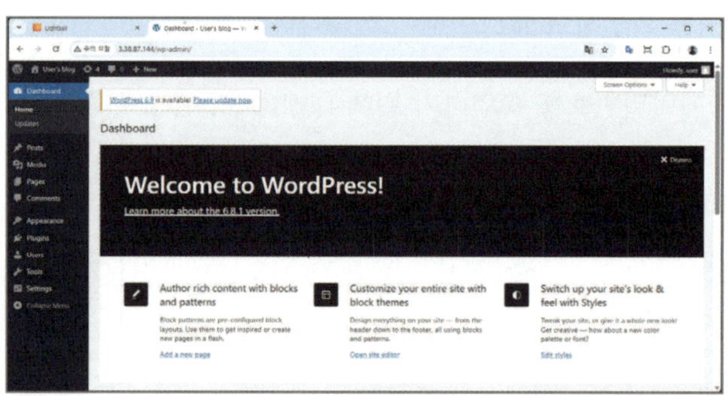

05 로그인이 성공하면 워드프레스 대시보드가 나타납니다. 이제 여러분만의 공간이 완성되었습니다.

Step 1 **컨테이너 서비스 생성**

01 Lightsail 홈 화면 상단 메뉴에서 [Containers]를 클릭한 후 [Create container service] 버튼을 클릭합니다. [컨테이너 생성] 페이지에서 옵션을 다음과 같이 설정한 후 [Create container service] 버튼을 클릭합니다.

- Container service location: '서울 리전'이 선택되었는지 확인
- Choose the power: 실습용이므로 가장 저렴한 [Nano](512MB RAM, 0.25
- vCPU) 플랜 선택
- Choose the Scale: '1' 설정
- Identify your Service: 'my-web-app' 입력

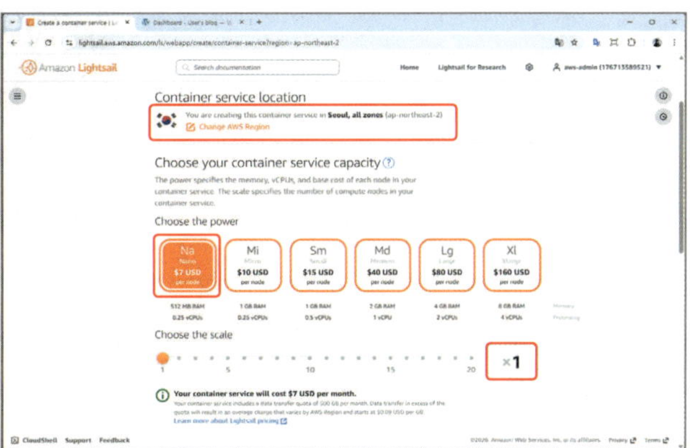

Step 2 **이미지 배포 및 실행(Sample 이미지 등록)**

텅 빈 서비스 공간에 실제 웹 사이트(이미지)를 채워 넣는 과정입니다.

01 배포를 설정하기 위해 [Getting started] 탭을 클릭한 후 [A Public registry] 버튼을 클릭하고 [Deploy containers from a public registry] 항목에서 [Create an example deployment] 버튼을 클릭합니다.

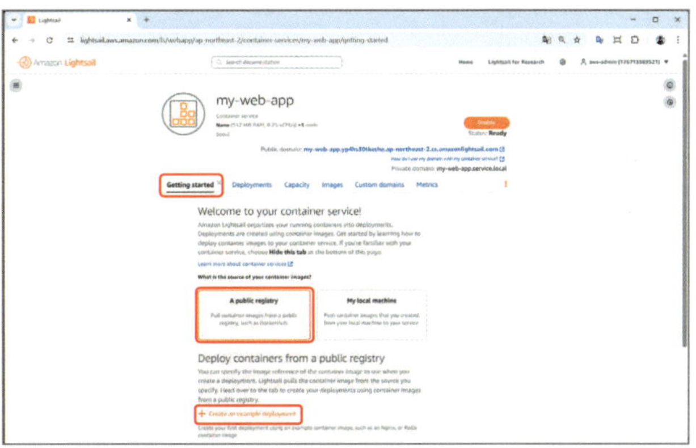

02 [Choose an example deployment] 항목에서 [Hello World]를 선택한 후 [Continue] 버튼을 클릭합니다.

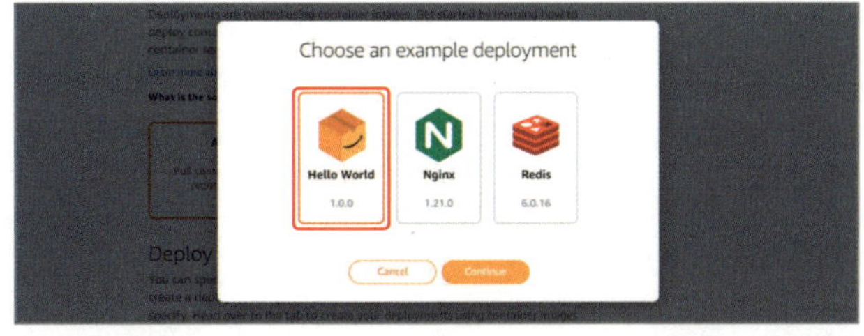

03 [컨테이너 설정] 페이지의 Container name에 [hello-world]를 입력한 후 [Create] 버튼을 클릭합니다.

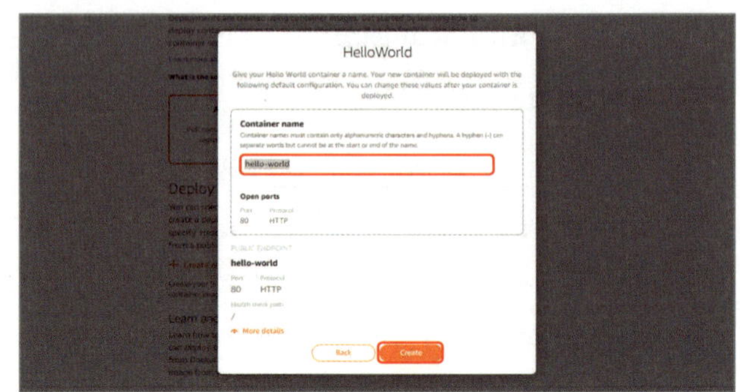

04 컨테이너 배포가 모두 완료되었습니다. 이후 접속 테스트를 위해서 상단의 Public domain 링크를 클릭합니다.

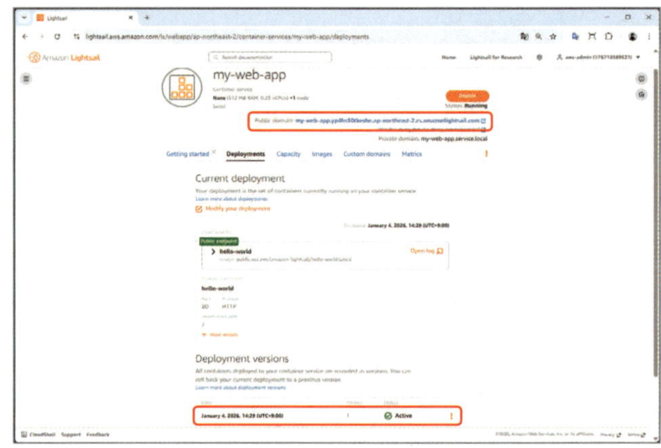

05 예제 이미지가 정상적으로 배포되어 오른쪽과 같은 샘플 페이지를 확인할 수 있습니다. 서버를 한 대도 만들지 않고 웹 서비스를 전 세계에 배포했습니다.

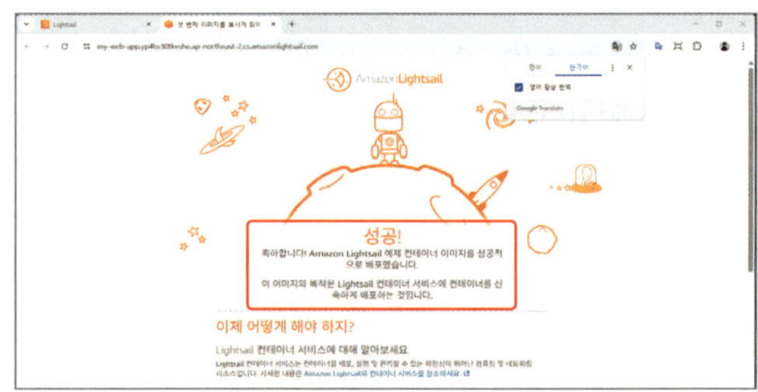

어린 시절, 동네 어귀의 작은 오락실은 스마트폰이 없던 우리에게 유일한 해방구였습니다. 50원 동전 하나로 '갤러그', '원더보이', '보글보글' 같은 게임에 빠져 시간 가는 줄 몰랐던 기억이 납니다. 한 판으로 몇 시간씩 버티면 오락실 주인 할아버지가 50원을 돌려 주며 다른 아이에게 양보하라고 등을 떠밀던 정겨운 풍경도 있었죠.

그러던 어느 날, 친구 집에서 처음 접한 RPG(Role-Playing Game)는 필자에게 신선한 충격이었습니다. 초라한 장비로 시작한 주인공이 수많은 역경을 딛고 성장하여 결국 마왕을 물리치고 세상을 구하는 대서사시! 그 스토리에 푹 빠져 밤을 지새우곤 했습니다.

문득, '우리의 인생도 그리고 클라우드를 배우는 이 과정도 RPG 게임과 다르지 않다.'라는 생각이 듭니다.

[그림 11-12] 닌텐도를 대표하는 걸작 RPG 젤다의 전설(출처: 구글)

목표를 향해 나아가고, 스킬을 연마하며, 동료와 협력하여 거대한 문제를 해결해 나가는 과정은 RPG 게임의 주인공이 겪는 모험과 닮아 있습니다. 여러분의 성장을 돕기 위한 '인생 RPG 공략법' 다섯 가지를 정리해 보았습니다.

첫째, 레벨업(Level Up)을 멈추지 마십시오. 게임에서 레벨을 올리려면 몬스터를 사냥하고 끊임없이 전투를 치러야 합니다. 때로는 강력한 적을 만나 쓰러지기도 하지만, 그 경험을 통해 우리는 더 강해집니다. 현실도 마찬가지입니다. 매일 반복되는 업무가 지루하게 느껴질 수 있지만, 그 속에서 경험치를 쌓아야 합니다. 그리고 성장이 정체되었다고 느낄 때 두려워하지 말고 새로운 프로젝트, 새로운 기술에 도전하십시오. 도전 없이는 레벨업도 없습니다.

둘째, 등을 맡길 수 있는 동료(Party)를 만드십시오. 혼자서 모든 적을 상대할 수는 없습니다. 내가 전사라면 뒤에서 지원해 줄 힐러가 필요하고, 마법사가 필요합니다. 회사 생활도 기술 공부도 혼자 하면 빨리 지치고 한계에 부딪힙니다. 나의 부족한 점을 채워 주고, 힘들 때 서로 의지하며 함께 문제를 해결해 나갈 든든한 동료를 찾으십시오. '빨리 가려면 혼자 가고, 멀리 가려면 함께 가라.'는 말은 진리입니다.

셋째, 나만의 스킬 트리(Skill Tree)를 완성하십시오. 게임 캐릭터는 직업에 따라 또는 플레이 스타일따라 스킬을 조합하여 자신만의 개성을 만듭니다. 여러분도 마찬가지입니다. 남들과 똑같은 스펙을 쫓기보다 자신의 강점을 극대화할 수 있는 '나만의 무기'를 갈고 닦으십시오. 클라우드 엔지니어라도 누군가는 보안에 특화되고, 누군가는 데이터 분석에 강점을 가질 수 있습니다. 대체 불가능한 자신만의 영역을 구축하는 것, 그것이 곧 경쟁력입니다.

넷째, 퀘스트(Quest)를 성실히 수행하십시오. 게임 속 마을 사람들의 사소한 부탁(퀘스트)을 들어 주다 보면 생각지 못한 보상을 얻거나 중요한 인연을 맺게 됩니다. 인생에서도 원하지 않는 일이나 하찮아 보이는 업무가 주어질 때가 있습니다. 하지만 그 작은 일들이 모여 평판을 만들고, 생각지 못한 기회로 연결되기도 합니다. 주어진 퀘스트를 성실히 수행하며 다양한 경험과 사람을 얻으십시오. 그것이 인생을 풍요롭게 만듭니다.

다섯째, 보스전을 두려워하지 마십시오. 각 스테이지의 끝에는 항상 강력한 보스가 기다리고 있습니다. 보스전은 어렵고 고통스럽지만, 이를 극복해야만 다음 스테이지로 넘어갈 수 있습니다. 인생의 목표를 달성하는 과정에서도 반드시 큰 시련이 찾아옵니다. 포기하고 싶을 만큼 힘들 수도 있습니다. 하지만 그 시련을 넘어서야만 비로소 '가치 있는 것'을 얻을 수 있습니다. 보스를 쓰러뜨린 후 쏟아지는 보상과 성취감은 그동안의 고통을 잊게 할 만큼 달콤할 것입니다.

[그림 11-13] 인생도 한 편의 RPG 게임

이 책을 통해 여러분의 '클라우드 능력치'가 조금이라도 상승했기를 바랍니다. 여러분의 인생이라는 게임이 언제나 '해피 엔딩'이기를 응원합니다.

실습에서 사용한 Lightsail 인스턴스와 컨데이터 삭제를 위해 다음 절차를 진행합니다.

01 [Amazon Lightsail **콘솔**] 페이지에서 왼쪽의 [Instance]를 클릭한 후 인스턴스 항목에서 [**추가 옵션**] 아이콘을 클릭하고 [Delete]를 클릭합니다.

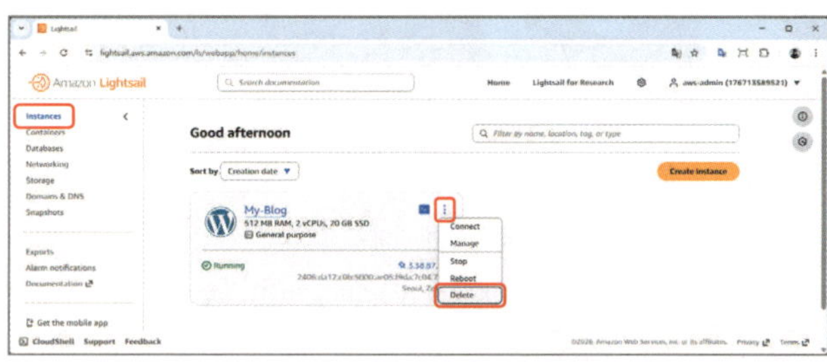

02 [Amazon Lightsail **콘솔**] 페이지에서 왼쪽의 [Containers]를 클릭한 후 컨테이너 항목에서 [**추가 옵션**] 아이콘을 클릭하고 [Delete]를 클릭합니다.

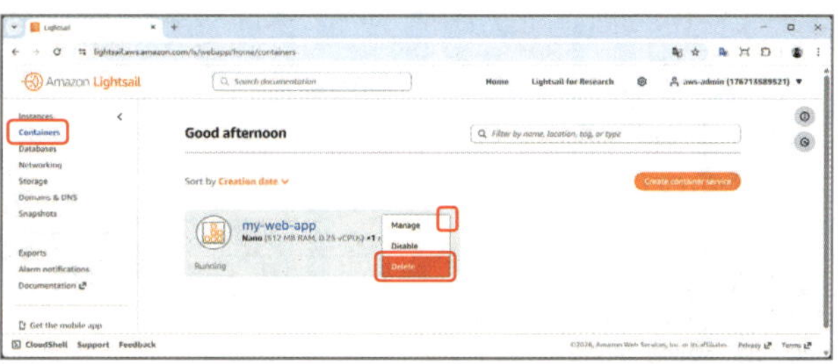

PART

12

서버 관리에서 해방!
Serverless와 Amazon
Bedrock으로 나만의
AI 비서 만들기

우리는 지금까지 꽤 긴 여정을 달려왔습니다. EC2 인스턴스를 생성하고, 터미널에 접속해 명령어를 입력하고, 워드프레스를 설치하며 '서버(Server)'라는 집을 짓고 관리하는 법을 배웠습니다. 이것은 클라우드의 가장 기본이자 핵심 기술입니다.

하지만 기술의 발전 속도는 우리의 상상을 뛰어넘습니다. 이제 IT 업계는 '서버를 얼마나 잘 관리하느냐'를 넘어 '서버 관리 자체를 없애고 서비스에만 집중하자.'는 방향으로 나아가고 있습니다. 심지어 그 위에 인간의 언어를 이해하는 '생성형 AI'까지 더해졌습니다.

12부에서는 AWS의 가장 최신 트렌드인 서버리스(Serverless)와 아마존 베드록(Amazon Bedrock)을 결합하여 서버를 단 한 대도 만들지 않고 '나만의 AI 비서'를 만드는 마법 같은 경험을 해 보겠습니다.

우리는 매일 맛있는 한 끼를 위해 직접 장을 봐서 요리를 하거나 간편한 밀키트를 조리하거나 배달 앱으로 완성된 요리를 주문하기도 합니다. 최근 큰 인기를 끌었던 넷플릭스 시리즈 〈흑백요리사〉를 보며 군침을 삼키신 분들이 많을 것입니다.

[그림 12-1] 요리에만 집중하는 셰프와 서버리스(Serverless)의 공통점(출처 : Netflix 코리아 홈페이지)

화면 속 셰프들이 만들어 내는 환상적인 요리는 그들의 피나는 노력과 독창적인 레시피가 만들어 낸 결과물입니다. 그런데 만약, 이 셰프들에게 요리를 하기 위해 직접 밭을 갈고 소를 키우라고 했다면 어땠을까요? 아마 요리에 쏟을 시간과 에너지를 뺏겨 최고의 맛을 내기 어려웠을 것입니다. 최고의 셰프는 '재료 생산'이 아닌 '요리 그 자체'에 집중해야 합니다.

클라우드 기술도 이와 똑같이 진화하고 있습니다. 과거에는 우리가 직접 서버를 설치하고 구성하는 '밭을 가는 일'부터 해야 했다면, 이제는 서버리스(Serverless)라는 혁신적인 방식이 등장했습니다.

서버리스는 서버 관리는 클라우드 제공자에게 맡기고, 개발자는 오직 '코드(레시피)'와 '서비스(맛)' 개발에만 집중할 수 있게 해 주는 기술입니다. 요리의 방식이 진화했듯 클라우드가 어떻게 진화했는지를 알기 쉽게 비유해 드리겠습니다.

클라우드 컴퓨팅이 발전해 온 과정을 우리가 매일 접하는 '저녁 식사 준비'에 비유해 볼까요?

IaaS(EC2, Lightsail)=마트에서 장봐서 요리하기

우리가 지금까지 실습했던 EC2나 Lightsail은 마치 마트에서 식재료를 직접 사서 요리하는 것과 같습니다.

- 준비: 마트에서 싱싱한 식재료(CPU, RAM, 스토리지)를 직접 골라 담습니다.
- 요리: 집에 와서 재료를 씻고 다듬고(OS 설치, 보안 설정), 불 조절을 해가며 요리(서버 운영)를 완성합니다.
- 특징: 내 입맛대로 레시피를 바꿀 수 있는 자유도는 매우 높습니다. 하지만 요리 과정이 번거롭고, 식사가 끝난 후 설거지(유지 보수 및 장애 대응)까지 모두 직접 해야 하는 수고로움이 따릅니다.

Serverless(AWS Lambda)=밀키트(Meal Kit)

반면, 서버리스(Serverless)는 최근 유행하는 '밀키트'와 같습니다.

- 준비: 모든 재료가 완벽하게 손질되어 있고, 딱 필요한 만큼의 양념(환경 설정)이 들어 있습니다. 남은 재료를 보관할 냉장고(서버)를 관리하거나 재료가 상할까 봐(서버 다운) 걱정할 필요가 전혀 없습니다.
- 요리: 우리는 오직 '조리(코드 실행)'만 하면 됩니다.
- 특징: 가장 큰 장점은 '경제성'입니다. 직접 재료를 사면 쓰다 남은 채소를 버리게 되지만(유휴 자원 낭비), 밀키트는 딱 요리에 필요한 만큼만 비용을 지불하면 됩니다. 서버리스 역시 코드가 실행되는 시간 동안만 비용을 내기 때문에 매우 경제적입니다.

핵심적인 내용은 IaaS가 '내 마음대로 할 수 있는 대신 귀찮은' 방식이라면, Serverless는 '귀찮은 건 다 맡기고 핵심(요리/코드)에만 집중하는' 효율적인 방식입니다.

서버리스는 서버가 없는 것이 아니라, '내가 관리할 서버'가 없는 것입니다.

[그림12-2] IaaS와 Serverless 비교

▌1-2 AI의 진화: 계산기에서 예술가로, 위대한 여정

서버 관리의 부담이 사라진 자리를 이제는 AI(인공지능)가 채우고 있습니다. 하지만 오늘날 우리가 열광하는 챗GPT와 같은 AI는 하루아침에 뚝딱 만들어진 것이 아닙니다. 단순한 '전자 계산기'에 불과했던 컴퓨터가 스스로 생각하고 창조하는 '지능'을 갖기까지 AI는 수십 년간의 긴 겨울과 몇 번의 혁명적인 봄을 겪었습니다. 그 거대한 흐름을 이해하면 AWS의 최신 AI 서비스를 다루는 우리의 자세가 달라질 것입니다.

Step 1 태동과 꿈: '기계가 생각할 수 있을까?'(1950년대)

AI의 역사는 1956년, 미국 다트머스 대학교(Dartmouth College)에서 열린 한 컨퍼런스에서 시작되었습니다. 존 매커시(John McCarthy)를 비롯한 선구자들은 이곳에서 처음으로 '인공지능(Artificial Intelligence)'이라는 용어를 사용하며, '인간의 지능을 기계로 시뮬레이션 하겠다.'라는 당찬 꿈을 꿉니다.

[그림 12-3] 1956년 미국 다트머스 대학교 컨퍼런스 참석자

이 시기의 AI는 '규칙 기반(Rule-based)' 시스템이었습니다. 'A가 입력되면 B를 출력하라.'는 수많은 규칙을 사람이 일일이 코딩해 넣는 방식이었습니다. 엄밀히 말하면 복잡한 연산을 빠르게 수행하는 '고성능 전자 계산기'에 가까웠습니다.

Step 2 시련의 계절: AI의 겨울(AI Winter)

하지만 현실의 벽은 높았습니다. 인간의 언어나 복잡한 현실 세계를 규칙 몇 개로 정의하는 것은 불가능했습니다. 컴퓨터의 성능은 터무니없이 부족했고, 데이터도 없었습니다.

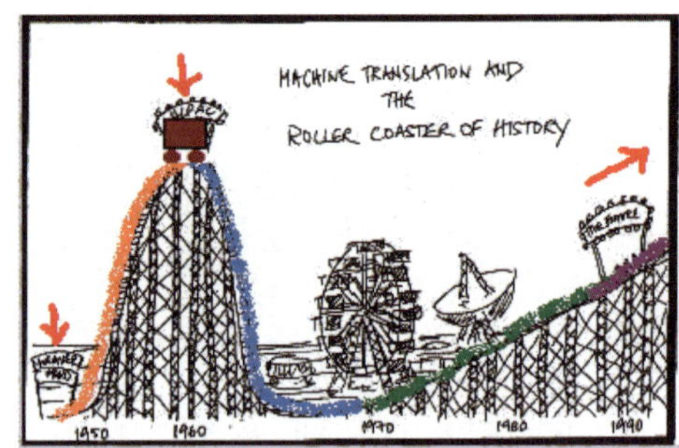

[그림 12-4] ALPAC의 책임자인 존 R. 피어스(왼쪽)와 ALPAC 보고서(오른쪽)

기대가 실망으로 바뀌면서 연구 자금이 끊기고 대중의 관심이 차갑게 식어버린 시기를 우리는 'AI의 겨울(AI Winter)'이라 부릅니다.

긴 겨울을 깨운 것은 인터넷의 보급과 함께 쌓이기 시작한 '데이터'였습니다.

- **변화:** 개발자들은 '규칙을 일일이 짜지 말고, 기계가 데이터를 보고 스스로 규칙을 찾게 하자.'라는 아이디어를 냈습니다. 이것이 바로 머신러닝(기계학습)입니다.

[그림 12-5] 체커 게임을 배우는 머신러닝 알고리즘을 테스트하는 아서 사무엘

- **비유:** 아이에게 문법 책을 외우게 하는 것(규칙 기반)이 아니라 수천 권의 동화책을 읽어 주며 자연스럽게 언어를 깨우치게 하는 방식(머신러닝)으로 진화한 것입니다.

Step 4 **두뇌를 모방하다. 딥러닝(Deep Learning)과 GPU의 혁명**

2010년대에 들어서며 또 한 번의 폭발적인 도약이 일어납니다. 인간의 뇌신경망(뉴런)을 모방한 '인공신경망(Artificial Neural Network)' 기술이 등장했기 때문입니다.

- **딥러닝(Deep Learning):** 신경망을 아주 깊게(Deep) 쌓아 올려, 기계가 사람처럼 복잡한 패턴을 인식하게 만든 기술입니다.

[그림 12-6] Nvidia GPU와 모나리자 시연

- **GPU의 재발견:** 이 복잡한 연산을 처리하기 위해 그래픽 처리에 쓰이던 GPU(그래픽 카드)가 AI 연산에 투입되면서 속도가 비약적으로 빨라졌습니다. 2016년, 이 기술로 무장한 '알파고'가 인간 바둑 챔피언을 꺾으며 전 세계에 충격을 주었습니다.

우리는 '생성형 AI'라는 새로운 시대를 맞이했습니다. 기존의 AI(딥러닝)가 '이 사진이 고양이인가?'를 판별하는 '모범생(분석형 AI)'이었다면, 생성형 AI는 "고흐 스타일로 춤추는 고양이를 그려 줘."라는 명령에 세상에 없던 그림을 그려 내는 '예술가(창작형 AI)'입니다. 이것이 가능한 이유는 전 세계의 모든 텍스트와 이미지를 미리 학습한(Pre-trained) 거대 모델, 즉 '파운데이션 모델(Foundation Model)'이 등장했기 때문입니다.

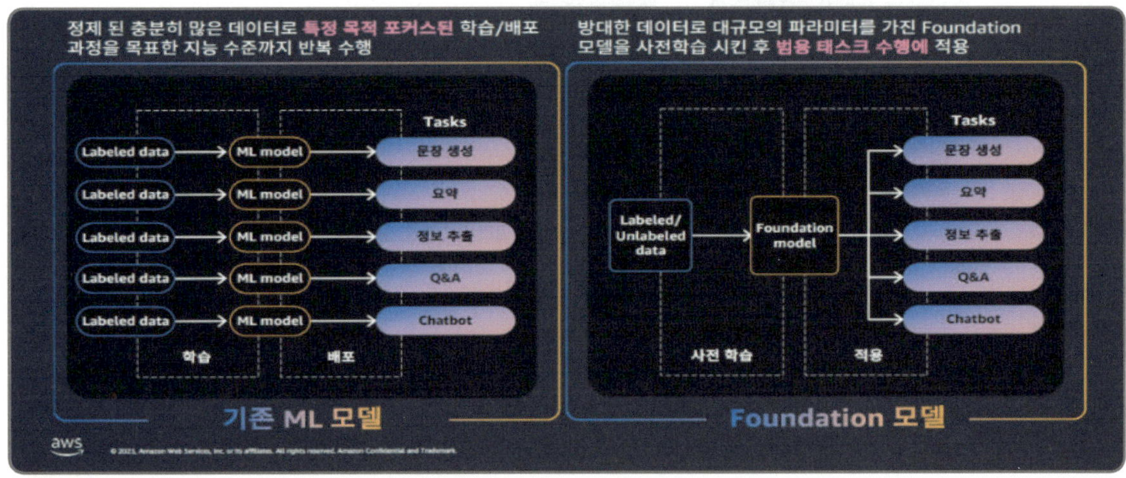

[그림 12-7] 기존 ML 모델 vs. Foundation 모델(출처: AWS Industry Week)

이제 AI는 단순한 분석 도구를 넘어 코드를 짜고, 글을 쓰고, 그림을 그리는 '창조적 파트너'가 되었습니다.

1-3 AWS Generative AI Stack(The 3-Layer Stack)

AWS는 생성형 AI 시대를 맞아, 기술 스택을 3단계로 새롭게 정의했습니다. 이 구조를 이해해야 내가 '무엇을 하는 사람인지'가 명확해집니다.

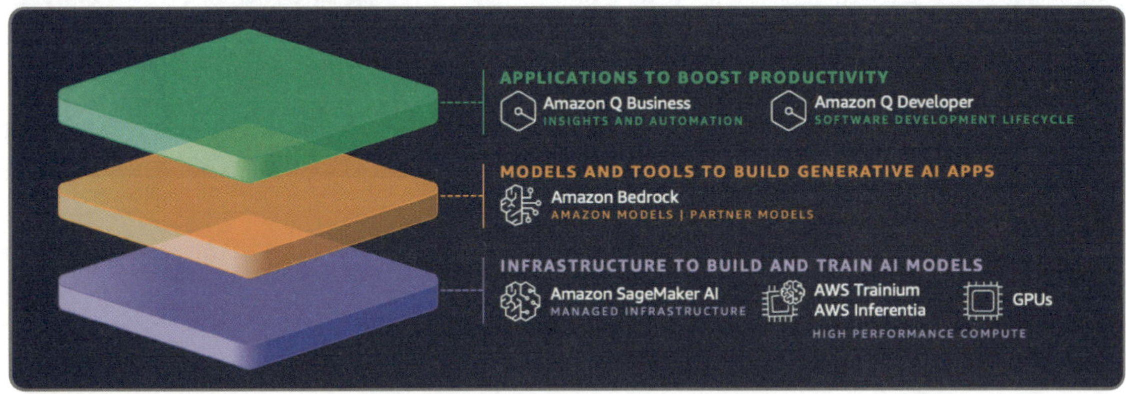

[그림 12-8] 생성형 AI 기술 스택: 인프라 계층(Infrastructure)

1층 인프라 계층(Infrastructure for FM training & inference)–'농부의 영역'

- **대상:** AI 전문 연구원, 반도체/하드웨어 엔지니어, 초거대 기업의 인프라 담당자
- **어떤 일을 하나요?:** 이곳은 AI 모델이 탄생하고 자라나는 '토양'을 다루는 곳입니다. AWS가 직접 설계한 AI 전용 두뇌인 Trainium(학습용), Inferentia(추론용) 칩이나 NVIDIA의 최신 GPU가 장착된 슈퍼컴퓨터급 인스턴스를 관리합니다.
- **비유(농부):** 최고의 요리를 만들기 위해 직접 밭을 갈고, 씨를 뿌리고, 소를 키우는 '농부'와 같습니다. 밑바닥부터 파운데이션 모델을 직접 학습(Training)시키는 영역이라, 막대한 비용(수억~수천억 원)과 고도의 하드웨어 지식이 필요합니다.
- **우리의 태도:** "대단하군!" 하고 박수만 치면 됩니다. 우리가 직접 들어갈 일은 거의 없습니다.

2층 모델 및 도구 계층(Tools to build with FMs)–'셰프의 영역(우리의 위치)'

- **대상:** 애플리케이션 개발자(바로 우리!), 데이터 과학자, 빌더(Builder)
- **어떤 일을 하나요?:** 여기가 바로 Amazon Bedrock이 위치한 곳입니다. 1층의 농부들이 땀 흘려 키워 낸 최상급 재료(Claude 3, Llama 3, Titan 등)가 잘 손질되어 진열된 거대한 식료품점과 같습니다. 우리는 여기서 마음에 드는 모델을 골라, 우리만의 데이터와 프롬프트라는 양념을 쳐서 서비스를 만듭니다.
- **비유(셰프):** 완벽하게 준비된 '밀키트(Meal Kit)'를 이용해 창의적인 요리를 하는 '셰프'입니다. 농사(인프라 관리) 걱정은 접어 두고, 오직 '어떤 맛있는 서비스(앱)를 만들까?'라는 아이디어와 레시피(코드) 개발에만 집중하면 됩니다. 12부에서 우리가 활약할 무대가 바로 여기입니다.

3층 애플리케이션 계층(Applications that use LLMs)–'미식가의 영역'

- **대상:** 일반 사용자, 비즈니스 직원, 마케터
- **어떤 일을 하나요?:** Amazon Q와 같이 코딩을 전혀 몰라도 바로 쓸 수 있는 완성된 서비스들입니다. 우리가 흔히 쓰는 챗봇 서비스들이 여기에 속합니다. 채팅창에 "지난달 매출 분석해 줘."라고 물으면 알아서 척척 답을 줍니다.
- **비유(미식가):** 근사한 식당에 앉아서 셰프가 내오는 요리를 즐기기만 하는 '손님'입니다. 매우 편리하지만, 내 입맛대로 간을 맞추거나(기능 수정), 메뉴에 없는 새로운 요리(나만의 서비스)를 만들어 낼 수는 없습니다. 우리는 이 서비스를 '쓰는' 사람이 아니라 이 서비스를 '만드는' 사람이 되어야 합니다.

[그림 12-9] 생성형 AI 기술 스택: 도구 및 모델 계층(Amazon Bedrock)

결국 이 책을 읽고 있는 여러분은 3층의 '사용자'가 아니라 2층의 도구를 활용해 3층의 서비스를 만들어 내는 '빌더(Builder)'가 되어야 합니다. 그리고 12부에서는 바로 그 2층의 핵심 도구인 Amazon Bedrock을 다루게 될 것입니다.

▌1-4 프롬프트와 프롬프트 엔지니어링: AI와 대화하는 기술

앞서 우리는 AWS가 제공하는 최고의 AI 모델들이 모인 '주방(Bedrock)'에 들어왔습니다. 이제 이 유능한 셰프(AI 모델)들에게 요리를 시켜야 합니다. 그런데 이 셰프들은 파이썬이나 자바 같은 복잡한 코드를 몰라도 됩니다. 대신 우리말, 즉 '사람의 언어(자연어)'를 알아듣습니다. 이때 우리가 AI에게 건네는 말이 바로 '프롬프트(Prompt)'이며, 이 말을 잘하는 기술이 '프롬프트 엔지니어링(Prompt Engineering)'입니다.

프롬프트: AI에게 건네는 주문서

프롬프트는 거창한 것이 아닙니다. ChatGPT나 Bedrock의 채팅창에 입력하는 모든 텍스트가 곧 프롬프트입니다. 질문, 지시 예시 문맥 등 AI가 작업을 수행하는 데 필요한 모든 입력 값을 의미합니다.

[그림 12-10] 프롬프트(Prompt)의 개념: 셰프에게 건네는 주문서

- **비유:** 식당에 가서 셰프에게 건네는 '주문서'와 같습니다.
  - "점심 메뉴 추천해 줘."→이것이 바로 프롬프트입니다.

문제는 이 AI 셰프들이 실력은 뛰어나지만, '눈치'가 없다는 점입니다. 그냥 "점심 추천해 줘."라고만 하면, AI는 한식인지 양식인지, 예산은 얼마인지, 알레르기는 없는지 모른 채 아무거나 내 놓을 수 있습니다. 결과가 마음에 들지 않을 확률이 높죠.

원하는 결과를 얻으려면 구체적이고 명확하게 지시해야 합니다. 이처럼 AI가 최상의 결과물을 내 놓도록 프롬프트를 정교하게 설계하고 다듬는 과정을 '프롬프트 엔지니어링'이라고 합니다.

- 비유: 그냥 "밥 줘."가 아니라 "강남역 근처에서, 1인당 2만 원 이하로, 웨이팅이 없는 조용한 한식당을 3곳 추천해 줘. 각 식당의 대표 메뉴도 함께 알려 줘."라고 구체적인 주문서를 작성하는 능력입니다.

구분	나쁜 프롬프트(모호함)	좋은 프롬프트(구체적, 맥락 제공)
이메일 작성	고객에게 사과 메일 써 줘.	서비스 장애로 불편을 겪은 고객에게 보내는 사과 이메일 초안을 작성해 줘. 톤은 정중하고 진솔하게, 장애 원인(서버 과부하)과 보상안(1개월 무료 연장)을 반드시 포함해 줘.
코드 작성	파이썬으로 계산기 만들어 줘.	파이썬을 사용하여 덧셈, 뺄셈, 곱셈, 나눗셈이 가능한 간단한 계산기 함수를 만들어 줘. 사용자가 0으로 나누려고 할 때 오류를 처리하는 예외 처리(try-except) 코드를 포함해야 해.
아이디어 생성	마케팅 아이디어 좀 내 봐.	우리는 2030 여성을 타깃으로 하는 친환경 화장품 브랜드야. 인스타그램에서 진행할 수 있는 여름 시즌 이색 마케팅 캠페인 아이디어 5가지를 제안해 줘. 각 아이디어의 기대 효과도 한 줄로 요약해 줘.

[그림 12-11] 좋은 프롬프트와 나쁜 프롬프트의 차이

그럼 왜 프롬프트가 중요할까요? Amazon Bedrock은 Claude나 Nova와 같은 세계 최고의 AI 모델을 제공합니다. 하지만 아무리 좋은 모델이라도 '개떡 같이 말하면 개떡 같이 알아듣습니다.'

Bedrock이라는 강력한 도구의 잠재력을 100% 이끌어 내기 위해서는 AI가 내 의도를 정확히 이해할 수 있도록 '프롬프트를 잘 쓰는 능력'이 필수적입니다. 이것이 생성형 AI 시대의 새로운 코딩 능력이자 경쟁력입니다.

"그냥 11부에서 만든 워드프레스 서버(EC2)에 오픈소스 AI 모델을 설치해서 쓰면 안 되나요?"

물론 기술적으로는 가능합니다. 하지만 개인 개발자나 스타트업, 그리고 클라우드 초보자에게는 다음과 같은 치명적인 이유들로 인해 Serverless(Lambda)+Bedrock 조합을 강력하게 추천합니다.

3-1 비용 효율성: '택시비만 낼 것인가, 차를 렌트할 것인가?'

AI 서비스의 가장 큰 장벽은 비용입니다. AI 서비스를 구축하기 위해 우리는 직접 서비스를 구축할 것인지, 아니면 필요한 순간에만 선택적으로 사용할지를 선택할 수 있습니다.

EC2(직접 구축)=24시간 렌터카

쓸 만한 수준의 LLM(거대 언어 모델)을 돌리려면 고성능 GPU가 필요합니다. AWS의 GPU 인스턴스(예 g5.xlarge)를 빌리면, 사용하지 않는 새벽 시간에도 시간당 요금이 계속 부과됩니다. 한 달 내내 켜 둘 경우, 아무도 접속하지 않아도 최소 수십만 원에서 수백만 원의 고정 비용이 발생합니다. '숨만 쉬어도 돈이 나가는' 구조입니다.

Serverless+Bedrock=필요한 순간에만 타는 택시

Serverless는 '이벤트 기반(Event–driven)'입니다. 사용자가 질문을 던지는 그 순간에만 코드가 실행되고 과금됩니다. Bedrock 역시 처리한 토큰(글자 수) 단위로만 요금을 받습니다.

결론적으로 AI 서비스를 사용하는 사용자가 없으면 비용은 정확히 '0원'되는 Serverless를 선택하는 것이 효과적입니다. 초기 자본이 없는 개발자에게 이보다 더 완벽한 요금 체계는 없습니다.

3-2 관리의 편의성: '지옥의 의존성 관리에서 탈출하라.'

AI 모델을 직접 운영해 본 개발자들은 알 것입니다. AI 서비스 개발 외에 서버 관리 및 운영이 얼마나 힘들고 어려운 일인지에 대해 1부부터 11부까지 공부하신 분들이라면, 여러분은 잘 이해할 것입니다.

직접 구축의 고통

- 용량 문제: 최신 LLM 모델 파일은 수십 기가바이트(GB)에 달합니다. 이를 저장할 디스크 공간을 확보해야 하고, 실행하려면 엄청난 크기의 VRAM(비디오 메모리)이 필요합니다.
- 호환성 지옥: Python 버전, PyTorch 버전, CUDA 드라이버 버전이 조금만 안 맞아도 에러가 뿜어져 나옵니다. 이를 해결하다가 며칠 밤을 새우기 일쑤입니다.
- 업데이트: 매주 새로운, 더 똑똑한 모델이 나옵니다. 그때마다 서버를 멈추고 모델을 다시 다운로드하고 세팅해야 합니다.

Bedrock의 마법

- AWS가 이 모든 '차별화되지 않는 무거운 작업(Undifferentiated Heavy Lifting)'을 대신해 줍니다.
- 최신 모델(Claude 3.5, Llama 3 등)이 나오면, 우리는 콘솔에서 클릭 한 번으로 모델 ID만 바꿔 주면 끝입니다.
- 여러분은 인프라와 싸우는 시간을 아껴서 오직 '어떤 질문(Prompt)을 던져야 좋은 답이 나올까?'와 '사용자에게 어떤 가치를 줄까?'라는 핵심 고민에만 집중할 수 있습니다.

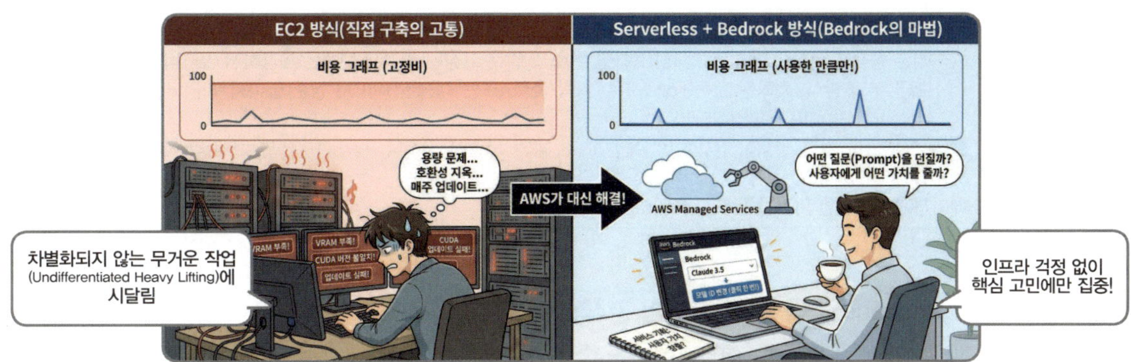

[그림 12-12] 비용 및 관리 효율성 비교

04 **Amazon Bedrock 소개**

Amazon Bedrock은 다양한 파운데이션 모델(Foundation Model)을 API로 제공하는 완전 관리형 서비스입니다. 쉽게 말해 'AI 모델 편집숍'입니다.

▌4-1 Amazon Bedrock이란?

과거에는 AI 모델을 쓰려면 복잡한 계약을 하거나 거대한 서버를 구축해야 했습니다. Bedrock은 AWS 계정만 있으면 API 호출 한 번으로 세계 최고의 AI 모델들을 내 마음대로 골라 쓸 수 있게 해 줍니다. 이 것이 바로 'AI의 민주화'입니다.

[표 12-1] Amazon Bedrock 서비스 개요

구분	내용
서비스명	Amazon Bedrock
설명	API를 통해 주요 파운데이션 모델을 손쉽게 사용할 수 있게 해 주는 완전 관리형 서비스로, 인프라를 관리할 필요 없이 생성형 AI 애플리케이션을 빠르고 안전하게 구축하고 확장할 수 있도록 지원합니다.
주요 특징	• 다양한 모델 선택권: Amazon(Titan)뿐만 아니라 AI 스타트업 및 주요 기업(Anthropic, Meta, Mistral, Cohere, AI21 Labs 등)의 고성능 파운데이션 모델을 한곳에서 선택하여 사용할 수 있습니다. • 완전 관리형 서버리스(Serverless): 별도의 서버나 인프라를 구축하고 관리할 필요 없이 API 호출만으로 AI 모델을 즉시 사용할 수 있어 개발 편의성이 높습니다. • 단일 API 사용: 모델 공급자가 달라도 통일된 API 인터페이스를 제공하므로 코드 변경을 최소화하면서 다양한 모델을 쉽게 교체하거나 테스트할 수 있습니다. • 데이터 보안 및 프라이버시: 사용자의 데이터는 기본 모델을 학습시키는 데 사용되지 않으며, AWS의 강력한 보안 제어 기능을 통해 데이터가 안전하게 보호됩니다. • 지식 기반(Knowledge Bases): RAG(검색 증강 생성) 기술을 통해 기업 내부의 데이터 소스를 AI와 연결하여 더 정확하고 맥락에 맞는 답변을 생성할 수 있습니다. • 에이전트(Agents): 단순한 답변 생성을 넘어 API 호출을 통해 여행 예약, 재고 조회 등 실질적인 작업을 수행하는 애플리케이션을 쉽게 만들 수 있습니다. • 가드레일(Guardrails): 유해한 콘텐츠나 원치 않는 주제를 필터링하여 책임감 있는 AI(Responsible AI) 정책을 서비스에 적용할 수 있습니다.

<table>
<tr><td rowspan="2">프리티어
(Free Tier)</td><td>• 별도의 기간제 무료 체험 없음(온디맨드 종량제)
– 기본 정책: Lightsail이나 EC2처럼 '3개월 무료'와 같은 고정된 기간제 혜택은 제공하지 않습니다.
– 요금 부과 방식: 처리된 토큰(Token) 수(입력/출력) 또는 생성된 이미지 장수에 따라 과금되는 온디맨드(On-Demand) 방식이 기본입니다.</td></tr>
<tr><td>참고 모델별로 가격 정책이 상이하며, 특정 기간 동안 모델 공급자나 AWS 프로모션에 따라 제한적인 크레딧이 제공될 수는 있지만, 기본적으로는 사용한 만큼 비용을 지불하는 구조입니다(사용 전 [AWS Bedrock 요금] 페이지에서 모델별 가격을 반드시 확인하시기 바랍니다).</td></tr>
</table>

▌4-2 Amazon Bedrock의 다섯 가지 핵심 경쟁력

Amazon Bedrock은 단순히 AI 모델을 빌려 주는 대여소가 아닙니다. 기업이 생성형 AI를 도입할 때 반드시 마주하게 되는 선택, 비용, 맞춤화, 실행, 안전이라는 다섯 가지 난제를 해결해 주는 통합 플랫폼입니다. 왜 수만 개의 기업이 Bedrock을 선택하는지 그 다섯 가지 핵심 이유를 살펴보겠습니다.

다양한 모델 선택 기회 제공(Model Choice): "모든 문제에 망치를 쓸 수는 없다."

비즈니스의 과제는 저마다 다릅니다. 간단한 이메일 초안 작성에는 가볍고 빠른 모델이 필요하고, 복잡한 법률 문서 분석에는 추론 능력이 뛰어난 똑똑한 모델이 필요합니다. Bedrock은 '적재적소(Right Tool for the Right Job)' 전략을 가능하게 합니다. Amazon Bedrock은 각각의 고객 니즈와 상황에 맞는 다양한 선택지를 제공합니다. 주요한 선택 가능한 인기 있는 모델은 다음과 같습니다.

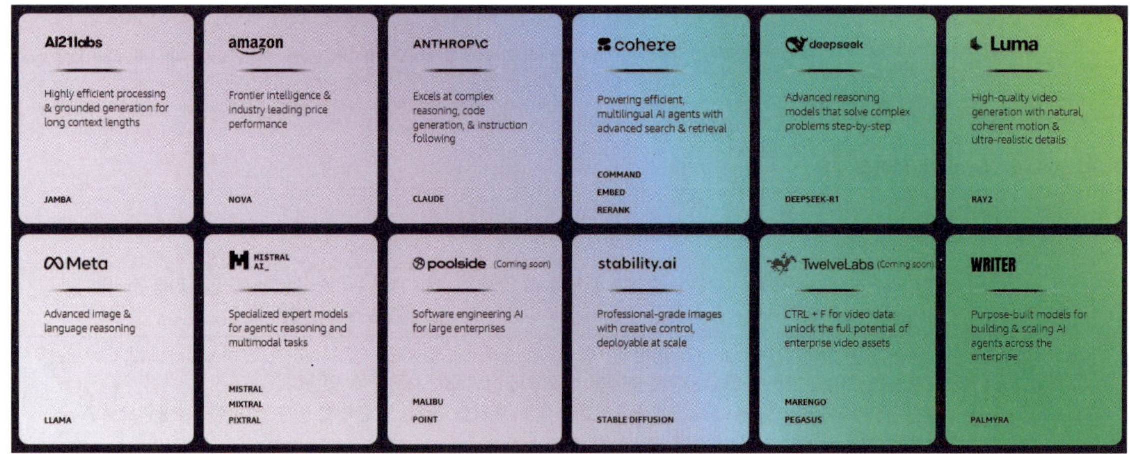

[그림 12–13] Amazon Bedrock에서 제공하는 다양한 파운데이션 모델(FM)

• **폭넓은 선택지:** Amazon이 직접 만든 Titan, Nova 모델뿐만 아니라 AI21 Labs, Anthropic (Claude), Cohere, Meta(Llama), Mistral AI, Stability AI 등 업계 최고의 파운데이션 모델들을 한곳에서 골라 쓸 수 있습니다. 주요한 Amazon Bedrock 모델은 다음과 같습니다.

모델 패밀리(Model)	주요 특징(Key Features)	추천 사용 사례(Use Cases)
Anthropic Claude 4.5	• 인간과 가장 비슷한 자연스러운 대화 능력 • 뛰어난 한국어 처리 및 작문 실력 • 복잡한 추론과 긴 문맥 이해에 강점	• 복잡한 질문 답변 및 데이터 분석 • 블로그/기사 작성, 코딩 지원 • 고품질 한국어 서비스 개발
Meta Llama 3	• 전 세계에서 가장 인기 있는 개방형 모델 • 가볍고 처리 속도가 매우 빠름 • 성능 대비 비용 효율성이 뛰어남	• 실시간 고객 응대 챗봇 • 단순 문서 요약 및 감정 분석 • 빠른 응답 속도 중요한 서비스
Amazon Titan/Nova	• AWS 서비스와 가장 완벽하게 호환 • 다양한 크기(Micro, Lite, Pro 등) 제공 • RAG(검색 증강 생성) 및 임베딩에 최적화	• 사내 지식 검색 시스템 구축 • 개인화 추천 및 검색 기능 • 대규모 데이터 처리 및 분류
Stability AI Stable Image	• 텍스트 명령어로 고품질 이미지 생성 • 사진, 그림, 로고 등 다양한 화풍 지원 • 프롬프트에 따른 정교한 편집 가능	• 마케팅용 이미지 및 로고 제작 • 웹툰/일러스트 초안 작업 • 게임/메타버스 디자인 생성

- **유연성:** 코드를 다시 작성할 필요가 없습니다. API 설정만 살짝 바꾸면 모델을 즉시 교체할 수 있습니다.
- **성공 사례(TUI):** 세계적인 여행 기업 TUI는 '하이브리드 전략'을 사용했습니다. 호텔 설명 초안은 가성비 좋은 Llama 모델로 작성하고, 다듬기와 형식 지정은 문장력이 좋은 Claude 모델에게 맡겼습니다. 그 결과, 8시간이 걸리던 콘텐츠 제작 업무를 단 몇 초 만에 끝낼 수 있었습니다.

생성형 AI 서비스 사용 비용에 대한 최적화: "AI 요금 폭탄? Bedrock에서는 남의 얘기입니다."

많은 분이 클라우드와 AI를 시작할 때 가장 먼저 하는 걱정은 바로 '요금 폭탄을 맞지 않을까?' 하는 두려움입니다. 특히, 고성능 AI 모델은 비싸다는 인식이 강하죠. 하지만 Amazon Bedrock은 이러한 사용자의 마음을 정확히 꿰뚫고 있습니다. 무조건 비싼 모델을 쓰는 것이 아니라 '필요한 만큼만, 가장 스마트하게' 사용하여 비용을 획기적으로 줄여 주는 비용 절감 마법을 제공합니다.

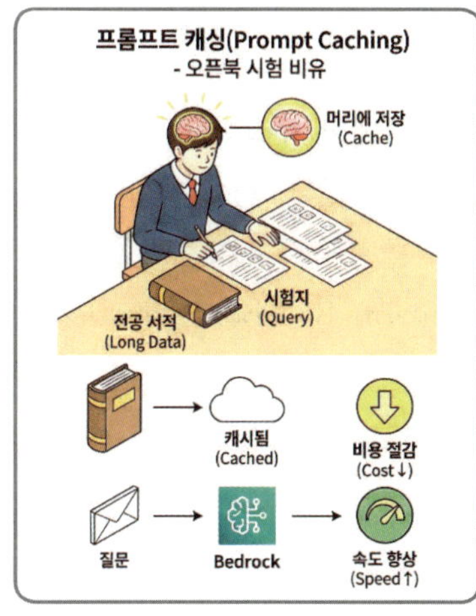

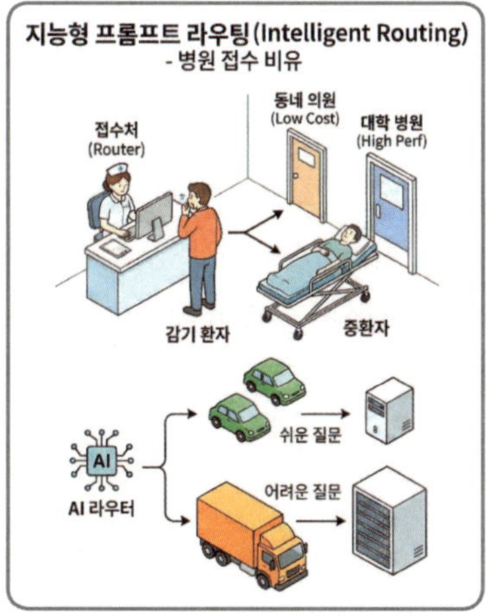

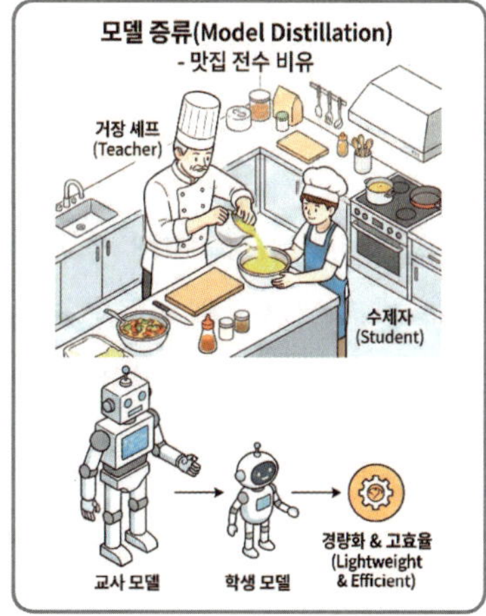

[그림 12-14] 생성형 AI 도입 시 비용 최적화 전략

Amazon Bedrock은 다음과 같이 세 가지 비용 최적화 기술에 대해 좀더 상세하게 알아보겠습니다.

첫째, 프롬프트 캐싱(Prompt Caching)을 통해 '읽은 책 재사용하기'

- 원리: 긴 문서나 반복되는 문맥(Context)을 매번 읽지 않고, 한 번 처리한 후 캐시(Cache)에 저장하여 재사용합니다.
- 효과: 중복 연산을 제거하여 입력 비용을 최대 90% 절감하고, 응답 속도를 85% 향상시킵니다.

둘째, 지능형 프롬프트 라우팅(Intelligent Prompt Routing): '난이도별 자동 배정'

- 원리: AI가 질문의 난이도를 즉시 판단하여 쉬운 질문은 저렴한 모델로, 어려운 질문은 고성능 모델로 자동 분류해 보냅니다.
- 효과: 답변의 품질은 최고 수준으로 유지하면서, 전체 운영 비용을 최대 30% 절감합니다.

셋째, 모델 증류(Model Distillation): '핵심 비법만 전수'

- 원리: 거대하고 똑똑한 '교사 모델'의 지식을 작고 빠른 '학생 모델'에게 학습시켜 특정 업무에 최적화합니다.
- 효과: 거대 모델 대비 비용은 최대 75% 저렴하고 속도는 훨씬 빠르면서도 해당 업무에서만큼은 동등한 성능을 발휘합니다.

사용자 요구와 니즈에 맞는 맞춤형 서비스(Customization) 제공: '우리 회사만을 위한 AI 만들기'

범용 AI 모델은 똑똑하지만 우리 회사의 내부 사정은 모릅니다. Bedrock은 기업의 고유 데이터를 활용해 AI를 '우리 회사 전용 전문가'로 변신시킵니다.

- 지식 기반(Knowledge Bases): 이른바 RAG(검색 증강 생성) 기술을 완전 관리형으로 제공합니다. AI가 답변하기 전에 사내 매뉴얼이나 규정집을 실시간으로 검색하여 "우리 회사 규정에 따르면…"이라며 정확한 출처와 함께 답변하게 만듭니다.
- 미세 조정(Fine-tuning): AI에게 우리 회사만의 독특한 글쓰기 스타일이나 전문 용어를 가르쳐야 할 때 사용합니다.
- 데이터 자동화(Data Automation): 복잡한 문서나 이미지를 AI가 이해하기 쉬운 형태로 자동 변환하여 데이터 준비에 드는 시간을 획기적으로 줄여 줍니다.

위의 주요 서비스 중 핵심적인 서비스인 Amazon Bedrock Knowledge Bases(우리 회사의 '도서관'을 통째로 AI에게 선물하는 법)에 대해 보다 상세히 설명드리겠습니다.

생성형 AI 모델(LLM)은 마치 '백과사전을 통째로 외운 똑똑한 신입사원'과 같습니다. 역사, 과학, 코딩 지식은 해박하지만, 정작 우리 회사의 '최신 규정', '비공개 프로젝트', '고객 응대 매뉴얼'은 전혀 알지 못합니다. 그래서 우리 회사 일을 물어보면 엉뚱한 거짓말(환각 현상)을 하거나 "모른다."라고 답합니다.

이 문제를 해결하기 위해 등장한 기술이 바로 RAG(검색 증강 생성)이며, 이를 누구나 쉽게 구현할 수 있도록 만든 서비스가 Amazon Bedrock Knowledge Bases입니다. Amazon Bedrock Knowledge Bases는 다음과 같이 설명할 수 있습니다.

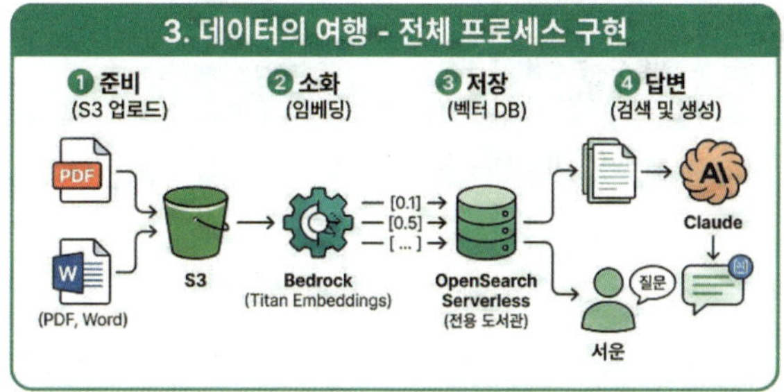

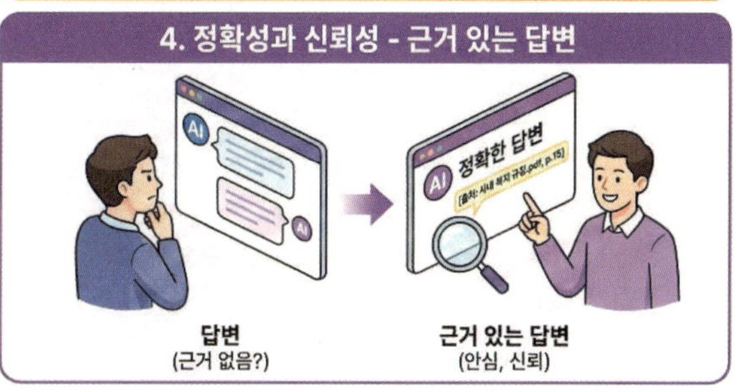

[그림 12-15] RAG(검색 증강 생성)의 기본 원리: 오픈북 시험

첫째, RAG 기술을 활용하여 서비스를 제공할 수 있습니다(오픈북 시험의 원리).

RAG는 AI에게 "기억력에만 의존하지 말고, 참고서를 보고 대답해!"라고 시키는 기술입니다. 우리가 시험을 볼 때 머릿속 지식으로만 푸는 것이 아니라 교과서를 펼쳐 놓고 답을 찾는 '오픈북 시험'을 생각하면 쉽습니다. AI가 답변을 생성(Generation)하기 전에 관련된 정보를 먼저 검색(Retrieval)해서 그 내용을 바탕으로(Augmented) 답하게 만드는 것입니다. 이렇게 하면 AI는 거짓말을 하지 않고, 우리 회사의 정확한 정보를 바탕으로 답변할 수 있습니다.

둘째, Knowledge Bases를 활용하면 손쉽게 RAG 서비스를 구현할 수 있습니다(복잡함에서의 해방).

과거에 개발자들이 RAG 시스템을 직접 만들려면 엄청나게 복잡한 과정을 거쳐야 했습니다. 수만 개의 문서를 쪼개고(Chunking), 이를 컴퓨터가 이해하는 숫자로 변환하고(Embedding), 검색 전용 데이터베이스(Vector DB)를 구축해서 연결해야 했습니다. 이 과정은 시간도 오래 걸리고 관리하기도 까다로웠습니다.

Bedrock Knowledge Bases는 이 모든 복잡한 '공사' 과정을 AWS가 대신 해 주는 완전 관리형 서비스입니다. 여러분은 그저 회사의 문서(PDF, Word 등)가 담긴 S3 주소만 알려 주면 나머지는 Bedrock이 알아서 처리합니다.

셋째, Bedrock Knowledge Bases의 서비스를 통해 RAG 전체 프로세스를 손쉽게 구현할 수 있습니다(데이터의 여행).

Knowledge Bases를 설정하면 데이터는 다음과 같은 여행을 거쳐 AI의 답변으로 재탄생합니다.

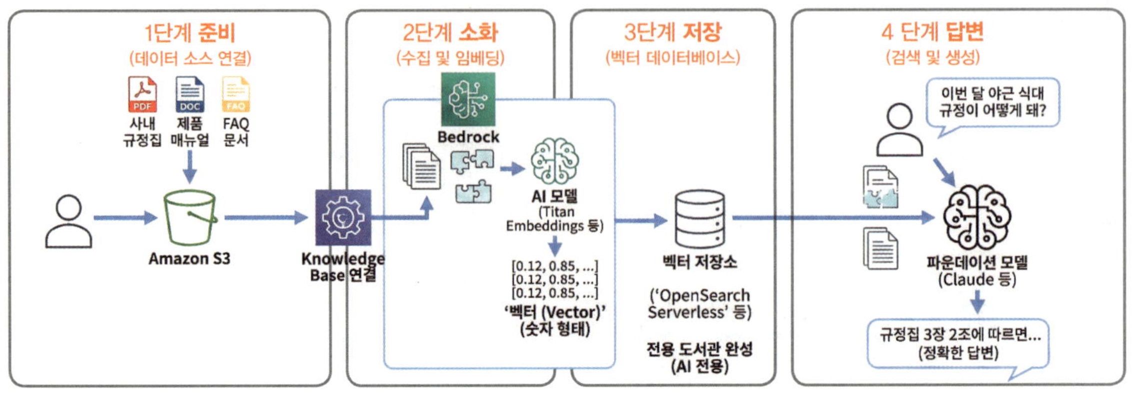

[그림 12-16] 지식 기반(Knowledge Base)을 통한 데이터 처리 흐름

[표 12-3] Amazon Bedrock Knowledge Bases 구성 4단계

구분	세부 내용
1단계: 준비(데이터 소스 연결)	• 사내 규정집, 제품 매뉴얼, FAQ 문서 등을 Amazon S3에 업로드 및 Knowledge Base 연결
2단계: 소화(수집 및 임베딩)	• 문서들을 읽기 좋은 크기로 조각 냄 • AI 모델(Titan Embeddings 등)을 사용해 글자들을 '벡터(Vector)'라고 부르는 숫자 형태로 변환 • 숫자는 문장의 의미를 담고 있어 나중에 비슷한 내용을 찾을 때 사용됨
3단계: 저장(벡터 데이터베이스)	• 변환된 데이터는 'OpenSearch Serverless' 같은 벡터 저장소에 자동으로 안전하게 저장 • AI가 언제든 꺼내 볼 수 있는 '전용 도서관'이 완성
4단계: 답변(검색 및 생성)	• 사용자가 "이번 달 야근 식대 규정이 어떻게 돼?"라고 질문 시 Bedrock은 먼저 벡터 저장소에서 관련 문서를 순식간에 검색 • 이후 찾아낸 규정 내용과 사용자의 질문을 합쳐서 파운데이션 모델(Claude 등)에게 전송 • 모델은 이 참고 자료를 바탕으로 "규정집 3부 2조에 따르면…"이라며 정확한 답변을 생성함

넷째, Bedrock Knowledge Bases 생성형 AI를 통한 근거 있는 답변을 받을 수 있습니다(정확성과 신뢰성).

가장 큰 장점은 '근거 있는 답변'을 한다는 것입니다. Knowledge Bases를 사용하면 AI는 답변과 함께 "이 정보는 '사내 복지 규정.pdf' 파일의 15페이지에서 가져왔습니다."라는 각주(인용)를 달아 줍니다.

[그림 12-17] 답변의 출처(Citation) 표기를 통한 신뢰성 확보

사용자는 AI가 지어 낸 말이 아니라 실제 문서에 근거했다는 것을 확인하고 안심할 수 있습니다. 결론적으로, Amazon Bedrock Knowledge Bases는 우리 회사의 방대한 지식 자산을 AI의 두뇌와 연결해 주는 가장 쉽고 안전한 다리입니다. 복잡한 코딩 없이도 클릭 몇 번이면 우리 회사만을 위한 '맞춤형 AI 비서'가 탄생하는 것입니다.

지금까지의 챗봇이 단순히 정보를 찾아 읽어 주는 '친절한 도서관 사서'였다면, Bedrock Agents는 전화를 걸고 이메일을 보내고 결제를 올리는 '유능한 개인 비서'입니다. 이 변화가 왜 중요한지, 그리고 어떻게 가능한지 세 가지 핵심 요소로 자세히 들여다보겠습니다.

첫째, 에이전트(Agents): "생각(Reasoning)하고 행동(Action)하는 루프"
Bedrock Agents는 단순히 API를 호출하는 것이 아니라 '추론(Reasoning)'이라는 과정을 통해 스스로 계획을 수립합니다. 서비스 동작 원리는 사용자가 "재고 확인하고 주문해 줘."라고 말하면, 에이전트는 즉시 행동하지 않고 다음과 같은 생각부터 합니다.

- 계획 수립: "이 작업을 하려면 먼저 재고 시스템을 조회해야겠군. 그다음 재고가 0이면 발주 시스템에 주문 요청을 보내야지."
- 도구 사용: 사전에 등록된 API(도구) 중 get_inventory(재고 조회)와 place_order(주문) 함수를 골라 내어 실행합니다.
- 결과 반환: 실행 결과를 해석하여 "현재 재고가 없어 A업체에 100개를 주문했습니다."라고 사용자에게 보고합니다.

AI Agent 서비스를 개발하기 위해 Bedrock Agent를 사용하면, 개발자가 모든 상황별 시나리오(If-else)를 코딩할 필요가 없으며, 에이전트가 상황에 맞춰 알아서 판단하고 도구를 사용하므로 개발 속도가 획기적으로 빨라집니다.

둘째, 멀티 에이전트 협업(Multi-Agent Collaboration): "어벤저스 팀 구성하기"

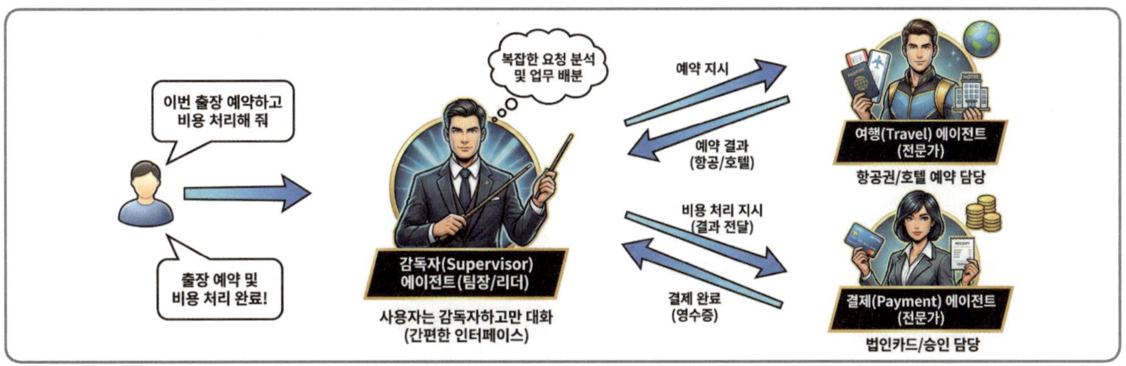

[그림 12-18] 멀티 에이전트(Multi-Agent) 협업 구조

복잡한 비즈니스 문제는 천재 한 명보다 전문가 팀이 더 잘 해결합니다. 이에 Amazon Bedrock은 여러 전문 에이전트가 협업하는 기능을 제공합니다.

- 감독자(Supervisor) 에이전트: 마치 팀장처럼 사용자의 복잡한 요청을 분석하여 각 팀원에게 업무를 배분합니다.
- 전문가(Specialist) 에이전트
  – 여행 에이전트: 항공권과 호텔 예약만 전문으로 담당
  – 결제 에이전트: 법인 카드 한도 조회 및 승인만 담당

수행 시나리오는 다음과 같습니다.

"이번 출장 예약하고 비용 처리해 줘."라고 하면, 감독자 에이전트가 '여행 에이전트'에게 예약을 시키고, 그 결과를 받아 '결제 에이전트'에게 넘겨 줍니다. 사용자는 팀장(감독자)하고만 대화하면 됩니다.

셋째, 메모리 기능(Memory Retention)을 활용한 대화의 연속성 제공: '문맥을 기억하는 연속성'
기존의 챗봇이나 API는 뒤돌아서면 사용자를 잊어버리는(Stateless) 단기 기억 상실증 환자 같았습니다. 하지만 Bedrock Agents는 '기억(Memory)'을 가집니다. 이를 통해 사용자와의 대화 이력을 고유한 세션 ID로 저장하여 관리합니다.

[상황 예시]
사용자: "내 신발 사이즈가 270이었나?"
에이전트: "네, 지난주 주문 내역을 보니 270 사이즈였습니다."(기억 소환)
사용자: "그걸로 파란색 운동화 주문해 줘."
에이전트: "알겠습니다. 270 사이즈, 파란색 모델로 주문합니다."(문맥 파악)

Bedrock Agent는 사용자가 매번 자신의 정보나 이전 상황을 설명할 필요가 없어지므로 진짜 사람 비서와 일하는 듯한 매끄러운 경험(UX)을 제공합니다.

06 안전 및 가드레일(Safety & Guardrails):
"브레이크가 있어야 달릴 수 있다."

06 안전 및 가드레일(Safety & Guardrails): "브레이크가 있어야 달릴 수 있다."

아무리 빠른 스포츠카라도 브레이크가 없다면 아무도 운전하려 하지 않을 것입니다. 생성형 AI도 마찬가지입니다. 기업이 AI 도입을 망설이는 가장 큰 이유는 '내부 데이터 유출(보안)'과 '거짓 답변(환각)'에 대한 두려움 때문입니다. Amazon Bedrock은 기업 고객을 위해 태어난 서비스인 만큼 다른 어떤 AI 도구보다 강력하고 철저한 '엔터프라이즈급 안전장치'를 다음과 같이 제공합니다.

첫째, 철저한 데이터 보안을 위한 차별화된 보안 핵심 기능 제공: '당신의 데이터는 오직 당신만의 것입니다.'
많은 기업이 퍼블릭 AI 챗봇(ChatGPT 등)을 사내에서 금지하는 이유는 입력한 데이터가 AI 학습에 재사용될까 봐 두렵기 때문입니다. Bedrock은 이 걱정을 원천 차단합니다.

- 학습 금지 원칙: 여러분이 Bedrock에 올리는 문서, 질문(Prompt), 그리고 AI가 내놓은 답변(Completion)은 절대로 파운데이션 모델 학습에 사용되지 않습니다.
- 공유 금지: 여러분의 데이터는 AWS는 물론, 모델을 만든 공급자(Anthropic, Meta, Mistral 등)에게도 공유되지 않습니다.
- 완벽한 격리: 모든 데이터 처리 과정은 여러분의 AWS 계정 내(VPC)에서 암호화된 상태로 이루어집니다. 마치 은행 금고 안에서 작업을 수행하는 것과 같은 보안 수준을 보장합니다.

둘째, 가드레일(Guardrails)을 통한 핵심 데이터 보호 기능 제공: '우리 회사만의 AI 윤리 규정집'

AI 모델 자체에도 기본적인 필터가 있지만, 기업마다 지켜야 할 '선'은 다릅니다. Bedrock Guardrails는 모델의 종류와 상관없이 적용되는 '통합 안전 필터' 기능을 제공합니다.

- 유해 콘텐츠 차단: 혐오 발언, 폭력, 욕설, 성적 표현 등 부적절한 대화를 최대 85%까지 걸러 냅니다.
- 민감 정보(PII) 보호: 사용자가 실수로 "내 주민번호는 1234..."라고 입력하거나 AI가 답변 중에 이메일 주소를 노출하려 하면, 이를 즉시 감지하여 *로 마스킹(가림) 처리하거나 답변을 거부합니다.
- 특정 주제 차단(Topic Deny): 비즈니스 목적에 맞지 않는 대화를 차단할 수 있습니다. 예를 들어, 금융 상담 봇에게 "주식 투자 조언해 줘."라고 묻거나 내부 직원용 봇에게 "경쟁사 A에 대해 어떻게 생각해?"라고 물으면 "해당 주제는 답변할 수 없습니다."라고 정중히 거절하게 설정할 수 있습니다.

셋째, 자동 추론 검사를 통한 AI 답변에 대해서 한 번 더 확인하는 기능 제공: 'AI가 거짓말을 하는지 감시하는 감사관'

생성형 AI의 고질적인 문제인 '환각(Hallucination)'을 잡기 위해 Bedrock은 독보적인 검증 기술을 도입했습니다.

- 사실 여부 검증: RAG(지식 기반)를 사용할 때 AI가 생성한 답변이 검색된 참고 문서(Source Data)에 진짜 있는 내용인지 비교 분석합니다.
- 작동 원리: 만약 참고 문서에는 "A 상품 이자율 3%"라고 되어 있는데, AI가 "4%"라고 답하려 한다면, 자동 추론 검사기가 이를 감지하여 답변을 수정하거나 차단합니다.
- 효과: 이를 통해 잘못된 정보가 고객에게 전달되는 사고를 미연에 방지하고, 서비스의 신뢰도를 획기적으로 높일 수 있습니다.

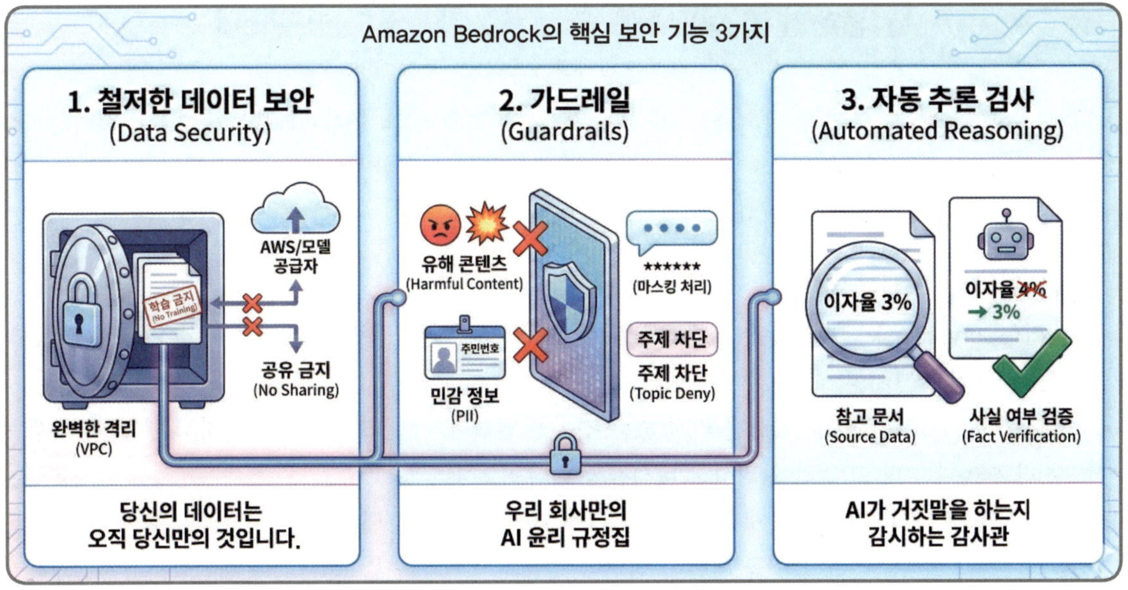

[그림 12-19] Amazon Bedrock의 데이터 보안 및 프라이버시 보호

앞서 우리는 Amazon Bedrock이라는 천재적인 'AI 두뇌'를 확보했습니다. 하지만 이 두뇌가 AWS 클라우드 속에만 갇혀 있다면 아무 소용이 없겠죠? 우리가 만든 웹 사이트나 스마트폰 앱에서 이 AI를 불러 다 쓸 수 있어야 합니다. 이때 필요한 것이 바로 AWS의 환상의 짝꿍, AWS Lambda(람다)와 Amazon API Gateway입니다. 이번에는 복잡한 서버 관리 없이 코드를 실행하고 연결하는 '서버리스(Serverless)' 기술의 핵심을 알아보겠습니다.

여러분이 요리(코딩)를 하고 싶은데, 주방(서버)을 짓고, 가스 배관을 연결하고, 청소까지 직접 해야 한다면 얼마나 힘들까요? AWS Lambda는 "주방은 우리가 준비했으니, 당신은 요리(코드)만 가져오세요."라고 말하는 서비스입니다.

[그림 12-20] AWS Lambda의 개념: 주문만 받으면 요리하는 주방

과거에는 아주 간단한 기능 하나를 돌리려 해도 24시간 켜져 있는 컴퓨터(서버)가 필요했습니다. 하지만 Lambda를 사용하면 서버를 만들거나 관리할 필요가 전혀 없습니다. 그저 여러분이 짠 파이썬(Python) 코드만 올려 두면 끝입니다.

Lambda의 세 가지 핵심 특징

- **서버리스(Serverless):** 서버의 운영체제(OS) 업데이트, 보안 패치, 용량 관리 등을 신경 쓸 필요가 없습니다. AWS가 알아서 다 해 줍니다.
- **이벤트 기반(Event-driven):** 24시간 켜져 있는 것이 아닙니다. 누군가 "야, 일해!" 하고 부를 때(이벤트 발생)만 깨어나서 딱 그 일만 처리하고 다시 잠듭니다.
- **비용 효율성:** 서버가 켜져 있는 시간이 아니라 코드가 실행된 시간(밀리초 단위)만큼만 요금을 냅니다. 하루에 1번만 실행되면 딱 그만큼만 돈을 냅니다.

> **핵심 포인트** Bedrock과의 관계
> 사용자가 질문을 던지면, Lambda가 깨어나서 그 질문을 들고 Bedrock에게 달려가 답변을 받아오는 '심부름꾼' 역할을 합니다.

Lambda가 '심부름꾼'이라면, Amazon API Gateway는 외부 손님(사용자)을 맞이하는 '호텔 프런트(접수처)'입니다. 여러분의 Lambda(심부름꾼)는 보안상 깊숙한 곳에 숨어 있습니다. 외부의 스마트폰 앱이나 웹 사이트가 Lambda에게 일을 시키려면, 반드시 이 정해진 대문(Gateway)을 통과해야 합니다.

[그림 12-21] Amazon API Gateway의 역할: 든든한 지배인

아무나 내 AI 비서에게 말을 걸면 안 되겠죠? API Gateway는 누가 들어오는지 검사하고, 올바른 요청인지 확인한 후 Lambda에게 문을 열어 줍니다.

API Gateway의 세 가지 핵심 특징

- **주소 제공(URL 생성):** 우리가 웹 사이트에 접속할 때 주소가 필요하듯 여러분의 AI 서비스에 접속할 수 있는 고유한 API 주소(엔드포인트)를 만들어 줍니다.
- **문지기 역할(보안):** 허락된 사용자(로그인한 사람)만 들어올 수 있게 신분증 검사를 합니다.
- **교통 정리(트래픽 관리):** 갑자기 100만 명이 동시에 몰려오면 서버가 다운될 수 있습니다. API Gateway는 너무 많은 요청이 오면 "잠시만요, 줄 서세요."라며 속도를 조절(Throttling)하여 시스템을 보호합니다.

이제 Bedrock, Lambda, API Gateway가 어떻게 협력하여 사용자에게 AI 서비스를 제공하는지, 식당에 비유해서 정리해 보겠습니다.

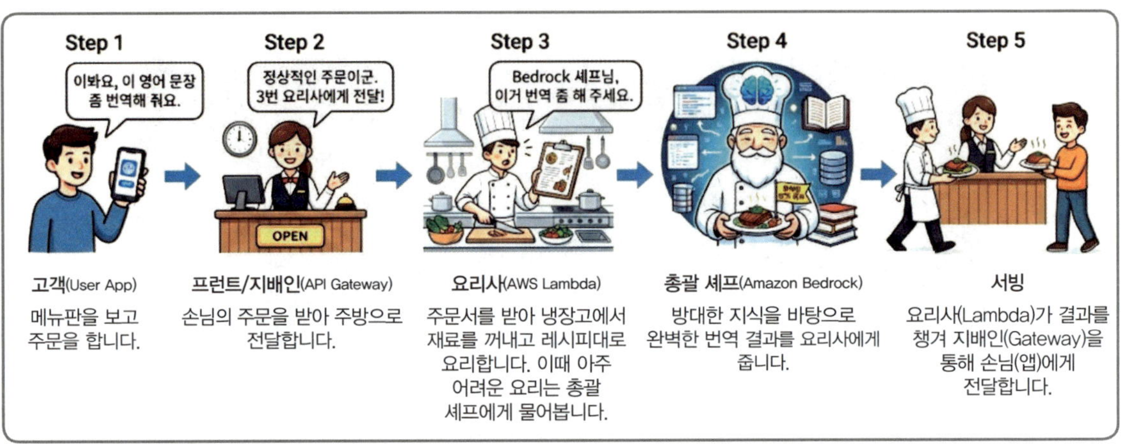

[그림 12-22] Serverless 기반 AI 비서 서비스 전체 아키텍처

[표 12-4] **AI 서비스 전체 요약 및 정리**

단계	구성 요소	역할	비유(식당)
입구	API Gateway	요청 접수 및 보안 검사	지배인/프런트
처리	AWS Lambda	실제 로직 실행 및 Bedrock 호출	요리사(실무자)
두뇌	Amazon Bedrock	AI 모델 추론 및 답변 생성	총괄 셰프(전문가)

이제 이 세 가지 도구만 있으면, 여러분은 전 세계 누구든 접속해서 사용할 수 있는 강력한 AI 애플리케이션을 만들 준비가 된 것입니다. 어렵지 않죠? 이번에는 실제로 만들어 보겠습니다.

지금까지 우리는 Amazon Bedrock이라는 강력한 '두뇌'와 이를 연결하는 '손발(Lambda)', 그리고 세상과 소통하는 '입(API Gateway)'에 대해 배웠습니다. 이제 이론은 충분합니다. 직접 AWS 콘솔에 접속해서 세상에 하나뿐인 나만의 AI 애플리케이션을 만들어 볼 차례입니다. 겁먹지 마세요. 복잡한 서버 설치 과정 없이 웹 브라우저 하나면 충분합니다. 이번 실습 끝나면 여러분은 "나, AI 서비스 백엔드 개발할 줄 알아."라고 말할 수 있게 됩니다.

▌10-1 준비 운동: 모델 활성화 절차

과거에는 별도의 메뉴에서 모델 사용 신청을 해야 했지만, 최신 AWS 업데이트로 인해 대부분의 모델이 자동으로 활성화되도록 변경되었습니다. 덕분에 절차가 훨씬 간편해졌습니다. 단, 우리가 실습에 사용할 Anthropic(Claude) 모델의 경우, 계정 생성한 후 최초 1회에 한해 '사용 목적 정보'를 입력해야 할 수 있습니다. 이 과정은 Step 1에서 자연스럽게 진행하겠습니다.

01 AWS에 로그인한 후 상단 검색창에 'Bedrock'을 검색하고 'Amazon Bedrock'을 선택하여 이동합니다.

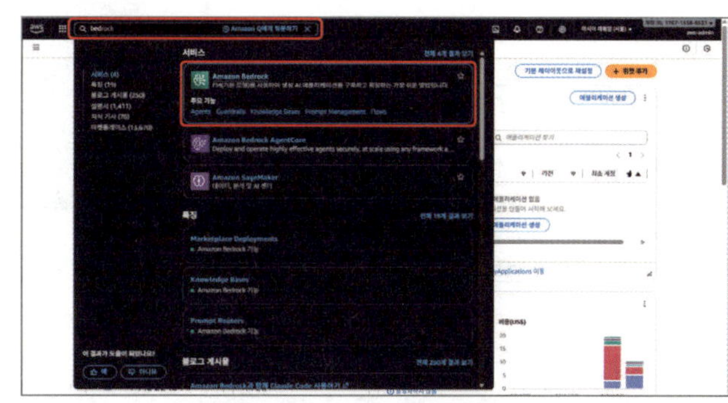

핵심 포인트 Amazon Bedrock 추천 리전

리전은 모델이 가장 풍부한 '미국 동부(N. Virginia, us-east-1)' 또는 '미국 서부(Oregon, us-west-2)'를 추천합니다.

▌10-2 코딩 없이 체험하기: Bedrock Playground

곧바로 AI 모델을 불러와 성능을 테스트하고, 내게 맞는 모델을 골라 보는 단계입니다.

01 왼쪽 메뉴에서 [테스트]–[채팅/텍스트 플레이그라운드]를 클릭합니다.

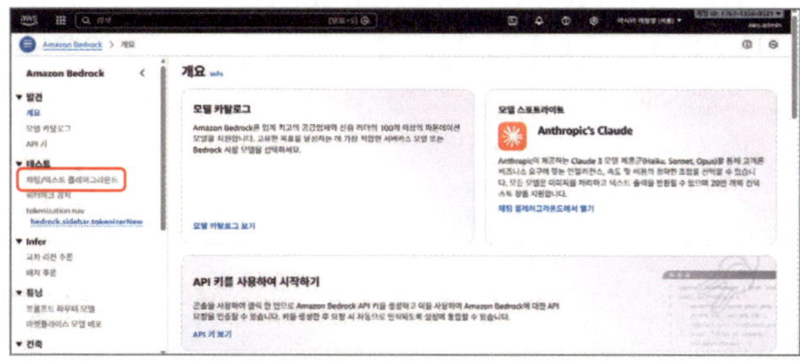

02 선택 화면에서 다음과 같이 Bedrock 모델 선택 작업을 진행한 후 **[적용]** 버튼을 클릭합니다.

- 화면 중앙의 [Select model] 버튼 클릭
- Category: Anthropic
- Model: Claude 3 Sonnet(또는 Haiku)

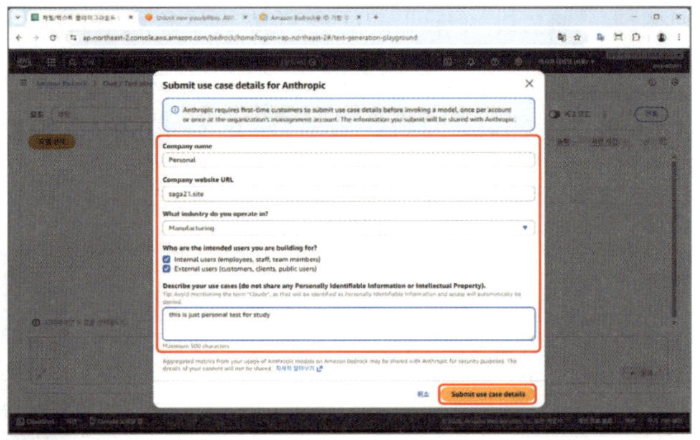

03 필독 Anthropic 모델의 경우, 최초 사용 시 Use Case를 제출해야 합니다. 다음과 같이 Use Case와 정보를 입력한 후 **[Submit use case details]** 버튼을 클릭합니다.

- 만약 모델 선택했을 때 'Submit use case details' 라는 팝업이나 안내 문구가 나타난다면, 당황하지 말고 해당 버튼 클릭
- 간단한 양식이 나오면 다음과 같이 입력 후 [Submit] 을 누름
  - Company Name, Company Website URL, What industry do you operate in 항목에 대해 각각 간략하게 입력
  - Describe your use case: "Testing and prototyping for internal AI chatbot development."(내부 AI 챗봇 개발을 위한 테스트 및 프로토타이핑)

제출 후 잠시 기다리면 모델을 사용할 수 있게 됩니다.

04 제출 후 채팅창에서 '초등학생이 이해할 수 있게 양자역학을 3문장으로 설명해 줘.'라고 입력한 후 **[실행]** 버튼을 클릭하면 생성형 AI인 Claude3 Sonnet이 다음과 같이 답변합니다.

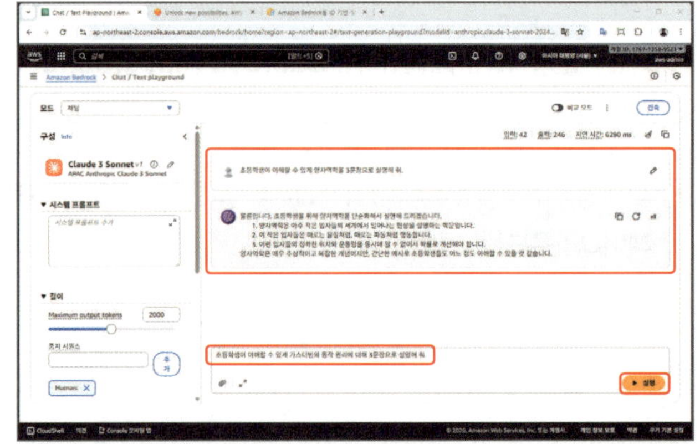

05 페르소나(성격)를 부여하기 위해서 왼쪽
상단의 System prompts 창을 연 후
다음과 같이 입력합니다.

“당신은 친절한 유치원 선생님입니다. 모든 대답
끝에는 ‘친구들~ 알겠죠?’를 붙여야 합니다.”

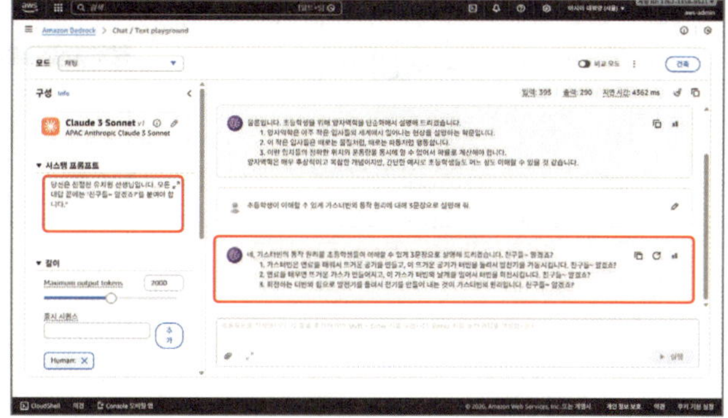

이후 설정을 저장하고 다시 질문하면, AI 말투가 확 바뀐 것을 볼 수 있습니다. 이외에도 Playground
를 통해 다양한 테스트를 진행할 수 있습니다.

▍10-3 요리사 채용하기: AWS Lambda 생성

이제 AI에게 질문을 전달하고 답을 받아올 수 있도록 하는 가장 중요한 역할을 수행하는 ‘코드(요리사)’
를 만드는 역할을 수행합니다. 그럼 이제 Lambda를 생성하고 등록하는 작업을 진행해 보겠습니다.

01 AWS 검색창에 ‘Lambda’를 검색한 후
[Lambda 서비스] 페이지로 이동합니다.

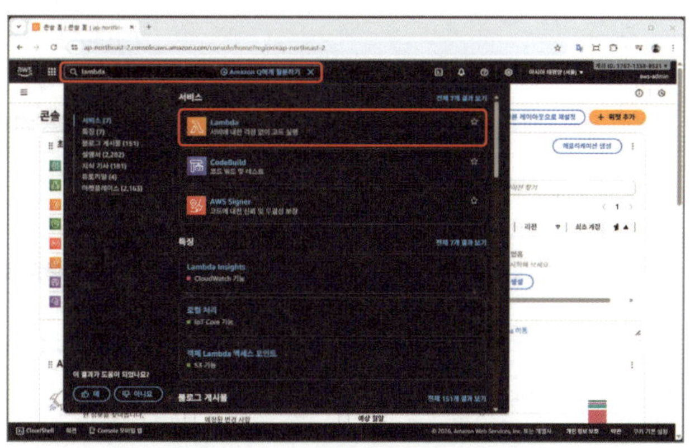

02 Lambda 함수를 생성하기 위해 **[함수 생
성]** 버튼을 클릭합니다.

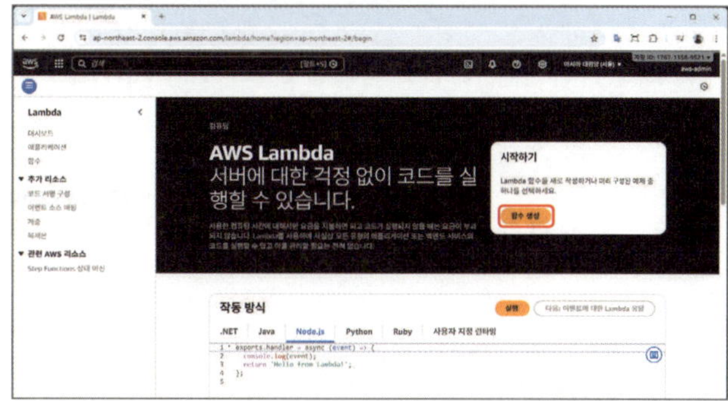

03 **[함수 생성]** 페이지에서 정보를 다음과 같이 입력한 후 **[함수 생성]** 버튼을 클릭합니다.

- 함수 이름: 'My-AI-Assistant'
- 런타임: Python 3.14(최신 버전 권장)

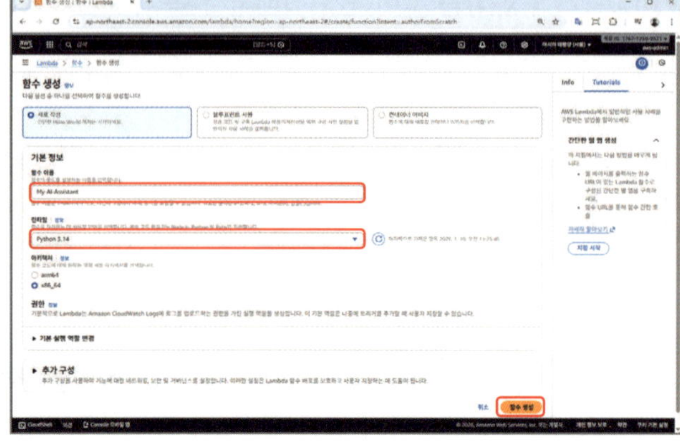

04 필독 타임아웃 시간을 늘리기 위해 설정을 다음과 같이 변경합니다. 먼저 생성된 화면의 **[구성]** 탭-**[일반 변경]**-**[편집]** 버튼을 클릭합니다.

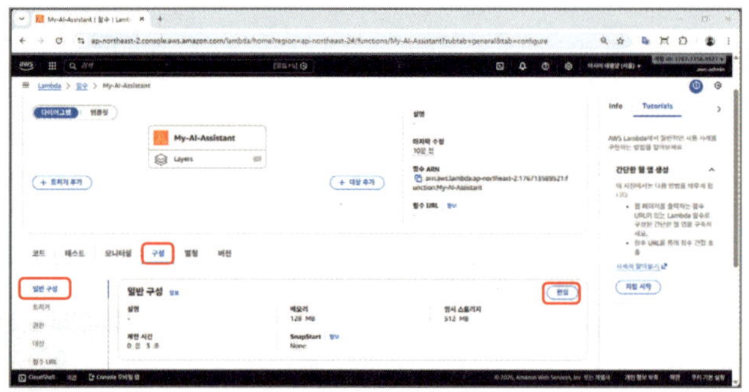

05 Lambda 함수 설정 중 제한 시간을 조정하기 위해 Timeout을 기본 3sec에서 30sec(30초)로 변경한 후 **[저장]** 버튼을 클릭합니다.

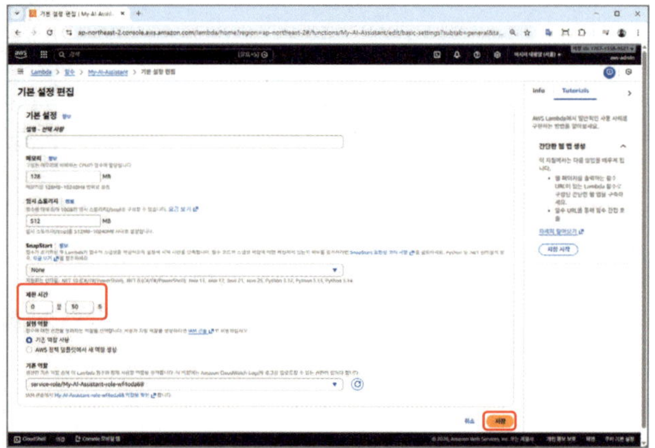

▌10-4 요리사에게 권한 주기: IAM 설정

방금 만든 Lambda(요리사)는 아직 Bedrock(식재료)을 사용할 허락을 받지 못했습니다. 출입증을 쥐야 합니다. 이를 위해 10부에서 배운 IAM 기능을 통해 권한을 할당하겠습니다.

01 IAM 권한을 설정하기 위해 **[구성]-[권한]** 버튼을 클릭한 후 **[권한 설정]** 페이지에서 자동으로 생성된 파란색 링크(My-AI-Assistant-role-××××)'를 클릭하여 새 창을 나타나게 합니다.

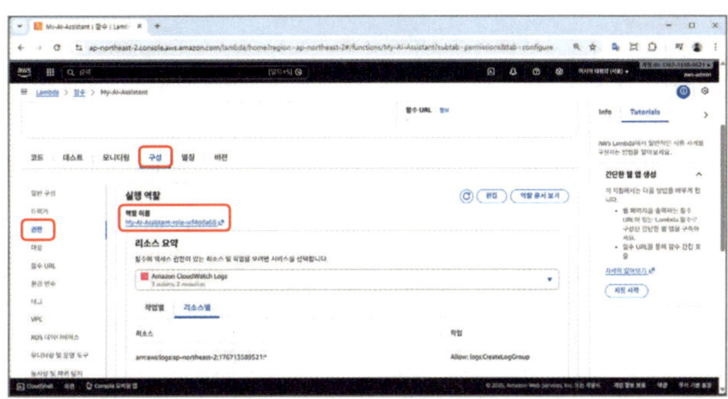

02 새 창으로 나타난 **[권한 정책]** 페이지에서 오른쪽 상단의 **[권한 추가]** 버튼을 클릭한 후 **[정책 연결]** 버튼을 클릭합니다.

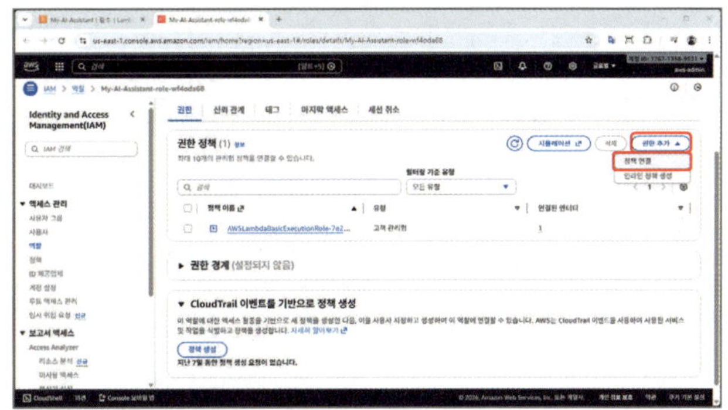

03 **[정책 연결]** 페이지의 검색창에 'Bedrock'을 입력한 후 'AmazonBedrock Full Access'에 체크하고 **[권한 추가]** 버튼을 클릭합니다.

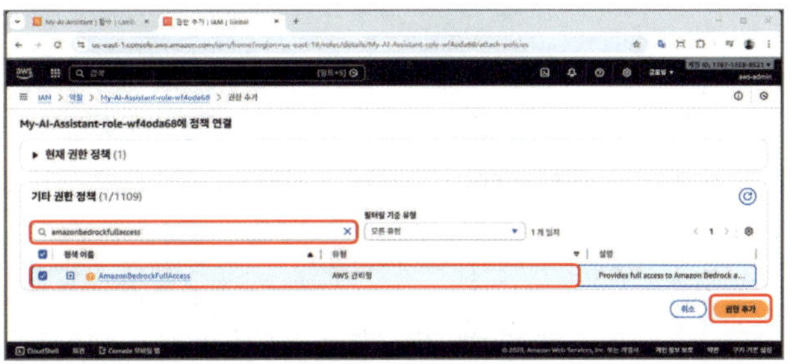

이제 Lambda가 Bedrock을 자유롭게 사용할 수 있게 되었습니다. 다시 Lambda 창으로 돌아오세요.

▌10-5 실습 람다 함수 코드 작성하기

이제 요리사에게 요리법(파이썬 코드)을 알려 줄 차례입니다. 함수 코드를 입력하기 위해 [코드] 탭을 클릭한 후 기존 코드를 모두 지우고 다음 코드를 직업 입력하거나 코드를 복사하여 붙여 넣기를 합니다.

```Python
import json
import boto3
# 1. Bedrock 클라이언트 준비(두뇌 연결)
bedrock=boto3.client( service_name='bedrock-runtime', region_name='us-east-1' )
def lambda_handler(event, context):
  try:
    # 2. 사용자 질문받기(API Gateway를 통해 들어온 데이터)
    # body가 문자열로 오면 JSON으로 변환, 없으면 빈 딕셔너리
    request_body=json.loads(event.get('body', '{}'))
    user_question=request_body.get('question', '자기소개를 간단히 해 줘')

    # 시스템 프롬프트(성격) 설정-없으면 기본 비서
    system_persona=request_body.get('system_prompt', '당신은 도움이 되는 AI 비서입니다.')
    # 3. Bedrock(Claude 3)에게 보낼 요청서 작성
    model_id="us.anthropic.claude-3-sonnet-20240229-v1:0"

    payload={
        "anthropic_version": "bedrock-2023-05-31",
        "max_tokens": 1000,
        "system": system_persona,
        "messages": [
          {
            "role": "user",
            "content": user_question
          }
        ]
    }
    # 4. 모델 호출(질문 던지기)
    response=bedrock.invoke_model(
        modelId=model_id,
        body=json.dumps(payload)
    )
    # 5. 결과 해석(답변 꺼내기)
    response_body=json.loads(response.get('body').read())
    ai_answer=response_body['content'][0]['text']
    # 6. 사용자에게 답변 돌려 주기(CORS 헤더 포함)
    return {
        'statusCode': 200,
        'headers': {
          'Content-Type': 'application/json',
```

```python
            'Access-Control-Allow-Origin': '*', # 모든 곳에서 접속 허용
            'Access-Control-Allow-Methods': 'POST, OPTIONS'
        },
        'body': json.dumps({'answer': ai_answer}, ensure_ascii=False)
    }
except Exception as e:
    return {
        'statusCode': 500,
        'headers': {
            'Access-Control-Allow-Origin': '*'
        },
        'body': json.dumps({'error': str(e)}, ensure_ascii=False)
    }
```

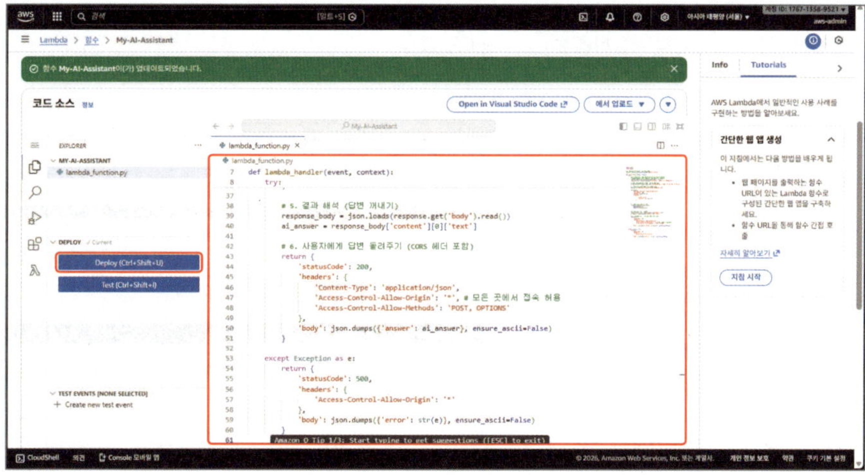

▌10-6 대문 만들기: API Gateway 연결

이제 코드는 완성되었습니다. 이제 외부에서 접속하여 코드를 호출 할 수 있는 '주소(URL)'를 만들겠습니다.

01 API Gateway에 연결하기 위해 [**트리거 추가**] 버튼을 클릭합니다.

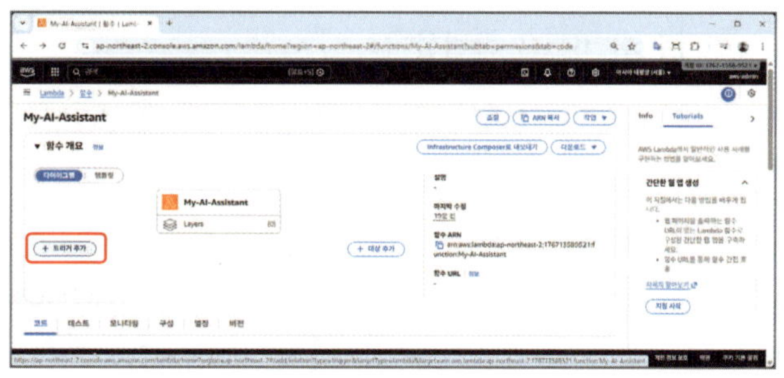

02 소스 목록에서 API Gateway를 선택합니다.

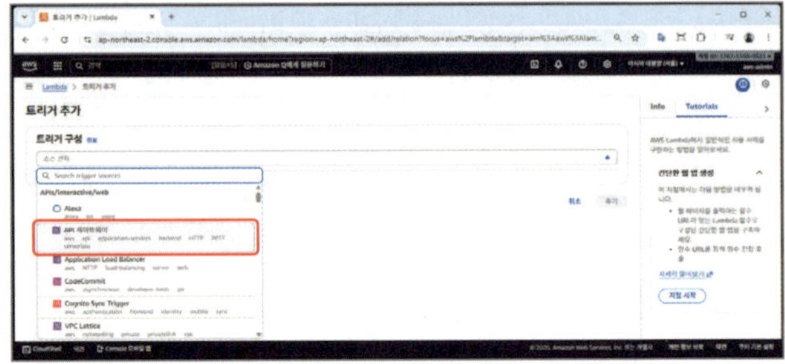

03 트리거 추가 구성을 위해 설정을 다음과 같이 적용한 후 **[추가]** 버튼을 클릭합니다.

- 의도: '새 API 생성' 입력
- API 유형: [HTTP API] 선택(가장 쉽고 빠름)
- 보안: '열기'(실습용이므로 누구나 접속 가능하게 둠)

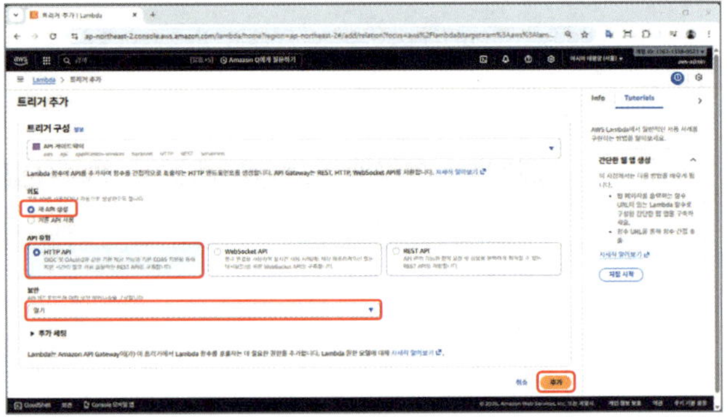

04 API Gateway 생성 완료 후 **[구성]**–**[트리거]** 하단의 **[API Gateway]** 항목에서 API Gateway 주소를 확인할 수 있습니다. 여기에서 **[API Gateway]** 항목의 **[My-AI-Assistant-API]** 항목을 클릭하여 새 창에서 API Gateway로 이동합니다.

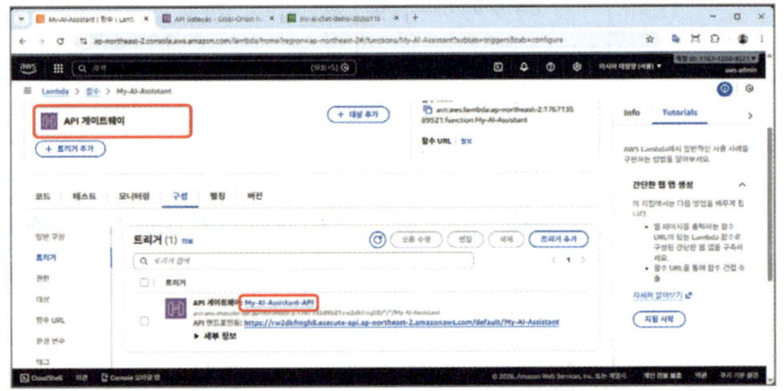

05 API Gateway 서비스 화면에서 왼쪽의 [Develop]–[CORS]를 클릭한 후 오른쪽의 **[구성]** 버튼을 클릭합니다.

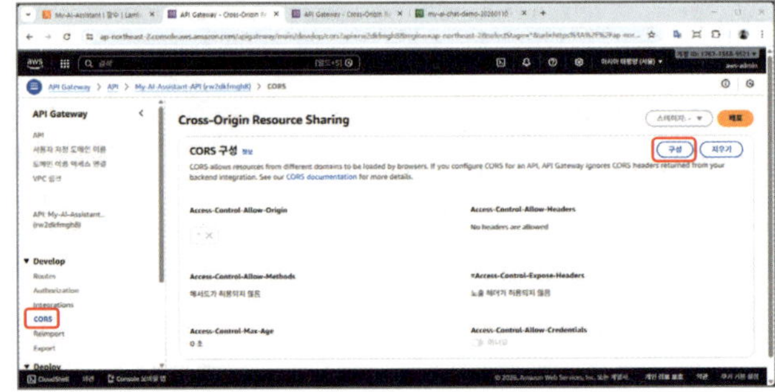

06 [Cross-Origin Resource Sharing] 페이지에서 설정을 다음과 같이 설정한 후 [저장] 버튼을 클릭합니다.

- Access-Control-Allow-Origin: '*' 추가
- Access-Control-Allow-Headers: 'Content-Type' 추가
- Access-Control-Allow-Methods: 'Post' 추가

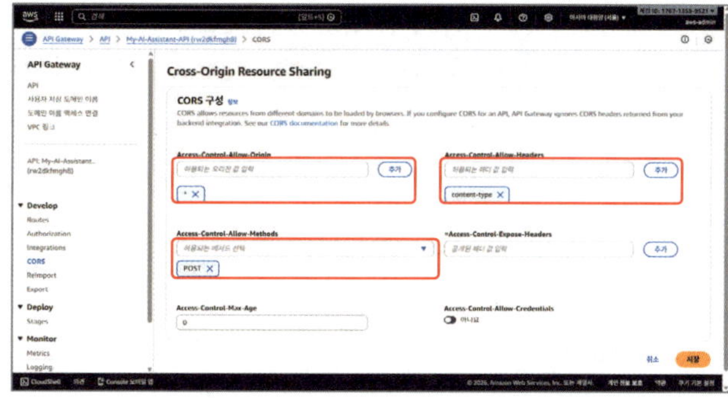

▌10-7 (심화) 웹 화면 만들기: Amazon S3

API 주소만 있으면 웹 브라우저 주소창에 칠 수 없습니다. 눈에 보이는 '채팅 화면'을 만들어 API와 연결해서 화면에서 테스트를 해 보겠습니다.

01 HTML 파일 만들기를 위해 내 컴퓨터에서 메모장을 열고 다음 내용을 복사한 후 index.html 이름으로 저장합니다(코드 중간의 API_URL 변숫값을 5-5에서 복사한 주소로 바꿔야 합니다).

```html
HTML
<!DOCTYPE html>
<html lang="ko">
<head>
  <meta charset="UTF-8">
  <title>나만의 AI 비서</title>
  <style>
    body { font-family: 'Noto Sans KR', sans-serif; max-width: 600px; margin: 0 auto; padding: 20px;
background-color: #f0f2f5; }
    .chat-container { background: white; border-radius: 15px; box-shadow: 0 4px 6px rgba(0,0,0,0.1);
padding: 20px; height: 500px; display: flex; flex-direction: column; }
    .chat-box { flex: 1; overflow-y: auto; padding: 10px; margin-bottom: 20px; border: 1px solid
#e1e4e8; border-radius: 10px; }
    .message { margin: 10px 0; padding: 12px 16px; border-radius: 15px; max-width: 70%; line-height:
1.5; }
    .user { background: #0084ff; color: white; margin-left: auto; border-bottom-right-radius: 4px; }
    .ai { background: #e4e6eb; color: black; margin-right: auto; border-bottom-left-radius: 4px; }
    .input-area { display: flex; gap: 10px; }
    input { flex: 1; padding: 12px; border: 1px solid #ccc; border-radius: 20px; outline: none; }
    button { padding: 12px 24px; background: #0084ff; color: white; border: none; border-radius: 20px;
cursor: pointer; font-weight: bold; }
    button:hover { background: #0073e6; }
  </style>
</head>
<body>
  <h2 style="text-align: center;"> 나만의 AI 비서</h2>
  <div class="chat-container">
```

```html
    <div class="chat-box" id="chat-box">
      <div class="message ai">안녕하세요! 무엇을 도와드릴까요?</div>
    </div>
    <div class="input-area">
      <input type="text" id="user-input" placeholder="메시지를 입력하세요..." onkeypress="if(event.keyCode==13) askAI()">
      <button onclick="askAI()">전송</button>
    </div>
  </div>
  <script>
    // 여기에 여러분의 API Gateway 주소를 붙여 넣으세요!
    const API_URL="https://여러분의-주소.execute-api.us-east-1.amazonaws.com/default/My-AI-Assistant";
    async function askAI() {
      const inputField=document.getElementById("user-input");
      const chatBox=document.getElementById("chat-box");
      const question=inputField.value;
      if(!question) return;
      // 내 질문 표시
      chatBox.innerHTML += '<div class="message user">${question}</div>';
      inputField.value="";
      chatBox.scrollTop=chatBox.scrollHeight;
      // 로딩 표시
      const loadingId="loading-"+Date.now();
      chatBox.innerHTML += '<div class="message ai" id="${loadingId}">열심히 생각 중...</div>';
      chatBox.scrollTop=chatBox.scrollHeight;
      try {
        // API 호출
        const response=await fetch(API_URL, {
          method: "POST",
          headers: { "Content-Type": "application/json" },
          body: JSON.stringify({
            question: question,
            system_prompt: "당신은 위트 있는 AI 친구입니다."
          })
        });
        const data=await response.json();

        // 답변 표시
        document.getElementById(loadingId).remove();
        chatBox.innerHTML += '<div class="message ai">${data.answer}</div>';
      } catch(error) {
        document.getElementById(loadingId).innerText="오류가 발생했습니다.";
        console.error(error);
      }
      chatBox.scrollTop=chatBox.scrollHeight;
    }
  </script>
</body>
</html>
```

02 AWS 콘솔에서 S3를 검색한 후 S3 서비스로 이동하고 [버킷 만들기] 버튼을 클릭합니다.

03 버킷을 생성하기 위해 다음과 같이 설정한 후 [버킷 만들기] 버튼을 클릭합니다.

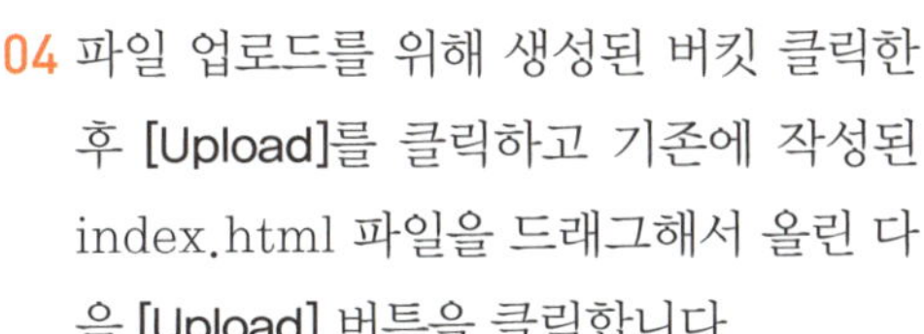

- 버킷명: 'my-ai-chat-demo-숫자' 입력(전 세계 유일한 이름이어야 함)
- 모든 퍼블릭 액세스 차단: 체크 해제(모두에게 공개)
- 아래 경고창에서 'I acknowledge…' 체크

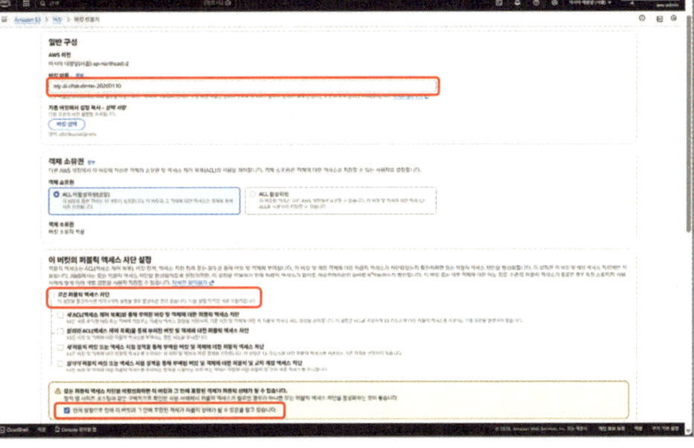

04 파일 업로드를 위해 생성된 버킷 클릭한 후 [Upload]를 클릭하고 기존에 작성된 index.html 파일을 드래그해서 올린 다음 [Upload] 버튼을 클릭합니다.

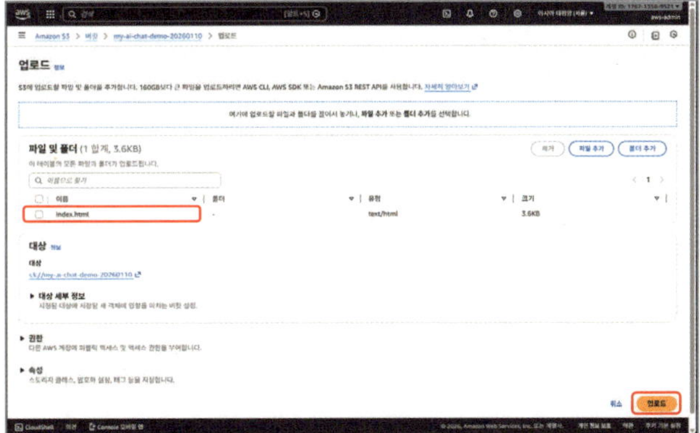

05 정적 웹 호스팅을 켜기 위해 버킷 항목의 [속성] 탭을 클릭한 후 [정적 웹 사이트 호스팅] 항목의 [편집] 버튼을 클릭합니다.

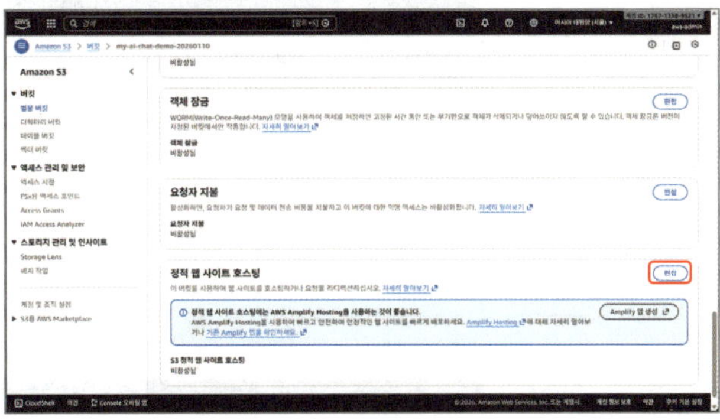

06 정적 웹 호스팅을 설정하기 위해 다음 내용을 참조하여 설정을 적용한 후 하단의 [변경 사항 저장] 버튼을 클릭합니다.

- 정적 웹 사이트 호스팅: '활성화' 선택
- 호스팅 유형: '정적 웹 사이트 호스팅' 선택
- 인덱스 문서: 'index.html' 입력

07 다시 최상단의 버킷 [권한] 탭을 눌러 권한 설정 항목으로 이동한 후 하단의 버킷 정책에서 [편집] 버튼을 클릭합니다.

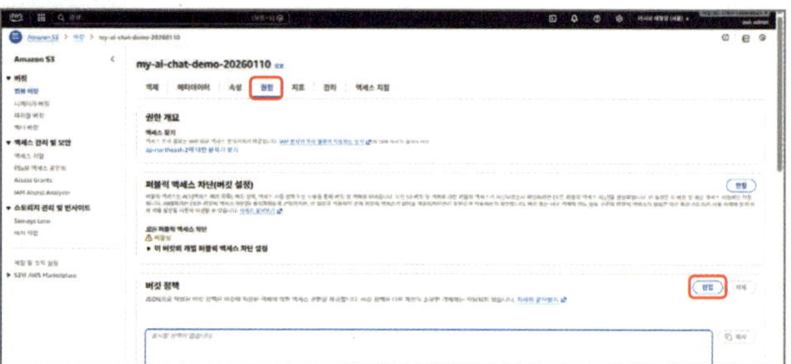

08 버킷 정책을 등록하기 위해 다음 코드를 정책 편집창에 입력한 후 하단의 [변경 사항 저장] 버튼을 클릭합니다.

```
{    "Version": "2012-10-17",
    "Statement": [
      {
         "Sid": "PublicReadGetObject",
         "Effect": "Allow",
         "Principal": "*",
         "Action": "s3:GetObject",
         "Resource": "arn:aws:s3:::여러분의-버킷-이름/*"
      }
   ]
}
```

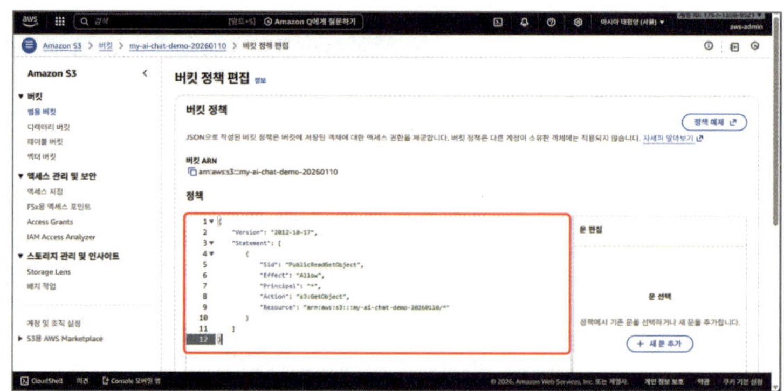

09 실습 완료를 축하합니다. 이제 버킷의 [속성] 탭의 맨 아래에 있는 버킷 웹 사이트 엔드포인트 주소를 확인합니다.

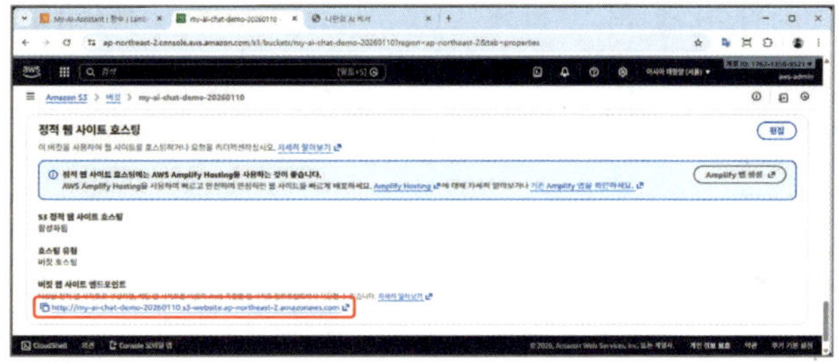

10 여러분이 만든 웹 페이지가 나타나고, 질문을 입력하면 AWS Lambda와 Bedrock을 거쳐 똑똑한 답변이 돌아옵니다.

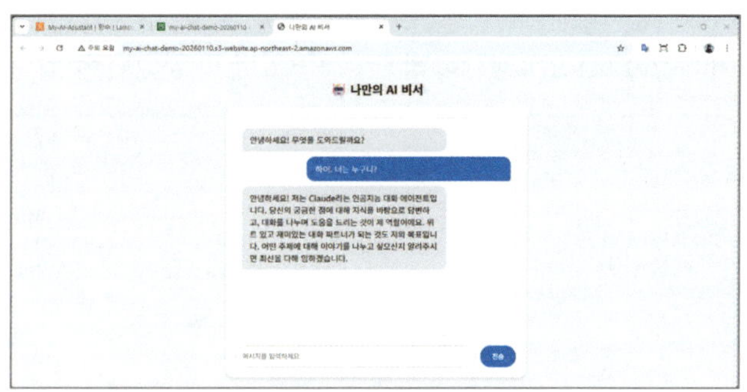

여러분은 방금 '서버리스 AI 웹 애플리케이션'을 처음부터 끝까지 혼자 힘으로 구축했습니다.

11 | 에필로그: 계산기에서 예술가로, 위대한 여정(인공지능의 역사)

서버 관리의 부담이 사라진 자리를 이제는 AI(인공지능)가 채우고 있습니다. 하지만 오늘날 우리가 열광하는 챗GPT와 같은 AI는 하루아침에 뚝딱 만들어진 것이 아닙니다. 단순한 '전자 계산기'에 불과했던 컴퓨터가 스스로 생각하고 창조하는 '지능'을 갖기까지 AI는 수십년간의 긴 겨울과 몇 번의 혁명적인 봄을 겪었습니다. 그 거대한 흐름을 이해하면 AWS의 최신 AI 서비스를 다루는 우리의 자세가 달라질 것입니다.

Step 1 태동과 꿈: 1956년 여름, 다트머스의 위대한 도전

인공지능(AI)의 역사는 1956년 여름, 미국 뉴햄프셔주의 작은 대학인 다트머스 대학교(Dartmouth College)에서 시작되었습니다.

'인공지능'이라는 이름의 탄생

당시 다트머스 대학의 수학과 교수였던 존 매커시(John McCarthy)는 마빈 민스키(Marvin Minsky), 클로드 섀넌(Claude Shannon), 너새니얼 로체스터(Nathaniel Rochester) 등 당대 최고의 천재 과학자들을 한자리에 불러 모았습니다.

그들은 '다트머스 하계 인공지능 연구 프로젝트(Dartmouth Summer Research Project on Artificial Intelligence)'라는 이름으로 약 2개월 동안 합숙하며 열띤 토론을 벌였습니다. 바로 이 자리에서 인류 역사상 처음으로 '인공지능(Artificial Intelligence)'이라는 용어가 공식적으로 사용되었습니다.

그들의 당찬 꿈: "기계가 인간처럼 학습할 수 있다."

이 컨퍼런스의 제안서에는 그들의 원대한 꿈이 담겨 있었습니다.

"학습의 모든 측면이나 지능의 다른 모든 기능은 기계가 시뮬레이션 할 수 있도록 정밀하게 기술될 수 있다."

즉, 인간의 지능을 논리적인 기호와 규칙으로 완벽하게 표현할 수 있다면, 기계가 이를 그대로 흉내를 내어(Simulation) 생각하게 만들 수 있다고 믿었던 것입니다.

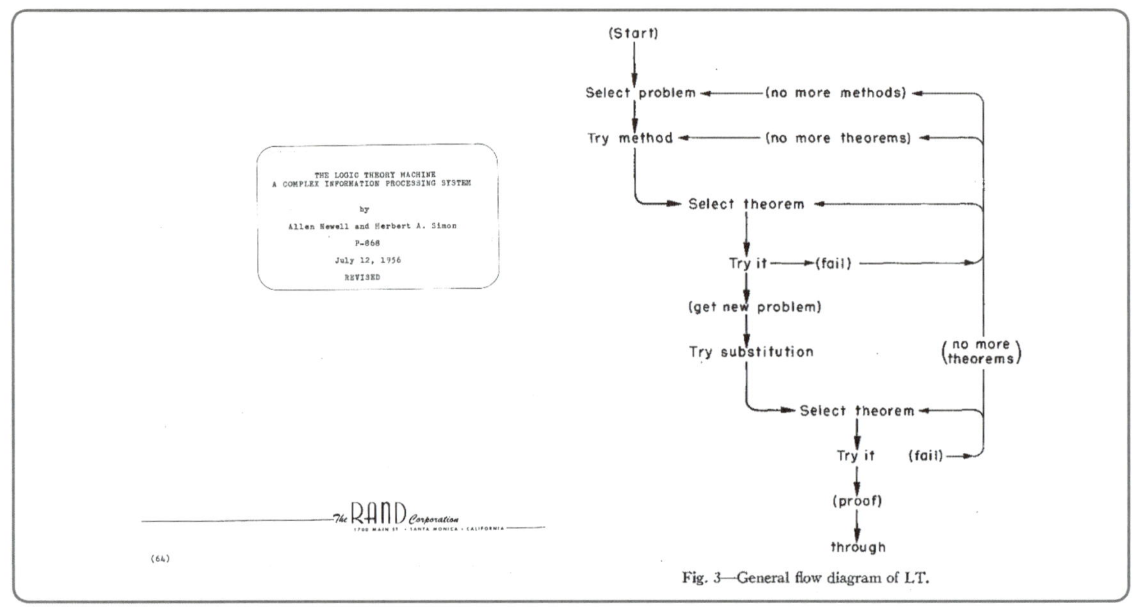

[그림 12-23] 논리 이론가에 대한 보고서(출처: 구글)

앨런 뉴웰(Allen Newell)과 허버트 사이먼(Herbert Simon)은 여기서 '로직 이론가(Logic Theorist)'라는 프로그램을 시연했는데, 이는 기계가 수학적 정리를 스스로 증명해 낸 최초의 사례로 기록됩니다.

초기 AI의 한계: "생각하는 기계인가, 고성능 계산기인가?"

하지만 이 시기의 AI는 우리가 지금 보는 알파고나 챗GPT와는 완전히 달랐습니다. 이를 '기호주의 AI(Symbolic AI)' 또는 '규칙 기반(Rule-based) AI'라고 부릅니다.

- 방식: "만약(If) A라는 상황이 발생하면, 그럼(Then) B라는 행동을 하라."는 수만 가지의 논리 규칙을 사람이 일일이 컴퓨터에 입력해 주어야 했습니다.
- 현실: 체스 게임이나 수학 정리 증명처럼 '정해진 규칙'이 있는 닫힌 세계에서는 뛰어난 능력을 보여 주었습니다. 하지만 '어머니'라는 단어에서 느껴지는 따뜻함이나 '고양이'를 보고 귀엽다고 느끼는 것과 같은 현실 세계의 불확실하고 모호한 문제는 전혀 해결하지 못했습니다.

엄밀히 말해 당시의 AI는 스스로 학습하는 지능이라기보다 인간이 주입한 논리를 엄청나게 빠른 속도로 처리하는 '초고성능 논리 계산기'에 가까웠습니다.

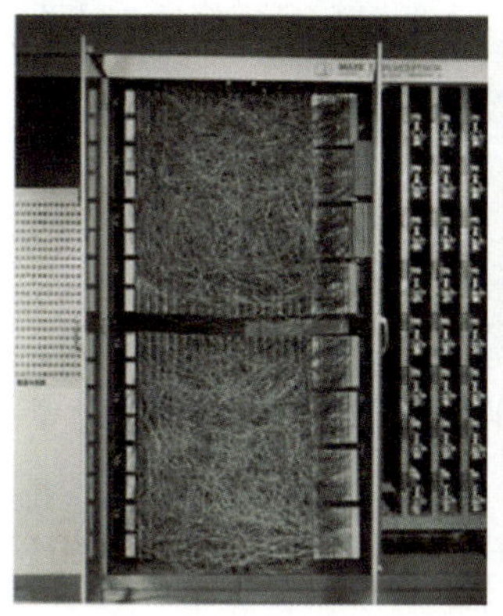

[그림 12-24] 퍼셉트론으로 구성된 Mark-I 컴퓨터(왼쪽), Frank Rosenbaltt(오른쪽)(출처: 구글)

이러한 한계는 결국 사람들의 기대를 충족시키지 못했고, 곧이어 AI 연구의 지원금이 끊기는 긴 'AI의 겨울'을 불러오게 됩니다.

Step 2 시련의 계절: 장밋빛 약속이 깨지고 찾아온 'AI의 겨울(AI Winter)'

1956년 다트머스 컨퍼런스 이후 1960년대 중반까지는 그야말로 'AI의 1차 황금기'였습니다. 연구자들은 자신감이 하늘을 찔렀습니다. 노벨상 수상자이자 AI의 아버지 중 한 명인 허버트 사이먼은 1965년에 이렇게 호언장담했습니다.

"20년 안에 기계가 인간이 할 수 있는 모든 일을 해낼 것이다."

정부는 이 장밋빛 약속을 믿고 막대한 연구 자금을 쏟아부었습니다. 하지만 그 약속이 '지킬 수 없는 약속'이었다는 것이 밝혀지는 데는 그리 오랜 시간이 걸리지 않았습니다.

'보이지 않는 장벽'에 부딪히다. 상식의 부재

당시 AI는 체스 게임이나 미로 찾기 같은 '닫힌 세계(Micro-world)'에서는 천재적이었지만, 현실 세계로 나오는 순간 바보가 되었습니다. 가장 대표적인 실패 사례가 바로 '기계 번역'이었습니다. 미국 정부는 러시아어 문서를 영어로 자동 번역하는 프로젝트에 거액을 투자했습니다. 하지만 당시 AI는 단어와 단어를 1:1로 매핑하는 수준(규칙 기반)이었으므로 문맥을 전혀 이해하지 못했습니다.

유명한 일화를 하나 소개하겠습니다. 성경 구절인 "마음은 원이로되, 육신이 약하도다(The spirit is willing but the flesh is weak)."를 러시아어로 번역했다가 다시 영어로 번역하게 했더니 엉뚱하게도 "보드카는 좋은데 고기는 상했다(The vodka is good but the meat is rotten)."라고 출력했습니다. 'Spirit(영혼/술)'과 'Flesh(육체/고기)'의 다의어를 구분하지 못한 것입니다.

[그림 12-25] 초기 기계 번역의 오류 사례(문맥 파악 실패)

하드웨어의 한계: 뇌를 담기엔 너무 작은 그릇

인간의 뇌는 약 1,000억 개의 뉴런으로 연결되어 있습니다. 하지만 당시 컴퓨터의 메모리와 처리 속도는 턱없이 부족했습니다. 예를 들어, 1969년 마빈 민스키는 저서『퍼셉트론(Perceptrons)』을 통해 당시의 신경망 기술로는 아주 단순한 논리 문제(XOR 문제)조차 해결할 수 없다는 것을 수학적으로 증명해 버렸습니다.

[그림 12-26] 마빈 민스키의 저서 『퍼셉트론(Perceptrons)』

이는 '지금의 기술로는 인공지능을 만들 수 없다.'라는 사형선고와도 같았습니다.

혹독한 겨울의 시작: ALPAC 보고서와 자금 중단

결정타는 1966년 미국 국립과학아카데미가 발표한 ALPAC 보고서였습니다. 이 보고서는 "기계 번역은 실패했다. 사람보다 비싸고 느리며 부정확하다."고 결론지었습니다.

이 충격적인 보고서 이후 미국과 영국 정부는 AI 관련 지원금을 전면 중단했습니다. 사람들의 기대는 차가운 경멸로 바뀌었습니다. 연구자들은 연구비를 받기 위해 '인공지능'이라는 단어 대신 '패턴 인식', '정보 처리' 같은 다른 용어를 써야만 했습니다.

1970년대 중반부터 1980년대 초반까지 이어진 이 시기를 우리는 'AI의 첫 번째 겨울(First AI Winter)'이라고 부릅니다. 이 시기는 AI에게 "인간의 지능은 단순한 규칙의 집합이 아니다."라는 뼈아픈 교훈을 남겼고, 훗날 '데이터'를 통해 스스로 학습하는 머신러닝의 시대를 여는 밑거름이 되었습니다.

두 번의 혹독한 겨울을 거치며, 1990년대 초반까지 AI 연구는 침체기에 빠져 있었습니다. 사람들은 더 이상 '생각하는 기계'라는 거창한 꿈을 믿지 않았습니다. 그런데 이 얼어붙은 땅을 녹이는 변화가 전혀 예상치 못한 곳에서 시작되었습니다. 바로 '인터넷의 보급'과 '디지털 데이터의 폭발'이었습니다.

패러다임의 전환: "가르치지 말고, 배우게 하라."

이전까지의 AI(규칙 기반)가 실패한 근본적인 이유는 "세상의 모든 규칙을 사람이 일일이 코딩할 수 없다."는 한계 때문이었습니다. 연구자들은 발상을 전환했습니다.

"우리가 규칙을 주입하는 대신, 기계가 수많은 데이터를 보고 스스로 규칙을 찾아내게 하면 어떨까?"

이것이 바로 머신러닝(Machine Learning, 기계학습)의 핵심 아이디어입니다. 1959년 아서 사무엘(Arthur Samuel)이 정의한 대로 '컴퓨터에게 명시적으로 프로그램을 작성하지 않고도 배울 수 있는 능력을 부여하는 것'입니다.

연역(Deduction)에서 귀납(Induction)으로

이 변화를 교육에 비유해 보겠습니다.

- **과거(규칙 기반):** 아이에게 두꺼운 문법책을 던져 주고 "이 규칙을 다 외워서 문장을 만들어라."라고 강요하는 주입식 교육이었습니다. 아이는 문법에 맞지 않는 예외적인 상황이 오면 당황해서 아무 말도 못했습니다(AI의 실패).
- **현재(머신러닝):** 아이에게 문법을 가르치는 대신, 수천 권의 재미있는 동화책을 읽어 줍니다. 아이는 수많은 문장을 접하면서 스스로 "아, 주어 다음에는 동사가 오는구나", "이런 상황에서는 이런 단어를 쓰는구나"하며 언어의 패턴을 자연스럽게 깨우칩니다.

이것이 바로 수많은 데이터(경험)로부터 일반적인 규칙을 이끌어 내는 귀납적 추론 방식입니다.

데이터, 새로운 석유가 되다(Data is the new oil)

머신러닝이 가능해진 결정적인 이유는 인터넷과 웹의 발달로 컴퓨터가 학습할 수 있는 '디지털 데이터'가 폭발적으로 늘어났기 때문입니다. 이메일, 웹 문서, 클릭 로그, 구매 이력 등 엄청난 양의 데이터가 쌓이면서 컴퓨터는 이 데이터의 바닷속에서 통계적인 패턴을 찾아내기 시작했습니다.

이러한 데이터를 기반으로 수행하는 머신러닝을 지속적인 성공 사례를 만들었습니다. 가장 대표적인 초기 성공 사례는 '스팸 메일 필터'입니다. 사람이 일일이 '광고', '특가' 같은 단어를 스팸 규칙으로 등록하는 대신, 컴퓨터에게 수백만 통의 정상 메일과 스팸 메일을 보여 주며 학습시켰습니다.

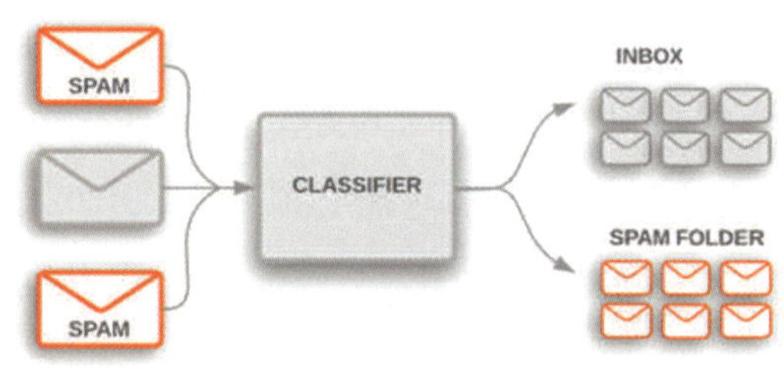

[그림 12–27] M/L 기반 스팸 메일 분류 모델

그러자 컴퓨터는 인간이 미처 발견하지 못한 미묘한 패턴까지 찾아내어 스팸을 걸러 내기 시작했습니다. 머신러닝의 등장으로 AI는 철학적인 탁상공론에서 벗어나 비로소 '실용적인 도구'가 되었습니다. 아마존의 상품 추천, 넷플릭스의 영화 추천 등이 모두 이 시기에 꽃피운 기술들입니다. 그리고 이 성공은 곧 다가올 더 거대한 혁명, '딥러닝'의 시대를 여는 발판이 되었습니다.

Step 4 잠자던 거인이 깨어나다. 인간의 뇌를 모방한 '딥러닝'과 GPU 혁명

2000년대 후반, 머신러닝은 이미 스팸 필터나 상품 추천 등에서 성과를 내고 있었습니다. 하지만 여전히 큰 한계가 있었습니다. 엑셀 표처럼 정리된 데이터(정형 데이터)는 잘 다뤘지만, 이미지, 목소리, 자연어 같은 '비정형 데이터'를 이해하는 데는 젬병이었습니다. 고양이 사진을 조금만 비틀거나 조명을 어둡게 하면 컴퓨터는 "이것은 고양이가 아니다."라고 판정했죠.

[그림 12-28] 머신러닝의 한계와 딥러닝의 태동

이 벽을 넘기 위해 과학자들은 아주 오래된 아이디어를 다시 꺼내 들었습니다. 바로 "인간의 뇌세포(뉴런)를 컴퓨터로 흉내 내 보자."는 것이었습니다.

인공 신경망의 부활: 깊게, 더 깊게!

인간의 뇌는 약 1,000억 개의 뉴런이 복잡하게 연결되어 전기 신호를 주고받으며 학습합니다. 과학자들은 이를 수학적으로 모델링한 '인공 신경망(Artificial Neural Network)'을 만들었습니다. 과거에는 기술적 한계로 신경망을 얕게(1~2층)밖에 쌓지 못했습니다. 하지만 제프리 힌튼(Geoffrey Hinton) 교수 등 끈질긴 연구자들의 노력으로, 신경망을 수십, 수백 층으로 아주 깊게 쌓을 수 있는 알고리즘이 개발되었습니다. 이것이 바로 '딥러닝(Deep Learning)'입니다.

[그림 12-29] AI 3대 천왕(왼쪽부터 얀 르쿤, 제프리 힌튼, 요수아 벤지오다)

- **특징**: 얕은 신경망이 '눈, 코, 입이 있으면 고양이'라고 단순하게 판단했다면, 깊은 신경망(딥러닝)은 털의 질감, 귀의 곡선, 눈빛의 미묘한 패턴까지 스스로 쪼개서 학습합니다. 드디어 컴퓨터가 사람처럼 '보는 눈'을 갖게 된 것입니다.

뜻밖의 구세주: 게임용 그래픽 카드(GPU)의 재발견

소프트웨어(딥러닝)는 준비되었지만, 문제가 있었습니다. 이 거대한 신경망을 돌리기에는 기존의 CPU(중앙 처리 장치)가 너무 느렸습니다. CPU는 똑똑한 박사님 한 명과 같아서 어려운 수학 문제를 순서대로 푸는 건 잘하지만, 수백만 개의 단순 계산을 동시에 처리하는 건 취약이었습니다. 이때 등장한 구세주가 바로 NVIDIA의 GPU(그래픽 처리 장치)였습니다.

원래 3D 게임의 수백만 픽셀을 동시에 그려 내기 위해 만들어진 이 부품이 놀랍게도 딥러닝의 행렬 연산과 수학적으로 완벽하게 일치한다는 사실이 밝혀진 것입니다.

전 세계가 경악한 사건: 알파고(AlphaGo) 쇼크(2016)

[그림 12-30] 이세돌 vs. 알파고 대국 결과

이 기술의 파괴력을 전 세계에 각인시킨 사건이 2016년 서울에서 일어났습니다. 구글 딥마인드의 알파고와 인간 챔피언 이세돌 9단의 바둑 대결입니다. 바둑은 경우의 수가 우주의 원자 수보다 많아, 계산기 방식(규칙 기반)으로는 절대 인간을 이길 수 없는 영역이라 여겨졌습니다. 하지만 딥러닝으로 무장한 알파고는 인간의 직관을 뛰어넘는 수(제2국의 37수)를 두며 4:1로 완승을 거뒀습니다.

이 사건 이후 딥러닝은 음성 인식(Siri, Alexa), 자동 번역(Papago), 자율주행 등 모든 분야를 집어삼키며 폭발적으로 성장했습니다. 그리고 이제 이 딥러닝 모델을 전 세계의 모든 데이터로 학습시켜, 인간의 언어까지 정복한 '거대 언어 모델(LLM)'과 '생성형 AI'의 시대로 이어지게 됩니다.

2016년 알파고의 충격 이후 AI는 이미지 인식, 번역, 자율 주행 등에서 인간의 능력을 뛰어넘기 시작했습니다. 하지만 당시의 AI에게도 넘을 수 없는 '벽'이 하나 있다고 여겨졌습니다. 바로 '창의성(Creativity)'이었습니다.

"기계는 계산할 뿐, 무언가를 창조할 수는 없다."

[그림 12-31] 생성형 AI와 챗GPT의 등장

이것이 인류의 마지막 자존심이었습니다. 하지만 2022년 11월, 챗GPT의 등장과 함께 그 마지막 벽마저 무너져 내렸습니다.

패러다임의 대전환: '판별(Discriminative)'에서 '생성(Generative)'으로

지금까지의 AI(딥러닝)는 정답을 맞히는 '판별 모델'이었습니다.

[그림 12-32] 판별 모델(Discriminative)과 생성 모델(Generative)의 차이

- **과거(판별 AI)**: 수만 장의 강아지 사진을 공부한 후 새로운 사진을 보여 주면 "이것은 99.8% 확률로 강아지입니다."라고 판별하는 '모범생'이었습니다. 하지만 "그럼 강아지 그림을 그려 봐."라고 하면 붓을 들지 못했습니다. 본 적 없는 것을 만들어 낼 능력은 없었으니까요.
- **현재(생성 AI)**: 이제 AI는 "모네의 화풍으로, 우주복을 입고 서핑을 하는 강아지를 그려 줘."라는 황당한 요구에도 1초 만에 그림을 그려 냅니다. 기존 데이터를 학습하여 패턴을 익힌 후 이를 재조합해 세상에 없던 새로운 결과물을 만들어 내는 '예술가'가 된 것입니다.

거인의 등장: 파운데이션 모델

이러한 창조가 가능해진 이유는 AI 학습 방식이 근본적으로 바뀌었기 때문입니다. 과거에는 '번역 전용 AI', '바둑 전용 AI'를 따로 만들었습니다. 하지만 과학자들은 인터넷에 있는 거의 모든 텍스트와 이미지(Wikipedia, 논문, 소설, 코드 등)를 통째로 학습시킨 초거대 AI를 만들었습니다. 이를 건물을 짓는 기초가 된다고 하여 '파운데이션 모델(Foundation Model)'이라고 부릅니다.

- **특징**: 이 거인은 특정 업무만 잘하는 게 아니라 시도 짓고, 코딩도 하고, 번역도 하고, 심지어 농담도 할 줄 아는 '만능 지식인'입니다. 우리는 이 모델을 가져다가 살짝 튜닝(Fine-tuning)하거나 프롬프트만 잘 입력하면(Prompt Engineering) 원하는 모든 서비스를 만들 수 있습니다.

자연어가 곧 코드가 되는 세상(Natural Language as Code)

생성형 AI 시대의 가장 혁명적인 변화는 '인터페이스'입니다. 이전까지 컴퓨터에게 일을 시키려면 Python이나 C++ 같은 복잡한 프로그래밍 언어를 배워야 했습니다. 하지만 이제는 '사람의 언어(자연어)'로 명령하면 됩니다. "여행 추천 앱을 만들고 싶어, 코드를 짜 줘."라고 말하면 AI가 코드를 작성해 줍니다. 우리는 복잡한 AI 모델을 직접 만드는 것이 아니라 Amazon Bedrock이라는 거대 모델에게 "이런 기능을 수행해 줘."라고 명령(Prompt)만 내리면 됩니다.

바야흐로 'AI의 민주화' 시대입니다. 1956년 다트머스의 과학자들이 꿈꿨던, 그리고 수만 명의 연구자가 70년간 쌓아 올린 기술의 정점이 이제 API 호출 한 번으로 여러분의 손안에 있습니다. 여러분은 이 거인의 어깨 위에 올라타서 상상하는 무엇이든 만들어 낼 수 있습니다.

12   Resource Termination

12부의 AWS 리소스는 13부에서 재활용됩니다. 이에 12부에서 사용된 모든 리소스는 13부에서 함께 삭제 및 정리하겠습니다.

Kiro: AWS가 만든 스펙 주도형 AI 개발자 채용하기

우리는 12부에서 AWS Lambda와 API Gateway를 이용해 강력한 'AI 백엔드(두뇌)'를 만들었습니다. 이제 이 두뇌와 사용자가 대화할 수 있는 '웹 사이트(얼굴)'가 필요합니다. 과거에는 이 얼굴을 만들기 위해 HTML, CSS, React를 직접 공부하고 한 땀 한 땀 코딩해야 했습니다. 하지만 2025년 7월, AWS가 공개한 Kiro는 이 판도를 완전히 바꿨습니다.

Kiro는 단순한 코딩 도우미가 아닙니다. "이런 앱을 만들어 줘."라고 말하면 기획서(Spec)를 쓰고, 기술을 설계하고, 실제 코드까지 작성하는 '자율 주행 개발 도구'입니다.

13부에서는 Kiro를 설치하고, 우리 회사의 첫 번째 'AI 개발 팀장'으로 채용하여 12부에서 만든 API와 연동되는 완벽한 AI 채팅 앱을 만들어 보겠습니다.

█ 1-1 바이브 코딩이란?

Kiro를 켜자마자 가장 먼저 만나는 아주 재미있는 개념이 있습니다. 바로 '바이브 코딩(Vibe Coding)' 입니다. 이름부터가 뭔가 느낌(Vibe)이 있죠? 쉽게 말해 '옆자리 친구랑 수다 떨듯이 앱을 만드는 방법' 입니다.

[그림 13-1] 자연어로 개발하는 '바이브 코딩(Vibe Coding)' 개념

지금까지 우리가 알던 코딩은 '검은 화면에 알 수 없는 영어 단어를 틀리지 않고 입력하는 것'이었습니다. 오타 하나만 나도 에러가 떴죠. 하지만 바이브 코딩은 다릅니다.

- **어떻게 하나요?(개념):** 복잡한 컴퓨터 언어나 문법은 전혀 몰라도 됩니다. 우리가 평소에 쓰는 말로 여러분이 원하는 '느낌(Vibe)'을 설명하면 됩니다.

  "야, 여기 배경을 좀 더 요즘 유행하는 힙(Hip)한 스타일로 바꿔 줘."

  "이 버튼을 누르면 '팡!' 하고 폭죽이 터지는 것처럼 화려하게 만들어 줘."

  이렇게 말하면, Kiro가 찰떡 같이 알아듣고 진짜 코드로 만들어 줍니다.

- **뭐가 좋나요?(장점):** 머릿속에 아이디어는 있는데, 그걸 어떻게 만들지 몰라 답답하셨나요? 바이브 코딩을 쓰면 상상한 것을 그 즉시 눈앞의 화면으로 볼 수 있습니다. 며칠 걸릴 일을 단 몇 초 만에 보여주니 아이디어를 확인하는 속도가 비교할 수 없이 빨라집니다.

█ 1-2 내비게이션을 넘어선 '자율 주행' 코딩

'바이브 코딩'으로 친구랑 수다 떨듯 명령을 내리면, 그 후엔 어떤 일이 벌어질까요? 여기서 Kiro의 진짜 능력이 드러납니다. 지금까지 나온 AI 코딩 도구들(예 깃허브 코파일럿)이 운전자가 핸들을 잡고 있을 때 옆에서 "300m 앞에서 우회전하세요."라며 길을 알려 주는 '차량용 내비게이션'이었다면, Kiro는 여러분이 뒷좌석에 편안히 앉아 목적지만 말하면 알아서 핸들을 꺾고, 엑셀과 브레이크를 밟으며 목적지까지 데려다 주는 '완전 자율 주행 자동차'입니다. 이게 초보자에게 왜 혁명적인지, 요리에 비유해 볼까요?

- **기존의 챗봇(Chatbot) 방식:** 지금까지 챗봇에게 "로그인 기능 만들어 줘."라고 하면, 챗봇은 '레시피(코드)'만 툭 던져 줬습니다. 여러분은 이 레시피를 들고 주방(컴퓨터)으로 가서 어떤 냄비(파일)가 필요한지, 재료(패키지)는 어디서 사야 하는지 직접 알아 내야 했습니다. 가장 큰 문제는 요리를 하다가 맛이 이상하면(에러 발생), '왜 맛이 없지?' 하며 스스로 원인을 찾아 고쳐야 했다는 점입니다. 초보자에겐 여기서부터가 지옥이었죠.

[그림 13-2] 기존 개발 방식의 문제점: 에러 해결의 어려움

- **Kiro의 에이전트(Agent) 방식:** '알아서 요리하는 전담 셰프'인 Kiro는 다릅니다. Kiro는 레시피를 주는 게 아니라 직접 주방에 들어가 요리하는 '전담 셰프'입니다. 여러분이 "로그인 페이지 만들어 줘."라고 주문만 하면, Kiro는 필요한 재료(패키지)를 알아서 설치하고, 적절한 그릇(파일)을 꺼내 재료를 다듬고 요리(코딩)를 시작합니다. 핵심은 '셀프 힐링(Self-healing)'입니다. 요리하다가 간이 안 맞으면(에러 발생), 셰프가 알아서 다시 간을 맞추듯 Kiro가 스스로 에러를 수정합니다. 여러분은 완성된 요리가 식탁에 올라올 때까지 기다리기만 하면 됩니다.

[그림 13-3] AI가 에러를 자동 수정하는 Kiro의 개발 환경

요약하면, 이제 여러분은 운전대 잡을 걱정 없이, 맛있는 요리를 만들 걱정 없이 '어디로 갈지', '무엇을 먹을지'만 결정하면 됩니다. 이것이 바로 Kiro가 열어 주는 새로운 개발의 세계입니다.

Kiro가 척척 박사처럼 구는 이유는 그 몸속에 '오토(Auto)'라는 아주 유능한 관리자가 숨어 있기 때문입니다. 어려운 말로는 '오케스트레이션(조율) 시스템'이라고 하는데, 쉽게 말해 '일을 기가 막히게 잘 나누는 팀장'이라고 생각하면 됩니다. Kiro의 머릿속 사무실이 어떻게 돌아가는지 살짝 엿볼까요?

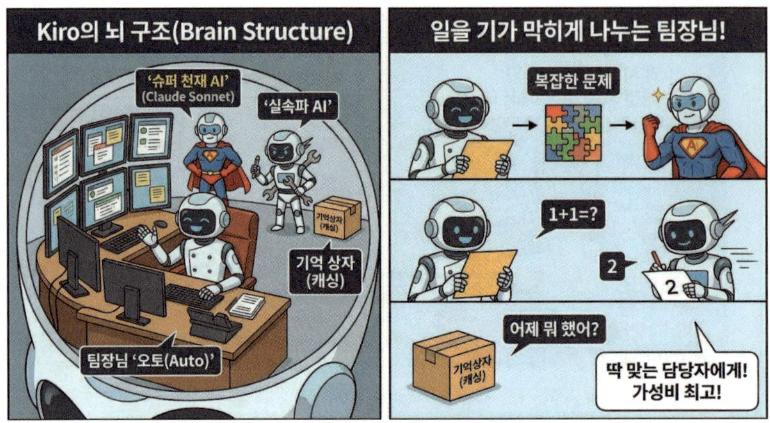

[그림 13-4] Kiro의 핵심 엔진: 오토(Auto) 에이전트 아키텍처

- **똑똑한 팀장 '오토(Auto)' 에이전트:** Kiro의 뇌에는 한 명의 천재만 있는 것이 아닙니다. '클로드 소네트(Claude Sonnet)' 같은 '슈퍼 천재 AI'부터 손이 빠른 '실속파 AI'까지 다양한 전문가 팀이 대기하고 있습니다. 여러분이 질문을 던지면, '오토' 팀장이 재빨리 판단합니다. "음, 이 문제는 슈퍼 천재가 나서야겠군." 또는 "이 정도는 실속파가 후딱 처리하면 되겠어!" 하고 딱 맞는 담당자를 골라 일을 시킵니다.

- **가성비의 제왕(효율성 최적화):** 왜 이렇게 번거롭게 일을 나눌까요? 바로 '가성비' 때문입니다. 모든 일에 몸값 비싼 슈퍼 천재 AI를 쓰면 비용이 감당이 안 되겠죠? "1 더하기 1은 뭐야?" 같은 쉬운 질문에 아인슈타인을 부를 필요는 없으니까요.

> - 쉬운 일: 가벼운 AI 계산기가 빠르게 처리합니다.
> - 어려운 일: 복잡한 추론이 필요할 때만 고성능 두뇌를 사용합니다.
> - 기억 상자(캐싱): 자주 묻는 질문은 '기억 상자'에 넣어두고, 다시 계산하지 않고 바로 꺼내 줍니다.

덕분에 우리는 최고의 품질을 가장 합리적인 비용으로 누릴 수 있습니다.

- **내 맘대로 선택(모델 선택권):** 물론, 여러분이 사장님 이니까 원한다면 "나는 돈이 좀 들어도 무조건 최고급 두뇌(예 Sonnet 4, Opus 4.5)랑만 일할래!"라고 설정에서 지정할 수도 있습니다. 각 모델별 주요 특징은 다음과 같습니다.

모델	별명	주요 특징	추천 용도
Claude Haiku 4.5	스피드 레이서	• Sonnet 4보다 2배 이상 빠름 • 비용은 1/3 수준(저렴)	• 단순 코드 수정, 오타 교정 • 반복적인 데이터 처리 • 결과가 빨리 나와야 할 때
Claude Sonnet 4.0/4.5	에이스 수석 개발자	• 검증된 코딩 실력 • 긴 호흡의 작업도 • 안정적으로 수행	• 본격적인 기능 개발 • 복잡한 시스템 설계 • 일관된 품질이 중요할 때
Claude Opus 4.5	천재 교수님	• 가장 똑똑한 최상위 두뇌 • 남들이 못 푸는 난제 해결 • 비용이 가장 높음	• 실패하면 안 되는 중요한 작업 • 고난도 아키텍처 설계 • 깊은 사고와 추론이 필요할 때

하지만 보통은 똑똑한 '오토' 팀장에게 맡기는 게 가장 속 편하답니다.

1-4 즉흥 연주 vs. 정밀 설계: 두 가지 일하는 방식

Kiro는 두 가지 모드로 일할 수 있습니다. 상황에 따라 스위치를 켜고 끄듯 이 두 가지 방식을 적절히 섞어 써야 진정한 고수가 될 수 있습니다.

바이브 코딩(Vibe Coding): '재즈 연주처럼 자유롭게'

앞서 배운 '바이브 코딩'은 악보 없이 느낌 가는 대로 연주하는 즉흥 재즈 연주와 같습니다.

[그림 13-5] 바이브 코딩의 워크플로: 즉흥적인 수정 및 개선

• **언제 쓸까요?:** "버튼 색깔 바꿔 줘.", "여기 문구 수정해 줘."처럼 간단한 수정이나 아이디어를 빨리 눈으로 보고 싶을 때 최고입니다.

• **주의할 점(치명적 단점):** 하지만 교향곡(거대한 프로젝트)을 악보 없이 연주할 순 없겠죠?

프로젝트가 커지면 AI가 "아까 우리가 무슨 얘기 했더라?" 하고 기억을 잃거나(Context Loss), 아까는 A라고 해 놓고 지금은 B라고 짜는 등 코드가 뒤죽박죽될 위험이 있습니다.

스펙 주도 개발(Spec-Driven): '건축가처럼 치밀하게'

이것이야말로 Kiro의 진정한 필살기입
니다. 벽돌부터 쌓는 것이 아니라 청사
진(설계도)부터 그리는 방식입니다.

[그림 13-6] Kiro의 3단계 사고 과정: 요구사항→설계→작업

- **어떻게 하나요?**: 코드를 한 줄도 짜기 전에, Kiro는 먼저 3단계로 생각을 정리합니다.

  - 요구사항(Requirements): "우리가 정확히 뭘 만들려고 하는 거지?"(목표 정의)
  - 시스템 설계(Design): "어떤 구조로 만들어야 튼튼할까?"(구조 설계)
  - 할 일(Task): "그럼 뭐부터 순서대로 해야 하지?"(작업 목록)

- **효과(왜 좋을까요?)**

  - "삼천포로 빠지지 않습니다.": 설계도가 명확하니 AI가 딴짓을 하지 않고 복잡한 기능도 정확하게 구현합니다.
  - 비유: 바이브 코딩이 '개집'을 짓는 거라면, 스펙 주도 개발은 '63빌딩'을 짓는 것입니다. 63빌딩을 지을 때 설계도 없이 벽돌부터 올리는 사람은 없겠죠?

02 준비 Kiro '입사'시키기: 다운로드/설치 및 환경 설정

2-1 Kiro사용 방법(다운로드/설치) 및 지원 언어

Kiro 다운로드 및 설치

Kiro는 여러분의 개발 여정을 함께할 강력한 도구입니다. 복잡한 과정 없이 몇 번의 클릭만으로 Kiro를 설치하고 즉시 코딩을 시작할 수 있습니다.

01 간편한 다운로드 Kiro 공식 웹 사이트
(kiro.dev)에 접속하여 여러분의 운영
체제(Windows, macOS, Linux)에 맞
는 설치 프로그램을 다운로드하세요.

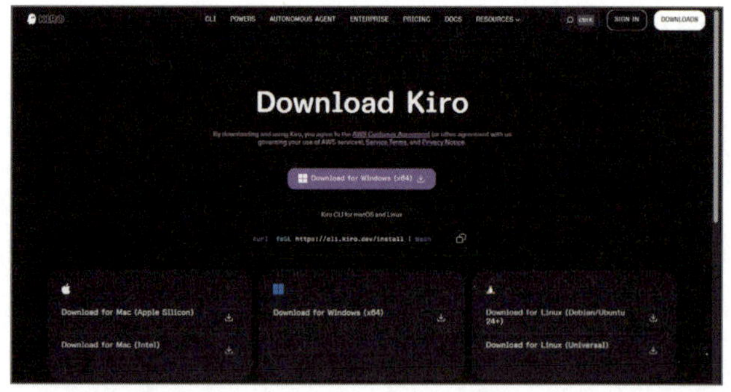

02 손쉬운 설치 다운로드한 파일을 실행하고 화면의 안내를 따르기만 하면 됩니다. 설치가 완료되면 Kiro IDE를 실행하여 바로 개발 환경에 진입할 수 있습니다.

03 초기 설정(First Launch) Kiro를 처음 실행하면 로그인 안내가 표시됩니다.

- **다양한 로그인 옵션:** GitHub, Google, AWS Builder ID 등 익숙한 계정으로 간편하게 로그인할 수 있습니다.
- **설정 가져오기:** 기존에 VS Code를 사용하셨나요? 로그인한 후 VS Code의 설정, 테마, 확장 프로그램을 그대로 가져올 수 있어 새로운 환경에 적응하는 시간을 단축해 줍니다.
- **셸 통합(Shell Integration):** 터미널 명령어를 Kiro가 대신 실행할 수 있도록 셸 통합 설정을 허용하면 더욱 편리한 개발이 가능합니다.

Kiro 지원 언어

Kiro는 새로운 툴을 배우는 부담이 없습니다. 전 세계 개발자 표준인 Code OSS(VS Code)를 기반으로 만들어졌기 때문입니다. 또한 Kiro는 개발자들이 일상적으로 사용하는 대부분의 프로그래밍 언어를 지원합니다. 단순한 문법 지원을 넘어 각 언어별 모범 사례(Best Practices), 디버깅, 리팩터링, 프로젝트 구조화까지 깊이 있게 지원합니다.

- **웹/프론트엔드:** JavaScript, TypeScript, HTML/CSS
- **백엔드/시스템:** Python, Java, C#, Go, Rust, PHP, Ruby, C, C++, Scala, Kotlin
- **데이터/스크립트:** SQL, Shell Script, R
- **설정/마크업:** JSON, YAML, HCL(Terraform)

▎2-2 Kiro급여 지급(Kiro 과금 방식): 크레딧 시스템

AI 개발자를 채용했으므로 비용 구조를 이해해야 합니다. Kiro는 크레딧(Credit)이라는 단위로 과금됩니다.

크레딧(Credit)이란?

Kiro가 수행하는 작업의 '난이도 비용'입니다. 간단한 질문은 1크레딧 미만이지만, 복잡한 스펙 작성이나 Sonnet 4 같은 고성능 모델 강제 사용 시 더 많은 크레딧이 소모됩니다(Auto 모드를 쓰면 Sonnet 4 단독 사용 대비 약 1.3배 저렴합니다).

[표 13-2] **Kiro 요금제 및 크레딧 정책**(2026년 기준)

요금제 (Plan)	월 비용 (Cost)	기본 월급 (Credits)	추가 수당 (Overage)	추천 대상(Target)
Kiro Free	0원 (무료)	월 50개	불가	• Kiro를 처음 써 보는 입문자 • 가볍게 기능만 맛보고 싶은 분(첫 가입 시 30일간+500개 크레딧)
Kiro Pro	20달러 (약 2.8만 원)	월 1,000개	Credit당 0.04달러	• 본격적으로 앱을 만드는 개인, 개발자 • 취미로 꾸준히 코딩하는 분
Kiro Pro+	40달러 (약 5.6만 원)	월 2,000개	Credit당 0.04달러	• 작업량이 많은 프리랜서 • 복잡한 프로젝트 진행하는 분
Kiro Power	200달러 (약 28만 원)	월 10,000개	Credit당 0.04달러	• 전문 소프트웨어 엔지니어 • 하루 종일 AI와 코딩하는 헤비 유저

▍2-3 출입증 발급: 복잡한 설정 없는 간편 로그인

Kiro라는 AI 개발자를 채용(실행)하려면 신분증이 필요합니다. 하지만 겁먹지 마세요. 복잡한 서류 심사는 없습니다. 여러분이 이미 가지고 있는 계정으로 즉시 출입증을 만들 수 있으니까요.

네 가지 로그인 방법(나에게 맞는 것은?)

Kiro는 독립적인 프로그램입니다. 따라서 AWS 클라우드 계정을 새로 만들거나 신용카드를 등록할 필요가 전혀 없습니다. 다음 중 편한 방법을 고르세요.

[표 13-3] **Kiro 로그인 방식 및 계정 연동**

로그인 방법	설명(누가 쓰나요?)	특징
GitHub	기존 개발자 추천	깃허브 계정이 있다면 완벽하게 연동됩니다. 가장 익숙한 방법입니다.
Google	누구나 추천	구글 아이디만 있으면 OK! 별도 가입 없이 바로 시작하세요.
AWS Builder ID	개인 개발자	AWS가 제공하는 무료 개인 ID입니다. 클라우드 과금과 무관하니 안심하고 만드셔도 됩니다.
AWS IAM Identity Center	기업/팀 사용자	회사의 관리자가 발급해 준 계정입니다(보안이 강화된 기업용 사원증).

필독 개인 사용자와 데이터 프라이버시

로그인 방식에 따라 내 데이터가 AI 학습에 쓰이는지 여부가 달라집니다.

- **개인 구독자**(GitHub/Google/AWS Builder ID)
  - 서비스를 개선하기 위해 여러분의 콘텐츠가 사용될 수 있습니다.
  - 싫다면 끌 수 있나요? 설정에서 언제든지 '사용 거부(Opt-out)'를 할 수 있습니다(설정＞Telemetry＞Disabled).
- **기업 구독자**(AWS IAM Identity Center): 기업용 계정으로 로그인하면, 어떤 데이터도 서비스 개선 목적으로 사용되지 않습니다(완전한 보안 보장).

Kiro가 단순한 코딩 챗봇을 넘어 '에이전틱 IDE(Agentic IDE)'라고 불리는 이유는 바로 이 다섯 가지 강력한 기능 덕분입니다. 개발의 기획부터 구현, 자동화, 확장까지 책임지는 Kiro의 무기들을 소개합니다.

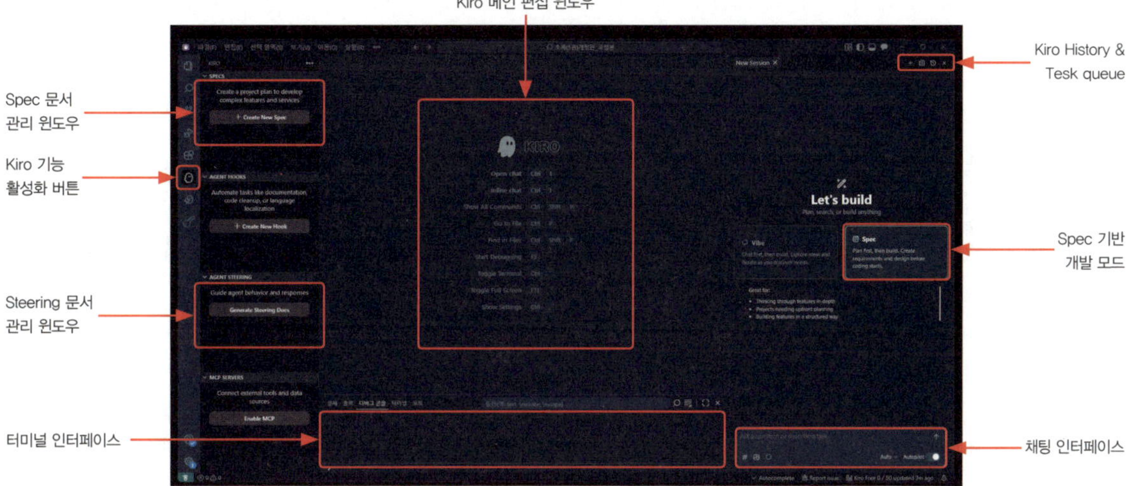

[그림 13-7] Kiro의 주요 인터페이스 소개

▌3-1 Spec(스펙): '건축가처럼 설계하고 개발하기'

Spec(사양)은 추상적인 '제품 요구사항'과 실제 '기술 구현' 사이를 연결해 주는 다리 역할을 하는 정리된 리소스 모음입니다. 이를 통해 개발의 일관성을 유지하고 불필요한 반복 작업을 줄여 줍니다.

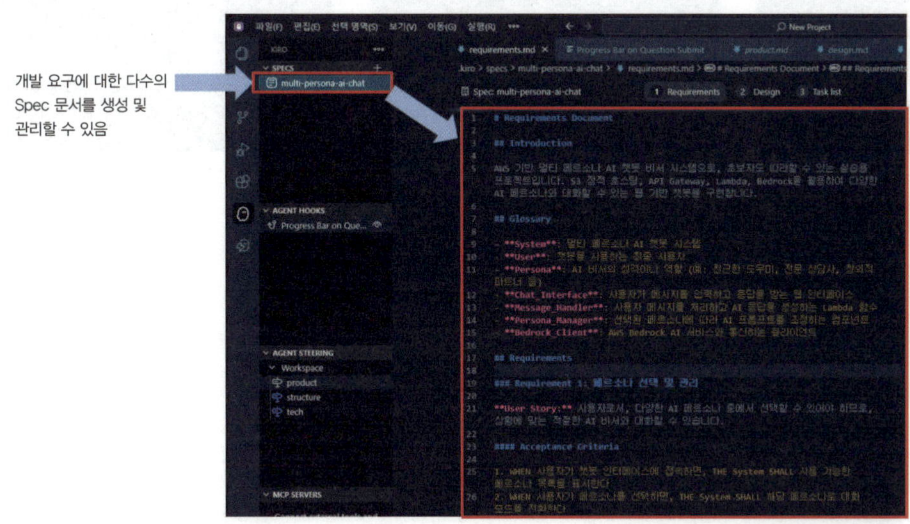

[그림 13-8] Spec(스팩) : 추상적인 아이디어와 구체적인 코드 사이의 다리(Bridge)

Spec 문서의 주요 특징

- **구조화된 문서:** 마크다운(Markdown) 형식을 사용하여 작성됩니다.
- **최적화된 구조:** 요구사항, 설계, 작업 등 특정 활동에 맞춰 구성되어 있습니다.
- **통합 관리:** 관련된 내용들이 하나의 컬렉션으로 정리되어 관리됩니다.
- **수명 주기:** 생성, 업데이트, 반복(Iteration) 과정을 거치며 프로젝트와 함께 진화합니다.

Spec 작성 및 관리

먼저 Spec의 작성은 '무엇을 만들고자 하는지?', '의도(Intent)'를 파악하는 것에서 시작합니다. 그 과정에서 초기 프롬프트를 통해 생성을 시작하며, 반복과 개선을 거쳐 완성됩니다. 처음부터 완벽할 필요는 없습니다. 본인이 원하는 방향과 내용을 Chat 창에 입력하면 Kiro가 해당 내용을 잘 정리해서 Spec 문서로 작성합니다. 또한 각 Spec은 하나의 특정 기능(Feature)을 담당하며, 프로젝트 내에 여러 개의 Spec이 존재할 수 있습니다.

구성 요소(3단계 워크플로)

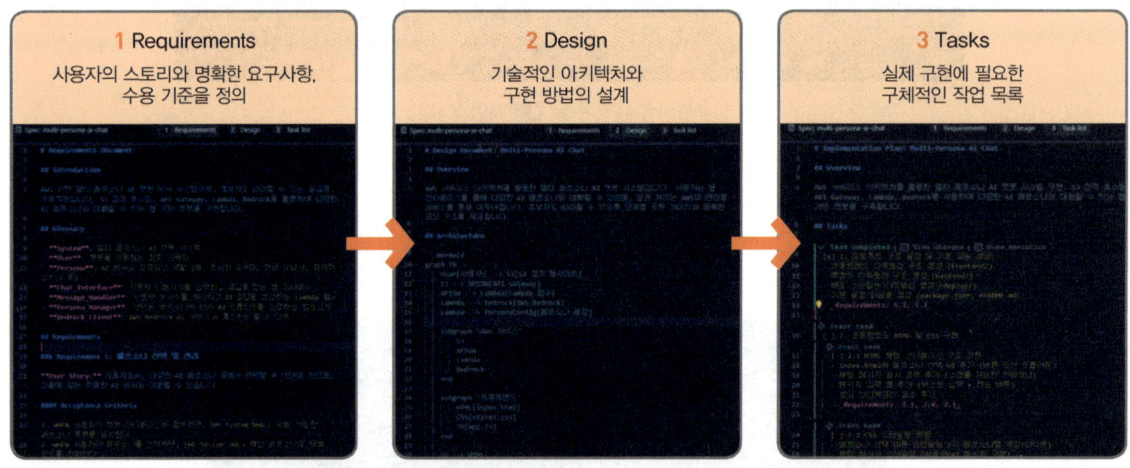

[그림 13-9] 스펙(Spec)의 3가지 핵심 구성 요소

Spec은 다음 세 가지 핵심 요소로 구성되며, 이는 곧 개발의 단계가 됩니다.

- **요구사항:** 사용자 스토리와 수용 기준을 정의합니다.
- **설계:** 기술적인 아키텍처와 구현 방법을 설계합니다.
- **작업:** 실제 구현을 위한 구체적인 작업 목록을 만듭니다.

요약하면, Spec은 기능을 구현하기 위해 필요한 '살아 있는 설계도'라고 할 수 있습니다.

 SDD(Spec Driven Development) 3단계로 완성하는 '실패 없는 개발'

Kiro의 꽃은 바로 SDD(스펙 주도 개발)입니다. "이거 만들어 줘."라고 툭 던지는 게 아니라 Kiro와 함께 요구사항→설계→구현의 3단계를 거치며 탄탄한 건물을 짓는 과정입니다.

Step 1 요구사항: "모호함을 없애라."

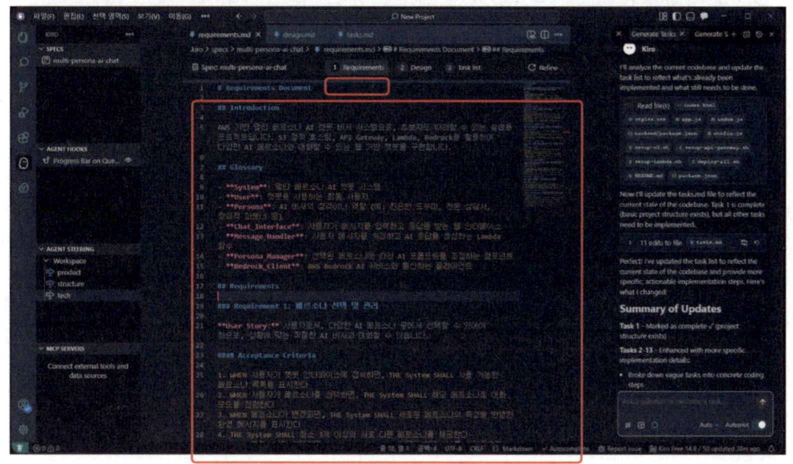

- **어떻게 하나요?:** 채팅창에 "로그인 기능 추가해 줘."라고 입력하면 Kiro가 requirements.md 파일을 만듭니다.

  초보자 팁 EARS(Easy Approach to Requirements Syntax) 기법: Kiro는 "언제(WHEN) ~하면, 시스템은(THE SYSTEM) ~해야 한다(SHALL)."라는 문장을 좋아합니다.

  – **나쁜 예** "로그인 빨리 되게 해 줘."

  – **좋은 예** "[WHEN] 사용자가 올바른 비번을 입력하면, [THE SYSTEM SHALL] 1초 안에 메인 화면으로 이동해야 한다."

  주의 Kiro가 써 준 내용을 꼼꼼히 읽고, 마음에 안 들면 채팅으로 "비밀번호는 8자 이상으로 고쳐 줘."라고 수정 요청하세요.

 설계: '청사진 그리기'

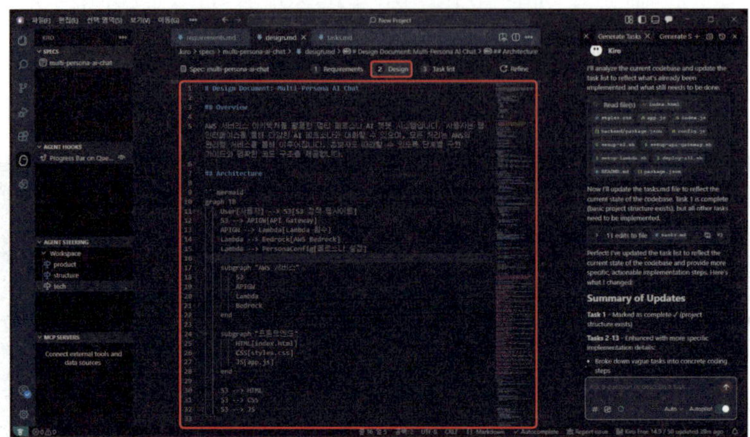

- **어떻게 하나요?:** 요구사항이 확정되면 "설계 단계로 가자"고 하세요. Kiro가 design.md를 작성합니다.
- **무엇을 하나요?:** 어떤 데이터베이스를 쓸지, API 구조는 어떻게 할지 기술적인 지도를 그립니다.

  초보자 팁 이 단계에서 너무 복잡해 보이면 "너무 어려워. 초보자용으로 간단하게 다시 설계해 줘."라고 요청해도 됩니다.

 작업: '하나씩 도장 깨기'

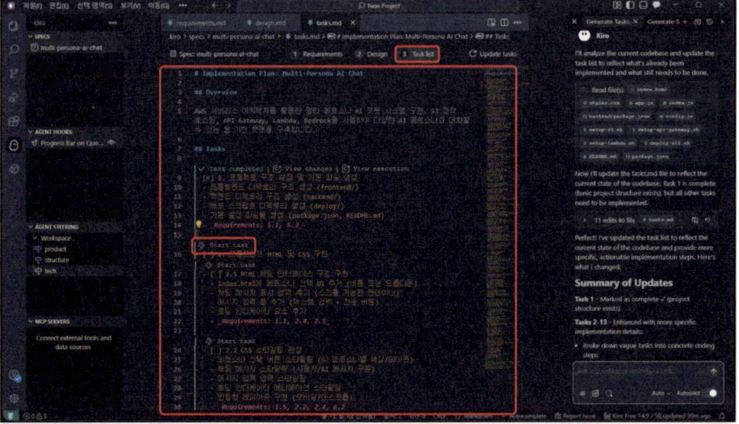

- **어떻게 하나요?:** tasks.md 파일에 할 일 목록이 생성됩니다.
- **실행 방법**
  - **버튼 클릭:** 파일 내 각 작업 위에 있는 [Start Task] 버튼을 클릭하세요.
  - **채팅 명령:** "작업 1.1이랑 1.2 실행해 줘."라고 말해도 됩니다.
- **자동화:** Kiro가 코드를 짜고, 파일을 만들고, 테스트까지 수행합니다. 여러분은 완료된 작업에 [View Changes]를 눌러 잘됐는지 검사만 하면 됩니다.

▌3-2 Steering(스티어링): "Kiro에게 우리 팀의 규칙 가르치기"

Kiro는 똑똑하지만, 우리 팀만의 스타일이나 프로젝트의 규칙은 모릅니다. Steering은 Kiro에게 "우리는 이런 방식으로 일해."라고 알려 주는 '프로젝트 설명서'이자 '신규 입사자에게 O.T 자료를 주는 것'과 같습니다.

[그림 13-10] 글로벌 규칙 설정(.kiro/steering 폴더)

이 문서를 .kiro/steering/ 폴더에 넣어 두면, Kiro는 작업을 할 때마다 이 내용을 참고하여 매번 설명하지 않아도 규칙을 알아서 지켜 줍니다.

기본 문서(3대장) 자동 생성

가장 쉬운 시작 방법은 Kiro에게 맡기는 것입니다. [Generate Steering Docs] 버튼을 클릭하면, Kiro가 내 프로젝트를 분석해서 다음 세 가지 핵심 문서를 자동으로 만들어 줍니다.

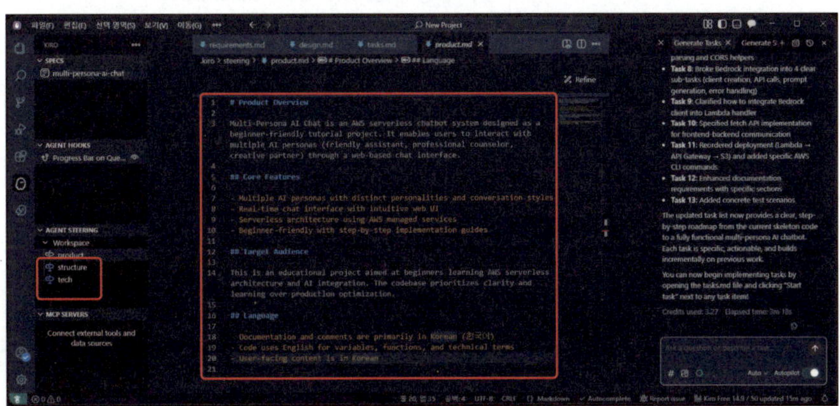

- product.md(제품 소개서): "우리는 무엇을 만드는가?"(프로젝트 목적, 타깃 사용자)
- tech.md(기술 스택): "어떤 도구를 쓰는가?"(사용하는 언어, 라이브러리, 프레임워크)
- structure.md(구조도): "파일은 어떻게 정리하는가?"(폴더 구조, 네이밍 규칙)

사용자 정의: 상황별 시작 가이드

- **기존 코드가 있을 때(Brownfield):** [Generate Steering] 버튼을 눌러 기본 문서를 자동 생성하세요. Kiro가 분석한 내용을 읽어 보고 틀린 부분만 수정하면 됩니다.
- **새로 시작하거나 규칙을 추가할 때(Greenfield):** [+] 버튼을 눌러 새 문서를 만드세요. api-rules.md(API 규칙), code-style.md(코딩 스타일) 같은 파일을 만든 후 "우리 팀은 변수명을 지을 때 camelCase를 써야 해."와 같이 구체적인 규칙을 적어 두면 Kiro가 이를 철저히 지킵니다.

비용을 아끼는 꿀팁: '포함 모드(Inclusion Mode)'

모든 규칙을 항상 Kiro에게 읽히면 비용(토큰)이 많이 듭니다. 상황에 맞춰 똑똑하게 설정하세요.

[그림 13-11] 규칙 적용 범위 설정 옵션(Always vs. Optional)

- **항상 포함(Always):** 핵심 기술 스택 등 변하지 않는 대원칙(기본값)
- **조건부(Conditional):** "이 파일은 *.tsx 파일(화면 코드)을 만질 때만 읽어."(필요할 때만 로드해서 비용 절약).
- **수동(Manual):** "내가 채팅에서 #api-guide라고 부를 때만 읽어."(가끔 쓰는 규칙)

필수 주의사항 및 꿀팁

- **새로 고침 필수:** 문서를 직접 수정했다면 Kiro는 즉시 알지 못합니다. 채팅창에 "운영 문서를 업데이트했으니 새로고침해 줘."라고 말해야 변경 사항이 반영됩니다.
- **보안:** 비밀번호나 API 키 같은 중요 정보는 절대 적지 마세요!
- **과유불급:** 규칙을 너무 많이 만들면 Kiro가 헷갈려 할 수 있습니다. 꼭 필요한 규칙부터 하나씩 가르쳐 보세요.

▍3-3 Agent Hooks: '개발의 귀찮음을 없애 주는 자동화 비서'

개발하다 보면 코드를 짜는 것만큼이나 반복적이고 귀찮은 일들이 많습니다. 테스트 파일을 만들거나 문서를 수정하거나 보안 검사를 하는 일들이죠. Agent Hooks는 이런 반복 업무를 Kiro에게 위임하여 '나는 창의적인 코딩만 하고, 뒤처리는 AI가 알아서 하는' 환경을 만들어 줍니다.

작동 원리

3단계 자동화 시스템 Hook은 단순한 매크로가 아닙니다. 상황을 인지하고 AI가 판단하여 행동합니다.

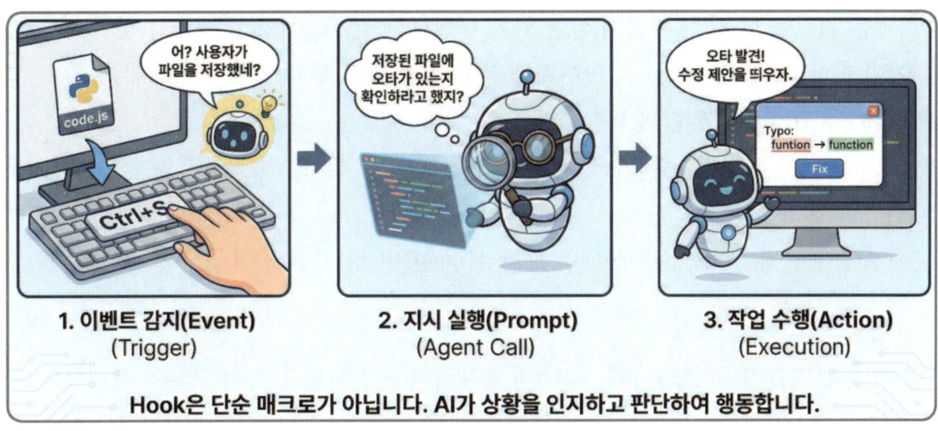

[그림 13-12] Agent Hooks 동작 원리: 감지→실행

- 이벤트 감지(Event): "어? 사용자가 파일을 저장했네?"(트리거 발생)
- 지시 실행(Prompt): "저장된 파일에 오타가 있는지 확인하라고 했지?"(에이전트 호출)
- 작업 수행(Action): "오타 발견! 수정 제안을 띄우자."(결과 수행)

네 가지 핵심 트리거와 활용법

어떤 상황에서 비서를 부를지 결정할 수 있습니다. 상황별로 가장 많이 쓰는 패턴을 소개합니다.

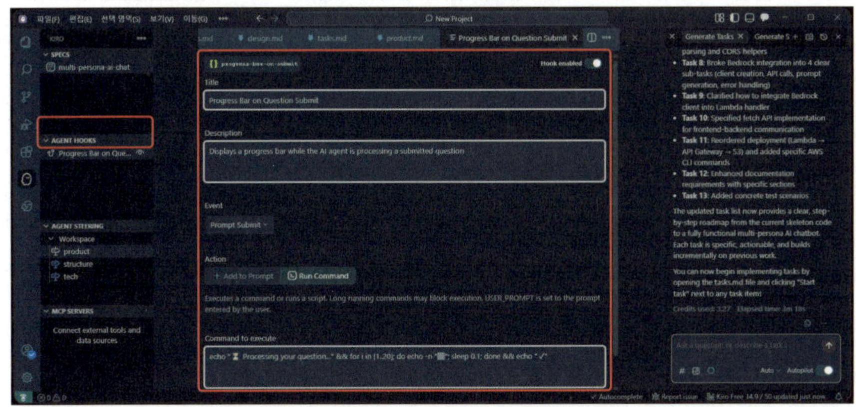

[그림 13-13] Kiro 트리거 사용 방법

- **파일 생성 시(On File Create): '시작부터 완벽하게'**
  - **활용:** 새 컴포넌트 파일을 만들면, 지루한 보일러플레이트(기본 코드 틀)를 자동으로 채워 줍니다.
  - **예시:** "React 파일을 만들면 자동으로 import 구문, 컴포넌트 기본 틀, 스타일 파일을 세팅해 줘."
- **파일 저장 시(On File Save): '실시간 품질 관리'**
  - **활용:** 코드를 저장하는 순간, 오타, 문법 오류, 보안 취약점을 즉시 잡아 냅니다.
  - **예시:** "코드를 저장할 때마다 테스트 코드를 돌려서 에러가 없는지 확인해 줘."
- **파일 삭제 시(On File Delete): '깔끔한 뒷정리'**
  - **활용:** 파일을 지웠을 때 다른 파일에 남아 있는 불필요한 참조(import) 코드를 찾아 정리합니다.
  - **예시:** "이미지 파일을 삭제하면, 그 이미지를 쓰고 있던 코드 부분도 찾아서 지워 줘."
- **수동 실행(Manual Trigger): '원할 때 딱!'**
  - **활용:** 자동화하기에는 무겁지만 가끔 필요한 작업(배포 전 검사, 전체 문서화 등)을 버튼 하나로 실행합니다.
  - **예시:** "배포하기 전에 AWS 연결 상태랑 보안 설정 한 번 싹 점검해 줘."

아주 쉬운 설정 방법(코딩 몰라도 OK)

복잡한 설정 파일 건드릴 필요 없습니다. Kiro에게 채팅하듯 말하면 알아서 만들어 줍니다.

[그림 13-14] 자연어 대화로 훅(Hook) 설정하기

- **메뉴 진입:** Kiro 왼쪽 패널의 Agent Hooks 섹션에서 + 버튼을 클릭합니다.
- **말로 지시:** "이미지 파일이 추가되면 index.ts 파일에 자동으로 등록해 줘."라고 입력합니다.
- **자동 생성:** Kiro가 알아서 JSON 설정 파일을 만들어 줍니다. 내용을 쓱 보고 저장하면 끝!

기본적으로 AI는 내 컴퓨터 속 코드만 볼 수 있지만, MCP를 연결하면 Kiro의 능력이 외부 도구와 데이터로 무한히 확장됩니다. 마치 Kiro에게 인터넷 연결과 다양한 외부 도구 사용 권한을 주는 것과 같습니다.

작동 원리

Kiro의 외부 도구 상자 Kiro는 MCP 서버라는 플러그인을 통해 외부 서비스와 소통합니다. 사용자가 요청하면 Kiro가 적절한 도구를 골라 사용합니다.

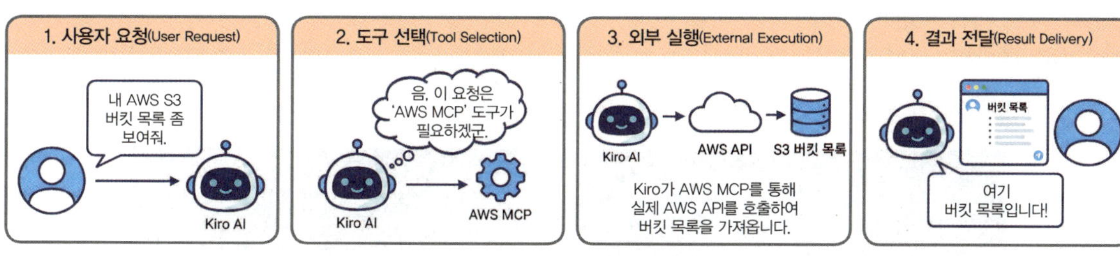

[그림 13-15] Kiro의 MCP 기능 동작 방식

어떤 확장이 가능한가요?(다양한 도구들)

Kiro는 수많은 MCP 서버와 연결될 수 있습니다. 대표적인 활용 사례를 소개합니다.

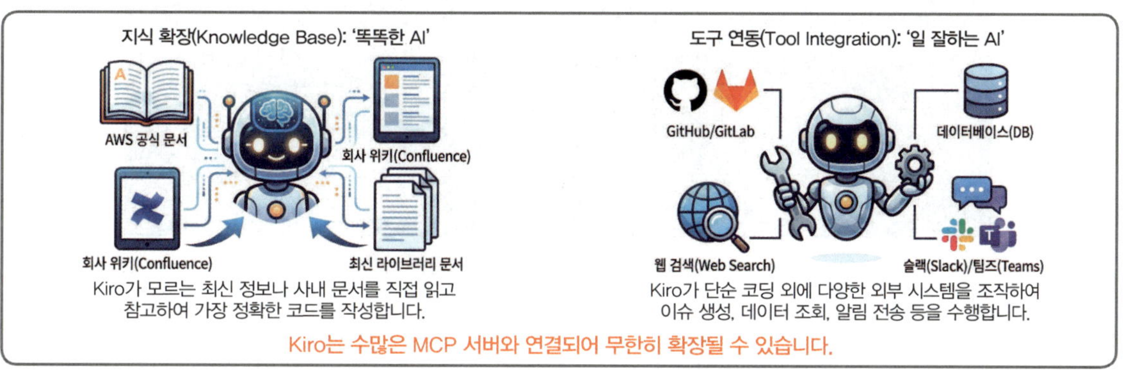

[그림 13-16] MCP(Model Context Protocol) 서버 연동 구조

실전 예제 이렇게 활용해 보세요!

시나리오 1: 최신 클라우드 인프라 구축

"AWS 문서(MCP)를 참고해서 최신 버전의 S3 버킷 설정 코드를 Terraform으로 짜 줘."
→ Kiro가 AWS 공식 문서를 검색하여 최신 모범 사례가 반영된 코드를 작성합니다.

시나리오 2: 귀찮은 협업 도구 관리

"방금 발견한 로그인 버그 내용을 내 GitHub 저장소(MCP)에 '심각도 높음' 이슈로 등록해 줘."
→ Kiro가 GitHub에 접속하여 이슈 제목, 내용, 라벨을 자동으로 입력하고 등록합니다.

시나리오 3: 데이터 기반 코딩

"PostgreSQL DB(MCP)의 'users' 테이블 스키마를 보고, 사용자 정보를 조회하는 API 코드를 만들어 줘."
→ Kiro가 실제 DB 스키마를 확인하여 필드명과 타입이 정확히 일치하는 코드를 작성합니다)

█ 3-5 Chat & Autopilot(대화 및 자율 주행): '똑똑한 AI 파트너'

Kiro는 단순한 채팅을 넘어 개발자의 의도를 파악하고 스스로 운전(코딩)하는 능력을 갖추고 있습니다.

스마트 의도 감지

"이 코드 설명해 줘." 같은 정보 요청인지, "이거 고쳐 줘." 같은 작업 요청인지를 스스로 판단하여 적절하게 대응합니다.

정확한 맥락 제공(#HashTag)

채팅창에 #을 입력하면 #file(특정 파일), #git diff(변경 내역), #terminal(터미널 오류 메시지) 등을 선택하여 AI에게 "이거 보고 대답해."라고 정확한 맥락을 줄 수 있습니다.

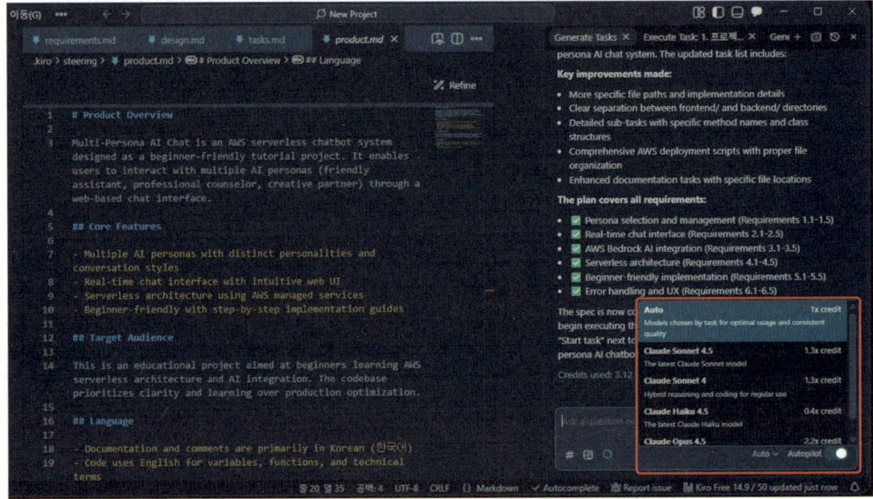

[그림 13-17] 오토파일럿(Autopilot) 모드 실행 화면

Autopilot 모드(자율 주행)

- **Autopilot:** Kiro가 파일 생성, 수정, 터미널 명령 실행 등 모든 작업을 자율적으로 수행합니다. 사용자는 결과만 확인하면 됩니다.
- **Supervised(감독 모드):** Kiro가 "이렇게 고칠까요?"라고 제안하고, 사용자가 승인(Approve)해야만 실행합니다. 처음 사용할 때 추천하는 모드입니다.

이론 학습이 끝났습니다. 이제 Kiro와 함께 실제 '멀티 페르소나 AI 채팅 앱'을 만들어 보겠습니다.

우리는 12부에서 AWS 콘솔을 오가며 Amazon Bedrock 기반의 AI 챗봇을 만들었습니다. 이때 Html, S3 정적 호스팅, API Gateway, Lambda, Bedrock을 활용하여 AI 비서 서비스를 개발해 보았습니다. 이번에는 앞에서 구현했던 서비스에 AI 전용 IDE인 Kiro로 기존에 개발했던 소스를 활용해 더 복잡하고 강력한 기능을 편리하게 개발해 보겠습니다. 이를 통해 우리는 Kiro를 활용한 SDD(Spec Driven Development) 방식을 경험해 보고, 향후에 다양한 프로그램을 직접 개발해 볼 수 있도록 하겠습니다.

이번 실습에서는 Kiro를 통해 멀티 페르소나를 지원하는 AI 챗봇을 구현합니다. 다만, 생성형 AI 특성상 진행 과정에 개발 코드나 절차는 일부 차이가 있을 수 있습니다. 하지만 책에 기입된 다양한 방식을 정확하게 이해한다면 나만의 챗봇을 손쉽게 만들 수 있습니다.

시나리오

- 환경 전환(Migration): index.html(로컬)과 lambda_function.py(클라우드)를 다운로드하여 준비합니다.
- UI 업그레이드: 라디오 버튼(페르소나 선택)과 로딩 바(진행 표시)를 추가합니다.
- 지능형 업그레이드: 선택한 페르소나에 따라 AI의 답변 스타일을 변경합니다.

▌4-1 [Prerequisites] 개발을 위한 사전 환경 준비

우리는 이번 단계를 통해 개발을 진행하기 위해 필요한 사전 준비 작업을 진행합니다. 이를 통해 Kiro Client를 설치하고, 개발에 필요한 Node.js를 설치하고, AWS CLI를 통해 Kiro가 코드를 배포할 수 있는 준비를 진행하겠습니다.

01 필수 도구 설치를 위해 Node.js 공식 홈 페이지(http://nodejs.org)에 접속하여 [다운로드]를 클릭합니다.

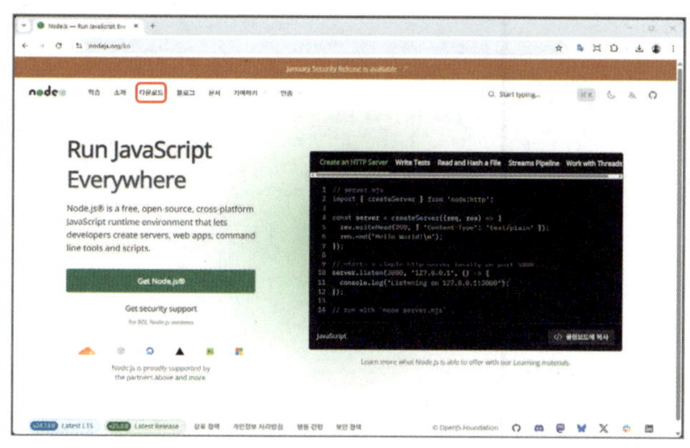

02 다운로드 페이지에서 **[Windows 설치 프로그램(.msi)]** 버튼을 클릭하여 프로그램을 다운로드 및 프로그램의 설치를 완료합니다.

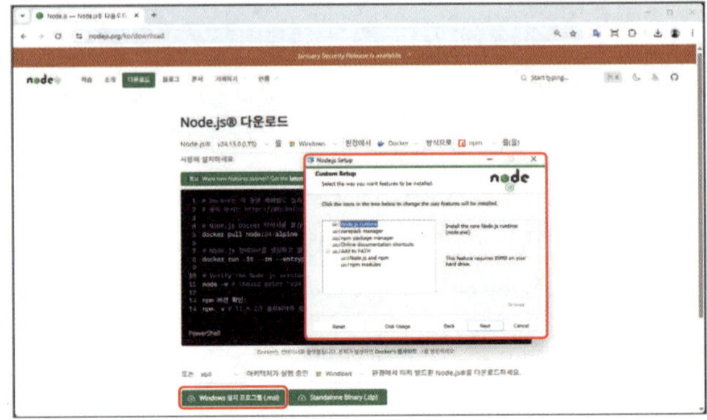

03 설치 완료 후 Node.js 설치 Path를 추가하기 위해 본인 PC의 환경 설정을 설정을 다음과 같이 진행합니다.

❶ **[시작]** 버튼을 클릭한 후 검색창에서 '고급 시스템 설정' 입력하여 제어판의 **[고급 시스템 설정 보기]** 기능 팝업

❷ 시스템 속성 팝업에서 **[환경 변수]** 버튼을 클릭

❸ 변수 항목의 **[새로 만들기]** 버튼을 클릭한 후 다음과 같은 정보를 추가

[표 13-4] **윈도우(Windows) 시스템 환경 변수 설정 값**

변수 이름	변숫값
NVM_HOME	C:\user\본인사용자프로필\AppData\Roaming\npm
NVM_SYMLINK	C:\Program Files\nodejs

❹ 위와 같은 방법으로 환경 변수에 정보를 저장한 후 변경된 시스템 환경 정보를 적용하기 위해 PC를 재부팅합니다.

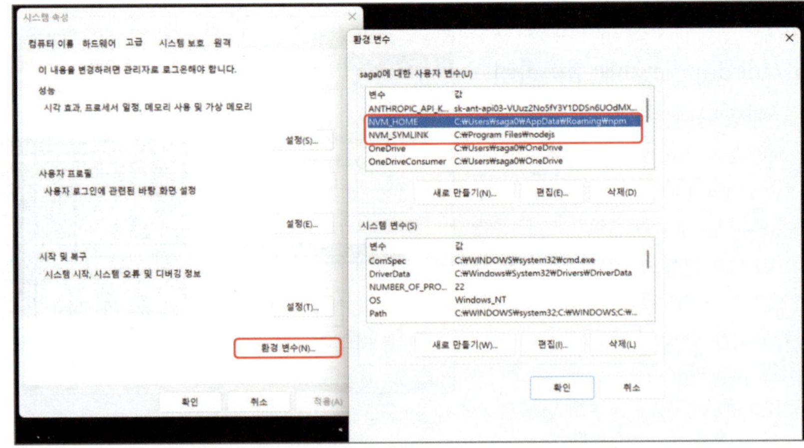

04 Kiro 설치를 위해 Kiro 공식 홈페이지(https://kiro.dev/)에 접속한 후 [Download] 버튼을 클릭합니다.

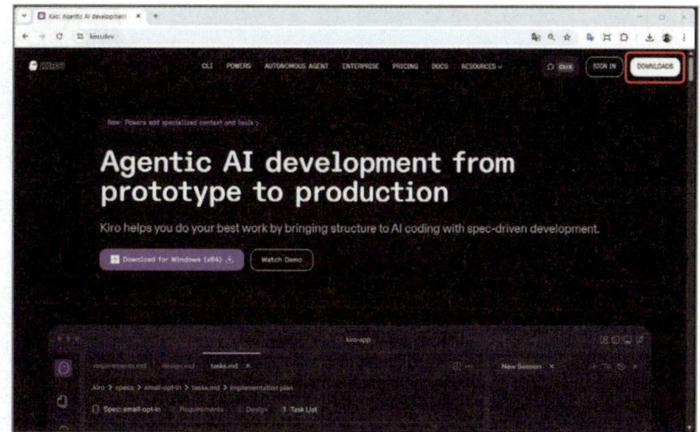

05 다운로드 페이지 중간에서 [Download for Windows(x64)] 버튼을 클릭한 후 Kiro Client를 다운로드하고 PC에 기본 설정으로 Kiro Client 프로그램을 설치합니다.

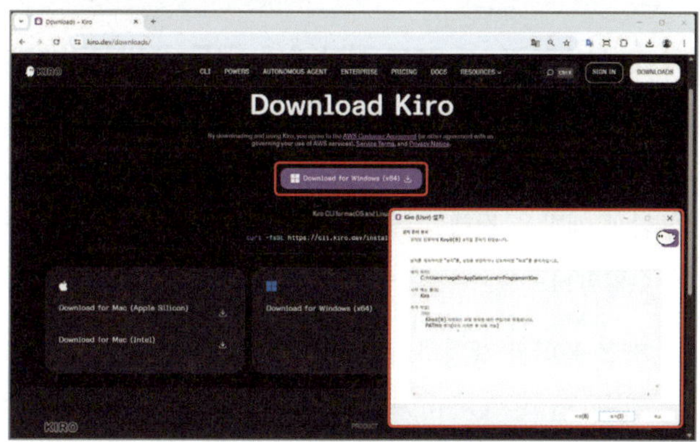

06 Kiro로 로그인하기 위해 오른쪽과 같이 **[액세스 허용]**을 클릭합니다.

07 Kiro 로그인 창에서 본인이 로그인 가능한 인증 정보를 선택하여 Kiro 로그인을 진행합니다(AWS Builder ID 추천).

08 Kiro가 정상적으로 설치 및 로그인되었
다는 것을 확인할 수 있습니다.

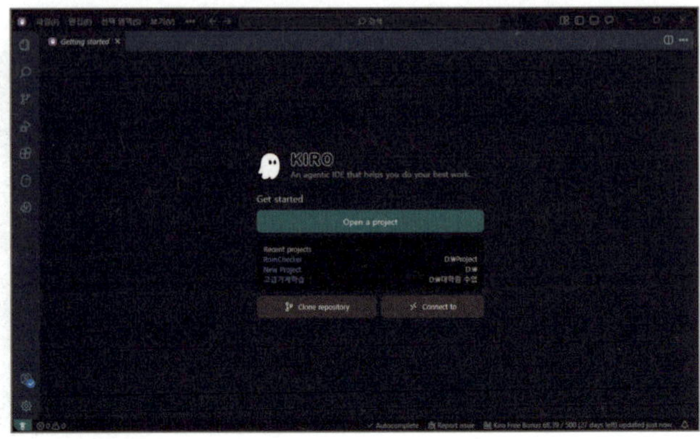

▌4-2 [Migration] 12부 개발 소스 코드 준비하기(2개 파일)

이 실습의 목표는 12부의 Amazon Bedrock을 활용한 AI Chatbot 실습의 결과물을 재활용하여 기존
의 Code를 Kiro가 분석하고 수정하여 적용하는 것입니다. 이에 기존에 개발했던 코드를 활용하여 Kiro
와 함께 개발을 진행할 예정입니다. 이에 흩어져 있는 2개의 파일을 내 컴퓨터의 한 폴더로 모으는 작업
을 진행합니다.

01 작업 폴더를 생성하기 위해 '윈도우 탐색
기'를 연 후 'C:\my-ai-chatbot'이라
는 새 폴더를 생성합니다.

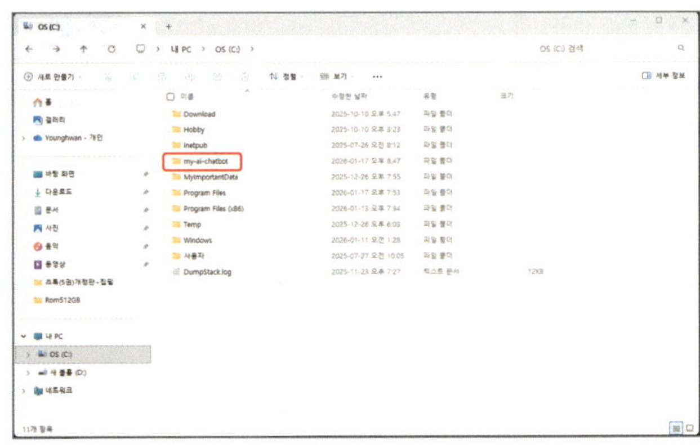

02 Kiro IDE를 실행한 후 [Open Project]
버튼을 클릭하거나 [File]-[Open Folder]
를 클릭하여 방금 만든 폴더를 선택하고
[폴더 선택] 버튼을 클릭합니다.

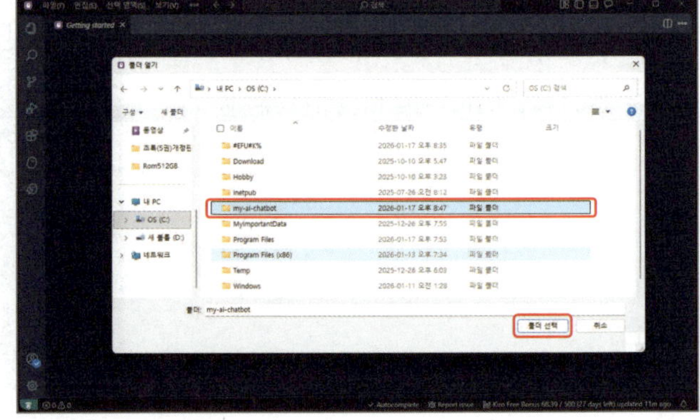

03 폴더에 있는 파일 작성자 신뢰 정보를
확인한 후 **[예, 작성자를 신뢰합니다]** 버튼
을 클릭합니다.

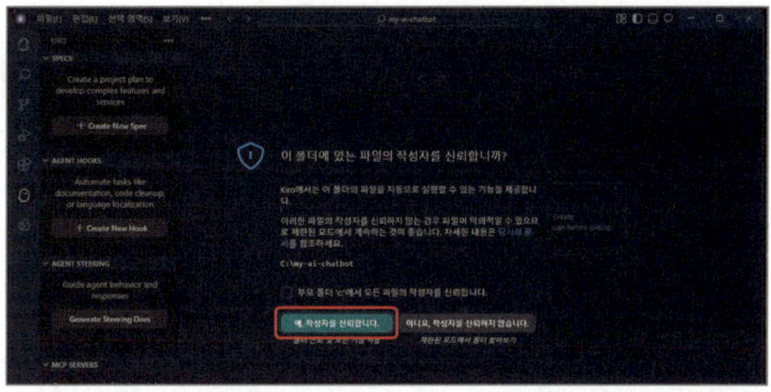

04 Kiro에서 개발을 진행할 준비가 되었으
므로 이제 작업용 파일을 Import하겠습
니다.

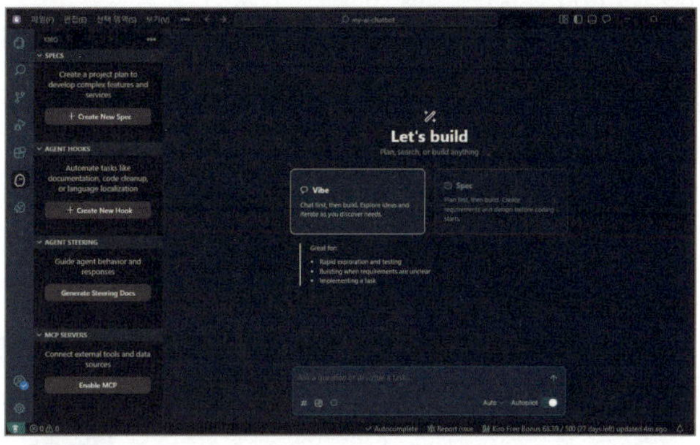

05 12부에서 작성한 HTML 파일을 가져오
기 위해 다음과 같은 방식을 사용하여
'C:\my-ai-chatbot' 폴더에 'index.
html' 파일을 추가합니다.

- 방법 A(파일이 있는 경우): 12부 실습 폴더에 있는
  index.html을 복사해서 my-ai-chatbot 폴더에 붙여
  넣습니다.
- 방법 B(파일이 없는 경우): Kiro 탐색기에서
  우클릭＞New File＞index.html을 생성한 후 12부의
  HTML 코드를 붙여 넣습니다.

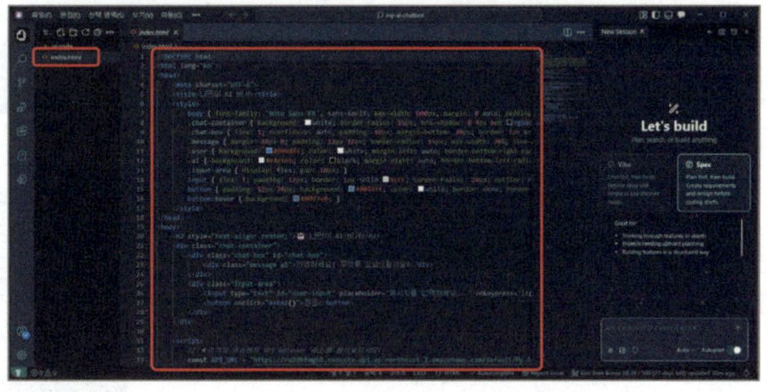

06 기존에 작성된 Backend 파일을 저장하
기 위해 웹 브라우저에서 AWS 콘솔로
로그인한 후 **[Lambda]** 서비스로 이동합
니다.

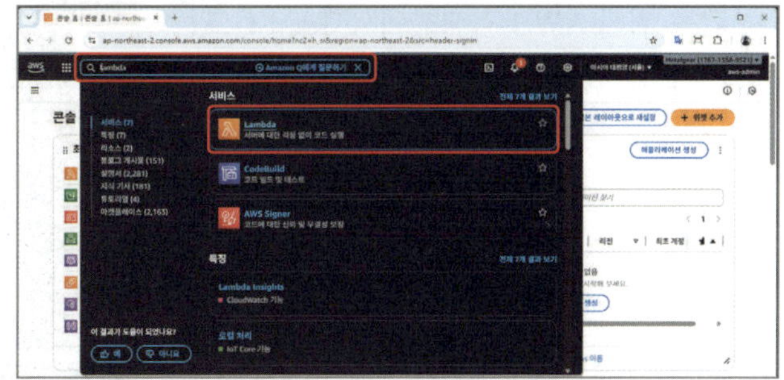

07 [Lambda 서비스] 페이지에서 [함수]를 클릭한 후 12부에서 만든 챗봇 함수(예 My-AI-Assistant)를 클릭합니다.

08 Lambda 함수 상세 내용에서 화면 중간의 [Code] 탭을 클릭한 후 lambda_function.py파일의 내용을 전체 선택(Ctrl + A)하고 마우스 우클릭한 다음 복사(Ctrl + C)합니다.

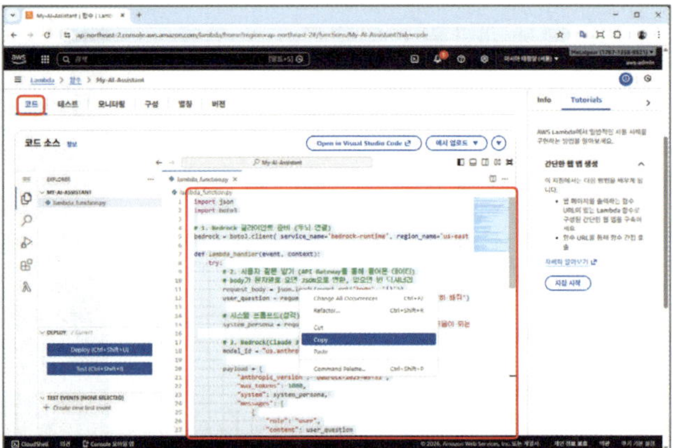

09 Kiro에 파일을 생성하기 위해 Kiro IDE로 돌아와서 my-ai-chatbot 폴더에 새 파일 'lambda_function.py'를 생성한 후 복사한 코드를 붙여 넣기(Ctrl + V)하고 저장(Ctrl + S)합니다. Kiro IDE 왼쪽 탐색기(Explorer)에 index.html과 lambda_function.py 파일이 모두 보이면 성공입니다.

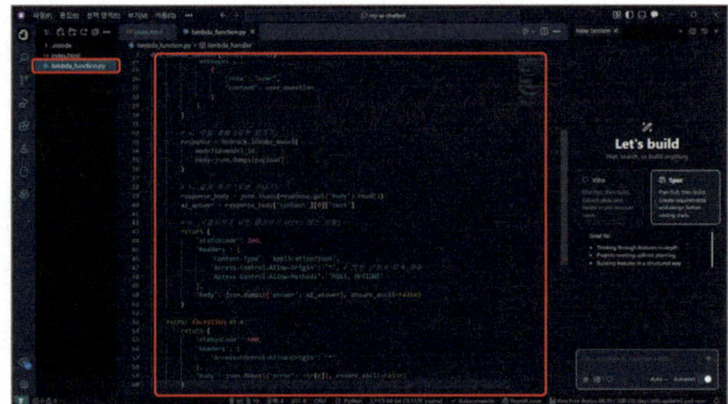

10 AWS CLI 접속을 위한 Access key 발급을 위해 AWS 검색창에서 'IAM'을 입력한 후 [IAM]으로 이동합니다.

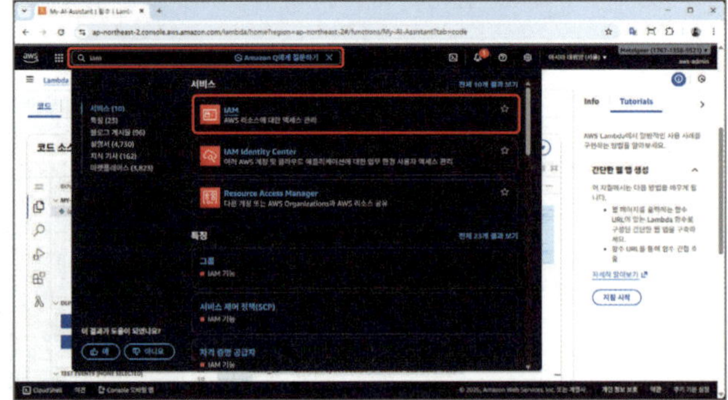

11 IAM 서비스로 이동한 후 왼쪽에서 **[사용자]**를 선택하고 **[사용자 리스트]** 페이지에서 이전에 선택한 'aws-admin'을 선택합니다.

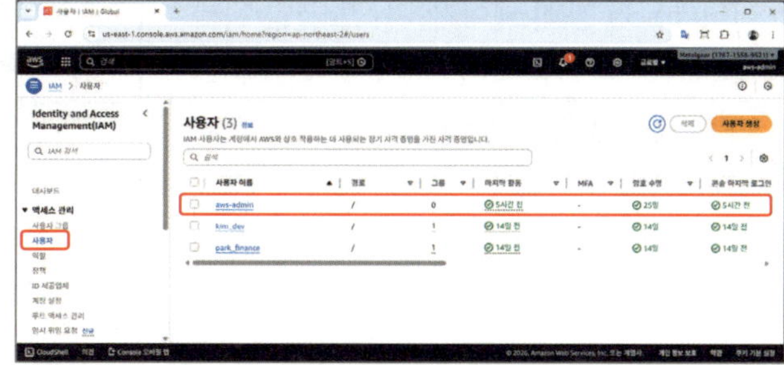

12 **[보안 자격 증명]** 탭을 클릭한 후 하단의 **[액세스 키 만들기]** 버튼을 클릭합니다.

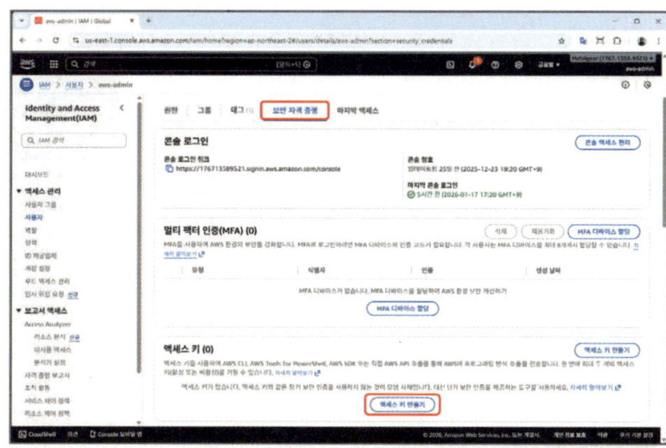

13 **[액세스 키 모범 사례 및 대안]** 페이지에서 사용 사례를 'Command line Interface(CLI)'로 선택한 후 **[확인]**에 체크하고 **[다음]** 버튼을 클릭합니다.

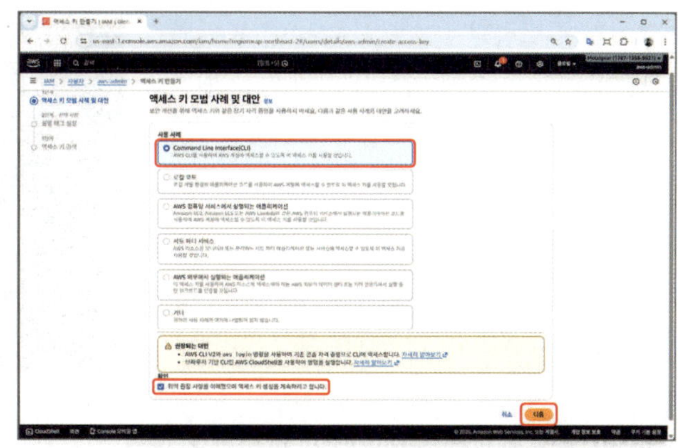

14 설명 태그 설정 페이자에서 **[액세스 키 만들기]** 버튼을 클릭합니다.

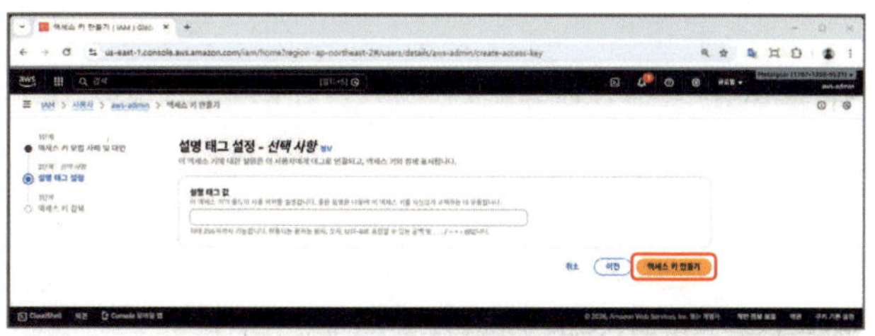

15 [**액세스 키 검색**] 페이지에서 발급된 액세스 키를 확인한 후 [**.csv 파일 다운로드**] 버튼을 클릭하여 파일을 다운로드합니다.

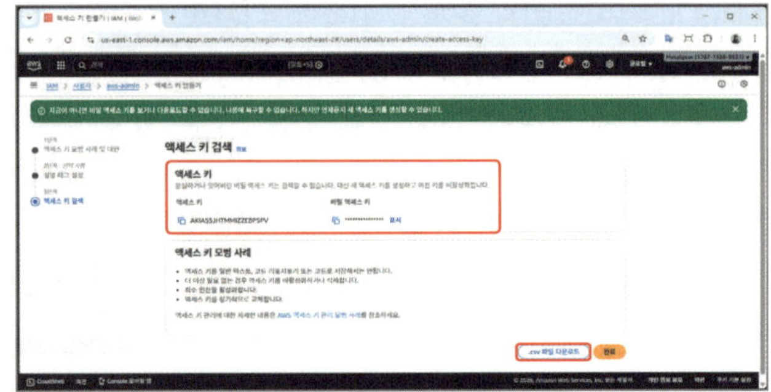

16 Kiro IED로 이동한 후 상단 메뉴 중 [⋯]을 클릭하고 [**터미널**]–[**새 터미널**]을 선택하여 터미널 창을 활성화합니다.

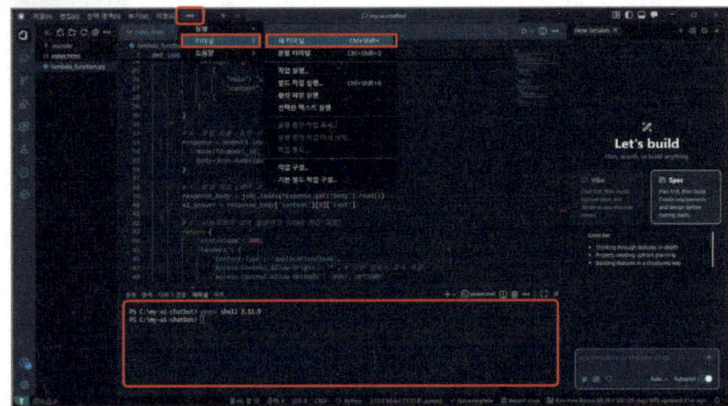

17 이전에 발급받은 AWS Access Key와 Secret Key를 등록하기 위해 다음과 같이 명령을 실행한 후 업데이트를 진행합니다.

- 터미널 창에서 'aws configure' 실행
- 추가로 발급받은 AWS Access key ID, AWS Secret Access Key 정보 입력
- Default Region Name: 'ap-northeast-2' 입력

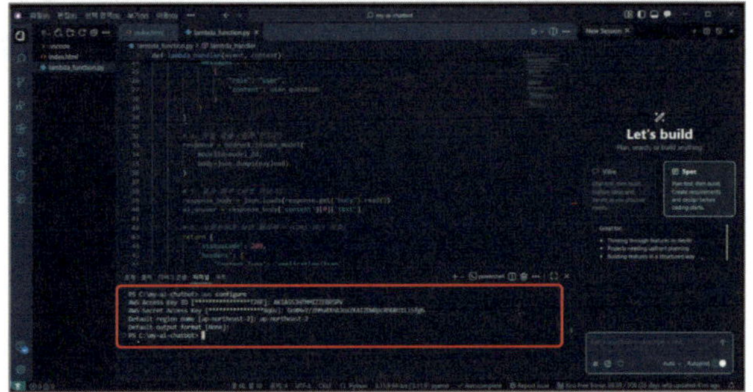

Kiro를 통해 개발을 진행할 모든 준비가 완료되었습니다.

▌4-3 [Steering]을 활용한 프로젝트 분석

이제 Kiro에게 우리가 준비한 12부에서 구현했던 두 파일을 분석시킵니다.

01 좌측 유령 아이콘을 클릭한 후 Agent Steering 패널로 이동하고 [Generate Steering Docs] 버튼을 클릭합니다.

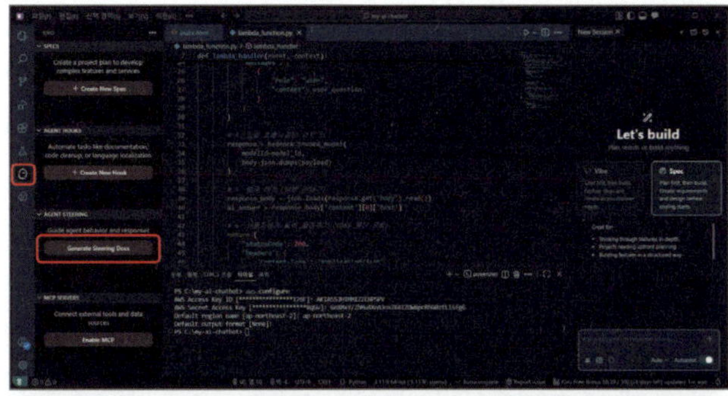

02 Kiro가 코드를 읽고 "이 프로젝트는 HTML 프론트엔드와 Boto3를 사용하는 AWS Lambda 백엔드로 구성되어 있군."이라고 인식하고, Agent Steering 패널에 product.md, structure.md, tech.md를 생성합니다.

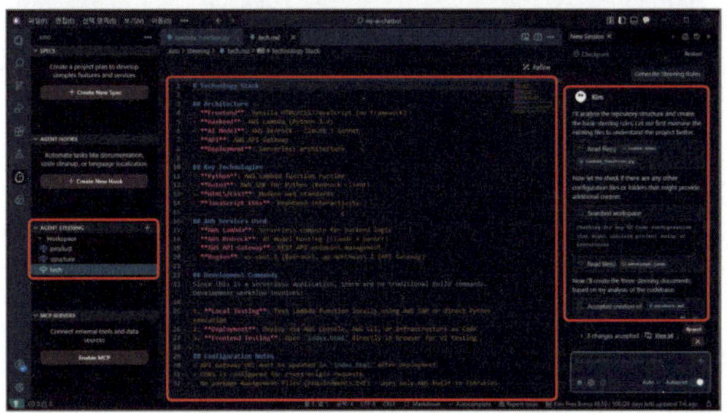

▌4-4 [Spec] 요구사항 정의

01 Kiro에게 상세 기존 작성된 프로그램에서 업그레이드할 내용을 자연어 기반으로 작성하여 Kiro 프롬프트를 채팅창에 입력합니다.

멀티 페르소나 선택 업그레이드 구현 프롬프트

프로젝트 개요
기존에 한국어 AI 비서 채팅 서비스를 Kiro를 활용해서 멀티패르소나를 지원하는 AI Chatbot 서비스로 업그레이드 구현해 주세요. 이 업그레이드를 통해 사용자는 세 가지 AI 성격의 모드를 선택할 수 있으며, 요청 처리 중 시각적 피드백을 받을 수 있습니다. 모든 Specs 문서(Requirements.md, designs.md, Tasks.md) 파일은 한글로 만들어 주시고, 앞으로 모든 대화는 한글로 해 주세요.

기존 구축사항
- S3 정적 호스팅으로 index.html 파일에 AI Chatbot 서비스를 위한 Frontend 서비스 구현됨
- API Gateway를 통해 Lambda를 호출하도록 개발되어 있음
- Python 언어를 활용하여 Lambda를 이용하여 Amazon Bedrock Claude 3 Sonnet으로 한국어 대화 하는 시스템 구현
  – 기존 구축 시 사용했던 index.html 파일과 lambda_function.py 파일을 확인할 수 있도록 폴더에 추가했음

핵심 요구사항

1. 페르소나 선택 기능
• 3개 페르소나: 친근한 도우미, 전문 상담사, 창의적 파트너
• UI 위치: 채팅 인터페이스 상단
• 기본 선택: '친근한 도우미' 모드
• 실시간 피드백: 선택 시 "OOO 모드로 대화합니다." 메시지 표시
• 예쁜 버튼 스타일: 라디오 버튼 대신 모던한 버튼 디자인(이모티콘 포함)

2. 진행 표시줄
• 위치: 입력 필드 바로 위
• 동작: 전송 버튼 클릭 시 표시 응답 수신 후 숨김
• 스타일: 파란색 애니메이션 바(#0084ff)
• 초기 상태: 숨김

3. 백엔드 페르소나 처리
• API 요청: 'persona' 필드 추가(friendly/professional/creative)
• 시스템 프롬프트: 페르소나별 맞춤 프롬프트 적용
• 기본값: 페르소나 누락 시 'friendly' 사용
• 하위 호환성: 기존 API 구조와 호환
• 페르소나 구성: PERSONA_PROMPTS 딕셔너리를 만들어서 friendly는 친근하고 따뜻한 AI 도우미 역할, professional은 전문적이고 분석적인 AI 상담사 역할, creative는 창의적이고 상상력 풍부한 AI 파트너 역할

4. 시스템 통합
• 인증: AWS CLI를 통해 AWS 인프라에 접속할 수 있도록 AWS Configure 완료되어 있음
• 기존 기능 유지: 한국어 지원, CORS 구성하지 않음, 반응형 디자인
• 단일 파일 구조: 'index.html' 하나로 완성
• 웹 서비스 구성: S3 정적 웹 호스팅 서비스를 구성하고, index.html 파일을 업로드하여 인터넷에서 접속할 수 있게 구성
• AWS 아키텍처: S3 정적 웹 호스팅+Lambda+API Gateway+Bedrock 유지
• AWS 인프라 생성 시 Lambda, API Gateway, S3 버킷은 기존에 생성되어 있는 것을 건드리지 않고 신규 생성

기술 스택 및 아키텍처

현재 시스템
• 프론트엔드: 바닐라 HTML/CSS/JavaScript(단일 파일)
• 백엔드: AWS Lambda(Python 3.13)
• AI 모델: AWS Bedrock–Claude 3 Sonnet
• API: AWS API Gateway
• 지역: ap–northeast–2(서울)

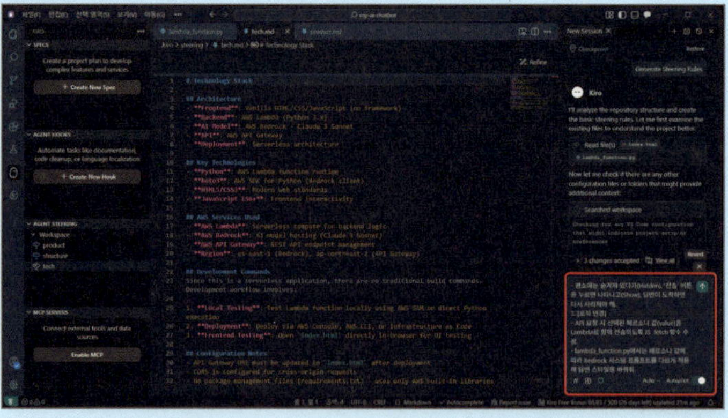

02 작성된 Kiro Prompt를 기반으로 한글로 작성된 Kiro Specs의 Requirement를 다음과 같이 확인한 후 다음 단계 진행을 위해 [Move to design phase] 버튼을 클릭을 통해 'design.md'를 작성하여 디자인에 필요한 요구사항 명세를 작성합니다.

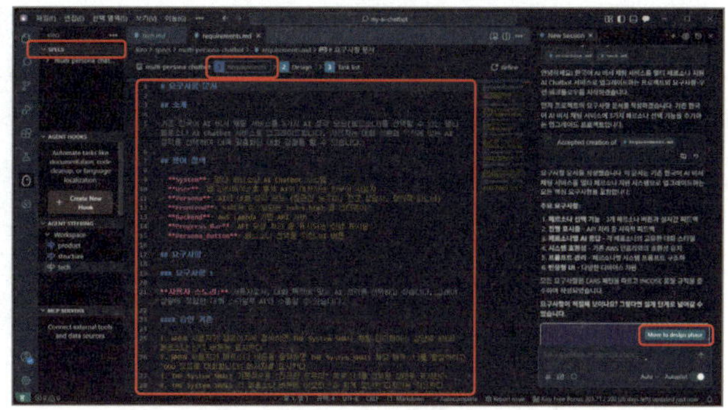

- 페르소나 선택 기능: 3개 페르소나 버튼과 실시간 피드백
- 진행 표시줄: API 처리 중 시각적 피드백
  - 페르소나별 AI 응답: 각 페르소나의 고유한 대화 스타일
  - 시스템 호환성: 기존 AWS 인프라와의 호환성 유지
  - 프롬프트 관리: 페르소나별 시스템 프롬프트 구조화
  - 반응형 UI: 다양한 디바이스 지원

03 Kiro가 작성해 준 디자인 명세를 통해 화면 구성 및 전체적인 UI/UX 인터페이스의 구성과 데이터 흐름을 확인한 후 [Move to Implementation plan] 버튼을 눌러 구현 계획을 수립합니다.

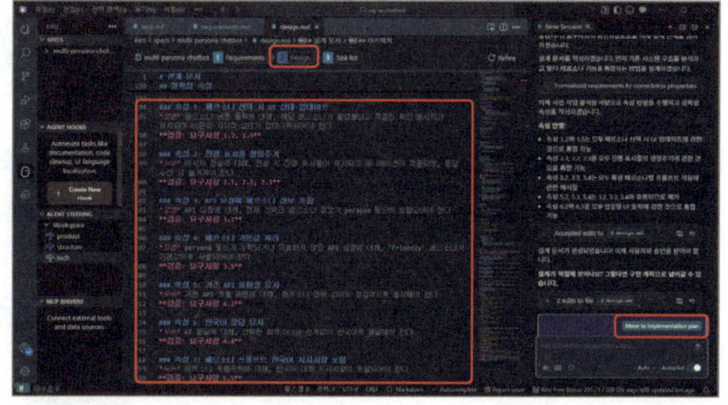

04 다음 단계인 [Task 단계]의 작성과 Task 작성 시 선택사항을 확인하기 위해 두 가지 선택사항 중 빠른 진행을 위해 [**선택적 태스크 유지(빠른 MVP)**] 버튼을 클릭합니다.

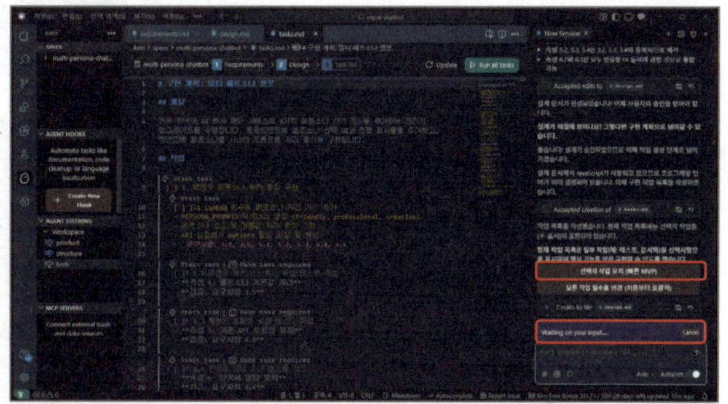

05 이제 Spec 작성을 위한 워크플로가 모두 완료되었습니다. 이후 Spec에 작성된 요구사항 문서(requirements.md), 설계 문서(design.md), 작업 목록(tasks. md)을 기반으로 단일 작업을 실행하거나 전체 작업을 실행할 수 있습니다. 우리는 전체 작업을 실행하기 위해 채팅창에 '전체 작업 실행'을 입력합니다.

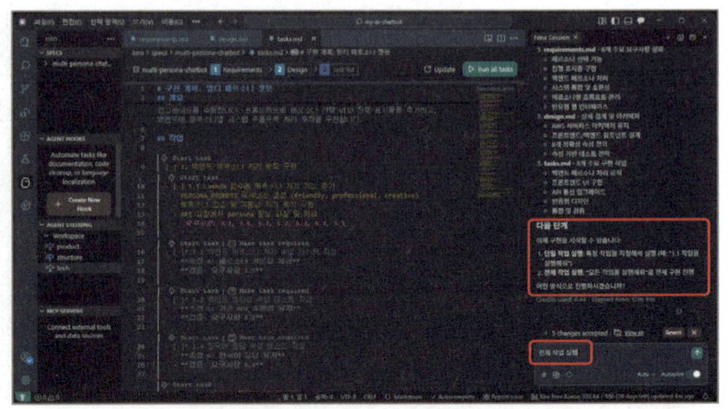

06 Task별 개발 진행 과정에서 단위 테스트 진행 시 다음과 같이 'Waiting on your input'이라는 메시지와 함께 [Reject], [Trust], [Run] 버튼 중 [Run] 버튼을 클릭합니다.

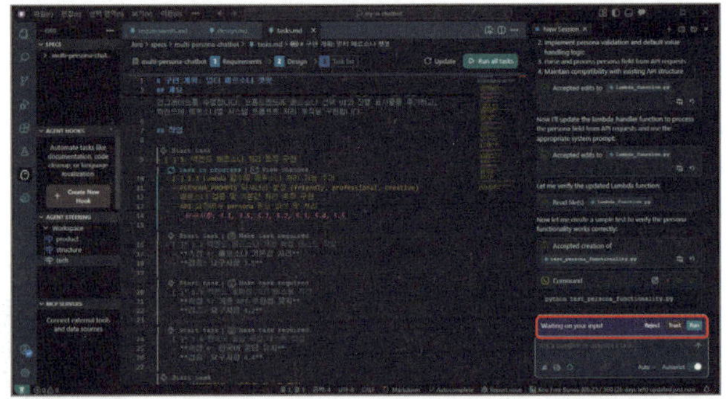

07 만일 진행 중 오류가 발생한다면, 다음과 같이 오류 메시지를 Kiro가 자동 확인하고 수정된 코드 및 명령어를 활용해 오류를 잡거나 다양한 방식의 기술적 접근을 통해 문제를 해결합니다. 이때 Kiro를 믿고 [Run] 버튼을 클릭합니다.

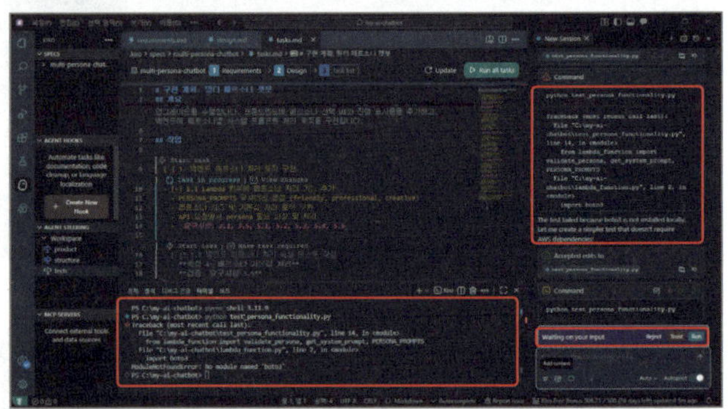

08 해당 명령을 활용해 Test한 결과, 정상적으로 단위 테스트가 성공적으로 진행된 경우에는 다음 기능과 프로세스를 확인 및 개발을 진행합니다.

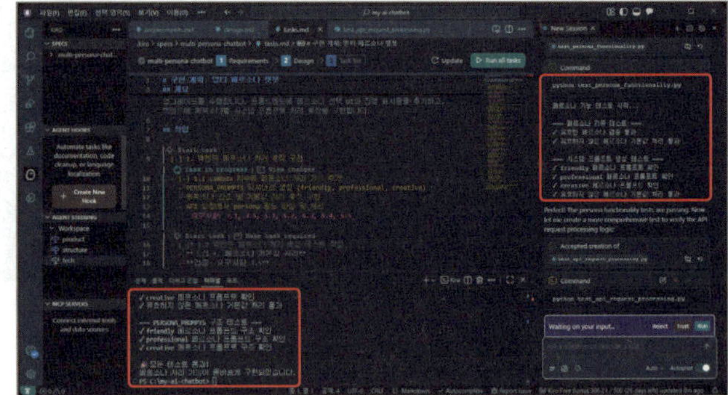

09 (Optional.1) 진행 과정에서 'Let me start a local server to test the implementation:'라는 메시지가 나타나는 경우, 중앙 하단의 터미널창에 'python -m http.server 8000'이라고 입력하여 local Sever를 구동합니다.

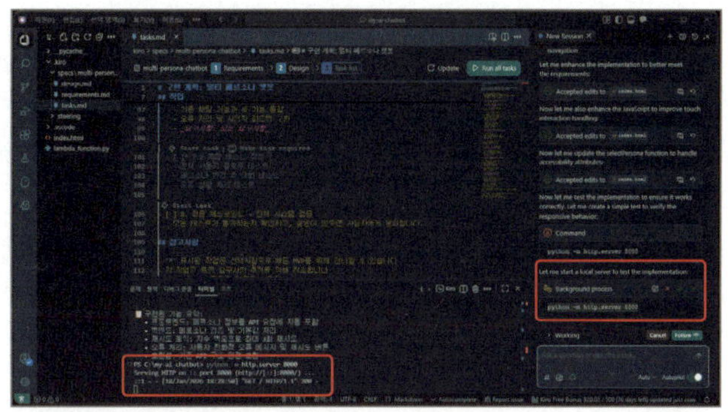

10 (Optional.1) 로컬 서버를 구동한 후 웹 브라우저를 켭니다. 그런 다음 http://localhost:8000을 입력하여 개발 중인 웹 사이트에 접속하고 테스트를 진행합니다.

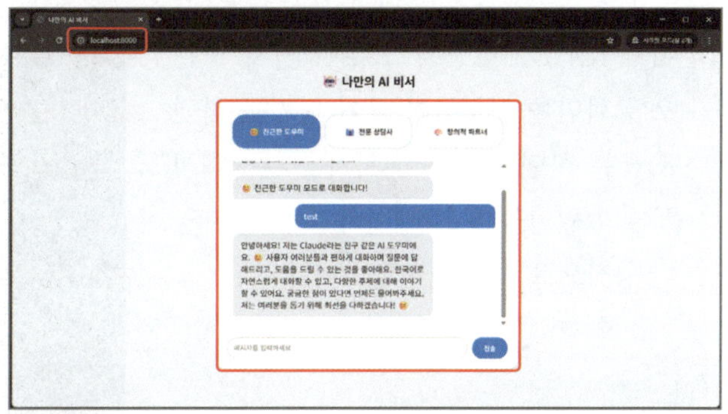

11 (Optional.1) 웹 사이트 접속 테스트가 종료되면, 터미널 창에서 `Ctrl`+`C`를 눌러 웹 서비스 구동을 종료하고, 채팅창에 "다음 절차를 진행해 줘."라고 입력합니다.

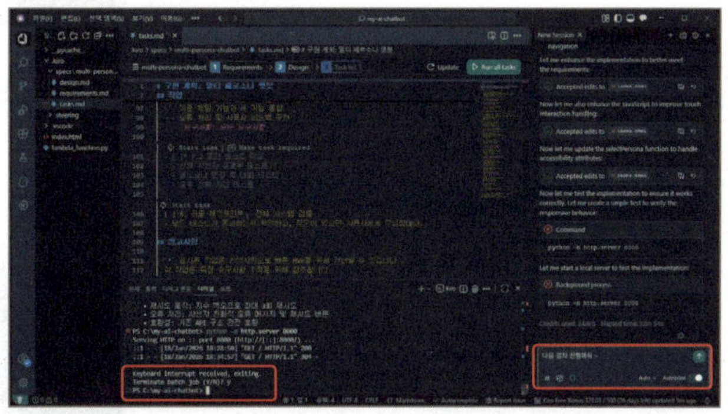

12 (Optional.2) 오른쪽과 같이 개발된 상황에서 테스트를 진행하는 과정에서 오류가 발생되고 더 이상 진행이 되지 않는 경우가 종종 발생합니다. 이때 다음과 같은 Debugging(버그 잡기) 과정을 통해 Kiro와 함께 문제를 해결할 수 있습니다. 오른쪽과 같이 웹 페이지에서 오류가 발생합니다.

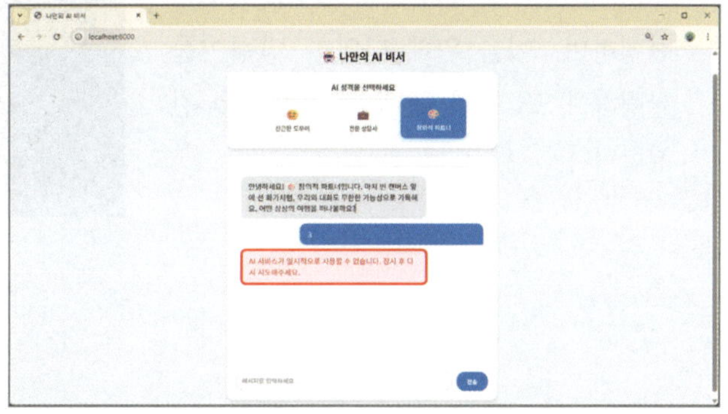

13 (Optional.2) 오류가 발생된 Google Chrom web browser에서 F12를 눌러 개발자 모드를 오픈 후 왼쪽 'Console' 창에서 오류 메시지를 확인 및 복사합니다.

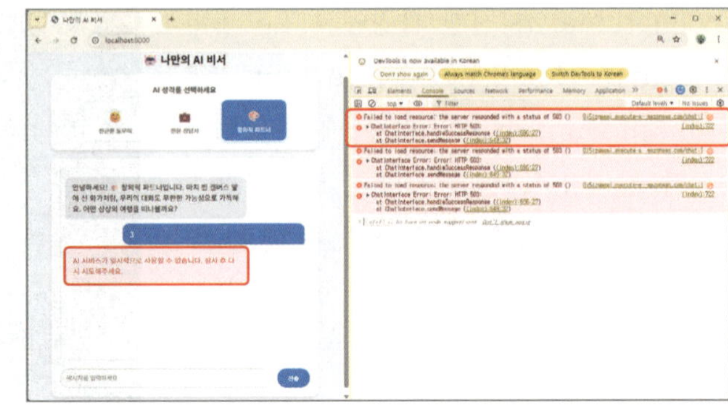

14 이후 Kiro 채팅창에 오류 메시지 또는 오류 화면을 캡쳐하여 붙여 넣기를 하면 Kiro는 화면과 오류 메시지를 분석해서 문제의 원인을 찾고 해결하기 위해 다양한 방식으로 시도를 진행합니다.

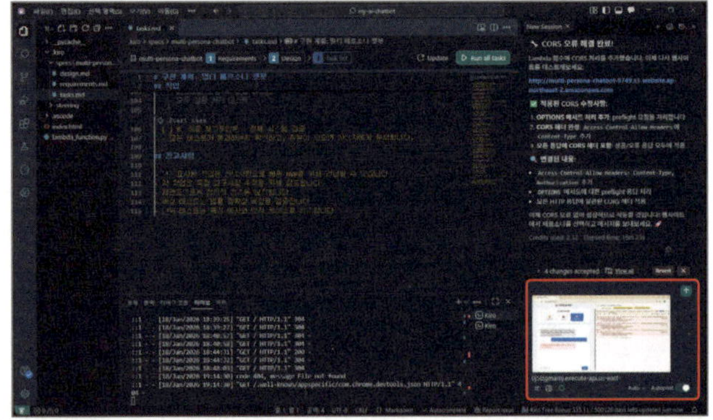

위와 같은 절차(Task 실행→코드 작성→단위 테스트→테스트 성공→ 다음 Task 실행)를 진행하면서 전체 모든 Task를 완료하여 개발을 마무리합니다.

15 모든 개발을 완료하고 마지막으로 AWS 인프라 배포를 위해 "AWS 인프라 배포 진행해 줘."라는 메시지를 입력하여 Amazon S3에 정적 호스팅으로 배포를 진행하며, 이를 위해 다양한 명령어를 실행하여 S3 정적 웹 호스팅 설정을 진행합니다.

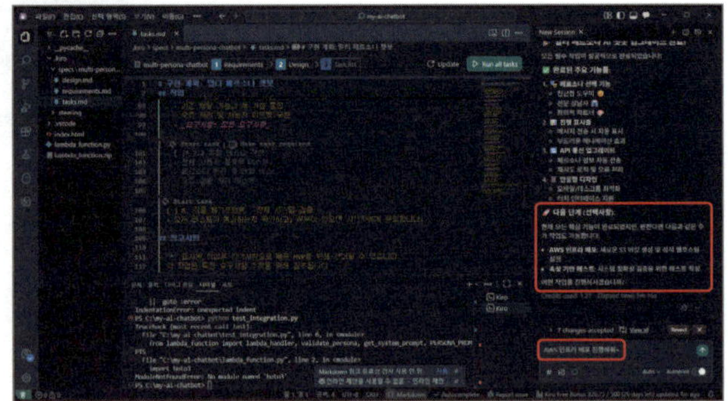

16 S3에 자동으로 버킷을 생성한 후 정적 웹 호스팅 설정을 진행하고, 파일을 배포해서 접속 가능한 URL 정보를 전달받습니다.

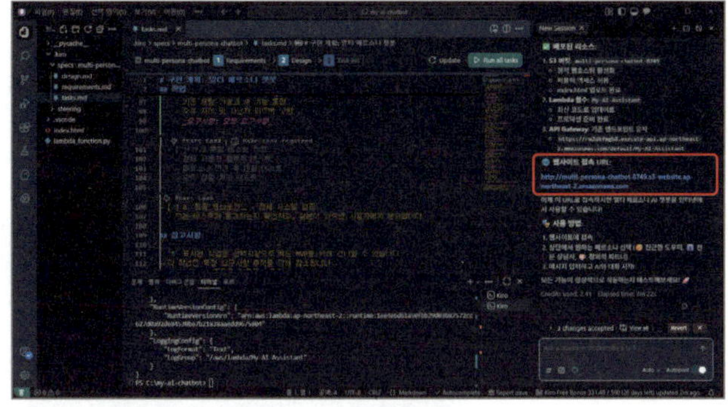

17 전달받은 URL로 접속하여 멀티 페르소나를 지원하는 AI 챗봇을 Kiro와 함께 업그레이드하였습니다. 이외에 추가로 원하는 기능 및 보완할 부분에 대해 여러분이 직접 채팅창에 자연어로 입력하면, 보다 멋진 AI 챗봇으로 거듭나게 될 것입니다.

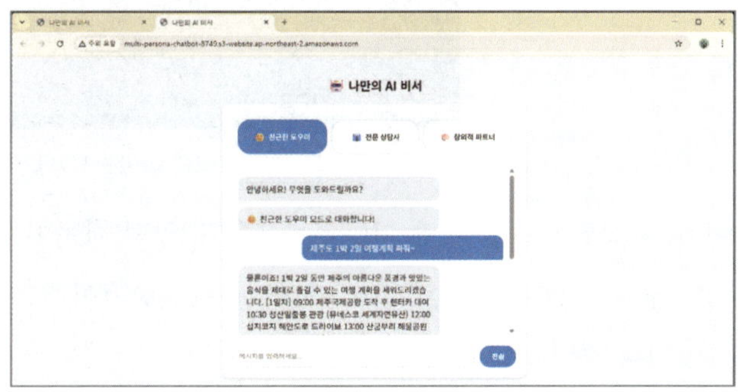

2025년 12월, 필자는 행운의 기회를 얻어 미국 라스베이거스에서 진행되는 AWS re;Invent 2025에 참석할 수 있었습니다. 이번 행사는 처음부터 끝까지 AI로 시작해서 AI로 끝났던, 유래를 찾아볼 수 없을 정도로 많은 AWS의 AI 서비스를 접할 수 있는 매우 좋은 행사였습니다. 특히, 이번 행사에서 필자는 AWS가 준비한 Kiro Booth를 방문해서 Kiro 서비스에 대한 체험과 기념품을 얻을 수 있었습니다.

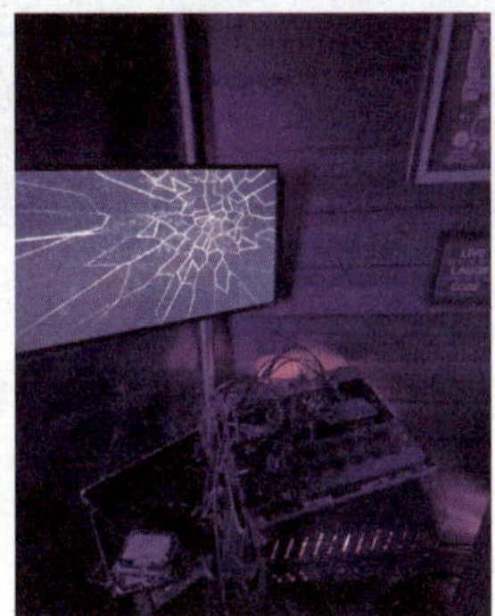

[그림 13-18] AWS re:Invent 2025 Kiro Booth 행사장

또 한 가지 저의 이목을 끌었던 세션이 있습니다. 그건 바로 Dr. Werner Vogels의 AWS 마지막 Keynote였습니다. re:Invent 의 마지막 날 진행된 이번 Keynote는 화려한 조명과 강렬한 비트의 테크노 음악 사이로, 언제나처럼 티셔츠 차림의 버너 보겔스(Dr. Werner Vogels, Amazon CTO)가 무대로 걸어 나오면서 시작되었습니다.

[그림 13-19] 키노트 무대에 오른 아마존 CTO, 버너 보겔스(Werner Vogels) 박사

이 책을 집필하는 내내 제 머릿속을 떠나지 않던 질문이 하나 있었습니다.

  "Kiro가 코드를 짜 주고, AWS가 인프라를 알아서 관리해 주는 세상에서, 과연 우리 개발자의 설
  자리는 어디인가?"

수많은 사람이 AI가 인간을 대체할 것이라며 불안해했습니다. 하지만 이날 보겔스는 스크린에 'The Renaissance Developer(르네상스 개발자)'라는 거대한 문구를 띄우며, 우리에게 명쾌한 답을 주었습니다.

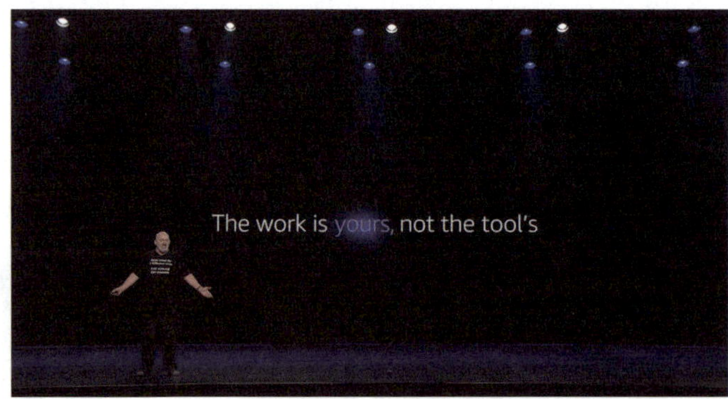

[그림 13-20] 르네상스 개발자(The Renaissance Developer)의 정의

  "The work is yours, not the tools."(결과물은 당신의 것이지, 도구의 것이 아닙니다)

그는 단호하게 말했습니다.

  "AI에게 모든 것을 맡기고 레버만 당기는 것은 소프트웨어 엔지니어링이 아닙니다. 그것은 도박
  (Gambling)입니다."

우리가 13부에서 경험했듯 AI 에이전트 Kiro는 놀라운 속도로 코드를 쏟아 냅니다. 하지만 그 코드가 안전한지, 비즈니스에 적합한지, 그리고 정말 우리가 원했던 것인지를 판단하는 것은 결국 '사람'의 몫입니다. 보갤스는 이를 '소유권(Ownership)'이라고 정의했습니다.

[그림 13-21] AI 시대, 인간 개발자의 역할: 소유권(Ownership)

헬스케어 시스템이 오작동 하거나 금융 시스템이 멈췄을 때 "AI가 그랬어요."라고 변명할 수는 없기 때문입니다.

스펙(Spec)의 부활, 그리고 소통의 기술

키노트 중반, Kiro 팀의 클레어 리구오리(Claire Liguori)가 무대에 올라 'Spec-Driven Development(스펙 주도 개발)'를 시연했던 순간은 필자에게 가장 짜릿한 장면이었고, 우리는 지금 13부을 통해 실제 SDD를 경험하였습니다.

[그림 13-22] 자연어로 소통하는 미래의 개발 표준

우리가 책에서 내내 실습했던 방식—Kiro에게 모호한 말 대신 명확한 요구사항(Spec)을 전달하고, 끊임없이 대화하며 의도를 조율해 나가는 과정—이 바로 미래 개발의 표준임을 확인 받는 순간이었으니까요. 과거의 개발자가 컴퓨터 언어(Java, Python)로 기계와 소통했다면, 르네상스 개발자는 자연어(Natural Language)로 AI와 소통하며 모호함을 명확함으로 바꾸는 사람입니다.

르네상스 시대의 다빈치가 예술과 공학의 경계를 넘나들었듯 닥터 보갤은 우리에게 '폴리매스 (Polymath, 박식가)'가 되라고 조언했습니다.

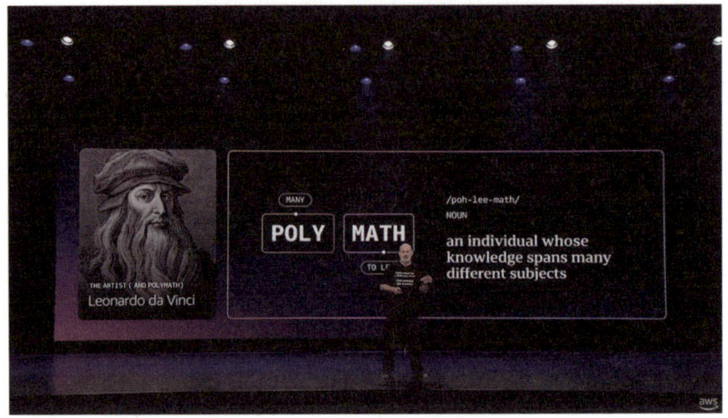

[그림 13-23] 통찰력과 호기심: 르네상스 개발자의 핵심 역량

특정 언어 문법 하나를 외우는 것보다 전체 시스템을 꿰뚫어 보는 통찰력과 다양한 분야를 연결하는 호기심이 더 중요한 시대가 되었습니다. Kiro라는 강력한 붓을 쥐어 줬으므로 이제 우리는 코더(Coder)를 넘어 아키텍트(Architect) 이자 크리에이터(Creator)가 되어야 합니다.

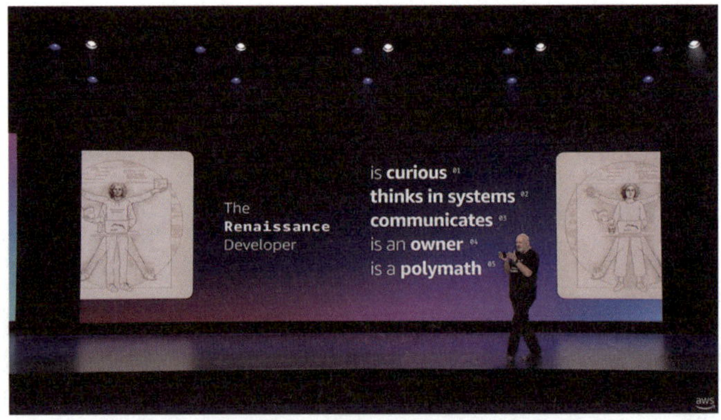

[그림 13-24] 코더(Coder)에서 아키텍트(Architect)로의 진화

이 책을 덮는 순간, 여러분은 다시 빈 모니터 앞에 홀로 남게 될 것입니다. 하지만 두려워하지 마십시오. 여러분의 손에는 Kiro라는 최고의 파트너가 쥐어져 있고, 가슴속에는 기술로 세상의 문제를 해결하려는 '빌더의 본능'이 살아 숨 쉬고 있습니다.

[그림 13-25] 아마존 CTO, 버너 보겔스(Werner Vogels) 박사의 마지막 키노트 이후 'Drop the mico'

기술은 계속 변할 것입니다. 내년에는 Kiro보다 더 뛰어난 도구가 나올지도 모릅니다. 하지만 변하지 않는 단 한 가지 진실은, 세상을 바꾸는 것은 기술 그 자체가 아니라 그 기술을 이해하고 지휘하는 당신이라는 사실입니다.

자, 이제 기지개를 켜고 다시 시작해 봅시다. 지금 이야말로 우리가 무언가를 'Build'하기에 가장 완벽한 시간이니까요.

2026년 1월, 두 아들의 아빠이자, 당신의 영원한 동료 빌더(Builder)로부터

06 | Resource Termination

필독 전체 서비스를 포함한 마지막 리소스 정리입니다. 먼저 12, 13부의 리소스를 정리하고, 마지막에 AWS 계정 청구 내역을 확인하는 방법을 설명하고 각각의 리소스 삭제 방법에 대한 가이드를 드리겠습니다.

6-1 S3 버킷의 삭제

이 실습에서 사용된 S3에 보관된 정보의 삭제는 S3의 버킷 삭제를 통해 전체 데이터에 대한 삭제가 가능합니다. 세부 절차는 다음과 같습니다.

01 실습을 위해 생성한 버킷(Bucket)을 선택한 후 **[삭제]** 버튼을 클릭합니다.

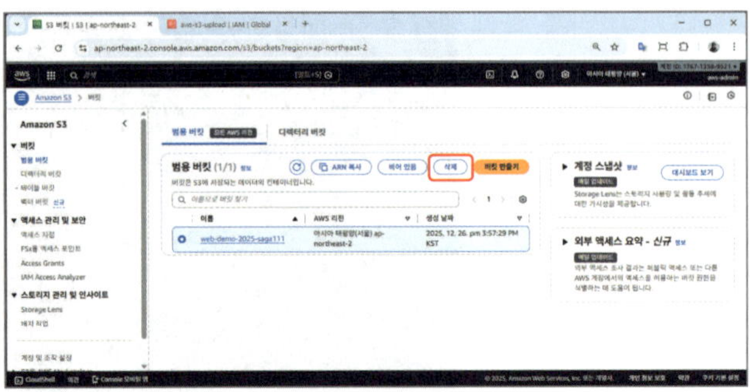

02 버킷을 삭제하려면 기존에 등록된 데이터를 삭제해야 합니다. 이를 위해 **[버킷 비우기]** 버튼을 클릭합니다(단, **[버킷 비우기]**를 클릭할 경우, 모든 데이터가 삭제되므로 반드시 확인한 후 진행하길 바랍니다).

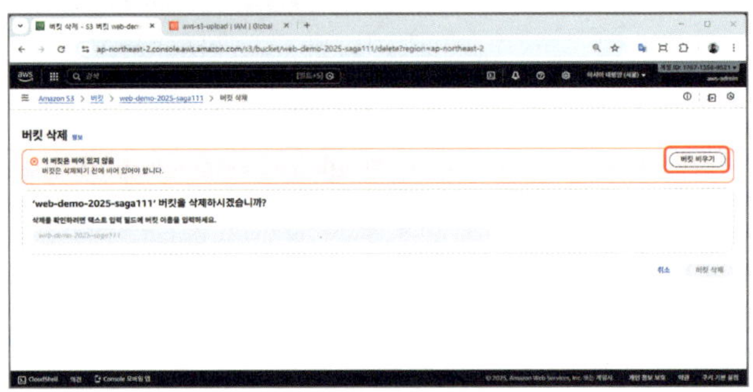

03 **[버킷 비우기]** 페이지에서 버킷의 모든 객체 삭제 동의 내용을 확인한 후 '영구 삭제'를 입력하고 **[비어 있음]** 버튼을 클릭합니다.

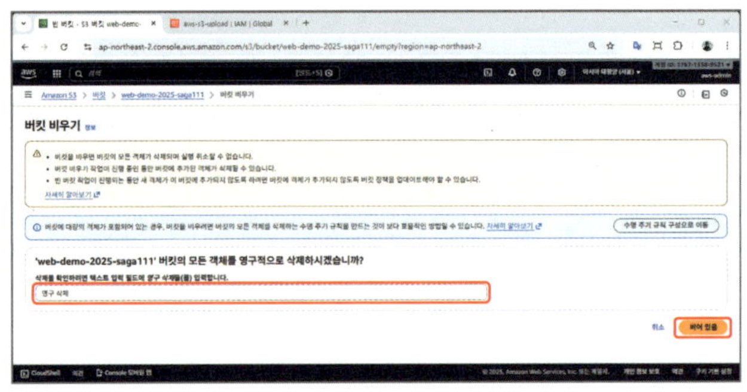

04 **[버킷 비우기]** 페이지에서 **[종료]** 버튼을 클릭합니다.

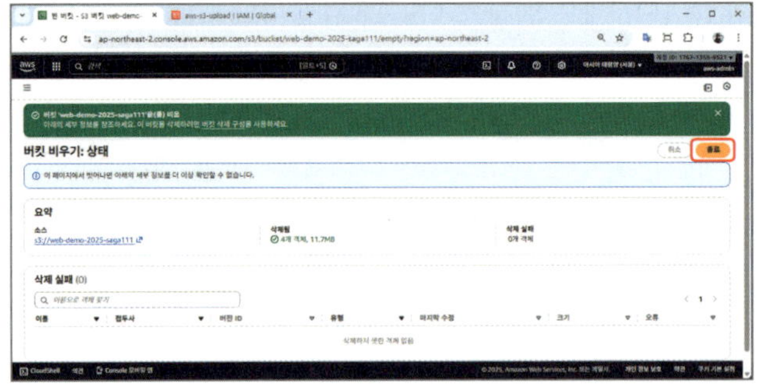

05 다시 버킷을 삭제하기 위해 해당 버킷을 선택한 후 **[삭제]** 버튼을 클릭합니다.

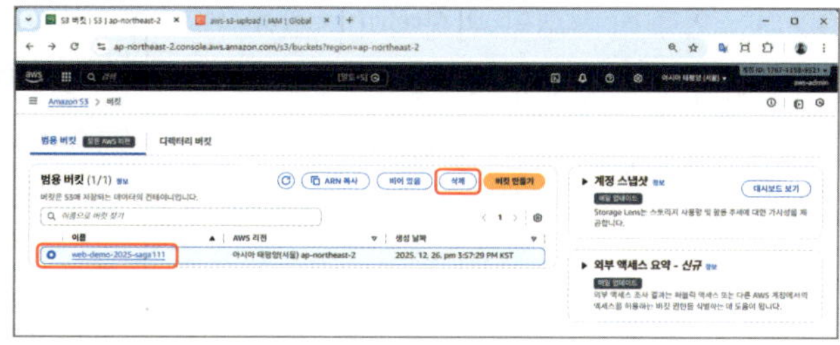

06 버킷을 삭제하기 위해 버킷명을 추가로 입력한 후 **[버킷 삭제]** 버튼을 클릭합니다.

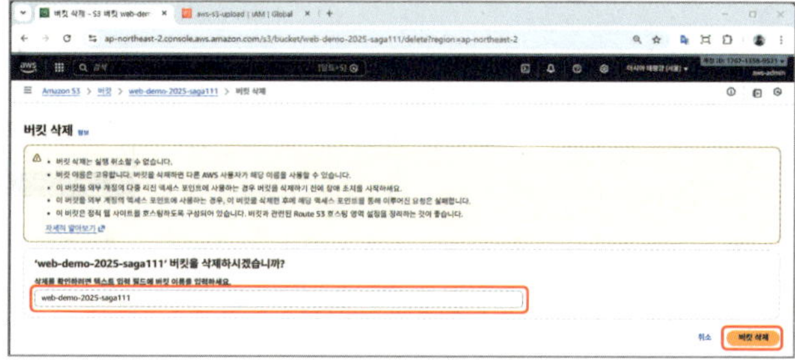

▌6-2 Lambda/API Gateway/IAM 계정 삭제

01 이 실습에서 사용된 Lambda를 삭제하면 됩니다. Lambda 서비스를 이용한 후 왼쪽의 **[함수]**를 클릭하고 삭제할 Lambda 함수를 선택한 다음 **[작업]**–**[삭제]** 버튼을 클릭합니다.

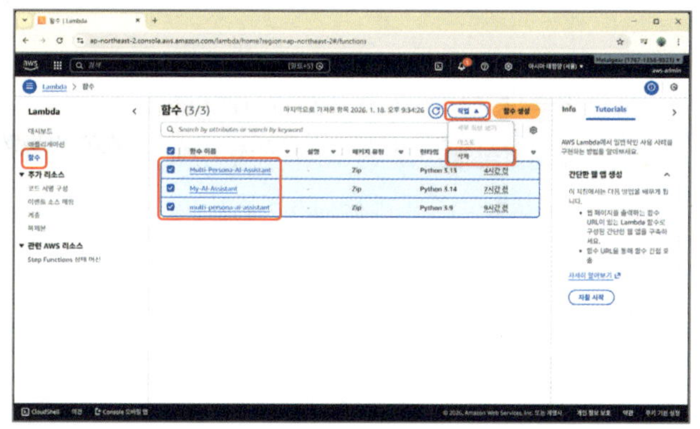

02 API Gateway로 이동한 후 왼쪽의 **[API]**를 클릭하고 삭제할 API를 선택한 다음 우측 상단의 **[삭제]** 버튼을 클릭합니다.

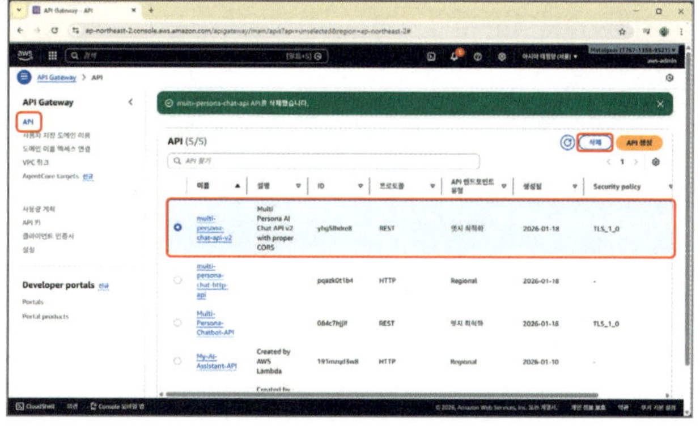

03 IAM으로 이동한 후 왼쪽에서 **[사용자]**를 클릭하고 왼쪽에서 삭제할 계정을 선택한 다음 **[삭제]** 버튼을 클릭합니다.

04 추가로 aws-admin 계정에서 AWS CLI에서 사용하는 Access Key/Secret Key를 삭제하기 위해 사용자 리스트에서 aws-admin을 선택합니다.

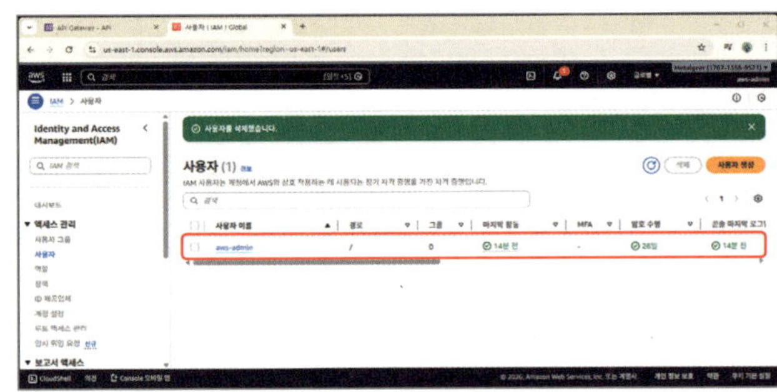

05 **[보안 자격 증명]** 탭을 클릭한 후 **[액세스 키]**–**[작업]**–**[삭제]** 버튼을 눌러 계정 정보를 먼저 **[비활성화]**하고 **[삭제]** 버튼을 클릭합니다.

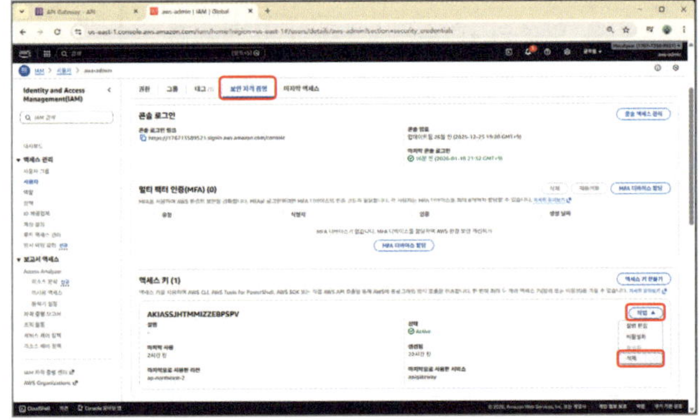

▋6-3 AWS 청구서 확인 및 전체 리소스 제거

01 AWS 청구 내역을 확인하기 위해 오른쪽 상단의 '계정 이름'을 클릭한 후 [**결제 및 비용 관리**]를 클릭합니다.

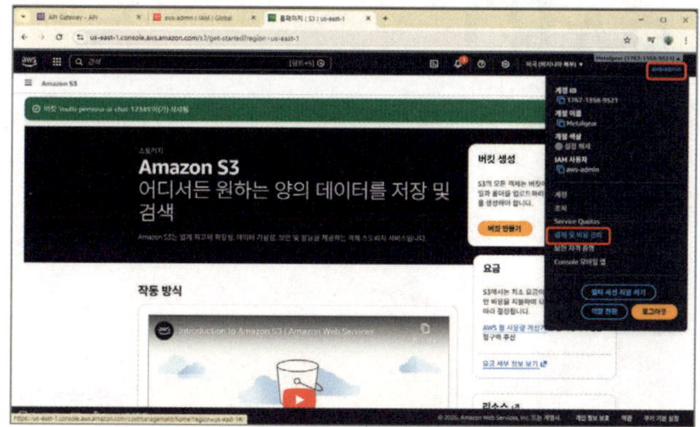

02 왼쪽의 [**청구서**]를 클릭한 후 하단의 AWS 서비스별 요금을 확인합니다. 그런 다음 사용 중인 서비스 현황을 확인하고 더 이상 사용하지 않는 서비스는 개별 서비스로 이동한 후 삭제합니다.

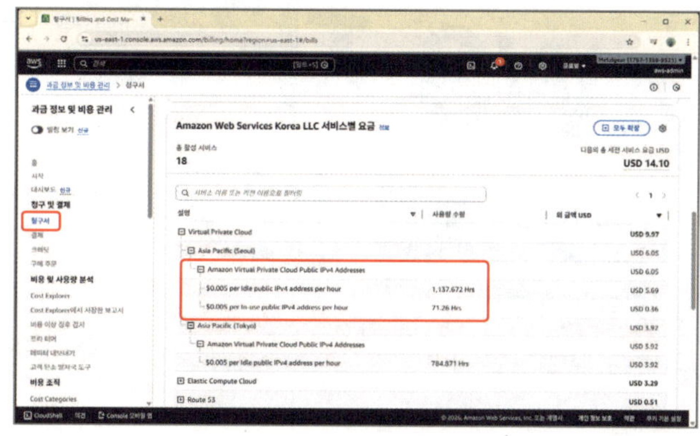

AWS 자격증 취득에 도전해 보기

"클라우드 여정의 든든한 이정표, AWS 자격증에 도전하세요."
지금까지 숨 가쁘게 달려온 여러분, 이제 그 노력의 결실을 증명할 시간입니다. AWS 자격증은 여러분의 클라우드 실력을 객관적으로 입증하는 가장 강력한 무기이자 글로벌 엔지니어로 성장하기 위한 첫 관문입니다. 14부에서는 AWS 자격증의 종류와 특징부터 시험 신청 방법, 그리고 합격을 위한 꿀팁까지 상세하게 안내합니다. 단순히 자격증 취득을 넘어, 여러분의 커리어를 한 단계 업그레이드하는 구체적인 로드맵을 그려 보시기 바랍니다.

'IT 자격증은 필요 없다. 실력이 중요하지 종이 따위가 무슨 소용이냐!'

주위에서 또는 인터넷 커뮤니티에서 이런 말을 종종 듣게 됩니다. 이에 대한 필자의 의견은 '과거에는 맞았을지 몰라도 지금은 틀리다.'입니다.

자격증(Certification)의 사전적 정의는 '어떤 일에 필요한 자격을 갖추고 있음을 증명하는 증서'입니다. 의사, 변호사 같은 전문직이 되기 위해 면허가 필수적인 것처럼 고도의 전문 지식이 필요한 분야일수록 그 능력을 검증할 객관적인 기준이 필요합니다.

보통 우리가 알고 있는 대부분의 전문직(의사, 변호사, IT 엔지니어, 중장비 기사 등)으로 근무하기 위해서는 그 사람이 해당 분야에서 필요로 하는 전문적인 지식을 보유하고 있는지를 증명하는 문서인 자격증이 필요합니다. 요리사가 되기 위해서는 조리사 자격증, 교사가 되기 위해서는 교원 자격증, 의사가 되기 위해서는 의사 자격증이 필요합니다. 이렇듯 전문직에 종사하기 위해서는 필수적으로 자격증이 필요합니다. 특히, IT(Information Technology) 분야의 전문가로 일하기 위해서는 다양한 분야에 대한 지식과 최신 지식에 대한 이해가 필요하며, 이에 대해 객관적인 증명을 위해 자격증이 필요합니다.

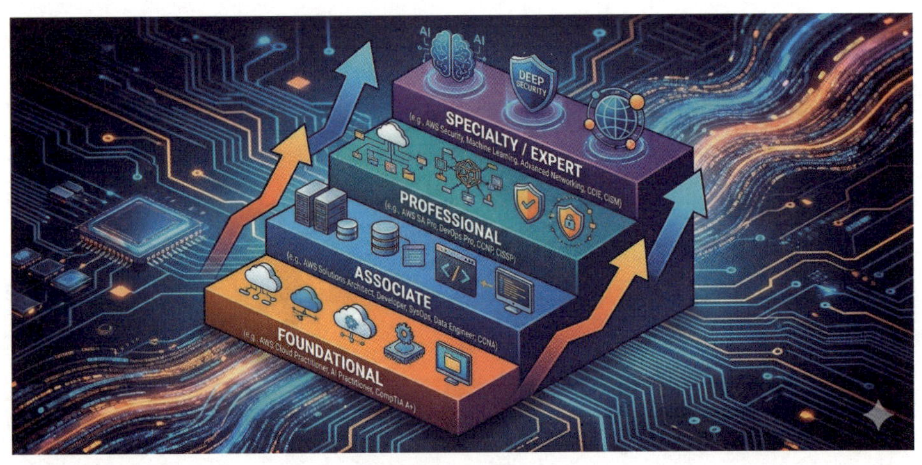

[그림 14-1] IT Certification

물론, IT 역사의 초기에는 빌 게이츠나 스티브 잡스처럼 자격증 없이 세상을 바꾼 천재들이 존재했습니다. 하지만 지금 우리가 마주한 클라우드와 인공지능(AI)의 시대는 그때와 다릅니다. 기술은 매달 새로운 서비스가 쏟아져 나올 정도로 빠르게 변하고, 시스템의 복잡도는 상상을 초월합니다.

이런 환경에서 "나는 실력이 있다."라며 말로만 주장하는 것은 설득력이 떨어집니다. 특히, 클라우드 네트워크 전문가로 인정받기 위해서는 고난도의 자격증이 필요하듯 현대의 복잡한 IT 프로젝트에서 '검증된 인력'을 선호하는 것은 당연한 흐름입니다.

즉, 오늘날의 IT 자격증은 단순히 지식을 암기했다는 증명서가 아니며, '가장 빠르게 변하는 최신 기술 표준을 이해하고 있으며, 이를 실무에 적용할 준비가 되었다.'라는 것을 보여 주는 가장 강력하고 효율적인 증거입니다. 자격증이 모든 것을 대변하진 않지만, 자격증 없는 전문가를 찾기 점점 어려워지는 시대가 되었습니다.

자기개발의 가장 확실한 이정표

IT 분야에 몸담고 있다면 누구나 성장에 대한 목마름이 있습니다. 그래서 많은 사람이 퇴근 후 자기개발에 몰두합니다. 하지만 많은 사람이 범하는 오류는 '자기개발=지금 업무와 다른 특별한 무언가를 준비하는 것'이라고 착각하는 것입니다.

가장 성공적인 자기개발은 '현재 본인이 맡은 분야에서 대체 불가능한 전문가가 되는 것'입니다. 그리고 이 과정에서 자격증은 훌륭한 '페이스 메이커(Pace Maker)' 역할을 합니다.

우리는 업무를 하다 보면 익숙한 기술, 편한 방법만 사용하려는 경향이 있습니다. 하지만 AWS 자격증 시험을 준비하다 보면, 평소에 몰랐거나 사용하지 않았던 수많은 서비스와 아키텍처를 강제로(?) 학습하게 됩니다. 이 과정에서 시야가 넓어지고, 파편화되어 있던 지식들이 체계적으로 정리되는 경험을 하게 됩니다.

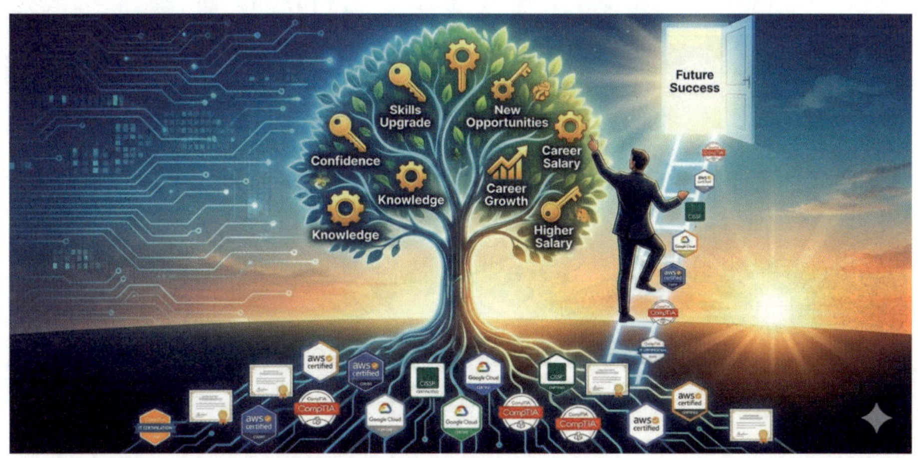

[그림 14-2] 자기개발과 자격증 취득

자격증 취득 자체가 목적이 되어서는 안 되지만, 전문가로 성장하기 위한 가장 체계적이고 효율적인 학습 로드맵을 자격증이 제공한다는 사실은 부인할 수 없습니다. 하루 30분, 자격증 커리큘럼을 따라 클라우드를 깊이 있게 고민하는 시간은 훗날 여러분을 진짜 전문가로 만들어 줄 가장 확실한 투자입니다.

회사와 조직은 구성원을 끊임없이 평가합니다. 그리고 그 평가는 연봉, 승진, 그리고 더 좋은 기회로 직결됩니다. 회사 입장에서 구성원의 성장은 곧 회사의 이익이므로 많은 기업이 교육비 지원이나 자격증 취득 축하금 같은 당근책을 제시하며 학습을 독려하고, 개인 성장을 위한 커리어패스를 함께 고민하면서 교육/육성을 위한 다양한 프로그램을 실행하기도 합니다. 이런 제도 속에서 자격증은 조직 내에서 나를 어필하는 가장 객관적인 '플러스 요인'이 됩니다. 하지만 자격증의 가치는 회사 담벼락 안에만 머물지 않습니다.

[그림 14-3] 당신에 대한 객관적인 평가

- **시장에서의 나의 몸값 증명:** 이직 시장에서 경력 기술서 한 줄보다 강력한 것은 공인된 자격증입니다. 특히, AWS 자격증 소지자는 전 세계적으로 비소지자 대비 평균 20% 이상의 높은 연봉을 받는다는 통계가 이를 증명합니다.
- **고객의 신뢰 획득:** 여러분의 회사가 AWS 파트너사이거나 클라우드 관련 서비스를 제공한다면, 직원들의 자격증 보유 현황은 고객에게 기술 신뢰도를 보여 주는 가장 중요한 척도가 됩니다.

결국, 자격증은 회사와 시장, 그리고 고객에게 나라는 사람의 가치를 '객관적으로 증명하는 가장 확실한 수단'입니다.

AWS는 역할과 전문 분야(Specialty)에 따라 총 12종 이상의 자격증을 제공합니다. 특히, 최근에는 AI 및 데이터 관련 자격증이 신설 및 개편되어 클라우드 트렌드를 반영하고 있습니다.

FOUNDATIONAL
AWS 클라우드의 기본적인 이해 수준에 대한 지식 기반 자격증입니다. 관련 경험이 필요 없습니다.

ASSOCIATE
AWS에 대한 지식과 기술을 보여 주고 AWS 클라우드 전문가로서의 신뢰를 구축해 주는 역할 기반 자격증입니다. 기존의 클라우드 경험 및/또는 탄탄한 온프레미스 IT 경험이 권장됩니다.

PROFESSIONAL
AWS에서 안전하고 최적화된 현대적 애플리케이션을 설계하고 프로세스를 자동화하는 데 필요한 고급 기술과 지식을 검증해 주는 역할 기반 자격증입니다. 2년의 AWS 클라우드 관련 경험이 권장됩니다.

SPECIALTY
전략적 영역에 대한 심화된 지식을 확보하고, 내부 이해관계자 및/또는 고객을 대상으로 해당 분야에서 신뢰할 수 있는 조언자로서의 입지를 다질 수 있습니다. 추천하는 경험은 시험 페이지의 시험 안내서를 참조하세요.

[그림 14-4] Amazon Web Service Certification Map

4-1 기초 등급(Foundational)

클라우드 및 AI에 대한 기초 지식을 검증합니다(응시 자격 없음).

- **AWS Certified Cloud Practitioner(CLF)**: AWS 클라우드의 핵심 개념, 서비스, 보안, 아키텍처, 요금 등에 대한 전반적인 이해도를 평가합니다. 비기술 직군에게도 권장됩니다.
- (New) **AWS Certified AI Practitioner(AIF)**: 인공지능, 머신러닝, 생성형 AI의 개념과 AWS의 AI 서비스 활용 능력을 평가합니다. AI 시대의 필수 기초 자격증입니다.

4-2 어소시에이트(Associate) 등급

1년 이상의 실무 경험 또는 이에 준하는 지식을 가진 전문가를 대상으로 합니다.

- **Solutions Architect–Associate(SAA)**: 안전하고 견고한 애플리케이션 아키텍처를 설계하는 능력을 평가합니다. 가장 표준이 되는 자격증입니다.
- **Developer–Associate(DVA)**: AWS SDK를 활용한 클라우드 애플리케이션 개발 및 배포 능력을 평가합니다.
- **CloudOps Engineer–Associate(SOA)**: AWS에서의 시스템 운영, 배포, 관리 및 보안 능력을 평가합니다(기존 SysOps Administrator 시험이 변경됨).

- **New** Data Engineer–Associate(DEA): 데이터를 수집, 변환, 저장하는 데이터 파이프라인 구축 능력을 평가합니다(기존 빅데이터/데이터 분석 자격증이 통합/대체됨).
- **New** Machine Learning Engineer–Associate(MLA): ML 모델 구축, 훈련, 튜닝 및 배포 능력을 평가합니다.

▌4-3 프로페셔널(Professional) 등급

2년 이상의 고급 실무 경험을 요하는 최고 난이도 레벨입니다.

- Solutions Architect–Professional(SAP): 복잡한 하이브리드 아키텍처 설계 및 마이그레이션 능력을 평가합니다.
- DevOps Engineer–Professional(DOP): 지속적 통합/배포(CI/CD) 파이프라인 구축 및 운영 자동화 능력을 평가합니다.
- **New** Generative AI Developer–Professional(Beta): Amazon Bedrock 등의 AWS 서비스를 사용하여 프로덕션에 바로 적용 가능한 AI 솔루션을 구축하고 배포하는 데 필요한 고급 기술 역량을 입증합니다.

▌4-4 전문 분야

특정 기술 영역에 대한 깊이 있는 전문성을 검증합니다.

- Security–Specialty: 고급 데이터 보호 및 보안 메커니즘 구현 능력
- Machine Learning–Specialty: 기계학습 모델을 구축, 훈련, 조정 및 배포하는 데 필요한 지식과 구현 능력
- Advanced Networking–Specialty: 복잡한 네트워크 아키텍처 설계 및 구현 능력

05 자격증 취득을 위한 준비

▌5-1 AWS 자격 시험 준비 방법

AWS 자격증을 취득하기 위해서는 클라우드 개념에 대한 이해, 시험에서 요구하는 도메인에 대한 학습, 무료 실습 랩(Labs)과 AWS 프리티어를 활용한 실습, AWS White Papers를 이용한 지식 습득 및 학습, FAQ를 통한 중요사항 학습, 연습 문제 및 기출 문제를 통해 시험의 유형을 파악하고 시험을 대비하는 방식을 권장합니다.

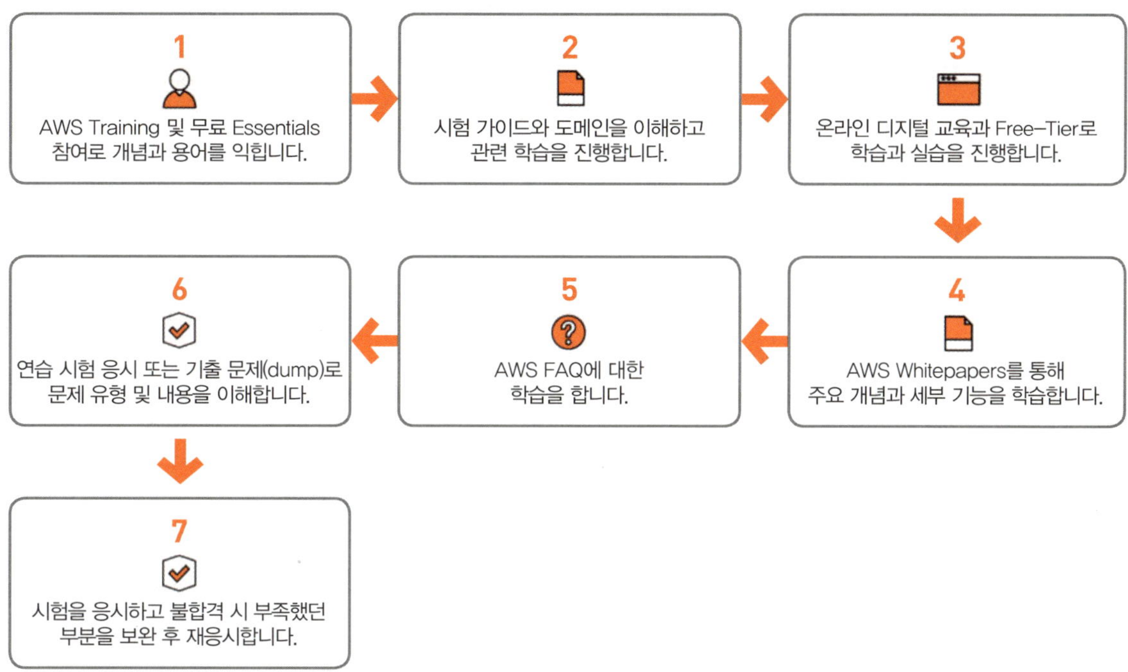

[그림 14-5] Amazon Web Services Certification 취득 준비 과정

▌5-2 필독 자격 시험의 개요 및 응시 방법

AWS의 모든 자격 시험은 CBT(Computer Based Testing) 방식으로 진행됩니다. 과거에는 여러 시험 주관사가 있었지만, 현재는 Pearson VUE로 단일화되어 운영됩니다. 시험 신청은 AWS Certification 계정(aws.amazon.com/certification)에 로그인한 후 연결된 Pearson VUE 대시보드에서 원하는 시험, 날짜, 장소를 선택하여 예약합니다. 시험 응시 방법은 온라인 또는 오프라인으로 가능하며, 최근에는 팬데믹 이후 온라인 감독 시험(OnVUE)이 보편화되었습니다.

- **온라인 시험(OnVUE):** 집이나 사무실에서 개인 컴퓨터로 응시합니다. 이동 시간이 절약되지만, 응시 공간의 보안 규정(책상 위 정리, 외부인 출입 금지 등)이 매우 까다롭고 인터넷 환경이 불안정하면 시험이 중단될 수 있습니다.
- **오프라인 시험 센터:** Pearson VUE와 제휴된 전국의 지정 테스트 센터에 방문하여 응시합니다. 환경적인 방해 요소 없이 시험에만 집중할 수 있다는 장점이 있습니다(구체적인 센터 위치는 예약 시 조회 가능합니다).

[표 14-1] **시험 주요 정보 요약(2025년 기준)**

구분	AWS Foundational	AWS Associate	Professional /Specialty
시험 시간	90분	140분	170~180분
문항 수	65문항	65문항	75문항 내외
응시료	미화 100달러	미화 150달러	미화 300달러
지원 언어	한국어, 영어 등 다국어 지원(단, 번역 품질 이슈로 '영어' 응시 권장)		
시험 방식	온라인 감독(OnVUE) 또는 오프라인 테스트 센터 방문 선택 가능		
합격 기준	100~1,000점 만점 중 700점 이상	100~1,000점 만점 중 720점 이상	100~1,000점 만점 중 750점 이상

▌5-3 AWS 개념 및 용어 이해하기

대학생이나 사회 초년생들에게 가장 많이 받는 질문 중 하나는 IT 분야에 대해 잘 모르는데, 얼마나 공부하면 클라우드를 잘할 수 있는지입니다. 이런 질문을 받으면 난감합니다. '클라우드는 특정 IT 분야의 지식만 있으면 배울 수 있는 부분이 아니라 IT의 전반적인 지식과 기술적 이해가 필요한 것'이기 때문입니다. 처음 클라우드를 접하거나 IT 초보자들이 클라우드를 공부하면서 가장 어려운 것 중 하나가 생소한 IT 용어들과 기본적인 개념들을 이해하기 어렵다는 것입니다. AWS는 클라우드를 처음 접한 IT 초보자나 AWS Certification 준비생을 위해 다양한 프로그램을 제공하고 있습니다.

[그림 14-6] AWS 공식 이벤트 및 교육 안내 페이지

공식 홈페이지인 https://aws.amazon.com/ko/about-aws/events/에 접속하면 다양한 교육 및 행사 등의 이벤트 정보를 확인할 수 있습니다. 이러한 행사 및 교육은 초보자를 위한 기초 과정으로부터 전문가 수준의 심화 교육 및 실습까지 다양한 분야에 걸친 고급 정보를 무료로 제공합니다. 또한 AWS Skill Builder 사이트(https://aws.amazon.com/ko/training/digital/)에서는 다양한 무료 학습 콘텐츠를 이용하실 수 있습니다.

이러한 교육은 초보자를 위한 기초 과정으로부터 전문가 수준의 심화 교육 및 실습까지 다양한 분야에 걸친 고급 정보를 무료로 제공받을 수 있습니다.

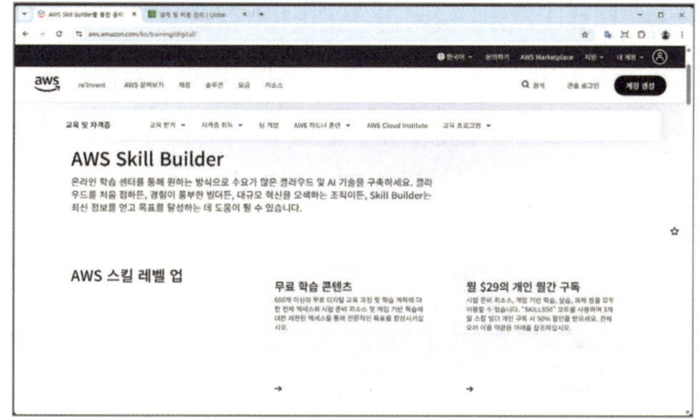

[그림 14-7] 수준별/분야별 AWS 교육 프로그램

▌5-4 시험 가이드를 통한 출제 범위와 시험의 온라인 확인

AWS 자격 시험은 각 분야별 문제 은행을 통해 문제가 출제되는 방식으로, 분야별 주요한 도메인에서 문제 출제 범위와 각 도메인별 배분 비율에 차이가 있습니다. 자격 시험에 대한 본격적인 학습 전에 시험 가이드를 통해 출제 도메인 및 범위를 확인하고 배분 비율을 확인하여 효율적인 학습을 위한 전략을 수립하여 학습을 진행하는 것이 필요합니다. 각 자격증별 상세 페이지에서 다음과 같이 단계별 Plan과 시험 안내서를 확인할 수 있습니다.

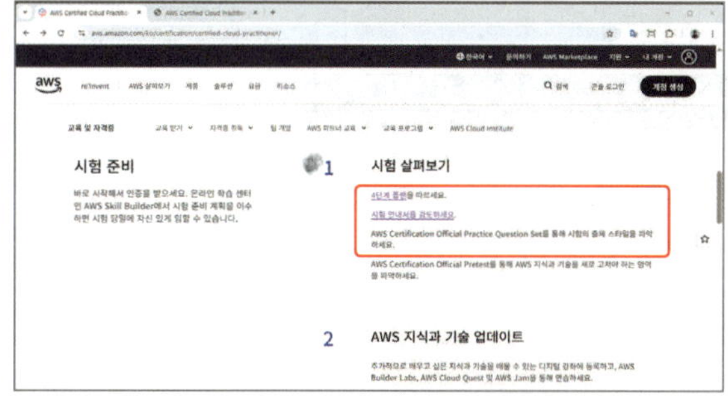

[그림 14-8] 자격증 상세 설명 페이지

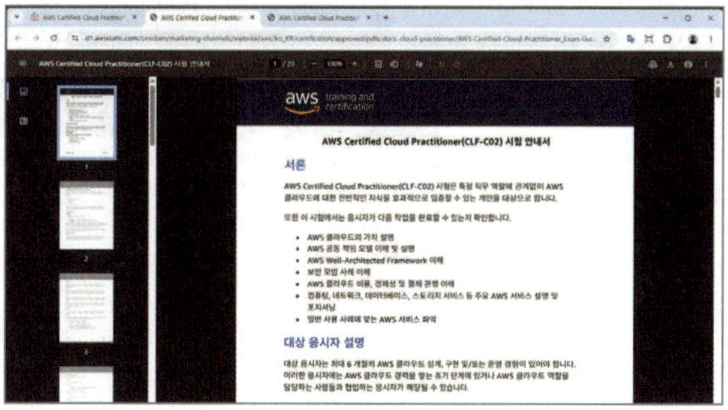

[그림 14-9] 자격 시험 안내서

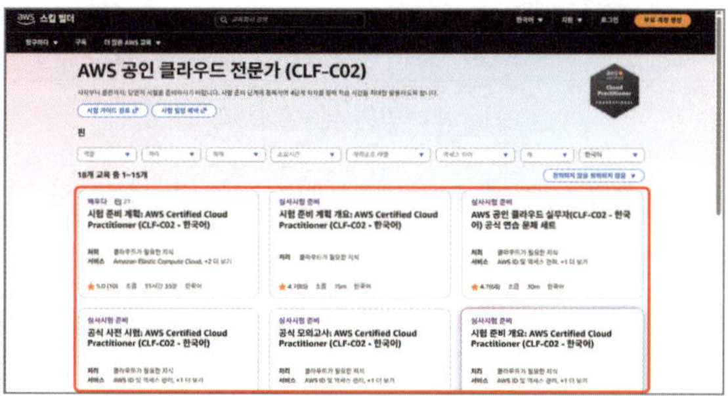

[그림 14-10] Skill Builder 시험 준비 플랜

▍5-5 아마존에서 제공하는 무료 디지털 교육과 프리티어 실습

아마존은 AWS Skill Builder(skillbuilder.aws)라는 온라인 학습 플랫폼을 통해 600개 이상의 무료 디지털 교육 코스를 제공합니다. 경력 수준별, 직무별로 체계적인 학습 로드맵(Learning Plans)을 제공하므로 자격증 준비의 기초를 다지기에 최적입니다. Skill Builder는 회원 가입 후 무료로 사용 가능하고, 일부 교육과정의 경우 구독을 요구하는 과정이 있으며, 월 단위, 연 단위 구독을 통해 원하는 과정을 수강할 수 있습니다.

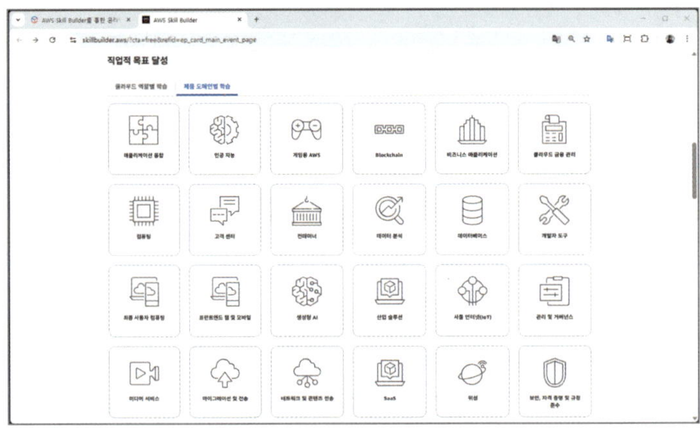

[그림 14-11] 다양한 종류의 과정

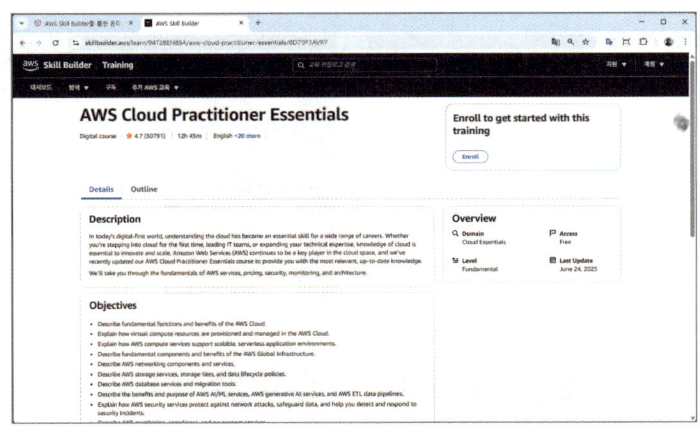

[그림 14-12] 다양한 유 · 무료 강의

이론 학습 후에는 반드시 AWS 프리티어를 활용하여 직접 서비스를 만져 보는, 실습이 필요합니다. 이론만으로는 시험의 시나리오형 문제나 실제 업무 환경에 대응하기 어렵습니다(단, 실습 시 요금 발생에 주의하세요).

▌5-6 AWS 온라인 백서 및 FAQ를 최대한 활용하기

아마존은 AWS의 주요 서비스와 새로운 기술에 대한 상세한 설명, 가이드, 모범 사례 및 적용 방법에 대해 AWS 백서로 온라인상에서 제공합니다. AWS 백서에서는 아키텍처, 보안, 경제성과 같은 주제를 다루는 포괄적인 범위에 대해 AWS 기술 백서를 제공합니다(https://aws.amazon.com/ko/whitepapers/).

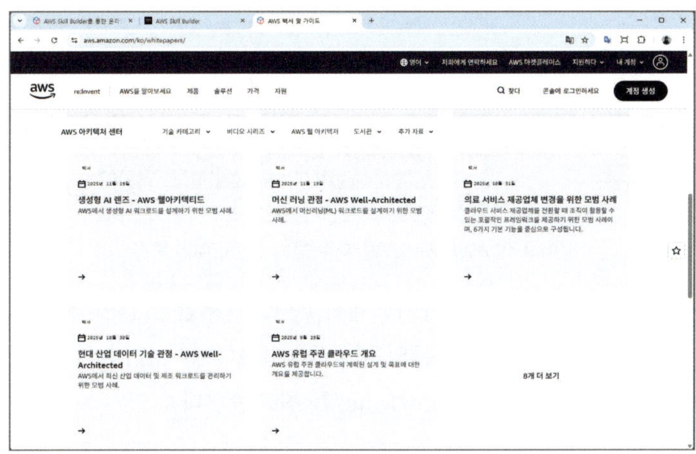

[그림 14-13] AWS 기술 백서(Whitepapers) 다운로드 페이지

이러한 백서는 AWS 내부 엔지니어, 독립적인 애널리스트 또는 AWS 커뮤니티(고객 또는 파트너)에 의해 작성되며, 각 산업 분야의 전문 애널리스트가 작성한 보고서 등과 같은 수준 높은 보고서도 같이 제공됩니다. 또한 이러한 백서는 지속적으로 업데이트 되고 새롭게 등록됩니다.

Amazon Web Service 자격 시험을 준비하는 과정에서 주요 서비스에 대한 지식 습득과 이해를 위한 AWS 백서를 활용하는 방법은 매우 중요한 자격증 준비 방법 중 하나입니다. AWS 백서는 https://aws.amazon.com/ko/whitepapers/를, AWS 한국어 기술 백서 목록은 https://aws.amazon.com/ko/blogs/korea/ko-whitepapers/를 참조합니다.

AWS 자격 시험을 준비하는 과정에서 또 한 가지 중요한 자료 중 하나는 바로 AWS FAQ입니다. AWS FAQ란, AWS 주요 서비스에 대해 많이 물어보는 질문과 답변을 모아 놓은 내용으로, 서비스에 대한 정의, 서비스의 용도 서비스 시작 방법 및 비용, 결제 등 해당 서비스를 사용하면서 궁금할 있는 다양한 내용들이 정리되어 있습니다.

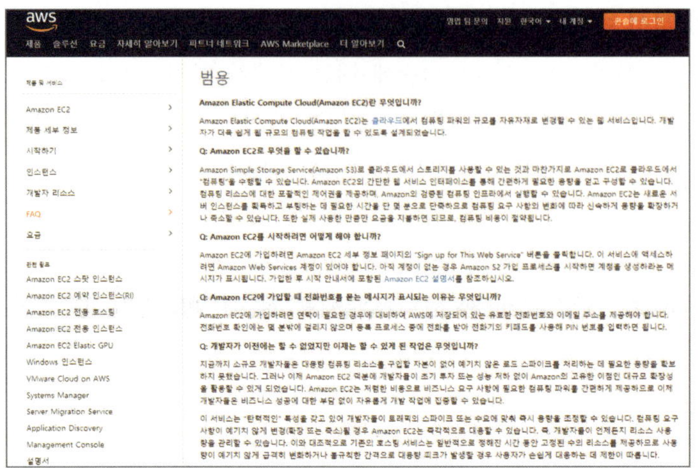

[그림 14-14] AWS 서비스별 자주 묻는 질문(FAQ) 목록

보통 인터넷상의 시험 후기나 시험에 대한 가이드에서 FAQ에 대한 언급이 빠지지 않는 이유는 대부분의 시험 문제에서 출제되는 문제 유형 및 질문의 내용들이 FAQ에서 많이 언급되는 내용들이기 때문입니다. FAQ는 https://aws.amazon.com/ko/faqs/를 참조합니다.

[그림 14-15] EC2 서비스 FAQ 상세 내용 예시

주요 서비스별 FAQ에 대해 정독하고 이해하는 것은 시험을 준비하는 과정에서 매우 중요한 일입니다. 여러분이 FAQ를 정독하고 이해할 수 있게 된다면, 시험에서 꼭 합격할 수 있습니다.

AWS 시험에 응시하기 전에 본인이 지금까지 공부했던 내용을 평가해 보고 싶거나 모의고사를 통해 본인의 현재 위치에 대해 평가를 해 보고자 한다면, 연습 시험(Practice)에 응시할 수 있습니다. 연습 시험은 보통 미화 20~40달러 정도의 비용이 발생하며, AWS Training & Certi fication 웹 사이트 (https://www.aws.training/)에서 신청할 수 있습니다.

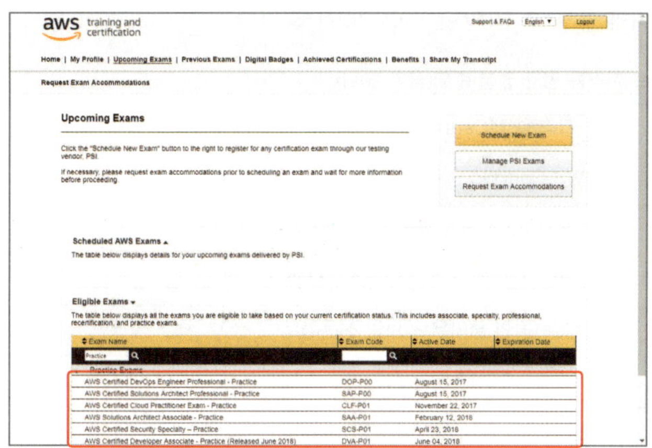

[그림 14-16] 온라인 기출 문제(덤프) 사이트 예시

마지막 시험 준비 방법은 인터넷상의 기출 문제(일명 Dump)를 통해 학습을 진행하는 것입니다. 일반적인 외국계 IT 밴더에서 제공하는 시험이 그렇듯 AWS 시험도 문제 은행을 기반으로 운영되며, 기출 문제는 인터넷상에서 어렵지 않게 구할 수 있습니다.

다만, 여기에는 한 가지 큰 위험 요소가 있습니다. 실제 출제되는 문제와 100% 동일하지 않으며, 문제에 대한 답도 100% 맞지 않습니다. 그래서 흔히 기출 문제만 달달 외워서 시험을 보다간 아까운 응시료만 날려버리게 되는 일이 부지기수로 발생합니다. 기출 문제를 통해 시험의 유형과 사전 테스트 용도로 준비하는 것은 나쁘지 않은 방법이지만, 기출 문제만을 맹신한다면 고배를 마시게 될 것입니다.

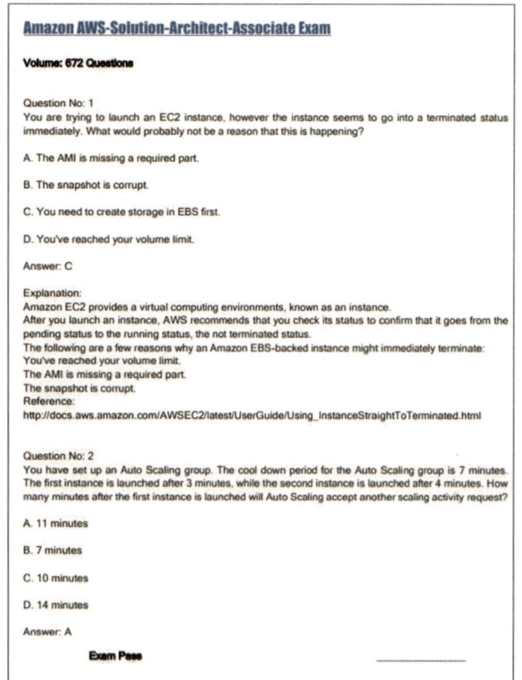

[그림 14-17] 기출 문제 학습의 한계와 주의점

경제적 불확실성 속에서도 기술 인재 확보 전쟁은 멈추지 않고 있습니다. 오히려 기업들은 '진짜 실력 있는' 소수의 전문가에게 더 파격적인 대우를 약속하며 스카우트 경쟁을 벌이고 있습니다. 그렇다면 2025년 현재, 시장에서 가장 높은 가치를 인정받는 기술은 무엇일까요? 글로벌 IT 교육 기관 Skillsoft의 최신 조사 결과는 우리에게 아주 명확한 답을 보여 줍니다.

[표 14-2] **2025년 주요 IT/클라우드 자격증 평균 연봉 순위(상위 20위)**

순위	자격 증명(Certification Name)	평균 연봉(미화, 달러)
1	AWS Certified Security-Specialty	203,597
2	Google Cloud 전문 클라우드 아키텍트	190,204
3	Nutanix Certified Professional-Multicloud Infrastructure	175,409
4	CCSP(공인 클라우드 보안 전문가)	171,524
5	CCNP Security	168,159
6	CISSP(공인 정보 시스템 보안 전문가)	168,060
7	CCIE 엔터프라이즈 인프라	166,524
8	CRISC(위험 및 정보 시스템 통제 인증)	165,890
9	AWS 공인 개발자-어소시에이트	165,171
10	CIPP(공인 정보 프라이버시 전문가)	161,439
11	Microsoft 365 공인 관리자 전문가	160,044
12	CISM(공인 정보 보안 관리자)	157,189
13	CIPM(공인 정보 개인정보 관리자)	155,976
14	AWS 공인 솔루션 아키텍트-어소시에이트	155,597
15	CISA(공인 정보 시스템 감사사)	155,362
16	CGEIT(기업 IT 거버넌스 인증)	152,838
17	Microsoft Certified: Azure Administrator Associate	148,849
18	Google Cloud 어소시에이트 클라우드 엔지니어	146,533
19	CEH(Certified Ethical Hacker)	146,260
20	CDPSE(공인 데이터 개인정보 보호 솔루션 엔지니어)	146,033

위 데이터는 우리에게 세 가지 중요한 사실을 시사합니다.

첫째, '클라우드+보안'은 현존하는 최고의 몸값 공식입니다.

전체 1위를 차지한 AWS Certified Security-Specialty의 평균 연봉은 무려 20만 3천 달러(한화 약 2억 7,000만 원)를 넘어섰습니다. 기업들이 클라우드로 전환하면서 보안 전문가를 얼마나 애타게 찾고 있는지를 보여 주는 결정적인 증거입니다. CCSP, CISSP 등 다른 보안 자격증들도 상위권을 휩쓸었습니다.

둘째, AWS 자격증의 시장 가치는 경쟁사를 압도합니다.

상위 20위권 내에 AWS 자격증이 3개나 포함되었을 뿐만 아니라 동일한 어소시에이트 레벨에서도 AWS 자격증(개발자 16만 5,000달러, 아키텍트 15만 5,000달러) 소지자가 경쟁사인 Microsoft Azure(14만 8,000달러)나 Google Cloud(14만 6,000달러) 소지자보다 더 높은 평균 연봉을 받는 것으로 나타났습니다. 이는 시장 지배력 1위인 AWS 플랫폼 전문가에 대한 수요가 여전히 가장 강력하다는 것을 의미합니다.

셋째, 어소시에이트(Associate) 자격증은 최고의 투자 대비 효과(ROI)를 제공합니다.

이 책의 목표이기도 한 AWS 솔루션 아키텍트(SAA)와 개발자(DVA) 어소시에이트 자격증은 비교적 접근하기 쉬운 난이도임에도 불구하고, 평균 연봉 15만 달러 이상을 기록하며 전체 상위권에 랭크되었습니다. 이는 IT 커리어를 시작하거나 도약하려는 분들에게 가장 효율적이고 확실한 투자처임을 증명합니다.

결론적으로, 이 책을 통해 AWS의 기본기를 다지고 자격증에 도전하는 것은 단순한 자기만족이 아닙니다. 그것은 데이터가 증명하는 가장 확실한 미래 투자이자, 여러분의 연봉 앞자리를 바꿀 수 있는 가장 강력한 티켓을 거머쥐는 과정입니다.

망설일 이유가 없습니다. 지금 바로 시험을 접수하고, 당신의 가치를 시장에 증명해 보이십시오.

AWS Training
계정 생성 및
시험 신청 방법

"여러분의 클라우드 항해는 이제 시작입니다."
마지막 페이지를 넘기는 이 순간, 여러분은 더 이상 클라우드 초보자가 아닙니다. 직접 서버를 만들고, 네트워크를 연결하고, AI 비서까지 고용해 본 경험은 여러분을 유능한 '클라우드 빌더'로 만들어 주었을 것입니다. 기술은 빠르게 변하지만, 직접 부딪히며 얻은 경험의 가치는 변하지 않습니다. 이 책이 여러분의 긴 항해에 작지만 단단한 나침반이 되었기를 바랍니다. 두려움 없이 넓은 세상으로 나아가세요. AWS라는 거대한 바다가 여러분의 도전을 기다리고 있습니다.

01 http://www.aws.training에 접속한 후 오른쪽 상단 [**로그인**] 버튼을 클릭합니다.

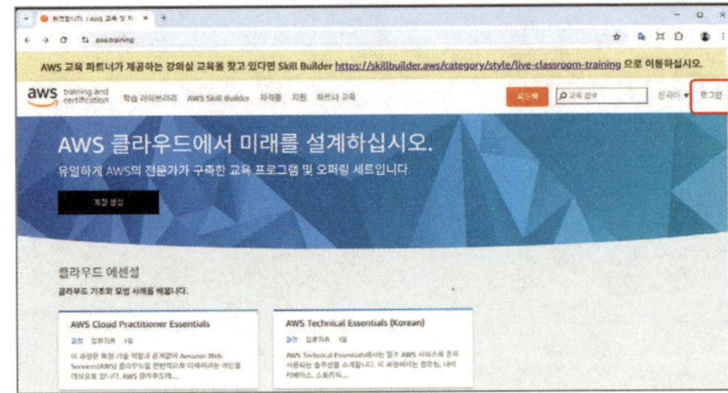

02 [**로그인 방법 선택**] 페이지의 AWS Builder ID 항목에서 [**생성 또는 로그인**] 버튼을 클릭합니다.

03 [**시작하기**] 페이지에서 '이메일 주소'를 입력한 후 [**계속**] 버튼을 클릭합니다.

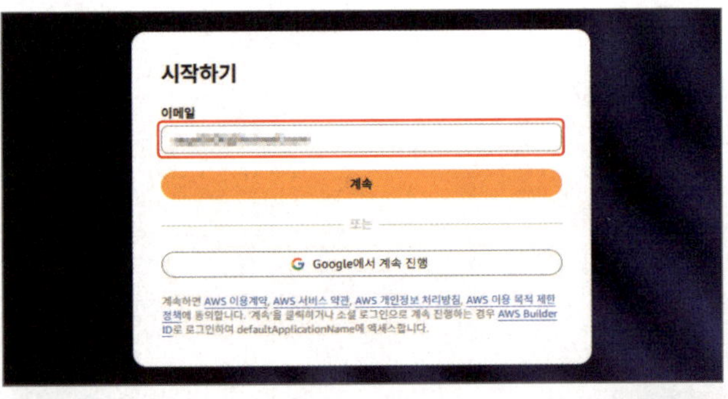

04 '이름'을 입력한 후 [**계속**] 버튼을 클릭합니다.

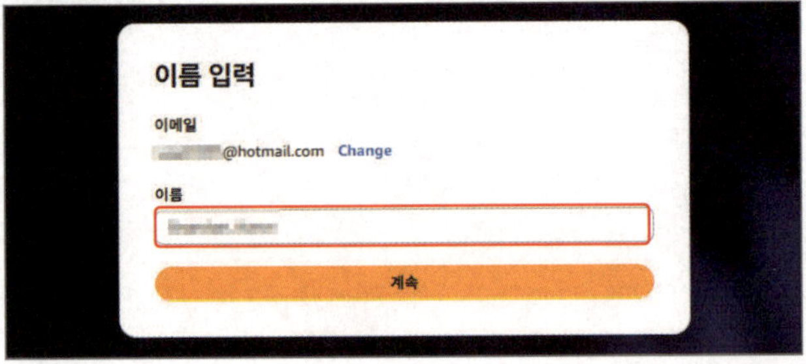

05 이전에 등록한 이메일로 전송된 '확인 코드'를 확인한 후 [**확인 코드**] 페이지에 코드를 등록하고 [**계속**] 버튼을 클릭합니다.

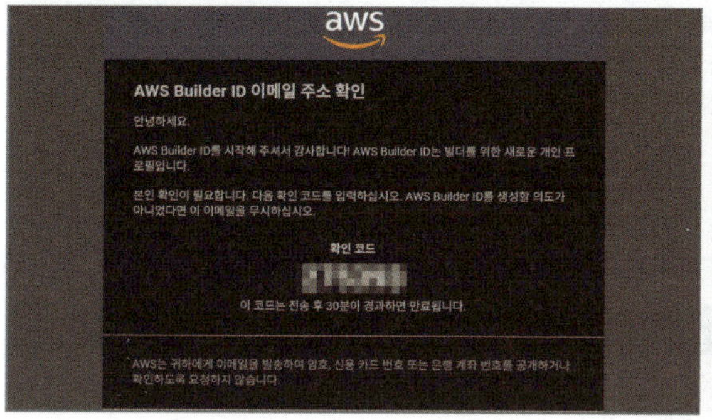 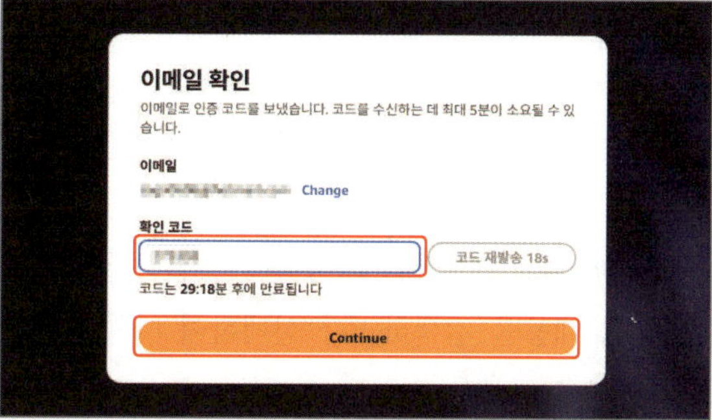

06 [**암호 생성**] 페이지에서 '암호', '암호 확인' 을 입력한 후 [**계속**] 버튼을 클릭합니다.

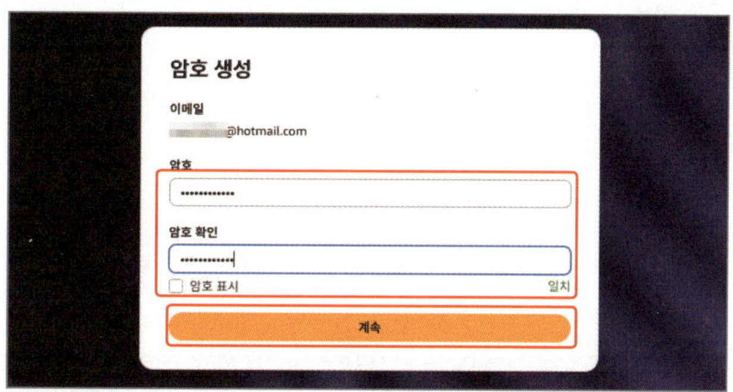

07 [**이용 약관**] 페이지에서 [**약관에 동의**] 버튼을 클릭합니다.

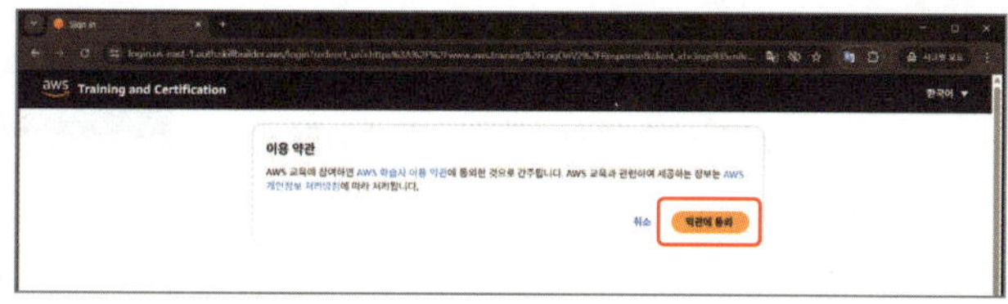

08 [**프로필**] 페이지에서 추가 정보를 입력한 후 [**저장**] 버튼을 클릭합니다.

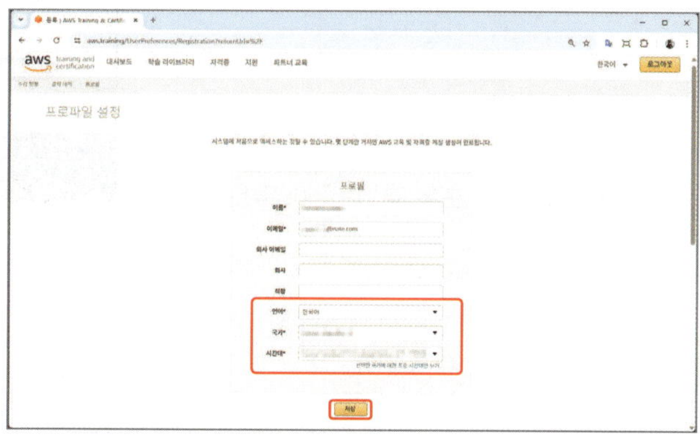

09 로그인한 후 [AWS Skill Builder]를 클릭
합니다.

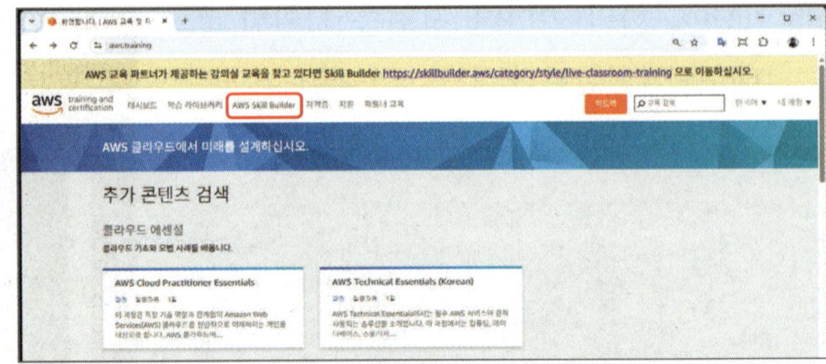

10 [AWS Skill Builder] 페이지에서 원하는
교육 내용을 검색하거나 선택하여 다양
한 무료 교육을 수강할 수 있고, 필요한
경우, 구독을 통해 유료 강의를 들을 수
있습니다.

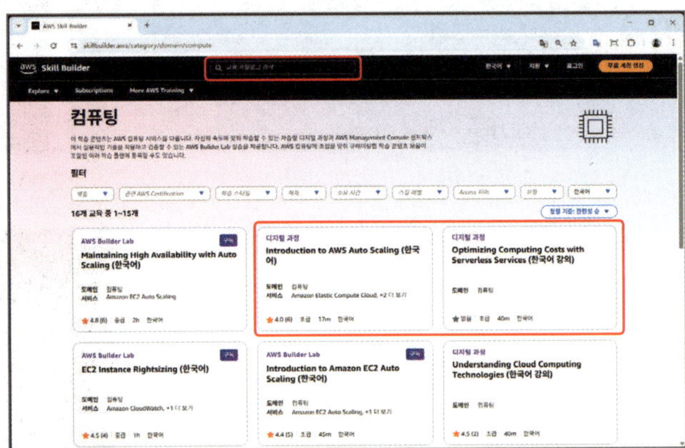

AWS 자격증 예약 신청 및 프로필 작성

01 https://aws.amazon.com/ko/
certification/으로 이동한 후 **[시험 일
정 예약]** 버튼을 클릭합니다.

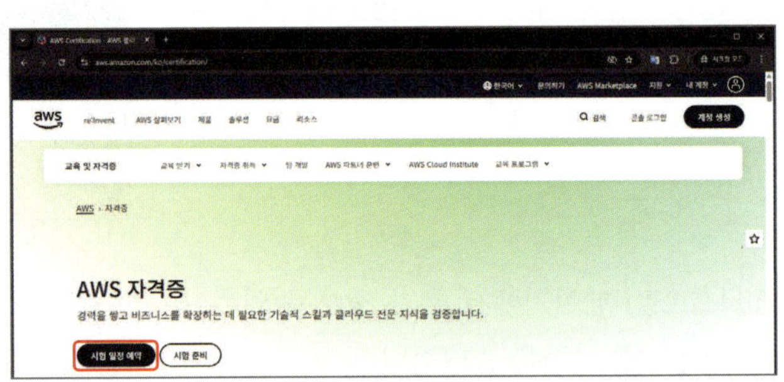

02 로그인 페이지에서 AWS Builder ID
항목에서 **[생성 또는 로그인]** 버튼을 클릭
합니다.

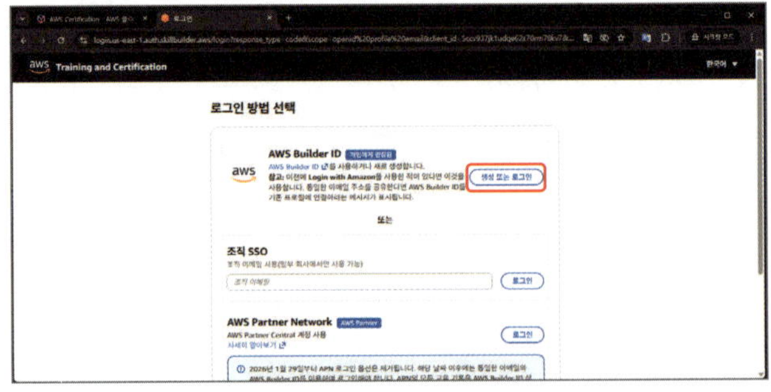

03 이전에 회원 가입한 정보를 확인한 후 '이메일' 정보를 입력한 후 **[계속]** 버튼을 클릭합니다.

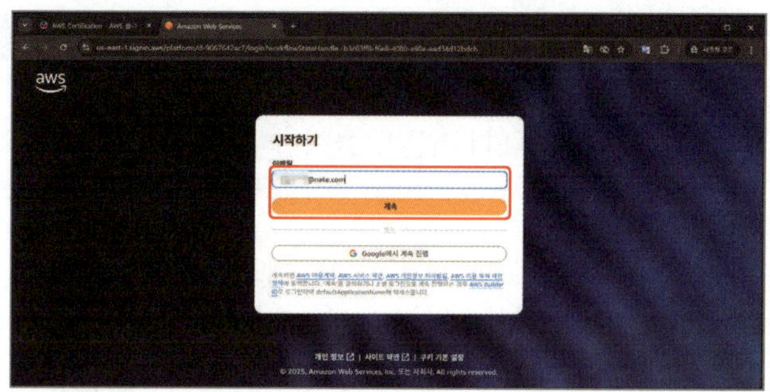

04 암호를 입력한 후 **[계속]** 버튼을 클릭합니다.

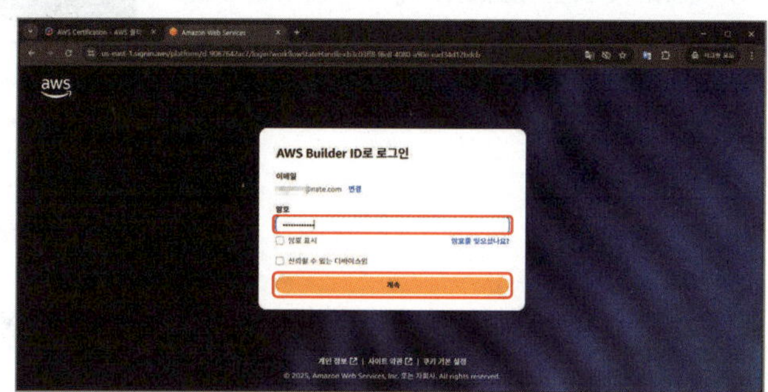

05 **[ID 확인]** 페이지에서 자동 발송된 이메일 내에 '확인 코드' 정보를 확인한 후 다음과 같이 '확인 코드' 정보 입력하고 **[계속]** 버튼을 클릭합니다.

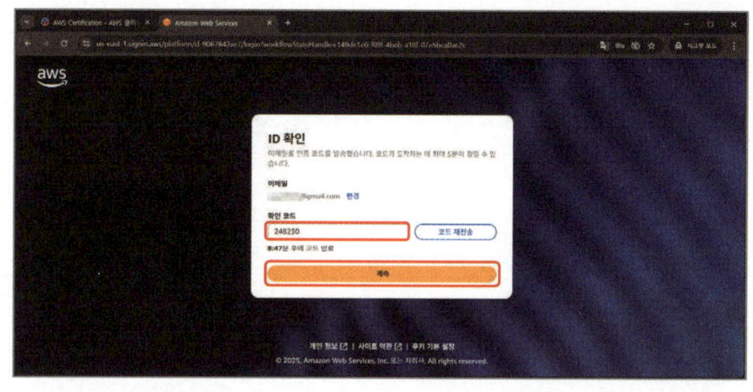

06 **[프로필 작성]** 페이지에서 **[계속]** 버튼을 클릭합니다.

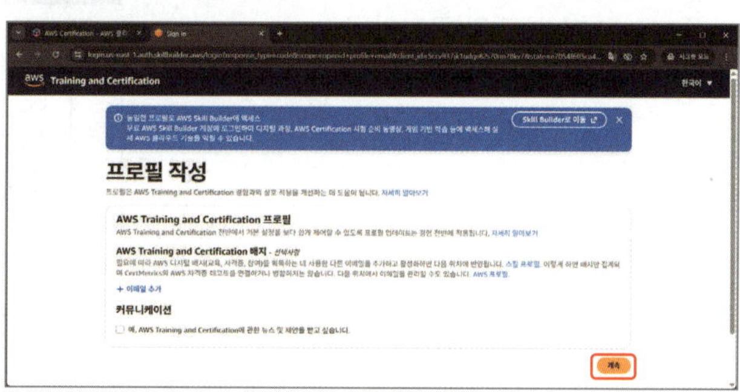

07 [Required Information] 페이지에서 약관
정보를 확인한 후 아래 2개의 체크 박스를
선택하고 [SUBMIT] 버튼을 클릭합니다.

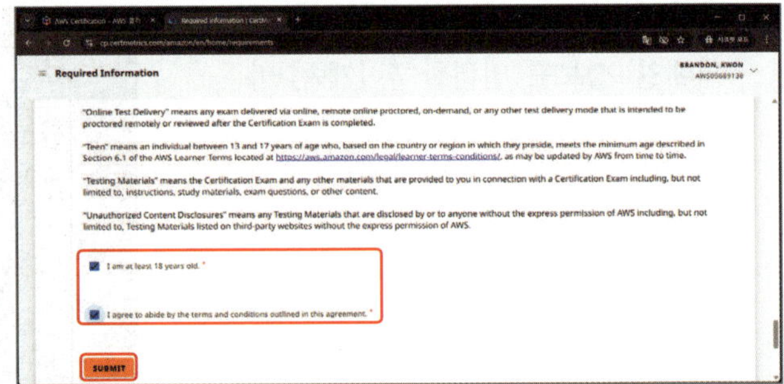

08 [Name Confirmation] 페이지에서 First
Name, Last Name를 입력한 후 [CON
FIRM NAME] 버튼을 클릭합니다.

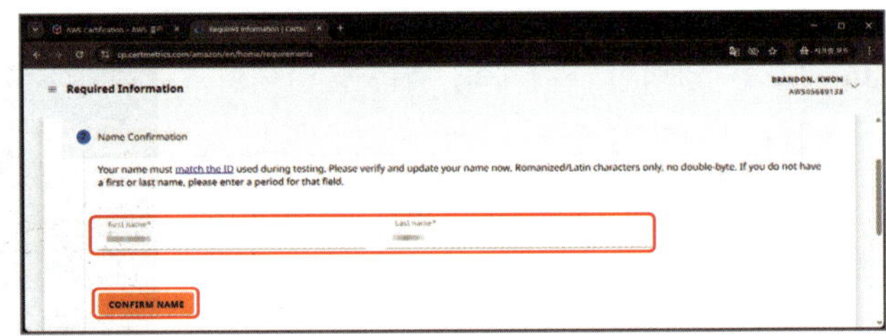

09 [Mailing Address] 페이지에서 주소 및
상세 정보를 입력한 후 [UPDATE ADD
RESS] 버튼을 클릭합니다.

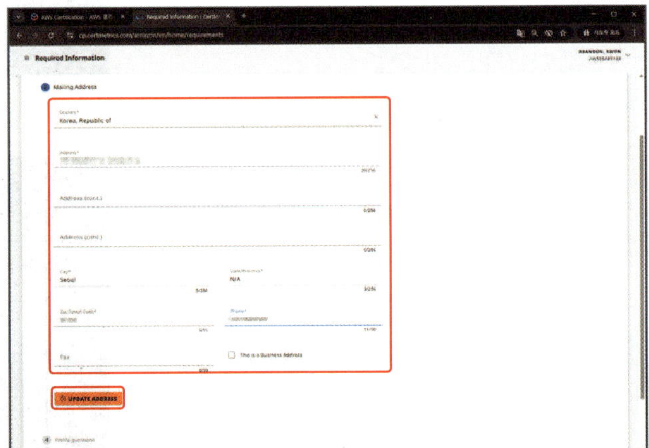

10 본인 상세 프로필 정보를 입력한 후
[UPDATE] 버튼을 클릭합니다.

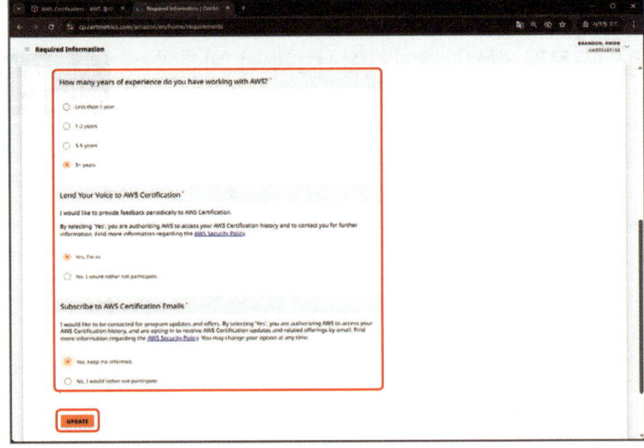

11 복구 이메일 주소와 세부 정보를 추가 입력
한 후 [UPDATE] 버튼을 클릭합니다.

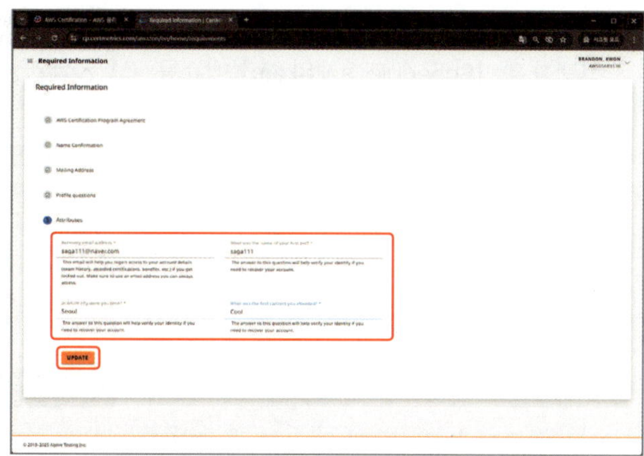

12 자격증 신청을 위한 계정 생성과 준비가
모두 완료되었습니다.

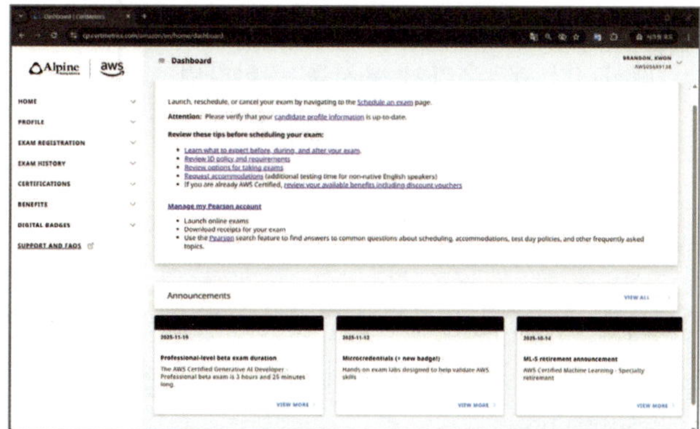

03　AWS 자격증 시험 신청 방법

01 https://cp.certmetrics.com/
amazon/en/에 접속한 후 로그인을 통
해 [시험 신청] 페이지에 접속합니다.

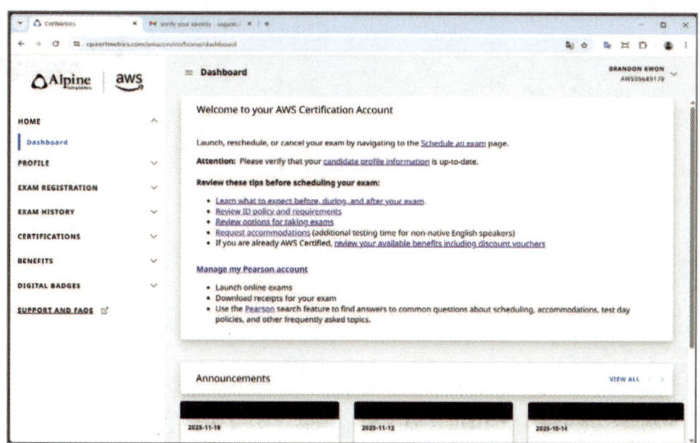

02 왼쪽 메뉴 중 [EXAM ERGISTRATION]을 선택한 후 [Schedule an exam] 메뉴를 클릭하고 응시하고자 하는 자격증을 선택한 다음 [Schedule] 버튼을 클릭합니다.

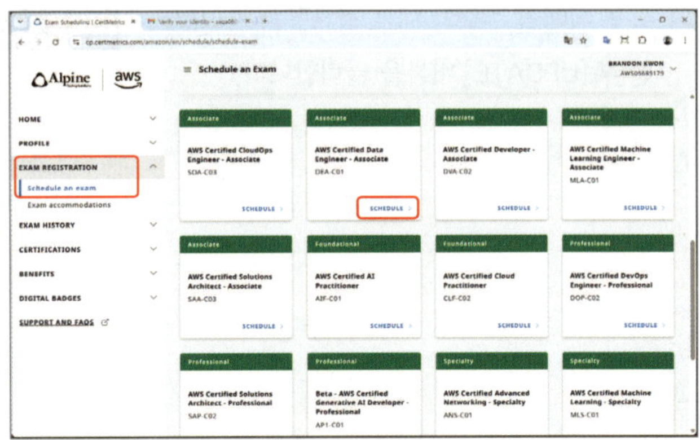

03 두 가지 시험 응시 방식 중 시험 센터 응시를 위해 [In person a test center]를 선택합니다(단, 온라인 응시를 원한다면, [Online with OnVUE]를 선택합니다).

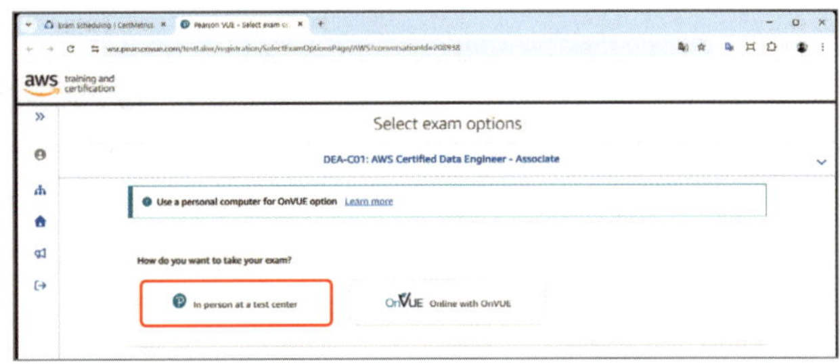

04 시험 센터에서 응시하기 위해서는 다음 세 가지 사항을 검토한 후 [Next] 버튼을 클릭합니다.

- Your photo ID: 시험 응시를 위해 사진이 부착된 신분증 준비
- What to expect: 시험 응시 절차를 확인하기 위해 아래 비디오 시청
- Personal items: 시험 응시에 지참 가능한 목록을 확인 및 준비

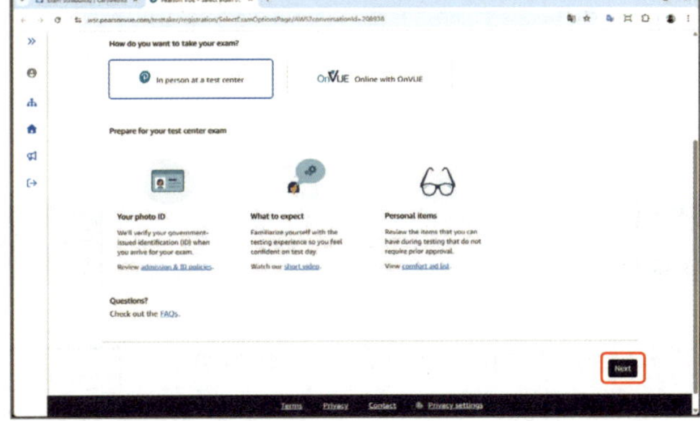

05 시험 응시를 위한 응시 언어를 'Korean'으로 선택한 후 [Next] 버튼을 클릭합니다.

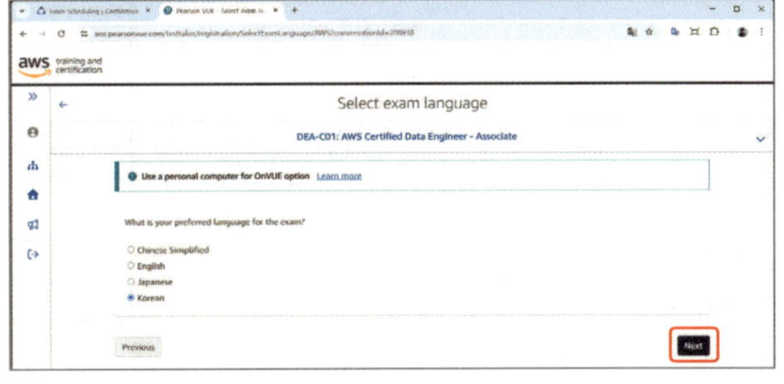

06 자격 시험에 대한 AWS 약관을 확인한
후 [Next] 버튼을 클릭합니다.

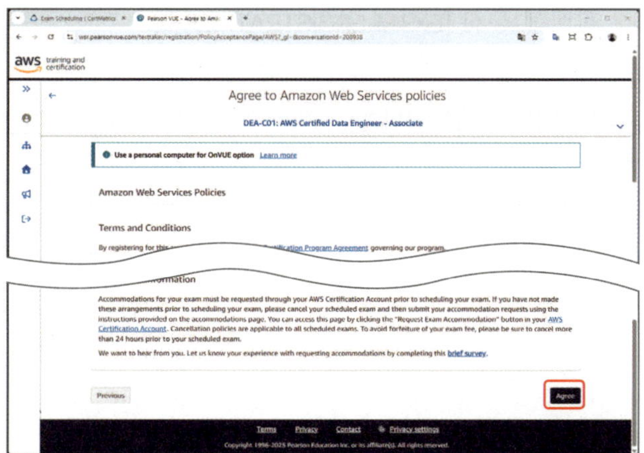

07 응시하고자 하는 Test Center를 최대 3개
선택한 후 [Next] 버튼을 클릭합니다.

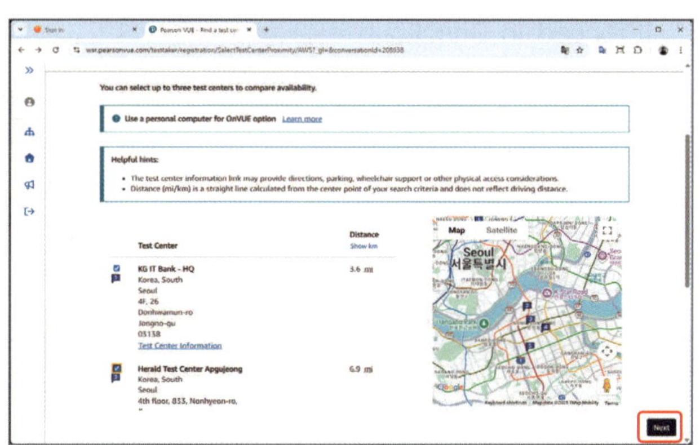

08 응시를 원하는 시험 센터를 선택한 후
응시 가능 일자를 확인하고 본인이 응시
할 일자를 선택합니다.

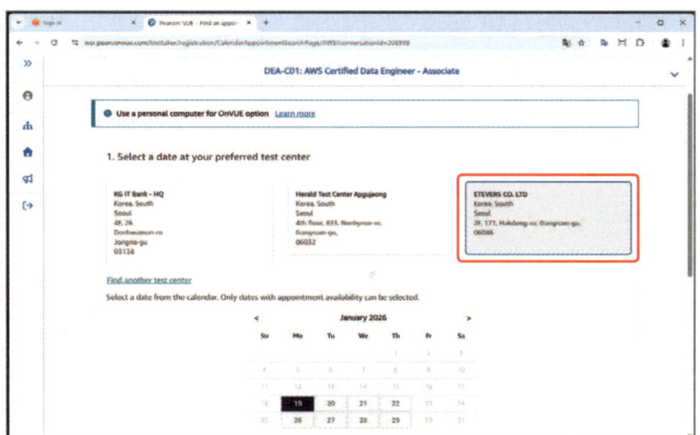

09 선택한 응시 일자에 본인이 원하는 응시 시간을 선택한 후 [Book this Appointment]를 클릭합니다.

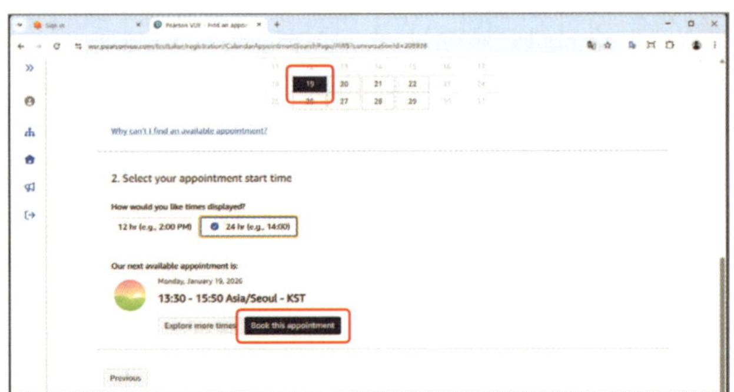

10 자격 시험 응시 관련해서 전체 등록 정보를 확인한 후 문제가 없다면, [Proceed to Checkout] 버튼을 클릭합니다(단, 추가 응시 시간을 포함하여 총 140분의 응시 시간을 제공합니다).

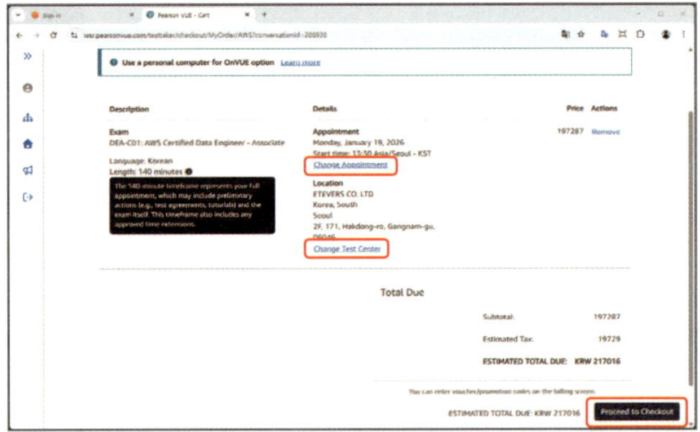

11 시험 응시료는 카드 결제를 진행하거나 AWS나 프로모션으로 전달받은 바우처 코드가 있다면 등록 후 [Next] 버튼을 클릭하여 자격증 신청을 완료합니다.

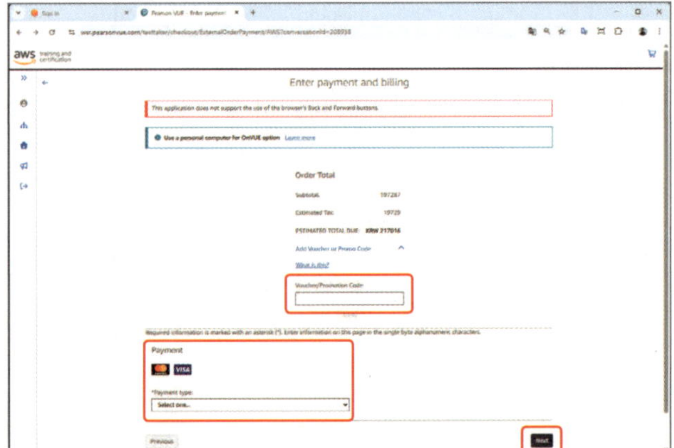

찾아보기

김혜욱

연화정개(蓮花靜開)−연꽃이 고요히 피었다.